Babylonisch-Assyrisches Glossar

Ancient Language Resources

K. C. Hanson, Series Editor

Arno Poebel
Fundamentals of Sumerian Grammar/ Grundzüge der Sumerischen Grammatik

Carl Bezold
Babylonish-Assyrisches Glossar

A. H. Sayce
Assyrian Grammar

Samuel A. B. Mercer
Introduction to Assyrian Grammar

The Student's Concise Hebrew-English Lexicon of the Bible

Heinrich Ewald
Syntax of the Hebrew Language of the Old Testament

S. R. Driver
A Treatise on the Use of the Tenses in Hebrew

William R. Harper
Hebrew Vocabularies

M. H. Segal
A Grammar of Mishnaic Hebrew

William B. Stevenson
Grammar of Palestinian Jewish Aramaic

R. Payne Smith
Thesaurus Syriacus

J. Payne Smith
A Compendious Syriac Dictionary

Carl Brockelmann
Lexicon Syriacum

William Jennings
Lexicon to the Syriac New Testament

Robert Dick Wilson
Introductory Syriac: Method and Manual

Eberhard Nestle
Syriac Grammar

Theodor Nöldeke
Compendius Syriac Grammar

Theodor Nöldeke
Mandaean Grammar / Mandäische Grammatik

August Dillman and Carl Bezold
Ethiopic Grammar

Henry St. John Thackeray
A Grammar of the Old Testament in Greek

William W. Goodwin
A Greek Grammar

William W. Goodwin
Syntax of the Moods and Tenses of the Greek Verb

Ernest D. Burton
Syntax of the Moods and Tenses in New Testament Greek

J. B. Smith
Greek-English Concordance to the New Testament

Edwin A. Abbott
Johannine Vocabulary

Edwin A. Abbott
Johannine Grammar

W. E. Crum
A Coptic Dictionary

Edgar J. Goodspeed
Index Patristicus

Thomas O. Lambdin
An Introduction to the Gothic Language

Babylonisch-Assyrisches Glossar

Carl Bezold

Nach dem Tode des Verfassers unter Mitwirkung von
Adele Bezold und Druck gebracht von Albrecht Götze

New Foreword and Bibliography by
K. C. Hanson

WIPF & STOCK · Eugene, Oregon

BABYLONISCH-ASSYRISCHES GLOSSAR

Ancient Language Resources

Wipf & Stock
A Division of Wipf and Stock Publishers
199 W. 8th Ave., Suite 3
Eugene, OR 97401

www.wipfandstock.com

ISBN 13: 978-1-60608-145-7

Cataloging-in-Publication data:

Bezold, Carl, 1859–1922.

Babylonisch-assyrisches Glossar / by Carl Bezold; Nach dem Tode des Verfassers unter Mitwirkung von Adele Bezold undd Druck gebracht von Albrecht Götze. New Foreword and Bibliography by K. C. Hanson.

Ancient Language Resources

ISBN 13: 978-1-60608-145-7

xii + 344 p.; 28 cm. Includes bibliography and index.

In Akkadian and German, with Foreword in English.

1. Akkadian language—Glossaries, vocabularies, etc. I. Götze, Albrercht, 1897– . II. Bezold, Adele. III. Hanson, K. C. (Kenneth C.). IV. Title. V. Series.

PJ3540 B49 2008

Manufactured in the U.S.A.

Series Foreword

THE STUDY OF LANGUAGES forms the foundation of any study of ancient societies. While we are dependent upon archaeology to unearth pottery, tools, buildings, and graves, it is through reading the documentary evidence that we learn the nuances of each culture—from receipts and letters to myths and legends. And the access to those documents comes only through the basic work of deciphering scripts, conjugating verbs, untangling syntax, and mastering vocabulary.

Ancient Language Resources brings together some of the most significant reference works for the study of ancient languages, including grammars, dictionaries, and related materials. While most of the volumes will be reprints of classic works, we also intend to include new publications. The linguistic circle is widely drawn, encompassing Egyptian, Sumerian, Akkadian, Ugaritic, Phoenician, Hattic, Hittite (Nesite), Hurrian, Hebrew, Aramaic, Syriac, Ethiopic, Arabic, Greek, Coptic, Latin, Mandaean, Armenian, and Gothic. It is the hope of the publishers that this will continue to encourage study of the ancient languages and keep the work of groundbreaking scholars accessible.

—K. C. Hanson
Series Editor

Foreword

BORN ON MAY 18, 1859, in Donauwörth, Bavaria, Germany, Carl Bezold did his university studies in Munich and Leipzig. His Doktorvater at Leipzig was the famous Assyriologist Friedrich Delitzsch. During the 1880s and early 1890s he worked in the Department of Egyptian and Assyrian Antiquities of the British Museum, primarily cataloging Akkadian tablets. In 1894 he was appointed Professor at the University of Heidelberg. He died in Heidelberg on November 21, 1922, after a brief illness.

The linguistic erudition of Bezold was broad. But his primary contributions were in Akkadian, Syriac, and Ethiopic.

Bezold published extensively, and, in addition to the present volume, his numerous publications include:

"Die grosse Darius-Inschrift am Felsen von Behistun: Transscription des babylonischen Textes nebst Übersetzung und Commentrar." Inaugural-dissertation, University of Leipzig, 1881.

Die Achamenideninschriften: Transscription des babylonischen Textes nebst Übersetzung, textkritischen Anmerkungen und einem Worter- und Eigennamenverzeichnisse. Assyriologische Bibliothek 2. Leipzig: Hinrichs, 1882.

Die Schatzhöhle aus dem syrischen Texte dreier unedirten Handschriften in's deutsche übersetzt und mit Anmerkungen Versehen. Schatzhöhle, Syrisch und Deutsch 1. Leipzig: Hinrichs, 1883.

Über Keilinschriften. Sammlung gemeinverständlicher wissenschaftlicher Vorträge 18/425. Berlin: Habel, 1883.

Kielschrift-typen der akademischen Buch drukerei von F. Straub in München. Leipzig: n.p., 1884.

Kurzgefasster Überblick über die babylonisch-assyrische Literatur: Nebst einem chronologischen Excurs, zwei Registrern und einem Index zu 1700 Throntafeln des British-Museum's. Leipzig: Schulze, 1886.

Die Forschritte der Keilschriftforschung in neuester Zeit. Sammlung gemeinverständlicher wissenschaftlicher Vorträge 3/65. Hamburg: n.p., 1889.

Catalogue of the Cuneiform Tablets in the Kouyunjik Collection of the British Museum. 5 vols. London: Trustees of the British Museum, 1889–99.

With L. Abel, P. Jensen, F. E. Peiser, H. Winckler. *Keilinschriftliche Bibliothek: Sammlung von assyrischen und babylonischen Texten in Umschrift und Übersetzung*. 6 vols. Edited by Eberhard Schrader. Berlin: Reuther & Reichard, 1889–1915.

The Tell el-Amarna Tablets in the British Museum with Autotype Facsimilies. London: Trustees of the British Museum, 1892.

Oriental Diplomacy with Full Vocabulary, Grammatical Notes, etc. London: Luzac, 1893.

Ninive und Babylon. Monographien zur Weltgeschichte 18. Leipzig: Velhagen & Klasing, 1903.

Die babylonisch-assyrischen Keilinschriften und ihre Bedeutung für das Alte Testament: Ein assyriologischer Beitrag zur Babel-Bibel-Frage. Tübingen: Mohr/Siebeck, 1904.

Babylonisch-assyrische Texte. I: Die Schöpfungslegende Übersetzt. Kleine Texte für theologische Vorlesungen und Übung 7. Bonn: Marcus & Weber, 1904.

Editor. *Orientalische Studien: Theodor Nöldeke zum siebzigsten Geburtstag (2. März 1906)*. Giessen: Töpelmann, 1906.

Dillmann, August. *Ethiopic Grammar*. 2nd ed. Enlarged and improved by Carl Bezold. Translated by James A. Crichton. London: William & Norgate, 1907.

Verbalsuffixformen als Alterskriterien babylonisch-assyrischer Inschriften. Heidelberg: Winter, 1910.

Astronomie, Himmelsschau und Astrallehre bei den Babylonien. Heidelberg: Winter, 1911.

With Franz Boll. *Reflexe astrologischer Keilinschriften bei griechischen Schriftstellern*. Heidelberg: Winter, 1911.

Babylonisch-Assyrische Texte, I: Schöpfung und Sintflut. 2nd ed. Kleine Texte für theologische Vorlesungen und Übung 7. Bonn: Marcus & Weber, 1911.

With August Kopff and Franz Boll. *Zenit- und aequatorialgestirne am babylonischen Fixsternhimmel*. Heidelberg: Winter, 1913.

Historische keilschrifttexte aus Assur: Zettelproben des babylonisch-assyrischen Wörterbuchs der Heidelberger Akademie der Wissenschaften. Heidelberg: Winter, 1915.

Die Entwicklung der semitischen Philologie im deutschen Reich. Heidelberg: Hörning, 1917.

Babylonisch-assyrisch alāku 'gehen': Zettelproben des babylonisch-assyrischen Wörterbuchs der Heidelberger Akademie der Wissenschaften. Heidelberg: Winter, 1913.

Ninive und Babylon. 4th ed. Edited by C. Frank. Monographien zur Weltgeschichte 18. Bielefeld: Velhagen & Klasing, 1926.

Sternglaube und Sterndeutung: Die Geschichte und das Wesen der Astrologie. 3rd ed. Edited by W. Gundel. Leipzig: Teubner, 1926.

Sternglaube und Sterndeutung: Die Geschichte und das Wesen der Astrologie. 4th ed. Forward by Franz Boll. Edited by W. Gundel. Leipzig: Teubner, 1931.

Sternglaube und Sterndeutung: Die Geschichte und das Wesen der Astrologie. 6th ed. Forward by Franz Boll. Edited by Wilhelm Gundel. Bibliography by Hans Georg Gundel. Darmstadt: Wissenschaftliche Buchgesellschaft, 1974.

—K. C. Hanson

Select Bibliography

Bergsträsser, Gotthelf. "Akkadian." In *Introduction to the Semitic Languages: Text Specimens and Grammatical Sketches.* Translated by Peter T. Daniels. Winona Lakes, IN: Eisenbrauns, 1983.

Black, Jeremy et al., editors. *A Concise Dictionary of Akkadian.* 2nd ed. Santag 5. Wiesbaden: Harrassowitz, 2000.

Borger, Rykle. *Mesopotamisches Zeichenlexikon.* Alter Orient und Altes Testament 305. Münster: Ugarit-Verlag, 2004.

Boson, Giustino. *Assiriologia: Elementi di grammatica, sillabario, crestomazia e dizionarietto.* 1918. Reprint, Milan: Cisalpino-Goliardica, 1976.

Caplice, Richard I. *Introduction to Akkadian.* 3rd ed. Studia Pohl, Series Maior 9. Rome: Biblical Institute Press, 1988.

———. "Languages, Akkadian." In *The Anchor Bible Dictionary*, edited by David Noel Freedman, 4:170–73. New York: Doubleday, 1992.

Delitzsch, Friedrich. *Assyrian Grammar with Paradigms, Exercises, Glossary and Bibliography.* Translated by A. R. S. Kennedy. Berlin: Reuther, 1889.

Gelb, I. J. *Glossary of Old Akkadian.* Materials for the Assyrian Dictionary 3. Chicago: University of Chicago Press, 1957.

——— et al., editors. *The Assyrian Dictionary: Of the Oriental Institute of the University of Chicago.* Chicago: University of Chicago Press, 1964–.

Hämeen-Anttila, Jaakko. *A Sketch of Neo-Assyrian Grammar.* Helsinki: Neo-Assyrian Text-Corpus Project, 2000.

Hanna, Issa. *Mini-Wörterbuch Deutsch-Assyrisch.* Augsburg: Mesopotamien-Verein e.V., Zentralverband der Assyrischen Vereinigungen in Deutschland, 1984.

Huehnergard, John. *A Grammar of Akkadian.* Harvard Semitic Studies 45. Winona Lake, IN: Eisenbrauns, 2005.

Izre'el, Shlomo, and Eran Cohen. *Literary Old Babylonian.* Languages of the World, Materials 81. Munich: Lincom, 2004.

King, L. W. *Assyrian Language: Easy Lessons in the Cuneiform Inscriptions.* London: Trübner, 1901. Reprint, New York: AMS, 1976.

Lipin, L. A. *The Akkadian Language.* Translated by D. M. Segal. Moscow: Nauka, 1973.

Lyon, David Gordon. *An Assyrian Manual: For the Beginners in the Study of the Assyrian Language.* Chicago: American Publication Society of Hebrew, 1886.

Mercer, Samuel A. B. *Introductory Assyrian Grammar.* 1921. Reprint, Mineola, NY: Dover, 2003.

Moscati, Sabatino et al. *An Introduction to Comparative Grammar of the Semitic Languages: Phonology and Morphology.* Porta linguarum orientalium n.s. 6. Wiesbaden: Harrassowitz, 1964.

Parpola, Simo, editor-in-chief. *The Prosopography of the Neo-Assyrian Empire.* Helsinki: Neo-Assyrian Text Corpus Text Project, 1998–99.

Reiner, Erica. "Akkadian." In *Current Trends in Linguistics,* edited by Thomas A. Sebeok, 274–303. The Hague: Mouton, 1970.

Reimschneider, Kaspar K. *An Akkadian Grammar.* 3rd ed. Translated by Thomas A. Caldwell et al. Marquette, WI: Marquette University Press, 1975.

Sayce, A. H. *An Assyrian Grammar: For Comparative Purposes.* London: Trübner, 1872.

Soden, Wolfram von. *Akkadisches Handwörterbuch: Unter Benutzung des lexikalischen Nachlasses von Bruno Meissner (1868–1947).* 3 vols. 2nd ed. Wiesbaden: Harrassowitz, 1985.

Ungnad, Arthur. *Akkadian Grammar.* Revised by Lubor Matouš. Translated by Harry A. Hoffner Jr. Resources for Biblical Study 30. Atlanta: Scholars, 1992.

Vorwort.

Als Carl Bezold am 21. November 1922 nach kurzer Krankheit verschied, hinterließ er im wesentlichen vollendet das Manuskript dieses Babylonisch-assyrischen Glossars. Noch im selben Jahr hatte er an die Drucklegung gehen wollen; dabei sollte gleichzeitig das ganze Material nochmals durchgegangen und einige Unregelmäßigkeiten, die sich bei derartig umfangreichen Arbeiten einzustellen pflegen, beseitigt werden. Der Tod hat ihn verhindert, das durchzuführen.

Als der Herausgeber es als eine selbstverständliche Ehrenpflicht gegenüber dem Lehrer übernahm, das verwaiste Manuskript an Stelle des Verfassers der Öffentlichkeit zu übergeben, konnte er nicht ahnen, daß sich das solange hinziehen würde. Die Inflation trug das ihre dazu bei, den Druck zu verzögern, und ehe das Manuskript der Druckerei übergeben werden konnte, bedurfte es vielerlei unscheinbarer Arbeit, der sich der Herausgeber, zudem durch andere Aufgaben in Anspruch genommen, nur mit einem Teil seiner Kraft widmen konnte. Es ist von jeher eine undankbare Aufgabe gewesen, hinterlassene Manuskripte herauszugeben. Bei einem Wörterbuch der babylonisch-assyrischen Sprache, dem noch fortgesetzt neues Material zuströmt, mußte die Aufgabe noch schwieriger sein. Und in unserem Falle mußte neuer Stoff in nicht unbeträchtlichem Maße eingearbeitet werden, nachdem das Manuskript zwei Jahre liegen geblieben war. Wo nach begründetem Ermessen der Verfasser selbst seine Ansicht geändert hätte, hat sich auch der Herausgeber für befugt gehalten, Korrekturen vorzunehmen. Er hat sich aber *nur* solche Korrekturen erlaubt. Er hat im übrigen nach langem Zweifel darauf verzichtet, an dem von Bezold fixierten Wortlaut irgend etwas Wesentliches zu ändern. Einmal begonnen, hätte das ins Unendliche geführt und den Herausgeber zu Arbeiten gezwungen, für die er sich nicht berufen fühlen kann. Ein Wörterbuch zusammenzustellen, kann man am Ende eines Lebens als Frucht langjähriger Arbeit unternehmen, am Anfang wissenschaftlichen Lebens wird man davon mit Recht abstehen. Die Verantwortung für das Ganze trägt demnach nicht der Herausgeber, sondern der Verfasser.

Bezold hat einen ausführlichen Thesaurus der babylonisch-assyrischen Sprache geplant, der den ganzen Sprachstoff aufarbeiten sollte, und auch begonnen, das Material dazu bereitzustellen. Er mußte jedoch einsehen, daß der Fülle des Materials seine doch auch beschränkte Arbeitskraft nicht gewachsen sein konnte. Darum entschloß er sich zu einem abkürzenden Verfahren sowohl bei der Materialbeschaffung wie auch bei der Verarbeitung. Um mit dem letzten zu beginnen, beschloß er an Stelle eines utopischen Thesaurus, der nach Bedeutung gruppiert, nach Ort und Zeit geordnet alle Belege eines Wortes anzuführen hätte, ein «Glossar» zu verfassen, d. h. ein stellenloses Wörterbuch, das sich begnügt, lediglich die Bedeutung und gebräuchlichen Verbindungen eines Wortes zu verzeichnen, dagegen auf Belegstellen verzichtet. Die Frage ist erlaubt, warum Bezold nicht durch ganz kurze Merkzeichen wenigstens Zeit und Ort (ass., bab.) der Belege angedeutet hat; nachdem der Verfasser davon abgesehen hatte, konnte es der Herausgeber nicht nachholen.

Das abkürzende Verfahren bei der Materialbeschaffung bestand darin, daß keineswegs alle Textpublikationen verzettelt und für das Wörterbuch selbständig übersetzt wurden; vielmehr hat sich Bezold die vorhandene Literatur in ausgedehntem Maße zunutze gemacht. Ausführlich behandelte Texte benutzte er aus zweiter Hand und die in den Übersetzungswerken vorhandenen Glossare fügte er den eigenen Sammlungen ein. Eine vorgefundene Liste der so ausgenutzten Bücher lasse ich hier folgen.[1])

Augapfel, J., Babylonische Rechtsurkunden aus der Regierungszeit Artaxerxes' I. und Darius' II. (Denkschriften der k. Akad. der Wissenschaften in Wien 59, 3), Wien 1917.

Behrens, E., Assyrisch-babylonische Briefe kultischen Inhalts (Leipz. Sem. Stud. II, 1), Leipzig 1906.

Böllenrücher, Jos., Gebete und Hymnen an Nergal, Leipzig 1904.

Combe, Et., Histoire du culte de Sin, Paris 1908.

Deimel, A., Enuma eliš, Rom 1912.

Delitzsch, Friedr., Assyrische Lesestücke, 5. Aufl., Leipzig 1912.

Dennefeld, L., Babylonisch-assyrische Geburtsomina, Leipzig 1914.

Ebeling, E., Glossar zu den Amarna-Tafeln.

*Ebeling, E., Keilschrifttafeln medizinischen Inhalts. (In Archiv für Geschichte der Medizin 13 und 14 [1922 und 1923].)

*Ebeling, E., Ein babylonischer Koheleth, Berlin 1924.

*Ebeling, E., Ein Hymnen-Katalog aus Assur, Berlin 1923.

*Ebeling, E., Quellen zur Kenntnis der babylonischen Religion (MVAG 1918, 1. 2), Leipzig 1918.

*Ebeling, E., Liebeszauber im Alten Orient (Mitt. der Altoriental. Gesellschaft II, 1).

Figulla, H. H., Der Briefwechsel Bēlibni's (MVAG 1912, 1), Leipzig 1912.

Fossey, Ch., Présages assyriens, Paris 1912.

Frank, C., Studien zur babylonischen Religion I, Straßburg i. E. 1911.

*Gadd, The Fall of Nineveh, London 1923.

Geller, Die sumerisch-assyrische Serie Lugal-e ud me-lam-bi Nir-gál, Leiden 1917.

Hehn, Joh., Hymnen und Gebete an Marduk (Beitr. zur Ass. 5, 3), Leipzig 1905.

Hehn, Joh., Siebenzahl und Sabbat, Leipzig 1907.

Hehn, Joh., Die biblische und die babylonische Gottesidee, Leipzig 1913.

Hinke, W. J., A new boundary stone of Nebuchadrezzar I., Philadelphia 1907.

Hinke, W. J., Selected Babylonian kudurru inscriptions, Leiden 1911.

Holma, H., Die Namen der Körperteile im Assyrisch-Babylonischen, Helsingfors 1911.

Holma, H., Kleine Beiträge zum assyrischen Lexikon, Helsingfors 1912.

Holma, H., Personennamen der Form quttulu, Helsingfors 1914.

Hrozný, Frdr., Mythen von dem Gotte Ninrag (MVAG 1903, 5), Berlin 1905.

Hrozný, Frdr., Das Getreide im alten Babylonien, Wien 1914.

Hunger, J., Babylonische Tieromina (MVAG 1909, 3), Berlin 1909.

Jastrow, M., Die Religion Babyloniens und Assyriens, Gießen 1905—1913.

[1]) Ein Stern (*) kennzeichnet die vom Herausgeber nachträglich herangezogenen Bücher.

Jelitto, Jos., Die peinlichen Strafen im Kriegs- und Rechtswesen der Babylonier und Assyrer (Breslauer Diss.), Breslau 1913.
Jensen, P., Assyrisch-babylonische Mythen und Epen, Berlin 1900.
Johns, C. H. W., Assyrian Deeds and Documents I—III, Cambridge 1898—1901. *IV, 1923.
Johns, C. H. W., An Assyrian Doomsday Book, Leipzig 1901.
Johnston, Chr., The Epistolary Literature of the Assyrians and Babylonians, Baltimore 1988.
King, L. W., Babylonian Magic and Sorcery, London 1896.
King, L. W., Letters and Inscriptions of Ḫammurabi, London 1898 ff.
King, L. W., The Seven Tablets of Creation, London 1902.
King, L. W., Babylonian Boundary Stones, London 1912.
Klauber, E., Assyrisches Beamtentum (Leipz. Sem. Stud. V, 3), Leipzig 1910.
Klauber, E., Politisch-religiöse Texte aus der Sargonidenzeit, Leipzig 1913.
Koschacker, P., Babylonisch-assyrisches Bürgschaftsrecht, Leipzig 1911.
Koschacker, P., Rechtsvergleichende Studien zur Gesetzgebung Ḫammurabi's, Leipzig 1917.
Küchler, Friedr., Beiträge zur Kenntnis der assyrisch-babylonischen Medizin, Leipzig 1904.
Kugler, Fr. X., Sternkunde und Sterndienst in Babel I, Münster 1907.
Landersdorfer, S., Altbabylonische Privatbriefe, Paderborn 1908.
Landsberger, B., Der kultische Kalender, Leipzig 1915.
Langdon, St., Sumerian and Babylonian Psalms, Paris 1909.
Langdon, St., Die neubabylonischen Königsinschriften, Leipzig 1912.
*Langdon, St., Weld-Blundell-Collection I, II, Oxford 1913.
*Langdon, St., Babylonian Wisdom, Paris 1923.
Lau, R. J., The Annals of Ashurbanapal, Leiden 1903.
*Lautner, J. G., Die richterliche Entscheidung und die Streitbeendigung im altbabylonischen Prozeßrechte, Leipzig 1922.
*Lewy, J., Das Verbum in den altassyrischen Gesetzen, Berliner Diss. 1921.
*Lewy, J., Zu den altassyrischen Texten aus Kappadokien, Berlin 1922.
*Lewy, J., Forschungen zur alten Geschichte Vorderasiens (MVAG 1924, 2), Leipzig 1924.
Macmillan, K. D., Some cuneiform Tablets etc. (Beitr. zur Ass. V, 5), Leipzig 1906.
Martin, Fr., Lettres néo-babyloniennes, Paris 1909.
Meißner, Br., Assyriologische Studien (MVAG 1903, 3; 1904, 3; 1905, 4; 1907, 3; 1910, 5; 1913, 2), Berlin 1903 ff.; Leipzig 1910 ff.
Meißner, Br., Assyriologische Forschungen, I. Leiden 1916, II. Breslau 1920.
*Meißner, Br., Studien zur assyrischen Lexikographie (Mitt. der Altorient. Ges. I, 2), Leipzig 1925.
Perry, E. G., Hymnen und Gebete an Sin, Leipzig 1907.
Pinckert, Joh., Hymnen und Gebete an Nebo, Leipzig 1907.
*San Nicolo, M., Die Schlußklauseln der altbabylonischen Kauf- und Tauschverträge, München 1922.
Schollmeyer, A., Sumerisch-babylonische Hymnen und Gebete an Šamaš, Paderborn 1912.
Schorr, M., Altbabylonische Rechtsurkunden (Sitzungsber. der k. Akad. der Wiss. in Wien), Wien 1907—1910.
Schorr, M., Urkunden des altbabylonischen Zivil- und Prozeßrechts, Leipzig 1913.
Schrader, Eb., Die Keilinschriften und das Alte Testament, 3. Aufl., Berlin 1903.
Schrank, W., Babylonische Sühnriten (Leipz. Sem. Stud. III, 1), Leipzig 1908.
*Smith, S., Babylonian Historical Texts, London 1924.
Streck, M., Assurbanipal, Leipzig 1916.
Tallqvist, K. L., Neubabylonisches Namenbuch, Helsingfors 1905.
Tallqvist, K. L., Assyrian Personal Names, Leipzig 1914.
Thompson, R. C., The Reports of the Magicians and Astrologers of Nineveh and Babylon, London 1900.
Thompson, R. C., The Devils and Evil Spirits of Babylonia, London 1903/4.
Thompson, R. C., Late Babylonian Letters, London 1906.
*Thompson, R. C., The Assyrian Herbal, London 1924.
Thureau-Dangin, Fr., Die sumerischen und akkadischen Königsinschriften, Leipzig 1907.

*Thureau-Dangin, Fr., Rituels accadiens, Paris 1921.
Torczyner, H., Altbabylonische Tempelrechnungen, Wien 1913.
Ungnad, A., Selected Babylonian Business and Legal Documents of the Ḫammurabi Period, Leiden 1907.
Ungnad, A., Selected Business Documents of the Neo-Babylonian Period, Leiden 1908.
Ungnad, A., Ḫammurabi's Gesetz. II—V. *VI, Leipzig 1909 ff.
Ungnad, A., Babylonische Briefe, Leipzig 1914.
Ungnad, A., Materialien zur altakkadischen Sprache (MVAG 1915, 2), Leipzig 1916.
Ungnad, A., Altbabylonische Briefe, Stuttgart 1920.
Walther, A., Das altbabylonische Gerichtswesen (Leipz. Sem. Stud. VI, 4—6), Leipzig 1917.
Weidner, E. F., Beiträge zur babylonischen Astronomie, Leipzig 1911.
*Weidner, E. F., Politische Dokumente aus Kleinasien, Leipzig.
Ylvisaker, S. C., Zur babylonischen und assyrischen Grammatik (Leipz. Sem. Stud. V, 6), Leipzig 1912.
Zimmern, H., Beiträge zur Kenntnis der babylonischen Religion, Leipzig 1899—1901.
Zimmern, H., Babylonische Hymnen und Gebete 1. 2, Leipzig 1905 und 1911.
Zimmern, H., Zum babylonischen Neujahrsfest 1. 2, Leipzig 1907 und 1918.
Zimmern, H., Sumerisch-babylonische Tamûzlieder, Leipzig 1908.
Zimmern, H., Akkadische Fremdwörter als Beweis für babylonischen Kultureinfluß, Leipzig 1915. Wort- und Sachregister dazu, Leipzig 1917.
Zimmern, H., Ištar und Ṣaltu, Leipzig 1916.
Zimmern, H., König Lipit-Ištar's Vergöttlichung, Leipzig 1916.

Vollständig verzettelt wurden lediglich folgende Texte[1]):

a) Historische Texte:

Keilschrifttexte aus Assur historischen Inhalts I.
King, Chronicles Concerning Early Babylonian Kings.
King, Annals of the Kings of Assyria.
King, Tukulti-Nimurta I.
Scheil, Tukulti-Nimurta II.
Tiglatpilesar's Prisma.
Salmanassar's Inschriften.
Sargon's Prisma.
Sanherib's Prisma.
Meißner-Rost, Bauinschriften Sanheribs.
Assarhaddon's Prisma.
Thureau-Dangin, La huitième campagne de Sargon.
Die Inschriften von Agukakrime, Mardukpaliddin, Kuraš und Antiochus.
Die Kuraš-Nabonid-Chronik.
King, Boundary Stones.

b) Juristische Texte:

Codex Ḫammurabi.
Assyrische Gesetze.
Ungnad, Assyrische Rechtsurkunden.

[1]) Hier, wie in der ersten Liste, besteht die Möglichkeit, daß mir bei der nachträglichen Zusammenstellung einiges Wenige entgangen ist.

c) Briefliteratur:

Knudtzon, El-Amarna-Tafeln.
Thompson, Late Babylonian Letters.

d) Religiöse Texte:

Jensen KB VI, 1.
Maqlū.
Šurpu.
Ebeling, Quellen zur Kenntnis der bab. Religion.

e) Epen:

Enuma eliš und Verwandtes.
Gilgameš.

Außer den angeführten Werken wurden natürlich die vorhandenen Wörterbücher verglichen, die Ideogrammlisten von Brünnow und Meißner benutzt und die Aufsatzliteratur der Fachzeitschriften herangezogen.

Absolute Vollständigkeit zu erreichen, konnte Bezold mit seinem Glossar nicht erstreben. Er wollte vielmehr eine auch für weitere Kreise brauchbare Übersicht über den babylonisch-assyrischen Sprachstoff geben. Seinen Thesaurus hat er also nicht verwirklichen können. Es wäre zu begrüßen, wenn sich die Assyriologen der Thesaurus-Idee annehmen würden und eine Arbeit begännen, wie sie die Ägyptologen bereits zu einem gewissen Abschluß gebracht haben.

Dem Wunsche des Verfassers entsprechend, sei hier noch besonders der Mitarbeit seiner Gattin, Frau Adele Bezold, gedacht, die ihn bei der Bereitstellung und Sichtung des Materials während langer Jahre getreulich unterstützt hat.

Heidelberg, am 10. Juni 1926.

Albrecht Götze.

א

(Etymologisch א$_1$ = א; א$_2$ = ה; א$_3$ = ح; א$_4$ = ع; א$_5$ = غ; א$_6$ = ו; א$_7$ = י).

ū (?), ***u*** (א$_6$, sem. **wa*) وَ, فَ, Kopula zwischen zwei nomm. appell. (subst. od. adj. od. numer.) oder propria (Namen von Personen und Gottheiten, Ortschaften und Monaten); zwischen zwei Verben (incl. pms. und infin.), zwischen zwei pron. sep. und zwischen zwei adv.; ferner zwischen nom. propr. + appell., nomen appell. + propr.; pron. sep. + nom. appell. oder propr., selten nom. appell. + pron. sep.; ferner zwischen zwei st. c.-Verbindungen oder eine nom. + st. c.-Verb., und zwischen zwei Präpositionalausdrücken; ferner vor dem letzten Glied einer Aufzählung von drei bis zu acht Gliedern, bei vier Gliedern auch nach dem Schema a *u* b c *u* d, bei sechs Gliedern auch nach dem Schema a b *u* c d e *u* f oder nach dem Schema a *u* b c *u* d e *u* f; auch vor dem letzten Glied eines Zahlausdrucks (*1000 40 u 8, eštēn mē šuši u 3*); ferner zur Verbindung zweier koordinierter Sätze mit gleichem oder verschiedenem Subjekt, wobei letzteres bei einem pms. in der Regel susintentiert, beim impft. aber in der Regel durch ein — meist unmittelbar nach *u* gesetztes — pron. sep. ausgedrückt wird, und, wenn der zweite Satz von einem Nebensatz begleitet ist, dieser dem Hauptsatz in der Regel (unmittelbar nach *u*) vorangeht; — ferner zur Einführung der Apodosis nach Sätzen mit *šumma, enūma, undu* (*endum*) wenn, als, da, *kī* weil, als, *kī, kīmē* sowie . . . (so), sobald als . . . (so), *mija-me, mija-ti, miamma, mēnū, mēnummē, memma, memmū* wer, was, was immer; seltener mit *aššu* da, *ašar* da wo, *ša* wer immer, was immer; *ina aji-mē ūmi* um welche Zeit (immer); — vereinzelt auch nach einem Präpositionalausdruck mit konditionalem Sinn (*ina* [*adi*] *kašādija* = *šumma akašad*), zur Aufnahme eines isolierten Subjekts (*awāti . . . u eštemi*, vgl. فَ . . . . أَمَّا), zur Einführung eines Nominalsatzes (wests. Entlehnung?) und zur Einführung der oratio directa: und; und auch, und dann, und nun, und ferner, und sogar, und bereits; (und dazu =) nebst; und trotzdem, und doch; und so; dann, ferner, dazu, auch, desgleichen, ebenso, so, so . . . denn, nun, . . . doch (nach e. imprt.); denn, da; aber; (nach e. neg. Satz) sondern; mit Neg. und nicht, noch auch, und infolgedessen nicht; aber nicht. — *u* . . . *u* sowohl . . . als auch. — *u* . . . *-ma* mit prec. laß auch den Fall eintreten daß, selbst wenn. — . . . *u* . . . *ul* weder . . . noch . . . — *u kā* und so, nun eben. — *u kī, u kīma, u šumma, u inūma* und wenn (ferner); wenn nun, da nun; wenn aber. — *u allū* und . . . ja, und überdies, und sogar, überdies. — *u annū, u anumma, u inanna, u annū inanna, u anumma inanna, u annūš inanna* und jetzt, und nun, jetzt aber, nun. — *u šānītu, šānītu u* ferner. — *u jānu, u kī jānu* wenn (aber) nicht, wo nicht (verkürzter Satz).

ē (א$_7$) Exhortativpartikel mit imprt., prec. oder 1. ps. impf.: wohlan; auch zur Einführung einer Beschwörung. — *ē lā*, auch ohne *lā*, mit 2. ps. (tue) (doch) nicht. — *ē ša* o über, o des, o der.

ū (א6א1) oder (zwischen nominibus oder koordinierten Sätzen; bei drei Gliedern a *ū* b *ū* c, a b *ū* c, a *ū* b c; bei vier und fünf Gliedern nur vor dem letzten Glied); häufiger *ū lū* oder, oder auch, beziehungsweise; vgl. *lū*. — *3 ū 4* 3 bis 4. *30 amēlūti ū 50 amēlūti* 30 bis 50 Leute. — *ū lū . . . ū lū, lū . . . ū lū* entweder . . . oder; sei es daß . . . oder sei es daß. — *ū jānū* oder nicht.

aja, ai, ā (א7א1) (mit 3. oder 1. ps. impfct., vereinzelt auch praes.) (möge, soll, will) nicht; nein.

ajau, ajū, jau (א7 א1), pl. *ajaūti, ajūti*, f. *ajaitu, ajītu*, pl. *ajāti, ajēte* (adj., vorangestellt, und subst.) welcher, was für ein, wer; mit Neg. kein.

ajaumma, ajumma, ajūma, jaumma (meist adj., gewöhnlich nachgestellt; seltener subst.) welcher immer, was für ein . . . immer; irgend jemand, irgendein; mit Neg. gar kein, kein. — *ajūma annītu* mit Neg. nichts Derartiges.

aja'u, ajanu, ja'nu, jānu, ānina (?), ajaiš, ajiš, ēš wo, wohin. — *eštu jānu* woher. — *jānummu, jānumma* wo immer (?). — Vgl. ***jānu*** (ןא1א7).

ajakā, ajakāma, ajakāme, ajakām, ajakān, ajak; aikā, aikiām; ēkā, ēkāma, ēkiām, ēkānu wo; wohin. — *ajakā bīd* an welcher Stelle, wo. — *eštu ajak* woher (?). — *ana ēkānu* wohin.

jamutu, jamuttu ein jeder.

ajai, ujai, aja, ūa, ū'ua, ū'ui ach, o, weh!, Wehe, Wehgeschrei. — *ina aja, ina ūa* in Wehe, unter Wehgeschrei. *ūa (u) aja, ū'ui u ajai* ach und weh!, o weh!, Ach und Wehe.

ajaiš wehevoll, jämmerlich.

ajaja Bezeichnung einer best. Musikbegleitung (?).

jājaja juhe!

ajau e. Vogel.

jaujau (Laut vom) Husten (?).

ea Polschuh (?).

amū, emū (א7א6א2) werden, sein; pms. sein. Mit *kī, kīma* oder Adverbium: wie — I2 werden. — II1 werden lassen, machen. — III1 werden lassen, machen. — III2 werden lassen, gemacht werden; gebraucht werden (gramm.; *enūma* [und] *ultu*, in gleicher Weise d. h. Bedeutung *malmāliš*) — *šumū nābāliš* trocken legen (: Gelände *eqla*). *šutāmū ellūriš* zu e. Prachtgewand verarbeiten lassen (?, : Haut, *pāra*, e. Besiegten). *šumū usalliš* zu Brachland machen. *ēmū tēšāriš* ebener Boden (?) werden (: [verfallender] Tempel *bētu*). *šumū ḫarbiš* verwüsten. *ēmū ḫašikkiš* wie taub werden. *etmū ṭētiš* zu Dreck werden. *šumū ṭitalliš* in Flammen aufgehen lassen. *šutāmū kēniš* zurechtkommen, in Ordnung kommen. *šumū kamīš* in Fesseln legen. *emū etmū kerūbiš* dem Erdboden gleich werden. *ummū kerubāniš* dem Erdboden gleichmachen. *emū karmiš* zur Ruine werden. *šumū karmiš* zur Ruine machen. *emū, etmū maḫḫūtiš* von Sinnen werden. *šumū marṣiš* krank machen. *šumū napurriš* hochragen lassen. *šumū saḫḫiš* zu Wiesengrund machen. *emū kī ramnišu* sich selbst gleich sein (Anu). *emū šalamdaš* wie e. Leiche werden. *emū šaqummiš* still werden. *emū tellāniš* zu Ruinen werden.

ewū, emū (א7א6א3) sprechen (: Böses *lemnēte*). — I2 e. Ausspruch *(amāta)* tun, reden (: Freundliches *ṭūbāti*, Gemeines *šaplāti*, Verworrenes *nullāti*, Unheilvolles *lā-šalmāti*, die Wahrheit *kētta*, Unwahres *lā-kēnāti*, zu: *ana*, mit: *itti*), erzählen (: Traum *šutta*, jdm.: *ana*), verkünden (: Glück *damqāti*, Größe *narbā* e. Gottheit), zum Ausdruck bringen (: Ehrfurcht *puluḫta*), preisen (: Göttlichkeit *ilūta*); e. Bannfluch auflegen (Enlil, dem Land: *ana māti*); e. Eid *(māmīta)* leisten, schwören (zu:

ana; falsch (?): *ṣilipta*; daß nicht: *kī*). — II$_2$ schwören (bei: *ana*). — III$_2$ schwören lassen (bei: acc.), auf Grund e. Prüfung e. Urteil abgeben. — *ētūmū libba, kabatta, qaqda* sich geloben (zu: *ša* mit inf.). — *šūtāmū ana libbi, šūtāmū itti libbi* sich geloben, e. Vorsatz fassen. — *ētūmū nullāti* meineidig werden.

tamū schwören (bei: *nīš*; übereinstimmend *eštēniš*; von Zeugen *maḫar šēbūti*; mittelst (?) e. Wasser- und Öl-Wahrsagung *ina mē u šamni*). — pms. sich bereden (mit: *itti*). — I$_2$ mit e. Bannfluch belegt sein (durch: *ina*). — II$_1$ e. Eid *(māmīta)* schwören lassen; beschwören (bei: *ana*); pms. beschworen sein (bei: acc., *nīš*).

awātu, amātu, st. c. *amāt*, pl. *amāti* Rede, Kundgebung, Ausspruch, Aussage, Bescheid, Nachricht, Botschaft; Antwort (vgl. *tāru*); Orakel; Wort, Wortlaut, Inhalt; Redegabe (?); Befehl, Geheiß; — Sache, Ding, etwas, Angelegenheit, «es»; Verhältnis; Vorfall, Verhandlung; Rechtsangelegenheit, Prozeßangelegenheit. — *amātu memma* irgend etwas. *amātu annītu* etwas Derartiges. *amāti annāti* diese Dinge, diese Vorfälle. *lā-amātu* Nichts. — *amāt lā amāt* s. *lā*. *ina amāt ili* auf Befehl eines Gottes. *ina eli amāti ša* auf Geheiß von. *aššu amāti ša* inbetreff der Angelegenheit von. *aššu amāti annīti ša* inbetreff dessen, daß. *šumma amātu lā imtagraka* wenn es dir nicht paßt. *ul amāsu* es ist nicht seine Sache, es geht ihn nichts an, er hat damit nichts zu tun, er hat nichts zu leisten, er hat nichts zu fordern, er hat kein Anrecht. *jānu amātu ina libbišu* davon ist keine Rede. *menū awātu-ma* wie kommt es, daß. — *amāt Ea* Offenbarung (?) Ea's (vgl. *šepru*). *amāt Apsī* Offenbarung (?) des Ozeans. *amāt unnēni* Bittgebet. *amāt damiqti* gute Gesinnung, Gutes; opp. *amāt lemutti*. *amāt ṭuppi, amāt pī ṭuppi* Inhalt, Wortlaut einer Urkunde. *amāt libbi* Herzensangelegenheit. *amāt neṣērti* Angelegenheit eines Geheimnisses, Geheimnis. *amāt paristi* aufklärendes Wort, Aufklärung, Erklärung. *amāt qebēti* Befehlswort, Befehl. *amāt tašqerti* Meineid (?). *amāt šarri* königlicher Erlaß. *amāt šarrūti* Königswort.

ammē'u sprechend (Mund *pū*, von Gutem *ša ṭābu*), Sprecher.

māmītu, māmīt Eidschwur (bei: *nīš*); Bannfluch, Bann (durch: gen.); Name des (weiblichen) Eiddämons bzw. der Göttin des Bannfluches (Gemahlin Nergal's); e. Name des 10. Monats.

nāmātu (?) Denkschrift, Denkmal (?).

tāmū mit e. Bannfluch belegt, gebannt; Gebannter.

tāmītu, pl. *tāmāti* Ausspruch; Orakelausspruch; Anrede; (Text einer) Anfrage (an Šamaš bzw. an Šamaš und Rammān).

tamāmītu, tumāmītu, pl. *tumāmāti* Eid; Bann.

amānu, amānū Verleumder (?).

atmū, pl. *atmē* Sprache, Rede; Lobpreis. — *atmū ša tēnēnti* (flehende) Bitte. *atmū ša mēšāri* Rechtfertigung.

uēu, uēḫu (ägypt. LW.) Offizier.

ajaiku Name e. Steines, der das Gebären hindert.

ajābu, ḫajābu, jābu (בא7א1) (wests. LW.?), st. c. *ajāb*, pl. *ajābūti* feindlich; pl. *ajābū, ajābi, ajābē* Feind, Gegner.

ajabu, st. c. *ajab* (LW.?) Meer (opp. *qāqāru*).

(ābu) (בא6א4) verdorren.

(ēdu) (דא6א4) III$_1$ (bei jd. über etwas) Information einziehen. — III/II$_1$ um Entscheid angehen (: König *šarra*).

wēdu, ēdu, f. *ettu* (דא3א6) (adj. — vor- oder nachgestellt — und subst.) ein, einzig; alleinstehend, einsam; einheitlich (Rede *pû*); Einheit, (Truppen-) Kontingent. — mit Neg. kein.

ēdû einzeln, alleinig (?, Gatte *ḫa'ēru*); einzigartig. — *mamma ēdû* irgendein (einzelner).

ēdēnu, ēdennu Alleinheit, in: *ina ēdēnija*, *ana ēdēnija* ich allein, *ina ēdēniši* sie allein, *ēdennuššu* er allein.

ēdānû, ēdēnû, f. ***ēdēnītu*** allein, einzig, einsam.

ēdēnušam ein einziges Mal.

ēdiš allein, einsam.

ēdiššu, ēdīšu + suff. allein, einzig, einzig und allein.

ēdiššû, eddiššû, ēdīšû, eddišû einzigartig (Gottheit; Himmel).

ēdišam (?) im einzelnen, detailliert (?).

(adānu, edēnu?) (אדן‎₄א₆?) III₂ e. (best.) Termin (durch Wahrsagekunst) erforschen, bestimmen.

adānu, adannu, edānu, ḫadiānu, ḫadānu, ḫadēnu (?), st. c. *adān* (wests. LW.?) bestimmte Zeit, Zeitpunkt, Frist, Termin, Endpunkt (eines Wegs; einer Krankheit *sili'ti*); Tagesende; Lebensziel; Leben. — *lā-adannu* Unzeit. — *ana adannišu* seinerzeit, zur rechten Zeit. — *adān mēšāri* die rechte Zeit. — Vgl. *adû* (אדא₆).

uauḫu e. Insekt.

ajak(k)u (sum. LW.?) Göttergemach, Heiligtum.

ajakā usw. s. א₇א₁.

a'ālu (e) (אל‎₂א₁) binden, knüpfen (an: *ina*); verbinden; eine Haftung (*e'elta*) veranlassen, haftbar machen. — II₁ anbinden (an: *ina*). — III₂ binden. — III₄ binden.

e'alu, ālu, pl. *āli*, *ālāni*, m. u. f. Schlinge (?); Bande, Rotte, Schar, Stamm; Gemeinde, Ortschaft, Heimatsort, Heimat; Stadtgemeinde, Stadt, Hauptstadt, Dorf (opp. *mālu*, *šadû*, *ṣēru*, *ḫuršāni*, *bētu*). — *ālu eššu* Neustadt. *ālu u ašru* Wohnort. *ālu u šēbūti* (vgl. *šēbu*) «Stadtälteste». — *āl nēmēqi* Stadt der Errungenschaft (e. Beiname von Aššur). *āl ṣāti* Stadt der Ewigkeit (e. Beiname von Sippar). *āl dannūti*, pl. *ālāni dannāti* Festung. *āl kidinni* Stadt d. (Gottes-)Schutzes (e. Beiname von Babylon). *āl neṣerti* Bollwerk, Stützpunkt. *āl maṣṣārti* Garnisonstadt. *āl pāti* Grenzstadt (?). *āl qabrāni* Höhlenstadt (?). *āl qarrād ilāni* d. Stadt des Götterhelden (Beiname von Barsippa u. Kūtu). *āl narām* ^{d}X Lieblingsstadt des Gottes X. *āl šēi* Farm (?). *āl šarrūti*, *āl bēluti*, *āl mūšāb šarrūti*, *āl mūšāb bēlūti*, *āl palī*, *āl tanetti* Hauptstadt, Residenz (-Stadt). *āl tukulti*, *āl tuklāti* Stützpunkt (e. Landes), Garnison.

e'eltu, u'eltu, ēltu, eḫeltu Verbindlichkeit, Forderung, Haftung, Schuld; abstrakter Verpflichtungsschein, Schuldschein (früher *ḫešû*); Schuldentilgung (vgl. *nadānu*); Schriftstück, Urkunde. — *kī pī u'elti* dem Wortlaut der Urkunde gemäß.

awēlu, a'ēlu, amēlu (אל‎₆א₁), pl. *awēlû*, *amēli*, *awēlē*, *amēlūti*, f. *amēltu*. adj. menschlich (Gesicht *pānu*, Hände *rettā*); männlich (Gottheit *ilu*, opp. *sinništu*); subst. Mensch (opp. *ilu*, *būlu*, *umāmu*), Menschenkind (vgl. *māru*), Person; Mann (opp. *sinništu*); Herr (Ehrentitel); Freier; Patrizier, Edelmann; Untertan (vgl. *bēlu*); Einwohner (einer Stadt), Bewohner (eines Landes); ein jeder; jemand, mit Neg. kein Mensch, niemand, kein; pl. Leute, Sklaven, Gesinde; Kriegssklaven; für Frauensperson, Frauenzimmer; Weibsperson (verächtlich). — *ēdu amēlu* mit Neg. kein einziger. — *awēlu awēla* einer den andern. *awēlu ana awēli* einer dem, bzw. gegen den andern. *amēlu māla amēli* einer wie der andere. — *awēlu annanna* Herr NN. *awēlu ākil bēti* der Herr Hausverwalter. *awēlē dajāni* die Herren Richter. *awēlē abbi-ummāni* die Herren Heerväter. *amēl* *seperri makkūri* der Herr Finanzaufseher. *awēlē mārū-bābti* die Herren Prüfungskommissäre. — *amēl āli* Stadtbewohner. — *amēl amēlti* Ehemann. — *amēl abulli* Torwächter. — *amēl ēkalli* Hofbeamter. — *amēl ārīt* Schildträger. — *amēlu ša bāb-ēkalli* Palasttorwächter. — *amēlūt belāṭi* Entsatztruppe. — *amēl ḫubši* Arbeiter (usw. vgl. *ḫabāšu*). — *amēl ṭēmi, amēlu ša ṭēm* . . . im Auftrag von . . . stehend, konditioniert. — *amēl kāri* Mitglied des Handelsgerichts. — *amēlūt māṣārti* Besatzungstruppe. — *amēl paqāri* Reklamant. — *amēlu ša petḫalli* Stallmeister (?). — *amēl qātē* Bürge. — *amēl qartappi* Stallknecht. — *amēl narkabti* Wagenmann, Wagenführer. — *awēlū šākinūti* Gärtnersleute. — *amēlu ša šarri* königlicher Beamter.

awēlūtu, a'ēlūtu (?), **amēlūtu, amēluttu** Menschheit; Mannheit; Menschenwesen, Person, Mensch; Herrenwürde; Sklaven, Gesinde; Kriegssklaven.

ajalu männlich; Widder.

ajalu, jaelu, jālu, pl. *ajali, jaeli,* f. *ajalatu* (LW.?) Hirsch.

āli, ālim wo.

ēmtu (םא3א6), pl. (?) *ēmtū, ēntū* Speichel; Geifer, Schaum (vom Pferdegebiß); Gift; pl. Gift (?). — *ēmat balāṭi* Speichel, der Leben bringt. — *ēmat mūti* Speichel, der Tod bringt; Gift.

ūmu (םא6א7), st. c. *ūm*, pl. *ūmū, ūmi, ūmāti* Tag (Zeitabschnitt, opp. *arḫu, šattu*); Lichttag (opp. *mūšu*); Tageslicht (opp. *da'ummatu*); Tagesreise (vgl. *malāku*); Zeit; Zeitpunkt; Wetter; Unwetter, Sturm; ein (als Löwe gedachter?) Sturmdämon; pl. Zeit; Lebenszeit, Leben. — *lā-ūmu* Unzeit. — *ūma* heute (untertags, opp. *mūša*). — *ūma annīta, ūma agā* heute. — *ūm-šū* an diesem Tag, zu dieser Zeit; am selben Tag, zur selben Zeit. *ūmišu* zeit seines Lebens. *ūmišu ibaša-ma* wenn es Zeit sein wird (?). — *ūma, ūmu, ūm* zur Zeit da, jederzeit da, sobald, wann, wenn. *ūma ištēn* jeden Tag, pro Tag. *ūma ištēn lā* keinen einzigen Tag. — *ūma, umma, ūmā, ummā, mā* soeben, jetzt, nun; jetzt (folgt), folgendermaßen (zur Einführung der oratio directa, häufig mit folgendem pron. pers. + *-nia* der redenden Person). *umma annanna umma* so sagte NN. *ūmā tūra* s. *tāru.* — *ūmāti arḫi 1* die Tage eines Monats hindurch, einen Monat lang (?). — *adi matī ūmi* wie lange (Zeit) noch. — *anūma, anumma, annumma* zurzeit, jetzt, nunmehr. *anūma u ināna* jetzt sogleich. *an-ūmi-šū, annūš, annūšam* (?) auf dieselbe Zeit, zur selben Zeit, sogleich. *annūš inanna, annūšam ināna* jetzt sogleich. *annanūm* (< **an annī ūmi?*) um (auf) diese Zeit, nun, jetzt. — *ana aḫrāt ūmi, aḫrātaš ūmi, ana arkāt ūmi, ana ūmi ṣātu, ana (adi) ṣāt ūmi, ana aḫrāt ūmi, ana ūm ṣāti, ana labār ūmi* in Zukunft, für immer, für ewig. *ana ūmi kašādi* am Tag der Ankunft. — *ina ūmi* in (jenen) Tagen, früher; in (späteren) Tagen, später. *ina (in) ūmi 1* am 1. Tag; einen Tag; pro Tag. *ina ūmi x.* am xten Tag, aber auch *ina šānī ūmi* am zweiten Tag, *ina šalši ūmi* am dritten Tag (vgl. *šalšu*), *ina ḫanši ūmi* am fünften Tag. *ina ūmi 1. ša nisan, ina nisan ūma 1.* am 1. Nisan, dagegen bei Schlußdaten *nisan ūma 1. ina ūmi u ūmi-ma* Tag für Tag. *ina ūmi ša, ina libbi ūmi ša, ina libbi ūmi, ūma ša* zur selben Zeit als, sobald, wann. *ina ūmi ša manni* zu wessen Zeit. — *ina aḫrāt ūmi, ina arkāti ūmi, ina arkāniš ūmi* in Zukunft. —

ina ūm, in-ūma, enūma, inūm, inū, enū zur Zeit da, als, wann, wenn (mit *u* im Nachsatz, vgl. *u* א6); indem daß, solange, weil; daß, ob (nach *edū, amāru, damāqu, ḫadū, lamādu, malāku, marāṣu, palāḫu, qebū, ša'ālu, šemū*); nun, nunmehr, dann (im Nachsatz zu einer Protasis mit *šumma*); *enūma eliš* Titel der Schöpfungslegende; *enū(-ma) Anu*

Ellil Titel des Astrologischen Werkes. — *ina ūmi šāšu*, *ina ūmi šū*, *inūmišū*, *enūmišu*, *enūšū*, *enūš* zu jener Zeit, zur selbigen Zeit, damals; da, dann (im Nachsatz zu einer Protasis mit *inūma*, *inū*). — *eštu ūmi* einstmals, seitdem. *eštu ūmi rūqūti* vor langer Zeit, einst (opp. *inanna*); *eštu ūmi ma'dūti* seit langem. *eštu ūmu ṣāti*, *eštu ūm ṣāti*, *eštu ūm ṣāt* seit ewig. *eštu ūminma* von heute an, von nun an. *eštu eli ūmi ša*, *eštu ūmi ša*, *eštu ūm*, *eštūm*, *eštūma* seitdem daß, seitdem, seit (cj.). *eštūma kiām* since (the matter stands) thus, unter diesen Umständen. — *untūm*, *untū* (?), *undu*, *endūm* (?), *endēma* (?) zur Zeit als, als, nachdem (mit *u* im Nachsatz, vgl. *u* א6). *undu . . . balṭu* solange er am Leben, bei seinen Lebzeiten. — *libbi 2 ūmi* innerhalb 2er Tage. — *arkān-ūm*, *arkānumma* nachdem; wenn nachher. — *manni ūmi* wie lange, wie oft, zur Zeit da. *ūm ebūri* Erntezeit. — *ūm uggati* Tag des (göttlichen) Zornes, d.i. Unglücks-Tag (der 19. Monatstag). — *ūm edērti*, *ūm tādērti* Tag der (Toten-)Trauer (= *ūm bubbuli*). — *ūm ullūti* Vorzeit. — *ūm eletti Sīn* «der Geburtstag von Sīn» (der 30. Monatstag). — *ūm tēlēlti* Tag der Reinigungsfeier (ein bestimmter Monatstag). — *ūmu emmu* heißes Wetter. — *ūm esenni* Festtag; Tag des Šamašfestes (?). — *ūmi ēṣūti* («wenige Tage» =) kurzes Leben. — *ūmu akītu* (Haupt-)Festtag. — *ūm arḫi* Neumondstag (?). — *ūmu erpi* wolkiges Wetter. — *ūmu eššēšu* Monatsfesttag. — *ūm nubatti* «Tag der Nachtruhe» (vom Mond = *ūm bubbuli*). — *ūm bubbuli* Tag des Verschwindens (vom Mond, der 28. bzw. 29. Monatstag). — *ūm balṭu*, *ūm balāṭi* Lebtag, Lebenszeit (vgl. *balāṭu*); *adi ūm balṭu* zeitlebens. — *ūm* (?) *dār* immerwährend. *ūmu ḫašū* finstere (Jahres-)Zeit, Winter. *ūmu ṭābu* gutes Wetter; Glückstag. *ūmu-akkal*, *ūmakal*, *ummakal* ein ganzer Tag, Volltag, ein Tag; *ša-ūmakal* eintägig (opp. *ša-dārati*). *ūm kispi* Tag des Totenspeiseopfers (= *ūm bubbuli*). *ūmu lemnu* Unglückstag (der [7.], 14., 19., 21., [28.] Monatstag). *ina ūmi lā malūti* (während nicht-erfüllter Tage =) vor Ablauf einer (kontraktlich bestimmten) Zeit. *ūma u mūša* Tag und Nacht. *ūm-mašel* Mittag. *ūm nūḫ libbi* Besänftigungstag (e. best. Monatstag = *šabattu?*). *ūmu namru* Lichttag; ein Šamašfeiertag. *ūm pāni* Vorzeit. *ultu ūm pāni* seit alters. *ūm ṣeḫri* Kindheit (opp. *bēlūtu*). *ūmu rāqu* «(Feste-) leerer», festloser Tag, Alltag (?). *ūm redūti Ištar* Tag der Nachfolge von Ištar (e. bestimmter Monatstag). *ūm remki* Reinigungstag (e. bestimmter Monatstag, = *šabattu?*). *ša ūm-išten* Tagesration. *ūm lā-šēmti* Unzeit; *ūmi šēmāti* Todestag. *ūmu šaqū* e. Markierung der Leber.

ūmiš taggleich, wie der Tag; gleich e. Sturm.

ūmišam, ūmišamma, ūmišammu, ummišalla (?), **ūmišum** (?) täglich.

ūmamšati bevor (?).

jānu, ja'nu, ajanu (?) (ןאו7א) es ist (war) nicht, es gibt (gab) nicht; nicht; wo nicht; nein. — *jānu . . . jānu* . . . weder . . . noch . . . ist (war). — *jānu ana*, *jānu itti*, *jānu pān*, *jānu ina pān* nicht haben. — *manma jānu* es gibt (gab) niemand. *jānu (amēlu) ša* es gibt (gab) niemand, der. *jānu memma* es gibt (gab) nichts. *jānu lemnu* es gibt (gab) nichts Böses. *jānu memma ana jāši* ich habe nichts. *jānu ašar*, *jānu ajakāme* es gibt (gab) keinen Ort, wo (hin). — *ana alāki jānu* es ist (war) unmöglich, zu kommen. — *jānu alla* nicht mehr als, nur. — *ja'nū* ist es nicht so?; *jānū*, *u jānū*, *u kī jānū*, *u kī ajanu (?)* wenn (aber) nicht, wo nicht. *jānū alla agā* wenn aber nur dies (?). — Vgl. *ajanu* (א7א1).

ēnu, ḫēnu (ןא7א4), st. c. *ēn*, du.

ēnā, pl. *ēnāti* Auge, Blick; Teil eines Karrens (*ṣumbi*); Bruchteil einer Zahl (vgl. *petū*); Quelle; — pl. (künstliche) Augen (aus verschiedenen Edelsteinen, in Gold gefaßt, oder aus rötlicher Paste, *šeršerri*; zum Einsetzen in Statuen; als Schmuckgegenstand bzw. Amulett). — *ina ēnē* + suff. mit eigenen Augen. *ina ēnēka* (in deinen Augen =) deiner Ansicht nach. *ina eli ēnēja* soviel ich sehe (?), wie mir scheint (?). — *ēnē iṣṣūri* e. Stein. — *ēnā erēbi* e. Pflanze. — *ēnu lemuttu* böser Blick. — *ēn šamē u erṣeti* das Auge Himmels und der Erden, e. Beiname Sīn's. — *ēnu ša kupri* Asphaltquelle. — *ēnu ša mē* Wasserquelle, Quelle. — *ēnāti ša Idiqlat u Purāti* Tigris- und Euphratquellen.

ēnētu, ēnettu, pl. *eneāti* Teilzahlung, Zahlungsrate; vgl. *enū*.

īnu (LW.) Wein. — *īni alpi* eine Weinsorte.

ajantu, ijantu, jantu, pl. *ajanāti* Feindlichkeit, Feindseligkeit (?).

uanu e. Pflanze.

(wa'āṣu,) a'āṣu, ma'āṣu (*ē*) (ץאא6): wenig werden, sich verringern; zu wenig werden, wirkungslos werden (Waffe *kakku*); pms. wenig sein (opp. *mād*), knapp sein (Nahrungsmittel *akālē*); zu dürftig sein (Zugang, *tālaktu*, zu e. Tempel). — III/II2 e. Verringerung eintreten lassen, weniger tun, weniger geben (bedeutend *danniš*). — *mēṣi ū ma'ad* (ob) es wenig oder viel ist.

ēṣu, mēṣu, f. *ēṣtu* wenig, gering (opp. *ma'du*), wenig zahlreich (Truppen, Heer *ummāni, uqu*), klein (Hausgrundstück *bētu*), unbedeutend (Worte *dibbi*, opp. *damqu*). — *ēṣu (mēṣu) ū mādu, ēṣu ū ruddū* wenig oder viel, gering oder vermehrt (Opfer *genē*), «mehr oder weniger».

ajaṣu Wildschwein (?).

ūru, urru (רא6א1), pl. *urri* Licht (von Mond und Sonne), Tageslicht, Tag, Lichttag; («Tag», d. i.) Lichtperiode (?, eines Planeten); Morgen. *urra (u) mūša (mīša), mūša u urra, mūši u urra, mūši u urri* (pl.) (bei) Tag und Nacht. *6 urri u mušāti* 6 Tage und (6) Nächte. *6 urri u 7 mušāti* 6 Tage und 7 Nächte. *urram u šēram* immer und ewig. *urri laḫḫē* (pl.) morgens (und) abends. *adi urra* bis morgens, bis zum Morgen.

urriš bei Tage (opp. *mūšiš*).

ajaru, āru, ēru (רא7א1), f. *ajartu* (?), *ártu* Blatt- und Blütenwerk der Pflanze, Rispe (der Dattelpalme *gišimmaru*); Nachkomme, junger Mann; ein Schmuckgegenstand (?, künstliche «Blüte»?, von Gold); — Ijar. — *ajar ili* Göttersproß. — *āru ša nūni* Fischlaich. — *ajar ḫurāṣi, ajar sikir, ajar sanapu, ajar ṣarpi* Pflanzennamen.

mājāru (?), ***māru*** e. Ackergerät: Hacke (mit Griff aus Tamariskenholz *bīnu*; vgl. *maḫāṣu*); behacktes Land (?).

ajaraḫu, jārḫḫu s. ארח.

ūru (?) (רא6א2?) (großer) See; Wassermasse (?, des Ozeans *apsī*).

āru (רא6א4) erwachen (aus dem Schlaf *šettu*), sich erwachend erheben (von der Schlafstätte *ina majāli*, opp. *ṣalālu*); pms. wach sein.

ēru f., pl. *ērāti* wachend.

ūru (רא6א4), st. c. *ūr* weibliche Scham (vgl. *urū* ארא4); — offenes (flaches) Dach; Dachgebälk.

ēru?, ḫamāru? (רא6א4) (wests. LW.?) II; pms. geblendet sein (Augen *ēnāti*).

tūrtu Blendung (?). — *tūrti ēnē* Blindheit. — Vgl. *tāru*.

wa'āru, a'āru, āru, ma'āru (*e*) (רא1א6) gehen, wandeln, fliegen, fließen (Kanal *nāru*; vgl. *jarru* ארר); losgehen (gegen: dat. *ana*, mit Waffen *ina kakki*), zugehen (auf: *qereb*), aufbrechen, sich aufmachen (zur Schlacht *ana tāḫazi*). — I2 (über jdn.) kommen (Böses *lemnu*). — I3 (?) schreiten (zum Angriff *ananāti?*). — II1 (heran)führen (jdn. acc., aus: *ina libbi*), (aus)gehen lassen, senden (e. Sendung *têrta*, zu: *ṣêr*); (jdn.) entsenden, schicken; (jdn.) beauftragen (etw. zu tun: *ana* mit inf.); (jdn.) beordern (zu: *ana eli*; zusammen mit: *itti*); e. Befehl (*ûrta*, *ṭêma*) erlassen, Befehl erteilen (zu bösem Zweck *ana idi lemutti*), befehlen (cpl. *epêšu*); leiten, regieren (e. Land *māta*). — II2 (jdn.) einsetzen, bestellen, beordern, vollführen (zu: acc. d. inf.); (jdm. etw.) entbieten; lenken. — II3 Anlaß geben (zur Sünde *ana ḫiṭi*). — III1 zuführen, bringen lassen (zu: *ana maḫar*), senden. — *mu'uruma šûḫuzu* (jdn.) anstiften. — *a'āru ananta* zum Angriff schreiten. — *êr ina šalāmi* wandle in Frieden.

ašar lā-āri unzugänglicher Ort, ungangbare Gegend; *šamê lā-āri* der unerreichbare Himmel.

ûrtu, pl. (?) *urtāti* Befehl, Geheiß, Bescheid; Gesetz; pl. Omina (?). — *ûrtu ša balāṭi* e. Geheiß für die Wohlfahrt (?).

mu'erru, muma'eru, f. *mumertu*, *mummertu* st. abs. *muma'erat* gebieterisch; — e. höherer Beamter der Aufsichts- oder Verwaltungsbehörde, Vorsteher, Aufseher; f. Verführerin (zum Ehebruch), Kupplerin. — *muma'er ekalli*, *mu'er ṣâb bāb ekalli* Domänenverwalter. — *muma'er gimri* Lenker des Alls (e. Beiname v. Šamaš u. Nimurta).

mu'errûtu Verwaltung (sc. d. Landes seitens des Königs).

muta'eru in *muta'er mim-šumšu*: Lenker des Alls (e. Beiname von Nusku).

mûrtu Sendung (?).

têrtu, st. c. *têrit*, pl. *têrête* Sendung, Befehl, Geheiß; Sendung e. Orakels (*šêru*), Orakel; Eingeweideschau, Eingeweide (oder e. Teil davon). — *ša têrête* Orakeldeuter, Wahrsager (?; vgl. *bêlu*).

tāmartu, tāmertu, tāmurtu (?) Geschenksendung, Geschenk, Gabe. — Vgl. *amāru* u. *tāru*.

arû (Sekundärbildung ארא6.7?) führen. — I2 leiten, regieren. — III1 unterweisen (?).

ajaru, e'ru (?) (א4א7ר) (wests. LW.?) Wald.

e'ru, êru Kornelle (?, Esche?); e. aus derem Holz gefertigter Stock (vgl. *murrânu*); e. Wahrzeichen Anu's.

ja'eru, ja'uru (?), pl. (?) *ja'erête* e. Art Einfassung (?, von Gold); e. Art Zaun (?, von Stein).

ajaiš (?), ***ajiš, êš*** s. א7א1.

ajāši, jāši s. *anakû*.

a'uššu, aḫuššu e. Pflanze.

îtu s. א7א6א1.

jâti, jâtu, jâtinu s. *anakû*.

abu (אב1), st. c. *ab*, pl. *abû*, *abbû*, *abi*, *abbi*, *abûti*, *abbûti*, *abâni* Vater (cpl. *ummu*); Vorfahre, Ahne; Adoptivvater; «Vater» (als Ehrentitel in Briefeingängen, vgl. *māru*); (vorangestellter) Beiname von Ea, Enlil, Nannar und Sîn (mit Suff.) als Apposition zu einem EN., diesem gewöhnlich nachgesetzt, aber auch *abušu Ea*, *abušu Anu*, *abī Gilgameš*. — Ab (Monat der Bautätigkeit); pl. Vorfahren, Ahnen; *abâni* Priester, vgl. *ummu*. — *ultu abû* von den Vorfahren her, von alters her. — *ab-abi*, *aba-abi* Großvater (cpl. *um-ummi*). — *abu murabbû* Adoptivvater, Ziehvater. — *abu âlid ili u amêli*, *abu âlid napḫari* Beinamen von Sîn. — *abi âli* Stadtrat. *abu ili* Göttervater, Beiname von Anu, Anšar, Aššur u. Enlil (dieser auch als *abu âlid ili* bezeichnet). *abu ummâni* «Heervater», Titel e. höheren Militärbeamten mit beigeordnetem Polizei- und richterlichem Dienst.

abbûtu väterliche Gesinnung. — *abbûtu u aḫûtu* väterliche und brüderliche Zuneigung.

aba (?) anderthalb (?).

abûtu (אבא1), pl. *abâti*, *abûtu*, *abbûtu* Wunsch, Bitte, Fürsprache (s. *epêšu*, *dabābu* u. *ṣabâtu*); Wille, Willensäußerung, Bescheid, Mitteilung; Ding, Sache. — *abīt, abāt ili* Orakel, Orakelsprüche; *abīt šarri* königlicher Erlaß (offizielles Schreiben). — *abbūtū, abbūti* vor oder nach einem imper. bzw. prohib.: bitte, . . .

ebītu Syn. zu *šubtu, nēḫtu* Wohnstätte.

abaja e. Wasservogel.

abū s. ***apū*** (אפא1).

(abābu) (אבב6 ?) III1 e. Überflutung *(abba)* herbeiführen, überfluten.

abūbu, abbu Überflutung, Wasserflut, Sturmflut, Sintflut; e. (unter der Sturmflut gedachtes?) wildes Tier (Wolf?) oder Fabeltier (Drache?); e. als solches gedachter Dämon; Wahrzeichen von Marduk-Jupiter und Nergal-Mars; e. Nachbildung davon (in Silber oder Gold).

abūb našpanti verheerende Sturmflut. *abūbu tabāli* Sandhose (?). *abūb tamḫāri* Kampfessturm.

abūbiš, abūbāniš wie e. Sturmflut, wie die Sintflut; vgl. *šebū*.

ebēbu *(e)* rein werden, rein sein, licht sein, hell sein (lobus caudatus *ubānu*); (kultisch) rein sein; unschuldig sein. — I2 rein, hell werden. — II1 rein machen (: Unreine *aršūti*), reinhalten (: Kult *šuluḫḫa*), (kultisch, durch Sühnriten) reinigen (: Körper *zumra*, Hände *qātā*, Pfeile *belē*, Heiligtümer *parakkē*, Götterbild *ṣalam ili*); rein erhalten (: Recht *kētta*); e. Reinigungseid leisten (sich gegenseitig *aḫu ana aḫi;* bei dem Göttersymbol von . . . *ina šuren ša . . .*). — II2 für rein, für unschuldig erklären (Flußgott *Id*, jd.: acc.). — III1 (kultisch) rein sein lassen (vgl. *(pardā'u)*). — *pūsu ebeb* seine Stirn ist (vom Sklavenmal) gereinigt (befreit) worden, d. h. er ist freigelassen worden; *pūta ūtebubu* freigelassen werden (von jd.: *itti*). — *ana ubbubi, ana ūbubi* zum Reinigungseid.

ebbu, f. *ebbītu* rein, hell (Silber *kaspi*, Lazurstein *uknū*, Bronze *siparru*, Goldlegierung *ešmarū, zaḫalū*); kultisch rein (Opfer *nīqē, serqi, nēnṭābū*, Wasser *mē*, Öl *šamnu*, Hain *qīštu*, Wagen *narkabtu*, Gewand *ṣubātu, kitū*). — *ebbūti* reine Gewandung.

ubbubu rein, licht.

(mubbibu,) f. *mubbibtu* Reiniger. — *mubbibat erṣeti* bzw. *ḫiṭāti* Reinigerin der Erde (?) bzw. der Sünden, Beiname von Bau.

tēbebtu (e. best.) Reinigungsarbeit (in der gärtnerischen Bewirtschaftung; (kultische) Reinigung (durch Eid).

abbu (?) alter (Holz-)Stamm (?).

ebbū (sum. LW.) (Zornes- d. i.) Unglücks-Tag; Unglück, Verlust. — *ebbū (ša Gula)* der 19. Monatstag.

ebūbu, ebbūbu, embūbu (einfache) Flöte.

ebubatu Syn. zu *kištu* Wald.

ebga s. *ebqu*.

abdu (אבד4) (wests. LW.) Sklave, Knecht.

abbuttu, abbūtu Sklavenmal (e. besondere Haartracht?).

abbuttānu, ābūtānu (?) e. Fisch.

ebēḫu *(e)* umschließen, einschließen. — I3 Schutz suchen (?). — II1 umhüllen (?).

abuḫḫu Einschließung, Beengung.

ebaḫu (den Foetus umschließender) Mutterleib.

nēbāḫu, dazu (?) pl. *nēbāḫāti* Abfindung, Abfindungssumme.

nēbēḫu, nēbḫu, pl. *nēbḫi* Verschlag (?); Fries; e. (für Götterstatuen bestimmtes) Gewandstück (Binde?); Ausbuchtung (eines Schildes *arītu*); — e. Gartengewächs (eine Schlingpflanze?).

nēbēḫtu Schlinge, Schleife (?).

abāṭu, abātu *(u)* in Angriff nehmen, angreifen, affizieren (: Auge *ēna*), ergreifen (: Berg *šadā*); sich vergreifen an, zugrunderichten, zerstören (: Stadt *āla*, Mauer *dūra*, Urkunde *muṣarā*; opp. *banū*); pms. zerstört sein. — II$_1$ fassen, packen, festhalten (: Glieder *benēte*, Füße *šēpā*); (vollständig) zerstören, verwüsten (: Land *māta*, Ortschaften *ṭaṭmū*, Haus *bēta*, Tempelturm *seqqurrata*, Mauer *dūra*, Bild *ṣalma*, Grenzstein *narā*, *kudurra*, *abna*), zertrümmern (durch e. Steinwurf *ina abni*), vernichten (: Gewand *lubāša*), (jd.) zugrunderichten; pms. affiziert sein, zerstört sein (Augen *ēnā*, Eingeweide *libbu*); — in Zeilen gefaßt (geordnet) sein (Schrifttafel *ṭuppu*, vgl. *sanāqu*). — II$_2$ erfaßt, ergriffen werden (Berge, *šadāni*, von der Lohe, *ina nabli*, Marduk's); zerstört werden (Mauer *dūru*). — III$_1$ zunichtemachen, vereiteln (: Wunsch *ṣibūta*, jdm.: dat.). — IV$_1$ gepackt werden; zu Ruinen werden (Tempel *bētu*), vernichtet werden (Land); sich davon machen, fliehen (vor: *eštu pān*; nach dem Meer *uruḫḫi tāmdi*). — IV$_2$ zugrundegehen (?); flüchten (Sklave). — IV$_3$ zugrundegerichtet sein. — *abātu balta* kastrieren.

(abītu) *abtu* zerstört; pl. f. *abtāti* Ruinen.

ibbūtu Zerstörungswerk.

ubbuṭu, ubbutu Vernichtung; Aushungerung, Hungersnot.

bubu'tu, bubūtu s. unter ב.

munnabtu, pl. *munnabti* Flüchtling.

abāku *(u)* bringen: hinbringen (nach, zu: *ana*, *itti*, *ina pān;* aus, von: *eštu;* nach . . . hinein: *ana qereb*), holen, beischaffen (durch: *ina qātē*); wegbringen, wegführen, fortschaffen, aus der Welt schaffen (: Sünden, *ḫiṭāti*, d. i. sie verzeihen; :Eid, *adē*, d. i. ihn brechen); zunichte machen, hinfällig machen; an sich bringen, erstehen (etwas: acc., für Geld *ana kaspi*, von jd.: *ina qāt*); pms. hinfällig, vernichtet sein. — I$_2$ bringen; wegführen. — II$_1$ wegschaffen, vernichten (Wind *šāru*: Bäume *iṣi*); verzeihen, vergeben (: Missetat *šērta*); pms. verschoben sein (Körperteil einer Neugeburt, Teile der Tierleber). — II$_2$ weggeschafft, vernichtet werden (Wandungen, *milā*, eines Tempels). — III$_1$ bringen lassen (vor: *ana maḫar*). — III$_2$ pms. verschoben sein. — IV$_1$ sich begeben (zu: *ana pān*); vernichtet werden; verziehen werden. — IV$_2$ sich verbringen (zu Schiff *ina eleppi*, nach: *ana*); verziehen werden (Missetat *šērtu*). — *ubbuku muššuru* abgeschafft (ausrangiert) (und zu freier Verfügung) überlassen (?, Statuen *ṣalmāni*).

(abīku,) abku, f. *abiktu* Geschlagener, Gefangener: f. Vernichtung, Niederlage.

abukatu e. Pflanzenstoff oder Pflanzenteil (der Palme?).

abkininītu e. Vogel.

abālu *(a)* (אבל$_1$) trocken werden, austrocknen (Fluß *nāru*, vertrocknen (semen virile *nīlu*). — II$_1$ trocknen, vertrocknen lassen (: Gaumen *lēq-pī*, Speichel *ru'ta*), ausdörren, ausmergeln (: Körper *zumra*, *pagra*). — III/II$_1$ (?) vertrocknen lassen (Feuergott: Pflanzenwuchs *ambate;* vgl. *(pēlu)*).

abīlu (?), ***ablu*** vertrocknet, trocken (Brot *aklu*).

ublu Vertrocknung (sc. der Epidermis), Nekrose, Räude (?).

ubbulu vertrocknet (Getreide *šēn*), ausgemergelt (opp. שמן); Trockenheit, Dürre.

nābālu trockenes Land, Festland (opp. *ti'āmtu*).

nābāliš zu trockenem Land; s. *emū* (א$_7$א$_6$א$_2$), *tāru*.

šābulu trocken (Holz *iṣu*).

šābultu trockenes.

tābālu trockenes Land, Festland (opp. *nāru*).

tābilu trockenes.

ibilu (אבל$_1$), pl. *ibili* (südsem. LW.) Kamel.

eblu (אבל$_3$), st. c. *ebel*, pl. *eblē* Strick; ἱμάς, Riemen am Türschloß *(aštarti, sikkūri)*; e. Flächenmaß = 6 *ikū* =

21171 qm; pl. Grenzen. — *ebel lib emmeri* e. (Grenz?-)Stelle im Innern des Schafes (?).

ābil bābi Pförtner (der den Türriemen handhabt [?]).

abūlu, abullu, pl. *abullāni* Tor, Stadttor; Torsteuer; Mund. — *abul erṣeti* das (von Šamaš geöffnete) Tor der Erde.

abulmaḫu großes Tor.

abālu *(e)* (אבל6) tragen (: Joch *nēra, abšāna*), auf sich laden (: Schuld *arna*), («tragen» =) schwanger sein, («tragen» =) enthalten (Rede *pû*: Frevel *ḫiṭīta*); forttragen, fortführen, entführen (Wasser *mē*: Landesernte *ebūr māti;* Wind *šāru*: Spreu *ilta*); forttraffen (Schicksal *šīmtu*); bringen (jdm.: *ana, ana eli*; zu: *ana muḫḫi, adi maḫar, ana maḫar*, hinein nach: *ina*, von, aus: *eštu*); hinbringen (nach: *ana*); beibringen (: Mahlschatz *terḫāta*, Mitgift *šereqta;* Zeugen *šēbi*); hertun (: After, zum coitus per anum); dazu bringen, treiben (Herz, Inneres *libbu, kabittu*, [etwas] zu tun: acc. d. inf.); hinterbringen (: Rede *dabāba*, Kunde *ṭēma*, jdm.: *ana*). — I2 fortspülen (Flut *mēlû*: Mauer *dūra*); nehmen (opp. *nadānu;* vgl. *tabālu*); auf sich laden (: Schuld *arna*); (etwas jdm. in e. Prozeß Zugesprochenes) davontragen; beibringen (: Zeugen *šēbi*); dazu bringen, verleiten (zu: *ana* mit inf.); leiten, lenken (Gottheit: Rede *pâ*, Geheiße *tērēti*), regieren. — I3 wiederholt, regelmäßig darbringen (: Gaben *igisē*); wiederholt, regelmäßig hinterbringen (jdm.: dat.). — II1 eine Last *(belta)* tragen (vgl. u.); hinbringen, bringen, beibringen, herbringen (nach: *ana*, zu: *ana eli, adi maḫar*), überbringen (opp. *turru*). — II2 sich betragen, sich benehmen (gegen: *ana pān*); freundlich entgegenkommen (jdm.: acc.). — III1 tragen lassen; forttragen lassen (: den Wind die Sünden *šāra egāti*), bringen lassen (: jd. acc., etwas acc., zu: *adi maḫar;* nach: *ana qereb;* Geschenk *bibla, šulmāna, ṭa'ta*, Gaben *qīšāti;* jd. etw.: dopp. acc., jdm.: *ana*), senden (mit einer Botschaft *ina šūbulti*), übersenden (zum Geschenk *ana šulmāni;* durch jd.: *ana qāt* . . .); (etw. jdm.: dopp. acc.) zum Transport *(ana šēbulti)* übergeben. — III2 bringen lassen, senden (jdm.: *ana, ina eli;* durch: *ina qātē;* nach, gegen . . , hin: *ana pān*); treiben (Inneres *kabittu*); vertreiben; hintertreiben (: Befehl *amāt qebēti*); pms. (etwas überbracht) erhalten (: Orakel *amūta, tērēte*); vor sich *(ina pān)* haben (: Erscheinungen auf der Leberoberfläche). — IV1 gebracht werden (nach, zu: *ana*). — IV3 sich benehmen (gegen: *ana*; gnädig *ina damqāti*). — *abālu amāta* Kunde bringen (jdm.: *ana*). *abālu amāta muḫi kabīti muḫi ṣūri* einen Befehl auf Bauch (und) auf Rücken tragen, d. i. seiner stets eingedenk sein. — *abālu ūma* die Zeit verbringen (mit: *ina*). — *abālu belta* Tribut bringen; Steuer zahlen. — *abālu ana dīni* (jmd. zum Urteil bringen =) um ein Urteil angehen. — *karassu, libbušu, ṣurrušu uštabil* sein Herz trug sich damit, sein Sinn war darauf gerichtet (zu: *ana*). — *ubbulu kitra* Hilfe bringen. — *šutābulu mē eqla* bzw. *ugāra* veranlassen (verschulden), daß das Wasser Gelände bzw. e. Flur wegreißt. — *ubbulu nezeqta* «Leid tragen» = in Sorge sein. — *abālu pāna* mit suff. jdm. Nachsicht gewähren, huldreich sein. — *abālu šulma* Heil bringen. — *abālu napišta* Leben bringen. *šutābulu ana puzrāt* verbergen lassen. *šutābulu karāša* den Sinn richten auf. *abālu qāta* berühren (etwas: *ana;* Arzt: Kranken *āsû ana marṣi*), anrühren (etwas: *ina libbi*). *abālu qāta ana lemutti* zu bösem Zweck Hand anlegen (an e. Stadt *ana āli*). *ubbulu qāt* + suff. sich vergreifen (an: *ana*). — *mala qāssunu ubalu* soviel ihre Hand bringt (= soviel sie bearbeiten können). *abālu qaqqadsu* haftbar werden (?). — *šutā-*

bulu šaptā die Lippen bewegen. — Vgl. *babālu.*

tabālu *(a)* wegnehmen, fortnehmen, fortführen (gewaltsam *ina parikti*), fortschaffen, fortholen, entreißen (: Sklavin *amta,* Rinder *alpi,* Getreide *šēa,* Schrifttafel *ṭuppa,* Geld *kaspa*), wegraffen (Tod *mūtu*); annehmen, kaufen (: Kind *ṣuḫāra;* um Geld *ana kaspi*); behalten (: bestrittenen Besitz); verschwinden (Mond, Venus, Jupiter); pms. fehlen (Ohr, *uznu,* einer Neugeburt). — I2 entheben (jdn.: *pān,* einer Arbeit *ina dulli* = ihm die Arbeit abnehmen). — II1 sich vergreifen (an Saatgut: *zēra,* an jds. Rechte: acc. ps.). — *tabālu tabāla* in Empfang nehmen, erhalten. — *tabālu enba* sich begatten (Mann, cpl. *qāšu enba*).

tabīlu, tablu, st. c. *tabīl* abhandengekommen, fehlend (Muttermilch *šizbu,* Vollkraft *baštu*); Fehlbetrag.

tubālu, tubāl ausgenommen, mit Ausnahme von, außer; ausschließlich (exklusive). — *tubāl ema* außer da, wo.

ūbelu, pl. *ūbeli* Träger. — *ūbel belti* Tributträger, Steuerzahler.

biblu, bibbulu s. unter ב.

beltu, st. c. *belat,* pl. *belāti* Last, Manneslast, Gewicht; Ertrag (eines Gartens *kerī,* des Gebirges *šadāni, ḫuršāni*), Abgabe, Pacht(zins) (vgl. *nadānu*), Steuer; e. Gewicht (für Metalle und deren Legierungen *annaku, erū, ḫurāṣu, kaspu, siparru, parzillu, ešmarū, ṣarēru,* Lazurstein *uknū,* Wolle *šipāti*); Talent = 60 *manū* = 30,3 kg. — *belat eqli* Grundsteuer. — *belat gerri* Abgabe für e. Weg. — *beltu u tāmartu* Abgabe und Geschenke. *beltu u madattu, beltu madattu* Tributabgabe.

mutabbilu, f. *mutabbiltu* Lenker. *mutabbilat kakki* «Waffenführerin», e. Beiname v. Ištar.

muštābilu, f. *multabiltu* Sender, Spender; f. (Entsenderin sc. der Worte =) Zunge. — *muštabil amāti* Schwätzer. *muštabil amāt damiqti* der einen günstigen Erlaß ergehen läßt. *muštabil tērēte* Orakelspender, Beiname von Marduk.

muttabilu, f. *muttabiltu* tragbar; beweglich (Hände *idā*); f. (tragbares, bewegliches) Hausgerät; (tragbares) Netz.

šēbulu Auslieferung.

šēbultu Transport.

šūbulu überbracht, zu überbringend.

šūbeltu, šūbultu, pl. *šūbelāti, šubulāti* Sendung, Botschaft; Auftrag, Werk. — *šūbulti šikni* Bauwerk.

abālu reichlich sein, strotzen. — III2 voll, angefüllt, reichlich sein (von Orakeln *tērēte;* von Kunstwerk *šipir nekelti*). — *muštābil amāti* Vielredner, Schwätzer o. ä.

ablūtu strotzende Fülle, Menge.

ablu s. *apēlu.*

abulilu e. Dorngesträuch.

abnu (אבן1), st. c. *aban,* pl. *abni, abanāti* (?) Stein, Gestein; Edelstein; Hagel; Kern (einer Dattel *suluppi*); Gewichtstein, Gewicht; Grenzstein; Steinurkunde, pl. Gestein; Steininschriften. — *ina abni* durch einen Steinwurf. — *abnu rabītu* («großes Gewicht»), *abnu maṭītu* («vermindertes Gewicht»), *aban Šamaš* («Šamaš-Gewicht»), *aban namḫarti ekalli* («Empfangsgewicht des Palastes») verschiedene Gewichtssysteme. — *aban alādi* Gebärstein. — *aban emši, aban asakki, aban iṣṣūri, aban lamassi, aban qabē* verschiedene Amulette. — *abni aqqulli* («Prasselsteine» =) Hagelkörner, Hagel. — *aban išāti* Feuerstein (?). — *abni kīsi* Gewichtsteine (, die man) im Beutel (bei sich trägt). — *aban kunukki* Siegelstein, Siegel. — *abni nasqūti, abni nesēqti, nesēqti abni* Edelgestein, Edelsteine. — *aban qarārū* Feuerstein (?). — *aban* *šeʾēri* Ringstein. — *aban šadī, abni šadī* Kalkstein, Kalksteinblock. — *aban (tik) šamē* Hagel. — *aban šarrūti* königlicher Stein, Beiname des Jaspis *(ašpū)*.

abunnatu e. paarweise vorh. Körperteil; e. Teil des Lastwagens *(ereqqu)*; e. Teil der Hacke *(marru)*.

ibnētu e. Vogel.

ubānu s. אבן2.

ubuntu (?) e. Art Feinmehl (?).

ubbunu e. Kleidungsstück.

abbunnu e. Vogel.

abūsu, *abūsatu, abussatu,* pl. *abūsāti* runder Futtertrog, Krippe; Haarkranz an der Stirn, Schläfenhaar; eine Mißbildung der Haut (bei einer Neugeburt); pl. Stall. — *bēt abūsāti* Stall(gebäude), Stallung. — *ša abūsāti* (Stallknecht) Stallmagd.

absasū (?) e. Tier.

ebqu (אבק4?) (e. Art) Aussatz.

abāru *(u)* (אבר1) kräftig, stark sein (Person), fest sein (Bauwerk). — I2 pms. Kraft haben (außerordentlich *šaqiš*). — *abāru u dunnu, dunnu u abāru* Stärke und Macht. — II2 (?) verstärken (: Mauer *dūra*).

abru (אבר1), du. *abrā,* pl. *abrū* (Arm-)Schwinge (vgl. *kappu*); Flosse; du. Schwingenpaar; Flossenpaar.

ebūru (אבר3) Adj. bei Kleidern (?), bunt, farbig.

ebēru *(e)* (אבר3) zusammenbringen, sammeln; zusammenschließen, einschließen (in bzw. mit e. Netz *ina šēti*). — II1 binden; bannen. — II2 gebunden werden od. sein, gebannt werden od. sein (opp. *ašāru*).

abru, pl. *abrū, abri* (Ansammlung von Reisern usw. =) Vogelnest; (Ansammlung von Scheitern =) Holzstoß; Opferfeuer.

abriš gleich einem Holzstoß.

abrū versammelt (?).

abartu, pl. (?) *abrātu* Gemeinschaft; pl. Gesamtheit (der Menschen).

ebru, st. c. *eber* Genosse, Freund. — *ebru (u) tappū* Kamerad, Gefährte.

ebratu (gemeinsamer) Wohnraum, Zimmer.

ebrūtu Freundschaft.

aburru Zusammensein, Gemeinsamkeit; vgl. *igāru, bētu.* — *aburri kerī* Gartenkomplex.

aburriš, abūriš zusammen, beisammen, vereint, vereinigt, gemeinsam; vgl. *ašābu, rabāṣu.*

ubarru, ubāru, f. *ubārtu* Bürger.

ubūrtu Einschließung, Blockade (milit.).

abburtu Heimatland (von Pflanzen).

ubburu gebunden. — *ubbur mešrēti* gelähmt (?); Lähmung (?).

mēbarru (?) Gemach, Göttergemach (?).

nābaru, nābartu Käfig, Löwenkäfig.

aburānu Komplex.

itbaru, f. *itburtu* Freund.

ebaru (אבר3) Narbe (?, Beule?).

ebēru *(e)* (אבר4) hinübergehen, überschreiten (: Fluß *nāra,* zum xten Mal *adi x;* Planeten: Himmel *šamē*), über das Meer *(tiamat)* fahren, hinüberfahren (zu, nach: *ana*), überfluten (Meer *tiamtu*); überhängen (Teil der Leberrückenfläche *ṣēr kabitti*). — I2 hinübergehen, hinüberziehen (zu: *ana, eli*), überschreiten, übersetzen (über e. Fluß: acc.); durchschreiten *(nēbēru*-Jupiter: Tiamat *qerbiš Tiamat*). — I3 regelmäßig übersetzen (über Flüsse und Meere: *nārāti u tāmāti*). — I4 durchfahren (: Meere *tāmāti*). — III1 übersetzen lassen (nach dem diesseitigen Ufer *ana aḫannā*), überschreiten lassen (: Fluß *nāra*); hinüber (bzw. herüber-) bringen (nach: *ina*). — III2 hinüberbringen, (hin)übersenden. — *ēber šamē* Himmelsüberschreiter (Marduk-Jupiter), f. *ēberat šamē* (Ṣarpanīt-Venus). — *mušēbēru* Verbindungskanal (?). *mušēbēret* Verbindungsweg, Verbindungsstraße (?).

ebru (? what is beyond =) Rest.

eber jenseits.

(ebbēru,) f. pl. *ebberēte* ausschreitend (?, Knie *berkā*).

abartu, ebertu, du. *ebertā* Ufer, Ufergebiet. — *eberti, ina eberti, ebertān* jenseits. *ina eberti ereb-šamši* auf dem Westufer. *ana ebertā* auf das jenseitige Ufer hinüber. *eštu ebertān . . . adi (ebertān)* von jenseits . . . bis (jenseits) . . .

nēbēru Furt; Fähre, Überfahrt; Name von Jupiter während seines Laufes von ca. 45° bis zum Meridian einschließlich.

nēbartu, nēbērtu Übergang (über e. Fluß); Übergangs-, Überfahrtsstelle. — *nēbērti tāmti* Meeresufer. — *nēbērti* jenseits (des Euphrat *Purat*).

tēbar jenseits (?).

ebūru (אבר$_4$), st. c. *ebūr* (Sommer-) Feldfrucht; Ernteertrag, Ernte, Erntezeit (Tamuz-Ab). — *ina ebūri* bei der Ernte; zur Erntezeit. — *ina libbi ebūri annī* während der heurigen Ernte(zeit). — *ebūr eqli* Feldertrag. — *ebūr suluppi* Dattelernte.

ebūrānu Erntearbeiter (?).

(abāru?) II$_1$ bezichtigen, (zu Unrecht) verklagen (eine[r] eine[n] andere[n] *amēlu amēla, sinništu sinništa*). — II$_2$ vorgeben, vortäuschen, fingieren (: Verlust *bābta*). — Vgl. *bāru*.

abru Syn. von *nāmāru* Spiegel.

abaru Teil e. Tempels.

abāru (LW.?) Magnesit (?).

abrū (?) e. Tier der Familie Equidae.

abruku s. unter ברך.

abrummu s. ברם.

abaraqqu, abreqqu, agreqqu (?) (sum. LW.) «Salbenmischer» (?): ein Priester; später e. (hoher) Beamter.

abaraqqūtu Amt des *abaraqqu*.

abāšu, (ebēšu,) epēšu (אבש$_3$) binden (mit e. Riemen *kāpu*); bannen, bezaubern. — I$_3$ bezaubern, behexen. — III$_1$ behexen (lassen) (Stelle *ašra*). — III$_2$ behexen.

abšu, pl. (als sgl. behandelt) *abšānu* Riemen; pl. Geschirr; Kumt, Joch.

āpišu, ēpišu, f. *ēpištu* Zauberer.

upīšu, (dazu?) pl. *upšāšū, upšāšē* Bann, Zauberkraft; pl. Zauber.

abšītu (?) Bindung (?), Verpflichtung, in *ana abšīti* pflichtgemäß (?).

muštēpištu, multēpeltu Behexerin, Hexe.

nēbēšu, nepēšu, pl. *nēpēšāni* (mit Zauberverfahren und Beschwörungen verbundener) Ritus (für eine Stadt *āli*, e. Fluß od. Kanal *nāri*, e. Haus *bēti*, e. Garten *kerī*; für den Monat X *ša (arḫi) X*; ausgeführt von *ša qāt, ša qātē*), Ritual. — *nēpēšu ša āšipūti* Ritus bei den Amtshandlungen des Beschwörungspriesters. — *nēpēšu ša kalūtu* Ritus bei den Amtshandlungen des Sühnepriesters. — *nēpēšu ša Lamasti* Ritus gegen Lamastu. — *nēpēšu ša šurpa* e. (best.) Verbrennungsritus.

nēpeštu Ritus (des Wahrsagepriesters *bārū*).

šūbšāti (pl.) e. (hölzernes) Tempelgerät.

abšēnu (Halmen-)Wachstum, Vegetation, Ähre.

abšarani (?) e. Monatsname.

abātu s. ***abāṭu.***

abutu ein lederner Gegenstand (Riemen?).

abbuttu, abbūtu, abbuttānu, ābūtānu s. unter ***abītu*** und ***abdu.***

egū (א$_4$גא$_{6.7}$?) müde, lässig werden; nachlässig, unachtsam sein, säumen (abs.; etwas zu tun *ana* mit inf.); vernachlässigen (jdn.: *ana*; : Pflicht *pēḫata*, hinsichtlich, mit Bezug auf: *ana*). — I$_2$ unachtsam sein (abs.).

egū Ermüdung, Müdigkeit. — *ana lā-egī* unermüdlich, unnachlässig.

egītu, pl. *egāti* (Unterlassungs-) Sünde.

egūtu (?) Nachlässigkeit.

mēgūtu Nachlässigkeit, Unachtsamkeit.

tūgātu e. Krankheitserscheinung, Kräfteverfall (?).

agā, pl. **agā'i,** *agānūti, agannūti,* f. *agāta,* pl. *agānēte, agannāti* dieser, dies; iste (vor Personennamen). *agāšū* dieser (da). — *agā gabbi, agā'i gabbi* dies alles. — *ūma agā* heute. — *šatta agā* dieses Jahr, heuer.

agū, pl. *agē* (sum. LW.?) Binde, Kopfbinde, Turban, Diadem; Königsmütze, Göttermütze. — *agū bēlūti, agū šarrūti* Königsdiadem (als Zeichen) der Herrschaft. — *agū tašreḫti, agū (ša) bēlūti, agū anūti* Herrlichkeits-, Herrschafts-, Anu'schafts-Diadem (von *Sîn*, als Vollmond). — *agū sāmu* rotes «Diadem» (bei Venus = Merkur). *agū ṣalmu* schwarzes «Diadem» (bei Venus = Saturn). *agū arqu* gelbes «Diadem» (bei Venus = Mars). *agū piṣū* weißes «Diadem» (bei Mond und Venus = Jupiter). — *agū qarni* Hörnermütze. — *agū ruššū ša šamē* rotglänzendes Himmelsdiadem, ein Beiname von Šamaš.

agū, pl. *agē* (sum. LW.?) Flut. — *agū nāri* Strömung.

igū (?, sum. LW.) Division, Divisionsaufgabe.

egū (sum. LW.) (??) Braut.

egū Antimonglanz, Schminke (?).

egū Dom.

agubbū, egubbū (sum. LW.) Weihwasser, Weihwasserbecken.

agāgu *(u)* (אגג 1) entzündet sein (?, Inneres *libbu*), erregt sein, zornig werden, ergrimmen (Gottheit; Herz *libbu;* über: *eli*). — II1 pms. entzündet sein (?, Ohr einer Neugeburt); erzürnt sein.

aggu grimmig, zornig (Herz *libbu*).

aggiš zornig, im Zorn. — *aggiš ezziš* in hellem Zorn.

uggu, uggatu Zorn. — *uggat libbi* Grimm.

egugtu Entzündung (?).

nangugu Zorn (?).

igigallu (sum. LW.)(«Großauge» =) Weiser, Allweiser. — *igigal ili* der Allweise unter den Göttern, Beiname von Marduk.

igigallūtu Weisheit, Allweisheit.

*(**agugillu,**)* pl. *agugillū* (?), f. *agugiltu,* pl. *agugilāt* (LW.?) (fremder?) Zauberer (?, Bezeichnung des Hexenmeisters bzw. der Hexe).

agādu (?) binden (?).

agittū Binde (?), Verband (des Arztes) (?).

agadibbu (LW.?) (flachgehender, von Menschen gezogener) Pflug.

egizangū, egizaggū e. Edelstein.

aguḫḫu e. Naturprodukt (?).

agalu, pl. *agali* Maulesel (?).

uggallu, ūgallu, pl. *uggallē* (sum. LW.) Löwenkoloß; (als solcher gedachter) Sturmdämon.

aigalluḫu (LW.) e. gehörntes Tier.

agallatillū, agālatīlū (sum. LW.) Wassersucht.

agāmu (אגם 1) erregt, zornig sein.

tēgēmtu Zorn.

agammu (sum. LW.) Sumpf, Sumpfland; Teich. — *agammi u appārāti* Sumpf- und Marschland.

ugnu (?) Minze (?).

agānu, agannu, pl. *agānāti* (wests. LW.?) Becken (aus Stein od. Bronze; auch zu Ordalzwecken verwandt).

agunu Syn. zu *agū* Kopfbinde.

egengeru e. Pflanze; s. a. *gengeru.*

igisū, pl. *igisē* (sum. LW.) Steuer, Abgabe.

agasalaku, agasaliku (LW.?) e. Werkzeug (?, aus Bronze *siparri*).

agappu, pl. *agappi* (wests. LW.) Flügel (eines Vogels); Seitenteil eines Stuhles (Thrones). — *agappi ēnē* Augenlider (?).

agāru *(u)* (אגר 1) einen Mietling *(agra)* dingen, mieten (: Rind zum

Dreschen *alpa ana diāši*, Lastesel *emēr belti*, Schiff *eleppa*; für Geld *ana kaspi*; auf ein Jahr *ana šatti 1*). — II2 dingen. — IV1 gedungen werden (Mietling *agru*; für die königliche Karawane *ana ḫarrān šarri*).

igru Lohn, Miete, Mietgeld.

āgeru Mieter. — *itti āgiri* auf Kosten des Mieters.

agēru, agru, pl. *agrūti*, f. pl. (?) *agērāti* gemietet; Mietling, Mietsklave, Lohnarbeiter; Aries.

agarru Mietling, Lohnarbeiter.

agrūtu, agrītu (?) Mietsverhältnis.

tēgertu Miete (?); vgl. *alāku*.

egēru (*e*) (אגר3) kreuzen, wickeln; umwickeln, umgeben (?); verwickeln. — I2 pms. verwickelt sein, verwirrt sein (?, Inneres, Herz *libbu*, Zunge, Rede *lišānu*). — III2 pms. ineinander verwickelt, verschlungen sein (die 2 Leiber, *2 pagru*, bzw. die 2 Hälse, *2 kišādu* einer Zwillingsmißgeburt); geringelt sein (Schlange *ṣēru*); verdreht, verrenkt sein (Fuß *šēpu*). — IV3 sich (fortwährend) verdrehen (Zunge *lišānu*, [beim Herauskommen] aus den Lippen *eštu šaptē*). — *šitaguru kīma pellurti* kreuzweise übereinander liegen (Zwillinge bei der Geburt).

igāru, st. c. *igār*, pl. *igarū*, *igārāti* Mauer (eines Tempels *bēti*, Palastes *ekalli*), Wand (eines Wohnraums *bēti*); Scheidewand; pl. Mauerwerk. — *igār aburri* Verbindungsmauer. *igārāt eleppi* Schiffswände, Schiffsrippen. *igār berēti* Trennungsmauer, Scheidewand. *igār kēdi* Außenwand. *igār seḫerti, igār lemēti* Umfassungsmauer.

itguru, f. *itgurtu* verwickelt, kompliziert (Divisionsaufgabe *igū*), m. u. f. Kreuz.

itgurtam über Kreuz.

agurru Brandziegel, Backstein (opp. *lebettu*); Ziegelwerk (aus e. Ofen *kēri, utūni*).

egerū (LW.?) ein ausländischer Vogel (Schwan?).

egerrū (sum. LW.?) Sinnen, Denken; Plan, Sinn, Deutung, Erklärung, Kommentar. — *egerrū dumqi u mēšari* guter, richtiger Sinn.

egertu, pl. *egerāti* Gedanke; Schriftstück, Edikt, (königliche) Botschaft, Brief; Kommentar.

ugarru, ugāru (sum. LW.?) Gefilde, Flur, (von Deichen eingefaßtes Stück einer) Feldmark, Gemarkung.

agargarū, agargarūtu (sum. LW.) Exkremente, Unrat (eines Schafes *emmeri*, einer Gazelle *ṣabīti*).

agarennu (sum. LW.) Mutter.

agreqqu s. *abaraqqu*.

idu, iddu (אד7), st. c. *id*, du. *idā*, *idān*, pl. *idāti*, *iddāti* Hand, Arm, Schwinge, Fang (eines Vogels); Seite, Rand, Rain (?, eines Feldes *eqli*); Gewalt, Macht, Kraft, Geltung (vgl. *rašū*); pl. Streitkräfte, Truppen; Wunderkräfte (?), Wunder, Vorzeichen (des Himmels *šamē*, des Mondes *Sīn*, der Erde *erṣeti*). — *id, idi, ana idi* zur Seite (des Königs *šarri*), neben. *idi ana idi* («Seite für Seite» =) zu beiden Seiten; von einer Seite zur andern. *eštēn adi idi eštēn* einer neben dem andern. — *id šūtu u šadū* bzw. *amurrū* Südost- bzw. Südwest-Seite (von Mond bzw. Sonne). — *idāt bēti* Außenseite eines Hauses (opp. *ṭubqāt bēti*). *idāt māti* Rückhalt des Landes (der Ernteertrag). — *id lemutti* böses Vorzeichen. *ana idi lemutti* zu bösem Zweck. *ana idi ramāni* zu eigenem Zweck. — *idāti ittāti* Wunder (und) Zeichen. — Vgl. *tamāḫu*.

iduš seitlich von, nahe an.

edu e. Pflanze.

ettu e. Pflanze.

uddū (א1דא7?), pl. *uddāti* Bedrängnis, Drangsal.

adī, adi, ad, adū (אדא4) prps. bis, nach, zu (loc. und temp., häufig mit inf.), einschließlich bis, noch vor (mit inf.), (bis) zur Zeit von, während; mit Neg. bis nicht, ehe nicht, ehe; ob (vgl. *ša'ālu*, *šitapuru*); — adv. nun, jetzt, sofort, ferner; dann, wahrhaftig, wahrlich, fürwahr, so wahr. — *adi ištēn*, *adi ištātu* (?) einmal; zum erstenmal. *adi šenē*, *adi šenēšu* zweimal; zum zweitenmal. *ištēn adi 3* (neben *ištēn 3*) dreimal. *adi x* zum xten Mal, vgl. *ebēru*. *adi x-šu* xmal; xfach. — *adi ūmi 1 ṭebēt* bis zum ersten Tebet. *adi 2 araḫ ūmi* innerhalb 2er Monate. *adi 10 ūmi* innerhalb von 10 Tagen. *ištu ūmi 1. adi ūmi 5.* vom 1. bis mit dem 5. Tag, vom 1. bis einschließlich 5. Tag (d. h. fünf Tage *ḫanšet ūmi*). *adi ḫamši arḫi* bis zum fünften Monat einschließlich. *adi* 1/3 *ūmi ša šamaš napāḫi* innerhalb des (ersten) Tagesdrittels nach Sonnenaufgang. — *adi inanna* bis jetzt. *adi annī* bisher. *adi ūmi annī*, *adi ūmussu* bis heute, heute. *adi ūmē ēṣūti* in wenigen Tagen. *adi dārēte*, *adi dāriš* bis in Ewigkeit. *adi nēnu* solange wir (leben). *adi šū-ma šū* solange er (d)er(selbe) ist. *adi šunuma* s. *našālu*. *adi šamē u erṣetu bašū* solange Himmel und Erde bestehen. *adi* samt, nebst, mit, plus, zugleich, einschließlich; vgl. *ina*, *ištu*, *ištu pān*; — cj. bis (daß), solange (als, bis), während; *lā-bašī* zunichte, gänzlich, ganz und gar (zu nichte); vgl. *alāku*, *lapātu*. — *adi ištēn amātu* auch nur ein einziges Wort. — *adi ša* bis daß. — *adi ebertān* bis jenseits von. — *adi eli*, *adi muḫḫi* praep. bis zu, bis nach, bis an. *adi eli enna*, *adi eli ša enna* bisher. *adi eli ūmu agā* bis zum heutigen Tag. *adi eli* 1/3 *manī* bis auf 1/3 Mine, bis zum Drittel einer Mine. *adi eli ša* conj. bis (daß). *adi eli mē* bis zum Grundwasser. *adi eli ša* bis daß. — *adi ašar* bis dahin (dorthin) wo. — *adi gemerti* + suff., *adi pat gemri* + suff. ganz und gar, vollständig. — *adi libbi* bis zu (temp.). *adi libbi ūmi annī* bis damals, bisher. — *adi maḫar*, *adi maḫērat*, *adi meḫrat* bis vor, entgegen, zu; vgl. *abālu*, *alāku*, *našū*, *šapāru*. — *adi matē*, *adi mat*, *ad matē*, *adi immatē*, *adi immat* bis wann, wie lange (noch). *adi matē ūmi* wie lange Zeit (noch). — *adi pān* zu; vgl. *alāku*. — *adi qereb* bis hin nach, bis hinein nach.

adīni, adīna, udīni, udīna, adinnu, uddinna bisher; mit Neg. (und flg. prs.) noch nicht; ehe.

adunakanni s. *akanna*.

adi'šu wahrlich (?).

adū (א4דא6) eine Bestimmung treffen, bestimmen (Götter). — II1 bestimmen (Mond: Tag, Monat und Jahr *ūma arḫa u šatta*, Namen *zaker šumi*), als Anteil bestimmen, festsetzen (: Gebäude *bēta*, Gelände *eqla*, jdm.: dt.), als Los (*isqa*) bestimmen (jdm.: *ana*), einsetzen (: König *šarra*). — II2 festsetzen, bestimmen (: Zeit *adā*). — III1 festsetzen (: Gebiet *pelka*); verfügen (abs.). — *mu'addū isqēte* Bestimmer der Lose, Beiname von Mārbēti.

wadū, adū, pl. *adē* Bestimmung, Verfügung, Satzung, Vorschrift, Gebot, Statut, Edikt; Vertrag, Bund, Beeidigung, Eid; Konstellation (?), Zeitbestimmung (?), Zeit (?). — *adē nannar* Mondphasen (?). — *adē māmēt*, *adē u māmēt*, *adē u māmēti*, *adē nīš ilāni* Eidschwüre. — *ana lā-adī* + suff. vertragswidrig. — Vgl. דא4א6.

udū, pl. *udē* Taxe.

(wādū?), pl. *wādūti* Vereidiger (?), Vorsteher (?).

tūdātu Festsetzung, Bestimmung.

edū (א4דא7) erfahren, kennen lernen, kennen (: Furcht *puluḫta*), zu eigen haben (: Wasser *mē*), «erkennen» (: e. Weib), ersehen (?), Bescheid (*abūta*) wissen (auch abs.), wissen (daß: *enūma*, *enū*, *šumma*, *kī*, *kīma*, auch asyn.); sich kümmern (um: *ana*). — II1 kund tun; ausfindig machen; mit *ramān* + suff. sich zeigen; pms. kund gegeben sein; verstehen (mit inf.). — II2 kenntlich sein; rekognoszieren (: Sklavin *amta*). — III1 kennen lernen lassen, wissen lassen, kundtun, zeigen (etwas: acc., jdm.: dt.); erkennen lassen (Rind *alpu*: Fehler *bābta*); bestimmen, verfügen (auf einem Schriftstück, einer Tafel *ina u'elti, ṭuppi*). — III3 und IV3 (fortwährend) zur Kenntnis bringen. — *ul tēdē* weißt du (das) nicht? *lū tēdē* merk dir (das)! *lū tēdē (lū tēdē)* du wirst (schon) erfahren (, was passieren wird!, Drohung). *ina edē* wissentlich, absichtlich. *ina lā-adī* unwissentlich. — *ša lā-edī* unbekannt.

edû Kenntnis, Kunde.

ittu, pl. *ittāti, itāti* Zeichen, Vorzeichen, Wunder; Anzeichen (der *ašakku*-Krankheit); Merkmal. Vgl. *nadānu.*

mūdû wissend, bewußt; verständig (Fachleute *ummāni*), kundig; (mit e. Sache) bekannt, vertraut (Zeuge *šēbu*); Weiser, Gelehrter, Eingeweihter (opp. *lā-mūdû*). — *mūdē amāti* Sachverständiger. *mūdē ilāni* der Weise unter den Göttern, Beiname von Marduk. *mūdē libbi* Augur (?). *mūdē peristi* in das Geheimnis Eingeweihter, Myste. *mūdē ṣerḫi* gesangeskundig, Sänger (?). — *mūdi memma (šumšu)* Allweiser, Beiname von Ea und Šamaš. — *mūdūt tāḫāzi, mūdūt qabbi* schlachtenkundige, kampferprobte.

mūdūtu Kenntnis, Wissen, Sachverständnis.

mūdānūtu (?) Sachkenntnis.

(***madû?***) II1 erkennen. — II2 kennen lernen.

mandē, mandēma, mendē, mendēma bekanntlich (mit impf.); gewiß, sicher, nun (mit prs.).

edû, pl. *edē* Flut, Überschwemmung. — *edē pān šatti* Frühlingsüberschwemmungen.

udītu Wasserfläche (in der Schale des Ölwahrsagers), Flut. — *udītu ellitu* die heilige Flut, Beiname des Euphrat.

edītu starke Bewässerung.

adû (?), ***idû*** (sum. LW.) Lohn (eines Lohnarbeiters *agri*), Mietslohn, Honorar (eines Arztes *āsû*), Miete, Mietzins (für e. Schiff *eleppi*). — *ana idī* als Lohn. — *idī bēti* Hausmiete (für 1 Jahr *ša šatti 1*).

adû Syn. zu *napsamu, kulūlu* Gebiß (?).

edūtum e. Gegenstand zum Antun, Anlegen, Anziehen.

udē (pl., auch als sgl. behandelt) Gegenstände (aus Metall, Holz, Elfenbein), Gerätschaften des Korbmachers, Schreiners, Töpfers (*addupi, naggāri, paḫari*), Gerät, Werkzeug; Behälter, Sack (?). — *udē bēti* Hausgerät. *udē ša ḫarrāni* Reisesack (?). *udē imēri* Geschirr eines Esels.

addu Syn. zu *šipat kur(?)-ri, šenṭu* e. Art Wollstoff.

iddû Asphalt. — *iddû išāti* Schlakken (?).

adda'u e. Sitzgelegenheit.

edigu, (=?) ***udugu*** e. Hausgerät (?).

adaguru (sum. LW.) e. (kleines) Räuchergefäß (aus Ton).

edēdu *(u)* (אדד3) scharf werden, spitz werden, deutlich hervortreten; pms. scharf sein, spitz sein (Horn, *qarnu*, einer Gazelle *ṣabīti*, des Mondes *Sîn*). — II1 mit *-ma* und folgd. Verb (eine Handlung zeitlich zuspitzen, d. i.) (etwas) pünktlich tun. — III1 impr. mit *u* und folgd. impr. tue (das und das) pünktlich.

addu Wurfholz (?), Bumerang (?).

eddu spitz (Horn *qarnu*).

uddudu gespitzt, spitz.

addatu (?) e. Hausgerät (?, von Holz).

adadu Syn. zu *sūnu* Schlinge, Schleife.

uddu, pl. (?) *uddāti* Schiffsbord; pl. Holzteile, Planken (?, eines Hauses); Rohrmatten (?, für den Schiffsbedarf).

uddatu st. c. *uddat* (sum. LW.)

Licht (von Mond, Sonne, Venus), Morgen. — *uddat* morgens. — *uddat ūmi* Tageslicht.

uddiš (heute) morgens (opp. *ina amšat*).

uddakam, uddaku allmorgentlich.

uddasallū Tagesanbruch, Morgendämmerung; Anbruch (des Tages *ūmi*, Monats *arḫi*, Jahres *šatti*).

adudillu, adudīlu e. Tier niederer Ordnung (Tausendfuß?).

iduzzarā (?, du.?) (LW.?) e. Teil der Fußbekleidung.

edeḫu, pms. (eine Flüssigkeit) absondern (Gallenblase *martu*, Auge *ēnu*).

edēlu *(e, u)* verriegeln, verschließen (opp. *petū*; :Türe, Tor *dalta, bāba, abulla*; jdm.: *eli, ina pān*; hinter jdm.: *ana arki*; :Mund *pā*); sich verschließen (vor: *eštu pān*); (jdn.) abschließen, fernhalten (vom Wasser *ina mē*, von den Gassen *ina sūqāti*); pms. verschlossen sein, einen Verschluß bilden (Türe *daltu*). — I₂ verriegelt sein (?, Türverschluß *tallu*). — II₁ verschließen, verriegeln (: Stadttor *abūla*). — IV₁ verschlossen werden.

edlu verschlossen.

ēdeltu («Verschließerin» d. i.) Türe.

mēdēlu, pl. *mēdēlū* Riegel. — *mēdēlu ša dalti* Türriegel.

daltu s. unter ד.

adēlu (?) e. Kleidungsstück.

edulū (sum. LW.) Harem (?).

admu, pl. *admē* (?) Vogeljunges; Junges; Kind (?).

adamu dunkelrot. [e. Pflanze.

adamatu dunkles Blut (opp. *šarku*),

adammu, adāmu, pl. (?) *adammumāti* Schmetterling (?); — e. Vogel.

adumatu e. Pflanze, Teil d. Mohns.

edamukku (sum. LW.) Mutterleib, Foetus.

udumi (pl.) (LW.) e. Affenart.

adānu, adannu, edānu s. אד₄א₆.

addanniš, adanniš, adāniš s. *danniš*.

addunu e. (Spezerei?-)Pflanze.

edenu (sum. LW.) Steppe, Wüste.

udīnu e. Adler- oder Geierart.

uddisū e. Götterwaffe.

edēpu *(e)* blasen (Wind *šāru*); Blähungen verursachen (Exkremente *qū*). — II₁ heftig blasen, wüten (Sturm *ūmu*); heftig anblasen (Wind *šāru*: Auge eines Menschen *ēn amēli*).

adapu e. Musikinstrument.

edeppatu, eduppatu Blasbalg (?).

addupu Korbmacher, Rohrflechter; e. Beiname Ea's.

adapa (sum. LW.) Weiser (?), e. Beiname Marduk's.

edaqqu zart, fein, jung.

ediqu zarter Keim.

(edēqu) I₂ anziehen (: Kleid *ṣubāta*). — II₁ mit e. Gewand *(tēdēqa)* versehen, bekleiden. — IV₁ mit e. Gewand *(tēdēqa)* angetan sein, bekleidet sein.

edqu Schaffell, Vlies.

tēdēqu Gewand. — *tēdēq bēli* bzw. *bēlti*, *tēdēq bēlūti* Herrschergewand. *tēdēq ilūti*, *tēdēq anūti* Gottheitsgewand. *tēdēq rubūti* Majestätsgewand. *tēdēq šarri* Königsgewand. *tēdēq bēli* Herrengewand.

edaqu (?, sum. LW.?) e. Teil des Hauses (?).

adāru *(u)* getrübt, verdunkelt, verfinstert werden (Tageslicht *urru*); betrübt werden, trauern (abs.); sich ängstigen, sich bedrängt fühlen, sich scheuen; (etwas) scheuen, fürchten; pms. verdunkelt, verfinstert sein (Himmelskörper, ganz und gar *marṣiš*; Antlitz *pān*, von d. Sonne). — I₃ sich (fortwährend) bangen vor (e. Gebot *seqer pī*); in Bedrängnis geraten; sich verfinstern (Sonne). — II₂ Trauer anlegen (?). — III₁ verdunkeln (: Mond); pms. in Trauer (versetzt) sein, trauern (3 Tage *3 ūmū*). — III₂ in Bedrängnis kommen, in Trauer versetzt werden. — IV₁ verdunkelt werden (Antlitz von Sonne, durch Staub *ina turbūti*), sich verdunkeln (Mond, Sonne); in Bedrängnis geraten, in Trauer versetzt werden. — IV3 sich verdunkeln (Sonne). – *adrāku u šutādurāku* ich bin in Trübsal und Bedrängnis. — *lā-ādaru* nichts scheuend, furchtlos, unerschrocken.

adēru, adru finster (Mond), traurig; Finsteres, Trauer (?).

adriš düster, verdunkelt; furchtsam, voll Furcht.

adēriš, adertu, edertu, pl. *aderāti* Trübsal, Ungemach, Bedrängnis, Unglück; Scheu; Totentrauer (vgl. *ūmu*).

na'duru, nanduru finster, dunkel (Monat *arḫu*); Verdunklung, Verfinsterung (vom Mond). — Vgl. *nadāru.*

tādertu, pl. *tāderāti* Betrübnis, Leid; Totentrauer (vgl. *ūmu*).

edrānu, pl. *edranāti* Wehklage, Trauer.

edēru treffen auf (Überfluß: *ḫiṣba*), gewahren, erblicken. — I2 in *etēduru kišād* mit suff. (jds. Hals treffen?, =?) jdm. um den Hals fallen. — IV1 sich treffen, zusammenstoßen (Mondhörner beim Vollmond; Himmel und Erde *šamū u erṣetu*), einander *(aḫau aḫa)* anblicken (2 Bilder *2 ṣalmā*).

adaru Citrone (?).

ediru Syn. zu *ekimu, šuzubu.*

udru, uduru, pl. *udri*, f. pl. *udrāti* (LW.) Kamel.

adāru e. (Wasser)behälter (?).

addaru Tenne (?); Adar.

edurū, adurū(sum. LW.) Landsitz.

edēšu (ש3ארד) neu werden. — I2 sich erneuern (?). — II1 erneuern (: Wohlleben *balāṭ rēšāti*), wiederherstellen, wiederaufbauen (: Tempel *ešrēte*, Kultstätten *maḫāzi*, Schatz *šukutta*); durch etwas Neues ersetzen (: Ruine *anḫūta*). — II2 erneuert werden (Tempel *bētu*, Heiligtum *mesi*, Straße *sūqu*). — *muddiš ilāni* «Erneuerer der Götter», e. Beiname Marduk's. — *muddišū maḫāzi* Erneuerer der Kultstätten, e. Beiname von Samaš.

eššu, f. *eššetu* neu, frisch, grün (Zwiebel *šūmu*, Dattel *suluppu*; opp. *labēru*). *'ana ešši, ina ešši* neu, von neuem. – *ina eššēte* noch dazu (?).

eššiš, eššitam neu, von neuem.

eššūtu Neusein, in *ana eššūti, ina eššūti* von neuem.

edišu Sproß.

uddušu Erneuerung, Renovierung.

tēdeštu, tēdertu Erneuerung, Restauration (eines Tempels *bēti*).

izūtu, zu'tu, zūtu (א4זא6?), pl. *zu'āti* Schweiß; Harz (?).

zā'u Harz (?, von Zedern *erēni*).

ezū pms. von der normalen Bewegung abweichen (?, opp. *nēḫ*; Hände beim Waschen *qātā ina mesī*; Mond, bei seinem Lauf *ina alākišu*).

ezābu, ezēbu *(e)* (א4זב) lassen, verlassen (: jd.; e. Stadt *āla*); (jd.) im Stich lassen; (die Ehefrau, Gattin *aššata, ḫērta*) entlassen, sich scheiden; unbeachtet lassen (: jd.; Befehl *amāta*); überlassen (jd., etw.: acc., jdm.: dat., *ana*); zurücklassen, hinterlassen (jd., etw.: acc., jdm.: dat., *maḫar*); übrig lassen; am Leben lassen, entkommen lassen; ausgehen lassen, ausstellen, ausfertigen (: Urkunde *kanīka, kunukka*, Schuldschein *ḫešā*; jdm.: *ana*); das Sperma *(reḫēta)* niederlassen, erzeugen (?); den Foetus niederlassen, وضع, gebären (?); pms. hinterlassen sein. — I2 verlassen (: Stadt); ausfertigen (: Urkunde *kanīka*). — III1 entkommen lassen, retten, erretten (: Leben *napišta, napšāti*; von, vor: *eštu, eštu qātē*); bewahren (vor Sünden *ina ḫeṭū*); ausfertigen lassen (jdn.: acc., :Urkunde *ṭuppa, kanīka, kunūka*, jdm.: dat.). — III2 entrinnen, sich retten (vor: *ina qātē*); sich ausstellen lassen (: Urkunde *ṭuppa*). — IV1 zurückgelassen werden, zurückbleiben, (unerledigt) liegen bleiben. — *ezēbu eštu qātē* («aus den Händen lassen» =) entlassen (: Diener *arda*), verlassen (: Stadt *āla*). — *ezeb, ezub* abgesehen von, außer; außerdem. *ezeb ša*, *ezub ša* abgesehen von dem, der (das); laß außer acht, daß = übersieh, entschuldige, daß; es sei ferne, daß, حاش.

ezbu (niedergelassener?) Foetus, Neugeburt; Sproß, Sprößling.

ēzibu (?) Erzeuger (?).

ezēbu Entlassung, Scheidung.

uzēbū, uzubbū Entlassung, Scheidung; Scheidungsgeld, Scheidungssumme (vgl. *kaspu*). — *ana uzubbī* zur Scheidung, für die Scheidung; vgl. *nadānu*.

mušēzibtu (?) geschiedene Frau (?, Mutter eines unehelichen Kindes?).

uzzabnannu e. Schmuckgegenstand (aus Gold).

ezēzu *(e)* (אזז$_4$) gewaltig, furchtbar werden (Löwe *nēšu*, Stimme *regmu*), ergrimmen (Herz *libbu*, *ṣurru*, Gemüt *kabittu*). — I$_2$ ergrimmen. — II$_1$ pms. ergrimmt, zornig sein (Gemüt *kabattu*). — III$_2$ zürnen, grollen.

ezzu, f. *ezzetu*, pl. *ezzāti*, *ezzēte* gewaltig, furchtbar (Gottheit; Herr *bēlu*, ein Beiname von Marduk; Hand *qātu*; Fuß *šēpu;* Flügel, *kappi*, der Pleiade; Herz *libbu;* Gestalt *būnu*; Löwe *nēšu*; Hund *kalbu;* Waffen *kakki;* Bogen *pappānu*, *qaštu*; Pfeil *quttāḫu*; Wind, Sturm, Orkan *šāru*, *ūmu, meḫū*; Flut *edū*; Schlacht *tāḫāzu;* Brand *išāti*); grimmig (Herz *libbu*); f. pl. gewaltiges Ansehen (eines Tempels *bēti*), *ezzet qabli* gewaltig im Kampf, e. Beiname von Ištar.

ezziš gewaltig, furchtbar; grimmig, im Zorn.

azzatu Grimm.

ezzūtu Furchtbarkeit (einer Gottheit).

uzzu, uzzatu, pl. *uzzāti* Furchtbarkeit; Grimm, Zorn. — *uzzat libbi* Zorn. — *uzzat tēgēmti* Jähzorn.

šēzuzu gewaltig, furchtbar (Riesenschlangen *mušruššī*; Herr *bēlu*, ein Beiname von Marduk).

ezizzu e. Pflanze, e. Art Wicke.

azlu (אזל$_5$), pl. *azli* (LW.?) e. Gazellenart (?). — *azli qarbāti* Gazellen der Steppe, *azli šigāri* Gazellen im Käfig.

azliš wie e. Gazelle.

uzālu Gazellenjunges.

azallū Hanf.

azamillu e. netzartiges Gerät, Fangkorb (?).

(ezēmu?) pms. (?) dringendes Verlangen haben (?).

ezemtu Wehklage.

(nēzemtu?), st. c. *nēzmat* dringendes Verlangen. — *nēzmat libbi* dringender Herzenswunsch.

tāzemtu dringendes Verlangen (?). Vgl. ***mazāmu.***

uznu (אזן$_1$), st. c. *uzun*, du. *uznā* Ohr (von Mensch und Tier); Henkel an e. Gefäß; Sinn, Aufmerksamkeit (vgl. *bašū*); Verlangen (vgl. *šubšū*, בשא$_7$); Verstand. — *uznu rapaštu* umfassender Verstand, Scharfsinn. — *ina uzun igigali* mit dem Verstand des Allweisen (Marduk), mit tiefstem Verständnis. — *uzun nekelti* kluger Sinn, auch personifiziert als Beiname von Nergal-Mars. — *ša uznē* Ohrgehänge.

uzuntu e. Teil des Pflugs.

azanāti (pl.), st. c. *azanāt* e. Behälter (Köcher?, von Kupfer oder Silber).

uznanu e. Pflanze, Fenchel (?).

azupiru, pl. *azupiri*, (=?) ***azupirānītu*** (LW.?) e. Pflanze, Safran (?).

ezertu (אזר$_4$) (westsem. LW.?) Hilfe.

ezēru *(e)* feierlich sprechen (?); besprechen, mit einem Fluch *(ezra)* belegen, verfluchen. — I$_3$ verwünschen. — II$_1$ feierlich sprechen lassen (?), vernehmen (abs.; Rede: *qebēta*); verhören (: Sklavin *amta*). — Vgl. *nazāru.*

ezru, *ezertu*, pl. *ezrēte* (?) Fluch; fluchwürdige Handlung.

nāzaru (?) Fluch.

izāru (mehrfach vorhandener) Teil d. Hauses.

uzāru e. (wollenes) Kleidungsstück.

aḫu (אח1), st. c. *aḫ*, du. *aḫā*, pl. *aḫū*, *aḫḫū*, *aḫi*, *aḫē*, *aḫḫē* (?), f. *aḫātu*, *aḫattu*, *aḫutu* (?), st. c. *aḫāt*, pl. *aḫiāti*, *aḫāti*, *aḫēte* Bruder (eines Menschen, einer Gottheit); «Bruder» als Anrede in Briefeingängen unter Gleichgestellten; Nächster; pl. Brüder, Geschwister, f. Schwester; — Arm; Vorderfuß, Vorderpfote; «Arm» (Balken) der Wage (*zībāniti, gišrenni*), «Arm» des Pflugs (Sterz); «Arm», d. i. Abspaltung der Pfortader (*padānu*), vgl. *nadū*; Seite, vgl. *nadū*, *nazāzu*; Ufer (eines Flusses, Kanals *nāri*, *palgi*, *atappi*, auch pl. *aḫāt Puratti*), Gestade, Küste (des Meeres *tāmti*) — *aḫḫāku* ich bin Bruder, vgl. *salāmu*. — *lā-aḫu* s. *lā*. — *aḫi abi* Oheim. *aḫāt abi* Tante. — *aḫu aḫa* einer den andern, einander. *aḫu ana aḫi* einer dem andern, einander, einer gegen den andern, *aḫu māla aḫi* einer wie der andere, *aḫātu ana aḫāti* eine gegen die andere. *aḫi* . . . *(u) aḫi* einige . . . und andere (wieder), ein Teil (davon) . . . der andere Teil (davon), *aḫi* . . . *u rēḫti* die einen . . . und die anderen, *aḫi kaspi* . . . *(u) aḫi kaspi* der eine Teil des Geldes . . . (und) der andere. *aḫu zitti šarri* der dem König zukommende Anteil; vgl. auch *nazāzu*. — *kima aḫē* den Kräften entsprechend (?). — *aḫi*, *ina aḫi* an, bei (vgl. *ša'ālu*); *ana aḫāti*, *ina aḫāti* zur Seite, auf der Seite. *aḫ ketti* die gerechte Sache. — *aḫiāti*, *aḫāti* Äußeres (opp. *qerbu*, *qerbēti*), Umgebung (einer Festung); auseinander (vgl. *nagāšu*); *aḫāt āli* Weichbild einer Stadt (opp. *libbu*); *ina aḫāti* draußen; *ana aḫāti* hinaus. *aḫāti* zu gleichen Teilen; vgl. *zāzu*, *apālu*, II1; *aḫiāti*, *aḫāti nīni (šunu)* gleichmäßige Teilung (bestand, bestehe zwischen) uns (ihnen). — *aḫēti* (+ suff.) beiseite; s. *(w)ašāru*, *leqū*, *nadū*, *šakānu*; *aḫētija* meinerseits (?). — *aḫāma* einzeln (?). — *aḫētamma* beiseite, auf die Seite, abseits; vgl. *alāku*, *nadū*, *šakānu*.

aḫiū, aḫū, pl. *aḫiūti*, f. *aḫātu*, *aḫētu*, pl. *eḫeāte* fremd (Recht *dēnu*, Sprache *lišānu*, Gespenst *eṭemmu*, *utukku*, opp. *utuk kemti*), جانب, ander; widerwärtig, feindlich (Herz *libbu*); der feindliche (sc. Planet), e. Beiname von Venus; das feindliche (sc. Tier), e. Raubtier (Leopard?); α Trianguli; Fremdling; fremdartig, seltsam, eigentümlich, merkwürdig, wunderbar, غريب (Vogel *iṣṣūru*, Fisch *nūnu*, Gestalt *lānu*, einer Neugeburt, Vorzeichen *ittāti*, (Beschwörungs-)Texte *ṭuppāni*, Sätze, *šumū*, von Omentexten); f. widerwärtiges, feindliches (sc. Geschick *šēmtu*), Widerwärtigkeiten, Unglück; die Fremde, die Ausländer.

aḫā'iš, aḫīš, aḫāmiš beiderseitig, zusammen, einander. — *ana aḫāmiš*, *ina aḫāmiš* einander (vgl. *palāsu*, *ṣabātu*, *ragāmu*), zusammen. *ana libbi aḫāmiš* untereinander (vgl. *samāḫu*). *ana eli aḫāmiš* gegen einander. *ina pāni aḫāmiš* vor einander. *eštu pān aḫaiš*, *itti pān aḫīš*, *eštu pān aḫiš* gegenseitig (vgl. *eṭēru*). *arki aḫāmiš* nacheinander, *ina meḫret aḫāmiš*, *tarṣi aḫāmiš* einander gegenüber (vgl. *šakānu*). *itti aḫīš*, *issāḫiš*, *itti aḫāmiš*, *ittiḫāmiš* miteinander.

aḫullā jenseits. — *ina aḫullā* auf dem jenseitigen Ufer, jenseits. *ana aḫullā* nach dem jenseitigen Ufer.

aḫannā, aḫennā (?) diesseits. — *ana aḫannā* nach dem diesseitigen Ufer.

aḫēnnā auf beiden Seiten, nach beiden Seiten, beiderseitig; gleichmäßig (von der Verteilung des Haupthaars *šārtu*; vgl. auch *zāzu*); in entsprechender Weise (vgl. u. *šanū*); mit neg. *lā* auch nicht (?), in keiner Weise, ja nicht. — *aḫēnnātan ša* . . . dem entsprechend, was . . .

aḫūtu, aḫḫūtu Verbrüderung, Bruderschaftsverhältnis, brüderliche

Gesinnung. — *aḫḫūtu (u) ṭābūtu* Bruderschaft und gute Freundschaft.

atḫu, pl. *atḫū*, *atḫi*, *atḫānu*, *atḫē* Bruder. — *atḫānu* wir sind Brüder.

atḫatu Schwester.

atḫūtu, atḫuttu Bruderschaftsverhältnis; Verwandtschaft.

šaḫātu Achselhöhle (?).

šaḫāti außen (opp. *tubqi*). — *ina šaḫati* außen (opp. *ina tubqāti*), außerhalb. — *ša šaḫāti* Äußeres (opp. *ša tubqi*). — *šaḫāt šadī* Bergabhang, Bergabhänge; vgl. *emēdu*.

aḫ aḫ ach, ach!, o, o!, wehe, wehe! (?).

aḫu Netz, Schlinge des Vogelfängers.

aḫāzu *(u)* (אחז) fassen, halten, nehmen (: Ehefrau *aššata*, jdm.: *ana*), freien (Freier *āḫiziānu*), heiraten (: e. Frau *sinništa*, *aššata*), geschlechtlich verkehren (mit e. Frau *sinništa*); Partei nehmen, es halten (mit: *itti*); erfassen, erlernen, sich aneignen (: Kunstfertigkeit *šepra*, Tafelschreibekunst *ṭupšarrūta*, Nabu's Weisheit *nēmēqi Nabû*), auswendig lernen (?, : Text *kamma*); zu eigen erhalten (: helles Auge *ēna namerta*); einfassen (mit Gold *ḫurāṣa*, *ina ḫurāṣi*). — pms. e. Ehefrau *(aššata)* haben. — I₂ sich nehmen (: e. Weib *sinništa*); entgegennehmen (: Gabe *nendāna*). — II₁ mit e. Beschlag *(eḫza)* versehen, überziehen (: Türen *dalāti*, mit Silber *kaspa*, Gold *ḫurāṣa*, Goldlegierung *ešmarâ*); in Angriff nehmen (?, : Bau). — II₂ sich halten, abweichen (Venus, nach Süden *ana šūti*); (mit Gold?) überziehen (: Bilder aus Holz). — III₁ (jdm.: acc.) nehmen lassen (: e. Ehefrau *aššata*), Besitz ergreifen lassen (von einer Stadt: *āla*), besteigen lassen (?,: e. Schiff *eleppa*); jdm. (acc.) zu eigen geben (: Scharfsinn *uzna rapašta*); erwirken (: Heil *usi*, dem Lande *māta*); jdn. (acc.) lehren (: Weisheit *nēmēqa*); (jd.) anleiten (vgl. *(w)a'āru*); jdm. (acc.) mitteilen (: Botschaft *amāta*). — III₂ jdn. (acc.) beauftragen (abs.); etwas (acc.) in Auftrag geben (?); jdn. (acc.) unterweisen (zu tun: inf.); jdn. (acc.) lehren (: Handwerk *qāta*). — IV₁ angegriffen werden (?, [jds.] Verstand, *libbu* = der Besinnung beraubt werden?, vgl. *masāḫu*). — *āḫiz nēmēqi* sehr tüchtig. *āḫiz ṭēmi u melki* verständig und besonnen. *aḫāzu serdâ* «die beiden Seile (sc. des Fahrstuhls) erfassen», d. i. (einer Gottheit) unterwürfig dienen. *aḫāzu marqīta* Zuflucht nehmen. *aḫāzu puzrāt* sich verstecken, verbergen (?, Menschen *šūt ṭaṭmi*). *šūḫuzu puzra* verbergen. *aḫāzu ana aššūti u mutūti* (e. Frau) zur ehelichen Gemeinschaft nehmen. *šūḫuzu usa* den Weg weisen, lenken (: Rinder *alpi*; das Land *māta*, um . . . zu: *ana* mit inf.). *šūḫuzu išāta* (etwas) Feuer fangen lassen, in Brand setzen. *šūḫuzu emna* in die rechte Hand nehmen (: Keule *miṭṭa*). *šūḫuzu usâ* Heil bringen (dem Lande *ana māti*). *šūḫuzu dēna* (jd.) zum Prozeß greifen lassen, ihm e. Prozeßverfahren gewähren, Recht verschaffen. *šūḫuzu karāša* (jds.) Verstand (etwas) begreifen lassen, ihn lehren (: Weisheit *nēmēqa*, Tafelschreibekunst *ṭupšarrūta*). *šūḫuzu lemna* des Schlechten zeihen. — Vgl. *naḫāzu*.

eḫzu, st. c. *eḫez*, pl. *eḫzē* Einfassung, Rand (opp. *bēru*), Beschlag (von Silber, Gold *kaspi*, *ḫurāṣi*, der Türen *dalāti*); Erlernung, Lehre, Kenntnis. — *ana eḫzi u tāmarti* zur Erlernung und Besichtigung. — *eḫzu u neḫsu* (Beschlag und) Einfassung (?, von Gold *ḫurāṣi*).

aḫaztu, eḫeztu (?) st. c. *eḫzet* (?) Einfassung.

eḫzūtu (?) Einfassung.

aḫūzatu Heirat, Ehe.

āḫiziānu Freier.

aḫḫāzu Dämon einer Krankheit («Grippe»).

uḫḫuzu überzogen (mit Silber

kaspi, Gold *ḫurāṣi*, Leder *šuḫpi*), gefaßt (Edelstein, mit Gold *ḫurāṣi*).

mēḫzu, auch *mēḫṣu* e. (auch paarweise angefertigter) Schmuckgegenstand (aus Gold oder Edelstein). — *mēḫṣu ša mē* (Wasser-)Tümpel.

mēḫḫuzu das Eingefaßte (?).

nāḫzūtu (?) Inhalt (?).

tāḫāzu, pl. *tāḫāzāti* Angriff, Schlacht, Kampf. — *tāḫāz ṣēri* Feldschlacht. — *tāḫāz zikāri* Männerschlacht. — *tāḫāzu ša šarrāni* Schlacht mit (den Truppen von fremden) Königen.

tāḫāziš zum Angriff (vgl. *qarābu*).

tāḫīzu, in *tāḫīzu naklu* «Kunstgriff», operative Tätigkeit (?, des Arztes).

uḫḫaztu e. Pflanze.

aḫḫu bitter.

uḫḫu Gift (?).

aḫullā s. unter *aḫu*.

uḫūlu, uḫlu, uḫūltu e. Pflanze; — e. Stein; — Verbindung bzw. Lösung von Kalium: Pottasche, Lauge. — *uḫlu pakku* e. Abart des *u.*-Steines. — *uḫūlu qarnānū, uḫūltu qarnānītu* e. Abart der *u.*-Pflanze (?).

eḫeltu s. unter *e'eltu*.

aḫulābi, aḫulāb (sum. LW.) Menge (?); zu viel! (?), genug, wie lange noch!; das «Genug!» (seitens der zürnenden Gottheit =) Begnadigung, Gnade; e. Pflanze. — *aḫulāb nīši* Menschenmenge.

aḫulābaku «genug!» rufen, Begnadigung erflehen (?).

uḫulgallū (sum. LW.) großer Unglückstag (der 19. Monatstag; vgl. *ūmu*).

aḫāmiš s. *aḫu*.

uḫummu, pl. *uḫummi, uḫūmi* (?) (el. LW.) Fels, Kalkstein.

uḫummiš felsenfest (vgl. *rašādu*).

aḫannā, aḫēnnā, aḫēnnātan s. *aḫu*.

uḫennu, uḫēnu, eḫēnu (?), pl. *uḫennū, uḫenni* (unreife) Dattel (opp. *suluppu*), Dattelbaum; — e. Gefäß (?) (aus Lasurstein). Vgl. *ḫennu, ḫēnu*.

eḫēru *(e)* (אחר1.6) hinten bleiben, zurückbleiben (hinter: *arki*), zu spät kommen (sc. in Opposition, Mond mit Sonne); pms. rückständig, in Verzug sein. — II1 zurückhalten, aufhalten (: Gesandten *mār-šepri*); aufschieben, verschieben (etwas zu tun: inf.); zurückbleiben (hinter jd.: *arki*, an der Seite von: *itu*); zögern, warten (6 Tage *6 ūmi*); rückständig bleiben (Geldsumme *kaspu*, bei jd.: *ina qāt*); ungeliefert bleiben (Getreide *šeu*, Kuh *lētu*); für rückständig halten, verachten (: Namen *šuma*).

aḫrū, f. pl. *aḫriāti, aḫrāti* später, zukünftig; f. pl. Zukunft. — *ina aḫrāt ūmi* in Zukunft, *ana aḫrāti, ana aḫriāt ūmi, ana aḫrāt ūmi* für immer (vgl. *ūmu* אם6א7).

aḫrātan in Zukunft.

aḫrātaš in Zukunft, für die Nachwelt; Zukunft; vgl. *ūmu*, *aṣū*, *nīši*. — *aḫrātaš ūmi* für immer.

inaḫaramme, ḫaramma, ḫaramme, ḫarāma, ḫarāme nachher, später; demnächst, bald.

aḫartiš in Zukunft.

anaḫur, aḫḫur, aḫḫurri, ḫurri in Zukunft.

eḫēru rückständig, minderwertig (Land *mātu*), ordinär (Mensch *amēlu*).

aḫurrū, aḫūrū rückständiger Mensch, gemeiner, ordinärer Mann, Kerl.

uḫḫur das Zögern, das Warten; vgl. *menū*.

aḫrūtu Nachkommenschaft.

aḫuššu s. *a'uššu*.

uḫušgallu (sum. LW.) Orkan.

aḫšadarapanu, aḫšadrapanu (pers. LW.) Satrap.

uḫḫuštu e. Teil des Wagens *(narkabtu)*.

uḫātu, pl. **uḫātāti** e. (paarweise gebrauchter lederner) Teil des Zaumzeugs (mit Silber, Gold und Edelsteinen geschmückt).

eṭū (אטא5) pms. dunkel sein (Teil eines Sternbildes; opp. *namer*). — I3 sich (regelmäßig) verdunkeln, verfinstern (opp. *namāru*). — II1 verdunkeln (Wolke *urennu*: Helligkeit *namāra*). — II2 finster werden (Licht *nūru*), umnachtet werden (Augen *ēnā*).

eṭū finster (Kohlenbecken *kinūnu*, d. h. ohne Flamme), dunkel, düster (Aussehen, *zīmu*, von der Sonne).

eṭūtu Dunkelheit, Finsternis.

utēṭū Umnachtung (?, Ohnmacht?).

eṭīdu, eṭittu, pl. *eṭṭēti* Wegedorn; Dornstrauch, Dorngestrüpp.

uṭṭatu, uṭṭitu, ūṭitu e. Cerealie; Weizenkorn, Korn (?).

iṭṭū, ittū Erdpech, Asphalt; vgl. *kupru*.

(eṭēlu) II1 pms. mannhaft, heldenhaft sein (der Auszug, *ṣītu*, von Aššur bzw. Marduk); II2 (wieder) manneskräftig, potent werden (?).

eṭellu, etellu, eṭlu, st. c. *eṭel*, f. *eṭelletu*, st. c. *eṭellet* (sum. LW.) mannbar (?), mannhaft; Mann (corr. *ardatu*), Mensch (vgl. *narāru*); jemand, τίς (auch adj.: *eṭlu bēl-narkabti* ein Wagenlenker) Herr, Fürst; Sklave; Mannschaft, Mannen; f. Herrin. — *ištēn eṭlu* (irgend)einer. *eṭlu ēdu* mit Neg. kein einziger, niemand. — *eṭlu šū* er ist (der) Herr. — *eṭel ilāni* Beiname von Marduk und Aššur. *eṭel Eridu* Beiname von Marduk. *eṭel Igigi, eṭel šamē u erṣeti* Beiname von Šamaš. *eṭellet šamē* Beiname von Ningal. *eṭellet kala bēlēte* Beiname von Gula.

eṭelliš mannhaft, herrlich.

eṭellūtu, eṭlūtu Mannbarkeit (?), Männlichkeit, Manneskraft, Mannhaftigkeit, مروة; Herrlichkeit, Herrschaft.

muṭallu, f. *muṭallatu* heldenhaft (Gott *ilu*, Befehl *pū*).

mēṭellūtu, mēṭlūtu Mannbarkeit; Zeit der Mannbarkeit (opp. *ṣeḫru*); Herrenwürde, Herrlichkeit.

(w)aṭmānu s. u. *waṭānu*.

eṭemmu, pl. *eṭemmū, eṭemmi* (sum. LW.) ein (böser *lemnu*) Dämon; Totengeist, Gespenst; pl. Manen (von Königen *šarrāni*). — *ša eṭemmū* Totenbeschwörer. — *eṭemmi kemti* Familiengespenst, Hausgespenst (opp. *eṭemmu aḫū*). — *eṭemmi ḫarbi nadūti* Ruinen-Gespenst, Ruinen-Dämon.

aṭamu Kopfbinde.

waṭānu, eṭānu, etēnu (אטן6) (bauen); pms. *(waṭen, eten)* gebaut sein, gelegen sein (Mauer, Wand eines Hauses *igār bēti*, an der Straße *ana sūqi*). — Vgl. *etānu*.

eṭānu Bau (eines Hauses *bēti*; vgl. *sapāḫu*).

aṭattu, pl. *aṭnāti* Vogelnest; pl. Wohnungen (s. *masnaqtu*), Lagen (s. *enbu*). — *aṭnāti ša šaḫē* Schweinekofen.

(maṭmu?,) st. c. *maṭam* (?) Bewohnerschaft, Bewohner (?, des Meeres, d. i. Fische).

waṭmānu, aṭmānu, aṭmēnu, st. c. *aṭmān*, pl. *aṭmānāti* Wohnraum (eines Tempels *bēti*); *aṭmān ilāni* Götterwohnung. — *aṭmān uṣūrāti* Hort der Schicksale.

ṭaṭmu s. unter ט.

eṭennu, eṭēnu, etennu, pl. *etēni*, *eṭennāti* Baumeister; pl. Bauleute (?).

(eṭēnūtu,) etenūtu Baukunst.

aṭapu Syn. zu *ulāpu* Genossenschaft.

eṭiptu Sandale (??).

eṭippātu e. best. Kleidungsstück.

eṭapatu e. Gewand.

aṭappu, aṭāpu s. *ṭappu*.

eṭēru *(e)* (אטר4) fassen, umfassen, umarmen; wegnehmen, entreißen (: Herrschaft *bēlūta, kussā*), rauben, berauben (jd. einer Sache: dopp. acc.), jd. (acc.) um etwas bringen (um einen Erben: *abla*, um Diadem (und) Königsthron: *agā kussā ša šarrūti*, um Verstand und Weisheit: *uzna u nêmeqa*); dem Unglück entreißen, heil erhalten, schonen, retten (: Leben *napišta*, *napšāti*), erretten (aus einem Sumpf *ina nareṭi*, von den Haifischen *ina karāšē*); schadlos halten, bezahlen, zahlen; pms. beraubt sein (der Potenz: *nīš libbi*), schadlos gehalten werden, bezahlt werden, als Zahlung erhalten. — I_2 begnadigen (?); bezahlen. — II_1 (durch Bezahlung) Ersatz leisten (gegenseitig *itti pān aḫīš*, *eštu pān aḫīš*). — IV_1 bewahrt sein (bei: *itti*); bezahlt werden. — IV_3 als Bezahlung erhalten.

eṭēru Rettung, Heilung; Bezahlung. — *eṭēr napišti* (Lebens-) Rettung. *eṭēr nīši gamāl māti* Schonung des Volkes, Erhaltung des Landes.

ēṭeru schonend; heilend. — *ēṭer nīši* Heiland der Menschen, e. Beiname von Nabū. *ēṭerat gāmelat napišti* die das Leben schont (und) erhält, e. Beiname von Gula.

ēṭeru, Syn. zu *lubāšu* Kleid.

eṭru Kopfbinde (?).

eṭrānu Räucherwerk (?).

aṭāru, aṭartu, aṭertu e. Raubtier. — e. Baum bzw. dessen Holz, Euphorbie. *aṭāru šadī* Berg-*aṭāru*.

ak, akkī, akī, akē s. *kī*.

akkaja, akkā'i, akkā'ikī s. *kā*.

akajau e. (hölzernes) Gerät (?).

ekū (equ?) einreiben.

akū (א$_2$כא$_7$?) mangeln (Hand, Fuß).

akū, ekū, f. *akūtu*, *ekūtu* Waise; vaterlos (?, als Schimpfwort?).

akūtu, ekūtu Mangel, Verlust; s. *alāku*.

ekkū Verlust, Unglück (?). — *ēkā* ach, wehe (über den Verlust)! (?).

ukkū Mangel. — *ukkū ša zunni* Regenmangel.

mēkū Mangelndes, Vermißtes, Bedürfnis (?).

mākūtu, mēkūtu Mangelhaftigkeit, Verlust, Unzulänglichkeit (?); vgl. *alāku*.

tēkētu, tēktu Mangel, Not, Verlust. — *ina tēkēti tēkēt* mangels (?).

ikū (sum. LW.) Feld; e. Flächenmaß = 100 *musarū*; Pegasus + α Andromedae.

akītu, akkittu im freien Feld (*ṣēru*) gelegenes Festhaus; das in e. solchen begangene Fest; Neujahrsfest; Hauptfest; e. Monatsname. — *akītu rabītu* Hauptfest (?). — *akītu tapšuḫti* «Fest der Beruhigung» (?, von Uraš).

akū Schiffstau.

akū, akkū e. Vogel, Eule?

ukū, pl. *ukē* (Holz-)Pflock (?).

akabu *(i)* sich nahen (?). — I_2 sich nähern (einer Frau, sexuell) (?); sich nahen (bestimmte Zeit *adannu*). — II_1 pms. unmittelbar bevorstehen (bestimmte Zeit *adannu*), drohen (?, Regen *zunnu*).

akkābu Droher (?), e. Beiname von Marduk.

tēkubtu unmittelbare Nähe (?).

(akādu) II_1 erzürnen (?); pms. erzürnt, ergrimmt (?) sein.

ekdu, f. *ekdetu* grimm, grimmig (?, Wildstier *rēmu*, *būru*, Feind *nakru*, Dämon *ušugallu*, Herz *libbu*).

ekdiš grimmig (?).

mēkdu Grimm (?).

(akaku) I_3 sich niederlassen (?). — II_1 pms. gelagert sein (?, Vieh *būlu*).

akkū, ikkū s. ***anta, atta***.

akukūtu, ḫakukūtu, pl. *akukāti* (LW.?) «Himmelsfeuer», Brandscheit, Brandfackel; e. Name der Venus; e. Beiname von Ištar-Venus.

ikku s. אנך$_3$.

akālu *(u)* (אכל$_1$) Speise *(akāla)* zu sich nehmen, essen (aus: *ina libbi*, gegen den Hunger *ana būri*), fressen (cpl. *šatū*), sich nähren (von der Mutterbrust: *tulā*, von Milch: *šizba*), aufzehren (: Beute *šellata*); verzehren (Feuer *išātu*); (jd.) auszehren, umkommen lassen (vor Durst: *ina ṣūmī*), den Untergang bereiten (Götter *ilāni*, einem Land *māta*; Gebirge *šadū*, Gebirgsschluchten *ḫurru nadbaku ša šadī*, jdm.: acc.); nutznießen (: Feld *eqla*); pms. abgezehrt sein (Wangen *lētā*). — I2 essen (: Unrat *eqqeba*), fressen, weiden (Lamm *kalūmu*); verzehren (Feuer *išātu*); übertr. auszehren, quälen, schmerzen (Herzgrube *rēš libbi*). — I3 fortwährend zehren (Leiden [und] Schmerzen *ṣitāti sarabāti*, an jdm.: acc.). — III1 Speise (*akāla, ina ukulli*) genießen lassen, essen lassen, zu fressen geben, füttern (mit dopp. acc.), abweiden lassen (: Kleinvieh *ṣēni*, Feld *eqla*); verzehren lassen (etwas: acc., vom Feuer: *išāta*); (ein Kind) nähren (Amme *mušēniqtu*), aufziehen (: Tiere, Pflanzen); nutznießen lassen (mit dopp. acc.), Nießnutz gewähren (abs.). — III2 zu essen geben, abweiden lassen (mit dopp. acc.). — *akālu epra* «Staub essen», gedemütigt sein. *akālu eqqeba* ein Tabu (?) genießen. *akālu zitta* Besitz erwerben. *kusāpa lā akālu, lā kusāpi akālu* (gar) nichts essen, fasten. *akālu qarṣa* + suff. verleumden (bei: *ina pān, ana pān*). *akālu ešdeḫa* Gewinn haben. *akālu telā* an der Mutterbrust saugen. *akālu akāla* (oder *maḫēra*) *napša* (oder *ṭāba*) reichliche Nahrung haben. *akālu-ma nuppušu* vollauf nutznießen (: Garten *kerā*).

akālu, aklu, pl. *akālē* Essen, Brot, Speise, Nahrung, Proviant, Beköstigung (für: *ana*). — *ša akāli* etwas zum essen, Nahrung, Lebensunterhalt (für: *ša*); Eßbares. — *akālu kurummatu* Nahrungsmittel. *akālu (u) šikāru* Speise und Trank; vgl. *muzēqu*. *akālu u māmi, aklu (akli) u mē, māmi u akālu* Speise und Trank, Wasser und Brot. *akālu kurūnu* Brot und Wein. — *akāl eṭemmi* Speise für die Totengeister. *akāl erāti* Muttermilch. *akal buṭutti* (?) Brot aus enthülstem Emmer. *akāl balāṭi* Lebensspeise. *akāl ḫarrāni* Wegzehrung. *akāl kamānu* Kuchen. *akāl kamānu ša zīzi, akāl kamān zīzi* Emmerkuchen. *akāl kunāši* Emmerbrot. *akāl lī* e. Art Ölkuchen. *akālu ša mūti* Todesspeise. *akāl mutqi* Süßbrot, מצה. *akāl mutqi kunāši* Emmersüßbrot. *akāl šēi* Gerstenbrot. *akāl tumri* in Asche gebackenes Brot, Röstbrot.

ākilu «Fresser», e. Heuschreckenart (?); e. Beiname des Wolfes (*zību*). — *ākil šēri* Fleischfresser. *ākil dami* Blutsauger. — *ākil qarṣi* Verleumder. *ākilat qarṣi* Verleumderin (sc. der Feinde, opp. *ṣabitat abūtu*), e. Beiname von Ṣarpanit-Venus.

ukultu Nahrung, Speise (zur Nahrung *ana akāli*), Fraß; Vertilgung (seitens Nergal, der Pleiaden *Sibittišunu*; von Vieh *būli*).

ukullū Speise, Futter (für: *ana*).

ukkulu gefräßig.

akkīlu Speise (?).

mākālu, māklu, pl. *mākālū, mākāli, mākālē* Speise, Nahrung; pl. Mahlzeit; Opfermahl.

mākaltu, mēkaltu (?) (hölzerner Eß-)Napf; Schale zur Lekanomantie (*bārūtu*).

mušākilu Proviantmeister (?).

šākultu Speisung.

šūkulu zum Essen hingestellt gewesen, in *šūkulāt ṭiqāri* Speisereste im Topf.

tākultu Schmaus.

ekēlu (e) (אכל3) finster sein, traurig sein (Herz *libbu*); sich in traurigem, jämmerlichem Zustand befinden (Figur, *šiknu*, einer Gottheit). — I2 sich verfinstern (Antlitz *pānu*), traurig sein («Niere», d. i. Gemüt *kalītu*). I3 (zu verschiedenen Malen) verfinstert sein. — II1 pms. getrübt sein (Tageslicht *uddat ūmi*, Mondlicht *uddat Sīn*), verfinstert sein (Antlitz *pānu*). — IV1 verdüstert, in Trauer versetzt sein (Herz *libbu*).

(ekēlu), eklu, f. *ekeltu*, pl. *eklēte* finster, dunkel, traurig; pl. f. Finsternis. — *ekel pāni* finsteren Gesichts.

— *eklēte ša mātāti gabbi* allgemeine Trauer. — *eklēt lā-namāri* unerleuchtbare Finsternis.

ekliš traurig.

uklu Finsternis.

ukkulu finster, traurig (Tag *ūmu*, Aussehen *zīmē*).

(tākaltu?,) takkaltu Klagelied.

akla außer; auch nicht (?). Vgl. *kalū*.

aklu, st. c. *akel*, pl. *akli* (sum. LW.?) Obmann; Präfekt (einer Provinz); Aufseher; Sekretär. — *akel arni* Erzsünder (?). *akel errešē* Bauernführer (?). *akel išpari* Obmann der Weber. *akel bāb-dēni* Gerichtssekretär (?). *akel bēti* Haus(?, oder Tempel?)-Verwalter. *akel bapperūti* Obmann der Brauer. *akel bārī* Oberwahrsagepriester. *akel gallābi* Obmann der Sklavenbezeichner. *akel dajāni* Oberrichter. *akel līmē* Eponymats-Chronist (?). *akel kisalluḫi* Obmann der Tempelreiniger. *akel malāḫi* Obmann der Schiffer. *akel nuḫatemmi* Obmann der Bäcker. *akel tamqāri* Obmann der Finanzbeamten.

ēkallu, st. c. *ēkal*, pl. *ēkallāti* (sum. LW.) Palast; Hof, Staat; Palastbehörde, Palastverwaltung, Hofverwaltung; Domänenverwaltung; Staatskasse; ein Teil der Leber; pl. (maj.) Hof. — *ša pān ēkalli* s. u. *pānu*. — *ēkal ilāni* Palast der Götter, Tempel. *ēkal bēlūti* Herrschaftspalast. *ēkal malki* Königspalast. *ēkal tapšuḫti, ēkal ṣalāli* «Palast der Grabesruhe», Mausoleum. *ēkal šarri* Hof des Königs. *ēkal šarrūti* königlicher Palast.

ēkalmaḫḫu Palastkoloß.

ekēmu (e) nehmen (zu etwas: *ana*), fortnehmen, abnehmen (etwas: acc., jdm.: dat., von jdm.: *eštu pān*), wegnehmen (mit Gewalt *ina danāni, danāniš*), entreißen (: Thron *kussā*, Herrschaft *šarrūta*); annektieren (: Land, Stadt); (besetztes Gebiet) entsetzen, befreien (von: *eštu qāt*), (seine Besatzung) retten; pms. (fortgenommen sein =) fehlen (Spitze des lobus caudatus *rēš ubāni*). — IV1 fortgenommen werden (aus: *ina*). — *ekēmu aššu* (jd.) ausnehmen von, zurückhalten von, bewahren vor. — *ekēmu dameqta* e. Belohnung in Empfang nehmen (?). — *ēkim šetti* Räuber des Schlafes (e. Dämon).

(ekīmu [?],) ekmu weggenommen, besetzt, annektiert (Grenzgebiet *kisurru*).

ekkemu, ukkumu räuberisch (?).

akāmu, akmu Sturm; übertr. Ansturm (einer Heeresmacht *gerri*).

ikkamū s. *kamū*.

uknū, pl. *uknē*, f. *uknītu*, pl. *uknāti* blau, κυάνεος; blaugefärbt (Wolle *šipātu*), blau emailliert (Brandziegel *agurru*), blauschimmernd («Bart», *zeqnā*, vom Mond); — Blaustein, bes. Lasurstein, lapis lazuli. — pl. f. blaugefärbte (Woll-)Stoffe. — *uknī šadī* Berg-Lasurstein.

akanna, akāna, akanni, akannu, kāna hier, da, dort; mit suff. hier bei . . ., dort bei . . .; dann, jetzt; so (vgl. *kī*), also, folgendermaßen (mit oder ohne folg. *ummā* zur Einführung der or. dir.). — *akanna . . . ašar* da, wo. — *šakanna* jetzig, jetzt. — *ana akanna, ana akannu, annakanni, anakannu, akkannu* hierher, dorthin, bis da; *ašakanni* bis jetzt. *adu akanni, adunakanni* bis jetzt, bisher.

ekēṣu überwältigen (?); pms. überwältigend, stark sein.

akṣu, ekṣu überwältigend, gewalttätig (Feind *nakru*). — *ekṣu eli* (noch) gewalttätiger als.

ukṣu Überwältigung, coitus (?, von Tieren).

ikkāru, pl. *ikkārāti* Pflüger, Ackerbauer, Bauer, Landmann; e. Bezeichnung des Königs (als «Pflüger» seines Landes). — *ikkāru ša šarri* Domänenpächter (?).

ēkurru, st. c. *ēkur*, pl. *ēkurrāti* (sum. LW.) («Berghaus» d. i.) Tempelturm; Tempel, Heiligtum; Gottheiten eines solchen Heiligtums; Festland (opp. *apsū*); Erde (opp. *šamū*).

akāšu *(u, i)* weggehen (Gespenst *eṭemmu*, aus der Wüste), vergehen (Leiden *murṣu*). — I_2 behoben werden (Leiden *murṣu*, Sünde *arnu*). — II_1 vertreiben (: Feinde *ajābi*; Šamaš: Finsternis *eklēti*), beheben (: Leiden *murṣa*, Schweigen *šuḫurrata*), brechen (: Bann *māmēt*). — II_2 vertreiben (?, : Feind *ajāba*); vertrieben werden (?). — III_2 vertreiben (Sonne: Mond, vom Himmel *ina šamē*).

ilu, elu, st. c. *il*, pl. *ilū, ili, ilāni, ilānu*; f. *iltu* st. c. *ilat*, pl. *ilāti* Gottheit; Sterngottheit; m. Gott (cpl. *ištar*); Nergal; f. Göttin; auch pl. (majest.) Gott; Götterbild; Titel des Pharao (auch pl.). — *ilu (u) amēlu*, pl. *ilāni u amēlē, amēlūti* Gott und Mensch, *ilu (u) šarru* Gott und König. — *il āli* Stadtgottheit. *ilat tāḫāzāti* Schlachtengöttin, e. Beiname der Ištar. *ilat ilāti* Göttin der Göttinnen, e. Beiname der Nanā. *ilān ummāni* Heeresgötter. *ilat bēti* Hausgottheit. *ilat zikkāri* Göttin der Männer, e. Beiname der Ištar als Morgenstern. *ilān maḫāzē* Stadtgottheiten. *ilān kiššati* Götter des Weltalls. *ilu lemnu* e. böser Dämon. *ilān māti* Landesgottheiten. *ilān mūšeti* Nachtgottheiten. *ilu nāṣer NN.* Schutzgottheit von NN. *ilāni ṣabtūti* «gefangene Götter», e. Bezeichnung der Kinder Emnešarra's. *ilat šērēti* Göttin der Morgenröte, e. Beiname der Ištar-Šerua als Morgenstern. *ilat šimetan* Göttin der Abendröte, e. Beiname der Ištar als Abendstern. *ilu ša šutti* Traumgott. *ilat teṣēti* Göttin des Streits (?), e. Beiname der Ištar.

iliš, eliš wie Gott, zu Gott, an die Gottheit; s. *mašālu, paqādu.*

ilūtu Gottheit, Göttlichkeit.

ul, ula, ulla, ulli, ullu nicht, gar nicht, keinesfalls, nein (opp. *annū*); Nein, Nichts; vgl. *apālu, qabū, šullušu.* — Negation beim pms., praet., praes. (wird nicht, darf nicht, kann nicht, soll nicht). — Als Fragepartikel = nonne etwa nicht?, doch wohl; *ul inuma* ist es nicht der Fall, daß ...? — *ul* ... *ul*, *ula* ... *ula* weder ... noch, *ula-man* s. *man.* — *mamma* ... *ul* nicht irgendeiner, keiner; *x ajumma, jau* ... *ul* irgendein x nicht, kein x; *memma* ... *ul* irgend etwas nicht, nichts; *mala* ... *ul* gar keines; *ēdu* ... *ul, ēštēn ul* kein einziger; *šanū* ... *ul* kein anderer, *mamma šanumma ul* gar kein anderer; *immatima* ... *ul* niemals. *ul aḫu aḫašu* keiner den anderen, einander nicht. *ul idi* ich weiß nicht was, irgend etwas.

alū, elū (א7לא4) in die Höhe kommen (opp. *arādu, itanarudu*), hinaufkommen (zum Himmel *šamā, ana šamē, šamāmiš*, zum Tempel *ana bēti*), hinaufziehen (nach: *ana*, zum Zwecke von: *ana* mit inf.), heraufkommen (von: *eštu libbi*), heraufziehen (vom Meer *ultu qabal tāmdi*), hinaufsteigen (auf e. Mauer *ina eli dūri*, auf d. Dächer *eli ūrē*, auf e. Hügel *ina eli telli*, auf einen Berg, ins Gebirge *ana šadē, eli šadē*), abs. sich davonmachen (in die Berge *qereb šadē*), besteigen (: Berg *šadā*, Schiff *ana libbi eleppi*, Wagen *narkabta* [?]), aufsteigen (Gewölk *urpatu*), aufwachsen (*zeqpu* Stengel aus dem Erdboden *ina qaqqari*; durch [die Tätigkeit vom] Pflug *ina epenni*), emporblühen (aus e. Dattelpalme *ina gišimmari*), aufstehen, kommen, auftauchen (Urkunde *e'eltu, ṭuppu, kanīku, kunukku*, Geld *kaspi*); hervorkommen (Gold *ḫurāṣu* aus dem Schmelzofen), aufgenommen werden (Arbeit von neuem *ina ešši, ina arkī*) anlegen (Schiff *eleppu*, am Kai *ana kāri*); auslaufen (Schiff *eleppu*, vom Kai *ina kāri*); (jdm.: acc.) über sein, gewinnen (in e. Prozeß *ina dēni*). — I_2 aufsteigen (Insel *nagū*, Rauch *quṭru*), hinaufsteigen (zum Himmel *ana šamē*, opp. *arādu ana erṣeti*), besteigen (: Berge *ḫuršāni*, Bergspitzen *ubanāt šadē*, Thron *ana kussī*), hinaufziehen (nach: *ana*, hinter jd. her: *ina arki* . . .), heraufziehen, heranziehen (feindlich, gegen: *ana ṣēr*); durchziehen, durchwandern (: Weg *ḫarrāna, urḫa*); fortziehen (von: *ina*); verlustig gehen (eines Hauses *ina bēti*, des Geldes *ina kaspi*, des Lohnes *ina idī*); pms. erhöht angebracht sein, aufgehängt sein (Schilde *areāti*). — I3 hinaufziehen. — I4 aufwachsen; sich erheben (zu: *ana*), heraufkommen (auf e. Schiff *ana libbi eleppi*). — II1 erhöhen (opp. *šuppulu*) (*ina ilāni* unter den Göttern), hinaufbringen, in die Höhe (*mēlā*) bringen, hoch aufrichten (: Königsherrschaft *šarrūta*); preisen (: die Stärke, *dunna*, einer Gottheit); (jd.) befördern (zum Hauptmannsrang *ana rab-qeṣerūti*). — III1 hinaufbringen (nach, in: *ana*), heraufbringen (ans Land *ana tabāli*), ersteigen lassen (: Truppen *ummanē*, : Berg *šadā*), an die Oberwelt bringen (: die Toten *mītūti*), heraufholen (aus der Flut *ina butuqti* [?]), herausholen (aus der Hürde *ina pitqi*); hinaufsteigen lassen (auf e. Mauer *eli dūri*, auf e. Schiff *ana libbi eleppi, ana qereb eleppi*); leiten, heraufholen (: Wasser *mē*); (zur Abgabe) einbringen, einliefern (: [die Ernte von einem] Feld *eqla*, [von] Getreide *šēa*); vorladen (Richter *dajāni*); entheben (einer Mühewaltung *ina mānaḫti*). — III2 hochmachen, aufrichten, heraufführen; ans Land führen, entkommen lassen (aus der Hand *ina qāti* : Vieh *būlam*), hinaufbringen (auf e. Schiff *ana libbi eleppi*); hervorgehen lassen (aus dem Schoß, *ina utli*, einer Tamariske, *bēnu*, d. h. aus deren Holz verfertigen); schaffen (?, Götter); überragen (?, e. Teil der Leber); heben (: Schiff *eleppa*, opp. *ṭubbū*). — III4 erheben (: Hände *qātā*, zu: *ana*). — *ina elī ša ramnika* wenn du selbst hinaufkommst (?). — *ša zubbi šūlī* «(Ding) des Aufscheuchens der Fliegen», Fliegenwedel. *ša mē šūlī* «(Ding) zum Heraufbringen von Wasser», Schöpfeimer. *hurāṣu ša dama šūlū* «Gold des Aufwallenlassens (?) des Blutes», entzückendes (?) Gold. — *šūlū eqla ultu māmi* Gelände vom Wasser freilegen, entwässern. *šūlū ana zaqīpi* pfählen. *šūlū ina qaqqari* von Stapel laufen lassen (: Schiff *eleppa*). *ullū rēš* . . . hervorragend machen; zu Ehren bringen (: Tempel, Stadt, Königsherrschaft *šarrūti*), (jd.) erheben (über: *eli*). *elū šadāšu, elū ana šadīšu* «seinen Berg besteigen», d. i. sterben. *šūlū šum* . . . als Namen von . . . aufbringen; benennen. *šutēlū šumū ili* die Namen einer Gottheit aufführen (beim Schwur). *elū šamā* Himmelfahrt (opp. *arād erkalla*). *šutēlū šamā u erṣeta* (an Großartigkeit) Himmel und Erde überragen, über alles gehen (Mahlschatz *terḫātu*). *elū eli tāmdi* auf das Meer hinausfahren, sich auf das Meer begeben.

eli, ela, el (unter Umständen progressiv assimiliert, vgl. *ē nīši* [?] über die Menschen [?]), **al, alla** Praep. 1. oben an etw.; (oben) auf, über etw. (, etw. tun, einhergehen u. ä.); zu Lasten von (vgl. *išū*); bei, im Besitze von. — 2. oberhalb von (*nāri* Fluß, *tāmti* Meer) (opp. *šaplu*). — 3. (oben)auf, (hin)auf bei Verben des Setzens (Sitzens), Legens (Liegens), Stellens (Stehens): *elū* hinaufsteigen, *ašābu* sich setzen, *banū* bauen, *zaqāpu* aufspießen, *zanānu* regnen, *ḫapāpu* sich pressen, *kabātu* schwer lasten, *kunnū* festsetzen, auferlegen, *kasū* binden, *maqātu* fallen, *nazāzu* stehen, *nadū* werfen, *našū* heben, *salāḫu* sprengen, *paqādu* bestellen, *šuprušu* fliegen lassen, *ṣalālu* sich legen, *ruddū* hinzufügen, *šuršudu* fest gründen, *šaḫāṭu* springen, *šaṭāru* schreiben, *šakānu* setzen, *šuparruru* ausbreiten, *tabāku* schütten, *takālu* vertrauen, *tarāṣu* ausbreiten. — *ša eli bēti* Hausvorsteher. — 4. über etw. hinaus, mehr als bei Ausdrücken der Steigerung: *ussumu* würdig(er) ausstatten, *šūpū* glänzend machen, *utturu, šūturu* mehren, *dunnunu* verstärken, *rubbū* vergrößern, *šuqqū* höher machen, *šurruḫu* riesig machen. — *eli . . . ana x-šu* x-mal so groß als. — außer, ohne, *ela šāšu* außerdem, überdies. — *eli ša, el ša, el kī ša, alla ša* mehr als. — 5. auf Grund von etw., über etw., betreffs, wegen. — 6. gegenüber. *ṭābu* jdm. wohlgefallen, *marāṣu* jdm. mißfallen. — 7. nach, zu, gegen. *muurru'* schicken, *abālu* bringen, *alāku* gehen, *amāru* blicken, *ṣabātu* (sc. *ḫarrāna*) den Weg nehmen, *šapāru* senden, *tāru* zurückkehren. — 8. gegen (feindlich). — Für einfaches *eli* häufig *ina* (bzw. *ana*) *eli.* — Vgl. *muḫḫu.*

allū, ellū, allē, allā überdies, außerdem, sogar, noch; denn, doch, ja (vgl. u. א6). — *allū lā* denn nicht.

ēlū, f. *ēlītu, ālītu,* pl. *ēlūti, eliāti, ēlāti, ēlēte* oben befindlich, oberer (opp. *šaplū*; Land *mātu,* Meer *tāmdu,* Gewand *ṣubātu,* Warttürme *kerḫi*); hoch (Berg *šadū*); erhaben (Erscheinung *lānu*); — f. oberer Teil; laute Stimme (beim Singen *zamāru*); Vorzugsanteil (des ältesten Sohnes bei der Erbteilung), Zugabe; pl. das Obere; die oberen Regionen (?, sc. des Himmels); die obere Welt. *anāku ēlūka* ich bin dir über, bin mehr als du. — *ēlīta, ēlītum* laut, on the top of one's voice. — *ēlīt ēni* ein oberer Teil des Auges (Wimper?, opp. *šapeltu ša ēni*); *ēlīt urṣi* Mörser-Klöppel. — *ēlāti u šaplāti* die oberen und die unteren Dinge. *ēlēte u warīdāti* ob hoch oder niedrig. — *eliāt, ana ēlāt* über . . . hinausgehend, außer. — *ēlāt šamē* die oberen Regionen, der obere Teil des Himmels, Kulminationspunkt (?, opp. *išid šamē, šaplān šamē*).

elū, alū Syn. zu *perḫu* Sproß.

ēliš oben; hoch, in hervorragender Weise; nach oben hin, nach außen hin (mit den Lippen *ina šaptē,* opp. *šaplānu libba*). — *ēliš (u) šapliš* oben und unten. *eštu ēliš u eštu šapliš* von oben und unten.

ēlānu, ūlānu, ullānu, ēlēnu, ullūnu (?) oberhalb (opp. *šaplānu*); außer. — *ēlēn āli* oberhalb der Stadt. *ēlēn āli u šaplān āli* oberhalb und unterhalb der Stadt. *ēlēn šadī* oben auf dem Berge. — *ullānumma, ēlēnumma* oben; obendrein, überdies, außerdem, ferner. *eštu ullānumma* von oben; herab aus der oberen (himmlischen) Region; von der Oberwelt (opp. *ana erṣet lā-tāri*). *ana ēlāni, ana ēlēna* über; zu . . . hinzu, außer, hoch, *ana ēlēni* aufwärts.

ēlāniš darüber, obendrauf.

ēliānu, ēlānū, ēlēnū, f. *ēlēnītu,* pl. *eliānāti* oberer; f. (e. best.?) Obergewand.

mēlū, pl. *mēlē* Höhe (eines Berges), auch als mathem. Dimension, Anhöhe; Hochwasser, hoher Wasserstand, Flut (eines Stromes *nāri,* opp. *meṭū*; des Meeres *tāmdi*); Krone (eines Baumes). — *mēl kiššati* gewaltige Flut, Wogenschwall.

mūlū Höhe (mathem., corr. *arāku, rupšu*). — *mūl šamē* Himmelshöhe, Aufstieg, Gipfel (opp. *muradu*), oberes Erdreich (opp. *mušpalu*), Sockel (corr. *šubāti* Basen).

mušēlū (die Scholle «aufwerfender») Pflug; (den Verschluß «hebender») Schlüssel.

šūlū heraufgebracht, emporgebracht, emporkommend (mitten aus dem Himmel *ina qereb šamē*), heraufbeschworener, sc. Totengeist (*eṭemmu*).

tēlū, f. *tālītu* (?), *tēlītu, tēltu* (?), pl. (?) *tēlēte* hoch (math. Dimension); f. die hoheitsvolle (Beiname von Belitili, Mami, Ištar-Irnina; auch einer best. Priesterin); pl. Einkünfte,

Ertrag (eines Feldes *eqli*). — *tēlēt atri* Einkünfte aus außerordentlichen Opfern. — *ātēlī* (?) hoch, in die Höhe (?, s. *tamāḫu*).

alū (sum. LW.) e. (böser) Dämon; — e. Musikinstrument (Zimbel?).

ulū, st. c. *ul* (sum. LW.) Üppigkeit, Fettigkeit (des Öls *šamni*).

ullū (zeitlich) fern (Tag, Monat); früher, alt (König *šarru*); e. fernerer, e. anderer, jener andere. — *eštu ullū, eštu ullā, ultu ullū, ultu ullā, ultu ūm ullūti* von alters her. *gādu ullū, gādu ullā* auf ewig. — *ullū . . . ullū* der eine . . . der andere.

ulliš späterhin.

ullānu mit Suff. lange Zeit vor...

ullētiš, ilētiš (?) in ferner Zeit, in fernerer Zeit.

alutu Mehlbrei (?).

alabattu e. Baum.

elebbuḫu *(ša iṣṣuri, ša imēri, ša nūni)*.

ellabrā «Gebirgsvogel» *(iṣṣūr šadī)*.

elliqu e. Stein.

algamišu (LW.?) e. Mineral (e. Antimonerz?).

algurettu s. *angurēnu*.

walādu, alādu, malādu (אלד 6) gebären (: Fœtus *ezba*, Kinder *māri*, e. Knaben *zikara*, das erste, zweite, und zwar männliche Kind *eštēnā, šēnā*, das dritte, und zwar weibliche Kind *šalašta*; jdm.: dt.); e. Kind gebären, erzeugen; pms. geboren werden, auf die Welt kommen, erzeugt, geboren sein (*kēniš* rechtmäßig). — I2 gebären (: Kinder *māri*). — I3 (mehrmals) gebären. — II1 gebären; erzeugen. — II2 geboren werden (Menschen *tēnešēte*). — III1 Junge werfen lassen (: Herde *maršīta*, in großer Zahl *ana ma'diš*). — IV1 geboren werden. — IV2 geboren werden (Sohn, Kind *māru*).

walādu, alādu, aldu, ulādu Geburt (von Menschen und Tieren), Werfen, Wurf.

ildu Sprößling, pl. *līdānu*.

līdu, st. c. *līd*, f. *littu*, pl. *līdāti, liddāti* Sprößling; pl. Nachkommenschaft; Nachkömmling, Junges. — *liddātu šarrūti* Königskind, *līd umāmi* junges Wild.

lellīdu, st. c. *lellīd* Sprößling.

littūtu Nachkommenschaft, Kindersegen.

wālidu, ālidu, f. *ālittu* erzeugend; f. trächtig (Schaf *emmertu*); leiblich (Vater *abu*, Mutter *ummu*); — *ālid abi* Großvater.

walīdu, elīdu, weldu, eldu, meldu, st. c. *walīd, elīd*, pl. *weldi*, f. *elittu* geboren; Junge, Sklave; Junges; Geschöpfe. — *elīd bēti* im Haus geborener Sklave, f. *elitti bēti*. — Vgl. u. *eṣēdu*.

mu'allidu, f. *mu'allittu*, st. c. *mu'allidat, mummallidat* Erzeuger; f. Gebärende; Wehmutter (?). — *mu'allid ilāni* «Erzeuger der Götter», e. Beiname von Marduk.

tālittu das Werfen (von Vieh *būli*, von Löwen *nēši*); der Wurf, geworfene Junge.

aladu e. Stein.

aldu (sum. LW.) Ackergeräte (?).

ildu s. *išdu*.

eldaḫḫu (= ?), ***eldaqqu*** (LW.) Weide (?); (aus e. Weidengerte verfertigte?) Peitsche (?).

(alāḫu) (אלח 6?) II1 pms. reich beladen sein (mit Üppigkeit: *kuzba*), (ganz?) bedeckt sein (Mond bei der Verfinsterung), (reichlich) versehen sein (mit e. Bart: *zeqnā* = (?) e. Vollbart haben). — II2 (ganz) bedecken (: Gestalt *lāna*, mit e. Gewand *tēdēqa*).

uluḫḫu (sum. LW.) Stab. — *uluḫ šarrūti* Herrscherstab, Szepter.

alluḫappu (sum. LW.) Fangnetz, Fangkorb, Getreidesack.

alṭu s. *ašṭu*.

ilṭaḫḫu s. *išṭaḫḫu*.

ilṭaqqu Citrone (?).

alāku *(i)* (אלך 2) gehen (abs.; von Menschen und Tieren; Wind *šāru*:

Weg *alāka, urḫa, ḫarrāna*; nach, in: *ana, ina*; zu: *adi pān*; zu Fuß *ina šēpē*; an die Arbeit *ina eli dulli*; zurück *markīta*), begehen (: Straße *sūqa*), einhergehen (in: *ina*), schreiten, wandeln, wandern; vor sich gehen, sich ereignen (Zeichen *ītu*, am Himmel *ina šamē*); ziehen (Wolke *urpatu*; nach, in: *ana*; gegen: *ana, eli, ana eli, ana mūḫi, ṣēr, ana tarṣi*; entgegen: *ana erti, ina erti*), laufen (Planet; Kurs *maḫēru*), rechtläufig sein (Jupiter, opp. *tāru*; Merkur, opp. *neḫēsu*), fließen (Eiter *ēmtu*, Blut *damu*, Tränen *dīmāti*, Wasser *māmi*, Milch *šizbu*; aus: *ina, ina libbi*; fortwährend *maldāriš*); hergehen, herziehen, herschreiten, herlaufen (vor: *pān, ina pān, ina pānāt, ina maḫar, immutti* = führen; hinter: *arki, ana arki, ina kutalli*, = folgen; gegenüber *ina meḫret, ana meḫreti*); hingehen, sich begeben (zu: *ana*), dahinziehen, hinführen (Weg *alaktu*, zu: *ana ṣēr*); hineingehen (in, nach: *ina libbi*); kommen (abs.; Hochwasser *mēlū, butuqtu*; zu, nach: dat., *ana, eli, ana eli, mūḫi, ana mūḫi, ina eli, adi eli, ana pān, ina pān* (bei Personen; = besuchen, heimsuchen); in ... hinein: *ana libbi*; bis, bis nach: *adi*; entgegen: *ina erti*; über: *eli, ana eli*; von, aus: *eštu*; um zu: *ana, aššu* (mit inf.); herbeikommen, hinkommen (zu: *ana ṣēr*; von: *eštu qereb*), ankommen, anlangen (in: *ina*), eintreffen (Brief *egertu*), gelangen (Schriftstück *ṭuppu*, zu: *ana, ina eli*), hereinkommen, einkommen (Einnahme *meḫertu*), betreten (: Örtlichkeit *ašra*, Haus *bēta*); fortgehen, fortziehen (von: *eštu libbi*), abziehen, abreisen, wegfahren (auf e. Schiff *ina eleppi*), ausfliegen (Vogel), ausziehen, zum Kampf (*tāḫāzi, tidūki, ṣalti, ṣelti* [?], *tuqumma*) ausziehen, ins Feld (*ṣēra*) ziehen, von der Arbeit weglaufen; wiederkehren; niedergehen (Regen *zunni, šamūtu*, Hagel *abnu*); vergehen (Zeit); Dienst tun (bei: *ina*); — mit asyndetisch oder durch *-ma* angereihtem Verb: sich aufmachen, sich anschicken, anheben, Sorge tragen (etwas zu tun); impt. wohlan!, auf!, nun denn!, (tue) doch! — I2 gehen, reisen, ziehen (: Pfad *arḫa*; zu Fuß *ina šēpē*; zu, nach: *ana, adi, adu*; von: *eštu, eštu libbi*), durchziehen (: Gelände *eqla*), durchmachen (: Widerwärtigkeiten *marṣāti*), herziehen (hinter: *arki* = verfolgen); einherziehen, umherziehen, einherwandeln, wandeln (abs.; als Herrscher, herrlich *šalṭiš, šalṭāniš, eṭelliš*; in, auf: *ina, qereb, ina qereb*; vor: *maḫar, pān*; gegen: *ana ṣēr, ana tarṣi*; unter: *ina libbi*, unter dem Beistand *ina tukulti*); überlaufen (zu: *ana eli*); kommen (von Menschen und Tieren; in, nach, zu: dat., *ana eli, ana mūḫi, ina eli, ana maḫar, ana pān, ina pān*, von Pers., um zu: *ana* mit inf.), ankommen (Epistel *unnedukku*, in: *ina libbi*), zukommen (Nachrichten *šeprēte*, jdm.: *ana pān*); hintreten (vor: *ina erti*), betreten (etwas: *ina*); fortziehen, abziehen, davongehen (nach: *ana*), auf und davongehen; davonlaufen (Wildstier *rēmu*), ausfahren (Dämon, aus: *ina*); fließen (Blut *dami*); niedergehen (Regen *zunni*); vorübergehen, verstreichen (Zeit); sich ereignen (Vorzeichen *idāti, ītāti*); — mit asyndetisch angereihtem Verb: sich anschicken, anheben (etwas zu tun). — I3 einhergehen, wandeln (: Pfade *alkakāti*), einherwandeln, herziehen, herlaufen (vor: *ina maḫar*; Hund *kalbu*, hinter: *arki*); umherwandern, umherziehen (Dämon; auf: *ina, ina eli*; in: *ina, ina libbi*), umherlaufen (Wagen, Planet), umherfliegen (Vogel), umherirren (Augen *ēnā*). — I4 dahingehen (Tage *ūmē*), ziehen (in Frieden *šalmiš*), herziehen, fortziehen; ausgehen (auf: *arki*). — II2 kommen lassen (: Pferde *sīsē*). — III1 gehen lassen (jd.: acc., vor: *pānāt*); reichen lassen (bis an, bis zu: *ana*); pms. taugen, sich eignen, veranlagt sein (zu: *ana*), bekömmlich sein (Speise und Trank *mākālē u mašqēte*); — III₂ gehen lassen (?). *alāku ana adanni* zu e. Termin kommen. — *alāku ana eli Ēni* zur «Quelle» gehen (rituell). — *italuku ana tēgerti* zur Miete (?) gehen. — *alāku ubbuṭa* in Hungersnot geraten. — *alāku idā, alāku idāt, italuku idā* zur Seite gehen. *šūluku idā* zur Seite gehen lassen. — *alāku ana Id* nach dem «Fluß» gehen (sich zu e. best. Gottesurteil verfügen). — *alāku aḫētamma* abseits gehen. — *alāku eṭellūta* die Herrschaft ausüben. — *alāku akūta* verlustig gehen. *italuku mākūta* e. Verlust erleiden. — *šūluku ulālūta* nichtig machen. — *alāku adi ulla* zunichte werden. — *alāku ilka, italuku ilka* e. Lehen verwalten, Lehensdienst tun. — *alāku almānūta* in Witwenschaft geraten. — *alāku mēništa* schwach werden (Land *mātu*). — *alāku usāta* zu Hilfe kommen. — *šūluku asmiš* passend machen (für: *ana*). — *alāku aṣūta* sich auf und davon machen. — *alāku arbūta* zugrunde gehen. *šūluku arbūta, šūluku arbūtiš* zugrunde gehen lassen. — *alāku tērubta* landen (Schiff *eleppu*). — *alāku išarūta* gedeihen. *alāku mēšrūta* zur Vollkraft kommen (?). *italuku ešāriš, italuku mēšāriš, italuku mēšēriš* rechtgeleitet werden, rechtgeleitet sein. — *alāku ašarēdūta* an die Spitze treten, die Alleinherrschaft ausüben, die Vorherrschaft antreten. — *alāku itti* . . . (etwas) bringen, جاء ب. — *alāku bēlūta* Herrendienst, als Sklave dienen. — *italuku balāṭ* . . . e. Leben . . . führen. — *šūluku ana tabrāti* (etwas) zum Staunen gereichen lassen, bewundernswert herstellen. — *alāku adi lā-bašī* zunichte werden. *šūluku adi lā-basī, šūluku ana lā-bašī* zunichte machen. — *alāku gamērūta* zur Vollendung kommen. — *alāku ana dinān* (bei jdm. schriftlich) vorstellig werden. *alāku ana dajānū* e. Gerichtsverfahren beginnen. — *alāku ḫaḫḫuratta* wie e. Rabe hüpfen. — *alāku ḫarbūta* der Verwüstung anheimfallen. — *alāku ana ḫarrāni* zu e. Feldzug ausrücken; e. Reise zurücklegen; e. Handelsreise antreten. *alāku ana ḫarrān šarri* zum Heeresdienst einrücken. *alāku ḫarrāna itti, italuku ḫarrāna itti* den (gleichen) Weg mit (jd.) gehen, es mit (jd.) halten. — *alāku ana Ḫursān, alāku ina Ḫursān* nach dem «Berg» gehen (sich zu e. best. Gottesurteil verfügen). — *šūluku ṭābiš* gedeihen lassen. — *alāku ana ṭēmēte* zu(r Entgegennahme von) Befehlen kommen. — *šūluku ana kunnī* (etwas) zurechtmachen. — *šūluku karmūta* zur Wüstenei werden lassen. — *alāku kišerra* Stütze sein. — *alāku ana ketri* Bundesgenossenschaft machen. — *alāku littūta* zur Macht gelangen. — *alāku ellāmī* vorhin (?) gehen. — *alāku la bērūta, alāku abāriš* alt werden. — *šūluku lillūta* schwächen. — *alāku maḫḫūtiš* von Sinnen werden. — *alāku ana maḫar, ana maḫarri* sich begeben zu. — *alāku adi maḫar* (jdm.) huldigen. *alāku ina maḫri, alāku ina maḫra* vorangehen, führen. — *šūluku nidūta* veröden lassen. — *alāku ana manzašti* sich auf e. Posten begeben. — *alāku namūta* zur Wüste werden. *šūluku namūta, šūluku namū'iš* zur Wüste werden lassen. — *alāku adi namāri* sich aufhellen. — *alāku ana nerārūti* zu Hilfe kommen. — *itanaluku sādāta* behutsam (?) herumgehen. — *šūluku sinnišāniš* weiblich werden lassen. — *alāku purīda* eilends gehen. — *alāku ana qudmi* vornhin (?) gehen. — *alāku rēṣa, alāku rēṣūta, alāku ana rēṣi, alāku ana rēṣūti* zu Hilfe kommen. *šūluku rēṣūta* zu Hilfe nehmen (: Götter *ilāni*, um zu: *ana* mit inf.). — *alāku rūqa* weithin dringen (Lanze *asmaru*). — *alāku rēqūta, italuku rēqūta* leer ausgehen. — *alāku rēšūta* in Elend geraten (?). *šūluku ana rēšūti* in Elend geraten lassen. — *alāku ana rebi, alāku ana rūbi* untergehen (Planet). — *italuku ana ramāni* frei ausgehen (?).

— *alāku šēbūta* grau werden, alt werden. — *alāku šēmat mūši* zum Geschick der Nacht kommen, sterben. *alāku ana šēmti, italuku ana šēmti* zum Geschick (des Menschen) kommen, sterben. — *alāku ana šulum šarri, alāku ana šulmū* (?) *ša šarri, italuku ana šulmi ša šarri* sich zum Friedensbann (?) des Königs begeben. — *alāku našparta* in Leibeigenschaft (?) kommen. — *alāku tappūta, alāku ana tappūti* zu Hilfe kommen, Hilfe leisten.

alāku, st. c. *alāk, alēk* Gehen, Gangart (einer Ente *paspasi*, eines Löwen *lābi*), Lauf (von Mond und Sonne), Weg, Reise (nach: *ša*); Heereszug, Feldzug; Zugang (einer Burg *bērti*). — *alāku u tāru* Hingehen und Wiederkehren, Kommen und Gehen. — *alāk idē* (das Zurseitegehen =) Schutz. *alāk gerri, alēk gerri, alāk ṣēri* Heereszug, Feldzug. *alēk kēd* Weg hinaus, Ausweg. *alāk maḫri* Vormarsch.

alku, elku Lehensdienst, Lehenspflicht, Lehenssteuer; Lehen, Lehensträger (?); Dienst. — *ša elki* Lehensmann. — *alku kudūru, elku ṭupšikku* Lehens- (und) Frondienst.

alkatu, alaktu, st. c. *alakat*, du. *alaktā*, pl. *alkakāti* Weg, Pfad, Gang, Bahn (eines Himmelskörpers), Lauf (des Wassers *māmi*), Verlauf (des Fiebers *ṭe'i*); Wandel, Treiben; Verrichtung, Amtshandlung (eines Priesters *mašmaššu*, Kantors *kalū*, Tempelmusikers *nārū*); Karawane. — *alakta* ein (anderes) Mal (ﻣﺮّﺓ), abermals. — *alaktu u ḫarrānu* Weg und Steg. — *alakti gerri* das Vorrücken des Feldzugs. — *alakti lā-tijārat* Weg ohne Rückkehr (zur Unterwelt).

āliku wandelnd, tragbar (Ofen *tinūru, utūnu*). — *ālik maḫri* (neben *ālikūt maḫri* auch als pl.) Vorgänger, Vorangänger. *ālik maḫri ša Ea* Vorgänger Ea's, e. Bezeichnung des Beschwörungspriesters (*āšipu*). *ālik pāni* Vorgänger, Anführer; Vorfahre; Vorarbeiter. *ālikūt pān ummāni* Vorhut. *ālik arki, ālik urki* (?) Nachfolger. — *ālikat sulē* Straßenwandlerin, e. Beiname von Ninaḫakud.

ālikūtu Gehendsein, in *ālikūt maḫri pān ummāni* Heeresleitung.

ālikpānūtu Vorstandschaft.

allāku reisend (Kaufmann *tamqaru*); behend (Kniee *berkā*, Füße *šēpā*); Wanderer; Bote. — *allāku ḫanṭu* Eilbote.

mālaku, mēlaku, st. c. *mālak, mēlak* Weg, Wegstrecke, Strecke (von Wegmeilen *bēri*, Tagereisen *ūmi*); Bett (eines Flusses oder Kanals); Holzweg. — *mālak gerri* Ausdehnung eines Heereszugs. — *mālak māmi* Wasserlauf, Wasserstrecke, opp. *mēlak nabāli* wasserloses Gelände.

muttalliku, f. *muttalliktu* beschreitend (Marduk-Jupiter: Himmelsmitte *qereb šamāmi*), (zeremoniell) hin- und herwandelnd (? Oberpriester *mašmašgallū*); tragbar (Ofen *tinūru, kinūnu*); umherirrend (draußen *ina aḫāti*; böser Bick *ēnu lemuttu*); Wanderer; (umherirrender) Besessener. — *muttallik āli* Stadt-Wandler, e. Bezeichnung des Beschwörungspriesters (*āšipu*). *muttallik sūqi* Straßen-Wandler, e. Bezeichnung des Fieber-Dämons. *muttalliktum ša sūqi* Straßen-Wandlerin, e. Bezeichnung der Hexe. — *muttallik mūši* Nacht-Wanderer, e. Beiname von Namtar, Nergal-Mars und Nusku. *muttallik šadī* Gebirgs-Wanderer, e. Beiname von Ninurtu (-Saturn?). — *muttallikti pāni* Amt od. Tätigkeit des Vorangängers.

tāluku, tallaku (?) Zug, Feldzug, Marsch, Weg, Bahn (von Stern-[gottheit]en). — *tāluk gerri* Marsch des Heeres(zugs). — *tallak šēri* Weg der Fleischeslust (?).

tālaktu, st. c. *tālakat*, du. *tālaktā*, pl. *tālakāti* Weg, Pfad, Bahn; Lebensweg; (Heeres-)Zug; Fußboden, Pflaster (zu e. Haus *bēti*, e. Kapelle *papaḫi*, e. Tempelhof *kisalli*); Prozession; Schritt; Verkehr (?).

alāku *(u)* entzünden (Räucherbecken *neqnaqqa*, Spezereien *reqqi*, Wohlriechendes *ṭābūta*).

ellūku e. Prachtgewand, e. Schmuck aus Steinen.

allakani (?, LW.) e. Baum (Mandel?).

elikulla, elkulla, erkulla e. (Medizinal-)Pflanze.

alālu *(u)* (אלל₁) binden (etwas: acc., an Stangen *ina gašīši*, *gašīšiš*, an d. Seite *ina aḫi, ina dimāti;* jdm. an den Hals *ina kišād annanna*, auch acc.: *bāba* ans Tor, *idu* daran), aufhängen (am Türgesims *ina ḫitti ša bābi*); überwältigen (: Feinde *zā'eri*); pms. stark sein, sich stark zeigen; II₁ festbinden, bannen.

allu, illu, ullu Band, Kette (von Gold *ḫurāṣi*); Stärke (?); Kraft; geschlechtliche Kraft. — *ulli kalbi* Hundekette.

ellatu Verband, Sippe, Aufgebot, Streitkräfte (der Truppen *ṣābi*), Meute (von Hunden *kalbi*), Rudel (?, von Löwen *nēši*).

alīlu stark, Bezeichnung von Marduk und Nergal.

allalū stark (?), Bezeichnung von Gibil und Zababa.

(tālultu,) tallultu Geschirr (von Pferden und Maultieren).

alālu, elēlu *(e)* (אלל₂) hell werden, rein werden; hellen, heiteren Gemüts werden, jauchzen, jubeln, jdm. *(ana)* zujubeln; spielen (cpl. *zamāru*), musizieren; pms. (vom Sklavenmal) gereinigt, rein sein (vgl. II₁). — I₂ sich reinigen. — II₁ erhellen (Sonne: Himmel); rein machen, reinigen (abs.; jdn.: acc.; : Straßen *sulē*, Waffen *kakkē*); (vom Sklavenmal) reinwaschen (sc. die Stirn); freilassen (: Sklaven, Sklavin, bei der Ankindung oder Verheiratung); kultisch rein machen (jdn.: acc., Opferzurüstungen *riksi*), weihen (etwas: acc., einer Gottheit *ana ili*, zur Sühnung eines Hauses *ana bēti*); jubeln, frohlocken; pms. gereinigt sein. — II₂ gereinigt werden; sich reinigen (mit: acc.); bejubelt werden. — III₁ jubeln, frohlocken lassen (Götter, jdn.: acc., *kabatte*), frohlocken. — *ullulu pūta* die Stirn reinwaschen, freilassen (vgl. II₁). *ullulu pūt bēti* e. Haus entsühnen. — *ullulu parṣi* Kultriten in kultisch reiner Weise begehen.

alālu Jauchzen, Jubelgeschrei; vgl. *šasū*.

elēlu Jubel (Saiten-)Spiel, Musik.

ellu, f. *ellītu*, pl. *ellāti* hellfarbig (opp. *ṣalmu*; Bart *zeqnu*, Gewand *lubuštu*, Purpurstoff *tabarru*); hell, strahlend (Augen *ēnā*, Feuer *išātu*, Fackel *ṭipāru*, Glanz *numru*, Himmel *šamē*); herrlich, prächtig (Türen *dalāti*, Szepter *ḫaṭṭu*, Wald *qīštu*, Gebirge *šadē*); naturrein, pur (opp. *lā ellu, lu'u;* Mörtel), rein, hell, klar (Wasser *mē*, Öl *šamnu* [corr. *ebbu*, *namru*]); kultisch rein (Opfermahl *mākālu*, Opfer: *zēbu*, *nēnṭabū*, *nequ*, *sirki*, *qātē;* Örtlichkeiten: *ašru*, *eršu*, *bētu*, *qīštu;* übertragen: Vorzeichen *tērēti*, Gebet *ekrebu*, Beschwörung *šiptu*, Wort e. Gottheit *pū*); — Schnee, hellfarbiger (Gewand-)Stoff; — *ellat eqli* e. Pflanze. — f. pl. Jubel.

elliš lauter (?).

elūlu, ulūlu, ellūlu Reinigungsfeier (der Ištar im 6. Monat); Elul.

mālēlu Spiel, Musik, in *šamālēli*, *mālēlu* (einfache) Flöte; *šamālēliš* wie e. Flöte.

mēlūlu, mēlultu Saitenspiel, Spiel, Vergnügung, Lustbarkeit, fröhliches Fest. — *mēlulu nigūtu* Spiel (und) Musik. — Vgl. *kippū*, *malālu*.

malālu, melēlu (?) *(e)* spielen, sich vergnügen (mit dem Bogen: *qašta*); — («spielend» =?) planlos verteilen (?,: Steine oder Pflanzen auf e. Brett *ṭuppu*, um aus ihrer Lage die Zukunft zu erforschen).

mullilu e. Sühnepriester; — e. Sühnegefäß.

mutlellū, mutlēlū umjubelt, «Jubilar».

šūlulu heiter gestimmt, frohlockend.

tēleltu Reinigung; Reinigungsfeier; vgl. *ūmu* (םא6א7).

alla; allū, allē, allā s. א7לא4.

allu, st. c. *alal*, pl. *allānu* (?) (sum. LW.) Hacke, Karst. — *allu tupšikku* Hacke (und) Tragbrett.

allalu, allallu, allānu Hirtenknabe, (Unter-)Hirte; — e. Vogel, Coracias garrulus (?). — *allānāti* «Hirtenmonat», e. Name des vierten Monats.

alallū, elallū (sum. LW.) e. Steinart; — e. (daraus verfertigtes?) (rituelles) Schöpfgerät.

ellelu (sum. LW.) Herr, Herrscher. — *ellel ilāni* Götterherr.

(ellelū,) f. *ellelītu* (?) herrisch.

ellelūtu Herrschaft.

ulālu, ulālūtu s. *ul* (לא1).

uliltu e. (Wasser-)Pflanze.

ulmu e. Art Lanze (?).

alamū e. Unkraut, e. Umbellifere.

alamitu hölzernes Rahmenwerk.

illāmu, ellāmu, illāmī, ellammī s. *lām*.

alamdimmū (sum. LW.) Aussehen (?), Name einer Omenserie.

elammaku, *elamku* (sum. LW.?) e. (Bau- u. Nutzholz liefernder) Baum.

almattu (אלמן1), pl. *almanāti* Witwe.

almanūtu Witwenschaft; vgl. *alāku*.

elmešu Diamant.

elmeštu Frucht (?) von Belladonna.

allānu e. aromatische Gebirgspflanze (Terebinthe?); — s. *allalu*.

allanu Zäpfchen (zur Einführung in den After).

ulinnu (sum. LW.) übergeworfenes Tuch, Shawl (?); Handtuch (?).

(alāpu) (אלף1) (binden, verbinden). — I2 verbunden sein (Zwillinge bzw. deren Köpfe; kreuzweise *kīma bellurti*). — II1 schließen (: Ketten *eškārāti*). — III2 verbunden, kontinuierlich sein (Schlachtreihe *anantu*, Regierungszeit *palū*).

ulāpu, pl. (?) *ulpānu* Band, Riemen (am Hüftgewand *sūni*); Verbindung, Mischung; Mörtel; pl. ein Gewandstück. — *ulāp aškapi* Schusterriemen.

alpu (אלף1), st. c. *alap*, pl. *alpū* Rind, Ochse; pl. Rindvieh; Vieh (opp. *umām*); Viehstand. — *alap epenni* Pflugochse. *alap nāri* («Fluß-Ochse» =?) Hippopotamus, Nilpferd. *alap qīši* («Rind des Dickichts» =?) Hirsch. *alpu ša retti* Weiderind. *alap šadī* Gebirgsochse. *alpi ummāni* («Ochsen der Arbeiter» =) Arbeitsochsen. *alpu zikaru* Bulle. — *alap šamē* Taurus.

eleppu (אלף1), pl. *eleppēti* Wasserfahrzeug, Schiff, Arche; Schiffsladung. — *elep ili* (Tempel-)Schiff e. Gottheit, Gottesschiff; *elep urbati* Weidenschiff, *elep qarābi* Kampfschiff, *elep mašdaḫē* Prozessionsschiff, *eleppu šaḫḫītu* Segelschiff.

eleppetu Schiffchen.

alāpu (אלף6) lang werden, wachsen (Klaue *ṣupru*). — I2 aufwachsen (in der Herrschaft, als Herrscher *ina šarrūti*). — lang werden, hochwachsen, sich ausdehnen (Rohr *qanāti*, Regierungszeit *palū*).

līpu, lippu, pl. *līpū* Zweig, Schößling; pl. Nachwuchs, Nachkommen. — *līpu rūqu* Nachtrieb (der Dattelpalme). — *līpu rēbū* vierter Deszendent. — Vgl. *lāpu*.

liplīpu, liblību Schößling, Zweig (der Dattelpalme); Sprößling, Nachkömmling, Nachkomme. — *liplīpi šarrūti* Königskind.

ellippu e. Pflanze.

ulupu e. Nutzbaum.

alapū, elapū Heu (?).

elpītu e. Binsenart. — *elpitu mē burki* e. harntreibendes Mittel.

alappānu e. Emmerart; e. daraus bereiteter Rauschtrank; — e. Baum.

elēṣu *(e)* (עלץ4) fröhlich sein, jubeln (Herz *libbu*). — I2 fröhlich sein (Gemüt *kabattu*). — II1 jubeln, übermütig sein; pms. hypertrophisch sein (?, Teil der Leber). — II2 jauchzen (?). — III1 fröhlich machen (: Gemüt *nupāra*), jubeln lassen; kreischen lassen, quietschen lassen (: Tür *dalta*). — *ulluṣ libbi* Herzenslust.

elṣu, ulṣu Lust; Wollust. — *eliṣ libbi* Herzenslust. *ulṣi rēšati* Lust (und) Jubel, höchste Lust.

elṣiš, ulṣiš in Lust, übermütig; wollüstig (?).

mēliṣu Freudenort.

elliqu, elluqu, (=?) *ḫulāqu* (westsem. LW.?) e. Körperteil (?); — e. Kleidungsstück.

(***elēru*** [?] kräftig sein, üppig sein.)

alru kräftig (Lastwagen *ereqqu*).

allūru, ellūru Kraft (eines Stiernackens *kišād rēmi*); — vollreife Frucht; — e. Prachtgewand; — e. Gefäß; — Anemone; — *ellūr pāni* e. Kosmetikum.

ellūriš prächtig (?); — zu e. Prachtgewand (?, vgl. *emū* א7א6א2).

ullūru Teil eines best. Schmuckgegenstandes *(aqarḫu)* (aus kostbarem Stein).

ellurtu Fessel, Kette.

itlurtu e. Hausgerät (?, Napf?).

ellarūtu Syn. zu *ellipu* e. Pflanze.

ulāšu, ulīšu s. אשא7.

ulušinnu (sum. LW.) Emmerbier.

ulušinmaḫḫu Emmer-Starkbier.

eltu Strohhalm, Stroh.

elti, elta, ultu s. *eštu*.

ellutu, ēlutu e. Baum mit Nutzholz.

alluttu e. Fisch; Capricornus.

altabbibu, altābibu (LW.?) e. best. (aus *ušū*-Holz gefertigte) Figur (?).

altalū Wald.

eltānu s. *eštānu*.

eltēnu s. *eštēnu*.

eltepitu e. Gewand.

altāru (sum. LW.) niedergedrückt sein (?).

eltēt s. *eštān*.

amtu (אם1), pl. *amāti* Sklavin, Dienerin, Magd (cpl. *ardu, ṣuḫāru*). — *amat ēkalli, amat šarri, amat šarrūti* Hofsklavin, übertr. auch von Städten. *amat bēti* im Haus geborene Sklavin. — *ana annanna amat* sie ist NN's Sklavin; vgl. *aššatu* (אנש1).

amūtu Magdschaft; vgl. *šakānu*.

emu (אם1) Ort, Stelle; Wohnstätte. — *ema, emu, em* an, in, bei, zu, gemäß; cj. wo, wohin; da, wo; da, wenn, wann, als. — *ana ema* dahin wo. — *ema . . . ema* . . . bald . . . bald . . . (?). — *ema seḫelti* an der Stelle des (von einem Gespenst beigebrachten) Stiches. *ema qabli u taḫāzi* in Kampf und Schlacht. *ema bebel libbi* nach Herzenswunsch.

amma kī, amaku, ammaku anstatt daß.

ummu (אם1), pl. *ummāti* Mutter (cpl. *abu*, von Menschen und Tieren), Gluckhenne, Mütterchen; Mutterpflanze; Großmutter; Priesterin (vgl. *abu*); pl. (ursprünglicher) Bestand, (ursprüngliche) Menge (einer Ölschicht, der Gedärme *(erri saḫerūti)*, eines Wasserlaufs, Heeres [Hauptkorps], Kapitals [Grundkapital]). — *ina libbi ummi* im Mutterleib. — *ummu murabbītu* Adoptivmutter, Ziehmutter. — *ummi ḫarrāni* (Grund-) Kapital für ein Geschäftsunternehmen. *ummi mē* e. Wasservogel. — *ummāt erī* Einfassung eines Mühlsteins אמתא דרחיא.

um-ummu (=?), ***mummu*** Großmutter (cpl. *ab-abi*); *mummu* Ahne (f. und m.), Beiname von Tiāmat und Ea; = (?) *bēt mummi* (s. d.). — e. (hölzernes) Hausgerät.

mummēnu Inhalt, Satz (?, eines Topfes *ṭiqāri*).

emu (אם3), f. *emētu* Schwiegervater (-mutter); Verwandtschaftsverhältnis der beiderseitigen Schwiegerväter. — *emu* *rabū* Schwiegervater. *emu ṣeḫru* Schwiegersohn.

amu Rohrgeflecht, Rohrkorb (?).

jāme (wests. LW.) Meer.

amū, emū s. א7א6א2 und א7א6א3.

emū Syn. zu *nepḫu* Schlinge.

emētu Vereinigung, Gemeinschaft.

emūtu Familie, Verwandtschaft.

emū (sum. LW.) «Zunge», e. Teil des Pflugs.

amūtu s. א7א4מ.

ammiu (א7מא2?), ***ammijau, ammū***, pl. *ammūti*, f. *ammītu*, pl. *ammāti* jener, jenseitig (opp. *anniu, annū*).

ammaka, emmaka, maka dort (opp. *annaka*). — *ištu emmaka, ištu maka* von dort.

embū Teil (?) der Dattelpalme (*gišimmaru*). — *embū tāmti* e. Wasserpflanze, e. Art Algen (?).

embūbu s. *ebūbu*.

ambassu, ambāsu (LW.?) Anpflanzung (von Gebirgswein *karān-šadī*); Park.

imbaru (sum. LW.?) Sturm, Orkan; Gewitterregen.

imbarutu (?) Sturmwolke, Gewitterwolke (?).

amagallu Syn. zu *qīštu* Wald.

emēdu *(e)* (אמד4) zusammenkommen, sich vereinigen, herankommen (Merkur an Corvus *BIR ana Āribi*); sich legen, sich stützen (auf: *ana*); auflegen, auferlegen (jdm. etw.: doppelter acc.; Joch: *nēra, apšāna* [= unterjochen, dann auch ohne *nēra*]; Frondienst: *ṭupšīka, kudurra, alla;* Tribut: *mādatta, belta*; Ruhelosigkeit: *lā-ṣalāla* den Massen *eṭemmi;* Jammern u. Klagen: *sibitta u ṣerḫa* den Leuten *nišē;* Wehklagen u. Weinen: *qūla u dimāti* den feindlichen Völkern *nišē nakrāti*; Hunger: *bubūta;* Strafe: *šērta, ḫiṭṭa*; Krankheit: *murṣa*); aufstellen (: Balken *dappi*, Säulen *temmi*); anlegen (: Park *sarmaḫḫa*); pms. auferlegt sein, behaftet sein (mit e. Übel *marušta*), haften (Licht *nūru* Gibil's am Himmel: *šamū*); aufgestellt sein, aufgerichtet sein, stehen (auf: *ina*). — I$_2$ anlegen (Arche *eleppu* am Niṣir *ana Niṣir*), nahe herankommen (Stern), auflegen (: Geldstrafe); behaftet sein mit (Leid: *marušta*, Wehe: *ūa*). — — II$_1$ anlegen, vor Anker gehen lassen (: Schiff *eleppa*), errichten (: Gerüst, *gušūri*, einer Mauer *igāri*, Böschungsmauer *kār šulmi*, Balken des Türgesimses *tappi kulūl bābi*); stützen; e. Verrichtung auferlegen (jdm.: dat.). — III$_1$ bestellen, festlegen (Gottheit: Lebensjahre *šanāti*); pms. zu einer Verrichtung bestellt werden. — III$_2$ pms. zusammentreffen (drei Sterne). — III$_4$ zusammentreffen (Jupiter mit, *itti*, Venus). — IV$_1$ angelegt, angepflanzt werden (Same *zēru*, Zwiebel *šūmu*), angestellt werden (bei: *maḫar*); herankommen (Mars zu, *ina libbi*, Sagittarius); sich vereinigen (Öltropfen; um zu: *ana* mit inf.), zusammenwachsen (Teile der Leber; Zwillinge, am Rückgrat *ina eṣenṣēri*), zusammentreffen, zusammen (deutlich) sichtbar sein (Sterne), sich zusammentun (Schar *puḫru*), sich (in e. Haushalt durch Heirat) vereinigen, sich verheiraten; aneinander geraten (in Haß *ina zārti*), handgemein werden. — *emēdu enda* stützen (: Mauer *igāra, asurrā*). *endi gušūri (asurrī) ummudu* durch Balken (durch e. Mauer) stützen. *emēdu anna, arna, enūn arni, ḫiṭṭa, qillata, šērta* Strafe, Buße auferlegen, verurteilen (jd.: acc.). *emēdu dēna* ein Urteil fällen, Entscheidung treffen (betreffs: *ana*). *emēdu sārta* Ersatz auferlegen, zu Schadenersatz verurteilen. *ummudu išdā* (mit suff.) (jd.) stützen. *emēdu pūta* sich verbürgen (daß nicht: *ana* mit inf.). *ummudu qāta, ummudu qātā* Hand anlegen (an: *ina*). *emēdu šaḫāt šadīšu, emēdu šadāšu, emēdu ḫuršān, ētemudu šadāšu* «am Abhang eines Berges anlegen» = sterben.

emdu, endu Stütze; Pfeiler (?); ein Längenmaß (?, 1/30 *bēru*); — Zypresse.

emettu (auferlegte) Gebühr; Strafverfahren; Naturalienabgabe, Ertrag (?). — Vgl. *emnu.*

nēmēdu Niederlassung; Wohnraum (eines Zimmers *ebratu*); (Arm-) Auflage, Stütze; Kultsockel. — *kussū nēmēdi* Stuhl mit Armlehnen, Ruhelager, dann a. *nēmēdu* allein.

nēmattu, nēmettu Auflage, Steuer; Schuld, Vorwurf; Leistung (?).

šutēmudu zusammengefügt (Hausteine und Zedernbalken *pēli u erni*).

emduḫallatu, anduḫallatu e. Pflanze (Thymian-Art?).

amaḫḫu (LW.?) Bollwerk.

imḫullu, pl. *imḫullū* (sum. LW.) «unheilvoller Wind», Orkan; pl. Beiname der bösen Dämonen.

amḫara e. Pflanze.

imṭū e. Werkzeug des Arztes und des Kupferschmieds zum Ritzen, Ritzmesser (?). — *imṭi gallī lemni* (Ritz-) Werkzeug (?) des bösen Teufels (Schimpfwort). — Vgl. *maṭū.*

ammaka, emmaka s. א7מא2.

ammaku, ammakī, amaku s. אמ1.

(amālu) (אמל1) II1 trüb, traurig, verdrießlich machen (Lamastu: schwache [Kinder] *lā'ūti*; opp. *šupardu'u*); pms. trüb, lichtschwach sein (Stern, opp. *ba'il*). — II2 trüb, lichtschwach werden (Gestirn, opp. *ba'ālu*).

ummulu, f. *ummultu* trüb, traurig (Aussehen *dūtu*), lichtschwach, an Lichtstärke zurückstehend (Sterne eines Sternbilds, opp. *nēbū*). — *ummulūti ša lulimi* Gruppe bei Andromedae.

ummuliš trüb, lichtschwach (vom Mars-Aufgang).

mummeltu lichtschwach erscheinen lassend (sc. die Nachbarsterne, opp. *nābātu*), e. Beiname von Ištar-Venus.

ne'mēlu Trübsinn, Traurigkeit, Verdrießlichkeit.

nēmēlu, nēmūlu, (אמל4) st. c. *nēmēl*, pl. *nēmēlēte* Gewinn (bei e. Geschäft, opp. *biteqtu, butuqqu*), Erlös; Besitz, Vermögen. — *nēmēl* vermöge dessen daß, da.

amalu e. Zedernart.

amēlu, amēlūtu s. א6אל1.

ammaluga (LW.) Amlabaum, Emblica.

ammatu (אמם1), pl. *ammāti, ammēte* Elle; (übertr.) Kraft, Stärke (des Gemüts *libbi*), Feste, Erde; — e. Längenmaß (ca. 49,4 cm); e. astronomisches Maß (= 2° 30'?); (hölzernes) Ellenmaß (?); e. Teil der Tür (Pfosten?). — *x ammatu, x ammatu ina 1 ammati* x Ellen beträgt . . . — *ammat šarri* (=?) *ammatu rabītu* (opp. *ammatu ṣeḫertu* == [?] *ammatu*) «Königselle», «große Elle» (ca. 55,5 cm). *ammat arī* «Weg, Elle», d. i. Schritt.

umāmu, emammu (אמם1?), pl. *umāmi* Tier (opp. *awēlu*); Getier; Wild (opp. *alpi*). — *umām tābāli* Landtiere. *umām nāri* Flußtiere. *umām ṣēri* Wild. *umām šadē* Bergtiere. *umām tāmti* Meertiere.

emmu (אמם3) heiß (Wetter *ūmu*, Erdpech *kupru*, Mund *pū*, von Nergal-Mars). — *emmu u kaṣū* heiß und kalt.

ummu Hitze; Fieberhitze. — *ummu u kūṣu* Hitze und Kälte.

ummatu, pl. *ummāti* Hitze (von der Sonne); pl. heiße Jahreszeit, Sommer (opp. *kuṣṣu*).

ummi, ummeānu, ummānu (אמם4?) (m. und f., sgl. u. pl.), st. c. *ummān*, pl. (pl.) *ummānāti* sachkundig (opp. *nu'ū*); Meister, Werkmeister; Staatsarchivar (?); Fachleute, Fachmannschaft; Handwerker, Arbeiter, Handwerkerschaft; Künstler; Gläubiger (vgl. *apālu*); Mannschaft, Volk, Kriegsvolk, Truppen, Aufgebot; e. Abteilung der Genietruppen. — *ummān epišti* Bauleute. *ummān-bērti* Festungstruppe. *ummān-ṭupšikki* Fronarbeiter. *ummān-manda* Nomade(n) (?, auch als Schimpfwort?), opp. (?) *ummān-ṭaṭmi* seßhafte Bevölkerung (?). Vgl. *ṣabū*.

ummāntu e. hohe Priesterin.

ummānūtu Sachkenntnis, Kennerschaft, Kunst. *šeper ummānūti* Kunstwerk.

ammi (wests. LW.?) Völker, Nationen (?).

immu (wests. LW.?) Tag. — *immu u mūšu, mūšu u immu* Tag und Nacht.

ammiu, ammijau, ammū s. א7מא9.

ummu, ummā s. אם6א7.

amāmū e. Schminkmittel (Antimonglanz?).

emamu Syn. zu *dapinu* stark.

emūmatu Syn. zu *emūtu* Familie.

ammammu (sum. LW.) e. Gefäß (aus Ton oder Stein).

amumeštu e. (Stachel-)Pflanze.

emnu (אמן7), f. *emettu* rechts, rechte Hand, rechte Seite, rechte Keule; westlich (Horn *qarnu*, vom Mond); opp. *šumēlu*. — *ina emni emetti* rechts von; westlich von. — *emna u šumēla, emetta u šumēla* rechts und links. *kēma emetti ū šumēli* wie rechts so links, sowohl zur Rechten als zur Linken.

amāni s. *ṭābtu*.

umūnu s. *mūnu*.

emnitu Syn. zu *alittu* Mutter.

umunnū (sum. LW.) Blut.

umnenu, umnenatu (?) e. Gefäß (?, aus Holz, Elfenbein, Silber oder Edelstein).

immanakku (sum. LW.) e. Stein.

amasu *(i)* (אמס2?) zerstampfen (: Pflanzen *sammi*, Gips *gazza*).

ēmestu Mörser (?).

emesallu, ummisallu (sum. LW.) Sprache der *kalū*-Gesänge.

enṣu (אמץ3) sauer; Essig; s. *šikāru*.

emēṣu dürr werden (?); Not haben, Mangel haben, hungern (opp. *šebū*).

umṣu, unṣu Not, Mangel.

umṣatu Schrumpfung, Runzel, Substanzverlust (?); Not, Mangel; e. (dürre?) Pflanze (Binse?).

(emēqu) (אמק4?) pms. stark (geworden) sein (?). — II1 kräftig machen, kräftig, stark herstellen (: Haustüren *babān bēti*). — III2 stark machen, verstärken (: Pfosten *sippū*); inbrünstig beten.

emqu, enqu tüchtig (in Können und Wissen, Mann *amēlu*, Meister, Arbeiter *ummāni*).

emūqu, st. c. *emūq*, du. *emūqā, emūqān, emūqēn*, pl. *emūqu, emūqē, emūqi, emūqāti* Kraft (der beiden Arme) (von Menschen und Tieren), Stärke, Gewalt, Macht; Streitmacht; Wert; das jdm. Zukommende, Zufallende; pl. Streitkräfte; e. best. Truppengattung, Genietruppen (?). — *ina emūqi* durch Gewalt, notgedrungen. — *kīma emūq* nach dem Werte von, im Werte von. — *lā-emūqai, lāmūqai* «meine Wertlosigkeit», Selbstbezeichnung eines Untergeordneten. — *emūqū u danāni* Macht und Stärke. — *emūq ramāni* die eigene Stärke, vgl. *takālu*. — *emūqān ṣērāti* (Erscheinungsformen) höchste(r) Kräfte, Beiname von Gibil, Marduk, Ninurtu.

emūqiš tüchtig, umsichtig (vgl. *še'ū* I2).

ummuqu ertüchtigt, tüchtig.

nēmēqu, pl. (?) *nēmēqi* Tüchtigkeit (an Können und Wissen); Errungenschaft. — *nēmēq Ea* Errungenschaft Ea's, die *kalū*-Kunst und -Wissenschaft. *nēmēq Nabū* Errungenschaft Nabū's, die Schreibkunst und -Wissenschaft, das schriftlich niedergelegte Wissen.

tēmēqu, pl. *tēmēqū* Inbrunst (eines Gebets *ekrebi*); inbrünstiges Gebet; flehentliches Bitten.

amāru *(u)* (אמר1) sehen (Augen *enā*; : Traum *šutta*); (jdn.: *pān* mit Suff.; jdn.: acc.; etwas: acc.; bei jdm. *ina qāt(ē)* mit Suff.; daß: *inūma*), zu Gesicht bekommen, blicken (zurück, hinter sich *arka, arkāt*), schauen

(: Mysterium *neṣerta*), erblicken, besehen, beobachten (: Vorgänge am Himmel); besuchen (: Kranken); ansehen (: Inschrift *nārā*, Namenszug *šeṭer-šumi*), sehen nach, achten auf (acc.: *ina ēnāia* mit eigenen Augen), gewahren (: Ansturm einer Heeresmacht *akāmu gerri*, von ferne *ana rūqēti*), einsehen (: etwas *amāta*, einen Brief *ṭuppa*), erkennen, anerkennen (: Wohltat *dummuqa*), ersehen, auserséhen (: günstigen Tag *ūma šemā*; [etwas] zu tun: *ana epēši*), ausfindig machen (: Weg *alakta*, *durga*, *ḫarrāna*; Geldsumme *kaspa* = beischaffen), den Blick (freudig) haften lassen (an: *ina* wests. Entlehnung?); kennen lernen (: Überwinder *muniḫḫa*), erfahren (: Botschaft *ṭēma*, *šeperta*, Gnade *dameqta*), erleben (: Reichtum *nuḫša*, Überfluß *ḫegalla*, Schweres *namrāṣa*, Schlimmes *marušta*); beachten, bedenken, berücksichtigen (: den Willen von jdm. *ṭēm*); (rechtlich) in Augenschein nehmen, inspizieren (: Mauer *igāra*, Besitzstand *bašā*), prüfen (: Arbeit *šepra*, Angelegenheit *amāta*, Rechtsangelegenheit *dibbāti*, Urkunde *ṭuppa*, *kanīkta*); aufsehen, aufblicken (zu: *ana eli*, *ina eli* = [jd.] ergeben sein); finden, auffinden (: Urkunden *ṭuppi*, cpl. zu *ba'ū*), (mathem.) finden (sc. das Resultat einer Rechnung); erleben (: Glück *nuḫša*, Reichtum *amēra*, Belagerung *mēsēra*, *usurta*; einer am anderen *amēlu amēli*); perm. bedacht sein (zu: acc. des inf.). — I2 erschauen, sehen (mit eigenen Augen *ina ēnē* + suff.), wahrnehmen, beobachten (: Mond u. Sonne, zusammen *aḫāmiš*); zusehen (abs.); erleben; lesen (: Tafel *nārā*). — II2 wahrgenommen werden (Wind *Rammān*, Verfinsterung *attalū*). — III2 sehen lassen, beschreiben (?). — IV1 gesehen werden (Mond in Opposition mit Sonne *Sīn itti Šamaš*, *ilu itti ili*, *Sīn u Šamaš (itti aḫāmiš)*), gesichtet werden ([Neulicht vom] Mond: *Sīn*; vgl. *nāru*), gefunden werden (Urkunden *ṭuppāti*); geprüft werden (Angelegenheit *amātu*, Urkunde *ṭuppu*), sich finden (unter: *ina*); sich sehen, sich treffen (in: *ina*, *ina libbi*), zusammentreffen (mit: *itti*), erscheinen (bei: *itti*, vor einer Gottheit *itti ili*), mit *lā* sich nicht sehen lassen, verschollen sein (lange Zeit *ūmē mādūti*). — IV2 erscheinen (Himmelskörper), gesehen werden (Mond in Opposition mit Sonne *Sīn itti Šamaš*, *Sīn u Šamaš itti aḫamiš*); auftauchen (Duplikat einer Urkunde *gabri kunukki*). — IV3 gefunden werden, sich finden (in: *ina*), sich (regelmäßig) sehen lassen (Mädchen mit, *itti*, e. Mann). — *amur* siehe (abs.). *amur Ṣumura* ecce Simyram. — *amāru dēna* zu seinem Recht kommen. *amāru pān ili* «das Antlitz einer Gottheit sehen» = vor einer Gottheit erscheinen; vgl. oben IV1. *ītamuru nēmela*, *biteqta* Gewinn, Verlust haben.

amāru das Sehen, der Blick; Sichtbarkeit, vgl. *lā*.

āmeru e. Beamter, «Aufseher» (?).

amertu, pl. *amrāti* revidiert (?); Revision, Inspektion (seitens eines Gouverneurs *ša qēpi*). — *lā-amertu*, *lā-amrāti* Ungehöriges (?).

amurtu (?), in *amurtiš* zum Geschenk (?).

ammāru, f. *ammārtu* Aufseher(in).

mummeru («der etwas sehen läßt, zur Schau stellt»? =) Gaukler (?).

nāmāru, ***nāmru*** Spiegel (von Bronze, Silber). — *nāmār pāni* Toilette-Spiegel.

tāmartu, pl. *tāmarāti* Schau, Besichtigung, Beobachtung (mit gen. subj. oder obj.). — *tāmarti Sīn* Beobachtung (sc. um die Monatswende des Neulichts, um die Monatsmitte der Vollmondphase) vom Mond. — *ana tāmarti* zur Schau, zur Besichtigung. *ana tāmarti šitasī* zur Besichtigung zwecks Lesens, zum Lesen. — Vgl. אמר6.

tamērtu s. *tāru*.

tāmurtu (Schaustück? =) Geschenk.

atmartu *Igigi* Beiname der Ištar.

emmeru (אמר1), f. *emmertu* Lamm, Schaf, Schafbock; übertr. Knabe, bzw. Mädchen; — Capella (?). — *emmeru zikāru* Schafbock. — *emmeru ša re'ēti* Weideschaf.

emmermeri Jungschafe, Lämmer (?).

emaru (?) e. best. Fell (Schaf-Fell?).

emēru (אמר3), pl. *emērū* Esel; e. Hohlmaß (urspr. «Eselslast»?) = 100 *sila*; e. Teil von Bootes, vgl. *nēru*. — *emēr belti* Lastesel. — *emēr eleppi* e. Schiffsteil. — *emēr kussī* (sc. *serdē*) Esel für e. Fahrstuhl. — *emēru sūrudu* angeschirrter Esel. — *ša emēri* Eseltreiber.

amāru, amēru *(e)* (אמר4) voll sein, Fülle *(amēra)* haben, angefüllt sein, ausgefüllt sein; reich sein. — II1 bereichern (: Kultstätten *maḫāzi*). — *āmir* (?) *dami* bluttriefend (?; Schimpfwort).

amāru, amēru Fülle, Menge (?, von Menschen *nīši*); Flut; Reichtum; Angefülltsein (sc. der Ohren mit Ohrenschmalz *zū* =) Taubheit. — *amēri dameqti* Glücksfülle. — *amāri našpanti* verheerende Flut. — *ammār* (< **anamār*?), *mār* cj. soviel (als). — *ammār ibašū* alles mögliche (Gerät *unūtu*). — ellipt. *ammār libbi* soviel das Herz (begehrt). *mār agannu* soviel e. Becken (faßt). *mār mēli* soviel die Hochflut (tost; Gebrüll *rigmu*).

amru, pl. *amrūti?* viele, alle.

amartu, amertu, pl. *amarāti* Anfüllung, Füllung, voller Sack (?, von Gerste *ša uṭṭati*); Polsterung, Polster (eines Bettes *erši*, Stuhles *kussī*); e. Polstermöbel.

ummāru e. angefülltes Behältnis (mit Wasser *mē*, Räucherwerk *baḫrūti*). — *ummār dami* Blutlache (?).

nāmēru Füllung (einer Tür *bābi*, einer Wand *igāri*).

tāmertu, pl. *tāmerāti* (voller) Teich, (Fisch-)Weiher.

amāru einfassen, umfassen.

emartu Syn. zu *šēnu?*

nāmaru e. lederner Gegenstand.

amru (LW.?) e. Spezerei (Ambra?).

emrū Viehfutter.

amurrū westlich, Westen; Westwind.

amaridu e. Dorngewächs (Rose?).

amurdennu, amurdēnu s. u. ארד6.

amrummu e. Gefäß.

amursigu s. *ursigu*.

amursānu, amuršānu s. *ursānu*.

emreqqu (sum. LW.) Siegel.

amurreqānu s. ארק6. 7.

emšu (אמש3?) Unterleib, Bauch (?); — e. Stein; vgl. *abnu*.

ummuštu e. Art Dirne.

emāšu, pl. *emāšānu* fester Platz, stronghold (?). — *emāšānu ēnē* Augenhöhlen (?).

umāšu, umšu, pl. *umāši, umši* stark; starker Wind, Föhn *(umšu)*; Stärke, Macht; pl. Fußangeln (?); Handschellen (?). — *ina umāši u abāri* mit Stärke und Macht. *ša umāšē* (du.?) (der Mann der Handschellen? =) Gefangenenwärter (?); Torwächter (?).

amīšu e. Sühnegerät.

amūšu e. Pflanze, e. Wicke.

amultu e. Pflanze.

emūšūtu Syn. zu *emūtu* Familie.

imšukku (sum. LW.) (Ton)-Deckel (?).

amšāla, amšat s. א7משׁ.

ummišalla s. אם6א7.

amittu (wests. LW.?) Klöppel (eines Mörsers *mazukti*).

jamutu, jamuttu, jāmutū s. u. א7א1.

emtu (wests. LW.) Zuverlässigkeit.

ēmtu s. אם3א6.

emetukū (sum. LW.) Verleumder (?).

ana, an, a (unter Umständen an

ein folgd. Wort assimiliert: *ātēlī* hoch: *tēlū*; *ammar* so viel: *amāru*; *ašannānu* bisher: *anniu*; *aṣṣiāti* in Zukunft: *aṣū*; *anuruk anurik* wann: *urku* (?); *ammagrāti* zum Bösen: *gerū*; *a dārēti ūmi* auf ewig: *dāru*; *addanniš* sehr: *danniš*; *aḫḫubti* bezüglich eines Raubes: *ḫubtu*; *akkū* (?), *akkāša* s. u. *atta*; *ammēnī* warum: *mēnū*; *ammatē* wann: *matē*; *ānaṣār* zum Schutze von: *naṣāru*; *āsūri* sofort: *surru*; *appī* gemäß: *pū*; *appūna* noch: *pāni*; *apettī* im Augenblick: *petū*; *aṣṣēr* zu: *ṣēru*; *aqqāt* durch Vermittlung: *qātu*; *arrēʾī* = *ana rēʾī*; *arrubī* = *ana rubī*; *aššum* wegen: *šūmu*. S. u. diesen Worten.) Präp. (vor Adv. in *ana aḫamiš*, *ana aḫanna* nach diesseits, *ana urkiš*, *ana ašrānu* dorthin, *ana dāriš*, *ana mādiš*, *āna rūqiš*).

1. Auf die Frage wohin? zu — hin, nach — hin, in, zu, auf, an. *ana šadē*, *ana ereb šamši* nach Osten hin, *ana amurri*, *ana ṣīt šamši* nach Westen hin, *ana šūti* nach Süden hin, *ana erbetti šāri* nach den vier Winden zu, *ana emetti* nach rechts hin, *ana šumēli* nach links hin, *ana šiddi* nach der Seite hin, seitlich, *ana pūti* nach vorne zu, vorn, *ana maḫrīti* nach vorwärts, *ana arkī* nach rückwärts, *ana elāni* nach oben, *ana mušpali*, *šapāli* nach unten, *ana šaplān* bis unterhalb, *ana rūqāti*, *rūqiš* weithin. a) bei Verben der Bewegung: *ebēru* hinübergehen, *nābutu* fliehen, *elū* hinaufsteigen, *alāku* gehen, *aṣū* hinausgehen, *erēbu* eintreten, *arādu* hinabsteigen, *šutēšuru ḫarrāna (nēra)* den Weg (das Joch) richten, *etēqu* marschieren, *buʾū* zu erreichen suchen, *buʾū urḫa* Weg suchen, *nabalkatu* hinübergehen, *ṭeḫū* sich nähern, *zāqu* anstürmen, *kutaʾulu* Richtung einhalten, *kašādu* erreichen, *saḫāru* sich wenden, *sanāqu* sich begeben, herandrängen, *pānu* das Gesicht ist, *puḫḫuru* versammeln, *ittaprušu* fliegen, *naparšudu* fliehen, *ṣabātu gerra*, *ḫarrāna* den Weg nehmen, *qarābu qitrubu* sich nähern, *ridū* marschieren, *šakānu kibissu (pānašu)* seinen Schritt (sein Antlitz) wenden; *tāru* zurückkehren, *tebū* anrücken, *tarāṣu* richten. b) bei Verben des Setzens, Legens, Stellens: *emēdu* sich stützen auf, *takālu* vertrauen, *eṣēru* einschließen, *ašābu* sich setzen, wohnen, *zāzu* teilen, *zaqāpu* aufspießen, *kunnu* aufstellen, *kamāṣu* sich beugen, *kanāšu* sich unterwerfen, *maḫāṣu* niederschlagen auf, *maqātu* fallen, *nadū* werfen, *nazāzu* sich stellen, *nasāku* werfen, *našū* heben, *ṣalālu* sich lagern, *qaṣāru* hinzufügen, *qarānu* aufschichten, *riḫū* gießen, *rakāsu* binden, *raṣāpu* aufhäufen, *šakānu* legen, stellen, *šapāku* schütten, *tabāku* schütten, *tarāṣu qāta* Hand ausstrecken. c) bei Verben des Bringens und Nehmens: *abāku* wegführen, *abālu*, *tabālu* bringen, *aḫāzu* nehmen, *arū* bringen, *leqū* nehmen, *magāgu qāta* Hand anlegen, *mašāru* entlassen, *nasāḫu* mit Gewalt fortführen, *našū* tragen, *ṣabātu* nehmen, *šadādu* ziehen, *šalālu* als Beute wegführen, *šutēnunu* übersetzen, *turru* zurückbringen. d) bei Verben des Gebens: *ezēbu* überlassen, *karābu* segnen, *madādu* zumessen, *nadānu* geben, *neqū* opfern, *našū* weihen, *paqādu* anvertrauen, *pašāru* zahlen, *qāšu* schenken, *rābu* ersetzen, *rāmu* schenken, *šatāru* Verschreibung machen, *šaqālu* darwägen, *šarāqu* schenken, *turru* zurückerstatten. e) bei Verben des Sagens: *šutēmuqu* beten, *apālu* antworten, *erēšu* bitten, *dabābu* erzählen, *zakāru* sagen, *lummudu* unterrichten, *maḫāru* angehen, *nabū* rufen, *našū qāta* Hand erheben, *sapū* flehen, *petū ḫīṭā* Sünde bekennen, *qebū* sagen, *qullulu* schmähen, *qarādu* dringen in, *šaʾālu* fragen, *šunnū* wiederholen, mitteilen, *šasū* rufen, *šapāru* schicken, schreiben, *tummu* beschwören bei; *amatu ana* Wort an, *ṭuppu ana* Brief an, *šulmu ana* Heil! f) bei Verben des Sehens: *dagālu* blicken, *nadānu pāna* Gesicht richten, *naṭālu* schauen, *našū ēna (pāna)* Auge werfen, *saḫāru*

pāna Gesicht wenden, *naplusu* blicken, *qālu* schauen, achten, *šakānu pāna* Gesicht richten, *tarāṣu pāna* dass. g) bei Verben des Hörens, Achtens: *edū* sich kümmern, *bašū uzna* Ohr richten, *lamādu* achten, *malāku* sorgen, *šemū* hören.

2. gegen in feindlichem und freundlichem Sinne: *agāgu* zürnen, *ezēzu* zornig werden, *epēšu* tun, antun, *balkātu* sich empören, *gummuru* ergeben sein, *damāqu* gut sein, *ḫiṭū* sich vergehen, *kalū* sich zurückhalten, *kapādu* planen, *karābu* segnen, *salāḫu* geifern, wütend sein, *salāmu* sich hilfreich zuwenden, *paṭāru* abtrünnig werden, *parāku* ungesetzlich handeln, *rāmu* zugetan sein, *rašū rēma*, *tajāra* sich erbarmen. Auch bei den entspr. Nom. u. Adj.: *ardu* Diener, untertan, *bīšu* böse, *damqu* gut, *lemnu* böse, *nakru*, *nukurtu* feind; *arnu* Vergehen, *bārtu* Empörung, *dāṣāti* ungerechte Behandlung, *zērāti* Haß, *ḫabalāti* Verderben, *kētu* Treue, *kišpu* Zauber, *ṣaltu* Schlacht.

3. Auf die Frage auf wie lange? *ana x ūmē*, *šanāti* auf x Tage, Jahre, *ana ūmē ṣāti*, *arkūti*, *dārūti*, *rūqūti* für kommende, künftige, ewige, ferne Tage; *ana aḫrāti ṣāt*, *arkāt ūmē* für die Zukunft, den Rest der Tage, *ana aḫrāti*, *ṣāti*, *rūqāti*, für die Zukunft, *ana dāri*, *dārāti*, *dāriš* auf ewig, *ana urkiš* auf ewig, *ana labār ūmē rūqūti* auf Jahre hinaus, *ana kal ūmē*, *šanāti* auf alle Tage, Jahre, *ana matēma* auf immer, *ana ūmišuma* auf dieselbe Zeit; *ana ūm libbišu* wann es ihm beliebt, *ana lā mašē* dauernd, *ana lā šuparkē* unaufhörlich. — Auf die Frage bis wie lange? *ana ūmi x* bis zum so u. so vielten, *ana Nisāni* (bis) zum Nisān. — *ana eštēn bēri* eine Doppelstunde weit. — *šatta ana šatta* Jahr für Jahr.

4. Zur Angabe des Zieles, Erfolges: zu. *banū* bilden zu, *burrumu* weben, *zēru ana zēri* zu Samen ausstreuen, *zāzu* teilen, *ḫāru* ersehen, *kunnu* bestimmen, *manū* zählen, *nabū* berufen, *paqādu* bestellen, *ṣabātu* nehmen, *šakānu* machen, *šēmu* bestimmen, *šapāku* aufschütten, *tāru* werden, *turru* machen. Bei Verben des Strebens: *ba'ū* streben, *ḫasāsu* denken, *kapādu* sinnen. *ana uggati* zum Zorne, *ana tabrāti* zum Staunen, *ana dameqti* zum Guten, *ana (lā) ṭābti* zum (Un-)Heil, *ana ṭūb libbi* zur Herzensfreude, *ana lemutti* zum Bösen, *ana rēšēti* zum Jubel, *ana šulmi* zum Heil.

5. Auf die Frage wozu?, zu welchem Zwecke? zur Angabe des Zweckes: zu, für, zwecks, als. Meist Abstrakta. Hierher auch *ana* mit d. Inf.: um ... zu — *šuluku*, *asmu*, *epšu*, *naṭū*, *šaknu* geeignet, *damqu*, *ṭābu* gut, *šupšuqu* beschwerlich.

6. Auf die Frage für wen?, zu wessen Vorteil?: für. *bašū* gehören, *ana jāši* mir gehört, es ist meine Sache; *ul ana jāši*, *jānu ana jāši* mir gehört nicht, es ist nicht vorhanden für mich.

7. Auf die Frage warum? zur Angabe der Ursache: wegen, über, um, was ... betrifft. Hierher *ana* bei Verben der Gemütsbewegung: *agāgu* zürnen, *bakū* weinen, trauern, *damāmu* jammern, *ḫidū* sich freuen, *palāḫu* sich fürchten, *šutanapšuqu* in Furcht geraten. Hierher *ana* bei Verben des Bittens, Forderns: *erēšu* bitten, *ṣullū* beten, *ragāmu* Anspruch erheben auf, *ša'ālu* fragen, *šaṭāru* schreiben, *šasū* rufen, *šapāru* schreiben. — *ana meni* warum? *akālu ana būri* aus Hunger essen, *šatū ana ṣummi* aus Durst trinken.

8. pro: *ana eštēn šeqli* pro Schekel.

9. *rabū ana* anwachsen um.

10. Zum Ausdruck der Art und Weise: *ana x-šu* x-fach, *ana lā adē* gesetzwidrig, *ana eššūti* neu, *ana gamri*, *gemerti* gänzlich, *ana dannūti* + Suff. aus voller Kraft, *ana ḫamutti* in Eile, *ana kapādi* rasch, *ana limēti* ringsherum, *ana mu'de*, *mādiš* in Menge,

ana pāṭ gemri gänzlich, *ana seḫerti* ganz u. gar, *ana lā simāti* in unrechtmäßiger Weise, *ana lā manē* unzählig.

11. gemäß, entsprechend: *nabū* Namen nach, *ana biblat libbi* nach Herzenswunsch, *ana kīma āli* nach Stadtrecht, *ana la'ātišu* nach seinen Kräften, *ana maḫrī* wie früher, *ana purussē* gemäß der Entscheidung, *ana parṣi* auf das Gebot, *ana ṣibūti* nach dem Willen, *ana qebeti* auf den Befehl, *ana qaqqadi* im Kapital, *ana šisīt* auf den Ruf.

12. Auf die Frage wofür? zur Angabe der Gegenleistung bei Verkauf usw.: *ana egri* gegen Miete, *ana belti* gegen Abgabe, *ana kaspi* um Geld, *ana mešlāni* gegen Halbabgabe, *ana qēpti* auf Borg, *ana šaluš* auf Drittelabgabe, *ana šēmi* gegen Bezahlung.

13. *mašlu* gleich, *qerbu* nahe.

ana idi, ana eli, ana arki, ana bērit, ana libbi, ana muḫḫi, ana mahar, ana pī, ana pāni, ana pūti, ana ṣēri, ana qāti, ana qerbi, ana erti, ana tarṣi s. unter den zweiten Bestandteilen.

an- (in Zusammensetzungen) bezüglich auf, gehörig zu, Wesen von, Zustand von; vgl. *bārtu, barīrītu, dunānu, durāru, ḫiṭṭu, zillu, zaqru, šalāmu, šiqītu,* — *an ša* etwas, was in *an ša būna (lā) iši* etwas, was (e. Mißgeburt, die) (k)ein Gesicht hat.

ina, in (unter Umständen an ein folgd. Wort assimiliert: *ikkū, ikkūma* s. u. *atta*; *ikkāriš* im Inneren: *karāšu*; *illibbi* (?) innen: *libbu*; *immutti* vor: *muttu*, *immatē* wann: *matē*; *in nuhši* im Überfluß: *nuhšu*; *issūri* im Nu: *surru*; *īpāni* vor: *pānu*; *ippetti* plötzlich: *petū*; *iqqebī* auf Geheiß: *qebū*; *iššiʼāri* morgen: *šiʼāru*, *iššāšūmi* vorgestern: *šalšu*; *ittimāli* gestern: *timāli*). Präp. (vor Adv. in *ina urkiš* künftig, *ina ašrānu* hier, *ina ḫamūtis* in Eile).

1. Auf die Frage wo? zur Bezeichnung der Örtlichkeit, wo sich etwas ereignet: in, bei, an, auf. Bemerkenswert: *ina ṣīt šamši* im Osten; *ina ereb šamši* im Westen; *ina erṣeti* auf der Erde; *ina ḫarrāni* unterwegs; *ina puḫri* öffentlich; *ina puzri* insgeheim; *ina tāmtim u nabāli* zu Wasser und zu Lande; *ina šamē* am, im Himmel. Bei bestimmten Verben des Setzens, Legens, Stellens: *alālu* binden, *emēdu* laden, *esēru* einschließen, *erēbu* eintreten, *ašābu* sich setzen, *zakāru* erwähnen, *zaqāpu* pflanzen, *kunnu* einsetzen, aufstellen, *kamāṣu* sich niederlassen, *kašādu* eintreffen, *nālu* sich niederlegen, ruhen, *nadū* werfen, *nazāzu* auftreten, stehen, *nakāmu* aufhäufen, *našū* heben, legen, *paḫū* einschließen, *paḫāru* sich versammeln, *paqādu* einsetzen, *qarānu* aufhäufen, *ruddū* hinzufügen, *rakābu* besteigen, reiten, fahren, *rakāsu* binden, *šaṭāru* schreiben, *šakānu* setzen, *temēru* verscharren. *ina emni* rechts, *ina šumēli* links, *ina maḫri* vorn, *ina arki* hinten, *ina kutalli* an der Rückseite, *ina šapli* unten, *ina elī* oben — in der Zahl, unter. *mamman ina* irgendeiner unter, *mamman lā ina* keiner unter.

2. Auf die Frage wann? zur Bezeichnung des Zeitpunktes, an dem sich etwas ereignet: in, an, zu, während, zur Zeit. *ina ūmi u ūmi* Tag für Tag; *ina ūmi šū(ma)* damals, *ina ūmi ša* sobald; *ina lidiš* übermorgen, *ina šiʼāri* morgen, *ina timāli* gestern, *ina šalši ūmi* vorgestern, *ina warka* hernach, *ina pāna* vordem, *ina pānanūm*, *ina panāni* daß, *ina maḫrī* früher, *ina arkāt ūmē, ina arkē ūmē* künftig, *ina arkāniš, urkiš* künftig, *ina matēma* irgendwann, *ina labēri* vor alters, *ina labar ūmē* in künftigen Tagen, *ina dārīti* in Ewigkeit — *ina balāṭi* zu Lebzeiten, *ina kī inanna* gerade jetzt.

3. Zur Bezeichnung der Gelegenheit, wo und wann etwas sich ereignet: gelegentlich, im Verlaufe, während, bei.

4. Zur Bezeichnung der Umstände, unter denen sich etwas ereignet: unter, mit, in, bei.

5. Zur Bezeichnung des Werkzeugs, womit etwas ausgeführt wird: mittels, mit, durch. — Zur Bezeichnung des Materials, aus dem etwas angefertigt, gebaut wird: in, mit. *ina šēpē* zu Fuß.

6. Zur Bezeichnung des Grundes, der Veranlassung, aus der etwas geschieht: aus, infolge, dank, nach, auf, gemäß.

7. aus bei folgd. Verben: *elū* auslaufen, *etēlu* fortziehen, verlustig gehen, *šulū* herausholen, *alāku* laufen, gehen, *aṣū* herausgehen, herauskommen, *batāqu* herausschneiden, *dikū* herbeiholen, *duppuru* sich wenden, *zakū* frei sein (von), *ḫiṭū* sich vergehen (gegen), *ḫalāqu* fortgehen, entweichen, *kāšu*, *kitmušu* ausziehen, *laqū* nehmen, *nadānu* geben, *nakāsu* abschneiden, abtrennen (von), *nukkuru* verlegen (von), *nussuku* hinauswerfen, *parāsu* abhalten, *šuprušu* fliegen lassen, *naparšadu* fliehen, *rēqu* sich entfernen (von), *tāru* sich wenden (von). — *ina* . . . *adi* von . . . bis.

8. gemäß, nach. *x manē ina* (1) *māne ša* . . . x Minen nach der Mine von . . ., *x ina 1 ammati* x Ellen nach 1 (Normal)-Elle, x Ellen, *x ina mandat mē* x Maß Wasser, *x ina suklum* x Suklum. — *ina šuqulti* an Gewicht, *ina menūti* an Zahl.

ina idi, *ina aḫī*, *ina elī*, *ina išdi*, *ina balī*, *ina bēri*, *ina kūmi*, *ina libbi*, *ina maḫri*, *ina muḫḫi*, *ina pāni*, *ina pūti*, *ina puḫri*, *ina qāti*, *ina qabli*, *ina qerbi*, *ina ṣēri*, *ina šēpē*, *ina tarṣi* s. u. den zweiten Bestandteilen. — *ina lā* . . . ohne.

anu (sum. LW.) Himmel.

anūtu (himmlische) Gottheit, Göttlichkeit.

anatu syn. *anṣabtu* u. *lulmū*.

anātu, anūtu, unūtu, eniāti, enāti, enēte, uniāti, unāti, unāte (א7נא4) (nur zum Teil?) pl. Geräte (aus Metall, Holz oder Stein), Zubehör (?, zu einer Tür *daltu*), Takelung (eines Schiffes *eleppi*, von Marduk's Schiffswagen *rukūbu*); Hausgerät; Kriegsgerät (?), — *unūtu muttabeltu* tragbares Gerät, bewegliche Habe. — *unūt*, *unāt tāḫāzi* Schlachtgerät, Kriegsgerät. *eniāt alpi* Ochsengeschirr. *unūt ēreši* Geräte des Landmanns, Ackergerät. *anūt bēti*, *unūt bēti* Haus- bzw. Tempelgerät. *unāt libbi* Innenausstattung. Vgl. ןא7א4 (p. 6 f.).

(mānu?,) pl. (?) *mānāni* Körperteile ([Blut-]Gefäße?).

anniu, annū, ḫanniu, ḫannū, (א7נא2), du. *annēn* pl. *annū*, *annūti*, *annūete*, *annutti*, *ḫannūti*, f. *annītu*, pl. *anniāti*, *annāti*, *annēte* dieser, diesseitig (opp. *ammiu*, *ammū*); m. sgl., f. sgl. u. pl. dieses. — *annāti šaptāka* diese deine Lippen. *dajānūja annūti* diese meine Richter. *annūti dajānūja* diese sind meine Richter. — *annū ša* derselbe, der. — *annūti* . . . *annūti* . . . *annūti* die einen . . . die anderen . . . die dritten. — *annīta lā annīta šupram* schreibe mir: «damit (bin ich einverstanden, bzw.) damit (bin ich) nicht (einverstanden)», ein Ja (oder) Nein. *ṭēmu anniu lā anniu* ein positiver (oder) negativer Bescheid. *annū bēlī annū* ja, mein Herr, ja! *annū kēnu*, *an kēnu*, *annū šalemti* e. zuverlässige, vollkommene Zusage (seitens einer Gottheit) (vgl. *apālu*). *amātu ṭābu u anā-ma lemnu* gute und ja (auch) (?, = leider auch?) schlimme Nachricht. — *ina ūmī annī* am heutigen Tage. *inanna*, *ināna*, *inan*, *eneanna*, *enenna*, *ennānu* jetzt (opp. *eštu ūmi rūqūti*). *adi inanna*, *adi (eli) ša enna*, *ašannānu*, *adi annī* bisher. *eštu inanna* von jetzt an. *eštu inanna ūm x* heute in x Tagen. *kī inanna*, *kīma inanna* (grade) jetzt. — *ina annīti* hierin, hieraus. — *mēla anna* außerdem, noch dazu.

ennā siehe.

annanna, f. *annannītu* der und der, NN.

annaka, ḫannaka, naka, nak hier (opp. *ammaka*).

annika, anniki'am ebenso.

enū (א$_4$נא$_7$) ändern, abändern (: Verfügungen *amāti*, Namen *šūma*), verlegen (: Stätte, Gebiet *ašra*, *pelka*, Straße *sūqa*), anfechten (: Urteil *dēna*, Urkunde *ṭuppa*, Vertrag *riksāti*, Geheiß *qebētu*, Rat *melka;* auch abs.); pms. verändert sein (Antlitz *appu*). — I$_2$ anfechten (: Urteil *dēna*). — IV$_1$ geändert werden, angefochten werden (Urteil *dēnu*). — IV$_3$ sich verändern (?). — *ša lā-enī* unanfechtbar (Entscheidung *purussu*). *ša lā inennū* unanfechtbar (Zusage *annu*, Geheiß *qebētu*, Schicksalsentscheidung *purussu*, Offenbarung *šepru*, *amātu*, Wahrsagepriestertum *bārūtu*).

tēnū Veränderung, Abänderung (?); — e. (hölzerner) Teil des Bettes (?).

ēnū, f. *ēnītu* (?), *ēntu* (sum. LW.) Priesterherr, Hoherpriester (im Dienst von Ea, Ištar, Šamaš, Sīn); f. Hohepriesterin, Vestalin.

ēnūtu (Priester-)Herrschaft; Würde einer Vestalin.

inu, enu s. *ūmu* (א$_7$א$_6$ם).

(enēbu) (א$_4$נב) II$_1$ Frucht tragen. — II$_2$ Frucht tragen, hervorbringen.

enbu, st. c. *eneb* Frucht, Obst; Sīn, Mond (als Frucht, die von selbst erzeugt wird. *enbu ša ina ramānišu ibbanū*); (geschlechtliche) Vollkraft (beider Geschlechter, vgl. *qāšu, tabālu*). — *enbi aṭnāti* Obstsorten von (verschiedenen) Lagen. *eneb šadī* Berg-Obst. *eneb ṣippāti* kultiviertes Obst. *eneb kerī* Garten-Obst.

nannabu Leibesfrucht (?), Nachkommenschaft.

ajanibu, janibu, inibu, nibu, inbu (LW.?) e. Stein. — *inib karāši* e. Abart davon (?).

anabu e. Kopfbedeckung.

annabu Hase.

engu e. Teil des Pflugs.

unugallu (sum. LW.) «Palast» (am Himmel gedacht?).

engimu (sum. LW.) Bäcker.

engurru (sum. LW.) Ozean.

angurēnu, angurennu, ankurennu, engurēnu, (=?) ***algurettu***, (=?) ***engerāšu, engerēšu***, pl. (?) *engurāti* e. Baum; — e. aus dessen Holz, bzw. aus Bronze, Gold oder Silber verfertigter, mit Edelsteinen besetzter, auch paarweise gebrauchter Schmuckgegenstand, (speziell?) für Frauen.

endu s. *emēdu*.

undu, endūm, endēma s. *ūmu* (א$_7$א$_6$ם).

endubu, endebu (sum. LW.) Bäcker.

andaḫšum e. Gartenpflanze, Pflaume (?).

anduḫallatu e. Insekt, s. *emduḫallatu*.

unnedukku (sum. LW.) Brief, Epistel.

andullu, andellu (sum. LW.) Schatten, Schirm, Schutz. — *andullu ša šalāmi* (göttlicher) Schutz (als Ursache) des Wohlergehens. — *andul ṭaṭmi* Schirmherr der Menschheit, e. Beiname Nabū's (vgl. *ṣulūlu*).

andurāru s. ***durāru***.

enzu Ziege; Lyra; δ Capricorni (?).

janzū (LW.) kassitischer Königstitel.

anzūzu e. Tier (Echsen- oder Lurchart?).

anzillu s. u. *zillu*.

anāḫu *(e, a)* (א$_1$נח) mühsam atmen (Kranker; sehr [mühsam]: *ma'diš*); e. Seufzer *(enḫa)* ausstoßen, seufzen; müd, erschöpft werden; baufällig werden (Tempel *bētu*), nachgeben (?, Leiste *tallu*); pms. müd, erschöpft sein (Feinde). — I$_2$ ermüden (Arm *aḫu*, Knie *berku*); zu erschöpft sein (um . . . zu: *ana* mit inf.). — I$_3$ ermüden (Arme *idā*, Kniee *berkā*). — II$_1$ erschöpfen (: Feinde), seufzen. — III$_1$ (jdn.) ermüden, bemühen, anstrengen (: den Verstand *ṭēma;* durch, mit: *ina*); Seufzer *(enḫi)* ausstoßen lassen. — III$_2$ seufzen (tief *marṣiš*). — *anḫa lānija* ich seufze. — *šutānuḫu marṣiš* stöhnen.

anaḫtu Ohnmachtsanfall.

enḫu, pl. *enḫi* Seufzer.

anēḫu, anḫu erschöpft (junge Tiere *mārē*), müde. — *anḫu šunuḫu* müd (und) matt.

anḫūtu Kräfteverfall (vgl. *pašāḫu*); Verfall (eines Gebäudes); Ruine (vgl. *edēšu*).

(mānāḫu,) pl. (?) *mānāḫi* Mühewaltung, Müheleistung.

mānaḫtu, pl. *mānaḫāti* Ermüdung, Erschöpfung; Mühsal, Müheleistung; pl. Aufwendungen, Auslagen, Ausgaben. — *mānaḫāt igāri* Auslagen für e. Mauer. — Vgl. *apālu, šakānu.*

šūnuḫu geseufzt, ausgestoßen (Seufzer *enḫi*); ermüdet, erschöpft (Knecht *ardu*).

šūnuḫiš mühsam, (nur) mit Mühe.

tānēḫu, pl. *tānēḫi* Seufzer, Seufzen. — *ina tānēḫi u dimmati* in Seufzen und Jammer.

anḫulla e. Pflanze.

an(n)uḫaru e. (Medizinal)pflanze.

enṭi (?) (א3נט?) e. Spezereipflanze.

anakū, anaku (א1נך); **anukī** (wests. LW.), obl. *jāši, jāšu, jāti, jātu,* pl. *anēnu, anēni, nēnu, nēni, nēn* (?), obl. *jāšinu, jātinu* ich, pl. *ni'āti anaku kī kāšāma* ich wie du.

nuk, nuku, muk, muku (< *anukī*?) «ich», dann (übertragen?) auch «wir» zur Einführung einer in der 1. Pers. gesprochenen oratio directa.

ikku (א3נך) Gaumen; vgl. *karū* (כרא7).

anāku, annāku (LW.) Blei; Zinn.

anakku (sum. LW.) e. (rituelles?) (Trink?-)Gefäß.

anakmaḫḫu e. großes (rituelles?) (Trink?-)Gefäß (für Wein).

annaka s. *annū* (א2נא7).

anakanna s. *akanna.*

annikā s. *kā.*

ankinūti (?, pl.?) e. (Medizinal-) Pflanze.

ennakki e. Stein.

unkennu (sum. LW.) Schar, Rotte.

ankurennu s. *angurēnu.*

enlu Fuß (eines Tisches *paššūri*, Stuhls *kussī*).

(enemmu,) pl. *enemmē* (sum. LW.) Wort.

anāma s. *annū* (א2נא7).

anūma, anumma, annumma, enūma, inūma, inūm s. *ūmu* (א7א6ם).

animū Syn. zu *salimu.*

anameru Raute (?).

enēnu *(e)* (א3נן) (um Gnade) flehen. — II2 flehen (zu: *ana, maḫar* + Suff.); vgl. *kamāṣu.*

unnānu (?), **unnēnu, unnennu,** pl. *unnenni* Flehen, Gebet.

mutnennū flehend, betend; Supplikant, Betender, Beter.

tēnēntu Flehen (vgl. *atmū* א3א6א7).

enēnu *(e)* zürnen (Gottheit, jdm.).

anūnu, annu, arnu, enūnu, ennittu, ennītu Zorn (?); Missetat, Sünde, Schuld; Buße, Strafe; cf. *emēdu.* — *enūn arni* Strafe der Sünde, Buße. — *an zillu* Vergehen, Missetat.

enittu Sünde.

anantu, anuntu Grimm (?); Streit, Angriff, Kampf.

annu Zeit (?), in *ina lā annišu* nicht zu seiner Zeit, nicht zur rechten Zeit (vom Sonnenaufgang).

anniu, annū, annanna, inanna, ināna, inan, eneanna, enenna, ennānu, enna, ennā s. א2נא7.

anēnu, anēni s. *anāku* (א1נך).

ānina s. א1א7.

ennēnu, ennennu e. Getreideart.

(ennentu,) st. c. *ennenat* (sum. LW.?) Herrin (?), in *ennenat ilāni* Herrin (?) der Gottheiten, e. Beiname von Ištar.

innannu Syn. zu *ištu.*

appā (du.) (א1נף), *appē* Nase, Schnauze (auch übertr., einer Kanne *kukubu*), oberes Ende (opp. *išdu*), Spitze, Gipfel (eines Baumes *iṣī*). —

appā zibbati Schwanzende (eines Rindes *alpi*). — Vgl. *labānu*, *nadū*, *palāšu*, *ṣabātu*, *ṣibtu*, *qadādu*, *šebēru*.

anpatu e. Vogel (aus der Ordnung der Suchvögel?).

enṣu s. *emēṣu*.

unṣu s. *emēṣu*.

anṣabtu, enṣabtu s. נצב.

anṣilli s. *ṣalālu*.

unqu, (enqu?) (אנק4), pl. *unqāti*, *enqāti*, *enqēte* (?) Ring (übertr.), Windung (s. *nadū*); Fingerring (opp. *ḫalḫallatu*); Siegelring (von Silber, Gold, Bronze, Eisen); Siegelzylinder (aus *dušū* und anderen [Halb-]Edelsteinen); Ringform des Geldes; (Silber- oder Bronze-)Geld in Ringform; gesiegeltes Schriftstück. *unqu šarrūti* königliches Siegel. *unqi šarri*, *unqu ša šarri* königliches Handschreiben, Kabinettsorder. — *enqēte u erbī* bestimmte Münzsorten (vgl. unter *rabū*).

enēqu *(e)* (אנק7) an e. Muttertier *(mušēneqtu)*, bzw. dessen Zitzen *(zīzē)* saugen. — III1 säugen.

(ēnequ,) f. *ēneqtu* Säugling.

mušēneqtu, pl. *mušēneqāti* (Säug-) Amme, (säugendes) Muttertier.

tēnēqu, tēneqqu, pl. *tēnēqi* Säugling, Kind; Säugegeld, Säugelohn. — *tēnēq šatti 3*, *tēneqqu ša šatti 3* Säugelohn auf 3 Jahre.

unīqu junge Geiß, Zicklein.

anāqāti (pl., arab. LW.) Kamelinnen.

enqu s. *emqu*.

anqullu s. *aqqullu*.

anuruk, anurik, annurik, annuri s. *urku* (ארך6).

anāšu, enēšu *(e)* (אנש1) schwach werden, baufällig werden (Mauerwerk *igārū*; Fundament *išdu*, *temmennu*, eines Bauwerks), geschwächt werden (Land *mātu*, opp. *barū*). — II1 schwächen, schwach werden, nachgeben lassen (: Menschen *nīši*, Land *māta*, Viehstand *alpi*, Tempelkammer *parakka*, Kraft *emūqa*); pms. schwach werden (Bauwerk). — II2 geschwächt werden, geschwächt sein (Brust *ertu;* durch Not *ina kūri*). — IV1 geschwächt werden (Land).

anšu, enšu baufällig (Mauer *dūru*), schwach (opp. *dannu*); demütige Selbstbezeichnung gegenüber einer Gottheit.

enšūtu Baufälligkeit, Schwäche.

unnušu geschwächt; gelockert (Zahn *šennu*).

unnušūtu Geschwächtheit.

mēništu Schwächung; vgl. *alāku*.

itnušu geschwächt, schwach.

(anāšu, enešu) (אנש1) I2 sich gesellen, sich zusammentun.

aššatu, aštu, altu, st. c. *aššat*, pl. *aššāti* (Gesellin), Gattin, Ehefrau, Gemahlin (cpl. *mutu*). — *ana annanna ašat* sie ist NN's Ehefrau; vgl. *amtu*. — *ašti amēli* Patrizierin. *aššat šarri* die (Haupt-)Frau des Königs.

aššūtu Ehe; Stellung der Ehefrau; Eheverhältnis (zu: *itti*). — *aššūtu u mutūtu* eheliche Gemeinschaft; vgl. *aḫāzu*, *nadānu*.

eššu, eništu weiblich (opp. *zekru*).

tēništu, pl. *tēnišēte*, Menschen (-Gesellschaft), Menschheit; Leute, Sklaven, vgl. *nīšu*.

enšat s. *šattu* (שן).

annūš, annūšam, enūšū s. *ūmu* (אם6א7).

atta (אנת1) + *ma: attāma*, *atma*, *attām;* obl. *(kū,)* + *ma: (kūma,) kumma*, *kummu*, mit *ana: akkū* (?); mit *ina: ikkū*, *ikkūma*; *kāša* (*šāka*, s. unter *eli*), *kāšim*, *kāšum*, *kāta*, *kātu* + *ma* und präp.: *kī kāšāma*, mit *ana: ana kāša*, *akkāša* + *ma: ana kāšāma*; f. *attī*, obl. *kī*; pl. *attunu*, *attanūni* (?), obl. *kātunu*, *kātun* du.

(enētu?) II1 pms. blaß sein, lichtschwach sein (Mond, durch Wolken, bis zur Unkenntlichkeit, Venus, Saturn, Merkur, Mars; opp. *ba'ālu*). — II2 lichtschwach sein (Mars).

unnuttu Lichtschwachheit.

antu Korn (?). — *antu ša šēi* Gerstenkorn (?).

ēntu s. *ēnū* (אנא).

ēntū s. *ēmtu* (םא$_3$א$_6$).

untūm, untū s. *ūmu* (םא$_6$א$_7$).

asu Myrte; Myrtenöl.

isi s. *itti.*

usu Weg. — *usu meṣru u kudurru* (Grenz?-)Weg, Grenze und Mark. — Vgl. *aḫāzu* und *ṣabātu.*

asū, esū, essū, du. *esā* Kinnbacke, Kiefer; — e. (hölzernes) Hausgerät (?). — *esū elū*, *esū elānū* Oberkiefer. *esū šaplū*, *esū šaplānu* Unterkiefer. — *es-lī* «Kinnbacke von Taurus» = Hyaden.

asū (sum. LW.) (Wasser-)Heilkundiger, Arzt, آسي. — *asū alpi* Rinderarzt, *asū imēri* Eselarzt.

asūtu Heilkunst.

asugallu, f. *asugallatu* Oberarzt; f. Oberärztin, e. Beiname der Gula.

asugallūtu Heilkunst des Oberarztes.

usātu Hilfe. — *usāt dameqti*, *usāt dunqi* Wohltat. — Vgl. *alāku*, *banū, bašū, epēšu, kaspu.*

asū, pl. *asāti* (sum. LW.) Wildkatze (?).

asāti, ašāti (pl.) Zügel.

asaittu, asītu, esētu, pl. *asajāti*, *asītāti*, *esītāti* Pfeiler (aus Stein *ša abni*); Vorsprung, Bastion (?, Flankierungsturm?, einer Mauer *dūru*); pfeiler(oder pyramiden?)-förmige Aufschichtung (von Köpfen, *qaqqadi*, getöteter Feinde); e. (pfeilerförmiges?) Hausgerät (?).

usū, ussū (sum. LW.) Gans; — e. Stein (?).

isbarru, usbarru (sum. LW.) (e. best. Art von) Abgaben.

asīdu, du. *asīdā* Sohle (?). — *asīd imitti*, *asīd šumēli* rechte, linke Sohle. — *asīdu ša šitaddali* o Andromedae.

esēḫu *(e)* liefern (jdm.: dat., etw.: acc., um zu: *ana* mit inf.), stellen (: Frachtschiff; Genietruppen *ummāni*).

eseḫtu, st. c. *esḫat* (?), pl. *esḫēte* (?) Leistung, Lieferung, Ablieferung, Ablösung (durch Geld).

mēseḫtu Lieferung (?).

esēḫu *(e)* verzweifeln (?).

tāsuḫtu Verzweiflung (?).

esḫu, du. *esḫā* e. Körperteil der unteren Extremitäten (Ferse?); — (Fisch-)Reuse; (Fuchs-)Falle (?). — *eseḫ nūni* e. Reuse voll (ungefähr bestimmte Menge) von Fischen.

usḫāmu, ušḫāmu Stange (?).

isaḫarra e. Pflanze.

asakku, asāku (sum. LW.) Finsternis (?); Siechtum, Krankheit, Leid; Krankheitsdämon (Bezeichnung verschiedener Kinder Anu's). — *aban asakki* Keller(?)-Stein. *bēt asakki* Keller.

usukku s. *sukku.*

askiku e. Vogel. Vgl. *aškikītu.*

iskimmu (sum. LW.) Vorzeichen; vgl. *giskimmu.*

askuppu s. *sakāpu.*

askaru, asqaru, usqaru (LW.?) Sichel; Bezeichnung der ersten (fünftägigen) Mondphase; (sichelförmiger) Schmuckgegenstand (aus Silber, Edelsteinen, mit Gold gefaßt); (sichelförmige) Zellbildung an der Leber. — *askar šamši*, *šanši* Sonnenscheibe.

asallu, pl. *asallāti* (sum. LW.?) e. (rituell gebrauchte) Pflanze; — e. (kupfernes) Gefäß.

usallu, ušallu, pl. *usalli* (sum. LW.) Weidegrund; Niederung, Tal; pl. Weiden. — *usal nāri* Flußwiese, Insel (?).

usalliš zu (unbebautem) Weidegrund, zu Brachland; vgl. *emū* (א$_7$א$_6$א$_2$).

eseltu e. (paarweise vorhandener) Körperteil.

usultu e. Gegenstand (Waffe?) aus Kupfer.

asāmu (ססא$_6$) geeignet sein (Hände *qātā*, sc. zu einer Handlung), passend sein, passen (Krone *agū*, auf ein Haupt *ina qaqqadi*; Heiligtum *parakku*, für

e. Land *ina māti*; Rede *dabābu*, in e. Mund *ina pî*). — II1 geeignet machen, passend machen (zu: *ana*); würdig ausstatten (: Stadt); mit asyndetisch folgendem verb. fin. etwas in passender Weise tun; pms. geeignet sein (zu: *ana*). — III1 passend machen (lassen) (für: *ana*).

asmu geeignet, passend (zu: *ana*). — *ana naplusi asmu* zur Besichtigung geeignet, herrlich anzuschauen.

asmiš in passender Weise. Vgl. *alāku*.

(usmu,) st. c. *usum* passender Gegenstand, Schmuck (für e. Heiligtum *papaḫi*, für d. Himmel *šamê*).

semtu, st. c. *semat*, pl. *semāti* Passendes, Erforderliches (für die Götter *ilāni*), Zukommendes (den Händen, Armen *qātē, idē*, d. h. Waffen), Zubehör (eines Tores *bābi*, Tempels *ekurri*, Sumpfes *appari*, der Schlacht *tāḫāzi*, der Königswürde *šarrūti*, der Herrschaft *bēlūti*, des Heldentums *qarradūti*); pl. das Erforderliche; Anspruch, vgl. *bēlu*. — *semāti reštāti* der frühere Zustand. *kēma semāti laberāti* dem früheren Zustand entsprechend.

semānu, semēnu, semūnu passend; passende Zeit, Termin; Sivan. — *semēn* zur Zeit von. *kēma semēn* gemäß der für ... festgesetzten Zeit. — Vgl. *esennu*.

asūmu, usūmu, pl. (?) *asūmātu, asummātu, asmāti, asūmettu, asūmētu, usūmettu, sumētu* Relief, Stele (mit Relief). — *asūmettu ša gelāla* barrelcylinder, Tonfäßchen.

usumija jd. mit zwei Gesichtern.

asammū (sum. LW.) e. (rituelles Ton-)Gefäß (für Wasser).

asmidu e. Gartenpflanze.

asmarū, ašmarū, armarū, esmarū, asmarānu (?), pl. *asmarē, esmarē, asmarānē* Lanze; Längsstange der Deichsel (opp. *mašaddu*).

asmur, ašmur (ägypt. LW.) Schmiergel.

esettu, ešettu, pl. *esenēte, ešnāti* Vorrat, Schätze; Vorratshaus, Schatzhaus.

esennu, esēnu, eššennu, ešunnu (?), st. c. *esen, ešen*, pl. *esennāti, esēnāti* (sum. LW.) bestimmte Zeit; Festzeit, (periodisches) Fest (von Menschen oder Gottheiten gefeiert); Šamaš-Fest; Zeit der (Gersten-)Reife; (reife Gersten-) Ähre; Spica (?); Virgo (E); vgl. *šarū*. — *esen-abi* Fest im Monat Ab. — *esenni eṭlūti* Zeit der Mannbarkeit (?). — *esennu ša Engur* Engurfest(-Tag, der 27. Monatstag). — *esenni akīt, esēnu ša akīti, esennu bēt-akīti* Neujahrsfest. — *esennu ša Bēl-ēkalli Bēlit-ēkalli* Bēlēkalli- (und) Bēlitēkallifest(-Tag, der 24. Monatstag). *esennu ša Bēlit-ēkalli* Bēlitēkallifest(-Tag, der 22. Monatstag). — *esenni zammūku* Neujahrsfest. — *esen Rammān* Rammānfest, e. Name des elften Monats. — *esen Šuanna* Fest von Babylon, Neujahrsfest. — *esen Šamaš* Šamašfest. *x esen Šamaš, x esenni* «x Šamašfeste» = (auf) x Jahre (opp. *ina šatti 1*). — Vgl. *asāmu*.

assennu, essennu (?), ***ašnu*** (?) Festsänger, Kastrat, Eunuch.

ēsēnūti s. *eštān*.

assānu, essānū, asnū, ašnū Tilmun-Dattel.

asnan, ašnan (Gottheit der) Gerste; («Gerstenstein» =) Fusolinkalk (?).

essu s. *eštu*.

issi s. *itti*.

esēpu *(e)* (אסף1) einsammeln (: Staub *epri*, Ährenkörner *pā šer'i*), ernten (: Gerste *šēa*, Sesam *šamaššamma*), abernten (: Feld *ikā*).

aspu gesammelt (?, Gold *ḫurāṣi*); Gesammeltes (?).

asuppu, pl. *asuppāti* Schuppen (?), Speicher (?).

aspastu (eran. LW.) Luzerne.

asāqu, esēqu, esqu s. *ešēqu* und *ašāqu*.

asqubettu, asqumbettu, ašqubētu, ešqubētu Buckel; Höcker (eines Dromedars *udru*).

asqaru, usqaru s. *askaru.*

esēru, ((w)asāru,) masāru (e) (אסר1[.6]) einschließen, einsperren (jd.: acc., abs., in: *ina*, *ana*; : Vogel, in einem Käfig *quppu*); durch e. Belagerung (*mēsēru*) einschließen, belagern; gürten (übertr. Stürme *meḫū*: Ištar); eindämmen (: Fluß); anspannen (abs.), kutschieren, fahren (nach: *ana*); einfügen (: Dach *ūra*); einbringen (: Ernte *ebūra*); eintreiben, einfordern (: Abgabe *mandatta*); in Anspruch nehmen (Lehensdienst *elku*, jdn.: acc.); an e. Schuld mahnen (Gläubiger *tamqāru*); pms. eingeschlossen sein, dumpf sein (Stimme *rigmu*). — I$_2$ einschließen (jd.: acc., abs.); einbringen (: Ernte *ebūra*). — II$_1$ eintreiben (: Geld *kaspa*); zusammenschließen, versammeln (*Mešlamtaē*: Himmelsgottheiten *ilāni ša šamē*). — II$_2$ eingeschlossen werden (in: *ina*), belagert werden (König *šarru*, in seinem Palast *ina ēkallišu*). — III$_1$ anspannen lassen (abs.). — IV$_1$ sich zusammenschließen. — *masāru ṣenda* e. Gespann anschirren, fahren (nach: *ana*).

asēru, ašēru Gefangener (?).

asērūtu Einschließung, Belagerung.

asurrū (urspr. pl.) Wände, حيطان (eines Palastes); (einschließendes) Mauerwerk; Zisterne (?).

assāru Kutscher (?), Wagenlenker (?).

esru Eingefordertes.

esertu Eingefordertes bzw. Einzuforderndes; — «Eingeschlossene» (e. Frauenklasse).

ussuru (eingeschlossene =) enge Gasse (?).

usurtu, pl. *usurāti* Einschließung; Belagerung, Mondhof; pl. eingeschlossenes Gebiet (?, einer Obstkultur, in e. Baumgarten *qereb kerī*).

mēsēru, mēserru Einschließung, Gefangennahme; Belagerung; Überzug, Beschlag (an Türen *dalāti*; von Silber *kaspi*, Bronze *siparri*); (lederne) Verschnürung, (für die Hüften *ana qablē*) Gürtel, (für die Füße *ana šēpē*) Sandale.

tēsāru, tēserru (?) Einschließung, Wall (?, einer Festung).

āsūri, issurri, issūri s. *sarāru.*

isribū s. u. *šarbu.*

usištu s. *ušištu.*

asītu, esētu s. *asaittu.*

(istatēru, istaterru,) pl. *istaterrāni* (griech. LW.) Stater (des Alexandros *ša Aleksandar*, des Antiochos *ša Anti'ikusi*).

apu (?) Schilf, Schilfdickicht, Röhricht. — *apu u qīštu* Schilf- und Walddickicht.

apu e. Kultgerät.

epu Mutterleib, Muttertropfen (? e. Ölschicht); Erbarmen, Gnade (?).

aptu, pl. *aptāti*, *apāti*, *appāti* (?) (sum. LW.?) Loch, Öffnung; Fenster (e. Gebäudes *bēti*); Taubenloch. — *apti muḫḫi* Dachluke. *apti uzni* Ohrhöhlung.

apāniš durchs Fenster.

(aptu,) eptu, st. c. *epat*, pl. *apāti* Menge (abs.), Fülle (der Länder *mātē*, der vier Weltgegenden *qeprat erbetti*); pl. Welt.

appā s. אנף1.

uppu (sum. LW.) (e. Art) Pauke. — Vgl. *apāpu.*

apū, abū (?), ***epū*** (אפא1) backen (: Brot *akāla*). — II$_2$ backen (?).

(nēpētu?,) nēbētu (?), pl. *nebeāti* (?) Backtrog (?).

(epū) (א6פא4) II$_1$ bedecken.

upū Gewölk; (vermeintlicher) Dunst oder Schleier (vor den Augen eines Kranken).

uppū bedeckt; bewölkt (Himmel *šamū*).

nēpū (bedeckender?) Haufen (von Getreide). — *nēpi erṣeti* Erdhaufen, Schutthaufen.

(apū,) epū (א 6פא 7) in Schönheit hervortreten. — III1 in Schönheit hervortreten lassen (Marduk: Könige *malkū*, zur Ausübung der Herrschaft *ana epēš ēnūti*; Šamaš: [seine] Erhabenheit *ṣērūta*, auf, über: *ana*), erstrahlen lassen (: Tempel), erglänzen lassen (Herz: *libba*), prächtig machen, verschönern (: Stadt; e. Kultstadt *maḫāza*, mehr als e. andere *eli maḫāzi*), großartig hervortreten lassen (: Recht *dēna*, Rechtssatzungen *kēnāti*, Gesetz[gebung] *mēšāra*, im Lande *ina māti*); verherrlichen (: Stärke, *dannūta*, der Götter; Großtaten *narbē*, Namen *mē*); hervortreten lassen (Beschwörer *āšipu*: Natur einer Krankheit *šiken murṣi*; : Krankheit *murṣa*, aus dem Körper *ina zumri*); pms. schön hervortreten (Gefüge, *ṣendu*, eines Bauwerks), strahlend in Erscheinung treten (Nergal-Mars; Mondsichel *šērtu*; wie das Tageslicht *kēma ūmi*); ins Dasein eintreten (Gottheiten *ilāni*), eintreten (Mondverfinsterung *nandūr Sīn*, am Himmel *ina šamē*). — III2 großartig hervortreten lassen (: Gesetz[gebung] *mēšāra*, im Lande: *ina māti*); leuchten lassen (wie das Tageslicht *kēma ūmi*); aufleuchten, leuchten (Sonne *šamšu*; Mondsichel *askaru*, in allen Ländern *ina napḫar mātāti*; Jupiter, in der Ekliptik *(ina libbi) ašar šamši*). — *ša ina zumur lā šūpū* körperlos (Dämon).

mūpī Erleuchter (Šamaš, der Anunnaki).

(šitpū,) f. *šitpūtu* leuchtend (Feuer *išātu*, Fackelschein *šalummat ṭiqāri*).

šūpū, šūppū' (?) leuchtend (Sīn, Nannar), strahlend (Bronze *siparru*, Riegel *mēdēlu*) herrlich (Stadt *ālu*), hervorragend (Herrschaft *bēlūtu*).

apū e. Dorngewächs.

appadān (altpers. LW.) Palast.

upizanapata (altpers. LW.) e. Beamter.

apāḫu umschließen.

appaḫu Umschließung, Wall; Kleidung (?).

uppuḫu Umhüllung.

upḫu Umschließung.

epḫu (westsem. LW.) Otter (?).

japuṭu e. Pflanze.

apṭaḫu Kürbis (?).

apkallu (sum. LW.) weise; Weiser. — *apkal ilī* Weisester der Götter, Beiname von Marduk, Ea und Adapa. *apkal niklāti* an Künsten Erfahrener, e. Beiname von Nabū. — *apkal šamni* des Öl(wahrsagen)s Kundiger.

apālu *(u)* erwidern, to respond: Worte (*seqri*) erwidern, Antwort geben (abs.), antworten (jdm.: acc.; deutlich *išāris*), entgegnen; wiedergeben, pflichtgemäß geben, zurückerstatten (jdm. etw.: dopp. acc.), begleichen, bezahlen (abs.; : Rind *alpa*, Schulden *ḫubūli*), zurückzahlen (: Kapital *qaqqad kaspi*; genau *išāriš*); entschädigen (: Gläubiger *tamqāra*, *ummeāni*); entsprechen, (jds.) Wunsch erfüllen, (seiner) Forderung nachkommen (mit acc. d. Pers.); pms. entschädigt werden (für e. Müheleistung: *mānaḫta*), entschädigt sein, befriedigt sein, bezahlt sein. — I2 antworten; zurückerstatten (: Kapital *qaqqad kaspi*), Zahlung leisten, entschädigen (: Gläubiger *ummeāni*), entsprechen (genau *išāris*). — I3 antworten; zurückerstatten, bezahlen (: Geld *kaspa*), (wiederholt) Zahlung leisten, aufkommen für. — II1 entgegenkommen, entgegenheulen (?, Wind *Rammān*); Schulden ausgleichen (für jd.: acc.), Schulden decken (zu gleichen Teilen *aḫiāti* + suff.). — III2 pms. sich ausgleichen, sich die Wage halten (Glück und Unglück *damqāti u lemnēte*). — IV1 entsprochen werden. — *ša bēti apālu* Bezahlung (Anzahlung?) für e. Haus(grundstück). — IV3 (regelmäßig) beantwortet werden ([Fragen der] Eingeweideschau *tērēte*). — *itapulu ilūta* (den Anforderungen) der Göttlichkeit entsprechen. *apālu ulli* nein antworten, e. verneinende Antwort geben (Orakelgottheit). *apālu, itapulu annā* ja antworten, bejahen, zusagen, zustimmen, zugeben, bestätigen (abs.; etwas: acc.). *apālu, itanapulu annā kēna* e. feste Zusage geben. *apālu mānaḫta* Auslagen ersetzen, Ausgaben bestreiten. *apālu dēna* Recht widerfahren lassen. *itapulu dāṣāti* (jdm.) mit Feindschaft begegnen. *apālu ḫebelta* Schuldenersatz leisten. *apālu nikkāsa* e. Rechnung begleichen. *apālu pēḫata* einer Verpflichtung nachkommen; Ersatz leisten. *apālu, itanapulu paqra* einer Reklamation stattgeben.

(apēlu?,) aplu, ablu, st. c. *apēl*, *apal*,. pl. *aplū*, f. *apeltu* (entschädigter bzw. zu entschädigender?) Erbsohn, Erbe, Sohn; f. Entschädigung (?); Erbin, Tochter. — *kī apelti* als Entschädigung, als Äquivalent (?).

aplūtu Erbteil, Erbschaft (vgl. *nasāḫu*). — *aplūtu u arkāti* Erbteil und Nachlaß.

nāpālū sich eines Antwort-Mittels (?, **nāpālu*) bedienend, Antwort-Vermittler, Interpret; Vermittler. — *nāpālī ṭūb kabatti* Vermittler von Zufriedenheit, e. Beiname von Anu.

nēpeltu, pl. *nēplāti* begleichende Zahlung, Zuschlags- bzw. Abschlagszahlung (für e. Gelände *eqli*); vgl. *nadānu*.

šutāpultu Entsprechung.

uplu Laus.

uplu Beule.

apilḫa (Fremdwort?) Syn. zu *ašru*.

apluḫtu, pl. *apluḫāti* (LW.?) Panzer.

upnu (אפן3), du. *upnā* Faust; Hand; vgl. *ḫapnu*.

epennu, epettu, st. c. *epen*, *epet* (sum. LW.) Pflug; Triangulum boreale. — *epen erbīt*, *epen šiššat* vier-, sechsspänniger Pflug.

epettu Gosse.

appanannu e. Hausgerät (?, aus Bronze *siparri*).

appūna s. *pānu* (פנא7).

apāsu (?) II1 zögern (?). — IV1 pms. (?) verzögert, rückständig sein.

nāpsu (?) rückständig, in *qeṣri nāpsūti*, rückständige Bezahlung (Bezahlung *qeṣri*).

apsū (sum. LW.) Süßwasser (opp. *tāmtu*), Süßwasserbecken; Ozean (über, um und unter der Erde; opp. *ēkurru*), Wassertiefe. — *apšū ellu* «heiliges Meer», e. Nachbildung (*gabrū*) des Ozeans im Esagil (vgl. *ti'āmtu*).

apsasū, f. *apsasītu* (sum. LW.) e. Art Rind, Kubkoloß.

apāpu *(u)* (אפף1) binden.

apapu Sandale (??).

appu, appatu, du. *appatān*, pl. *āpāni*, *appāti* Zügel (für e. Esel *imēru*, e. Pferd *sīsū*; an e. Wagen *iṣu*, e. Pflug *epennu*).

uppu (Leder-)Riemen (zum Befestigen des Querholzes, *mašaddu*, an d. Deichsel); Türriemen, ἱμάς; Leibriemen (von Schwangeren getragen, vgl. *mārtu*); e. med. Instrument; e. best. bei der Dattelkultur gebrauchter Riemen; Saite (e. Musikinstruments). — *uppu aḫi*, du. *uppā aḫi* Schlüsselbein (?). — Vgl. *uppu* unter אף.

epēqu (אפק1) II1 massiv, stark machen (Wind *šāru*: Flut *agū*); pms. massiv (gemacht) sein (Ring *šemēru*, Brustschild *dudittu*, Bild *ṣalmu*, aus Gold *ḫurāṣi*), fest(gemacht), verschlossen sein (Mund, Rachen *pū*, Augen *ēnā*, e. Teil der Leber *(naṣraptu?)*; Kopf, *qaqqadu*, einer Neugeburt, d. h. keinen Mund haben), eingewachsen sein (?, Rückgrat, *eṣenṣēru*, opp. *petū*).

upqu fest (Dattelpalme *gišimmaru*); Gesamtheit: Syn. v. *kullatu*, *gemratu* usw.

apāru *(i)* (אפר1) e. Kopfbedeckung aufsetzen; pms. (auf dem Kopf) tragen, aufhaben (: Hut *massa*, Kopfbinde *barsiga*, Diadem *agā*). — II1 mit einer Kopfbedeckung bekleiden. — *āperat agī bēlūti* mit dem Diadem der

Herrschaft bedeckt, e. Beiname von Ištar.

apparrētu (pl.?) Backenbart (?).

aparu. *apar šeleppi* Schild (?) der Schildkröte; e. Kopfbedeckung.

epartu Gewand.

epēru, epru, upru (אפר4), st. c. *eper*, pl. *epēri*, *eprāti* (tonhaltige trockne) Erde (opp. *ṭēṭu*), Erdreich, (Erd-)Boden, Erdmasse; Staub; Tontafel; Land, Besitz, pl. Schutt; Staubsorten (zu magischen Zwecken). — *eper erṣeti* Erdreich, Erdstaub. *eper šadī* «Berg-Staub», e. Bezeichnung für Silber (*kaspi*) und Gold (*ḫurāṣi*). — *eper šēpē* der Boden unter den Füßen. — *epri ša šēp*, *epri (šā) šēpē* Fußboden, *epri eštu šēnē*, *epri šapli šēnē* der Boden unter den Sandalen, *epri eštu šupāl šēpē (šēnē)*, *epri eštu šupāli šēnē* der Boden für den Fußschemel, *epri ša kabāsi* Boden, worauf man tritt, Selbstbezeichnung eines unterwürfigen Dieners, *epru ša Ulāsē* e. best. asphaltartige Erde.

epirtu Mörtel (?).

epēru verköstigen, versorgen. — III2 versorgen.

epru, st. c. *eper* Kost, Lebensmittel, Lebensunterhalt; Verpflegungskosten, Verköstigungsrate. — *epri piššatu u lubuštu* Kost, Salböl und Kleidung. — *eper šatti* Verpflegung auf ein Jahr.

nēpēru Verköstigung, Proviant (?).

epirru Halskette.

appāru, pl. *appārāti* Röhricht, Schilf, Rohrpflanzung, (künstlicher) Sumpf.

appārū, *aprū* (?) Sumpfschwein, Wildschwein.

eppēru Erschöpfung; Mühsal (?).

upāru, pl. *upārāti* (?, LW.?) untergeben (?); Untertan (?).

uprū e. Kleidungsstück.

aprušu e. Pflanze.

epāšu, epēšu (*u, a*) e. Tat (*epša*) verüben, tun, handeln (nach Ermessen *kēma neṭli*; so gut wie möglich *kī ṭābi*), verfahren (mit: *itti*), arbeiten (an e. Bau *itti epišti*), machen, herstellen, bauen (: Stadt *āla*, Haus *bēta*, Kloster *gagā*, Kapelle *sukka*, Schiff *eleppa*, Mauer *igāra*, Tor *abulla*), anfertigen (: Schlüssel *namzāka*), verfertigen (lassen) (: Bild *ṣalma*), neu (*eššiš*) bauen, wiederherstellen (: Tempel *bēta*), ausführen (: Befehl *amāti*), einen Befehl ausführen (vgl. *wa'āru*), zeugen (Kind *būra*); etwas zu etwas machen (mit dopp. acc.; acc. u. *ana*); etwas an einem tun, antun (etwas: acc., jdm.: dat., *ana*); pms. behandelt werden; hergerichtet sein, angetan sein; verübt werden (Tat *epšu*, an: *ana*); anheimfallen (Stadt *ālu*, jdm.: *ana*). — I2 Handlungen (*epšēte*) ausführen, tun, machen, erbauen (: Tempel *bēta*, Schiff *eleppa*, Lagerplatz *maškāna*), bebauen, verfertigen (lassen) (: Bild *ṣalma*); etwas zu etwas machen (mit dopp. acc.); antun (etwas: acc., jdm.: *ana*). — I3 etwas öfter, etwas wiederholt tun (für sich selbst, im eigenen Interesse *ana ramāni* + suff.). — I4 leisten (: Knechtsdienste *ardūta*, *urdūtē*). — II1 schaffen, beschaffen (: Getreide *šēa*). — III1 tun lassen, ausüben lassen (: Feldjagd *ba'ūra ša ṣēri*); erbauen lassen; neu (*eššiš*) erbauen lassen, wiederherstellen lassen (: Tempel *bēta*); pms. erbaut sein (Tempelturm *seqqurratu*; aus: *ina*; [passend] für: *ana*). — IV1 getan werden, verübt werden (an: *ana*, gegen *eli*); gebaut werden (Kümmel *kamūnu*), wiederhergestellt werden; vorgenommen werden (Reinigungsriten *takperāti*), begangen werden (Kult *dullu*); geschehen, sich ereignen (Vorfälle *amāti*, in: *ina*); — sich anschließen (an jd.: *ana*). — *epēšu u* mit impf. machen daß, bewirken daß. — *anāku epšēk* es geht mir (wie einem der: *kī* mit ptc.). — Vgl. *abāšu*. *epēšu māmīta* sich durch e. Eidschwur verbünden (mit: *itti*). — *epēšu āla* (sich) eine Stadt (zu eigen) machen, erobern. — *epēšu mu'errūta* die (Landes-)Verwaltung übernehmen

(König). — *epēšu abūta* Fürsprache einlegen (bei: *itti*). — *epēšu ezerta* Hilfe leisten (jdm.: *ana*). — *epēšu aḫūta* Bruderschaft schließen. — *epēšu, ētenepušu tāḫāza* e. Schlacht liefern. — *epēšu alāka* reisen, marschieren, sich auf den Weg machen (zu: *ana maḫar, ana ṣēr*). — *epēšu ēnūta* die Herrschaft ausüben. — *epēšu mānaḫta* Kosten auslegen. — *epēšu asūta* die Heilkunst ausüben (Arzt *asū*). — *epēšu usāta* Hilfe leisten (jdm.: *ana*). *epēšu usāt dunqi* e. Wohltat erweisen. — *ētepušu esenna* e. Fest feiern. *ētenepušu esenna* regelmäßig e. Fest feiern. — *epēšu epšēte* Zeremonien verrichten. — *epēšu mušēpešūta* e. Arbeitsleistung verrichten. — *epēšu nēpēša* e. Ritus begehen. — *epēšu eqla* e. Feld bestellen. *epēšu eqla šepra* s. *epēšu šepra*. — *epēšu erā* Kupfer schmelzen. — *epēšu erēba* Einzug halten, einziehen. — *epēšu, uppušu ardūta* dienstbar werden, sich unterwerfen, huldigen. — *epēšu arna* Sünde tun, freveln (gegen: *ana, eli*). — *ētepušu šipta* e. Beschwörung rezitieren. — *epēšu atterūta* Verwandtschaft machen, sich verschwägern (?). — *epēšu bēlūta* die Herrschaft ausüben (als Mitregent von: *meḫret*). — *epēšu bā'erūta* einen Fang tun (Fischer *bāeru*). — *epēšu bēta* e. Hausstand gründen. — *epēšu balāṭ* + suff., *šēpušu ūmē balāṭ* + suff. jdn. erschaffen (Gottheit). — *epēšu gallābūt* + suff. sich scheren (rituell). — *epēšu gamērūta* Vollendetes leisten. — *epēšu dēna* Recht schaffen. *ētepušu dēna* e. Rechtsverfahren anstrengen (gegen jd.: *itti*, vor: *ana pān*). — *epēšu, ētepušu dulla* e. Arbeit ausführen; e. Kult begehen; + suff. seine Pflicht tun. — *epēšu dunqa* e. Gunst erweisen (jdm.: *ana*). *epēšu dameqta* e. Wohltat erweisen. *ēpiš dameqti* Wohltäter. *epēšu dameqta lemniš* Glück in Unglück verwandeln. *epēšu damqāti* Frömmigkeit üben. — *ēpiš ḫaṭṭi* Übeltäter. — *epēšu ḫarēmūta* zum Hierodulendienst bestimmen. — *epēšu ṭābta* Gutes erweisen. *epēšu ṭābūta* Freundschaft stiften (zwischen *bēri*). — *epēšu ṭēma* Bericht erstatten. — *epēšu kēta* e. Bund schließen (mit: *itti*). — *šēpušu kudurra* Frondienst tun lassen. — *epēšu kakki qabla u tāḫāza* Waffengang, Kampf und Schlacht liefern (jdm.: *itti*). — *epēšu ša-libbi* e. Wunsch erfüllen. — *ēpiš lumni* Übeltäter. — *epēšu mitḫūṣūta* einen Kampf ausfechten. — *epēšu marušta, epēšu epšit marušti* schlimmes tun, (jdm.) schlimmes antun. *ēpiš marušti* Unheilstifter. — *epēšu nikkāsa* Abrechnung halten, abrechnen (vor Šamaš *maḫar Šamaš*). *šēpušu nikkāsa* abrechnen lassen. — *ēpiš nengūti* Musiker. — *epēš nikkāsi ša Sîn (u Šamaš)* Berechnung (des Laufes) von Mond (und Sonne) (an den Monatsviertel-Tagen, zur Bestimmung der Opposition usw.). *ēpiš nikkāsi* Rechner, Abrechner, e. Beiname von Nabū. *ēpišat nikkāsi arī* Verfertigung von Multiplikationsrechnungen, Beiname von Ninkarra. — *epēšu, ētepušu nukurta* feindselig handeln (gegen: *ana, ina, ina muḫḫi, itti*). — *epēšu ana neṣērti* zum Bollwerk, zum Stützpunkt machen. — *epēšu neqā* e. Opfer darbringen (vor: *lapān*). — *epēšu pā* reden, sprechen, sich äußern. — *epēšu, ētepušu ṣibūta* e. Wunsch erfüllen; e. Vorhaben ausführen. *šēpušu ṣibūta* e. Wunsch erfüllen lassen (jdm.: dat.). — *epēšu ṣudē* sich mit Proviant versehen. — *epēšu ṣelūta* feindselig handeln. — *epēšu qabla* e. Kampf ausfechten. — *uppušu qarāba* e. Kampf schaffen, kämpfen. — *epušu rē'ūta* die Herrschaft ausüben. — *epēšu rēšūt* + suff. jdm. Freude machen. — *ētepušu ina rikelti* vertragsmäßig handeln. — *epēšu šēmāti* Handel treiben. — *epēšu šalma* Frieden stiften (zwischen: *bēri*). — *epēšu, ētepušu šepra* e. aufgetragene Arbeit tun, e. Auftrag ausführen. *epēšu šepra eqla, epēšu eqla šepra* aufgetragene Arbeit an e. Feld tun, e. Feld pflichtgemäß bearbeiten. *epēšu šeperta* e. Auftrag ausführen. *šepra, ana šepri epšu* bearbeitet (Gold). *nēpušu ana šepri* bearbeitet (Stein). *epēšu šeper šarri* Frondienst tun. *epēšu ana šepri ḫešeḫti* (etwas) zur Deckung eines Bedarfs verwenden. — *epēšu šarrūta* die Königsherrschaft ausüben (als Mitregent von: *meḫret*). *epēšu ana šarrūti* (jd.) zur Königsherrschaft bestellen, zum König machen. — *ētepušu ina šeršerrēte* in Fesseln legen. — *epēšu tamqārūta* e. (Handels-)Geschäft machen. — *epēšu tappūta* e. Kompaniegeschäft machen. *epēšu ana tappūti* zu e. Kompaniegeschäft machen, gemeinsam unternehmen. *ētepušu ana šutāpūti* zum Gegenstand gemeinsamer Arbeit machen, gemeinsam bearbeiten.

epēšu, epšu, epeštu, st. c. *epēš, epšit*, pl. *epšēte* (auch als sgl. gefaßt) Tun, Tat, Werk, Handlung, Arbeit; Bau (eines Kanals *nāri*); Ereignis, Vorfall; pl. Handlungen, Werke, Vorgänge, Vorfälle, Ereignisse; Bau(-Arbeiten). — *epēš pī* Ausspruch, Befehl (einer Gottheit). — *epēš tāḫāzi* Schlachtgerät (?, vgl. *memma*). *epšit amēlūti* menschliche Machenschaften (opp. *šikin uṣūrāti*). *epšit ilūti* göttliches Wirken. *epšit lemutti* e. schlimmer Vorfall. — *ajēte epšēte šānāti* was für seltsame Vorgänge. — *epšēte u surāri* (fromme) Werke und Gebete. — *epšēte ša eqli* Kultur(land) eines Feldes. — *epšēte naklāti* Kunstwerke.

epēšu, epšu bearbeitet (vgl. oben *epēšu šepra*), bebaut (Hausgrundstück *bētu*, opp. *burubalu*), fertig. — *(u) epšu* fertig!

ēpišu machend, tuend (vgl. o. das Verb); Schöpfer, maker.

ēpiššānu Arbeiter.

etpēšu, etēpšu tätig; klug, umsichtig (Fürst *malku, massū*).

mušēpešu, pl. *mušēpeši* Arbeitsleiter, Bauleiter.

mušēpešūtu Arbeitsleistung.

nēpēšu Ausführung einer Handlung; Rechnungsverfahren; Verbrechen (?). — *nēpēš asūti* (ärztliche) Operation. — Vgl. *nēbēšu* (אבש3).

upšukkinaku e. Örtlichkeit in e. Tempel.

apašmū e. Steinart.

aptu s. unter אח.

epitātu Nessel.

uṣu, uṣṣu (אץ3) Pfeil.

iṣu, iṣṣu (אץ4), st. c. *iṣ*, pl. *iṣṣū* (?) Baum; Nachbildung davon (aus Elfenbein *šenni*); Pfahl; Holz (des Waldes *qīšti*, vom Feigenbaum *tetti*; zum Wärmen *ana šūḫuni*); Schreibstift; (hölzerner) Behälter (für Bergkristall, *šadānu*); hölzernes Gerät; (hölzernes) Fahrzeug (Wagen, Schiff); Holzfasern, Werg (?). — *ša iṣi* hölzern. — *ina iṣišu, iṣ ramānišu* mit seinem (eigenen) Schreibstift, manu propria. — *iṣ belti* «Ertragsbaum» eine Bezeichnung der Dattelpalme (*gišimmaru*). *iṣu ša eleppi* Schiffsholz (?, = Schiff?). *iṣṣu-arīk* «Langholz», e. Bezeichnung des Bogensterns (*qaštu*). *iṣṣu erru* Brennholz (?). *iṣi bēti, iṣi bētāti* Hausgeräte, Möbel (?). *iṣ gašērūti, iṣ teknīti* (?) Prachtwagen. *iṣ ḫunnatu* Rebe (vgl. u. *ḫanānu*). *iṣ ḫešeḫti* Nutzholz (?). *iṣ kabbu* Brandscheit (?). *iṣ tanetti* «Holzgerät des Lobgesangs», = (?) Harfe. *iṣu ša ṣilli* Baldachin. *iṣ qurāru* (< **qulālu?*), *aṣ qulālu* «minderwertiges Holz», (? =) schlechte Dattelpalme (?). *iṣ rekebti* Fruchtbaum. *iṣu ša šadādi* Fuhrwerk.

waṣū, aṣū, maṣū *(i)* (א1צא6) e. Ausgang (*aṣā*) benützen, ausgehen (Atem *šāru*, Worte *amātē*, aus d. Mund: *eštu pī*; leer *rēqa, rāqūta*), weggehen, herausgehen, herauskommen (aus: *eštu*), zu e. Ausgang *(ina mūṣī)* hinausgehen, wachsen (Baum *iṣu*, Rohr *qanū*); hinausziehen (zum Tor: *abulla*; zu jdm.: *ana pān*), ausziehen (abs., Truppen: *ṣābē*; *ana kakkē* in den Kampf; von, aus: *eštu, eštu mūḫi*; nach, zu: *ana*; gegen:

eli; Mieter *ašābu*), ausbrechen (Jubel: *ellatu*), hervorkriechen (Schlange *ṣēru*, aus e. Loch *ina ḫurri*); aus e. Untersuchung hervorgehen (unbescholten *ina šalmāti*); wegziehen (von jdm.: *eštu eli*); austreten (aus e. Dienstverhältnis, abs.; opp. *erēbu*); aufgehen (Mond, Sonne, opp. *erēbu*); vor Gericht auftreten; hinausgehen, führen (Ausgang, *mūṣū*, eines Hauses, auf, nach: *ana*), (sc. *mūṣū* + suff.) nach e. Örtlichkeit zu (*ana*) liegen, «hinausgehen» (Haus *bētu*); e. Ausfall machen (gegen: *ana eli*); entgehen, entrinnen (jdm.: *ina qātē, ina emni*; der Not *ina šapšaqi*), entwischen, entschlüpfen (Fisch *nūnu*, den Maschen, *etanni*, eines Netzes *sapāru*); sich davon machen, «durchgehen» (Ehefrau *aššat amēli*); — pms. ausgezogen sein, herausgekommen sein (Wasser *mē*, aus e. Kanal: *ina nār maškīti*), aufgestiegen sein (Wolkenbank *nīdu*), gewachsen sein (Zähne *šennā*); herausstehen (Teil einer Mißgeburt, aus dem Mund *ina pī*), heraushängen (Gedärme *erri*), hervor-, herausragen (Festungen *alāni dannūti* gleich Sternen: *kakkabiš*); sich den ehelichen Pflichten entzogen haben. — I2 ausgehen (Atem *šēḫu*, aus dem Mund *eštu pī*, zu: *ana, ana eli*; Wort, Befehl *amātu*), herauskommen (aus e. Engpaß *ina nērēbi*); ausziehen (Soldaten: *ṣābē*; Mieter *ašābu*); (in Prozession herausgebracht werden (Gottheit, aus e. Tempel *eštu bēti, eštu qereb bēti*); aufgehen (Mond, Sonne, opp. *erēbu*; am Himmel *eštu šamē*, über *ina eli*); entgehen (jdm.: *eštu qātē, ina qātē*); verlustig gehen (: «Haus und Hausgeräte», Haus und Heim *ina bēti u unēte*); verschwinden, weichen (Bann *mamītu*). — II1 ausziehen (: Kleid *lubūša*). — II2 entreißen (jdm.: *ina qāt*). — III1 hinausgehen lassen (zum Tor: *abulla*), fortgehen lassen, dienstfrei machen, herausgeben, herausbringen (im Körper Verborgenes: *nakma nakemta ša zumri*), freilassen (: Sklavin *amta*; Gefangenen), herausführen (aus e. Stadt *eštu qereb āli, in āli*); herausholen, herausschlagen (: Grundsteuer *belat eqli*); ausziehen lassen, (in Prozession) hinausführen (: Gottheiten, aus e. Tempel *ina bēti*); (Truppen) ausziehen lassen, ausziehen; hinausjagen (aus dem Haus *ina bēti*, zur Stadt: *āla*); herauslassen; entkommen lassen; retten; hervorgehen lassen (aus e. Untersuchung, *parāsu*); sprießen lassen (: Grünes *urqēte*); (sc. *ana ṣīt*, vgl. unten) veräußern. (: Kleinvieh *ṣēna*); aufgehen lassen (: Licht *nūra*, jdm.: dt., einem Land *ana māti*); aufführen, verkünden (Gottheit: Namen *nebīt šumi*, zum Jubel *ana rēšēti*); aufkommen lassen (: Siechtum *asakka*, im Leib *ina beniāti*); ableiten (: Kanal *nāra*); «entnehmen» = mieten, pachten (: Haus *bēta*, Feld *eqla*, Garten *kerā*, Weg *gerrrē*; gegen Miet- bzw. Pachtzins *ana qaṣar, ana qiṣri, ana belti*, gegen Drittelabgabe *ana šaluš*; von: *itti, ina qātē*; auf x Jahre: *ana šatti x*; zum Zwecke von: *ana* mit inf.); — pms. vollbracht sein, geworden sein (Taten *epšēte*, ein Weg zum Ruhm [?] *zemrēga ana tanādāti*), vollendet sein (Tempel *bētu*); in Pacht haben (: Feld *eqla*). — III2 hinausbringen, hinauslassen (: Pferde *sīsē*, aus dem Land *eštu māti*); verraten (: Orakelsprüche *abāti*). — III3 immer wieder heraustun, herausstrecken (: Zunge *lišāna*). — *ša ittaṣi eštu pī šarri* königlicher Befehl. — *aṣū bāba* ausgehen (das Haus verlassen). — *aṣū ana ṣīt* in Abgang kommen, veräußert werden. *šūṣū ana ṣīt* in Abgang kommen lassen, veräußern (: Kleinvieh *ṣēna*; Haus *bēta*, an die Domänenverwaltung *(ana ṣīt) ēkalli*). — *aṣū ana kēdi* «ausgehen», verloren gehen («Geld», Vermögen *makkūru*). — *šūṣū tumurta* Eier legen (Ameise *ṣaṣēru*). — *ubāna ana lā aṣē u la erēbi* keinen Finger breit mehr oder weniger.

aṣū Ausgang; Auszug (einer

Gottheit, aus e. Tempel *bēti*, opp. *erēbu*); Aufgang (von der Sonne); das Hervorstehen (eines Teiles des Mauerwerks, opp. *erēbu*, vgl. *ubānu* u. בא₂ן); Entrinnen, vgl. *lā*.

ṣītu, ṣittu, zittu, pl. *ṣiāti*, *ṣāti* das Hinausgehen; Abgang, Vorausgabung, Ausgabe (einer Summe, opp. *šapeltu*), Verlust; (abgehobener bzw. abzuhebender) Teil (einer Summe), Anteil, Erbanteil (vgl. *akālu šakānu*); Ursprungsort (von Zedernstämmen *gišmaḫḫi erni*); Erzeugnis (des Gebirgs *šadī, kinnē*); pl. Ewigkeit (in Vergangenheit und Zukunft; vgl. *ālu*). — *ṣīti aḫrataš* Nachkömmling. *ṣīt arḫi* Mondaufgang, aufgehender Mond (vgl. *namēru* u. נא₆ר). *ṣīt kakkabi* Sternenaufgang. *ṣīt libbi* leiblicher Nachkomme, Sprößling. *ṣīt pī* Ausspruch, Rede, (göttlicher) Befehl. *zittu rabītu* Hauptanteil. *ṣīt šamši* Sonnenaufgang, Osten (opp. *erēb šamši*). — *ana ṣiāti, ana ṣāti, aṣṣiāti, aṣṣāti* für immer, auf ewig. *adi ṣāt ūmē, ana ṣāt ūmi, ana ūm ṣāti, ana ūmi ṣātu* auf ewige Zeiten. *eštu ūmū ṣāti, eštu ūm ṣāti* seit ewig (vgl. *ūmu*). — *ana ṣiāt nīši* «für alle Zukunft von Völkern», für alle künftigen Völker. — *ina ṣīti* während des Hinausgehens, im Ausland.

ṣātiš für immer, auf ewig.

ṣītan (beim) Aufgang, (im) Osten (opp. *šēlan*, s. *šalāmu*). — *ultu ṣītan adi šēlan* vom Aufgang bis zum Untergang. *ṣītan u šēlan* beim Auf- und Untergang. *ṣītan šamši* bei Sonnenaufgang.

wāṣiu, āṣū, f. *wāṣiatu, āṣītu*, pl. *aṣāti* ausgehend, liederlich (ins Feld) ausziehend (Mann *eṭlu*); aufgehend (Mond *arḫu*); f. Abzugskanal (?), Wassergraben (?); — e. heraus- oder vorstehender Pflock (?).

mūṣū, muṣṣū, pl. *mūṣē* Ausgang, Ausweg, Ausfahrt (eines Schiffes); Aufgang; e. Krankheit (vgl. u.). — *mūṣī mē* Ausfluß, Abfluß (eines Kanals *nāri*). *mūṣē mē* («Abflüsse» =) Bewässerungsanlagen (eines Tempelturms *seqqurratu*). — *mūṣī šamši* Sonnenaufgang (opp. *erbi šamši*). — *mūṣū ša (libbi) urulāti* glans (?); e. Geschlechtskrankheit (?, γονόῤῥοια?).

mušēṣū Mieter.

mušēṣūtu Erlöserin (?), e. Beiname der Ištar von Arbela.

mušēṣītu nach außen, aufs freie Feld führender Weg (?).

šūṣū verpachtet (Feld *eqlu*).

šūṣūtu Pacht; Pachtgut.

(weṣū, eṣū, meṣū) (א₄צא₆) hinlegen, hinbreiten, ausbreiten. — II₁ hinlegen (auf: *eli*), niederlegen (: Silber, Gold usw., in einem Fundament *ina uššī*); «niederlegen» = zu Boden werfen (Enlil: widerspenstiges Land *māt lāmagēri*, wie einen Rebellen *sarriš*). — II₂ zu Boden werfen (: Kopfbinde *agā*). — *muṣṣū pā* «den Mund ausbreiten» = viel reden, schwatzhaft sein.

aṣītu, pl. ***aṣāti*** Überwurf (e. Gewand).

uṣū, muṣū e. Gewand.

iṣṣū e. Insekt?

eṣēdu *(e)* (א₃צד) zur Ernte *(ana eṣēdi)* bringen, ernten (: Feldfrucht *ebūra*, Getreide *šēa*), abernten (: Feld *eqla*). — *eṣēdu u šūlū* (e. Feld: *eqla*) ernten und (die Ernte) abliefern.

eṣādu, eṣēdu, eldu Ernte.

ēṣidu Erntearbeiter, Schnitter. — *ēṣid pān mē* e. Insekt (der Sippe der Agrioniden?).

aṣudu, pl. *aṣudāti* e. Topf(gericht?), vgl. *ṣudū*.

eṣēlu *(e)* (א₆צל) binden, fesseln; pms. gebunden sein = anhangen, treu sein (Stadt, dem König: *šarra*). — II₁ die Hände *(qātā)* binden, fesseln; pms. («gefesselt» = ?) unbeweglich sein (?, Füße einer Mißgeburt). — II₂ gebunden sein (?).

eṣemtu, eṣentu (א₄צם), pl. *eṣmāti*,

eṣmēte Knochen, Gebein; das Selbst, עֶצֶם (vgl. *labāku*).

eṣemṣēru, eṣenṣēru Rückgrat, Schiffskiel.

(**uṣmu,**) st. c. *uṣum* Knochengerüst, Knochenbau (?), übertr. Stärke (?).

eṣēnu e. Geruch (*erēša*), Duft (*quṭrenna*) oder Hauch (*šāra*) wahrnehmen, riechen. — I$_2$ riechen (: Duft *nipša*). — II$_1$ beriechen, beschnuppern (Maus *šikkū*: Mauerwerk *asurrā*). — III$_1$ (an etwas: acc.) riechen lassen (jd.: acc.). — IV$_1$ wahrgenommen werden (Geruch *erēšu*).

eṣennū Riechfläschchen (?), Ölfläschchen (?, *šiqqu*).

eṣēpu (*e*) (אצף$_5$) verdoppeln (auch mathem.); pms. verdoppelt sein (Wollfäden *šipāti*, beim Spinnen *ina ṭamī*).

eṣpu gedoppelt (*qū* Faden).

(**aṣāpu**) (אצף$_6$) II$_1$ hinzufügen, mehren (: Jahre *šanāti*); Zins (*ṣipta*) zahlen. — *uṣap ureddi* er fügte noch hinzu. — *liṣṣip appūna* noch weiter!, und ferner.

ṣiptu Zuwachs; Zins; Zinsfuß (vgl. *kēnu*). — *ša lā-ṣipti* unverzinslich. — *ṣipat araḫ* Monatszins. *ṣipat šanat* Jahreszins. *ṣipat Šamaš* Zins (nach der Bestimmung im Tempel) des Šamaš.

aṣappu e. Tier der Familie equidae.

aṣupiru, iṣparu Safran.

(**eṣēṣu, ḫeṣēṣu**) (אצץ$_4$?) II$_1$ drängen (?), ausforschen. — II$_2$ ausforschen. — Vgl. *ša'ālu*.

aṣuṣimtu e. Pflanze.

aṣqulālu, iṣqurāru s. *iṣu*.

(**aṣāru, maṣāru**) (אצר$_6$) II$_1$ abtrennen, abschneiden (Schwert *namṣāru*: Hals *kišāda*); abgrenzen (: Gemarkung gegen Gemarkung *ugāra ana ugāri*). — II$_2$ (als) Grenze (*uṣurtu*) gezogen sein, abgegrenzt sein (deutlich *išāriš*); sich abheben (Teile der Leber). — *uṣṣurū ša uznāšu* (Sklave,) dem die Ohren abgeschnitten sind, أَصْلَم.

uṣurtu Abgrenzung, Grenze.

aṣarru, (=?) **maṣarru** e. Teil des Wagens.

maṣru abgeschnitten, zerfetzt (?).

namṣāru, pl. *namṣārūti* Waffe (zum Schneiden), Schwert, Dolch (?, im Gürtel *šibbi*). — *namṣār idē* Handwaffe.

meṣru, st. c. *meṣer* Grenze (eines Landes *māti*); Grenzgebiet, Mark. — *ina eli meṣri* an der Grenze. — *meṣri taḫūmu* Grenzgebiet. — *meṣer māti u nīši māti* das (Grenz-) Gebiet und die Einwohner eines Landes.

eṣēru (אצר$_7$) einritzen, e. Abbild (*ṣalma*) machen, bilden, gestalten. — I$_2$ ds. — II$_1$ einritzen, eine Aufzeichnung (*eṣerta*) einritzen, aufzeichnen (: Sterne auf e. Tafel *kakkabi ina lē'i*), beschreiben (: Gründungszylinder *temenna*); e. Zeichnung (*uṣūrta*) entwerfen, e. Bild, e. Relief (von Ištar-Venus) anfertigen, gestalten (: Sternbilder *meṣrāti*), darstellen; Schicksale (*uṣūrāti*) bestimmen. — *muṣṣir uṣūrāti* Schicksalsbestimmer, e. Beiname von Mārbēti; pl. *muṣṣiru uṣūrāti*, *mūṣir eṣūrāti* e. Beiname der Trias Ea, Šamaš und Marduk. *muṣṣir māti* Bestimmer (sc. der Schicksale) des Landes, e. Beiname Enlil's.

eṣertu, st. c. *eṣrat*, pl. *eṣrāti*, *eṣrēte* Aufzeichnung, Plan (eines Hauses *bēti*, einer Götterkammer *papāḫi*).

(**aṣūrtu, eṣūrtu,**) **uṣūrtu,** st. c. *uṣūrat*, pl. *aṣṣūrāti*, *eṣūrāti*, *uṣūrāti*, st. c. *uṣūrāt*, *uṣrāt* Zeichnung, Bild, Bildwerk, Relief, Darstellung (eines Abbilds, *ṣalmi*, von Šamaš), Plan (eines Bauwerks); *aṣṣūrāti*, *uṣūrāti* Bilderschmuck (eines Tempels *bēti*); — Schicksalsbestimmung (bei der Leberschau); Geschick; Bestimmungen, Erlasse (eines Königs). — *uṣūrat balāṭi*, *adanni* Lebensschicksal. *uṣūrat māti* Landesschicksal. *uṣūrāti* *rabbāti* die großen (allgemeinen?) Geschicke. *uṣūrāt (uṣrāt) kali* die Geschicke des Alls. *uṣūrāt šamē u erṣeti* die Geschicke Himmels und der Erde. — *uṣurti ilāni (rabûti)* die Schicksalsbestimmung der (großen) Götter. *uṣūrāt ilāni kēnāti* die wahrhaftigen göttlichen Schicksalsbestimmungen.

uṣṣuru ziseliert (Oberfläche, *gumūrā*, eines Dolches, *paṭri*, mit Gold *ḫurāṣi*); gemustert (?, Fettschicht, *ḫenṣu*, auf der Nase, *ina appē*, eines Schlangenungeheuers).

(mēṣertu,) pl. *mēṣrāti* Sternbilder(-Aufzeichnungen) (?, מזרות?).

iṣṣūru, pl. *iṣṣūri*, *iṣṣūrāti* Vogel; Gevögel, Geflügel. — *iṣṣūr ašāgi* Dornkönig, Zaunkönig. *iṣṣūr ḫurri* «Höhlenvogel», falco peregrinus (?); *iṣṣūr ḫurri piṣū* e. besonderes Glied dieser Gattung. *iṣṣūr kīsi* Rohrschwalbe (?). *iṣṣūr lemutti* Unglücksvogel. *iṣṣūr mē* Wasservögel (große und kleine *rabū u quttenni*). *iṣṣūr mūši* «Nachtvogel», e. Eulenart (?). *iṣṣūr sameṭi* e. dem *iṣṣūr ašāgi* verwandter Vogel. *iṣṣūr sīsenni* e. Raubvogel. *iṣṣūr rabī* Ente (?). *iṣṣūr šāri* «Windvogel» (?), e. Art Holzgitter zum Abschluß des Frauengemachs *(maštaqi)* (?). *iṣṣūr šadī* «Gebirgsvogel» (vermutlich der Familie der Falconidae angehörig). *iṣṣūri šamē, šamāmi* Vögel des Himmels (vermutlich im Gegensatz zum Wüstenvogel Strauß).

iṣṣūriš wie e. Vogel.

aṣurpinnu e. Art Kohlenbecken.

equ (sum. LW.) Rinne, Wassergraben; Kanal; Gußform (?). — *equ ša ašlaki* Wäschergraben. — *eqi šarri, equ ša šarri* Königsgraben (Eigenname?).

uqu (LW.?) Heer; Volk, Leute.

equ (א₇קא₆?) II₁ widmen, bestimmen (: jd., etw.: acc.; für, als: acc.; um zu: *aššum* mit inf.). — II₂ sich widmen, sich unterordnen (einer Gottheit *ana ili*, ehrfurchtsvoll *palḫiš*, einer Äußerung *ana epēš pī*); auf etw. achten, aufpassen, beten.

eqbu (קבא₄), du. *eqbā* Ferse.

eqqebu, pl. *eqqebi* («auf das Geheiß», *eqqeb*, sc. eines Gottes abzuwendende) Widerwärtigkeit, Greuel; das (religiös) Untersagte, Tabu (?). — *eqqeb* auf Geheiß von (vgl. *qebū*); fern von (jdm., Meineid *amāt tašqerti*); weg von, off (vgl. *laqātu, turru*). — *ana eqqeb* fern von (vgl. *naškunu*).

eqlu (קלא₃), st. c. *eqel*, pl. *eqlāti* Feld (opp. *kerū*); Getreidefeld (opp. *eqel šamaššammi*); Feldertrag, Fechsung; Arbeit auf e. (best.) Feld, Feldarbeit (vgl. *kabātu*); Grundstück, Gelände, Grund und Boden, Erde, Land, Terrain; Bezirk, Ort; Bereich (eines Sternbildes); pl. Grundbesitz (opp. *ešqēte*). — *eqel belti* abgabepflichtiges Feld. — *eqel lā-amāri* «Ort der Unsichtbarkeit», dunkler Ort, dunkler Raum. — *eqel šušūti* Pachtgrund. — *eqel usalli* Weideland. — *eqel eššeni* Ährenfeld, tragendes Feld. — *eqel bētāni* zu einem Palast- oder Tempelkomplex gehöriger Grund und Boden. — *eqel dēmti* e. mit Wachtturm versehenes (?) Feld. — *eqel ḫarabāti, eqlu ša ḫarabāti* Brachfeld (?). — *eqel kerī* Gartenland (?). — *eqel namrāṣi* schwieriges Terrain. — *eqlu ša nadīti, eqel nidūti* unkultiviertes Land. — *eqel ṣumamīti* Wüstenei. — *eqel šamaššammi* Sesamfeld.

eqqellu, st. c. *eqqel* (sum. LW.) Geschrei, Gebrüll (eines Löwen); Wehgeschrei, Klagetöne; von Ereškigal gebraucht als Bezeichnung des Getöses beim Erdbeben.

aqqullu, anqullu, pl. *anqullē* Lärm, Getöse, Gedröhn, Geräusch (des Rohres *qanū*), Getrampel (des Kleinviehs *ṣēni*), Prasseln (des Hagels *abni*), Heulen (des Sturms); pl. Donnerschläge (?), Donner (?).

eqēpu s. *qāpu* (קא₇ף).

uqupi (pl., LW.?) e. Affenart (?).

eqēqu stumm sein (?). — I_2 verstummen (?). — II_1 stumm machen (?).

uqququ stumm (?).

iaquqanu e. Pflanze.

(aqāru) (א4קר) unfruchtbar sein. III_1 unfruchtbar machen.

iqaru unfruchtbar (?).

uqqurtu e. Priesterin.

eqēru *(e)* (א6[.7]קר) kostbar sein, teuer sein (Leben *napištu*, *napšāti*, jdm.: *pān*, mit Neg. wertlos sein, keinen Wert haben), selten sein; sich erhöhen, steigen (Getreidepreis *maḫēru šēi*); pms. als wertvoll zukommen (jdm.: dat., *ana*). — I_2 rar sein (Regen *zunnu*, in e. Lande *ina māti*). — II_2 geschätzt werden (?). — III_1 wertschätzen (wie Gold *kēma ḫurāṣi*), hochschätzen (: Gottheiten; Namen einer Göttin *šumi ištar*); rar machen (: Wasser *mē*, Getränk *maštīta*, für jdn.: *ana pī* + suff.).

aqru, f. *aqartu* wertvoll, kostbar (Schatz *šukuttu*, Schriftstück *ṭuppu*), teuer (Leben *napšāti*); selten (Wild *umām ṣēri*).

aqrūtu Ehrengeschenk.

šūqurū, f. pl. *šūqurāti* wertvoll (Geld *kaspu*, Worte *amāti*), kostbar; f. pl. kostbare Dinge; das Wertvollste (Lippen *šaptān*, für e. (göttlichen) Vezier *sukkallu*).

uqūru Palmenmark.

aqrabu (א4קרב) Skorpion; Scorpius; e. Art Peitsche oder Geißel (?). — *aqrab amēlu* Skorpionmensch.

aqarḫu e. (paarweise gebrauchter, mit Edelsteinen verzierter, goldgefaßter) Schmuckgegenstand.

eru Syn. zu *gašru* stark.

eru e. Kleid.

ertu (רא1), st. c. *erat*, pl. *erāti* Lunge; (männliche oder weibliche) Brust (von Menschen oder Tieren); Bruststück; Brustschmuck (e. Gottheit). — *erti*, *ana erti*, *ina erti* entgegen, gegen. — *erat erṣeti*, *erat kigalli*, *ertu ša mē*, *erat* (?) *apsī* «Brust der Erde bzw. der Grundfläche bzw. der Wasser (-Tiefe)», d. i. Quellort des Grundwassers (?). — *erat zuqāqīpi* α Scorpio.

uru Syn. zu *šamnu*, *ulu* Öl.

arwu, armu (א1רא6) junge Gazelle, e. Beiname von Marduk-Jupiter.

arū (א1רא7) Löwe.

arū, erū (א2רא) schwanger werden, empfangen; pms. schwanger sein.

arītu, erītu, pl. *ariāti*, *eriāti* schwanger (Frau, Ziege, *enzu*, Wolke).

erūtu Schwangerschaft; Laich.

(erū) (א4רא6.7) (nackt sein).

urū Blöße, Scham; vgl. א4א6ר.

eriššu, erīšu nackt, entblößt; der Mittel entblößt, mittellos; vgl. *(w)ašābu*.

erre̊šūtu Verarmung.

mērānu, mērēnu nackt; Nacktheit, Mittellosigkeit; vgl. *nadū*.

mērīšu nackt.

arū, erū (א4רא7), pl. *arāni* Adler; Aquila.

arāniš adlergleich.

arū, erū (א4רא) (sich) entleeren (Körper), caccare. — I_2 sich entleeren (?).

erū (?) (א5רא6?) streichen, aufstreichen (?).

arū (א6רא7) umgeben; schützen, hegen; pms. umgeben sein.

urū Umgebung, Gehege, Pferch, Stall. — *urī sīsī*, *ur bēti ašar sīsī* Pferdestall.

ārittu, ārītu, pl. ***āriāti,*** *ārāti* (zum Schutz) umgebend (?); Schild zur Deckung der Bogenschützen (opp. *qabābu*); Schildträger; (e. Anwesen, Zelt, Haus schützender?) Wassergraben, نُؤْى (?).

tārītu Wärterin.

(erū) II_1 abschneiden (: Zweig *āra*, Pflanzungen *sammi*), fällen (: Baum *iṣa*).

arū Balken.

erū, du. *erā* Abschnitt, Abgeschnittenes, Zweig (der Dattelpalme *gišimmaru*), du. zwei Teile. *erū ḫaṣbi* Blütenrispe. S. u. *šakānu* u. vgl. *āru*.

urrū, ūrū abgeschnitten (Zweig *āru*, [Reis der] Dattelpalme *gišimmaru*), gefällt (Zeder *ašūḫu*); Zweig.

arū (?, sum. LW.) Weg *(alaktu)*, «Gang», Mal (mathem.); Multiplikation.

warū, werū, erū (sum. LW.?) Kupfer; Bronze; e. (best.) Behälter aus Kupfer oder Bronze. — *erū labēru* Grünspan (?).

erū, erettu Mühlstein, Mühle. — *eret suluppi, šēi, šamaššammi* Dattel-, Getreide-, Sesam-Mühle.

*(**urū**,)* pl. *urē*, f. *urītu* (opp. *puḫālu*), pl. *urāti* Hengst.

aribu, eribu (ארב1), pl. *eribū, eribē* e. Heuschreckenart. — *erib tāmti, erib tibūti* Abarten davon.

urbannu, urbānu (ארב1) Schilf; Papyrus (auch als Schreibmaterial, vgl. *šatāru*).

arabū (=?) ***arabanū*** e. Wasservogel (zur Ordnung der Suchvögel gehörig?).

*(**arābu**)* (ארב4) verwüsten, vernichten.

*(**arību**?,)* ***arbu*** verwüstet (Flur *ugāru*). — flüchtig.

arbūtu Verwüstung, Verheerung; vgl. *alāku*.

munnarbu Ausreißer, Flüchtling; vgl. *munnabtu*.

erābu, erēbu *(u)* (ארב5) eingehen, hineingehen, hineinkommen (in, nach, zu: *ana, ana eli*), hereinkommen (nach: *ana qereb*), hineingelangen (Rinder *alpū*, Getreide *šēu*, in die Stadt *ana āli, ana libbi āli*), hereingebracht werden (Wahrzeichen; zu jdm.: *ina pān*), einziehen (abs., Mieter eines Hauses, *bēti*, eines Ladens *bēt-maḫēri*; in: *ana, ina*; in das Hochzeitsgemach *ina bēt-erši*), eindringen (in e. Stadt *ana libbi āli*, in e. Kanalabfluß *in mūṣī-mē*), eintreten (abs., Kälte *kuṣṣu*; Planet, in den Bereich, *eqel*, eines Sternbildes; bei jdm.: *ana eli, ana maḫar, ana pān, itti*), einrücken (abs.; in: *qereb*), in e. Land einrücken, ziehen (gegen: *ṣēr*), betreten (: Stadt *āla*), landen (Schiff *eleppu*, in: *ana*); «eingehen» = kommen, anfangen (Tag, Monat, Jahr *ūmu, arḫu, šattu*, opp. *ētetuqu*); untergehen, غرب (Gestirn, opp. *aṣū*); in e. Mietsverhältnis eintreten (abs.; opp. *aṣū*). — I2 einziehen (in: *ana*; Fülle *nuḫšu*, Trübsal *dūlu*, bei jdm.: *ana libbi* + suff.), eintreten (in: *ana, ina libbi*; Planet, in den Bereich [von Mond oder eines Sternbildes]: *ana, ina libbi*; bei jdm.: *ana pān, ina pān*), eindringen (in: *ana, ina*; Dämon, in die Riegel *mēdēlū*), besteigen (?,: Wagen *atarta*); untergehen (Sonne). — I3 eintreten; eingeschoben werden (gramm. t. t.). — II1 hineinführen; pms. hineingeführt werden (zu jdm.: *ana eli, itti*). — III1 Zugang *(nērēba)* gewähren, hereinbringen (: Schriftstück *le'a*), hereinlassen, hineinbringen, hineinführen, bringen (nach: *ina, qereb*), einrücken lassen, Eintritt gewähren (jdm.: acc., in: *ana, ina*), hereinführen, vorführen (jd.: acc., jdm.: *ana maḫar*); (sc. *ana ṣibitti*) «einführen», ins Gefängnis werfen. — III2 hineingeführt werden, hereingeführt werden, eintreffen (in: *ina*, bei jdm.: *pān*). — *ina lib ēkalli ērab ūṣa* er geht im Palast ein und aus; vgl. *šepru šūrubu amāti ana* jdm. Nachricht bringen. — *erēbu ana belti* abgabepflichtig werden. — *erēbu ana ebūri* ertragsfähig werden (Feld *eqlu*). — *erēbu idā* zur Seite treten. — *erēbu ina* (oder *ana*) *libbi adī* sich (eidlich) verpflichten, den Beamteneid leisten. — *erēbu ina tāḫāzi* in die Schlacht ziehen. — *ēterubu ina ardūti ša šarri, ana urrud šarri* in den Staatsdienst treten. — *erēbu ana bēti* in (den Bereich von) e. (fremden) Hausgrundstück hineinbauen. — *erēbu, ēterubu ana bēt* . . . Frau oder Nebenfrau werden von . . . *erēbu ana bēt muti* sich verheiraten. *erēbu ana bēti šānī* sich anderwärts verheiraten. *ēterubu ana bēti šānī* sich e. andern Mann hingeben (Ehefrau). *šūrubu ana bēt* . . .

zur Frau oder Nebenfrau nehmen. — *erēbu ana bēt Šamaš* den Šamaštempel betreten (zur Entlastung [von Ansprüchen] *ana tazkīti*, zur Berichterstattung, *epēšu ṭēma*). — *erēbu ana mārūti* in die Kindschaft, als Adoptivkind eintreten (bei jdm.: *ana bēt* + suff.). — *šūrubu ana ṣibīti* in Gewahrsam bringen, ins Gefängnis werfen. — *ēterubu ina šupāla* . . . unterwürfig bei (jdm.) eintreten. — *erēbu ana šarri* bei dem (Gericht des) König(s behufs e. Rechtsentscheidung) eintreten.

erēbu, erbu, urbu (?), st. c. *ereb*, pl. *erbi* Einzug (einer Gottheit, opp. *aṣū*); Antritt (einer Reise *gerri*); das Zurückstehen des Mauerwerks (opp. *aṣū*; vgl. *ubānu*); Einkommen, Eingebrachtes, Ertrag (an Getreide *šēi*); Abgabe. — *erbi u qīšāti* Abgaben und Geschenke, pflichtmäßige und freiwillige Gaben. — *erbu ša bābi* Torsteuer. — *ereb šamši, erbi šamši* Sonnenuntergang, Westen (opp. *ṣīt šamši, mūṣī šamši*).

ēribu, f. *ēribtu* eingehend, betretend, kommend (Monat *arḫu*, Jahr *šattu*). — *ērib bēti* e. (niedrige?) Priesterklasse (Laienpriester).

nērēbu, nērbu, du. *nērbā*, pl. *nērbēte* Einzug (einer Gottheit); Zugang (zu e. Nest *qenni*, zur Unterwelt *erṣeti*); Eingang (einer Stadt), Portal (eines Tempels); Eingangssteuer; Engpaß, Schlucht. — *nērēb ilāni* «Götterportal», (etymologisierender) Beiname von Babylon.

nurubu Eintreten, Eingang. — *nurub ūmi* Tagesanbruch.

šūrubtu, st. c. *šūrubat* Einbringen (der Ernte *ebūri*, von Datteln *suluppi*, Getreide *šēi*, Sesam *šamaššammi*), Ertrag (des Feldes *ṣēri*), Einholen (eines Orakels *peresti*), Einkünfte (eines Tempels *ēkurri*).

tērubtu Eingang, entrance hall (?, eines Gebäudes *bēti*); Landung, vgl. *alāku*.

āribu, ēribu (ערב$_5$) Rabe; Corvus.

urbatu Schilf.

urbatu e. Art Doppelziegel.

arba'u, erbi s. רבע$_4$.

urubātu Syn. zu *bikītu* Weinen.

urballu, urbālu e. Rabenart.

urbaltu e. Pflanze.

argugu (sum. LW.) e. landwirtschaftliches (?) Gerät.

ergilu (sum. LW.) e. Heuschreckenart.

urigallu (sum. LW.) Bügelschaft; Standarte; Reichsstandarte; deren Inhaber und Beschützer, e. geistlicher Würdenträger. — Rohrhaus.

urigallūtu Amt des *urigallu*.

urgulu (sum. LW.) Leo.

argamannu, argamānu (LW.) (roter oder gelber) Purpur.

argānu, argannu s. *arāqu* ירק$_{6.7}$.

ergisu (sum. LW.) e. Heuschreckenart.

warādu, arādu (i) (ירד$_6$) herabgehen, herabkommen, hinabsteigen (opp. *elū*; zu, nach, in: *ana*; aus, von *eštu*), niederfahren (Wetterstrahl *Rammān*), stromabwärts fahren (Schiff *eleppu*); «abtreten», sich auflösen (Wachmannschaften *maṣṣārāti*), dienen (jd.: acc.); pms. hinuntergegangen sein, sich unten befinden (?, im Garten *kerā*). — I$_2$ hinabziehen. — I$_3$ (wiederholt) herabsteigen (opp. *elū*), stromabwärts fahren. — II$_1$ dienen (jd.: acc.). — II$_2$ hinabgebracht werden. — III$_1$ herabbringen, herabholen (aus dem Gebirg *eštu qereb šadī*); hinabbringen (Ištar: Strafgericht *dēna*, auf e. Land *ana māti*). — III$_2$ hinabsteigen lassen (ins Gefängnis *ana bēt mēseri*); sich (?) (krankhaft) senken (Iris *ṣalam ēnē*). — *arādu ana eleppi* den Schiffraum betreten, e. Schiff besteigen. — *arādu ana eqli* aufs Feld gehen. *arādu ana kakki* einen Waffengang machen, zum Kampf ziehen (Stadtgemeinde *ālu*). *šūrudu ana eqli* aufs Feld bringen. — *arādu ana erṣeti* an Land gehen; zur

Unterwelt niederfahren (opp. *ēlelū ana šamē*); *arād erkalla* Fahrt zur Unterwelt (opp. *elū šamā*).

(warīdu,) wardu, ardu, urdu, st. c. *arad*, pl. *wardūti; ardū, ardi, ardē*, f. *warittu; ardatu*, pl. *warīdāti* unterer, niedrig; Knecht, Sklave (cpl. *amtu*); Diener (einer Gottheit), Beiname des Priesters und des Büßers; f. *warittu* Unter- (in *Subartu-warittu* Unter-Subartu); *ardatu* Mädchen (corr. *eṭlu*; das nicht verlobt oder verheiratet ist, opp. *kallātu*); pl. Niedriges, niedrig (vgl. *ēlū*). — *arad amēli* Patriziersklave. — *arad ēkalli* Hofsklave; e. Beruf (Baumeister?). — *arad bēti* im Haus geborener Sklave. — *arad kētti* e. treuer Diener. — *arad muškēni* Proletariersklave.

wardūtu, ardūtu, urdūtu Sklavenschaft, Hörigkeit, Dienstverhältnis, Dienstbarkeit.

urdatu Dienst (?).

ardēnu (?) Dienerschaft (?), in *ardēn u kināti* Dienerschaft und Gesinde.

aradu Syn. zu *zikaru* männlich.

(wurdēnu,) murdēnu, murdennu, amurdēnu, amurdennu (אדר6) (LW.?) Rose (?).

ardadu s. *radādu*.

urudū (sum. LW.) Bronze.

uridimmu (sum. LW.) Wolf; Lupus; e. Nachbildung davon (aus Zedernholz, *erēnu*, zu kultischen Zwecken).

arzallu (LW.?) e. (beim Kult verwandtes Nadel[?]-) Holz; e. (Medizinal-) Pflanze (Weißdorn?); e. Steinart.

urzinnu e. Pflanze.

arḫu, erḫu (ארח1) Wildstier; Rind; Taurus (?).

(warāḫu,) arāḫu *(e)* (ארח1.6) e. Wegstrecke rasch zurücklegen (?), sich rasch bewegen (Vipper *šeppu*); ereilen (?), vernichten (Gottheit: Missetäter). — II1 beschleunigen; + *ma* und folg. impf. etwas eilends tun.

warḫu, arḫu, urḫu, uruḫḫu, st. c. *araḫ, uruḫ*, pl. *arḫi, arḫāni, arḫāti, urḫēte* Wegstrecke, Weg, Bahn (einer Mondfinsternis); Mondbahn, Monat; Mond; (= *ūm arḫi*) Neumondstag, Monatsanfang, Monatserster. — *arḫu-šū, arḫussu* in diesem Monat, im selben Monat. — *ša eštu araḫsamni ūm 1. adi ūm 30. ša arḫi 1* vom 1. bis 30. Marchesvan, d. i. 1 Monat lang. — *rabbi urḫi* der vierte Monat. — *ša arḫi* monatlich. — *ana 3 arḫi* in drei Monaten, mit Neg.: nicht vor 3 Monaten. — *ina arḫi* in einem Monat = nach Verlauf eines Monats; in jedem Monat, monatlich. *ina libbi arḫi annī* innerhalb dieses Monats. — *araḫ Ea* e. Beiname des Ijar. — *araḫ ūmāti* ein (voller) Monat, ירח ימים, شهر زمان. *araḫ 25 ūmāti* Mondlauf von 25 Tagen, e. verkürzter Monat (?). — *araḫ nanmurti kakkab qašti* e. Beiname des Ab. — *araḫ Ani u Enlil* e. Beiname des Nisan. — *araḫ arad Gibel* e. Beiname des Ab. — *araḫ Aššur* e. Beiname des Elul und des Veadar. — *araḫ Ištar* e. Beiname des Elul. — *arḫu atar ša adari* Veadar. — *araḫ zīzi* «Emmermonat» (?). — *araḫ Marduk* e. Beiname des Marchesvan. — *urḫi šumruṣi uruḫ narkabti* Schmerzensweg, Pfad des Totenwagens (auf der Fahrt des Tamūz in die Unterwelt). — *araḫ Ninurti* e. Beiname des Tamuz. — *araḫ Ningišzida* e. Beiname des Ab. — *araḫ Nergal* e. Beiname des Kislev. — *araḫ Sīn* e. Beiname des Sivan. — *araḫ Sibittišunu* e. Beiname des Adar. — *araḫ Papsukkal* e. Beiname des Tebet. — *araḫ ṣēḫāti* Wonnemonat. — *araḫ Rammān* e. Beiname des Sebat. — *araḫ šandūti* Monat der Abrechnung (?). — *araḫ Šamaš* e. Beiname des Tisri. — *ṣabātu arḫa (urḫa)* e. Weg einschlagen. — *araḫ lā tāri* Weg ohne Rückkehr.

arḫītu Monatsrate (?).

arḫimānū (?), ***arḫišam, arḫātān, arḫāta*** monatlich.

erḫu schnell, flink (*gamarru* Truppe).

arḫiš, erḫāniš, urruḫiš schnell, schleunig, eilends. — *kīma arḫiš* so schnell wie möglich.

tārāḫu, tāraḫḫu Strecke, Raum (? e. Tempels).

araḫšamma der 10. Monat, Marchesvan.

arāḫu, marāḫu *(u)* (ארח 6?) verzehren, verschlingen (?). — I2 aufzehren, aufbrauchen (?: Getreide *šēa*). — II1 aufzehren, vernichten (?: Land *māta*). — IV1 aufgebraucht werden (?: Getreide *šēu*).

arḫānū vernichtet (? Dattelpalme *gišimmaru*).

arḫu, pl. *arḫiātu, arḫātu* Halbziegel.

araḫḫu, arḫu (sum. LW.) Speicher.

erḫu, st. c. *ereḫ* Frechheit (des Mundes *pī*).

mēreḫtu, pl. *mēreḫēti* Frechheit, Dreistigkeit.

uruḫḫu Haupthaar.

jarḫu Teich, Zisterne (?).

jāraḫḫu, ajarāḫu, jārāḫu, jārūḫu (westsem. LW.?) Getreideportion. — e. Edelstein (von roter Farbe).

urṭu e. Spezereipflanze.

arṭabi (pers. LW.) ἀρτάβη.

arāku *(e)* (ארך 1) lang werden (corr. *rapāšu*; Lebenszeit *ūmi*), vorrücken (Jahr *šattu*), überflügeln, sich überleben (über *eli*); pms. lang sein (Balken *gušūru*, Horn, *qarnu*, vom Mond, Lebenszeit *ūmi*, Regierungszeit *palū*), hoch sein (Ähre *šubultu*), länglich, oval sein (Auge *ēnu*). — I2 lang werden, länger werden, sich hinziehen (Krankheit *silītu*), vorrücken (Jahr *šattu*). — II1 lang machen, verlängern (: Tag *ūma*, Nacht *mūša*; Venus: Aufenthalt *manzaza*), lang dauern lassen (: Leben *balāṭa*, *ūmū*, Regierung *ḫaṭṭa*); in die Länge ziehen (: Urteil *ṭuppa*); hinzuverdienen (opp. *kurrū*). — III1 lang sein lassen, verlängern (: Leben *ūmī*). — *erek kīma šamē* er ist himmelhoch. — *erek ūmu ana mēnātišu* die (Monats-) Zeit ist lang (genug) für ihre (Tage-) Summe (seine Dauer) (= *mēnāt arḫi ūmu 30. ušallam*; vgl. *šalāmu*). — *urruka balāṭa* e. langes Leben haben. *urruka palā* e. lange Regierungszeit haben. — *murrik ūmū, mušāriku ūm balāṭi, mušārik palī* der die Lebens- bzw. Regierungszeit lang dauern läßt, Beinamen von Nabū.

arāku Länge (mathem., corr. *mūlū*, *rupšu*; eines Götterschiffes *maturri*, des Lebens *balāṭi*), Höhe (eines Throns *kussī*). — *arāku ūmi* langes Leben.

arīku, arku, pl. *arkūti*, f. *ariktu*, pl. *arkāti* lang (corr. *rapšu*; Tuch *ṣubātu*, Bogen *pappānu*, Schiff *eleppu*, opp. *sēqtu*, Leben *ūmi*, *napšāti*), groß, tall (opp. *kurū*, corr. *rapšu*); tauglich, oval (Kochtopf *ṭiqāru*). — *šēpšu arik* e. best. Vogel.

arrāku lang (opp. *kurū*).

urrīku Länge, in *urrīku balāṭi* Länge des Lebens.

urukmānu, urukmannu Längsseite, Rand (?, eines Schildes *arītu*).

mūrāku Länge (mathem., corr. *rupšu*).

erkū Seil, Tau.

warku, arku (ארך 6), f. *warkatu*, *arkatu*, du. (?) *arkatā* hinterer, rückwärtiger, zurückliegend (Hausgrundstück *bētu*); späterer; f. Rückseite (eines Hausgrundstückes *bēti*; vgl. *amāru*); Hintergrund; Dahintersteckendes, (zugrunde liegender) Sachverhalt (vgl. *parāsu*); Nachlaß, Hinterlassenschaft (von Vermögen *būšē*); Hinterbacke (mit Hüfte), Keule. — *arkat eleppi* Heck.

warka, arka hinter, zurück (vgl. *amāru*); später, hernach; nachdem.

arki nach, hinter, zurück, hinter ... her (vgl. *elū*, *alāku*, *ba'u*, *nazāzu*, *ridū*, *rakāsu*, *tāru*); östlich (am Himmel); nach dem Tode, بَعْد; gemäß, secundum. — *arki šuati* danach. — *arkišu* «ff.», اخره (الى). — *arki aḫameš* hintereinander, nacheinander. — *arki ša* nachdem. — *arki ṭuppi annī umu 4* 4 Tage nach diesem Brief. — *arki ṣimdāti* nach den Satzungen, satzungsgemäß. — *ana arki* hinter (vgl. *edēlu*, *alāku*, *tāru*). *ina arki* hinter.

arkiš zurück; vgl. *tāru*.

warkiu, arkiu, warkū, arkū, urkiu, urkū, (markū,) du. (?) *urkā*, pl. *arkiūti*, *warkūti*, *urkiūti*, f. *arkītu*, *markītu*, pl. *warkiāti*, *arkiāti*, *arkāti*, *urkāti*, *arkēte* rückwärtiger (cfr. *alāku*), späterer, künftig, zukünftig (opp. *maḫriu*, *pāniu*; schriftliche Urkunde, Brief *ṭuppu*, Fürst *rubū*), weiterer, neuer *(eššu)*; zweiter (bei Aufzählung gleichnamiger Herrscher, Beamter, Monate; Ehefrau *aššatu*); aus zweiter Ehe (Kind *māru*, opp. *maḫrū*), jünger (Generation *qennu*, *nīši*); Kaufgarant, Bürge (?); du. Rücken (opp. *pūtu*); m. pl. Nachkommen (opp. *pānūti*); Zukünftiges (opp. *pāniūti*); f. zweite Frau (opp. *maḫrītu*); Hintertür (?); pl. Zukunft (opp. *maḫrāti*), Nachlaß (von Vermögen *būšē*); *urkāti* ♉ Herculis. — *ana arkāti* nach hinten zu, nach rückwärts. — *ana arkiāt ūmi*, *ana arkāt ūmi*, *ana arkēt ūmi*, *ina arkāti ūmi* in Zukunft (vgl. *ūmu* אם6א7). — *ina arkētija* in meiner Gefolgschaft.

arkānu nachher, sodann. — *arkān-ūm*, *arkān-umma* als nachher, wenn nachher, nachdem. — *ina arkāniš* nachher. — *ina arkāniš ūmi* in Zukunft.

erku Rückseite (eines Gebäudes *eqli*, opp. *qaqqadu*).

urku (?), st. c. *uruk* Zukunft (?), in *an-uruk*, *an-urik*, *annurik*, *annuri* («für die künftige Zeit, da»? =) wann (in der Zukunft) wenn (in der Zukunft).

urkiš später, in Zukunft. — *ana urkiš ana matēma*, *ina urkišši ina matēma* (für) immer und ewig, immerdar.

arkabennu (LW.?) («unfertige» =?) Scheintür (?).

erkallu (sum. LW.) Unterwelt.

urukmānu e. Teil des Schildes.

urkarēnu (LW.?) Buchsbaum (?).

arallū, arālū (sum. LW.) Unterwelt.

eralu (LW.) e. Holzart.

erullu e. Vogel.

urūlāti, urullāti (pl.) (ארל5) Vorhaut.

urullu e. Rohrart.

arulaḫḫu (?, LW.?) e. Hausgerät (?, aus Eisen).

arāmu, erēmu *(e)* (ארם4?) überziehen (: Pauke *lilīsa*), bedecken; pms. überzogen sein, bedeckt sein (Gesicht, *pānu*, einer Neugeburt, mit Kindstalg: *ḫemṣa*; Horn, *qarnu*, vom Mond; Mond bei der Verfinsterung, opp. *zāku*).

(arēmu,) armu mit einer Tonhülle überzogen (Tontafel *ṭuppu*).

erēmu, ermu, f. *erēmtu*, pl. *erēmāti*, *ēremmāti* msc. Geschwür (auf der Brust od. im Gesicht); Hülle, «case» (einer Tontafel *ša ṭuppi*); e. Bez. der Türe; f. sgl. Überzug (eines Sessels, *kussī*, aus Tuch); sgl. und pl. Halsband, Halskette (aus Edelsteinen). — *ermi Anim* Himmelsdach.

arammu Damm; (Bohlen-)Bahn (für e. Belagerungsmaschine *šupī*); Landungssteg. — *aram zīnāti* Schutzdamm (? zum Schutze e. Gartens *kerū* gegen e. Fluß).

nāramu e. Kleidungsstück.

armu s. **arwu** א6רא1.

aramu e. Beamter.

erimu e. Pflanze, Syn. zu *ellibu*.

urumu Platane (?).

urumu Syn. zu *qarābu*.

armē e. Pflanze.

armaḫu Verhau, Verschanzung.

urmaḫḫu (sum. LW.) Löwe, Löwenkoloß.

armanu, armannu, armānū s. רמן.

armarū s. *asmarū*.

arnu s. *annu* (אנן).

arānu, arannu, erennu Kasten, Lade (rituell gebraucht), (Löwen-)Käfig, (Stein-)Sarg.

erēnu, erennu (sum. LW.) Zeder, Zedernstab.

urnu e. Eidechsenart d. Familie Varanidae («Warner»).

urnū e. Pflanze (Minze?).

urānu e. Pflanze (Asphodelos?).

urinu Stab, Zepter (?).

arantu, arandu s. *rannu*.

ernettu, ernētu s. רנן.

urnatu Stärke, Macht o. ä.

arnabani e. Weinsorte.

urnakku e. Bau. Steht neben *bētu* u. *seqquratu*.

ernanu e. Droge.

urnēqu (ארנק5) Kranich (?).

urnuqqu e. Pflanze.

urāsu, urāšu (?), pl. *urāsāni* e. (höherer?) städtischer Beamter.

urāsūtu Amt des *urāsu*.

ursiggu, amursiggu (sum. LW.) Kämmerling (?); — e. Vogel.

arsānu, ḫarsānu (?) (sum. LW.) Gerstengrütze.

(wursānu,) ursānu, amursānu, uršānu, amuršānu (LW.?) Wildtaube (?).

arsuppu e. Getreideart; — e. Baum (?). — e. Robbenart.

urusaptu e. Pflanze.

arāpu, erēpu *(u)* (ארף4) finster werden, sich verdunkeln (Tageslicht *ūmu*); pms. dunkel, wolkig sein. — I2 sich verfinstern, sich verdunkeln (Mond, Antlitz *pānu*).

(erēpu,) erpu dunkel, wolkig (Wetter *ūmu*).

erpū, f. *erpītu* wolkig; f. Wolke.

urpu Gewölk.

urpītu Gewölk, pl., auch als sgl. gebr. *urpāti* Wolke.

urpāniš wolkengleich.

aruppu (ארף4) Mähne, in *arup sīsī* Pferdemähne.

erṣetu (ארץ1), pl. *erṣēte, ereṣēte* (?) Erde (opp. *šamū*) bewohnte Erde, Land, Gebiet; (Fest-)Land (vgl. *(w)arādu*); Flachland (opp. *ḫuršāni*); Unterwelt. — *erṣeti tānēḫi* Land des Seufzens, *erṣetu katemtu* verborgenes Land, *erṣet lā tāri* Land ohne Rückkehr, Bezeichnungen der Unterwelt.

urṣu (Gewürz-)Mörser; — e. (stachliges?) Kraut.

urṣitu e. Pflanze.

urīṣu Lamm; Zicklein.

nārūqu, nāruqqu (ארק4?) Wasserbeutel (?).

arāqu, erēqu *(e)* (ארק6.7) gelblich werden, blaß werden, erbleichen (Antlitz *pānu*); pms. gelblich sein (gefällte Tamariske, *bīnu*); blaß sein. — I3 erblassen (Antlitz *pānu*). — III1 grünen lassen.

arqu, erqu, urqu, st. c. *aruq*, f. *aruqtu*, pl. *arqāti* gelb (Dattel *suluppu*, Hund *kalbu*, Ziege *enzu*, Vieh *būlu*; Jupiter, vgl. *kakkabu*), grün (Holz *iṣu*); Grünzeug, Gemüse. *amēl urqi* Gemüsehändler, Gärtner. — *aruq ēni* «das Blasse des Auges» = die weiße Augenhaut (opp. *ṣalam ēni*).

urqētu (urspr. pl.?) Grünes, Kraut.

urrēqu e. (gelber?) Stein.

jarqānu, (=?) ***argānu, argannu*** e. Spezereipflanze.

(awurriqānu,) amurriqānu Gelbsucht.

tērqu Geschwür (?).

tēreqtu e. grüner Stoff.

ereqqu Karren, Lastwagen; Ursa major.

arāru *(u, a)* (ארר1) binden, einen Lockvogel (ארא) anbinden (?); mit e. Bannfluch *(arrata, erreta)* belegen, bannen. — I2 bannen. — *arāru arrata* die (abschließende) Fluchformel (auf einer Urkunde) anbringen; vgl. *kanāku*.

arīru, arru Flucher, Banner.

arru Vogelfänger. — Graben, Kanal.

erru, pl. *erri* (?) Schlinge; Darmschlinge, Darm; pl. Gedärm (auch als Opferteil). — *erru kabru* Dickdarm. *erru qatnu* Dünndarm. *erri saḫērūti* Gedärm (vgl. *saḫāru*).

arratu, arettu, erratu, erretu, st. c. *arrat*, *erret*, pl. *arrāti, errēte* Band; Bannfluch; Fluchformel. — *arrat lemutti* «schlimmer Bann» e. (best.) Art Beschwörungstext. — *arrat ilāni* «Götterfluch» (Schimpfwort). – *erret nāri* Stauwerk. *erret šaḫī* Schweinekofen.

arūru Teil e. Kanals.

arūrūtu (urspr. pl.?) Bannfluch (?).

erēru (ארר$_3$) *(u)* brennen, verbrennen (intr.); verdorren (Getreide *šēu*, Land *mātu*). — II$_1$ verbrennen (trs.).

erru dürr; vgl. *iṣu*.

arratu, erretu Verdorrung (eines Feldes *eqli*); Austrocknung (?, eines Kanals *nāri*).

āreru brennend, lohend (Feuersbrunst *meqet išāti*).

arurtu Dürre (des Landes *māti*), Hungersnot.

jarru (ägypt. [?] — wests. LW.?) Strom, Flut; vgl. רא$_1$א$_6$.

erru Mohn.

urru, urriš s. רא$_6$א$_1$.

ararū e. Pflanze (Opopanax, Mohn?).

ararianu Esparsette.

errū Syn. zu *marru*.

jarūru, (dazu) pl. *jarūrāti* (sum. LW.) Schrei, Aufschrei (?).

ararru (sum. LW.) Handmühlenarbeiter.

erēšu *(e)* (ארש$_1$) e. Wunsch *(erešta)* hegen, wünschen, wollen, d. Gegenstand einer Bitte *(mērēšta)* begehren, verlangen, fordern, begehren, bitten, erbitten (etwas: acc., für jd. *ana*; von: dat. des pron. suff.), Verlangen tragen (zu . . .: *ana* mit inf.); pms. haben wollen, den Wunsch haben nach (Heilung: *bulluṭa*). — I$_2$ e. Bitte *(mērēšta)* haben, (sich). erbitten (etwas: acc.; von: dat., *ana, eštu maḫar*, bei: *ašar*). — I$_3$ wiederholt fordern. — *erēšu dabdā* Steuer erheben. — *erēšu ana erēšti, mērēšti* zur Benutzung, zum Gebrauch verlangen.

erēšu Begehren, Verlangen, Bestellung, vgl. *patāru*; Erbitten, vgl. *lā*.

ereštu Wunsch, Verlangen; — Verlobung, Verlöbnis (durch Übergabe der Mitgift *šereqtu, terḫātu*).

ērišu Verlobter, Bräutigam.

urāšu, uršu Wunsch. — *kīma urāši* nach Wunsch.

mērēšu (Gegenstand einer) Forderung, in *mērēš mānāḫi* Forderung für Müheleistungen. *mērēš kabitti* Eingebung des Herzens.

mērēštu, mērēltu, pl. *mērēšēte* (Gegenstand einer) Bitte, Wunsch.

erēšu *(e)* (ארש$_3$) durch Bestellung *(erēšu)* ertragreich machen, beackern, bewirtschaften (: Feld *eqla*), anbauen, säen (: Getreide *šeʼa*). — I$_2$ bewirtschaften, säen. — I$_3$ (regelmäßig) bewirtschaften (: Feld). – I$_4$ beackern, bewirtschaften (: Feld). — II$_1$ e. Bodenbestellung *(mērēšta)* vornehmen, anpflanzen. — III$_1$ pms. bebaut sein (mit: *ina*). — IV$_1$ gegossen werden.

erēšu Bodenbestellung, Zeit der Bestellung.

(erēšu,) eršu, aršu bewirtschaftet (Feld *eqlu*).

erēštu Bestellung (eines Feldes *eqli*), Feldbestellung (corr. *šukunnē*); Benützung, Gebrauch.

ērešu (?) Bewirtschafter (?).

errēšu Bewirtschafter, Pflanzer, Ackerbauer, Bauer (ansässiger, *āšib āli*, ausländischer *qattenu*, konditionierter *amēlu ša ṭēmi*); Feldpächter.

errēšūtu, ārēšūtu, errēšītu (ackermäßige) Bewirtschaftung; Feldpacht (vgl. *kanīku*); Amt des *errēšu*.

mērēšu, mērēštu Bodenbestellung, Anpflanzung (von N. N.; von Getreide *šēi*; in e. Stadt *āli*, e. Kloster *gagī*); Ackerland, Kultur; (Bestellzeit, spez.) Bestelljahr (opp. *karabḫu*); — Benützung, Gebrauch.

mušērišu Aufseher über Pflanzungen (?).

nēršūtu Beackerung, Bewirtschaftung (eines Feldes *eqli*).

eršu (ארש4), st. c. *ereš* (LW.?) Bettlade (von Holz, vergoldet), Bett, Ruhelager, فراش. — *ereš majālti* Ehebett (?).

marašu, maršu Bett.

arāšu darüberziehen (Kleid). II1 dass.

arištu Obergewand.

urāšu Obergewand.

erēšu Syn. zu *alāku* gehen.

erēšu *(e)* e. Geruch ausströmen, riechen (intr.), duften (Zeder *leāru*), entgegenduften (Wald *ajaru*, jdm.: dat.); e. Geruch *(erēša)* empfinden, riechen (trs.).

erēšu Geruch. — *erēšu ṭābu*, *erēš ṭābi* Duft.

irāšu, irēšu, erēšu Harz.

(erēšu) II1 verunreinigen (?), trüben (?) (opp. *ubbubu*).

(arīšu, aršu,) pl. *aršūti*, f. *arīštu*, pl. *aršāti* unrein (opp. *ebbu*).

ereštu Unreinigkeit, Flecken (?, auf einer (Öl-)Schicht *ummāti*).

urrušu, f. *urruštu* (?) getrübt, trüb (Glanz *šerṣu*); schmutzig.

arūšu e. Pflanze (Wickenart).

erištu, iarištu e. Pflanze.

eršu, pl. *eršūti* weise (König; Marduk, Ea, Mama).

eriššu, erīšu s. א6.7ךא4.

eriššānu e. Pflanze.

uršu innen (opp. *kēdu*); Inneres, Innenraum (vgl. *bētu*); Füllsel (?, eines Bettes *eršu* = Bettzeug?). — *ina urši* im Inneren, innerhalb.

urāšu (?) s. *urāsu*.

urāšu Syn. zu *bētu* Haus.

uršū e. Pflanze.

uršānu, f. *(uršāntu,)* st. c. *uršānat* (sum. LW.?) heldenhaft (?), Held (?). — *uršān kāla ilāni* e. Beiname von Rammān. *uršānat ili* e. Beiname von Ištar. — Vgl. *ursānu*.

uršaššu heldenhaft (?).

ārtu s. ךא7א1.

ūrtu s. ךא1א6.

arattū (sum. LW.) Thron.

ārittu, ārītu s. א7ךא6.

erettu s. *ertu*.

jaruttu e. Gewürz (?).

artitu e. Pflanze.

aruthu e. Gerät (v. Eisen *parzilli*).

išātu (אש1) Feuer, Brand, Glut; feuerrote Lichterscheinung (am Himmel *ina libbi šamē*); Fieber. — *ša išāti* Kohlenbecken (aus Bronze *siparri*, Silber *ṣarpi*). — *išāti eṭitti* bzw. *urbati* bzw. *ša api* mit Dorngestrüpp bzw. (dem Holz der) Euphratpappel bzw. Schilf unterhaltenes Feuer.

ašū drücken, pressen, caccare.

ašū e. Krankheit.

ašātu Bedrückung (?).

māšātu Bedrückung (?).

išū (אשא7) vorhanden sein, sein; haben. — *ula īšu* es gibt nicht. *ul īšu, ulīšu* ich habe nicht; *memma ulīšu* ich habe gar nicht mehr. — *mēnam elija tīšu* was hast du von mir zu beanspruchen?, was willst du von mir?; *ša nība lā išū* zahllos, unzählig. *mamman (mamman memma, memma māman) eli . . . ul īšu* niemand hat (irgendwelchen) Anspruch auf . . . — *ṣibūt īšu* (ich habe den Wunsch =) bitte, . . .

ešū (אשא7) verwirren, verstören, unsicher machen (Šamaš: jds. Weg *urḫa*); pms. verwirrt sein. — IV1 verwirrt werden, verstört werden.

tēšū Verwirrung.

(ešû,) f. ***ešûtu, ešîtu,*** *ešittu*, pl. *ešâti* verworren (Pfad *alkatu*); f. Verwirrung, Wirrnis.

ešû kreuz und quer gelegt, in *qû ešû* kreuz und quer gelegte Schnur.

jâši, jâšu, jâšinu s. *anâku*.

ašû Syn. zu *bûlum*.

ašâti s. *asâti*.

ešû, ušû (LW.?) Dolerit; Ahorn.

eššû Syn. zu *eremtu, daltu*.

ešêbu (אשב4) sprießen (Same *zêru*). — II1 grünen, blühen.

ešbu Flachs (?).

wašâbu, ašâbu *(i)* (אשב6) Wohnung *(ašâba)* nehmen, wohnen, sich niederlassen (opp. *tebû;* in: *ina, ana, qereb*; bei: *maḫar, itti*); wohnen bleiben (in e. Wohnung *ina šubti*), bleiben, verweilen (in: *ina*); sich setzen (auf: *êli, ina, ṣêr*); in sitzender Haltung ausgeführt werden (Statue *ṣalmu*); beisitzen; assistieren (bei der Abfassung einer Urkunde *ina ṭuppi*); pms. Wohnsitz, Wohnung *(šubta)* haben, wohnen (in: *ina, ana*; bei: *itti*; unter [among]: *ina libbi*); bleiben (in: *ina*); sich befinden, sich aufhalten (bei: *maḫar*), (zum Aufenthalt) sein; sitzen (im Schoß *ina burkê*); (in Garnison) liegen (Truppen *ummânâti*). — *ašâbu* bzw. *ašib* + *-ma* bzw. + *û* mit folgd. verb. fin. bzw. pms. fortwährend tun. — I2 sich setzen, sich niederlassen (an e. Platz *ana ušbi*), dasitzen, sich aufhalten. — I3 (ständig) wohnen. — II1 setzen (?). — III1 einen Wohnsitz *(šubta)* beziehen lassen (in: *ina libbi, qereb*), Posto fassen lassen; ansiedeln, (wieder) besiedeln (: Öde *nidûta*). — III2 wohnen lassen. — *ašâbu šubta nêḫta* sich im Friedenszustand befinden (Land *mâtu*). *šûsubu šubta nêḫta* im Frieden wohnen lassen (: Gottheiten). — *ašâbu aburriš* vereinigt bleiben (Land *mâtu*). — *ašâbu erîš* + suff. entblößt, mittellos sein. *ina ašar ašib* wo er sich aufhält. — *ašâbu ina dêni* zu Gericht sitzen; als Richter fungieren. — *ašib ina ḫarrâni* er befindet sich unterwegs. — *ašâbu, itašubu ana, ina kussî* sich auf den Thron setzen, den Thron besteigen (als Mitregent von: *meḫret*). *ašib eli kussî* er hat den Thron inne. *šûšubu ina kussî* den Thron besteigen lassen, zur Regierung einsetzen. *ašâbu ina kussî šarrûti* den Königsthron besteigen, die Regierung antreten. — *šûšubu šulputti* der Verheerung preisgeben (: Land *mâta*). — *ašib ana pân šarri* er ist in unmittelbarem Verkehr mit dem König. *šûšubu qebêt* + suff. jds. Befehl unterstellen (jdn.: acc.). — *ašâbu aḫi šikâri* beim Trunk sitzen. — *ašib qabal tâmdi* er wohnt («im Meer» =) auf e. Insel.

ašâbu Bleiben; Wohnung; Beisitz, Anwesenheit (jurid.). — *ina ašâbi* im Beisein.

ušbu Sitzplatz, Platz.

šubtu, pl. *šubâti* Wohnung, Wohnsitz, Wohnstätte (einer Gottheit); Gesäß, After; e. Teil der Leber in d. Nähe der Pfortader *(padânu)*. — *ina šubtišu* im eigenen Haus. — *šubtu nêḫtu* Friedenszustand, Friede (vgl. o. d. verb. u. *ramû*). *šubat ilâni* bzw. *ištarâti* göttliche Wohnung, Bezeichnung einer Kultstätte *(maḫâzu)*. — *šubat šamai* Wohnstätte des Himmels, Himmel.

âšibu Bewohner; Wohnungsmieter. — *âšib âli* ortsansässiger (Bauer *errêšu*). — *âšib burûmi ellûti* Bewohner des hellen Firmaments, e. Beiname von Aššur. — *âšib namê* Wüstenbewohner, Bezeichnung des *alû*-Dämons.

(ašîbu,) ašbu bewohnt (Stadt *âlu*); besessen, in *ašba Nabû*, vgl. *ṣabtu*.

aššâbu Wohnungsmieter (opp. *bêl-bêti*).

aššâbûtu Wohnungsmiete.

ušbattu (?) Schemel (?, Wanne?, von Bronze *siparri*).

mûšâbu, pl. *mûšabi* Wohnraum, Stätte, Sitz; vgl. *kummu*. — *mûšâb bêlûti, mûšâb šarrûti* Residenz.

mūšabtu Abtritt.

ašibu e. Belagerungsmaschine.

iššubū s. u. *šarbu*.

išbabtu Gras, Spinat.

ašgu, f. ***ašgittu*** schwach, weiblich.

ašaggu, ašāgu, ašēgu (LW.?) (als Brennstoff dienende) Dornen- oder Distelart; e. Werkzeug zum Rauhen des Wollstoffes.

ašgagu, ašgugu Kampf (?).

ašgigi e. Stein.

ešgallu (sum. LW.) Palast.

ašgandu Bote (?), Verwalter (?).

(ašādu) II1 fundieren (?, : Gefüge *riksa*).

išdu, ildu, du. *išdā*, pl. *išdāni* Bein (mit Hinterbacke; auch übertr. Genitalien?, s. *nasāḫu*); unteres Ende (eines Zügels *appati*, eines Fliegenwedels *ša-zubbi*, von verschiedenen Teilen der Leber; opp. *appā*); sgl. und du. Fundament (eines Gebäudes), Grund, Grundlage (von Land und Leuten, des Thrones *kussī*, des Königtums *šarrūti*), Wurzel (einer Pflanze); unterer Raum (eines Schiffes *eleppi*, einer Kneipe *bēt-šikāri*). — *išid lišāni* Zungenwurzel. — *išid qāti* Handwurzel, Handgelenk. — *išid šenni* Zahnwurzel. — *išid šamē* Horizont (opp. *ēlāt šamē*).

išdiḫu s. *šadāḫu*.

ašūḫu (weibliche) Zeder.

išuḫḫu e. (Gewand-)Stoff (?).

išḫū Syn. zu *ḫā'iru*.

išḫalṣu, išḫelṣu e. (auch im Kult gebrauchter) Behälter (aus Rohr?, Korb?).

ušḫāmu s. *usḫāmu*.

išḫūnatu s. *ḫunnatu* u. חנן.

(wašāṭu, ašāṭu) (אשט6) II1 schwer machen, erschweren (?).

wašṭu, ašṭu schwer, schwierig (Pfad *urḫu*, Fahrwasser *mū*, Problem *pušqu*, Schriftstück *kammu*, zu übersetzen *ana šutēšuri*), arg, böse.

ašṭūtu Schwierigkeit.

išṭaḫḫu, ilṭaḫḫu Peitsche (von Silber, vergoldet).

išku (אשך1), du. *iškā* Hode. — *išku ša emetti* rechte Hode. *išku ša šumēli* linke Hode.

išku Syn. zu *māru*.

uškū Reklamant (?).

uškūtu Reklamation (?).

ašukku s. *sukku*.

iššakku (=?) ***nišakku*** (=?) ***niššīku*** (sum. LW.) geistlicher oder weltlicher hoher Würdenträger; Suzerän, Vizekönig; Oberpriester, Priesterfürst; Verwalter; halbfreier Untergebener eines Reichsgroßen oder im Dienst der Tempelverwaltung. — *iššak dēni* (?) e. Beamter der Justizverwaltung (?).

iššakūtu Machthaberschaft.

išikku (sum. LW.) mächtig.

aškikītu e. Vogel.

uškumaḫḫu (?, sum. LW.) ein hoher Priester; vgl. *kalū*.

iškandu e. (paarweis gebrauchter) Gegenstand aus Leder (Teil des Sattels?).

ašakanni s. *akanna*.

aškāpu Lederarbeiter: Schuster; Sattler.

iškippu e. Tier niederer Ordnung; e. Krankheitserscheinung (?).

eškāru, pl. *eškārāti* (sum. LW.) Kette (eines Schiffes *eleppī*); (gegliedertes) Schriftwerk, Serie; regelmäßige Leistung an Arbeit (Arbeitspensum), von Abgaben, Zuwendungen oder Lieferungen; durch regelmäßige Arbeit bestelltes Feld. — *eškār ilāni* (regelmäßiger) Gottesdienst.

aškirūšḫu (LW.?) e. (paarweis verwendetes, mit Deckel versehenes) Gefäß (?).

eškatrū Schmiergel.

ašlu (אשל1), st. c. *ašal* Strick, Seil; Schiffsseil (zum treideln; vgl. *batāqu* und *šadādu*); Meßschnur; e. Längen- bzw. Flächenmaß (= 2 *ṣubban* = 120 Ellen *ammāti*).

ašlu (אשל1) e. Binsenart.

ušallu s. *usallu*.

aššultu e. Pflanze.

ašultu, ašiltu, ušultu, aššultu, uššultu, pl. *ušlāti* (LW.?) dicke Flüssigkeit (von Blut *dami*, Schlamm *ṭēṭi*); (Teil einer?) Pflanze (?, Mark?); pl. dickflüssiges (sc. Blut). — *ušlāt dami* Blutstrom, Blutlauf (?, vgl. *parā'u*).

ašlāku (sum. LW.) Wäscher, Bleicher.

ašlūkatu Sehne (?), (Bogen-)Sehne (?, des «Bogensterns» *qaštu*).

ušummu (?) e. Wildschweinart (?).

ušmānu, ušmannu (urspr. pl.?) Lager, Heerlager.

ušumgallu (=?) ***(šungallu,)*** pl. *šungalli*, f. *ušumgallatu* (sum. LW.) Monarch; e. Schlangenart; Riesenschlange (?), Drache (?, auch als Wahrzeichen von Nabū). — *ušumgallu ṣēru* e. Beiname von Nergal-Mars. — *ušumgallat ilāni* e. Beiname von Ištar-Venus.

ešmaḫḫu (sum. LW.) «hehres Haus» (e. am Himmel gedachte Örtlichkeit).

išmequ, išmeqqu (LW.?) e. Edel- (oder Halbedel)-Stein.

ašmarū s. *asmarū*.

ašmur s. *asmur*.

ešmarū (LW.?) e. hellweiße Goldlegierung (?).

ašumeru e. Pflanze.

(ašamšū,) pl. *ašamšātu*, f. pl. *ašamšātu* wirbelnd (?, heulend?, Sturm *mēḫū*); pl. Wirbelsturm, Sturm, Orkan.

ašamšāniš wirbelnd (tanzen, vgl. *sâru*).

išnu, *išin eqli* e. Pflanze.

ešettu s. *esettu*.

šettu (ישׁא 6.7) Schlaf.

šuttu, pl. *šunāti* Traum, Traumgesicht. — *šutti egerrī* bedeutungsvoller Traum, Wahrtraum.

ašnu s. *assennu*.

ešunnu, eššennu s. *esennu*.

išānu mächtig, einflußreich, angesehen.

ašnū s. *assānu*.

ašnan s. *asnan*.

ašannānu s. *annu* (א 7נא 2).

ušandū (sum. LW.?) Vogelfänger.

(ašāpu) (אשׁף 6) II1 beschwören. — III1 beschwören lassen (?).

āšipu, f. *āšiptu* Beschwörungs- und Sühnepriester; f. als Beiname der Hexe.

āšipūtu Amt des *āšipu*; Sühneriten.

ešeppu (e. best.) Priester.

ešepgallu (e. best.) Priester.

ešeppūtu Amt des *ešeppu*.

eššēpū, f. *eššēpūtu* zum Priesterstand gehörig (?); e. best. Priester (?).

šiptu, st. c. *šipat* Beschwörung.

eššepu e. Eulenart (?).

muššepu e. Sühnepriester.

jašpū, ašpū (LW.) Jaspis (?).

išpatu (sum. LW.) Köcher (aus Leder).

ešpēku, ešpekku s. *šapāku*.

ešpāru, f. *ešpartu* (sum. LW.) Weber. — *ešpar bermi* Buntweber. — *ešpar kitī* Leinenweber. — *ešpar ṣeprāti* Spitzenweber.

ešpārūtu Weberei.

ušpāru, išpāru (sum. LW.) Zaum, Zügel (auch als Wahrzeichen der Königswürde).

ešēqu, esēqu (e) (אשׁק 3) verbinden, befestigen, anbringen (: e. Bild *ṣalma*, auf *ṣēr*).

ešqu verbunden, gefügt (Felsblöcke, Hausteine *abni šadī, pīli*). — f. pl. *ešqāti*, *esqāti* Bande, Fesseln (von Eisen *parzilli*).

eššeqqu, ēšeqqu, pl. *eššeqqi* Faß (?).

mēšēqu, māsēqu Gebinde, Bündel, Packung (?). — *ina mēšēqi* in (Holz-)Packung, in Emballage (?, Getreide). — *ina māsēqi ša ḫurāṣi* mit e. Gebinde (?) von Gold.

mēsūqu, mēsuqqu, pl. *mēsuqqēte* Reif (eines Ringes *šemēri*).

(ašāqu, asāqu) (אשׁק 6) verladen (?). — II1 verteilen. — *šēq mēšēqi* die Verladung (?) einer Packung. — *mušeqqi (mussequ, mušeq) ešqēte ša šamē (u)* *erṣeti* die Verteiler der Lose Himmels und der Erde, e. Beiname von Šamaš bzw. der Trias Ea, Šamaš und Marduk.

ešqu, esqu, st. c. *ešeq, eseq,* pl. *ešqēte, esqēte* Anteil, Los; (jdm. zufallender, vgl. *maqātu*) Besitz; pl. bewegliche Habe (opp. *eqlāti, bētāti*). — *ešqu abulli* Anteil an d. Torsteuer. — *eseq šarrūti* «Los des Königtums», Art und Weise der Regierung. — Vgl. *adū* und *zāzu.*

ašqubētu, ešqubētu s. *asqubettu.*

išqillātu, išqilātu (=?), ***ušuqullātu*** (?, LW.?, pl.?) (e.) Behälter (aus Stein oder Rohr).

išqaruštu, išqarurtu Hacke. — e. (dem deformierten Ohr einer Neugeburt vergleichbare?) Pflanze (bzw. Teil einer solchen).

ašāru, ašarru, ašru, ešāru, ešru (אשׁר1), st. c. *ašar,* pl. *ašāri, ašarri, ašrē* Ort, Örtlichkeit, Stätte, Stelle, Lage, Platz, Baustelle, Bauplatz. — *ašar* an der Stätte von, an die Stätte von, wo, wohin, da wo (vgl. א6), dahin wo; bei (vgl. ארשׁ1); da, nachdem, weil. — *ašar . . . ašar* da . . . dort, teils . . . teils (?). — *ašar ēšten* an e. einzigen Ort, an ein und derselben Stelle. *ašar šānī* anderswohin. *ašar tāḫāzi u qabli* in Kampf und Schlacht. *ašar tamḫāri* im Treffen. — *adi ašar* bis dahin wo. *ina ašar, ina ašri ša* wo. *ina ašrī annī* hier. *ašar . . . qerebšu* worin. — *ašar tēbebti* Stätte der (kultischen) Reinigung (durch Eid, im Šamaštempel *ina bēt Šamaš*). *ašar mākāli* Speiseplatz. *ašar ili* Gottesstätte, Heiligtum. *ašar mēlulti* Spielplatz. *ašar lā-amāri* «Ort der Unsichtbarkeit», dunkler Ort, dunkler Raum. *ašar neṣērti* «Ort des Geheimnisses» = Raum unterhalb des Horizonts (?). *ašar namrāṣi* schwieriges Terrain. *ašar erṣeti* Ort der Unterwelt. *ašar tamḫuṣ kakkū* Kampfplatz. *ašar puzri* Ort des (göttlichen) Mysteriums. *ašar tapzerti* Versteck. *ašar peqetti* Verwaltungsposten. *ašar ṣummē* «Ort des Durstes» = Wüste. *ašar šitulti* Beratungsraum. *ašar šināti* Standabort. *ašar šikāri* (Abgabe-)Stelle von Rauschtrank. *ašar šamši* Ekliptik. *ašar tukulti* Stützpunkt (Stadt). *ašar taqrubti* Schlachtfeld. — Vgl. *erēšu* (ארשׁ1) I2 und *ša'ālu.*

ašāriš, ešāriš zur Stelle, da, hier, hierher, dort, dorthin; auf der Stelle, sogleich.

ašrānu («diesenorts»,) dort (bei dir *ittika*), dorthin. — *ana ašrānu* dorthin. *ina ašrānu* dort. *eštu ašrānu* von dort. *ašrānu ša* dort wo. — *ina ašrānišu* auf seinem Posten.

ašarēdu, ašareddu, f. *ašarettu* vornehmster (Sohn *māru*); Fürst; Genie (opp. *lillu*). — *ašarēdi ilāni* Götterfürst, e. Beiname von Šamaš. *ašarēd Anunnaki* Fürst der Anunnaki, e. Beiname von Nergal-Mars.

ašru Heiligtum.

ašertu, ešertu, pl. *ašrāti, ešrēti* Kultstätte (der großen Götter *ilāni rabūti*), Heiligtum, Tempelkammer.

ašarēdūtu vornehmste Stelle; Vorherrschaft, Alleinherrschaft; vgl. *alāku.*

ešru (אשׁר4), f. *ešertu,* st. c. *ešerit* zehn; zehnter Tag. — *adi ešrišu* zehnmal, zum zehntenmal.

ešrā zwanzig.

ešru, ešrū, pl. *ešrūti* (?), f. *ešrītu,* pl. *ešrēti* (?) Zehnter; Zehnt.

ušrētu ein Zehntel.

mēšertu (urspünglich zehnprozentige?) Sportel (?).

wašāru, ašāru, mašāru *(e)* (אשׁר6) losgelassen werden, frei werden, frei sein (opp. *ūtebburu* אבר3); loslassen, frei machen, niederwerfen; losfahren (zu Wagen, nach: *ana*). — I2 überbringen (: Nachricht *amāti*). — I3 belassen (jdn. unter den Rinderhirten). — II1 lassen (: Kot *zū*); loslassen, freilassen, freigeben (: Gebundenen *kasā,* Gefangenen *kalā,* Schuldhäftling *nepūta*), (zur freien Verfügung) überlassen (opp.

abāku; : Stadt *āla*, jdm.: *ana;* Nabū: Aššurbānipal, der Königin von Ninive *ina eli šarrat Ninua*); frei (herumlaufen) lassen (: Wildschweine *šaḫē*, in e. Sumpf *ina libbi agammi*); freimachen, entblößen (Arme *idē*), losmachen, lösen (: Spange *keremma;* die Beine, *qursinnāti*, eines Opfertiers, vom Rumpf *ina libbi zumri;* voneinander *eštu aḫāmiš*); verlassen (: Stadt *āla*, Lager *karāša*, Posten *peqetta*); ausgehen lassen, schikken (Rammān: Regen *zunni*; Šamaš: Sonnenschein *šarūra*, [der Stadt] Babylon *ana Bābili*), senden (jdn., etwas: acc.; nach: *ana*; zu, an: *ana*, *ana eli*, *ana maḫar;* von, aus: *eštu;* um . . . zu: *ana*, *ina* mit inf.), entsenden (aus: *eštu*), abschicken, fortschicken; zurückschicken; e. Meldung, e. Nachricht senden; zulassen (etwas: acc.), überlassen (etwas: acc., jdm.: *ana pān*, *ina pān*), handeln lassen (jd.: acc.), jd. etwas tun (*ana* mit inf.) lassen, jdm. freie Bahn lassen; pms. ausgegossen sein (Glanz *šarūru*, von den oberen bis zu den unteren Himmelsregionen *elāt šamē ana šaplān šamē*). — II2 lassen (Fisch: Schuppe *qulipta*); freilassen, freigeben (jdn.: acc., zur Verfügung von *ina pān*); schicken (jd.: acc.; zu: *ana maḫar;* durch jd.: *ina qātē*); losgelassen werden, unbehelligt gelassen werden. — III1 schicken, senden (jd., etwas: acc.). — III2 entsenden (jd.: acc.). — *uššuru idā* die Arme hängen lassen (zum Zeichen der Zerknirschung und Unterwerfung). *ul umaššer adi* er ließ nicht nach, bis daß. *aḫētija muššurāku* ich bin beiseite gelassen worden. *uššuru ina* (auch *ana*) *išāti* in Feuer aufgehen lassen (: Stadt *āla*). *lā tumaššara napšātija* verlaß mich nicht. *uššuru seqra* Nachricht geben, to send word. *uššuru qātā ana eli* gegen jd. manövrieren. *uššuru eštu qātē* im Stich lassen.

wašru, ašru unterwürfig, demütig; vgl. (?) *uššuru idā*.

ašriš unterwürfig, demütig.

namšarratu Sendung (?).

šūšurtu Kehricht, Schutt.

tamšāru Mittel und Werkzeug, um e. Tier laufen zu lassen (?), Geißel, Peitsche.

tūšāru Übrig-Gelassenes, Rest, Rückstand.

ešēru *(e)* (אשר7) grade sein (in horizontaler oder vertikaler Richtung), richtig, recht sein (Recht *dīnu*); gradwegs gehen (jd., nach Hause *ana bētišu*; König, nach seinem Palast *ana ēkallišu*); geraten, gedeihen (Früchte; Ernte *ebūru;* Rohrpflanzungen *appārāti;* Werfen *tālittu;* Ungeratener *lā-išāru*). — II1 richtig machen, geraten lassen (Hexereien *ruḫē*) (kultische) Anordnungen treffen (?). — III1 rechtleiten, leiten (: Kanal *ḫarra*; Ausfluß, *mūṣā*, eines Kanals); aufrichten (: Gesunkenen *labna*, Traurigen *adēra*), führen (: jdn.: acc., einen Pfad *paddana*; Hand *qāta*, zum Opfer *ana neqī*); in Ordnung bringen, besorgen (etwas: acc., für: *ana*), Ordnung herstellen, Ordnung schaffen (für: *ana pān*, *ina pān*); Recht sprechen (der Wahrheit gemäß *ina kētti*), Recht verschaffen (jdm.: *ana*); pms. in Ordnung gebracht werden (Haus *bētu*). — III2 ebnen (: Hauptstraße *sūq āli*), fegen (: Erdboden *qaqqara*, mit dem Bart *ina zeqni*); rechtleiten (König: Land und Leute; Šamaš: Lebewesen *šaknat napišti*), lenken (: Hand *qāta*, Schritt *kibsa*, Wort *qebetta*), führen (Ištar: Bogen und Schild *pappāna u kabāba*); in Ordnung bringen (: Eingeweide *ḫašā*, Heiligtümer *ešrēt ilāni*, Himmelsraum *šubuq šamē*), anlegen (: Feld und Bewässerungskanal *ikā u palga*); jd. (acc.) zu seinem Recht kommen lassen, (jdm.) Recht verschaffen; pms. in Ordnung sein; Gelingen haben (Vieh *būlu*, beim Werfen *ina tālitti*). — *lūšer* es werde recht, es geschehe (?, vgl. *qabū*). — *šūšuru mērēšta* e. Wunsch erfüllen (opp. *kalū*). *šutēšuru* *ḫarrāna* den Weg lenken (nach: *ana*, gegen *eli*, *ṣēr*), dahinziehen (abs.). *mušēšir kētti* wahrhaftiger Rechtsprecher, e. Beiname von Marduk. *šutēšuru kamma* ein Schriftstück übersetzen (?, auf akkadisch *Akkadū*). *muštēšir purussī kētti* Lenker der wahren Schicksalsentscheidung, e. Beiname von Šamaš. *šutēšuru ṣenda* «das Gespann in Ordnung bringen» = sich zum Aufbruch (ins Feld) rüsten.

išāru, f. *išārtu*, *išertu* eben, grade, richtig (Weg *ḫarrānu*), geraten, wohlgeraten; richtig gehend (Pflug *epennu*), gerecht (Regierung *ḫaṭṭu*); (aufrechter, ausgewachsener) Mann; f. das Richtige; Gerechtigkeit.

išāriš, išēriš in rechter, richtiger Weise; deutlich, genau.

išārūtu Gedeihlichkeit, Gedeihen, Wohlfahrt (vgl. *alāku*).

uššurtu (kultische) Anordnung (?).

mēšāru, mēšēru, mēšru Ebene (?, eines Platzes *rēbit*); Gedeihen (des Getreides *šēi*); Recht; rechtliche, geordnete Verhältnisse, Ordnung; Gesetz(e); Gesetzgebung, (Gnaden-)Verordnung; vgl. *šakānu*. — *ina mēšāri* gesetzmäßig. — *mēšārumma* gradeaus (?), direkt (?). — Vgl. *atmū* ($א_7א_6א_3$).

mēšāriš, mēšēriš in Gerechtigkeit.

mēšertu Gedeihen (der Fische *nūni*).

mušēšertu, multēšertu (?) e. Teil der Dattelpalme (*gišimmaru*).

šūšuru Rechtsprechung.

tēšāriš wie ebener Boden (?); vgl. *emū* ($א_7א_6א_2$).

tēšertu Gedeihen.

ašāru *(u)* Sorge tragen für, besorgen (: Schlachtgerät *unūt ṭāḫāzi*).

āšeru Hüter. — *āšer Igigi* Hüter der Igigi, e. Beiname von Marduk. *āšer Egurru, āšer dannēni* Hüter von Egurru, Hüter der Veste, Beinamen von Nergal-Mars.

ešarra Erde.

ašēru s. *asēru*.

išši'āri, īši'āri s. *ši'āru* ($שא_3ר$).

išrubū s. u. *šarbu*.

ašurakku, ašurraku, pl. *ašrukkāti*, *ašrukāti* (sum. LW.) Meeresflut; Wasserlauf (eines Kanals); pl. Wasserleitung (?, an e. Mauer, einem Tor).

ašarmadu s. *šarmadu*.

ašāšu, ešēšu *(u)* ($ששא_1$?) mit e. Schlagnetz (*šētu*) zum Boden bringen (?), fangen (Enlil: Vögel *iṣṣurāti*). — II_1 gründen; wieder gründen, wieder aufbauen (: Tempel *bēta*, Tempelturm *seqqurrata*, opp. *naqāru*).

ašāšu Boden (?); Wohnung; Nest.

uššū, uššē (pl.) unterster Teil, Fundament (opp. *napurru*), (Kalkstein-)Boden (eines Gebäudes *bētu*). — *eštu uššē adi gabdibbē, eštu uššē adi naburri* vom Fundament bis zur Brüstung.

āšišu Begründer (?), in *āšiši šukāmu* Begründer der Abrechnung(stafel), e. Beiname Nabū's.

ušaštu Vogelnest.

ušištu, usištu Grund, in *mašīḫu ša ušišti* Grundmaß, s. *mašāḫu*.

(mēšuštu?), mēšultu Grund und Boden, Flächeninhalt (?).

ešēšu *(u)* ($ששא_4$?) sich trüben (Sonne, Horn vom Mond [?]), betrübt werden, in Leid geraten (Land *mātu*), Weh empfinden; pms. Kümmernis haben. — I_2 betrübt werden. — I_3 (fortwährend) Weh empfinden, wehtun («Herz», Inneres *libbu*). — II_1 betrüben, Leid zufügen; pms. Leid tragen, leiden (Seele *napištu*). — II_2 betrübt werden, in Leid geraten (opp. *ina ṭābi*). — III_2 in Leid geraten (Familie *bētu*), erkranken.

uššu, uššatu Betrübnis, Leid.

ašuštu, ešeštu Leid, Schmerz.

uššušu betrübt; (zugefügtes) Leid, Bekümmernis.

uššušiš betrübt, leidvoll.

ešešu (mit dem Netz) fangen.

mēšēštu Netz.

uššu Gras (?).

ašašu Motte.

eššēšu (sum. LW.) (Opfer-)Fest am 4., 8. und 17. Monatstag; Monatsfesttag.

aššatu, aštu s. אנש 1.

aššum, aššu s. *šūmu*.

iššāšūmi s. *šalšu*.

eštu, ešdu, elti, elta, ultu, essu I. Prp. aus, von, von ... weg, von ... aus.

1. räumlich. Bei Verben des Sich-Erstreckens, des Sich-Entfernens und Kommens, des Nehmens und Bringens, des Lassens und Entfernens (vgl. *ina*). Bes.: *ḫarū ḫirīta* e. Kanal ableiten von; *šemū* hören, erfahren von (a. *eštu pī*); *ba'ū* fordern von; *naṣāru* erretten aus, beschützen vor (a. *eštu qāti*); *palāḫu* sich fürchten vor. — *eštu* ... *ana* ... von ... nach ... — *eštu* ... *adi* ... von bis; sowohl ... als auch ... vgl. ועד ... מן; mit Neg. weder ... noch ... — *eštu ēliš u eštu šapliš* von oben bis unten. — *eštu ašranu* von dort. — *eštu maḫrija* von mir aus. — *eštu ramānišu* von sich aus, auf seine eigenen Kosten.

2. im Vergleich mit, als. *danniš eštu* mehr als, *ṣeḫru eštu* kleiner als. Vgl. a. *kabātu*.

3. zeitlich. seit, schon seit; nach Eintritt von, nach Erfolg von, unmittelbar nach. *eštu* ... *adi* ... von, seit ... bis ... — *eštu ūm* bzw. *arḫi* bzw. *šatti x* seit x Tagen bzw. Monaten bzw. Jahren. — *eštu ūmē ullūti, arkūti, ṣāti, ruqūti* seit fernen, ewigen Tagen. — *eštu ūmē pāni* seit Vorzeiten. — *eštu ullā, ullū* seit langer Zeit, von je her. — *eštu amšāli* seit gestern. — *eštu inanna* von jetzt an, sofort. — *ultu arkat ūmē* seit alter Zeit. — *eštu darīti* seit Ewigkeit. — *eštu Ḫammurabi* seit Ḫs. Zeit, schon zu Ḫs. Zeit. — *eštu labēri, laberti* von alters her. — *eštu pāna* seit alters. — *eštu šaddagdi* von jeher (?). — *eštu ūmi ša, eštu ūm, eštūm, eštūma* s. u. *ūm* (אם6 א7).

4. bei (vgl. *itti*). *eštīka* bei dir ist (aller Menschen Leben *napšat kala nīšē*), *eštīka lū naṭū* (bei) dir ist es möglich.

5. betreffs. *eštu* ... *ū* ... was ... betrifft, so ... فَ ... أمّا.

II. Cj. seit, schon seit, seitdem (daß); nachdem, als; dieweil, da. — *eštu ūm imlū* als die Zeit erfüllt war. — *eštu ṣeḫrēku* seit ich klein war, seit meiner Jugend. *eštu, ultu eli* praep. von oberhalb, von, seit; *eštu, ultu eli (ša)* conj. seit. Die Zusammensetzungen *eštu bīdu, eštu bēri, eštu libbi, eštu maḫri, eštu muḫḫi, eštu pāni, eštu qabli, eštu qerbi, eštu šapli, eštu šupāli* s. u. den zweiten Bestandteilen.

aštabelu e. Pflanze (Cynoglossum?).

aštabēru, aštapēru männliche, bzw. männliche und weibliche Sklaven, Gesinde.

eštū, eštān, eštēn, pl. *ēsēnūti*, f. *ešteat, eštātu, eštēt, eltēt* (sum. LW.) ein (subst. und adj., auch als unbest. Artikel), eins; einzeln, jeder (einzelne), einzig, nur ein einziger, ein beliebiger; ein bestimmter; mit Neg. keiner, kein einziger; ein und derselbe (Wille *ṭēmu*). — *eštēnšunu* einer von ihnen. *eštēn libbišunu* einer unter ihnen. *u eštēn* und noch einer, und noch ein anderer. — *eštēn muškēnu* (irgend) ein Armer. *eštēn alpu* (irgend) ein Rind. *eštēn takīlka* (irgend) ein Vertrauter von dir. *kalbu eštēn* ein (beliebiger) Hund. *eštēn šabrū* ein (bestimmter) Seher. — *šattu ešteat* ein Jahr, ein einziges Jahr. *eštēn ūma* mit Neg. nicht einen einzigen Tag (lang). *eštēt šatti* in einem Jahr, d. h. im ersten von mehreren Jahren (opp. *ina šanīti šatti*). *ina eštēt šatti* in einem und demselben Jahr. *ašar eštēn* an einem und demselben Orte (vgl. *šakānu pā*). — *šumī eštēn* mein Name (Nr.) eins, mein erster Name (opp.

šānū šumī). — *adi eštēn, adi eštātu* (?) einmal; zum erstenmal. — *eštēn pū* s. *pū*. — *kī eštēn* wie éin Mann. — *kēma eštēn ū šānī* «wie eins, so das zweite» (? $\stackrel{2}{=}$) wiederholt (?). — *eštēn ana eštēn* einer den andern, gegenseitig (vgl. *ša'ālu* I$_3$). — *eštēn adi idi eštēn, eštēn iti šānī* einer neben dem andern. — *eštēn* — *šanū* der eine — der andere. — *ēsēnūti* . . . *ēsēnūti* . . . die einen . . . die andern . . . — *šāru eštēn* . . . *šāru eštēn* ein Windstoß . . ., (dann wieder) ein Windstoß, ein Windstoß nach dem andern. — *ša bābi eštēn u eštēn* von Tor zu Tor (der Mauern einer [Tempel-]Umfriedigung *egārāti ša maḫertu*). — *eštēn bašū, bašū eštēn* vereinzelt sein, allein sein. — *ana ešteššu* zum erstenmal. *ešteššu u šenēšu* einmal und noch einmal. *ešteššu šenēšu šelāšišu* ein-, zwei-, dreimal.

eštēnū, eltēnū erster, erstes Kind (vgl. *(w)alādu*).

eštēnān, eštēnātān, eštēnātā je ein (Schriftstück *šaṭāru*).

eštēniš, eštūniš (?, vgl. *dālu*), ***essēniš, sēniš*** in eins: miteinander (s. *ḫāqu, parāšu*), aufeinander (s. *teḫū*); wie eins: einer in gleicher Weise wie der andere, nebeneinander (vgl. *dālu*), übereinstimmend (vgl. *tamū*), einmütig (vgl. *našū*); gleichfalls; «mit eins»: auf einmal, at once; alsbald, alsbald nachher, sofort. — *ana sēniš, eštu sēniš* sofort (?).

eštēnušam einzeln.

eštēn ešrit elf.

eltēnšērū elfter.

aštammu, altammu Frauenhaus, Bordell.

eštānu, eltānu nördlich, Norden; Nordwind.

aštapēru s. *aštabēru*.

ištar, pl. *ištarāti* weibliche Gottheit, Göttin.

ištarītu Tempelmädchen, Hierodule.

ašturru, aštūru e. Fliegenart.

aštartu (sum. LW.) Riegel.

itu (את$_1$), st. c. *it*, du. *itā*, pl. *itāni, itanni*; *itiāti, itāti* Seite (einer Mauer *dūri*); du. Grenzen (einer Stadt *āli*, eines Grundstücks *ša eqli*; auch übertr., vgl. *etēqu*); (Grenz-)Gebiet (eines Gebäudes); pl. Seiten, Planken (eines Schiffes *eleppi*); Umgebung (einer Stadt *āli*, einer Kultstätte *maḫāzi*). — *itu libbi* Innenseite. — *ana itē* . . . an das Gebiet von . . . hin, dem Gebiet von . . . entlang. — *itā, itē, ina itē* zu beiden Seiten von, zur Seite von, im Gebiet von. · *ina itē Id* im Ordalstrom. *itātuš* in seiner Umgebung. — *itūa* bei mir.

itu, iti, ita, it; itti, itta, issi zur Seite von, angrenzend an, neben, bei; zusammen mit, mit, samt, nebst; in Obhut von; auf Kosten von; gegen; zur Einführung des logischen Subjekts eines Verbs mit Passivbedeutung. — *eštēn iti šānī* einer neben dem andern (Damm *kāru*), nebeneinander. — *libbušu itti libbija* er ist mit mir einverstanden, ist gleicher Meinung mit mir. — *itīšu (itūka) ibaši* er (du) hat (bei sich), besitzt. *bulluṭu ittika ibši* die Heilung steht bei dir. *ittika-ma* es steht ganz bei dir (mit inf.). — Vgl. *emū* (ℵ$_7$ℵ$_6$ℵ$_3$), *abāku, aḫā'iš, ezēzu, aššūtu* (אנש$_1$), *epēšu, erēbu, dānu, dabābu, damāqu, ṭābūtu, kānu, kapādu, labāšu* I$_2$, *leqū, magāru, maḫāṣu, maḫāru, malāku, minū, nabū, nazāzu, nazālu, nazāmu, nakāru, nasū, nasāḫu, manṣartu, sadāru, salāmu, panāgu, paqāru, qebū, qaṣāru, rāmu, šakānu* IV$_1$, *šalāmu, šanānu*.

itū Nachbar. — *ša itū bētu* Nachbargrundstück.

itātiš ringsum.

atū, etū sehen, schauen, nachsehen; pms. sichtbar sein, erscheinen, aussehen (wie e. Schlange *kēma ṣēri*). — II$_1$ sehen; finden; ersehen, ausersehen, auswählen. — III$_2$ sich gegenseitig sehen, sich treffen (abs.; in: *ina*); sichtbar werden; pms. sichtbar sein (Mond und Sonne; Hieb *meḫṣu*); IV$_3$ sichtbar werden, erscheinen (Mond und Sonne).

(etū,) utū auserselien, auserkoren, in *utī megri* («Gunst-erkoren» =) Liebling.

etūtu Auswahl, in *etūt kūn libbi* («Auswahl der Treue des Herzens» =) (Person oder Gegenstand der) Herzenswahl.

ātū «Späher», Wächter (eines Tores *ša abulli*); Torwächter, Pförtner.

šutātū entsprechend (Syn. zu *malmališ*).

atā («siehe!» [?] mit folg. Fragesatz =) warum.

atū e. best. Art von Tierfell oder Wollstoff.

itū e. Berufsname.

atabu in *atabi kišādi* syn. zu *naḫlaptu* e. Kleid.

itguru s. *egēru.*

atūdu (אתד$_4$) Ziegenbock, Bock.

ittidū e. Vogel (Wiedehopf?).

atḫū, atḫūtu s. *aḫu.*

utukku (sum. LW.) e. Dämon; Dämon, Gespenst. — *utuk kemti* Familiengespenst, opp. *utukku aḫū* e. fremdes Gespenst. — *utukki lemnūti* Titel einer Sammlung von Beschwörungen.

uttukkannu Köcher (?).

attalū, ātalū (sum. LW?) (atmosphärische und astronomische) Verfinsterung; Verwirrung, ἔκλειψις.

etellu s. *eṭellu.*

utlu, st. c. *utul,* du. *utlā* Hüfte (mit Oberschenkel), Schoß (auch übertr., vgl. *elū* III$_2$).

utliš vulgo (?).

utullu, pl. *utullāti* (sum. LW.) Hirte; Herde (mit Hirten).

atma s. אנת$_1$.

atmū s. *emū* (א$_7$א$_6$א$_3$).

etemmu (sum. LW.) schwer.

ittimāli, ītimāli s. *timāli.*

atānu (אתן$_1$) Eselin. — *atān nāri* Pelikan (?).

atūnu, utūnu (אתן$_1$) Ofen (zum Brennen von Ziegeln *lebnāti,* Öltöpfen *našpāki*), Schmelzofen (für Gold).

atunu e. Stein.

(etēnu) III$_2$ umgarnen (?).

etannu, etānu, etennu, pl. *etāni* Garn, pl. Maschen (eines Fischernetzes *sapāri*). — Vgl. *aṭānu.*

etennu s. *eṭennu.*

attunu, attanūni s. אנת$_1$.

atappu, atāpu, pl. *atappi* (?), *atappāti* (kleiner) Kanal; Nebenkanal.

atappiš wie ein kleiner Kanal.

etēqu *(e)* (אתק$_4$) passieren, vorbeigehen, vorüberziehen (vor: *maḫar*), vorbeiziehen (nach: *ana,* zu jdm.: *ana muḫḫi*), überschreiten (: Bereich eines Landes *perek māti,* Grenze *pāta,* Grenzen (des) von e. Gott (Erlaubten) *itā ša ili,* Fluß *nāra,* Berg *šadā,* Zeit *adāna* (Merkur beim Aufgang), Lebensziel *adāna,* Gebote *adē,* Eid *māmīta*), entrinnen (einem Geschick *uṣurta,* e. Falle *gišparra*); entgehen (dem Geschick *uṣūrta,* vgl. *lā*), wegziehen, sich enthalten (von *eštu pān*), heraustreten (aus d. Vertrag *eštu riksi*); ziehen (: seine Straße *sūqašu;* Jupiter nach Westen *ana erēb-šamši,* rechts von Venus *ana emetti Ištar*), durchziehen (Gebiet *ašra*), eindringen (in *ina*), marschieren (zur Seite von *itā*). — I$_2$ überschreiten (Berge *šadē*), entgehen (d. Geschick *uṣūrta*), weiterziehen, vorübergehen (Monat *arḫu,* opp. *erēbu;* Finsternis *atalū,* d. h. [?] keine astrologische Bedeutung haben), zurücklegen (: Strecke *ḫarrāna*); entweichen (Dämonen); vorübergehen mit, darbringen (Weihgeschenke, vor: *ina maḫar*). — I$_3$ beständig *(ginā)* überschreiten (Sonne: Himmel *šamāmi*), beständig ziehen über (Bergeshöhen: *šadē ḫursāni*). — II$_1$ hinüberführen (?). — III$_1$ zurücklegen (: Wege *arḫē*), passieren lassen (: Schiff *eleppa*), defilieren lassen (: Gefangene, vor: *ina maḫar*), vorüberziehen lassen (: Sterngottheiten), vorbeigehen lassen (: Monat *arḫa*), unterlassen; weiterführen, fortführen (: Restauration, *tēdešta*, von Bauten, weiter als früher *eli ša maḫri*); weitergeben (: Depositum *maṣarta*), (durch Verkauf) weitergeben (Gläubiger *ṭamqāru*: Sklaven, Sklavin *arda*, *amta*), befördern (: Handschreiben *unqāti*, Boten *mār-šepri*); überschreiten (Venus : Zeit *adāna*); weichen lassen (: Seuche *mūtānē*, Unheil *marušta*), beseitigen (: [Folgen eines] bösen Vorzeichen *id lumni*); entreißen (jd.: acc., einem Unheil *ina lumni*, [den Folgen von] einem bösen Vorzeichen *ina id lemutti*); pms. überragend, übergroß sein (Stärke *dannūtu*, Herrschaft *bēlūtu*; Nergal-Mars, Ištar-Venus; Himmel *šamē*, Erde *erṣetu*), hinausragen, hinausgehen (Großtaten *epšēte*, über *eli*). — III2 überschreiten (Jupiter: Zeit *edanna*); vorübergehen lassen (: Reinigungsritus *takperta*); ausbleiben, nicht stattfinden (Finsternis *atalū*). — *šutuqu bukāna* das «Stäbchen» (?) weitergeben (Symbol für den Abschluß eines Sklavenkaufs). — IV1 überschritten werden (Grenzen *itā*, Zustimmung *annu*).

mētēqu, st. c. *mētēq* Verlauf (eines Feldzugs *gerri*); Passage, vgl. *ḫarrānu*; Entrinnen, vgl. *lā*. — *mētēqu šaqū* Hochstraße.

mūtāqu, st. c. *mūtāq* Passage; Prozessionsstraße.

mētaqtu Vorüberziehen. — *ina mētaqti* im Vorbeiziehen.

tātēqtu, pl. (?) (*tātēqāti* =?) *tātēkāti* «überlaufen» (? des Urins *ša šīnāti* = [krankhaftes] Harnlassen?).

atāru** (e)*, ***matāru (?) (יתראּ6[.7]) überschüssig sein (opp. *maṭū*), in fremdes Gebiet hineinreichen (Hausgrundstück *bētu*); mehr sein (als: *eli*); überragend, riesig sein (Enlil, an Gestalt *benēta*); hervorragend, vorzüglich sein (Rat *melku*). — I2 über etwas hinausgehen, überschüssig sein (Feld *eqlu*). — II1 größer, reichlicher machen (als: *eli*), vergrößern, vermehren, mehren (: das Leben *balāṭa*), die Aussage jds. (acc.) ergänzen, bestätigen; verschärfen (: Todesart *mītūta*, gegen früher *eli ša maḫri*). — II2 steigern, mehr tun (als: *eli*; 10mal *10šu*); vermehrt werden, vergrößert werden (Viehhof *tarbaṣu*). — III1 groß, gewaltig machen (: Namen *šuma*), fördern (: das Gute *dumqa*), ungemein hell scheinen lassen (Mond: Licht *urra*); überholen (Jupiter: Merkur, hinsichtlich des Standortes *ana manzāzišu*); vermehren, größer machen, reichlicher machen (als: *eli ša*); verschärfen (: Verträge *adē*, gegen früher *eli ša maḫri*: mit *-ma* und folg. Verb: noch mehr, noch reichlicher, in noch höherem Maße tun (als: *eli ša*); pms. überragend sein (e. König unter den anderen *šarru in šarri*), vorzüglich, vortrefflich sein (Rat *melku*); mit asyn. angereihtem pms. etwas in hervorragendem Maße sein (klug *ḫasis*). — *mala itteru u imṭū* was überschüssig ist oder fehlt. *lēter lemṭi, lemṭi lēter* ob zu groß oder zu klein, ob größer oder kleiner, mehr oder weniger. — *anāku elūka 6šu mutturāku* (?) ich bin dir sechsfach überlegen (?). *ušāter abūbiš* er übertraf in seiner Handlung die Sturmflut.

watru, ***atru***, ***matru***, ***etru***, ***metru*** (?), st. c. *atar*, f. *watartu*, *atartu*, pl. *atrāti* (über ein best. Flächenmaß) hinausragend, überschüssig, überreichlich (Fleisch, *šeru*, an e. Extremität einer Mißgeburt), zu viel; weiterer, fernerer, übriger, anderer, der andere; mit suff. ein anderer als, jeder andere außer; extrafein (Silber, Gold); Nebenkosten (Gerichtskosten?, bei Immobilienkäufen); außerordentliche Opfer; f. Überschuß, Übermaß; sonstiges. — *atru ša etru* (?) *ša* zuzüglich von, ferner. *ana atri*, *ina atri* des weiteren, des ferneren. *kī atri* als Rest

(-Summe). *kīma atarti* (noch) obendrein. — *atar ḫasīsi, atra ḫasīs* der besonders Kluge, besonders Weise, جدّ العالم; e. Beiname von Nergal-Mars. *atar ša adari* s. *arḫu*. *atri ḫamātu* besonderer, spezieller Schutz. *atrat tākalti* Mageninhalt (?).

atriš besonders, in hohem Maße.

attāru Herde (?).

tertu, st. c. *teret* überschüssiges Stück.

šūturu gewaltig (Zauberformel *tū*); gewaltiger (Tempel *bētu*, als: *el*). — *šūturu ḫasīsu* überweise, e. Beiname von Marduk. *šūtur uznē* überragend an Verstand, e. Beiname von Ea. *šūtur benūti* e. gewaltige Erscheinung (Marduk).

(tātūru,) **tatturru** gewaltiger Reichtum (?).

atartu (= ?) **etertu** (=?) **uturtu,** pl. *attarāti* Lastwagen, Wagen (?).

atterūtu Verwandtschaft.

atrumu e. Stein.

itrānu (?) Soda (?).

atta, attī, attām s. אנת1.

attu + suff. was . . . betrifft; zum Ausdruck des Possessivs.

atūtu e. Pflanze.

ittu Tränenstrom, Wehklagen.

ittū s. א7א6א1.

ittū Pflugbaum (Grindel); — ϒ (?) Trianguli.

ittū s. *iṭṭū*.

ittūtu Spinne (?).

uttētu (?) e. Art Schreibmaterial (?, Schriftstück?).

ב

(ba'ū, baḫū) (באא5) I1 suchen (zu: inf.), begehren, nachjagen. — II1 suchen (nach: *arki*, cpl. *amāru, kašādu*; den Weg zu od. nach *urḫa ana*), versuchen, suchen (zu: inf., *ana* mit inf.), trachten nach (acc.), erstreben (: Freundschaft mit *ṭābāta itti*); nachtrachten (mit acc.), untersuchen (?, zollamtlich: Schiff *eleppa*), begehren (zur Ehe *ana aššūti*), fordern (aus d. Händen *ina qātā* + suff.), zur Rechenschaft ziehen, rächen, ahnden wollen (?). — II2 suchen (abs.: Weg zu *urḫa ana*, Prozeß und Klage *dēna dabāba* mit *itti*), eine Untersuchung anstellen (über: *ana*), Nachforschung halten (nach: *ana*). — II3 nachstellen (Zauberin, jdm.: acc.), eindringen (auf: acc.). — *ēnuma tebē-šu* wenn du (es) willst (?), *bu'ū qāta* heimsuchen, ahnden; *bu'ū qaqqada* nach dem Leben trachten.

ba'ītu Gegenstand des Begehrens.

teb'ītu Nachforschung (spez. über die Gesundheit e. Sklaven bei dessen Ankauf).

bā'u (ב6א1א) hineingehen, eintreten (in: *ina, qereb*), eindringen (in den Himmel *šamē*, in die Tiefe *apšā*), betreten (: die Erde *erṣeta*), einschlagen (: Weg *ḫarrāna, padāna*); besuchen (Šamaš: Meeresflut, Gebirge, Flachland *mēlī tāmti huršāni erṣeta*); überkommen, herfallen über (mit acc.), sich wenden gegen (?, eine Bestimmung *uṣurta*). — I2 herbeistürzen, sich stürzen; rasen (Büffel *gugallu*, in die Steppe: *qerbēte*). — III/II1 sich stürzen; bringen. — *bā'u sūqa, bā'u rēbita* auf die Straße gehen.

bī'u, pl. *bi'āti* Eingang; Vertiefung (?, einer Mauer *dūri*).

bābu, st. c. *bāb*, pl. *bābi, bābāni* Tor, Stadttor; Tür; Öffnung (e. Kruges *laḫanni*, e. Mondhofes); Einnahmestelle am Tor, Kasse; Kassenbestand (?); Marktpreis (?); Rate. — *bāb āli* Stadttor. *bāb nēberi* Tor an der Fähre (?). *bāb ēkalli* Palasttor, e. Behörde. *bāb ēkurri* Palasttor. *bāb dīni* Gerichtshof. *bābu kamū* Haupttor. *bāb nāri* Verengung e. Wasserlaufs, «Klause», Schleuse (opp. *šeleḫtu*). *bābu rabū* Hauptkasse (?).

bābtu, pl. *bābāti* Tor, Stadttor. — Verlust; Fehlbetrag; Fehler, Schaden (vgl. *māru*); Schuld, Forderung.

bābu Kind.

bību, pl. *bibē, bībāni* Abzugsrohr.

bādu (בית) (am Abend) verweilen (?). — Vgl. בָּאת.

bādu Abend. — *ana bādi* gegen Abend; *kī bādi, ša bādi* abends.

bīdu (Wohn-?)Ort (?). — *bīd* an Stelle von, bei; *ajakā bīd* wo; *ana bīd* wohin (?), wozu (?); *eštu bīd* woher (?), seit.

būdu (?), du. *būdā* Schulter; e. Teil d. Axt.

bi'iltu, biltu e. Gefäß.

ba'ālu, bālu, bēlu *(e)* (באל) mächtig sein, Herr sein, die Herrschaft *(bēlūta)* ausüben, herrschen, in Besitz nehmen, besitzen (: Zufriedenheit *ṭūb libbi*); lichtstark werden (Gestirn, opp. *ūtammulu, unnutu*). — I2 beherrschen (astrol.). — II1 mächtig machen. — IV1 beherrscht, unterjocht werden.

bēlu, st. c. *bēl*, pl. *bēlū, bēlē* (auch als pl. majest.), *bēli* Herr (auch im Sinne von Gott, König, Gatte); Meister; Eigentümer; Inhaber «Sie» (vous). — *ša bēli* Eigentum (eines Herrn), Besitz, Sache.

bēl-amāti Widersacher, Prozeßgegner. — *bēl-āli* Stadtherr. — *bēl-amēli* Sklavenherr. — *bēl-têrti, bēl-têrēte* «Orakel-Herr», Orakeldeuter, Wahrsager (?); e. Beiname Marduk's. — *bēl-abūbi* «Drachenherr», e. Beiname von Nergal. — *bēl-šēbūlti* Auftraggeber eines Transports. — *bēl-abāri (u dunni)* Herr der Stärke (und Macht), e. Beiname von Nergal. — *bēl-agī* «Diadem-Inhaber», e. Bezeichnung Sīn's (als Vollmond). — *bēl-adē (u māmēte)* den Eidschwüren getreu, geschworener Bundesgenosse. — *bēl-ekkī*, f. *bēlet-ekkī* «Verlustbringer», Nachsteller. — *bēl-ēkalli*, f. *bēlet-ēkalli* Hausgottheit des (königlichen) Palastes, Hoflare. — *lā-bēl-ilāni* s. *lā*. — *bēl-elki* Lehensherr. — *bēl-imṭī* «Herr des Ritzmessers» (?), e. Beiname des Operateurs (?). — *bēl-emūqi* mächtig; Machthaber (auch plur.); e. Beiname von Ninurtu. *bēl-nēmēqi* sehr tüchtig, e. Beiname von Ea. — *bēl-umāši* Starker, Held. — *bēl-aššati* Ehemann. — *bēl-tēnešēte* Herr der Menschheit, e. Beiname von Ea. — *bēl-usāti* hilfreich; Wohltäter. — *bēl(u) semāt* der auf . . . Anspruch habende (König: auf Szepter und Diadem *ḫaṭṭi u agī*). — *bēl-arḫi* «Monatsherr», e. Beiname von Sīn. — *bēl-arni* Frevler, Sünder; Büßer. — *bēl-ušši* Leidender.

bēl-bēti Hausbesitzer, Hausherr (opp. *aššābu*); Hausverwalter, Majordomus (?). — *bēl-nubatti* Herr der Festvorfeier, e. Beiname Marduk's. — *bēl belē u qašāti* Herr der Pfeile und Bogen, e. Beiname von Nergal.

bēl-gemelli Wohltäter. — *bēl-gemri* All-Herr, e. Beiname von Aššur. *bēl-gemrē* Herr der beiden All (d. i. von Himmel und Erde?), e. Beiname von Marduk.

bēl-dīki getötet (Lamm *puḫattu*). — *bēl-dēni* Prozeßgegner. — *bēl-dēqti, bēl-damēqti* gnädig; Wohltäter, Freund (opp. *bēl-dabābi*). — *bēl-dabābi* Ankläger; Widersacher, Feind (auch Schimpfwort; opp. *bēl-damēqti*). — *bēl-dami* Blutsverwandter (?).

bēl-ḫubulli Gläubiger. — *bēl-ḫēṭi* schuldig; Sünder (auch Schimpfwort). — *bēl-ḫenēti* zudringlich (?); Gläubiger (?). — *bēl-ḫasīsi* verständig, weise. — *bēl-ḫarrāni* Unternehmer einer Handelsreise (?).

bēl-ṭābti gut; Wohltäter, Freund. — *bēl-ṭēmi* Berichterstatter (?).

bēl-kūmi Stellvertreter. — *bēl-kēnāti* gerecht. — *bēl-kāri* «Herr des (Handels-)Kais» (?), Beiname von Sīn und Šamaš. — *bēl-kudurrēte* «Herr der Grenzsteine» (?), e. Beiname von Ninurtu. — *bēl-kakki* «Waffenherr» (?), e. Beiname von Ninurtu. — *bēl-*

kussī Thronberechtigter. — *bēl-ekrebi* (Vor-?)Beter.

bēl-lumni böse; Böser, Widersacher. *bēl-lemutti* schlecht; Unglückstifter, Übeltäter, Feind. — *bēl-lišāni* sprachkundig (?); Priester.

bēl-mē-ēnē Augapfel (?, übertr.). — *bēl meṣri u kudurri* Herr von Grenze und Grenzstein, e. Beiname von Ninurtu.

bēl-namra-ṣīt Herr des Glanzaufgangs, e. Beiname von Sīn. — *bēl-manzaz-pāni* Vorsteher. — *bēl-nukurti, bēl-nakēri* Feind, Erzfeind. — *bēl-nepūti* Schuldherr. — *bēl-napšāti* Rächer (?). — *bēl-neqē* Opferer.

bēl-seḫī Aufrührer, Rebell. — *bēl-salīmi* Wohlgesinnter, Gönner. — *bēl-serri*, f. *bēlet-serri* Aufrührer, Feind (?).

bēl-pāḫāti (pēḫāti) stellvertretend; bevollmächtigt; verantwortlich; Vertreter; Statthalter (einer Provinz); Amtmann (?). — *bēl-pāni* Anführer (?). — *bēl-peqetti, bēl-peqettāti, bēl-peqettūti* Beamter.

bēl-ṣalti (ṣassi) Feind. — *bēl-ṣimmi* verletzt, verwundet.

bēl-qātē, bēl-qāṭāti Bürge. — *bēl qabli u tāḫāzi* Herr von Kampf und Schlacht, e. Beiname von Nergal. — *bēl-qellati* Missetäter. — *bēl-qarnē supūri* Herr der beiden Hörner (und) des Hofes, e. Beiname von Sīn. — *bēl-qašti* Bogenschütze, Bogner (?).

bēl-rāmi Liebhaber. — *bēl-redī*, f. *bēlet-redī* Verfolger. — *bēl-narkabti* Wagenlenker. *bēl-narkabāti* Oberbefehlshaber über die Streitwagen.

bēl-šu'i Leberbeschauer (?). — *bēl šīmāti u uṣūrāti* Herr über die Geschicke und Schicksalsbestimmungen, e. Beiname von Enlil. — *bēl-šalṭi* siegreicher Herr (?). — *bēl-šulmi* Wohltäter, Gönner. — *bēl-šamni* Ölwahrsager. — *bēl-šurqi* Bestohlener. *bēl-tarqullī* Kapitän.

bālatu, bēlatu (LW.?), **bēltu,** st. c. *bēlat, bēlet*, pl. *bēlāti, bēlēte* Herrin (auch im Sinne von Göttin), Fürstin; Eigentümerin, Besitzerin. — *bēletni* «Nôtre-Dame», e. Beiname der Ištar von Arbela. — *bēlet-ekkī* s. *bēlu*. — *bēlet-ēkalli* s. *bēlu*. — *bēlet-bēlēte* Herrin der Herrinnen, e. Beiname der Ištar(-Ernina). — *bēlet-balāṭi* «Lebensherrin» (e.) Name der Wega. — *bēlet-līti-ṭaṭma* «Herrin über die Besiegung der Länder», e. Beiname von Išḫara. — *bēlet-māti* Landesherrin, *bēlet-mātāti* Länderherrin, Beinamen von Ištar. — *bēlet-serri* s. *bēlu*. — *bēlet-parṣi* Gebieterin, e. Beiname der Ištar von Arba'ili. — *bēlet-redī* s. *bēlu*. — *bēlet šamē u erṣeti* Herrin über Himmel und Erde, e. Beiname der Ištar.

ba'lu Untertan (?).

ba'ūlu groß, mächtig; f. pl. *ba'ūlāti* Reiche (Herrschaftsgebiete).

bēlūtu Herrschaft; Herrscherwürde; Mannbarkeit (?, opp. *ūm ṣeḫri*); — Herrendienst; s. *alāku*.

bālu (?) (בא$_6$ל?) berieseln, pissen, anpissen (?, Hund: Erde *epēra*).

bēltu Berieselung.

būlu (vierfüßiges) Getier (opp. *amēlu*), Vieh, Viehstand. — *būlu u nammaššē* Vieh und (sonstige) Lebewesen. *būlu anammu* Vieh u. Wild. — *būl-ṣēri* Getier des Feldes; Wild; Wildstand.

bāmtu, bāntu, bāndu, pl. *bāmāti* Höhe (opp. *kēdu*), Anhöhe; Leibeswölbung (?); pl. Hochland (opp. *ṣēru*); du. Rippen; Leib (?).

ubānu (בא$_2$ן?), st. c. *ubān*, pl. *ubānāti* Finger; Zehe; (Fels-, Berg-)Spitze; e. Längenmaß (1/20, 1/24 oder 1/30 *ammatu*), Zoll, auch als Bogen- bzw. Winkelmaß; lobus caudatus (der Leber); e. Art schlanke Vase (?, in Form eines Fingers?). — *ubān lā* mit pms. nicht ein Zoll (fehlte), daß . . . = um ein Haar wäre . . . *ubān lā aṣī ubān lā erēbi* keinen Zoll hervorstehend oder zurückstehend. — *ubānu rabītu* Daumen; große Zehe. *ubānu šanītu* Zeigefinger. — *ubānu qablītu* Mittelfinger; lobus caudatus. *ubānu rebītu* Ringfinger. *ubānu ṣeḫertu* kleiner Finger; kleine Zehe; Warzenfortsatz (der Leber). — *ubān-šēpi* Zehe. — *ubān lemutti* ein boshafter Finger; vgl. *tarāṣu*.

bānu (בא₇ן) geben.

bānu Syn. zu *agū* Kopfbinde.

bēnu e. Tamariskenart.

bīsu e. hölzerner Gegenstand.

bēṣu totschlagen (?).

bēṣu Ei. — Mutterleib.

būṣu Byssus. — Vgl. *peṣū*.

būṣu Steinhuhn.

ba'āru, bāru *(a)* (בא₁ר) aus der Tiefe holen, fischen, fangen (: Fische, Vögel), jagen, haschen, einholen, umfangen (Netz *gišparru*).

bēru tief, hoch (?, Berg *šadū*, *ḫuršānu*).

bēru, pl. *bērūti* Tiefe, Brunnen, Zisterne; Graben.

bērtu, pl. *bērāti* Quelle.

būru, pl. *būrāni* Loch, Brunnen, Brunnquell, Grube, Zisterne; ein Flächenmaß = *3 eblu* = 63510,5 qm. — *būru ša nūni* Fischteisch. — *ša būri* e. Fisch.

būrtu Tiefe, Brunnen, Zisterne. — *būrti narmaki* Waschbrunnen.

bā'eru, f. *bā'ertu, bārtu,* pl. *bā'erūti, bā'rāti* Fischer; Jäger; e. (leichtbewaffneter?) Soldat. — *bā'er kātimti* mit dem Netz arbeitender Fischer.

bā'erūtu Fischfang.

ba'ūru Jagd, Fang. — *ba'ūru ša ṣēri* Feldjagd.

bu'ūru Fang, Jagdbeute.

nabārtu Reuse; Käfig. — *nabārtu ša nēši* Löwenkäfig.

bi'āru (בא₂ר) Fleck auf der Haut.

bu'āru (בא₂ר?) Freude.

bāru fest sein, stark sein (Person); deutlich werden. — II₁ deutlich machen, genau angeben, feststellen, bestimmen, nachweisen, beweisen, erweisen (sich *pagar* + suff.); deklarieren (: Getreide *še'a*); zuerkennen, zusprechen (etw.: acc., jdm.: *ana*), übertragen, anweisen (: Geld *kaspa*); jdn. e. Tat überführen. — II₂ festgestellt sein; feststellen, bezeugen (daß: *kīma*). — IV₁ festgestellt werden (Urteil *dēnu*). — *bu'uru ina maḫar ili* e. Schätzungseid leisten. Vgl. *abāru*.

bu'erru, bu'ertu, būrtu Feststellung, Deklaration, (eidliche) Aussage.

ba'ūru Beweis.

bāru aufwiegeln, Aufstand erregen.

bārtu Aufstand, Empörung, Widerspenstigkeit. — *an-bārti* Aufstand. — *bārtu eli bārti* Empörung über Empörung, e. Aufstand nach dem anderen.

bārānū aufrührerisch, Empörer.

bīru junger Stier. — mächtig.

būru Junges, Sprößling, Kind; junger Wildstier (auch Beiname des Mondes). — e. Vogel. — (Neuangetretene?) Amtsperiode.

būrtu junge Kuh.

bēru Doppelwegstunde, Wegmeile, Meile; Doppelstunde; Himmelsmeile = 54000 Erdmeilen. — *bēr qaqqari* Wegmeile.

bīrtu, bērtu, pl. *bīrāti, bērēte* Fessel (von Eisen *parzillu*); — feste Stadt, Burg; Befestigung (?); (festes) Landhaus (?).

bīrtūtu Befestigung, Festung.

būru, burru s. *pūru*.

bāšu (בא₁ש) übelriechend sein; schlecht sein; drohend sein (Antlitz *pānu*); scheel ansehen (jdn. *ina eli*). II₁ schlecht machen (: Ruf *šuma*).

bi'šu, bīšu übelriechend; verfault (Palme); schlecht, böse. — *pīšāti* (?) Bosheiten (?).

bu'šu übler Geruch. — e. Pflanze.

bu'šānu, būšānu übler Geruch, Gestank; — e. übelriechende Pflanze.

tabāštānu, pl. (?) Unrat, Exkremente.

bâšu (בוש$_6$) sich schämen, sich scheuen; zuschanden werden. — II$_1$ zuschanden werden lassen.

bâ'išu einer, der sich schämt.

baštu, baltu f. (männlicher oder weiblicher) Schamteil; Scham, Scheu, Ehrfurcht; Vollkraft, Macht, Ansehen. — *ša bašti* vollkräftig.

bultu, buštu (männlicher oder weiblicher) Schamteil; Scham, Scheu; Stärke, Macht.

bêšu sich entfernen.

bâtu (באת$_7$) nächtigen, übernachten, die Nachtruhe *(nubatta)* verbringen, der Ruhe pflegen; «schlafen» = vom Himmel abwesend sein (Mond); e. nächtliche Feier *(bajâtu)* veranstalten; wohnen. — I$_2$ die Nacht zubringen (Hund *kalbu*, auf der Straße *ina rêbiti*). — Vgl. *bâdu*.

bajâtu nächtliche Feier, Notturno.

bîtu, bêtu, st. c. *bêt*, pl. *bêtâti, bêtêti* Haus, Wohnhaus, Hausgrundstück (vgl. *epêšu*); Hausraum, Zimmer, Wohnraum; «Dom», Tempel, Kapelle; Gehäuse, Behälter; e. Hohlmaß; Region (astrol.-astron. von Himmelskörpern); Familienbesitz; Hauswesen, Haushalt, Familie, (mit EN) Sippe, Gemeinde. — *ina bêtika* aus deinem Besitz, aus deiner Tasche. *ša eli bêti* Hausverwalter, Hausmarschall. — *ša itâ bêti* Nachbargrundstück. — *bêt-ûmi* «Tageshaus», e. Bezeichnung von Esagil (opp. *bêt-mûši*). *bêt-abi* Vaterhaus, väterliches Hausgrundstück; Familie (?). *bêt-abûsâti* Stall(-Gebäude). *bêt-aburri* gemeinsamer Wohnraum (opp. *bêt-berêti*). *bêt-eṭê* Behausung der Finsternis, Hades. *bêt-akîti* Festhaus. *bêt-akli* Sekretariat. *bêt-tâkulti* Schmaushaus. *bêt-eklêti* Dunkelraum, finsteres Gemach. *bêt-ili*, pl. *bêtât-ilâni* Gotteshaus, Tempel. *bêt-ili-bêti* Kapelle (?) des Hausgottes. *bêt-tâlakti* überdeckter (?) Korridor (?). *bêt-amêli* Patrizierhaus, Herrenhaus. *bêt-tâmarti* Sternwarte; Region der Beobachtung (?, sc. des Neulichts bzw. der Vollmondphase). *bêt-unâti* Zeughaus (?). *bêt-an-zaqar* Turmgebäude. *bêt-alti* Frauenhaus, Harem. *bêt-aštammi* (Tempel-)Bordell. *bêt-asâki* finsterer Raum, Keller. *bêt-esennâti* «Behausung der Feste», e. Beiname von Arba'ili. *bêt-asuppi* Speichergebäude (?), Schuppen (?). *bêt-esêri* Käfig. *bêt-mêsêri* Gefängnis. *bêt-apti* Gewölbe (?). *bêt-appâti* Fensterbau (? = *bêt-ḫillâni*). *bêt-eqi* Gießhaus, Gießerei (?). *bêt-nêrebi* entrance hall, Vorhalle. *bêtât-ardi* Dienerräume. *bêt-ararri* Haus der Handmühlen-Arbeiter, Mahlhaus. *bêt-erši* bed-room, Ruhegemach; Hochzeitsgemach. *bêt-urši* Innenraum. *bêtât-šubat-âli* städtische Wohnhäuser.

bêt-bûṣinni Lampe. *bêt-bapperi* (?) Bräuhaus (?). *bêt-berête* (getrennter) Einzelwohnraum (opp. *bêt-aburri*).

bêt gegunî Grab; Unterwelt (?). *bêt-gipâri* Gelaß von Gottheiten. *bêt-gišimmari* Dattelpalmenhain (?).

bêt-dajâni Gerichtshof. *bêt-dannati* Gefängnis. *bêt-dûri* Mauerbau (an oder in e. Tempel). *bêt-dûri ša* ummauert mit (?).

bêt-zî (?) Abort. *bêt-zibi* Opferraum. *bêt-zikrêti* Hurenhaus, Tempel-Bordell.

bêt-ḫillâni Fensterbau (?, nach hethitischem Vorbild).

bêt-ṭâbti Salzbüchse (?). *bêt-ṭaḫî* Ehegemach (?). *bêt-ṭuppi* Bibliothek, Schule.

bêt-kêdi Landhaus (?). *bêt-kîli* Gefängnis(-Gebäude). *bêt-kilûti* Kloster. *bêt-kârê* «Gebäude für die Kaiabgaben» (?), Zollgebäude (?, Lagerhaus?). *bêt-kalakki* Lagerhaus (?). *bêt-kunukki* verschlossenes Vorratshaus; Archiv. *bêt-ekrebi* «Gebetshaus», e. Beiname des *bêt-akîti*. *bêt-kurunni* Schnapsschänke. *bêt-kutalli* Rückgebäude.

bēt-majāli Ruhegemach. *bēt-mār-banī* Haus der Frauen (vgl. *šapāru*). *bēt-mūši* «Nachthaus», e. Bezeichnung von Ēzida (opp. *bēt-ūmu*). *bēt-mūti* Unterwelt. *bēt-maḫēri*, pl. *bēt-maḫērāti* Kaufhaus, Laden. *bēt-mikiti* Ölbehälter (?). *bēt-makkūri* Finanzgebäude. *bēt-makkūr nidintu šarri* Aufbewahrungshaus der königlichen Abgaben. *bēt-mummi* «Haus der Ahne» (?), Gelehrtenschule, Akademie. *bēt-musāti* Abort. *bēt-maṣṣārti* Gewahrsam, Gefängnis.

bēt-nūri «Licht-Haus», Name einer Beschwörung. *bēt-tinūri* (zum Tempel gehörige) Backstube (?). *bēt-nāri* «Strom-Haus» (Ea's). *bēt-nakkāmti*, *bēt-nākāmāti* Magazin; Schatzhaus. *bēt-namūrāti* Schatzhaus (?). *bēt-neṣērti* Schatzhaus.

bēt-sābī Schenke. *bēt-sala'-mē*, *bēt-šalāmē* Tauch-Haus (rit.).

bēt-pūḫi e. zum Tausch bestimmtes Hausgrundstück. *bētu ša pagri* Mausoleum. *bēt-napṭari* Haus des Schlüssels. *bēt-papaḫi* Heiligtum. *bēt-peresti* Entscheidungsstätte, Orakelhaus (Ištar's, e. Beiname von Ē-ulmaš). *bēt-tapšuḫti* Haus bzw. Tempel der (göttlichen) Beruhigung.

bēt-ṣēri Zelt. *bēt-ṣibitti* Gefängnis.

bēt-qātē Vorratskammer; *bēt-qebēri* Grabkammer; *bēt-qimaḫḫi* Mausoleum. *bēt-qāqar-āli* städtischer Baugrund (?). *bēt-qašti* «Bogenland».

bēt-retti Pachtland (?). *bēt-redūti* Thronfolgegebäude, Kronprinzenpalast. *bēt-remki* «Waschhaus», Libationsraum (rit., auch Serienbezeichnung); *bēt-marqīti* Zufluchtsort; *bēt-ruqpi* Scheunenbau (?).

bēt-maškanūti Pfandgrundstücke. *bēt-šikāri* Kneipe. *bēt-mušlali* Treppenbau (?). *bētāt šamē u erṣeti* Lehrhallen (? mit Unterricht über Vorzeichen?) von Himmel und Erde. *bēt-šarri*, *bēt-šarrūti* Residenz. *bēt-šutummi* Gebäude des Vorratshauses.

bēt-mutīrēti Flügelturmhaus (= *bēt-ḫillāni*). *bēt-tuklāti* Stützpunkt, Garnison. *bēt-tamqarē* Herberge (?) der Kaufleute.

bētānu Innenraum (?); Palast (spez. dessen innerer Teil?); best. (innere?) Abteilung e. Tempelkomplexes. — *ina bētāni* innerhalb (?); gegenüber. — *bētān šepti* Zahnfleisch (?). — *ša eli bētāni* Hausinspektor.

bētānū innen (Mauer *dūru*, opp. *kīdānū*; Tor *bābu*).

bētbētiš Haus für Haus.

nubattu Nachtruhe; Abend (opp. *šērtu*, *ši'āru*); Vorabend, Festvorfeier. Vgl. *ūmu* (ם‎א6א7).

bubu (?) in *bub pāni* Fläche (?) des Gesichts.

bubū e. Monat.

bubu'tu, ***bubūtu***, ***bubtu***, pl. *bubāti* Schlamm, Schmutz; e. Hautkrankheit; — Speise, Nahrung; — Mangel (an Nahrung *ša akāli*), Hunger; — (doppelt vorhandener, zerbrechlicher) Teil eines Wagens.

bibbu Wildschaf; Planet; einer der fünf Planeten, Merkur (?).

babāku bringen. Vgl. *abāku*.

babālu bringen (: Zedern *ereni*, von: *eštu*, nach: *ana*; : Überfluß *ḫegalla*, *nuḫša*), tragen; wegnehmen; hervorbringen; darbringen (: Opfer *igisē*); begehen (: Sünde *ḫiṭa*), üben (: Nachsicht *pāna*): antreiben zu. — IV1 gebracht werden. — *bābil pāni* nachsichtig. — Vgl. *abālu* und *tabālu*.

biblu, st. c. *bibel*, pl. *biblāni* Hervorgebrachtes, Erzeugnis (des Landes *māti*, des Wassers *mē*, auch abs.), Äußerung (des Wettergottes *Rammān*); Dargebrachtes, Geschenk; Brautwerbungsgeschenk, Morgengabe; Antrieb, Verlangen; Verschwinden (des Mondes). — *bibil libbi* Wunsch. *bibil qāti* s. unter *rašū*. — Vgl. *bibbūlu*.

(***bibeltu***,) st. c. *biblat*, pl. *biblāti* Ertrag, Erzeugnis. — *biblat libbi* Wunsch.

bubultu Hervorbringung; Geschwulst.

bibbūlu, biblu (?) Hochflut.

bubbūlu, bumbūlu Verschwinden, Unsichtbarkeit; Zeit des Verschwindens u. des Wiedererscheinens (des Mondes). Vgl. *ūmu* (םא6א7).

biblū e. (Edel-)Stein.

babbanū (sum. LW.) vollwertig (Geld); vgl. *šumu*.

bibānu, pl. *bibānūti* bautechnische Bezeichnung (Giebel?, Zinne?).

bibīnu Kopf (?), Spitze (?), obere Grenze.

bibīndu Abgrenzung (?, nach oben?).

bibīnakku e. Raben- oder Krähenart (?).

bibru e. Gegenstand aus Silber (*kaspu*).

bibrū e. Vogel.

babaru Syn. zu *qīštu* Wald.

buginnu, bugīnu (?) e. Art Schale für Lebensmittel (Attribut des Mondgottes).

bagurru (?) e. Kultgefäß.

budulḫu Bdellium, indische Myrrhe.

budduru, bunduru e. Gegenstand aus Rohr.

badāšu (?) gelb bzw. grün sein (?).

(bazū) (א1זב?) II1 beschimpfen, beleidigen (?). — II2 beschimpfen (?).

baziāti, bazāti (pl.) (LW.) eine Affenart.

baziḫarzi (?) e. (paarweise gebrauchter) lederner Gegenstand.

(bazālu) II1 binden (?), bannen (?).

biziqtu (?) Geschwür, Pustel (?).

baḫū s. *ba'u* (באא5).

baḫūtu e. Pflanze.

baḫulāti (pl.) Mannen, Kriegsmannen.

buḫlalu, (pl.) *buḫlalē* e. (speziell elamitische?) Priesterklasse.

(baḫāru) II1 räuchern (?).

baḫru, pl. *baḫrū, baḫrūti* geräuchert (?); pl. Räucherwerk; Räucherbecken (?, aus Bronze *siparru*).

(baḫḫāru?), baḫāru (?) Räucherwerkhändler (?).

baḫuru e. Pflanze.

baḫrū e. Pflanze.

baṭū e. Gefäß (?, von Bronze *siparru*).

baṭālu *(i)* aufhören, zu Ende sein (Tag *ūmu*); mit der Arbeit aufhören, feiern; in Wegfall kommen (Opfer; Festtag *ūm-ili*); aufhören lassen, wegfallen lassen, versäumen; negiert mit folgd. präs.: ununterbrochen. — III1 aufheben, aufgeben, abschaffen (: Tribut, Opfer, ein Lied *zamāra*), versagen; mit Inf. unterlassen, unterbrechen (: Marsch *alāka*). — IV1 aufgehoben werden.

baṭlu, f. *baṭiltu*, pl. *baṭlāti* aufhörend (opp. *kajānu*), abgeschafft; zur Entlassung kommend (Truppen *ṣābē*); (f.) das Aufhören, Wegfall, Abschaffung.

buṭnu Inneres (?, sc. der Erde), Mine (?).

buṭnu, buṭnatu, buṭuttu Pistazie. — *buṭnu ša šadī* Bergpistazie (?).

buṭuttu enthülster Emmer, Emmerkerne.

buṭnanu Pistaziennuß.

bakū (בכא7) weinen, beweinen (: Grab *qabra*), wehklagen, weinend ausrufen (mit vorangehender or. dir.), winseln (Hund), «weinen» = verdüstert sein (Sonne). — I2 weinen. — I3 wiederholt weinen. — II2 schluchzen. — III1 weinen lassen.

bakkū, bākū, f. *bakkītu, bākītu* weinerlich (kleines Kind *ṣeḫru*); Klagemann, f. Klageweib, Klagevogel.

bikītu Weinen, Wehklage, auch als Bußritus; Trauer (um jd.: *ina eli*), Verdüsterung (der Sonne).

bakuḫū (LW.?) Syn. zu *perḫu* Sproß.

bukannu, bukānu, pl. *bukkanū* Stempel (?), Klöppel (?, eines Mörsers *madaqqu*); Stäbchen (?, s. *etēqu*). — e. Pflanze.

bakru (südsem. LW.) Kamelfüllen.

bakkaru Kamelfüllen.

bikru Geschmeide (aus Gold oder *ḫulālu*).

bukru, f. *bukratu*, *bukurtu* Erstgeburt, Erstgeboren er. — *bukru rēštu* Allererstgeborener.

balū (בלא₇) nicht da sein, zunichte sein, zunichte werden, vergehen, verwehen (Rauch *quṭru*), ausgehen (Haar *muttatu* durch Krankheit *ina murṣi*), verlöschen; («in Anbetung vergehen»? =) anbeten. — I₂ erlöschen. — II₁ zunichte machen, vernichten; auslöschen (: Feuer *išāta*, Glut *la'ma*), löschen (abs.). — IV₁ zunichte gemacht werden. — *bullū qarnā* (jds.) Macht brechen.

balū Mangel. — *balū*, *balī*, *balā* mangels, ohne; ohne Erlaubnis. — *ina balī* ohne. — *aššum balī* wegen Mangels an.

belū, f. *belītu*, pl. *belē* zunichte, zerrissen (Kleid *ṣubātu*), verlöscht (Fackel *ṭiparu*). — *ša kinūnšu bilū* «dessen Herdfeuer erloschen ist» = verstorben. — pl. Lumpen, Kleider.

belāti Vernichtung.

bulū Dürrholz.

bulāt abgesehen von, außer.

belē e. best. Art Waffen (Pfeile?). — *belē qarābi* Kampfpfeile (?).

balgi (LW.?) e. Fisch.

balaggu, balangu (sum. LW.) e. Musikinstrument (Pauke?).

(balādu) III₁ aufwenden, verwenden (? auf: *ana*).

billudē (pl.) Kultgeräte (? Weihgeschenke?, Aufwendungen?).

baliḫu e. Örtlichkeit (Teich?).

baluḫḫu, *baluḫu* Steineiche (?); deren Harz (? *ḫīlu*).

balāṭu, balātu (u) leben, gesund sein, frisch sein; leben bleiben, gerettet werden, gesunden (erkrankter Körper *marṣūtu*); pms. am Leben sein (opp. *mīt*), übrig sein. — I₂ genesen. — II₁ am Leben erhalten (im prec. als Grußformel), das Leben (*napišta*) erhalten, am Leben lassen, Leben schenken (opp. *mūtu*); Lebensmittel verschaffen (jdm.: acc.), mit Lebensmitteln versorgen; heilen (: Skorpionenstich *zuqaqīpa*, Schlangenbiß *šenni ṣēri*); gesunden lassen (: Land); lebendig machen, wieder lebendig machen (: Toten bzw. Todkranken *mīta*), auferwecken (aus dem Grab *ina qabri*); am Leben lassen. — II₂ das Leben schenken; am Leben lassen; gesund machen (: e. Menschen *amēla*), heilen (: Auge *ēna*, erkranktes Gelenk *šer'āna marṣa*). — III₁ Leben schenken (opp. *mūtu*). — IV₁ (?) s. *nablāṭu*. — *balāṭu u šalāmu* gesund und wohl sein. *bulluṭu mīta* e. Toten erwecken; e. (Tod-) Kranken heilen; e. zum Tode Verurteilten begnadigen.

balāṭu Leben (opp. *mūtu*), Lebensdauer, Lebenszeit, Errettung, Heilung, Wohlfahrt, Gesundheit; Lebensunterhalt, Lebensmittel; Umtrieb (? e. Baumgeneration). — *balāṭ ūmi* Lebenszeit; (vgl. *ūmu* אם₆א₇). *balāṭ nakāmetti* e. Leben von Bestand, beständiges Leben. *balāṭ napišti* «Leben der Seele» = Leben. *balāṭ rēšāti* Wohlleben. *balāṭu u šalāmu* Wiederherstellung der Gesundheit.

balṭu lebend, lebendig, gesund, frisch (opp. *bašlu*), aus grünem Holz (Balken *gušūru*). — *balṭu u šalmu* gesund und wohl. *ina baltu u šalmu* im Falle der Wiederherstellung.

balṭānu lebend.

balṭītu, bulṭītu Holzwurm.

balṭūtu Zustand des Lebendigseins; mit suff.: lebendig.

bilaṭu Errettung.

bulṭu Lebenszeit; Gesundheit; Heilung (eines Ohrenleidens *ša uznā*, von Zahnweh *ša šenni*). — *ina bulṭi* bei Lebzeiten.

(bulṭītu?,) pl. (?) *bulṭētu* Heilung.

muballiṭu 'reviver', Riechbüchschen (?, aus Gold oder Elfenbein).

muballiṭānu Lebensretter.

nablāṭu Lebendigbleiben. — Vgl. *lā*.

(bulaṭu'u) IV1 besiegt werden (?), unterliegen (?).

balukku Ferula (?).

bulakutu abfallen; vordringen, hervordringen, hervorrutschen (Zunge *lišānu*), rutschen (Erde *erṣetu*). — III1 zum Abfall bringen (: Land *māta*, von . . . weg: *ina qātā*, zu . . . hin: *itti*), abziehen (: Fell), entreißen (: Thron), verdrehen, ändern (: Türen *dalāti*, Recht *dēna*, Wort, Rede *pā*, das Gute [?] *banāti* [?]). — III2 wegdrängen (?). — IV1 erklettern, übersteigen (: Berg *šadā*, Gebirge *šadū*), hinübergehen (zu: *ana*); aufsteigen, hervorbrechen (Sonne); sich empören (gegen: *ṣēr*), sich auflehnen (gegen das Schicksal *uṣūrtu*), vertragsbrüchig werden; kommen (?, von Herzen *ina libbi*). — IV2 in Aufruhr geraten (Stadt *ālu*), in Unruhe geraten (Gelenke *riksū*); vertragsbrüchig werden, überschreiten. — IV3 überschreiten (: Berg *šadā*); klettern (Dämonen, von Haus zu Haus *ištu bēti ana bēti*), vorwärts drängen (?, Planet); abfallen (von: *ina qātā*).

nabalkattu Leiter.

nabalkattānu Aufrührer, Empörer, Vertragsbrüchiger (Schimpfwort).

nabalkuttu Aufruhr, Auflehnung.

balālu *(u)* ausschütten, beschütten, besprengen (mit: *ina*); mischen. — II1 ergießen (: Samen *nīla*); mengen, mischen (mit: *ina, itti*); (Metalle) legieren, durcheinander bringen; überfallen. — II2 begossen werden, bedeckt werden (Waffe *kakku*, mit Staub *ina epēr*); pms. beschüttet sein (mit seinem Samenerguß *nīlšu*).

ballu Syn. zu *emrū* Viehfutter.

(ballu,) pl. *ballūti* gemischt (Spezereien *riqqi*).

billu Mischung, Mixtur.

billatu Aufguß (?, von Wein *karāni*).

billītu Mischbier (?).

nablālu ein Mischgerät, aus Rohr.

tableltu Berieselung (?).

balīltu, sam-balīltu Bockshornklee.

bulālu e. Pflanze.

bulīli e. Vogel.

balāṣu in *tuballaṣ* e. Elsterart (?).

balluṣītu e. Elsterart (?).

balru, st. c. *balar* Himmelsrichtung, Seite, Ufer.

ballurtu, billurtu, pallurtu, pillurtu, pīlurtu (LW.?) Kreuz (von Sternen *kakkabāni*, von den Lichtbahnen, *mešḫu*, zweier Sternschnuppen *kakkabāni*), Kreuzung; Haarflechte (?); Siegel in Kreuzform (?). — *kīma billurti* kreuzweise. — *pallurti 4 ḫarrānāti* Kreuzweg.

balātu s. *balāṭu*.

baltu e. Dorn- oder Distelart. — *baltu piṣū* «Weißdorn», *balti šadī* «Bergdorn», zwei Spezies davon. *balti u ašāgi* «Disteln und Dornen». — Vgl. *bāšu*.

belit, belitti Fruchtbäume (?).

beltu s. *abālu*.

bumbūlu s. *bubbūlu*.

binu Sohn. — *binbinu* Enkel.

bintu Tochter.

banū (בנא) bauen, erschaffen, schaffen (opp. *abātu*), bilden, erzeugen, machen, verfertigen (: Abbild *tamšela*); erfinden, planen; machen zu (mit dopp. acc.). — I2 anlegen (: Park *sarmaḫḫa*). — II1 s. *banū* II. — III1 bauen lassen. — III2 herstellen, schaffen. — IV1 gebaut werden, erschaffen werden, wachsen (*iṣu* Holz). — IV2 erschaffen werden. — *banū usāt dameqti* e. Wohltat erweisen.

bānū, f. *bānītu*, *bāntu*, st. c. *bānat* Erbauer, Erzeuger, Schöpfer, Maurer. — *bān kalamu* All-Schöpfer, e. Beiname Eas. *bānat gemrā* All-Schöpferin, e. Beiname Bēlet-ili's.

banū (legitim) erzeugt. — *mār banī* s. *māru*.

benītu, pl. *bēniāti, bēnati, bēnēti* Glied; pl. Gliedmaßen, Leib, Gestalt.

binūtu Geschöpf, Erzeugnis, (äußere) Erscheinung. — *binūt nūni* etwas wie ein Fisch (Mißgeburt). — *binūt agī* e. Pflanze.

bunnu, būnu Gestalt, (äußere) Erscheinung; Kind. pl. *bunni bunni* Gesichtszüge, Antlitz.

biniannū, bunnannū, bunnānū, būnānū Erscheinung, Gebilde, Gestaltung, Gestalt; Name e. Omenserie.

mubannū e. Beamter, Bauaufseher.

nabnītu Schöpfung, Erschaffung; Machwerk, Bau; Form, Gestaltung.

(tabbānu,) pl. ***tabbānūtu*** Bau, Gebäude.

tabīnu, pl. (?) *tabīnāti* (schützender) Bau, Obdach.

tabnītu Geschöpf, Erzeugnis. — *tabnīt tiāmat* Meerungeheuer (Schimpfwort).

banū hell, licht, heiter sein. — II1 hell, licht machen, glänzend machen, schön machen, zieren, prächtig einrichten (: Wohnsitz *admana, šubta,* Bauwerk *šupulti šikni*).

banū, f. *banītu,* pl. *banāti* hell, leuchtend (Antlitz *pānu*), heiter (Sinn *egerrū*), gut, schön (Diener *ardu*, Einvernehmen *amātu*), rein (Gold *ḫurāṣu*), froh (Botschaft *ṭēmu*, Tag *ūmu*); *banītu, banāti* Gutes; — *bani ša . . .* schön daß . . .! *ki banīti* im Guten (?). *ina banāti* freundlich.

bānūtu Schönheit, Reinheit.

banberru Lederwams (?).

bangab'gabbū (sum. LW.) e. Schöpfgerät (rituell).

bandū (sum. LW.) Stütze.

bunduru s. *budduru.*

bunzirru Rohrzaun (?).

bennu Krampf (?); Fallsucht (?).

buninnu (sum. LW.) Behälter (?). — *buninnu ša mē* Wasserschüssel (?).

basi schnell, sofort (?). — *bislātu* s. *pasālu.*

(busmu?,) f. *busumtu* (בסם?) lieblich (?); e. süßes Getränk (?).

(basāru, pasāru) (בסר) II1 verkünden, e. Botschaft bringen (jdm.: *ana*). — II2 verkünden.

passūrtu, *pāsūrtu* Botschaft.

bussurtu, st. c. *bussurat, būsurat, busrat,* pl. *bussurāti* Botschaft. — *bussurat ḫadē* Freudenbotschaft.

(mubassiru,) mupāsiru Herold.

bappiru (sum. LW.) Bierbrot, Malzbrot.

bappirū, pl. *bappirūti* (?) Brauer.

(baṣālu) II1 binden, schnüren.

baṣeltu Kopfbinde (?).

beṣeltu, pl. (?) *beṣlāti* Fesselung (?).

buṣinnu, buṣīnu Licht; Armleuchter. — Königskerze.

baṣṣu, bāṣu Sand, Sandhaufen, Sanddüne; — e. Gefäß. — *bāṣu ša nāri* Fluß-Sand.

bāṣiš wie Sand.

būṣu (?), pl. (?) *būṣē* e. best. Art von Erdboden. — Vgl. *qaqqaru.*

baṣāru einschneiden, zerschneiden, zerfleischen (Hund *kalbu*: Leichnam *pagra*). — II2 zerreißen (?,: e. Dokument).

biṣṣūru, bīṣūru, biṣru weibliche Scham (bei Menschen und Tieren). — *biṣṣūr atāni* e. Pflanze; — e. Stein. *bissūr kabitti* e. Teil der Leber.

biṣru Zwiebel.

baqālu, Syn. zu *babālu, arū* bringen.

buqlu Graupen.

biqlitu e. Art Graupen?.

baqāmu *(u)* raufen, rupfen (: Schafe *ṣēni*), abernten (: Wolle tragende Bäume *iṣṣū nāš šipāti*), sich ausraufen (: Bart *zeqnā*, Zeichen der Trauer).

buqāmu ein der Wolle durch Ausrupfen beraubtes Tier.

buqūmu das Rupfen, Wollrupfen (der Schafe).

baqāqu (?) *(u)* verbreiten (: Licht *nūra*).

baqqu Mücke.

buqāqu Mückchen.

(baqāru) II1 pflügen (?,: Felder *qarbāti*).

baqāru s. ***paqāru.***

baqartu e. Gefäß.

baqašu groß.

(barā'u, barū) (בּרא) hungern, Hunger leiden (Menschen, Tiere).

bāriu, bērū hungernd, hungrig.

būru Hunger.

bērūtu Hunger, Hungersnot (?).

nibrētu Hungersnot.

barū (בּרא) sehen, schauen, besichtigen, blicken (abs., Augen *ēnā*), eine Vision *(bēra)* haben, ersehen (an jd.: acc., daß: *kīma*), vorfinden; durchschauen; dúrchschauen, prüfen, kollationieren (: Schriftstück *ṭuppa*). — I2 sehen, schauen. — II1 feststellen. — II2 (jdn.) veranlassen, sich sehen zu lassen, laden (vor: *ana pāni*); als Augenzeuge (gegen jd.) auftreten. — III1 sehen lassen, schauen lassen (: Nachtgesicht *tabrīt mūši*, Traumgesicht *šutta*); zeigen (mit dopp. acc.), kundtun (: Namen *nibīta*, *nibīt šumi*, jdm.: acc.). — III2 sich zeigen (Planet) (vgl. *barāru*). — *muštabarū mūtānu* der Verderben zeigt (Beiname von Mars).

bāru Aufseher. — *bāri māti* Landesaufseher, Beiname von Šamaš.

bārū, pl. *bārūti* Seher, Beschauer, Wahrsagepriester. — *bārū tērēti* Zeichendeuter.

bārūtu Ausübung des Seheramtes; Wahrsagepriestertum, Wahrsagekunst; Lekanomantie.

ber'u, berru, bēru Fenster, Ausguck (?); Gesicht, Vision; Schau (des Wahrsagens). — *ina bēr* durch Wahrsagung.

berūtu Vision, Gesicht.

šabrū Seher; Traumdeuter.

tabrītu Gesicht. — *tabrīt mūši* Nachtgesicht, Traum.

tabrāti (pl.) Anschauen, Anstaunen, Staunen. — *ana tabrāti* zum Staunen, erstaunlich (adv.). — Vgl. *tabriāti* u. *barū* fett sein.

bēru, bērtu Mitte, Mittelpartie (opp. *eḫzu*). — *bēri*, *ina bēri* zwischen, unter; *ina bēri* (mit suff.) gemeinsam, gehörig; *ana bēri* zwischen hinein, unter; *ultu bēri* aus der Mitte heraus; *(ša) bēri* (mit pl.-suff.) Gemeingut, gemeinsames Eigentum (vgl. *kaspu*). — *ina bērti ḫarrāni* im Verlauf einer Reise. — *igār bēri* Trennungsmauer. — *bēret ēni* «Mitte des Auges» s. *madādu*. — *bērti . . . ū . . .*, *bērti . . . bērti . . .* zwischen . . . und . . .

barītu, berītu, pl. *berēti* Scheidung, Trennung, Zwischenraum (zwischen den Zähnen *šenni*); Wand; pl. Gassen. — *berīt purīdi* Gesäßgegend, Hinterer. — *ina barīti*, *ina berīt* zwischen; *ina berīt . . . u ina berīt . . .* zwischen . . . und . . .; *(ina) berīt nāri* «zwischen dem Fluß», (auf einer) Insel (?). — *berīt berīt* entzwei, in zwei Teile geschieden.

nabrū e. Teil des Pflugs (aus Kupfer).

barū fett sein, strotzen, Überfluß haben (Land, opp. *enēšu*). — III2 dick aufstreichen (: Fett *lipā*, auf: *eli*) reichlich spenden. — III/II1 üppig machen, reichlich versorgen. — III/II2 übervoll sein, übersättigt sein, überreich sein (Regengüsse *zunni*).

berū, f. *berītu;* pl. *berūtu*, f. *beriātu* fett, üppig, reichlich; (bestelltes) Feld; üppige Weide; pl. (bestelltes) Feld.

berīš auf üppiger Weide.

berītu Überfluß. — *ina lā berīt* aus Mangel.

barrū strotzend (? Überfluß *nuḫšu*).

bitrū fett, feist,

mubarrū e. Würdenträger.

muštabarrū Spender. — *muštabarrū salīmi* Gnadespender, Bein. des

Merkur; *muštabarrû mûtâni* Pestbringer, Beiname des Mars.

(muttabrû,) f. ***muttabrîtu*** überreich (Glut *nablu*).

šubarrû Reichtum, Überfluß.

tabriu, tabrû, f. *tabrîtu*, pl. f. *tabriâti, tabrâti* üppig, fett. Pl. f. üppige Weiden. — Vgl. *barû* schauen.

burû, pl. *burânê* (sum. LW.?) Rohrmatte.

burbu'âtu, burbuḫâtu pl. (LW.?) runde Löcher (in e. Ölschicht, im [stehenden] Regenwasser *mê-šamê*).

burubalu, burbul (LW.?) unbebautes Hausgrundstück (mit und ohne *bêtu*, opp. *bêtu epšu*).

burbilâti pl. Heuschreckenschwärme (?).

barbaru, f. *barbartu* e. Raubtier, Wolf (?), Hyäne (?); — α Trianguli.

berberru Feuerglanz (der Sonne, von Marduk-Jupiter, des Blitzes).

berberânu feurig glänzend (?).

burgê pl. (sum. LW.) best. Tempelabgaben oder Opferspenden.

bargullu, burgullu Steinmetz, Bildhauer; Siegelschneider; Notar.

burgulûtu Steinmetzkunst, Bildhauerei.

(barâdu) pms. widerwärtig sein, abscheulich sein (Träume *šunâti*).

bardu widerwärtig, abscheulich.

burâdu e. Robbenart (?).

ber'âzi (Am. LW.?) Knöpfchen (?, an der Spitze der beiden Brustschmuckstücke).

burzi burzi e. lederner Gegenstand.

(burzâzu?), du. (?) *burzâzâ* (?) Füllhorn (?).

berreḫḫu s. *pereḫḫu*.

berku, du. *berkâ*, pl. *berki* Knie; Schoß; Penis; Zeugungskraft. — *ša lâ išû berki* impotent (schimpfwörtlich). *berku u iškâ* Penis und Hoden. — *berki alpi* e. Gurkenart. — *berki enzi* ω bzw. ψ Capricorni. — *pitân berki* hurtig (Pferde *sîsê*).

burku, du. *burkâ* Knie; Lenden, Schoß; — Kasse (im Schoß einer Gottesstatue?). — *ša burkê* Lendentuch.

burkitam auf den Knieen.

abruku (?) e. Hausgerät (?).

barilu, barilanu e. Pflanze.

burallu (ind. LW.) Beryll.

barâmu (u) drehen, rollen (: Siegel *kunukka, abna*); siegeln. — II1 winden (: bunte Fäden *ṣerpani*, um einen Stab *ḫatta*); festdrehen, weben, buntweben (?).

barmu, f. *baruntu* (?) verdreht (Auge); f. Faden.

bermu, st. c. *berem* Drehung; gewobener, bunter (?) Stoff. — *berem kanîki, berem kunukki* der Eindruck (?) des abgerollten Siegel(zylinder)s.

burmu in *burmi êni* Iris (?).

burummu, burûmu, pl. *burûmi, burummê* Firmament, (Stern-) Himmel.

burrumu, f. *burrumtu* festgedreht, (bunt?-) gewoben; zwei- oder mehrfarbig, bunt, iridierend (?, Fixstern, Sonnenschein); — (f.) e. Vogel.

(burrumû), f. *burrumîtu* mehrfarbig.

abrummu, amrummu (< **awrummu*?) festgedreht (?, sc. Tür), (festgedrehte) Binde (?, Gurt?).

bitrumu festgedreht, gewoben.

bitrâmu Syn. zu *šelippû* Schildkröte (?).

mubarrimu Seiler (?); (Bunt?-) Weber (?).

tabrîmu (?) Buntfärbung (?, von Wolle *šipâtu*).

barmaḫḫu (sum. LW.) Allerheiligstes (?).

barsû, baršû (sum. LW.) Vollkraft, Reichtum (der Menschheit *tenešêti*, e. Götterbeiname).

bursîtu e. Gefäß (aus Gold, Silber oder Stein).

barsigu, parsigu, paršigu (sum. LW.) Binde; Kopfbinde.

bursaggu (sum. LW.) bestimmte Tempelabgabe oder Opferspende.

berṣu Luftblase (in einer Öllinse).

burṣimtu e. Teil der Tür.

barāqu *(e)* blitzen, leuchten (Blitz *berqu*). — III1 blitzen lassen (Wettergott *Rammān*); mit dem Blitz treffen (: Böse *zamāni*). — III2 wie ein Blitz fällen (: Feinde *za'iri*). — IV3 aufblitzen, aufleuchten (wie ein Blitz *kīma berqi*).

berqu, st. c. *bereq* Blitzstrahl, Blitz (auch dessen Nachbildung aus Holz oder Kupfer *siparru*).

burruqu dunkel(?)äugig.

barrāqītu, barrāqtu (leuchtend f.): e. Edelstein, Smaragd (?); e. Pflanze.

barāru anders werden, sich ändern. — II1 anders werden, sich ändern.

barāru, Syn. zu *eqqelu* Wehklage.

barīrītu in *an-barīrītu* Elend.

barāru glänzen. — II1 erleuchten, pms. leuchten (aufgehender Mond). — II2 spähen. — III2 leuchten, pms. aufleuchten (Mond). — IV2 umherspähen. — IV3 umherspähen (?, Jagdhund *kalbu ṣā'idu*).

barru geläutert (Silber *kaspu*).

barīru Glanz.

barārītu, barārtu Zeit des Sternenaufgangs; erste Nachtwache; vgl. *maṣṣartu* unter *naṣāru*.

birūru Glanz.

(burruru,) f. *burrurtu* erleuchtet, leuchtend.

bariratu Ferula Persica.

berru e. Hausgerät.

(berratu,) pl. *berrāti* e. Kleidungsstück.

burru e. Teil des Schiffes.

beršu e. Art Wollstoff.

burāšu (westsem. LW.?) Zypresse.

berbantu s. *purāšumu*.

basū (א7,בשׁ) sein, dasein (opp. *jānu*, auch = gewachsen sein, Getreide *šē'u*), bestehen, vorhanden sein (bei: *maḫar*), sich aufhalten (bei: *itti*), stattfinden, vorgehen; gehören (jemandem: *ana*); haben (mit dat. d. Pers. oder *eli*: Lebensmittel *balāṭu*, Gewinn *nimēlu*); betreffen; kommen (auf: *ina eli*; in den Sinn *ina libbi, ina kabatti*); zuteil werden (jemandem: *ana*); gerichtet sein (Sinn *uznā*, auf: dat. *ana*); möglich werden, möglich sein (Fußfassen *šēpi*; etw. zu tun: Inf.); lasten (Zinsverpflichtung *ḫubullu*, auf: *eli*); behaftet sein (Glieder *mešrēti*, mit Krankheit *marṣiš*). — III1 sein lassen (im Sinn *in uznē*), ins Dasein rufen, das Leben geben (: Knaben [und] Mädchen *mārē mārāti*), herbeiführen, veranlassen, erregen (: Verlangen *uznā*; Aufstand *sīḫa, saḫmašta*, gegen: *eli*); begehen (: Sünde *ḫiṭṭu*, Unrecht *riggāti*), verschulden (: Schaden *ḫiṭīta*). — III2 zur Existenz bringen, gebären (: Kinder *māri*); produzieren (: Getreide *šē'a*). — IV1 produziert werden (Getreide *šē'u*, Feldfrucht *ebūru*), vorkommen, erstehen, vorhanden sein, herrschen (Hungernot *nibrētu*), erschallen (Schreien *šisītu*), sich ergeben (Reklamationssumme *rugummū*), gerichtet sein (Augenmerk *ēnu*), werden (Herr *bēlu*), gehören (zu: *ša*). — IV2 produziert werden (Getreide *šē'u*), entstehen, eintreten (Verfinsterung *atalū*). — IV3 entstehen. — *ša ibšū u ibaššū* gegenwärtige und zukünftige (Kinder *mārē*). — *ul ibassū-ma ul* ... da ... nicht vorhanden war, so .... — *bašū kiāma* so bleiben. *bašū ešten, eštēn bašu* vereinzelt sein, allein sein. *lā bašā ḫeseḫti* es blieb nichts zu wünschen übrig. *bašū maḫar, bašū ina qāti* zur Verfügung stehen, zur Hand sein. *bašū itti* geschlechtlich verkehren mit. *itīšu ibašī* s. את1. *bašū ina muḫ* als Schuld lasten auf. — *mēmēni ibašši* was vorgeht, Vorgang. — *sa* ... *bašū ittišu* mit inf.: dem es gegeben ist, der es versteht, zu .... *šubšū usāta* Hilfe leisten.

bāšū, bāsiū, f. pl. *bāšāti, bāšēte* gewachsen, produziert (Getreide *šē'u*), vorhanden (Vermögen *nimēlu*), üblich *ana ūmē bāšāti* für künftige Tage (Kaufpreis *maḫīru*); pl. das Vorhandene; Besitz. — *ana bāšāti* als Besitz.

bīšu bewegliche Habe, Besitz.

būšū, pl. *būšē* Habe, Besitz, Eigentum, Vermögen. — *būšu pānītu* der frühere Besitz.

bašītu Habe, (vorhandenes) Vermögen, Inventar.

bišītu Erzeugnis (des Gebirges *šadû*), Bestand, Inhalt. — *bišīti lebetti* Ziegelwerk. *bišit uznā* Verstand. *bišit libbi* e. inneres Organ.

tabšūtu (?) Geschöpf (?).

bašālu *(i)* kochen; erhitzen (: Räucherwerk *baḫrūti*, in der Glut *ina qurāri*). — III₁ kochen, braten (lassen) (: Fische *nūni*); erhitzen (: Beryll *buralla*; Honig *dišpa*). — III₂ braten lassen (: Vögel *iṣṣūri*).

(bašīlu,) bašlu, f. *bašeltu* gekocht (opp. *balṭu*); reif (Feige *tettu*); erhitzt (Silber *kaspu*); gebrannt (Tonware, im Ofen *ina utūni*).

(bušlu,) st. c. *bušul* Reife (?).

nabšaltu (Bratpfanne?,) Gebratenes (opp. *šammu*).

bašāmu *(i)* bilden, schaffen, bauen, errichten, zubereiten. — II₁ bilden, herstellen. — IV₁ gebildet werden, hergestellt werden (Umgrenzung *kisurru*). — *māla bašmū* so viele (deren gebildet) sind.

bišimtu äußere Erscheinung, Form (eines Raubtieres? *ḫulū*).

bašmu Seeschlange, Drache; Wahrzeichen der Ešḫarra, Hydra.

bašāmu Balsam; — e. sackartiges Büßer- bzw. Trauergewand.

bišru kleines Kind (?).

biššatu s. u. *pašāšu*.

biššu, buššu (e. Gartengewächs) Raute.

bet s. *pitū*.

batū vernichten, zertrümmern (: Kufe *ḫaria*). — II₁ zerstören (: Festungen *maḫāzi*).

batūlu, f. *batultu* Jüngling, Bursche, junger Mann; (f.) jungfräulich, Jungfrau.

bitlē (?) (pl.) e. Gewürz (?).

butinnu (Am.) Knopf (?, an e. Schuh).

batāqu *(u)* durchschneiden, spalten (: Felsen *šadē*), brechen (: Steine *abni*); abschneiden, abtrennen, lossprengen (: Platten *asquppāti*, von den Felsen *ina šadē*); kappen (: Schiffsseil *ašla*); die Arbeit unterbrechen; einen Wasserdurchbruch (*butuqta*) herbeiführen (Regen *zunnu*). — I₂ abschneiden (von *ēštu qēreb*); Steine brechen; abtrennen, wegnehmen (: Feld *eqla*). — II₁ durchschneiden, durchbrechen (Hochflut *mīlu*); abschneiden (: Gliedmaßen, Nahrung *bubūta*, Getränk *mašqū*); abbrechen (: Brücken *titurrē*); vertilgen. — IV₁ eintreten (Dammbruch *bituqtu*); vertilgt werden.

batqu zerrissen (Sehne *šerānu*); unterbrechen (Arbeit *šepru*); ausgeschlossen (Wasser[zufuhr] *mū*); — st. c. *bataq*, pl. *batqē* Riß (in einem Kleid *quṣippu*), Spalt, schadhafte Stelle (eines Bauwerks); — Ausbesserung, Instandhaltung (= *ṣabāt batqi*, vgl. *ṣabātu*).

bitqu Wasserfurche, Kanal.

batūqu das Abschneiden (eines Taues *ašli*).

biteqtu Schaden, geschäftlicher Schaden, Verlust (opp. *nēmēlu*).

bituqtu, buteqtu, butuqtu Riß, Wasserdurchbruch, Dammbruch, Überschwemmung, Hochwasser, Flut.

butāqu Vertilgung.

butuqqu Verlust (opp. *nēmēlu*).

batiqānu e. eisernes Gerät.

mubattiru e. Tier niederer Ordnung (Getreidewurm?).

baturru e. Gerät (Art Axt?).

(**battu** einander). — *ina battatai* nacheinander. — *ina batte, ina battebatte, battubatte, battebatte, batabate, bat-*

bate mit einander, ringsum. — *eštu batebate* nach einander.

battatu (Leder-)Schuh (?).

(batātu) II_1 zu Ende bringen, ein Ende machen.

ג

(gāgu) *(u)* rollen (?). — II_1 rollen lassen (?, : den Augenwinkel *naqabta*).

gāgu, pl. *gāgi* Halskette.

(***gādu*** verbinden?)

gādu, ***qādu*** nebst, mit, einschließlich, sowie. — *gādu ullū, gādu ullā* auf ewig; vgl. אבר, *miamma*.

gīdu, pl. *gīdāti* Sehne.

gijakātu (pl.) (LW.) e. Teil der Rüstung (? aus Stahl *ḫabalkīnu*, oder Kupfer *siparru*).

gēlu (?), ***gūlu,*** st. c. *gūl* Freude, Frohlocken.

gajānu, Syn. zu *šekettu*, *pijāmu*, *sisrennu* e. Gebäude.

gūnu e. lederner Gegenstand.

gāṣu (?) pl. *gāṣāti* Spinnwirtel; e. Schmuckgegenstand dieser Form (?, aus Holz, Elfenbein, Silber, Gold oder Edelstein).

(gāru) (גאר6) II_2 entweichen (?).

gūru e. Pflanze.

guāšu, gāšu *(u)* kommen, erscheinen.

gēšu e. Tier, Widder (?).

(gabū) (גבא1) sammeln, vereinigen.

gabbu, st. c. *gab* all, ganz, vollständig; Alles, Gesamtheit.

gubbu, pl. *gubbāni* Zisterne.

nagabbu, (nagābu?,) nagbu, naqbu, st. c. *nagab, naqap* Gesamtheit, Gesamtzahl; Sammelort für Quellwasser, Quelltiefe, Quelle. — *bēl naqab erṣeti* Herr der Tiefe, der Unterwelt (?); e. Beiname Ea's. — *naqab nuḫuš nīšē* Quelle des Wohllebens der Menschen.

nagbatu Gesamtheit.

naqabtu, pl. *naqabiāti, naqabāti* e. gepaarter Körperteil am Kopf, Augenhöhle (?); pl. Tiefen (der Tafelschreibekunst *ṭupšarrūti*).

nagbū vollständig (?), Gesamtheit (?).

(gab'u,) pl. *gab'āni* (גבא1) pl. (Berg-)Höhen.

gabū, pl. (?) *gabī* (ägypt. LW.) Alaun. *gabū ša Ḫatti* Ḫatti-Alaun.

gubbū, kuppū (sum. LW.) e. Fisch (Rhombus-Art?); — e. Schlangenart (auch Beiname der Tiamat).

gabbu e. Teil des Opfertiers (Rücken?).

gabbatu s. *gappatu*.

gabābu s. *kabābu*.

gabgabbū, gabgabū (sum. LW.) e. Sühnegefäß, Schöpfeimer (?).

gabandibba'u, ***gabandibbu, gabdibbu,*** pl. *gabdibbē* (sum. LW.) Brüstung, Verblendung (e. Mauerwerks), opp. *uššē*.

gabāḫu (?) vermissen (?).

gubbuḫu kahl.

gablu (?) Anlage, Anpflanzung, Allee (?). — *gablu ša kerī urqīti* Anlage eines Gemüsegartens. *gablu ṣarbati* Anlage von Maulbeerbäumen. *gablu šašūgi* Anlage von Bitterkorn.

gubnatu Rebe.

gabarū, gabrū, pl. *gabrē, gabrāni*, f. *gabratu* (sum. LW.) entsprechend, ebenbürtig; Opferdarbietung, Nachbildung (e. Tempels, des Ozeans *apṣī*); Abschrift, Duplikat, Exemplar.

gubru (gupru?), Syn. zu *paššūru* Tafel, Tisch.

gabaraḫḫu, gabraḫḫu (sum. LW.) Entsetzen, Unheil. — Name e. Waffe Ea's.

gagū (sum. LW.) (zum Tempel gehöriges) Kloster, Tempelbordell.

gugū e. best. Laut oder Lärm (?).

gugallu (sum. LW.) e. Büffelart (?); Fürst (König, Gott); e. Priesterklasse. — *gugal šamē u erṣeti* Beherrscher von Himmel und Erde, Beiname von Rammān.

gugallūtu Herrschaft (?).

gāgamu Syn. zu *pijāmu* stark (?).

gegunū (sum. LW.) Grabstätte; ein Teil des Tempels als Nachbildung des Totenreichs (göttliche Grabstätte?). — Vgl. *bētu*.

guggūpu s. *gupguppu*.

(gaggaru,) f. *gaggartu*, pl. *gaggarū* (silberne) Scheibe (?).

gigurrū, kikurru (sum. LW.) Teil eines Tempels (?).

gadū (גדיא) Böckchen.

gudugu (?) e. Art Torverschluß.

giddīlu, gidlu (wests. LW.?) Geflecht; Gebinde (von Zwiebeln).

gadalalu (sum. LW.) prächtiges Leinenkleid (?).

gadalalū in prächtige Linnen gekleidet (?).

gadāmu abschneiden.

gidimu Dattelpalmzweig mit Datteln.

gadmaḫu, gadamaḫu, gadamaḫḫu (sum. LW.) großes (= festliches?) Leinenkleid.

gudasū Plan (?, eines Feldes *eqli*).

gadaru Syn. zu *muṣu* e. Gewand(teil?).

guduttū Syn. zu *paššūru* Tafel, Tisch.

(gizbarru,) pl. *gizbarrē* (?, sum. LW.?) e. Beamter (?).

gizzu, gīzu, (gizzatu,) pl. *gizzāti* abgeschorene Wolle, Schur, Schafschur. Vgl. *qaṣāṣu*.

magzazu (?) Schermesser (?).

guzāzu e. Lattichart (?).

gizillu (sum. LW.) Feuer.

gizillū Feuerbrand, Fackel.

guzalū, *guzzalū*, f. *guzalītu* (sum. LW.) Vertreter, Fürsprecher.

guzallu (sum. LW.) gemeiner Mensch. — Vgl. *kuzallu*.

guzullu, guzūlu Staude. — *guzullu ša qanī* Rohrstaude.

gazamānu, gazimānu (LW.?) e. Art Leiste oder Stange (?).

guzannu e. Beamter.

guzippu e. Kleidungsstück.

gaḫḫu s. *ganāḫu*.

guḫlu (LW.?) Antimonglanz; Augenschminke.

guḫšū (sum. LW.?) e. Kultgerät; Altar (?).

giṭṭū, pl. *giṭṭāni* (sum. LW.) Tafel, schriftliche Urkunde, Einzeltafel einer Serie; Schein.

gikillu (sum. LW.) e. Pflanze; — Üppigkeit (?).

gukkallu (sum. LW.) saugendes Lamm (?).

gukurtu (?) e. Priesterin (?).

gallū e. (böser) Dämon. — *gallē lemnūti* böse Teufel (Schimpfwort).

(galābu) II1 abschneiden (: (Stirn-) Haar *muttāti*, als Zeichen der Schande); (mit oder ohne *abbutta*) als Sklaven kennzeichnen; einschneiden, ritzen (?, : Wange *lēta*). — II2 abschneiden (: *abbutta*); durch Anbringung eines best. Merkzeichens zum Angestellten machen, anstellen (: Schreiber *ṭupšarra*; [jdn.] zur *urigallu*-Priesterschaft *ana urigallūti*).

galbu zerschnitten (?, Kleid).

gallābu Scherer, Barbier, Sklavenbezeichner; — ein Fisch.

gallābūtu der Ritus des Sich-Scherens (?, zur Sühne?).

gallubu Anstellung.

naglābu, pl. *naglābi* Schermesser, Messer (aus Bronze, *siparru*, oder Gold, *ḫurāṣu*); — Weiche; pl. (du.) Blöße (des Körpers).

gelgidānu e. Eulenart.

gulgullu, pl. *gulgulli, gulgullē, gulgullāti* Schädel; — e. Wasserkrug (aus Kupfer *erū*). — e. Pflanze.

galādu s. *galātu*.

galdu e. Gefäß (?) aus Stein.

geladu (LW.) Haut, Fell (eines Rindes).

(galālu) (rollen?).

(gallu?,) f. *gallatu* rollend, wogend (Meer *tāmdu*).

gellu wogende Flut (vgl. *nadū*).

(gellatu,) st. c. *gellat* Gewoge, Ansammlung (?, von Löwen *nēši*).

gullatu Wulst, Kugel (an e. Säulenkapitell); — e. rundes (?), Gefäß (?).

maglālu (?) (e. Teil vom?) Mutterleib (?).

gelāmu e. Bearbeitungsart von Leder und Silber (Flechtwerk?, Schlingwerk?).

gulīnu e. Kleidungsstück.

galātu, galādu *(u)* zucken (Licht *uddu*, der Sonne beim Aufgang; Natter (?) *ušugallu*), zittern (Fuß *šēpu*, Herz *libbu*, Truppen *ummāni*); wogen (Meer *tāmdu*); den Samen ergießen. — I2 in Zittern, in Angst versetzt werden, erschrecken; e. Samenerguß haben (?). — I3 sich zitternd, erschreckt zusammendrängen (Schafe *emmerē*, *kerrē*, im Viehhof *ina tarbaṣi*); den Samen ergießen. — II1 schrecken (rituell, : e. Kranken *marṣa*), Furcht einjagen, beängstigen, beunruhigen. — II3 erschrecken (intr.). — III1 Zittern, Schrecken hervorrufen, in Schrecken versetzen, schrecken (Ort *ašru*, Geschrei *qūlu*); schrecklich darstellen (: Bild *ṣalma*); den Samen ergießen lassen, durch Samenerguß verunreinigen lassen (: Brautgemach *ganūna*); pms. Schrecken an sich oder in sich haben (Grenzen, *itāti*, von Anu's Bereich, *pulukku*). — IV1 in Zittern geraten.

galtu, f. *galittu* zuckend (Schlange *šeppu*); wogend (Meer *tāmdu*); furchtbar (Glanz *melammu*, Geschrei *rigmu*, Schrecken *puluḫtu*).

gelettu Zittern, Schrecken; — e. Krankheit.

mugallitu Schreckensträger, Feind.

galtappu s. *qartappu*.

galaturru (sum. LW.) Kleinpriester.

gamgammu (sum. LW.) e. langfüßiger Vogel.

gimgeru, gergeru e. Droge.

gumaḫḫu, *gumāḫu*, *gummaḫu*, pl. *gumāḫē* (sum. LW.) Großstier, Opferstier, Opferrind.

gamālu *(e)* Pardon geben, schonen, erhalten (: Leben *napišta*, Land *māta*, vgl. *eṭēru*), gnädig sein, gefällig sein (?) (jdm.: acc.); schenken. — I2 bereit sein (?, zu: acc. oder *ana*). — *gemel-ma* (mit 2. ps. pft.) tue gefälligst (die und die Handlung), *gemlanni* sei mir gefällig.

gemellu, gemēlu Schonung, Erhaltung; Geschenk, Wohltat. — Vgl. *tāru*.

gemeltu Erhaltung (?).

gitmalu, f. *gitmaltu* bereit; einzigartig (?).

gitmališ in einzigartiger Weise (?), majestätisch.

gamlu Sichel, Krummschwert (Emblem des Gottes Amurru); ein hölzernes Sühnegerät; Auriga. — Vgl. *gammalu*.

gamliš (gebogen) wie e. Sichel.

gammallu, gammālu, gamalu, gamlu (?) (LW.) Kamel.

gumālu (LW.?) e. Tamariskenart. Vgl. *kipuālu*.

gamāru *(u)* zu Ende gehen (Monat *arḫu*), zu Ende sein, fertig sein (sc. mit einer Arbeit, absol.), voll ablaufen (Nachtwache *maṣṣartu*, opp. *šutanūḫu*), dahin sein (Geld *kaspu*, an die Feinde *ana nukurti*), zunichte sein, zugrunde gehen (Stadt *ālu*). — vollenden, ausführen, fertig machen (: Werk *šepra*), zu Ende bringen (: Anpflanzung eines Feldes *eqla ina zaqāpi*), voll abliefern, erledigen (Rechtsangelegenheit *amāta*, *ṭēma*), beschließen, ausstellen (: Schein *giṭṭa*), vernichten, den Garaus machen. — I2 vollenden (: Werk *šepra*), verbrauchen, aufbrauchen (: *daqata*-Gewürz), hinbringen (: Tage *ūmē*), vernichten. — II1 vollenden, vollziehen, vollführen, ausführen (: Opfer *māqē*, *maḫerta*), Schluß machen (abs.), umfassen, ausfüllen (?, :Erde *erṣeta*), vervollkommnen (: Kräfte *emūqi*), ausfertigen (: Urkunde *ṭuppa*), schriftlich zu Ende führen (: Tafelserie); vernichten; stetig den Lauf vollenden (?, Venus, opp. *nukkuru*); pms. erlöschen (Glanz *mešḫu*). — II2 ausgefertigt werden (Urkunde *ṭuppu*), vollständig aufgezählt werden (Sterne *kakkabāni*), voll abgeliefert werden (Abgabe *biltu*). — II4 fertig sein (Lager *madaktu*). — III1 (jd.) vollendet, vollkommen machen (an Tüchtigkeit: *nēmēqi*, an Stärke: *umāša*). — IV1 erledigt werden (Rechtsangelegenheit *amātu*), vernichtet werden, zerstört werden (Palast *ēkallu*, Land *mātu*). — *gamir gabbu* Alles ist dahin. *kaspu gamur tadin* das Geld ist vollständig abgeliefert. *raṣip gamir* (das Heiligtum *parakku*) ist vollständig hergestellt; *zīzū gamrū* sie haben vollständig geteilt. *gāmir dīni* Urteilvollstrecker (Šamaš). *igammarū-ma, igammerū-ma* (mit prs.) sie werden vollständig tun. *gummir-ma* (mit imprt.) tue (die und die Handlung) vollständig. — *nagmar dulli* Erledigung einer Arbeit.

(gamēru) gamru, st. c. *gamar*, *gamer*, f. *gamertu*, pl. *gamērūtu* vollständig (Geldbetrag *kaspu*, Preis *šīmu*), ganz, gesamt (Abrechnung *nikkāsu*, Herzenserguß *libbu*), während des ganzen Verlaufs sichtbar (Mondfinsternis *atalū*); f. Vollziehung. — *ana gamri* ganz und gar; *ana gamrati* (?) *lā* ganz und gar (?) nicht. *ina libbi gamri* aus vollem Herzen. *ana gamerti* in vollendeter Weise. — *gāmer abāri* kraftvollendet. — Vgl. *alāku*, *epēšu*.

gamērūtu, gamrūtu Vollständigkeit, Vollendung; vgl. *epēšu*.

gamartu (?) Gesamtheit, volle Zahl (?).

gamurtu, gumurtu Bereitwilligkeit. — *ina gumurti libbi* von ganzem Herzen. *ana gamurti libbi* nach Gutdünken.

gemru, st. c. *gemer*, du. (?) *gemrā* (?; vgl. *bēlu*), pl. *gemrūti* (?), f. *gemertu*, st. c. *gemrat*, pl. *gemrāti* (?), *gemrēti* all, gesamt, Gesamtheit, Weltall, Summe, Gesamtkosten (?); f. Vollständigkeit, Vollendung; pl. alles. — *gemer iṣi* alle Arten von Bäumen. *gemer 3 ṭebiāti anniāti* alle diese 3 Ringe. *ina gemir libbi* von ganzem Herzen. *gemer pāt* all; vgl. *pātu*. *ša gemri* (mit suff.) insgesamt. *ana gemerti* (mit suff.) vollständig.

gummuru, gāmuru ergeben (Herz *libbu*, jdm.: *ana*), geneigt (Herz *libbu*, ... zu tun *ana epēš* ...). *gummuru tērēti* vollkommen an Weissagungen (?, Nebo).

gumūru, du. (?) *gumūrā* (ganze, du.: beiderseitige) Oberfläche (?, eines Dolches *paṭri*).

gammaru vollzählig, voll.

gamarru e. Truppengattung (Leichtbewaffnete?).

gitmuru, f. *gitmurtu* vollständig, ganz (Schatz *ešettū*), vollendet, vollkommen; Vollkommenheit, Tüchtigkeit (?).

tagmertu Bereitwilligkeit (des Herzens *libbi*, ... zu tun *ana epēš* ...).

gimuššu (sum. LW.) Ruderstange.

gana, ganu, ganna (sum. LW.) wohlan!

ganiu, ganū e. Behälter, Vorratstopf, Pithos. — *ganiu šamni* Öltopf.

ganū (?), ***ginū*** (?) (sum. LW.?), ***gannatu*** Garten.

genū, pl. ***ginū, ginē*** (sum. LW.?) dauernd, beständig; pl. beständige, regelmäßige Opfer. — *ginā, ana ginā, ina ginā, kīma ginā* beständig, immer, für immer; regelmäßig (?).

ginū (sum. LW.) klein, Kind (?).

gangiṭṭu Flöte (?).

gangannu Deckel (?).

gunguppu, gungūpu s. *gupguppu*.

gengēru Rauke.

gangūrītu (e. Teil der?) Kehle.

gunzu (?) Mark (? der Dattelpalme *gišimaru*, von wohlriechenden Kräutern *ureqqi*).

ganzaba[ru] (?) (pers. LW.) Schatzmeister (?), Oberpriester (?).

ginindanaqqu (sum. LW.) Meßrohr, Meßstab.

ganāḫu husten. — II1 husten.

gaḫḫu, guḫḫu, gūḫu Husten, Auswurf, Schleim. — Vgl. *ḫaḫḫu*.

ginaḫilipu e. Stein, den Hethiter als Tribut bringen.

(ganānu) (bedecken, schützen).

gannu, gānu Deckel (e. Kochtopfs *ṭeqaru*), Bedeckung (?, von Schleim *gaḫḫu*).

gunnu, gūnu (schützendes?) Lager (?); Lagerinsassen, Lagersoldaten (?); — e. Deckelgefäß (?; vgl. *šamnu*).

ganūnu, ganīnu, ginīnu Gemach, Schlafgemach, Brautgemach.

(maginnu,) pl. *maginātu* (westsem. LW.) Schild.

ginnu, gīnu (sum. LW.) in *ša ginnu, ša gīni* vollwertig (Geld, opp. *nuḫḫutu*).

ganāṣu schlecht, böse sein. — II1 schlecht, böse behandeln (?).

ganṣu schlecht, böse (?).

ganṣir (?) (sum. LW.) Unterwelt.

ganturu (sum. LW.?) e. Gefäß (?) (aus Stein).

(gisū?) pl. *gisē, gisiāni* (?) Rampe (?).

gisbarrū (sum. LW.) wohlhabend.

gisdallu (sum. LW.) Standort, Stelle (e. Sternbilds).

giskimmu (sum. LW.) Vorzeichen; vgl. *iskimmu*.

gisallu, pl. *gisallū, gisallē, gisallāti* (sum. LW.) hervorragender Teil, Spitze; Bergspitze, Mastbaum (?); pl. e. giebelförmiger Aufbau am Hause (mit Guckloch?); spitzes Ende (e. Riemens *uppi*).

gisillū (sum. LW.) Fackel.

gisappu (?) (sum. LW.?) e. Hausgerät.

gisarū (?) (sum. LW.) e. Instrument (?) aus Rohr zu astron.-astrol. Beobachtungen.

gipū e. Produkt der Dattelpalme.

gupguppu, gupgūpu, guggūpu, gunguppu, gungūpu Kamelhöcker; Bügel (? e. Ringes *enṣabtu*, e. Fliegenfängers *šagubbikuššudi*).

gapnu, gapanu (westsem. LW.) Weinstock.

gupnu, pl. *gupnū, gupni* Baumstumpf, Baumstamm.

gappatu, gabbatu, pl. *gabbāti* e. Gartengerät.

(gapāru) (stark sein). — II1 stark machen. — II2 stark machen. — IV1 gestärkt werden.

gapru Syn. zu *gašru* stark.

mungapru gestärkt.

giparru, gipāru (sum. LW.) e. Baum oder Strauch, e. (mit solchen?) umfriedigter Raum, Haag; Gelaß (von Gottheiten, vgl. *bētu*).

guparu (sum. LW.) Rispe der Dattelpalme. — *aban gupari* e. Stein.

gapāšu *(u)* sich verdichten, dicht sein, massig sein, gewaltig sein, trotzig sein (Herz *libbu*). — II1 (verdichten, verdicken); perm. gewaltig sein (Schaf, an Größe *mēnāti*), dicht behaart sein (Fell oder Tatze eines Löwen). — II2 trotzig werden, verstockt werden.

gapšu, st. c. *gapaš* dicht, massig, massenhaft (Truppen *ummānāti*, Blut *dami*), gewaltig (Hochflut *mēlu*, Gewitterregen *rādu*), trotzig (Herz *libbu*).

gipšu, st. c. *gipiš* Massenhaftigkeit, Masse (von Truppen *ummāni*), Gros des Heeres, ein paarweis vorhandener Teil der Leber in der Nähe der Galle. — *gipiš tāmti, gipiš tāmāti, gipiš edē* Wogenschwall.

gipšūtu Masse (von Truppen).

gupšu, st. c. *gupuš* Masse. — *gupuš edē* Wogenschwall.

gaṣāṣu s. *qaṣāṣu*.

gaṣṣu Gips; Gipsmörtel.

giṣṣu e. kleiner Baum oder Strauch.

guqqū, gūqū, gūqqanū, gūqanū, pl. *guqqanē, gūqunē* (sum. LW.) e. Art Opferspende (beim Rauchopfer *quṭrinnu*).

garū, gerū (גרא) feindselig sein, anfeinden, befehden, bekämpfen; Klage anstrengen (gegen: acc.; auch abs.). — I_2 feindselig sein, sich feindlich zeigen. — II_1 befehden. — IV_2 sich streiten (über eine Rechtsangelegenheit *ana amāti*).

garū Feindschaft.

gārū, gērū, f. st. c. *gērat* (?), pl. *gārē, gērē* Feind, Gegner, *gērē dēni* Prozeßgegner. — *gērāt qabli* kampfbereit (?), -lustig.

magrītu, pl. *magriāti, magrāti* Feindseligkeit; pl. Bosheiten, böse Worte. — *am magrāti* zum Bösen.

(gērūtu,) gerrūtu Feindschaft (?).

gerū, pl. *gerē, gerēti* ein vierundzwanzigstel Sekel.

garābu (?) krätzig sein (?, Ohr *uznu*).

garabu Krätze.

gerigubu s. *qartappu.*

gergilu, gergeltu e. Teil des Pflugs; ein Stern von Triangulum boreale.

gerginakku (sum. LW.) (im Tempel aufbewahrte tönerne) Bücherkiste, Bibliothek.

gergeru s. *gengēru.*

gurgurru Walze; — e. Pflanze. — Vgl. (?) *kurkuru, qurqurru.*

gergiššu, gergīšu Erdbeerbaum.

gardu (westsem. LW.?) e. Stand (Weberei?).

gardū (westsem. LW.?) Weber (?).

geradu (?) Krug (?) aus Stein.

garakku Altar.

gurmu (?) e. Arzneistoff (?, Kräutertee?).

gurummadu e. Dattelpalmen-Art (?).

gurnu e. Kleiderstoff (?, Kleidungsstück?). — e. (Schmuck-)Gegenstand aus Metall. — Datteln zweiter Qualität (?).

gerennu, gururru, gitrunu s. *qarānu.*

gursip, gurpisu (?, LW.) e. Teil der Kriegsausrüstung (für Menschen und Pferde, von Kupfer *siparru*).

gersequ (LW.) Kämmerling.

gerṣappu, gerṣipu s. *qartappu.*

garāru (u) laufen (Mensch *amēlu*, Wildesel *purīmu*, Schwein *šaḫū*), fließen (Wasser *mē*), sich bewegen (Schatten *ṣillu*), rinnen (Schweiß *zūtu*, aus der Achselhöhle *ina šaḫāti*); davonlaufen. — I_2 rinnen (Schweiß). — III_1 davonlaufen lassen. — IV_1 laufen, eilen (nach: *ana*). — IV_2 laufen. — IV_3 umherlaufen (vor den Füßen *ina pān šēpā*); fließen (Schweiß *zūtu*).

gerru, gēru, du. (?) *gērā*, pl. *gerrāti, gerrēte* Weg, (du.?) Straße; Zug, Feldzug; Heeresmacht (vgl. *alāku*); Reise, Handelsreise; Karawane. — *ina gerri* auf der Reise. — *gerrāt kussi* die Füße eines Stuhls (von Bronze *erū*). *gerru šarri* Heerstraße. — *gerru (ēbūri ša) kakki ša Šamaš* Verpachtung der durch einen Feldzug erzielten Tributabgaben (?). — *ša tajārti gerru* Rückzug (opp. *alāk-maḫri*).

magarru, magru, mugerru, du. *magarrā* Rad, Wagenrad, Räderwerk; du. Wagen (*twowheeler). — *ša magarrā* Wagenlenker.

garru e. Behälter aus Rohr.

gerru, gērānu Kehle.

garrānu, gerrānu, gērānu, gernu Wehklage (auch zum Kult weiblicher Gottheiten).

gerru (sum. LW.) Feuergott, Feuer. — *gerru u mē* Feuer und Wasser.

gerriš wie Feuer.

gerru Löwe.

gurru (sum. LW.) e. Gefäß; e. Hohlmaß (für Getreide, «Scheffel», für Datteln); e. Flächenmaß.

gurištu weibliche Scham.

geršatu Lauch.

guruššū (sum. LW.) Syn. zu *marū* männlich.

gertappu s. *qartappu.*

giššu (גישא) Knie (auch übertr. = Biegung?), Schoß (?).

gišū rülpsen, erbrechen (vgl. *mā'u*).

(gisū?,) pl. (?) *gišāti* Rülpsen.

gišburru (sum. LW.) alter abgehauener Stamm (?). — e. Teil der Türe (des Schlosses?).

gišginiš (sum. LW.) wie Stoppeln.

gišgerru alter abgebrochener Stamm.

gišdibbu (?) (sum. LW.) ein Behälter (?, aus Zedernholz *erēnu*).

gišḫabbu, gišḫappu (sum. LW.) Schurke, Bösewicht, gemeiner Mensch.

gišṭuppu (sum. LW.) e. Stein.

giškallu (sum. LW.) Stange (?, Balken?) von *ēru*-Holz.

gišmaḫḫu (sum. LW.) hoher (Zedern-)Stamm; Gerüst.

gišimmaru (sum. LW.) Dattelpalme.

gišparru (sum. LW.) Falle.

gašāru stark sein (?), gewaltig sein (?, Werk *šepru*). — I2 gewaltig auftreten. — II1 gewaltig machen (: Größe *nerbā*); pms. an Stärke überlegen sein (?, jdm.: *ana*; weit *mādiš*). — II2 erstarken, mächtig sein.

(gašēru,) gašru, gešru, f. *gašertu* stark (Gottheit; deren Hörner *qarnē*), gewaltig (Gebirge *ḫuršāni*, Kräfte *emūqāni*).

gašērūtu, gašrūtu, gešrūtu Stärke, Gewalt, Macht, Majestät, Pracht.

magšaru Stärke, Macht.

mugdašru, mugdešru hochmächtig (Gottheit); gewaltig (Held *qarrādu*).

gašurrū s. *kašurrū.*

gešru, pl. *gešrēti* Brücke; e. Art Riegel; e. Teil des Fußes (?, Achillessehne?).

gušūru, pl. *gušūrū* (?), *gušūri* Baum, Stamm, Balken; pl. Gerüst (?). — *gušūri balṭūti, gušūri šalmūti* Balken aus grünem Holz. *gušūri dannūti* Gerüststangen. *gušūri labberti* Stämme aus Dürrholz.

giššergallu, šergallu (?) (weißer) Marmor; Alabaster; Kalkstein.

gišrennu (sum. LW.) Wagebalken, Wage.

gišrintu ein Teil des *ašūḫu*-Baumes (?).

gaššu (sum. LW.) Meister, Stellvertreter.

gašīšu, pl. *gašīši* Stange; Pfahl; Querbalken (?).

gašīšiš an Stangen, an Pfählen; s. *alālu.*

giššu s. גישא.

gištaggu (sum. LW.) («Holzfällen» =) Bau(-Arbeit) (?).

gištelū, Syn. zu *igigallu, eṭellu* weise, mächtig.

gištappu s. *qartappu.*

gutu (?) (sum. LW.) «Taubenhals», e. Stein.

gutaku e. Beamter.

ד

di'u, diḫu, du'u, dū abgeschlossener Raum e. Tempels, Göttergemach, Kapelle; Kammer (des Festhauses *bēt akīti*); Postament (e. Götterstatue).

di'ū (?), st. c. *di'* e. Art Fieber; Wechselfieber (?).

da'tu Arm; — e. Teil des Pflugs.

da'atu, da'tu, di'atu, du'atu, dātu (דיא), st. c. *di'at* Bedarf, Bedürfnis, Geldbedarf; Auslagen; Anliegen. — *di'ata ša'ālu* sich kümmern.

da'ātu, dātu s. *ṭātu.*

dūtu Leibesgestalt, Aussehen.

dādu Sinnenlust; Geliebter. — e. Fisch.

dīdu (?), du. *dīdā* weibliche Brust. — e. Gewandteil.

dūdu Topf, Kessel (von Kupfer); — e. Vogel.

du'ūzu, dūzu Tamuz, e. Monatsname.

duāku, dāku (דא$_6$ך) töten (Tod *mūtu*), auch als Strafvollzug im Wege der Selbsthilfe, ein Blutbad (*dīktu*) anrichten, schlagen (in der Schlacht), unterwerfen (: Land), vernichten (: Dattelpalmen *gišimmari*; Schmied *namgaru*: Feuerstein *ṣurra* wie der Tod *kīma mūti*). — I$_2$ töten. — III$_1$ töten lassen. — IV$_1$ getötet werden, hingerichtet werden.

dāku Gemetzel. — *dāku u rulluqū* Mord und Totschlag.

dā'iku, pl. *dā'ikāni* Mörder; Vernichter (des Gebirges *šadī*, Beiname von Ninurtu).

dā'ikānu Mörder.

dēku, dīku getötet, tot, erschlagen (mit der Waffe *ina kakki*); — Unterwerfung (?, des Landes *māti*).

dīktu Blutbad.

madāku (westsem. LW.?) Mörser (?; vgl. *daqāqu*).

tidūku Kampf.

dālu, ṭālu (?) (דא$_7$ל) laufen (auf den Füßen *ina šēpē*), einherschwimmen (Wasserfahrzeuge aus Hammelhaut auf der Wasserstraße *ina ḫūli*, nebeneinander *ištūniš*); herumgehen, herumziehen, herumschleichen (wie ein Fuchs *kīma šēlib*); wandeln (nach dem Geheiß von *ina eli pī ša*).

dālu umherschweifend (im Park *ina kerī*).

dajjālu, ṭajjālu (?) jagend, Jagdhund (?), vgl. *kalbu*; Wegführer; Bote; Kundschafter; f. *dajjālītu* die Umherstreichende, Beiname der Hexe; pl. *dajjālāti* Jagdhündinnen (?).

dajalatu umherschweifen, Jagd.

dūltu e. Schmuckstück (aus Gold od. e. bestimmten Edelstein, *ḫulālu*).

da'āmu (דא$_2$ם) finster sein, dunkel sein, trüb sein, matt sein (Licht des Mondes, der Sonne, des Jupiter); dunkelrot sein (Gesicht *pānu*, opp. weiß, gelb, aufgehende Sonne, opp. *sāmu*, [Himmelskörper während einer] Eklipse *atalū*). — II$_1$ dunkelrot erscheinen lassen (: die *liptu*-Krankheit); pms. getrübt sein (Licht, *uddatu*, von Mond und Sonne).

da'mu, f. *da'matu* dunkel (Tag, ohne Sonnenstrahl *ša lā-pi-šamaš*, opp. *ūmu namru*); dunkelrot (Wolle *šipātu*).

da'ummatu, pl. *da'ummāti* (?) Verdunklung, Dunkelheit (opp. *ūmu*); Trübseligkeit.

demmu, pl. *demmē* (דא$_4$ם?) Säule; Obelisk; der Pfahl zum Klopfen der Wäsche.

dēmtu, dēntu, pl. *dēmāti* Pfeiler; Turm der Stadtmauer (?), Wachtturm (?, eines Feldes *eqlu*), Stange.

dēmātiš turmhoch (?).

dāmu bluten, Blut vergießen. Vgl. *damu*.

diānu, dānu (דא$_7$ן) richten (jd.: acc.), ein Gericht (*dīna*) abhalten (mit: *itti*), ein Urteil (*dīna*) fällen (Richter *dajānu*); rechten, prozessieren (abs.), das Prozeßverfahren (*dīna*) einleiten (und durchführen) (Richter *dajānu*); jds. (gen.) Recht (*dēna*) vertreten, Recht schaffen (jdm.: acc., opp. *dāṣu*); Recht behalten, überlegen sein (?, Rede *kašallu*). — II$_1$ Rechtsansprüche (*dēnāti*) erheben (gegen *itti*).

dīnu, dēnu, st. c. *dēn*, pl. *dīnāti* Recht; Gericht, Strafgericht; Rechtsverfahren, Prozeßverfahren, Prozeß, Rechtsangelegenheit, Rechtslage, Rechtsspruch, Urteil; Rechtsanspruch (bei: *ša*); (Entscheidung Šamaš's bei der) Leberschau; pl. Prozeß. — *dēn kētti* gerechtes Urteil, opp. *dēn sarti, dēn sarrāti* Lügengericht; Rechtshandel, Rechtsstreit (?). *dēn šarri* «Königsprozeß». *dēn māti* das im Lande gültige Recht. *dēn mēšāri*, pl. *dēnāt mēšāri* Rechtssatzung. — *ina dēni* auf dem Rechtswege.

dajānu, dānu, pl. *dajānū*, *dajāni* Richter. — *dajān ali* Stadtrichter. — *dajān dīnāti* Entscheider der Leberschauurteile, Beiname von

Šamaš; *dajānū dēnu, dāin dēnu* Beiname der Trias Ea, Šamaš und Marduk; *dajān kētti* Entscheider der Wahrheit, Beiname von Ama.

dajānūtu Richterwürde, Richtergewalt.

(da'ānu) stark sein. — II1 stark machen. — Vgl. *danānu.*

dāpu (?) *(i)* treffen (?, Person od. deren Waffe, *kakku,* : Feind *gara, zajara*); stoßen (?, mit den Füßen *ina šēpē;* Brust *erta*); treffen lassen, setzen (?, mit dopp. acc.: Schüssel auf e. Stuhl *paššūra kussā*). — II1 setzen, aufsetzen (?, mit dopp. acc.: Verband *lippa* auf die Nasenwurzel *naḫnaḫūtu*).

dēpi Name einer «Waffe» (eines Ansatzes?) auf der Oberfläche der Leber.

dāṣu verdrehen (?, : Wort *amāta*), ungerecht behandeln (: einen Menschen, opp. *dānu*), Verwirrung anrichten (?).

dāṣāti pl. (?) ungerechte Behandlung (?); Feindschaft (?).

(dāru) (דאר6) (kreisen, dauern).

dāru Dauer. — *ana dār, an dār* für Dauer, auf ewig. — Vgl. unter ם6א7.

dāriu, dārū, f. *dārētu,* pl. *dāriāti, dārāti, dārūti* dauernd (seit: *eštu, ina*), bleibend (bis: *ana, adi*), andauernd (Regen *šamū*), dauerhaft (Holz *iṣu*), ständig fließend (Wasser *māmi*); uralt (königlicher Sprosse *zēr šarrūti*); f. pl. (ewige) Dauer (vgl. *šattu*). — *ša dārāti* von Dauer, ewig (opp. *ša ūmakal*). — *ana dāriāti, ana dārāti; adi dāriāta, adi dārāti* auf die Dauer. — *a dārēti ūmi* auf ewig. *eštu dārēt ūmi* von jeher. *dārū dūruš ṣāti* ewig dauernd (Grundsteinurkunde *temmennu*).

dāriš, dārišam dauernd, auf die Dauer. — *dāriš ūmi* auf Dauerzeit. — *ana dāriš, adi dāriš* auf die Dauer.

dūru Dauer; Geschlechtskette, Geschlecht; Dauerzustand, Stand. — *ana dūri* auf die Dauer; *ana dūr ūmū, ana dūr dārū, ana dūri dārī, ana dūr dārā, dūr dār* auf immer und ewig.

dūru, pl. *dūrāni* Mauerring, Mauer; Innenwall (opp. *salḫu*); Stadtmauer; Hüttchen (?, eines Hirten). — *dūr-appē* Nasenflügel. — *dūr karāši* Heerlager. — *dūr maḫāzi* Festungsmauer. — *dūr-kāri* Kaimauer. — *dūr tarbaṣi* Ring des (Mond-)Hofes. — *dūr šenni* Gebiß. — Vgl. *bētu.*

dūšu Syn. zu *uddū* Takelage.

diāšu, dāšu (דאש7) fest auftreten (?), zertreten, niedertreten (Feind: Land; auch übertr.: Feind *aiba*); dreschen (: Gerste *asnan;* auch abs.). — II1 getreten.

dīšu zertreten (Palme). — Futtergewächs, Getreide (?).

dātu (pers. LW.) Gesetz.

dibu s. *ṭippu.*

dabābu *(u)* sprechen (: Wort *dubba*), sprechen können (Kind), reden (zu: *ana,* mit: *itti,* bei Hochgestellten: vor: *ina pān*), sich besprechen (mit: *itti*); erzählen (mit *ana* d. pers. und acc. der Sache); sinnen, planen, intrigieren; e. Streitsache *(dabūba)* zum Austrag bringen, Klage führen (abs., wegen: acc.), etwas streitig machen (jdm.: *itti*); laden (vor: *ana pān*); dingen (?, jd.: acc., um: *ana*). — I2 in einen Prozeß geraten. — I3 reden, sinnen, planen; verkündigen (?). — II1 reden, erzählen; Klage führen; zu einer Klage veranlassen; verklagen. — III1 e. Rede in den Mund legen (?, jdm.: *ana*), verführen; zu e. Klage veranlassen. — III2 verführen (?). — IV1 geredet werden. — IV2 verleumden (?). — *abīta dabābu* Fürsprache einlegen (bei: *maḫar,* für: *aššum*). *dabābu dibbi nazrūti* Bosheiten vorbringen. *dēna dabābu* prozessieren. — *itti libbišu idbub* er überlegte, bedachte. — *dabāb lāketti, dabāb surrāti dabābu* Lügenreden ersinnen. — *dababti surrāti dabābu* Böses planen. — *pirki (piski) dabābu*

Böses, Schlechtes nachreden (jdm.: *itti*, bei: *ana*, *ana pān*).

dabābu Rede, Gerede (von: *ša*); Klage; Text einer Inschrift.

dibbu, pl. *dibbi*, ***dibbāti*** Rede, Wort, Ausspruch; Gegenstand der Rede, Angelegenheit, Ding; Rechtsangelegenheit, Prozeß (?). — *dibbi lā dibbi* s. *lā*. — *kīma dibbāti* der Verabredung gemäß. — *dibbi ša tašreḫti* prahlerische Reden.

dubbu Wort.

dābibu Verleumder.

dabūbu (?) Streitsache.

dababtu Gerede; vgl. oben.

dubbubtu Klage; Gegenstand der Klage.

nadbaku Abhang (e. Berges *šadu*); vgl. *ṭabāqu*, *tabāku*.

nadabakku Brüstung (?, auf e. Haus *ina eli bēti*).

dubbānu s. *dapānu*.

dabāru s. *dapāru*.

dabru, f. *dabratu*, pl. *dabrāti* gewaltig (Sturm *ūmu*), f. Gewalttat.

dibiru (westsem. LW.?) Pest.

madbaru, ***mudbaru***, ***mudaberu*** (westsem. LW.) Wüste.

madbariš wüstenwärts, in die Wüste.

dagālu *(i, u)* schauen (auf: *ana muḫḫi*), sehen, erblicken, anschauen, betrachten; warten (bis: *adu*; opp. *nummušu*), harren (auf: *ana*). — I_2 warten (auf: *pāni*). — I_3 ansehen (?). — III_1 sehen lassen. — III_2 beobachten (: Sonne *šamša*). — *dagālu pāna* untertan sein; zu Diensten sein; *dagālu ina pāni* warten auf; *šudgulu pān gipši* auf das Gros des Heeres warten lassen. — *dāgil pāni* (königlicher) Untertan. — *dagālu kiām* s. *kā*. — *dāgil iṣṣūri* Vogelschauer, e. Priestergattung. — *lā-dagāl ēnā* s. *lā*. — *šudgulu pāni* untertan machen, einen Dienst auftragen; belehnen.

diglu, st. c. *digil* Gesicht, Sehkraft (opp. *ḫasīsu* Gehör); Augenziel, Ziel, Zielpunkt.

digalu, ***digilu*** (?) e. kostbarer Stein (?), Juwel (?).

madgalu Beobachtung.

dugānu in *dugānu marṣu* Darmstockung (?).

daggassu (?) ein Stein.

digirū (sum. LW.) Gott.

dagāšu spalten (?, : Gallenblase *martu*).

digšu (?) Spaltung; Stechen (?, auf der Brust *ina erti*).

daddānu, ***dadānu*** Halssehne, Nackenband (?). — e. Stachelgewächs. — *dadānu u ašaggu* «Disteln und Dornen».

didanu, ***ditanu*** (junger) Widder (?).

dudittu, pl. *dudināti*, *dudinēte* Brustschilder (für Frauen), Brustschmuck (aus Silber, Gold, Elfenbein, Holz, Lazurstein *uknū* oder Türkis *mušgarru*).

daddaru, ***dadaru*** scharfer Geruch, Gestank; stinkend; Stinkkraut.

daddariš stinkend.

duddurru e. Art der Goldbearbeitung (?).

didisū Name einer «Waffe» (Markierung?) auf der Oberfläche der Leber.

diḫu (übertr.) Name einer Zellbildung (Wucherung?) an der Gallenblase. — Vgl. *di'u*.

dīḫu (דחוא?) Hinfälligkeit, Siechtum (des Leibes *zumru*).

dēḫū hinfällig, schwach (?).

duḫnu Mohnhirse, Hirse.

daḫru Syn. zu *ra'ābu* erzürnen.

dakū, ***dekū*** heben, erheben (: Haupt *rēša*, Hände *qātā*, *idā*, zu: *ana*), aufheben (: e. Niedergeworfenen *nadā*), entheben, herausheben (aus: *eštu*); ausheben, aufbieten (: Leute, Truppen, Streitwagen, d. Kampf *qabla*, gegen: *ana eli*); aufbringen (: Geld *kaspa*), auftreiben, holen (: e. Wagen *narkabta*, Wasser *mē*); in Bewegung setzen, entfesseln (: Unwetter *meḫā*), ins Werk setzen, die Arbeit an etw. (acc.) in Angriff nehmen. — II₁ aufbieten (: Leute *nišē*). — III₁ mit *libba* aneifern, veranlassen (zu: *ana*).

dikū erhoben (Haupt *rēšu*), (pl.) sich erhebend, schwärmend (Heuschrecken *eribi*).

dakūtu, dekūtu Erhebung, Aufgebot (des Landes *māti*). — *dekūt ananti* Kampfleistung.

dēkū aufbietend, entfesselnd (: Kampf *ananta*); Ausheber, Feldwebel.

dikugallu (sum. LW.) Großrichter.

(dakāmu) II₁ verbrennen (?).

dikmennu, dikmēnu Feuerglut, Brand.

dakirū (q?), Syn. zu *iṣu* hölzernes Gerät.

daltu, s. c. *dalat*, pl. *dalāti* Tür, Türflügel (von Bronze *siparri*); Schleuse (?); Schließe (?, einer Halskette *eremmāti*, einer Binde *riksu*, *ammummu*). — *dalāti ša abulli* Torflügel. — *dalat erēni*, *dalat ašūḫi*, *dalat šurmēni* Tür aus Zedern- bzw. Zypressenholz. — *dalat berri (ša iqabūni)* (sogenannte) Fenstertür. — *dalat ṭaṭmē* Tür der Welt. — *dalat lē'u* tafelförmige (?) Tür. — *dalat piššati* mit Salböl bestrichene (?) Tür. — *dalat šamē* Himmelstür. — *dalat šamni* mit Öl bestrichene (?) Tür. — *dalat šen-pīri* mit Elfenbein ausgelegte Tür. — *dalat tamḫēṣi* Falltür (?).

dalū (דלא₆) schöpfen (: Wasser *mē*).

dalū, pl. *dalāni* Schöpfeimer (von Kupfer *erū*).

dalūtu Schöpfen.

dilūtu e. Schöpfvorrichtung.

dulūtu Schöpfgrube (?).

dālū Wasserschöpfer.

dūlāti (pl.) Schöpfeimer.

madlū Kufe (?, in die man schöpft).

dalū (?) (Am.) verscheuchen, vertreiben (?).

dalū *(ṭalū?)* e. Vogel.

dalābu, dalāpu *(i, u)* drängen; eilen, dahineilen (Sonne *šamaš*). — I₂ in Not versetzen. — II₁ bedrängen, zusetzen (mit: *ana*).

dalbu, pl. f. *dalbāti* bedrängt, unglücklich, elend. — Flitter.

dalbiš bedrängt, in Not.

dulbu, st. c. *dulub* Drangsal.

dalibtu, dilibtu Drangsal, Not.

šudlubu bedrängt (Haus *bētu*).

dulbu, tulubu Platane.

dalabānāti s. *labānu*.

dalāḫu, delēḫu *(u)* aufrühren, aufwühlen (: Ozean *apsā*, Meeresflut *ašurraka*), trüben, verstören, verwirren (Dämonen: Weg *sulā*), in Verwirrung setzen (opp. *tuqqunu*); — dahinjagen (?, Pferd *sīsū*). — I₂ trüben (: Wasser *mē*); sich beunruhigen. — I₃ Verwirrung anrichten. — II₁ verstören, verwirren; — eilen (?). — III₁ verwirren, vernichten. — IV₁ getrübt werden (opp. *zakū*), aufgerührt werden (Ozean *apsū*); in Verwirrung geraten (Land *mātu*). — IV₂ in Verwirrung geraten (Land).

(dalēḫu,) dalḫu, f. *dalēḫtu*, pl. *dalḫāti* trüb (Wasser); f. (sgl. u. pl.) Trübes, Verwirrung (opp. *zakāti*).

dilḫu Verwirrung, Trübung. Vgl. *durḫu*.

dulluḫu verstört (Antlitz *pānu*).

dulluḫū Verwirrung, Verstörung; Trübung (eines Himmelskörpers).

duluḫtu Verstörtheit.

dulḫānu Syn. zu *aqqulu* Verwirrtheit, Verstörtheit.

(dalāku?) II₁ einlegen (?, mit Elfenbein *šen-pīri*).

dallakku eingelegte Arbeit (?).

dalālu *(u)* unterwürfig sein, ergeben sein, huldigen (Personen, Hand [?], *idu*), verherrlichen, in Demut preisen,

Lobpreisungen *(dilla, dalīli)* spenden. — II1 verderben (?).

dallu gering, minderwertig, schlecht (Getreide *šeʾu*, opp. *damqu*).

dillu, st. c. *dilil* Lobpreisung.

dullu, dūlu Mühe, Mühsal, Elend; Kult, Dienst; Arbeit, Bearbeitung (nach der Formung, *pitēqu*, des Rohstoffes), Herstellung; Auftrag. — *dullu ina būri* Brunnenkult (?). *dullu u nēpēši* Kult und Zeremonien.

dalīlu Lobpreis.

dullulu unterworfen, geknechtet.

dallalu e. Tier (Fledermaus?).

dillatu Weinranke (?).

dulēmu (Am.) (goldener) Bestandteil eines Wagens *(narkabtu)*.

dulmaḫḫu, dumaḫḫu (sum. LW.) «hehres Gemach», Kapelle Anu's.

dilmunu Dilmun-Dattel.

dalāpu s. *dalābu*.

damu, pl. *dami, damē* Blut (des Herzens *ša ṣurri*); blutrote Farbe (des Goldes, vgl. *šūlū* unter *elū*); Rotwein (?). — *dam amēlūti* Menschenblut. *dam namtari* Blut des Todesdämons (? =) exitus letalis. — *dam erenni* Zedernharz. *šarku u damu* helles und dunkles Blut. Vgl. *adamatu*.

damatu e. Paste, e. Farbstoff.

dēmtu (דמא4), du. *dēmā, dēmtā*, pl. *dēmāti* Träne. — *dēmit* (?) *libbi* Seufzer (?).

dimētu e. Raubvogel (?), e. Krankheit, bzw. e. Krankheitsdämon.

dimītu e. wollener Gegenstand an einem Behälter.

dimgallu (sum. LW.) Baumeister.

damgaminu triefäugig (?).

dumaḫḫu s. *dulmaḫḫu*.

damāmu *(u)* jammern, blöken, wimmern (übertr. Rohrdickicht *ṣuṣū*), girren (Taube *summatu*), wehklagen. — I2 jammern. — I3 jammern, seufzen (?). — II1 Wehklagen verursachen (Dämonen). — III1 Wehklagen verursachen.

dimmatu Jammer, pl. *dimti*. — *dimti u tānēḫi* Jammer und Seufzen.

dumāmu Wehklage, Jammer.

dimānu (?) e. Heuschreckenart (?).

dumunsallu (Am.) ein Gewicht (?, Unterabteilung des Schekel?).

damāqu *(i)* (דא6ק?) gut sein, schön sein, hell sein, rein sein, fromm sein, gesund sein, gedeihen; gut scheinen (daß: *enūma*); freundlich sein, barmherzig sein, pms. *dameq ittika* es gefällt dir; *eli ili damqat* es ist vor Gott gut (opp. *mussukat*). — II1 schön ausstatten, verschönern (: Tempel *bēta*, Tor *bāba*), «schön machen» (jurid. Ausdruck bei der Ankindung *mārūtu*), gut machen (: Ausspruch *amāta*), Gutes tun, zum Guten wenden (: Gedanken *egerrā*), gut handeln; gesund machen, normal machen (Heilpriester *āšipu*); günstig machen, gnädig aufnehmen (: Gebetswort *amāt unnini*), gut heißen begünstigen (: gutes Einvernehmen *salāma*); so gut sein und . . . (mit präs. verbi).

damqu, danqu, f. *damqatu, dameqtu, dīqtu* gut (Getreide *šeʾu*, opp. *dallu;* Holz *iṣu*, Weg *ḫarrānu*, Gedanke *egerrū*, Rat *melku*, Pferde *sīsē,* Ruf *šumu*, Regierung *rēdu; für: ana*), schön (Weib *sinništu*, Kleid *ṣubātu*), ausgezeichnet, vortrefflich; rein (Öl *šamnu*, Fett *lipū*, Eisen *parzillu*, Lasurstein *uknū*), frisch (Mischbier *billitu*, Fische *nūni*, Datteln *suluppi*), fein (Silber *kaspu*), vollwertig (Geld *kaspu*); glückbedeutend, günstig (Vorzeichen *ittu*), gnädig (Antlitz *pānu*, Schutzgott *lamassu*, König *šarru*), freundlich (Worte *dibbi*); edel (Handlungsweise *epēšu*), fromm (Wort *amātu*), wohlgefällig (bei Gott *eli ili*, Fest *esennu*); wirksam (Beschwörungs-Text *ṭuppu*); glücklich (Schicksal *uṣurtu*), vorteilhaft (Preis *maḫīru*).

dameqtu (vgl. *damqu*), pl. *damqāti* Gutes, das Gute (opp. *masiktu*), Wohltat, Belohnung (?), Frömmigkeit,

Glück, Gunst. — Lehnstuhl (easychair). *damqāti u lemnēte* Glück und Unglück.

dummuqu vortrefflich (Handlungsweise *epēšu*); Wohltun, Wohltat.

dumāqu Geschenk (des Ehemannes an seine Frau).

dumqu, dunqu das Gute, gute Beschaffenheit, Reinheit, Schönheit; das Beste (von Öl *šamnu*); Wohl, Gesundheit; Gnade, Gunst, Huld.

tadmeqtu («Glücksunternehmen»? = ?) Spekulation.

dimmušatu (sum. LW.) Dickicht (?).

damšillu (?, sum. LW.) e. Pflanze.

danū (?) IV2 laut werden, verlautbaren (?).

(danū,) f. *danītu*, pl. *daniāti* laut (?).

dinū e. Tier.

danību (?) e. Berufsname.

dandannu mächtig, allgewaltig.

dunnamū schwächlich; Schwächling (Schimpfwort).

danānu *(i)* stark sein, kräftig sein (Hand *idu*, *qātu*, Hände *qātē*, *rettā*); fest sein, befestigt sein (Stadt *ālu*, gegen *eli*); stark sein (an Zahl) (Wache *maṣartu*), dicht sein (Bewölkung *urpu*); überlegen sein (über: acc.?, *eli*, *alla ša*), ein mächtiger Gegner sein (von: *eli*), groß sein (Feindschaft *nukurtu*); lasten (Dienst *dullu*, auf: *eli*). — II1 stark machen, kräftig machen; verstärken (: Wachtposten *maṣarāti*, Truppenkontingent *qeṣra*), vermehren; festigen (: Bauten; deren Mauerwerk *asurrā*, Gefüge *riksē*); fest machen (: Vereinbarungen *riksāti*). — III1 pms. mächtig gemacht sein.

dannu, f. *dannatu*, *da'tu*, *dattu* stark (Mann *eṭlu*, Mauer *dūru*, Terrasse *kisū*, Ufermauer *kāru*), fest (Stadt *ālu*, Schiff *eleppu*), heftig (Schmerz *murṣu*), stark = ergiebig (Brunnen *būru*), beschwerlich (Weg *gerru*), gewaltig (Schlacht *tāḫazu*), mächtig; aus grünem Holz (Balken *gušūru*), hart (Stein *abnu*), sehr lang (Jahre *šanāti*); Starker, Mächtiger. — Freibrief (?); — e. Amt.

danniš in hohem Grade, bedeutend, sehr; mit *eli* bzw. *eštu*: in höherem Grade als, mehr als. — *danniš danniš*, *danniš danniš danniš* in sehr hohem Grade. — *ana danniš*, *addanniš*, *adanniš*, *adāniš* sehr.

dannatu Feste, Burg; fester Grund (des Erdreichs); Beschwerlichkeit (des Geländes *eqlu*); Not; Niederlage (?). — Vgl. *bētu*.

dannitu Schriftstück, Geschäftsurkunde.

dannūtu Stärke, Kraft, Festigkeit; Festung; Stützpunkt, s. *šakānu*. — *ana dannūti* + suff. aus voller Kraft.

danānu, pl. *danāni* Macht, Stärke, Gewalt, Kraft; — ein Organ in der Nähe der Leber. *ina danāni* mit Gewalt. — *danān erijāti* Frucht (?) der Schwangeren, Foetus (?); *danān šatti* Ergebnis (?) des Jahres.

danāniš mit Gewalt.

dannēnu Feste (opp. *apsū*).

dinānu Leibesgestalt, Gestalt, Wesen, Person, Personalersatz.

dunnu Stärke; Befestigung (?).

dunnunu kräftig (?, Wurzel *šuršu*), (Mauer *dūru*), fest, gewaltig (Kräfte *emūqu*).

dunnuniš festgemacht, fest.

dunānu, pl. *dunānāti*, in *andunāni* Gestalt, Form, Person.

dannatānu Mächtiger, Gewalttäter (?).

tadnintu Entschädigung (?).

dannu, pl. *dannū* Faß, Bierfaß (mit, zu: *ša*); e. Hohlmaß («Tonne»). — Vgl. (?) *tannatu*.

dunnu Wiege, Bett.

dinnū e. Art Bett.

dinnūtu e. Art Bett.

madnanu Bett.

dassū, dāsū Tal (?); Niederung; Vertiefung (?) an der Leber.

dasipu e. lederner Gegenstand.

dapū e. Art Opfer (?).

dapālu, Syn. zu *riksu* Band.

dapānu *(u)* überlegen sein, siegen, besiegen.

dāpinu, dapnu überlegen (Löwe *nēšu*); Sieger, e. Beiname von Nusku.

dappanu, dappinu, Syn. zu *dāpinu.*

dapniš in überlegener Weise; siegreich (?).

(duppānu,) dubbānu siegreich (?).

dapāru, dabāru zurückstoßen (?). — I$_2$ sich fernhalten. — II$_1$ (sich) wenden (Dämon); wegnehmen (: Gründungsurkunde *temena*), wegtreiben (: Rinder *alpi*), vertreiben (: Feind, Dämon). — IV$_1$ vertrieben werden.

daprānu, duprānu Wacholder.

daqū (?) fortschaffen, entfernen (: Balken *gušūra*, Schutt *anḫūta*, *epra*, von: *eštu, ina*), ausjäten (: Unkraut *ṣibāra*), verscheuchen (: Raben *ēreba*), aufscheuchen; stürzen (vom Thron *eštu kussī*), niederwerfen (: Gegner *za'era*), zugrunderichten (: Ernte *ebūra*).

diqdiqu, diqdiqqu, duqduqqu Zaunkönig.

daqāqu zerstoßen, pulverisieren (?). — II$_1$ zertrümmern.

daqqu dünn, klein.

(daqqatu?,) daqatu e. feingestoßenes Gewürz (?).

daqaqītu, Syn. zu *ṣeḫerūtu* Kleinheit.

duqāqu, Syn. zu *daqqu* dünn, klein.

duqāqū, Syn. zu *ṣeḫḫerūtu* Kleinheit.

daqīqu, Syn. zu *daqqu* dünn, klein.

daqqūqūtu, duqqūqūtu Verdünntheit (?), Kleinheit (?).

madaqqu Mörser; vgl. *madāku* (דא$_6$ך).

diri s. *dirigū.*

dura'u e. best. Stück der Ziege.

derū (דרא$_4$) bedecken, einhüllen, einfassen (?); pms. als Decke haben, bedeckt sein. — II$_1$ drücken (?).

dērū einhüllend, festhaltend (Schlamm *šiknu*, : e. Schiff); f. pl. *dērāti* Netze.

madrū (?) Gehänge (?, eines Degens *paṭri*).

(***darāgu*** schreiten, steigen?) III$_1$ auflegen (: Joch).

durgu, pl. *durgē* Weg, Pfad, Straße, Steg.

daraggu, daragu Weg, Steig; Schritt (?).

dirigū (sum. LW.) Schaltung.

diri in *arḫu diri* Schaltmonat, *šattu diri* Schaltjahr.

durgarū (sum. LW.) Thron.

dargiš (?) e. Hausgerät aus Holz.

durḫu Trübung. Vgl. *dilḫu.*

(darku) (f. pl.) *darkāti* neugeborenes Kind; Nachkommenschaft.

derku klein.

derkatu Nachwuchs (?).

derektu Verminderung (des Wasserstandes).

darīku e. (bei der Dattelkultur verwandtes) Gefäß.

darīku, pl. *darīkānu* (pers. LW.) Dareike.

duruku, durku (?) (westsem. LW.?) Weg.

durmaḫu (sum. LW.) Herrscherthron (?).

darāsu zerstücken (ein Thron den anderen *kussū kussā*).

mundarsu zerstückend (Waffe *kakku*).

darāru zu Ende bringen (?), zu Ende gehen (?, Monat *arḫu*), untergehen (?, Sonne); frei werden (?).

darru frei (?), stark (Mann *eṭlu*).

darīru (?), Syn. zu *durāru* (?).

durāru Freiheit, Freilassung. — *an-durāri*, st. c. *andurār* Freiheit, Gerechtsame (eines Volkes); (gesetzmäßige) Freilassung (eines Sklaven).

durārtu Freiheit (?).

dirratu Geißel, Peitsche.

durrušu betretener Grund (einer Stadt), Bahn (der Sonne).

(dešū) (דשא₁) (schwellen; üppig sein). — II₁ schwellen lassen; üppig machen (: Opfer *sattuka*, Opfermahl *mākala*, Weide und Tränke *rēta u mašqīta*, Leben *balāṭa*, Reichtum *ḫiṣba*), üppig auftischen (auf einer Tafel *ina paššuri*), in Fülle darbringen. — II₂ üppig bereitet werden (Topf[gericht] *puru*). — IV₁ üppig gemacht werden, gedeihen (Land *mātu*).

dīšu üppiger Pflanzenwuchs, Gras.

dišū, f. pl. *dišāti* üppig, reichlich Gemüse *arqu*); reichlich vorhanden, weitverbreitet (Leute *nīšū*).

duššū schwellend, üppig, fett, reichlich (Ertrag *ḫiṣbu*). — *mašku duššū* aufgeschwellter Balg (als Floß).

dušū, tušū e. (Halb-)Edelstein.

dušaḫu (Am.) (elfenbeinerner) Teil eines Ölbehälters.

diškū (?) Tisch.

dušmū, f. *dušmītu* Diener.

dašnu e. gelbe (oder grüne) Schlange (?).

dašāpu süß sein; angenehm sein. — II₁ angenehm machen (für: *eli*).

dašpu süß (Dattel *uḫēnu*); Süßrahm (?).

dišpu Dattelsyrup, Honig.

dišiptaḫḫu e. süßes Bier, Emmermischbier.

daššupu, duššupu gesüßt (Wein *kurunnu*).

dišarru e. Getreideart (Hafer oder Roggen).

daššu Gazellenbock (?, Ziegenbock?).

daššu, Syn. zu *pagumu* Sattel.

ditanu s. *didanu*.

dittu Binse (?).

ז

zū, pl. *zē* Sturmvogel, Sturm.

zū (sum. LW.) Ton, Tontafel. — Kot, Exkremente; übertr. «Dreck» (? vgl. *tāru*); e. Teil der Dattelpalme. — *zē uzni* Ohrenschmalz.

zā'u, zu'tu, zūtu s. ***izūtu.***

zību (זאב₁) Wolf; — e. Raubvogel. — Vgl. זבא₃.

zābu (זאב₆) fließen, zerfließen.

zu'abbu (sum. LW.) Meer.

zāzu (זאז₆) teilen (: Besitz *esqa*, Truppenkontingent *napḫar ummāni*, Getreide *še'a;* in zwei Teile oder Abteilungen *ana šinā, ana šenē;* in drei Teile *šaluš;* zu gleichen Teilen, gleichmäßig *aḫāti, aḫennā, mitḫāris, malmališ*, vgl. auch *mašālu*; unter sich *eštēniš*); zuteilen (jdm.: acc., : Herrschaft *bēlūta*); überweisen (: Geld *kaspa*, jdm.: *ana*); sich teilen (in: acc. oder *ina;* gleichmäßig *amēlu mala amēli*); als Anteil (*ṣitta)* erhalten (: e. Drittel *šalušta;* bei der Teilung mit: *itti*). — II₁ in Teile (*zīzāti)* sondern, verteilen (etwas: acc., unter: *ana*). — *muza'iz esqēti* Verteiler der Lose, e. Beiname Marduk's. — *zu'uzu ana ṣindi u bērti* den Fesseln und Banden zugeteilt sein, in Fesseln und Bande gelegt sein.

zīzu, pl. *zīzāti* Teil (gleicher).

zūzu ½ Sekel-Stück.

za'istu, zu'ustu Anteil, Verteilung.

zīzu (זאז₇), pl. *zīzē* Euter, Zitze.

zāzu Überfluß, Fülle, Üppigkeit.

zāzāti, f. pl. in *le'āti zāzāti* kraftstrotzend.

zāzāku im Überfluß, reichlich.

zīzu (sum. LW.) Emmer (?).

zīmu, pl. *zīmū, zīmē* Gesichtsausdruck, Miene, Aussehen; pl. (Gesichts-) Züge, Antlitz, Aussehen (von e. Tempel, *bētu*, von Sonne, Mond, Mars); — Bedarf (?).

zānu pms. geschmückt sein, verziert sein, ausgestattet sein (mit: acc.). —

II₁ mit einer Verzierung *(zāna)* versehen, schmücken, verzieren, ausstatten (mit dopp. acc.).

zānu, dazu pl. (?) *zānāti* Verzierung, Schmuck.

zīnu s. *zanānu* regnen.

zi'pu, zīpu, pl. *zi'pi* Form (aus Ton, *ṭeṭṭu*, zum Metallguß); Prägung, Währung.

zūpu Ysop.

zāqu (זאק7) jagen, dahinjagen, dahinstürmen, wehen (Wind *šāru*, Südwind *šūtu*, Dämon), übertr. anstürmen (gegen den Feind *ana nakri*).

zīqu, pl. *zīqāti* Sturm. — *zīqšāri*, pl. (?) *zīqū-šāri* Sturm, Windsbraut.

zīqu Verpflichtung (der Frau gegenüber dem Mann).

zūqu 1/2 Qa; Behälter von 1/2 Qa Inhalt.

zāru, (zēru,) ṣēru (זאר6) niederbiegen, beugen, biegen; pms. gebogen sein (Ziegenhorn *qaran enzi*, lobus caudatus der Leber *ubānu*), (krankhaft) gebogen sein (Nacken *kišādu*, opp. *šuḫḫuṭu*, Hode *išku*).

zāru (זאר7) Haß fassen (gegen: acc.; um . . . willen *ana eli*), hassen (opp. *rāmu*), anfeinden, Abscheu haben (vor: acc.), nicht mögen.

zā'eru, zāru, zēru, šā'eru, šāru, pl. *zā'eri* gehässig (Rede *pū*), feindlich; Feind (pl. auch *zā'eri*, *šāri*); f. Haß, pl. Gehässiges, Haß.

zārūtu, zērūtu, šārūtu Gehässigkeit, Haß.

zi'arānu Hasser, Gegner.

zūru (?) Haß (?) in *amel zūru* Widersacher, Fẹind (?).

muzerru Hasser.

zāerānu Hasser, Gegner, Widersacher.

ziarānu Hasser, Gegner, Widersacher.

muza'rānu e. Insekt.

zību, pl. *zībi*, *zībē* (זאב3) (westsem. LW.?) Opfer. — Vgl. זאב1.

zibū e. Heuschreckenart (Grille?); — Schwarzkümmel (?).

zabābu unruhig sein, sich unruhig bewegen (Vogelflügel *kappi iṣṣūri*), hin- und herfliegen (Vogel *iṣṣūru*). — I₂ unruhig hin- und herlaufen (Pferd *sīsū*). — II₁ hin- und herbewegen (: Flügel *agappi*). — IV₃ hin- und herlaufen, umherspringen.

zubbu, zumbu, pl. *zubbi*, *zumbē* Fliege. — *zumbi abni*, *zumbi ḫemēt*, *zumbi (ša) mē* Fliegenarten. — *zumbi dišpi* Biene. — *ša-zubbi*, *ša-zumbi*, *ša zubbi šūlī* Fliegenwedel (vgl. *elū*).

zibbatu, zimbatu, du. *zibbā*, pl. *zibbāti* Schwanz, Schweif (verschiedener Tiere — Fuchs, Löwe, Rind, Skorpion, *adaru*, *ḫulū* —, einer Mißgeburt, eines [Sterns, d. h.] Kometen; auch als Opferteil), Schwanzstück; Teil des Wagens *(narkabtu)*. — *zibbat Urgulī* β etc. Leonis. *zibbat Zuqāqīpi* ε, μ etc. Scorpii. *Zibbāti* Pisces.

zībānītu, du. *zībannā* Wage; Libra (Sternbild). — *zībānīt lā-kētti* «unrichtige, falsche Wage»; s. *ṣabātu*.

zabbu, f. *zabbatu* (LW.?) e. Priesterklasse.

zibabānu, zibibānu e. Pflanze.

zabālu *(i)* tragen (: Ziegel *lebnāti*, Lehm *ṭeṭṭa*, auf dem Kopf *ina qaqqadi*; Schiff *eleppu* : Ziegel *lebnāti*), herbeischaffen (: Ziegel *lebnāti*, auf Lastwagen *ina ṣumbi*), bringen (: einen Kranken zu Bett *ina majalti*; Zeichen *ītu* : Glück *šulma*, jdm.: *ana*; : Morgengabe *zubullā*, *bibla*, auch abs.); ertragen (: Strafe *arna*). — II₁ jdn. (acc.) («tragen» =) auslegen, vorstrecken lassen (: Geld *kaspa*). — III₁ tragen lassen, herbeischaffen lassen. — *zabālu kudurra*, *ṭupšikka* Frondienst leisten. *šuzbulu ṭupšikka* Frondienst leisten lassen.

zābilu Träger, Lastträger, pl. Trägerkolonne (?). — *zābil iṣi* Holzträger.

zabbīlu, zabbillu, pl. *zabbīlānu* Spaten, Grabscheit; — Tragkorb (?).

zubullū Morgengabe.

nazbaltu (durch Geldvorstrekkung erwachsene?) Last.

ziblu Mist (?).

zablū (?) e. Hausgerät (?, aus Bronze *siparru*).

zabru (?) e. Körperteil (?, Schulter?, Rücken?); — e. Pflanze (Immortelle?).

zabratu (?) e. Pflanze (Immortelle?, = *zabru*?).

zabardibbu (sum. LW.) e. Priester.

zabšu (?) e. Gewand-(Stoff?) (?).

(zaggu,) pl. *zaggi* e. Gebrauchsgegenstand (?, aus Bronze *siparru*).

zaggu (sum. LW.) Heiligtum.

zagdurū (LW.) e. Gefäß.

zagzagatu (sum. LW.) Heiligtum.

zagmukku, zagmūku, zammūku (sum. LW.) Neujahr, Neujahrsfest (vgl. *esennu*), Totenfeier. — *zagmuk rēš šatti* Neujahrsfest.

zaginnu (sum. LW.) Lasurstein (*uknū*).

zagindurū (sum. LW.) e. Art des Lasursteins (*uknū*).

zidubbu, zidubdubbu (sum. LW.) Mehlhaufen.

zadidu e. Kosmetikum.

zadanu e. Pflanze.

zidatu e. Pflanze.

zazakku, zazāku (sum. LW.?) e. Beamter.

zizuim (?, LW.?) e. Monatsname.

ziznu Syn. zu *ṣeḫru* klein.

zizānu, sisānu e. Heuschreckenart (Grille?). — *zizānu qīšti* Waldgrille (?).

zēzinu (?) e. Krankheit (?).

zeḫzeḫi Dämmerung (?).

zaḫalū (LW.?) e. hellweiße Goldlegierung.

zaḫāru ausziehen, ausgehen (aus dem Munde *eštu pī*).

zuku Fußtruppen. — *zuku ša ekalli* Palastwache (?). *zuk šēpē* Leibtruppen zu Fuß.

zakū (זכא) rein werden, sauber werden, klar werden (opp. *nadluḫu*), hell werden (verfinsterter Mond, opp. *erem*), rein sein (auch kultisch), klar sein (Wasser *mē*); poliert sein (?); frei sein, steuerfrei sein. — II1 läutern, klarstellen, polieren (?, [aus Goldguß hergestellte] Bilder *ṣalmani*); frei machen, für frei erklären, für gerecht erklären. — *zukkū rūšuš* glänzend rein machen. *zukkū eštu pī ana ḫurāṣi* vollständig klarstellen. — III1 für rechtsgültig erklären (?, Urteil *dīna*).

zakiu, zakū, f. *zukūtu*, pl. f. *zakuāti, zakāti* rein (Silber *kaspu*, Gold *ḫurāṣu*, Gewand *ṣubātu*, Frau *sinništu*), gereinigt, sauber (Garten *kerū*); klar (Wasser *mē*); Beiname des 19. Monatstages; pl. f. Reines, Klares (opp. *dalḫāti*).

zakūtu Steuerfreiheit.

zikū (?) rein (?, Gewand).

zakkū, pl. *zakkē* e. Beamter.

tazkītu Entlastung (bei e. Kompagniegeschäft, *tappūtu*, von den Eigentumsansprüchen).

zukkū (?), Syn. zu *parakku* Göttergemach, Heiligtum.

zakkītu e. Fliegenart.

zakāru, saqāru, šaqāru *(u)* reden, sagen (zu: *ana*), sprechen (: Gutes *dameqta*), kundtun (jdm.: *ana*, vor: *maḫar*); rufen, anrufen; nennen, erwähnen; schwören (bei: *nīš*), einen Schwur ablegen (den Richtern *dajānū*); genannt sein (nach dem Namen von *ana nidīt šum* + suff.); pms. geweiht sein (einem Gott *ana ili*). — I2 nennen. — I3 verfluchen. — II1 pms. genannt sein (Name: *šumu*). — III1 aussprechen lassen (: Namen *šuma*); schwören lassen (bei: *nīš*); beschwören lassen (: Verträge *adē*, bei: *nīš*). — IV1 genannt werden (Name *šumu*). — IV2 aussprechen, reden. — *zakāru banīta* Fürsprache einlegen. *zakāru zekra* berufen. — *zakāru nibīt* + suff. anrufen (: Gottheit). *zakāru nibīt sumi* + suff. nennen, benennen; berufen (jd.: acc., zur Königsherrschaft *ana šarrūti*). *zakāru šuma* ([jds.] Namen verkünden =) (jdn.) preisen; berufen (zu: *ana*); pms. als Bezeichnung haben. *zakāru šum ili* bei e. Gottheit schwören. — *zitakuru šuma* berufen. — *zukkur* (pms.) *šuma* e. Bezeichnung, e. Namen haben. — *šuzkuru zeker ilāni, šusquru adē šum ilāni* e. Eid schwören lassen, beeidigen, *zakāru (šuzkuru) nīš ili* bei e. Gottheit schwören (lassen).

zekru, (seqru), st. c. *zeker, zikir, seqar, siqir*, pl. *zikrū, seqri* Rede, Benennung, (ausgesprochener) Name, Wort, Erwähnung; Andenken, Gedächtnis; Ruf, Ruhm (des Königtums *šarrūti*). — *zikir ili* Ebenbild Gottes. *seqer pī, zikir šaptē* Rede, Gebet. *zikru šumruṣu* Schmerzensruf. *zikir šumi* Namensnennung, Namensanrufung, Name.

zukkurtu Existenz.

tašqertu Eid (?), Meineid (?).

zikāru, zekru, *zikāri, zikkari, zekrūti* f. *zekratu*, pl. *zekrēti* Penis (?); männlich (Rind *alpu*, Esel *emēru*, Schaf *emmeru*, Dattelpalme *gišimmaru*, opp. *sinnišu, eššu*), männliches Kind, Knabe, Mann; mannhaft; Knecht. — *zekru* als f. (pl. *zekrēti*) «Mannweib», Eunuchin; Kebsweib, Dirne. — *ša zikāri* mannbar (Mädchen *ṣuḫartu*).

zikrūtu Männlichkeit (sexuell); Mannhaftigkeit.

zakkaru männliches Kind.

zakurru (sum. LW.?) hellblaue Wolle.

zalaḫu, zalḫu e. metallener Gegenstand.

zuluḫḫu, zulumḫu Weideschaf. — e. Gewand.

(zalālu) (gering, verächtlich, verachtet sein). — II₁ pms. verachtet sein.

zilūlū verächtlich.

zilulliš verächtlich, verachtet, niedrig.

zillānu gering.

zillu in *anzillu* Vergehen, Missetat.

zalpu (?), pl. *zalpi*, f. *zalpatu* ungerecht (Richter *dajānu*); f. Frevel, Übeltäter.

zaliptu, ziliptu, ṣiliptu (?) Frevel, Schlechtigkeit; vgl. unter *awū, amū*.

zalpu (?) Austerschale (?).

zalaqu, f. **zalaqtu** (sum. LW.) glänzend.

zilleru (elam. LW.?) e. (militärischer?) Beamter.

(zamū) II₁ jdn. oder etw. von etw. ausschließen, jdm. etwas versagen (mit dopp. acc.).

zamū Ausschließung, Verbannung (?); Verbannter (?).

zamū, samū, pl. *samāti, samēti* Zinne (?, einer Mauer *dūru*, eines Tempels *bētu*, eines Berges *šadū*).

zimbatu s. *zabābu*.

zumbu s. *zabābu*.

zambūru Thymian.

zimzimmu, zinzimu e. Gartengewächs.

zammuku s. *zagmukku*.

zamānu, pl. *zamāni, zamānē* böse; Feind.

zamāru singen, e. Gesang (*zamāra*) anstimmen, musizieren, rezitieren (Gesangspriester *zammaru*); wehklagen. — II₁ laut singen, laut rufen. — III₁ singen lassen. — IV₁ besungen werden (Hoheit, *šušqūtu*, eines Gottes). — *izamar ēlela* er singt und spielt.

zamāru, pl. *zamāri* Singen, (geistlicher) Gesang (cpl. *meḫer zamāri*), Lied. — *zamār Bēlitili* der Bēlitili geweihtes Lied: *zamāru ša Akkadī* Lied von Akkad. *zamāri metlūti* Lobgesänge. — *ana zamāri* (e. Text) zum Singen.

zemru Gesang; Ruf.

zammaru, zammeru, pl. *zammeri*, f. *zammertu* Sänger, Musiker, Tempelmusikant, Gesangspriester; e. Beiname Ea's.

zimmuru e. Musikinstrument.

zamar eilends, in Eile, flugs, bald, alsbald. — *zamar . . . . zamar* bald . . . . bald.

zumru, zurru, st. c. *zumur* Leib (von Menschen und Tieren), Körper; Substanz (des Alabasters *giššergalli*); Rumpf; übertr. Verkörperung (?, der Schlacht *tāḫāzi*, nämlich Ištar); Haut (?); *zumur nūni* Fischmaske; mit Suff. Person, Selbst (*ina zumrišu* von seiner Person, von ihm; *ina zumrika* du selbst; vgl. *nesū*).

zemrēgu s. *zerēqu*.

zunu Saum (?, eines Bett-Tuchs *ṣubātu ša erši*).

zenū in Zorn (*zenā*) geraten, zürnen (auf: *itti*), grollen, hassen (opp. *naḫu, salāmu, rit'umu*). — II1 (jdn.) zornig machen (auf: *itti*), aufbringen gegen: *itti*); pms. erzürnt sein. — *zenēša izeni salāmiša isalim* (die Nebenfrau soll der Hauptfrau) Haß und Liebe teilen.

zenū Zorn, Groll, Haß.

zenūtu Groll, Feindschaft.

zēnū, f. *zēnītu*, pl. *zēnāti* zürnend, grollend (Gottheit *ilu, iltu*).

zinū e. Teil (?) der Dattelpalme, pl. *zinātu* Dattelrispe?

zingurru e. Fisch.

zangaliqu e. Syringenart (?, Syringa Persica?).

zunzunu e. Art kleiner Heuschrecke.

zanzirad (?) «Gartenvogel» (*iṣṣūr kerī*).

zanānu *(u)* pflegen (: Gottheit; Schößlinge *tālāti*), versorgen, im Stand halten, erhalten, ausstatten (: Kultstätten *maḫāzi*, Tempel *ešrēti*, mit: *ina*).

zanānūtu Pflege, Versorgung.

zāninu Pfleger, Versorger (eines Tempels).

zāninūtu Ausstattung (eines Tempels; einer Kultstätte *maḫāzu*).

zinnatu, pl. *zinnāti, zīnāti* (?) Werk der Pflege, Fürsorge (für einen Tempel); Schutz (?, vgl. *arammu*).

zanānu *(u)* regnen (Himmel *šamūtu*), niedergehen (Regen *zunnu*, Schnee *šalgu*), übertr. wie Regen niedergehen, regnen (Feuer *nabli*, auf: *ana, eli*). — II1 heftig regnen. — III1 Regengüsse (*zunni*) herabsenden (Rammān), regnen lassen (Himmel *šamūtu*), vergießen (: Träne *dēmta*); übertr. wie Regen triefen lassen (: Fett *šamni*, Blut *dami*, Überfluß *nuḫša*), ausgießen (: Fülle, Überfluß *ḫegalla, ḫiṣba*, auf e. Heiligtum *parakka*). — III2 heftig regnen lassen.

zīnu = (?) *zunnu*; vgl. *zinnatu*.

zunnu, zūnu, pl. *zunnū, zunni, zūni* Regen, Regenguß. — *zunni u rādū* Land- und Gewitterregen.

zinništu s. *sinništu*.

zanāqu s. *sanāqu*.

zisurrū, *zišurrū* (sum. LW.) Mehlbrei. — Beiname (?) von α + β (etc.?) Geminorum.

zupuḫru (?) e. Zedernart (?).

zappu, pl. *zappi* Borste (?, des Schweins *šaḫī*), Haar (?, des Esels *emēri*); Pleiade.

zapitu e. Vogel.

ziqziqqu Sturmwind; — e. Ameisenart.

zaqānu pms. e. Bart (*zeqnē*) haben, bebartet, bärtig sein.

zeqnatu, du. *zeqnā* Bart (an Menschen bzw. deren Lippe *šaptu*, Mißgeburten, Sterngottheiten: Ištar, Marduk, Sīn); e. Fisch («Barbe»?). — *ša-zeqnē* «barbatus», e. militärischer Beamter.

zaqāpu, šaqāpu *(u)* pflanzen (: Bäume *iṣi*, Obstbäume *enbi*, Weinsorten *karāni*), anpflanzen, anlegen (: Garten *kerū*, Park *sarmaḫḫa*, Baumpflanzungen *ṣippāti*; opp. *puttū* bzw. *petū, pittu*), übertr. aufpflanzen (: Bogen *tilpāna*, auf *eli*); aufstellen, errichten (: Pfeiler *temmē*, Mauer *dūra*, Standarten *šurinni*), übertr. errichten (Land *mātu*, :Feindschaft *nukurta*), aufrichten (: Schwachen *enša*, *ḫašša*), richten (: Kräfte *idē*, gegen *ina eli*); sich aufrichten; emporstarren (Lanzenspitze *šēlūt šukurri*, Dolchspitze *šēlti paṭri*); pms. starr sein (e. Teil des Auges). — II1 errichten (: Zelte *urigallē*), aufrichten, aufstehen lassen (: Vieh *būla*); pfählen. — II2 sich richten (Fluß *nāru*, nach einem seiner früheren Richtung entgegengesetzten Ziel *ana maḫerti*). — II3 aufstehen, zu Berge stehen lassen (: Haar *šārta*), starr werden lassen (: Augen *ēnā*). — *zaqāpu ina iṣi* pfählen. *zaqāpu eqla ana kerī* ein Feld in einen Garten umwandeln.

zaqpu, f. *zaqiptu* bepflanzt, kultiviert; Gartenland (opp. *šulpu*), errichtet (?, Sessel *kussū*).

zeqpu, st. c. *zeqep* e. Pflanzenteil (Stengel?); Stange (?); Spitze (eines Dolches *paṭri*, einer Waffe *kakki*); Zenit.

zāqipu Pflanzer, Gärtner.

zāqipūtu gärtnerische Pflege, Gärtnerei.

zaqīpu, ziqīpu Pfahl.

zeqeptu Zacke (eines Berges *šadī*).

zāqipānu Pflanzer, Gärtner.

zāqipānūtu Bepflanzung.

zeqqu, zīqu Schlauch (?); — Korridor (?). — e. Kleidungsstück.

zāqiqu (?) Gespenst; e. Priesterklasse (Totenbeschwörer).

zāqīqu (?) Windhauch, Luft (vgl. *mēnu* א6מנ), Wind, Sturm.

ziqīqu Sturm, Nordwind.

zuqāqīpu Skorpion; Scorpius; Skorpionstich.

zuqiqipānu e. Pflanze.

zaqāru (, šaqāru) (u) in die Höhe ragen, hochragen, hervorragen (Teil der Leber *rēš manzazi*). — II1 (hoch) aufführen (: Mauer, Wall *dūra*, *šalḫa*, *kāra*, Sakralturm *seqqurata*, x Ellen hoch *x ammati*). — III2 hinaufbringen.

zaqru, šaqru, st. c. *šagar* hervorragend, hochragend (Berg *šadū*), hoch (Terrasse *tamlū*); hervorragender Teil, Handgriff (an e. Spiegel *nāmaru*, Fliegenwedel *ša-zubbi*, Degen *paṭru*, Schirm *ṣalūlu*). — *an-zaqar* Turm (?).

šuqurru «in die Höhe ragend», e. Art Lanze.

zuqqurtu hoher Rang.

zuqqurūtu Hochragen.

tizqaru, tišqaru erhaben (Gottheit).

zaqātu, pms. spitz sein, scharf sein (Waffe *kakku*). — II1 stechen (jd.: acc., ins Fleisch *šēri*, in die Zunge *lišāna*).

zaqtu spitz (Pfeil *uṣṣu*), scharf (Schwert *namṣaru*, Zahn *šennu*). — *zaqtu ēnē* starräugig.

zeqtu, st. c. *zeqet* Stachel (eines Insekts, eines Skorpions; auch zum Antreiben der Tiere); Spitze (des Speeres *malmali*); Stich (eines Skorpions *aqrabi*); Stechen (Krankheit?, stechender Schmerz?); — ein Fisch. — *zeqet zuqāqīpi* λ + υ Scorpii.

ziqittu Stachel (?).

zuqtu, st. c. *zuqat* Kinn.

zuqtu, Spitze, Gipfel (e. Berges: *šadē*).

zaqatu (?) Penis (?).

ziqatu, pl. *ziqātī*, *ziqqāti* Stück (?); Phallus (?, aus Ton oder Stein (?), an Tempeln angebracht, auch in Prozession getragen).

zuqūtu, ziqūtu, zeqtu e. Gefäß.

zarū, zerū (א4זרו) säen, zur Saat (*ana zēri*) ausstreuen, ausstreuen (: Salzlauge (?) *kudima*); zeugen, hervorbringen. pms. erzeugt werden, wachsen (?, Haar?).

zarū f. *zarātu* gesät.

zārū Erzeuger.

zērūtu Zeugung.

zēru Saat, Saatgut; Ackerboden; Samen; semen virile; Sproß, Abkömmling; Nachkommenschaft, Geschlecht. — *zēr amēlūti* Menschenkind, Mensch, Nachkommenschaft. *zēr-balāṭi* (?) Lebewesen. *zēr-kitī* Leinsamen. *zēr-mandi* Gewimmel; *zēr-*

mandi qaqqari Erdgewimmel, Würmer. *zēr-mašītu* e. Hierodulenklasse. *zēr nērti* Mordbube (?, Schimpfwort). *zēr napšāti* Lebewesen.

zarū worfeln (: Getreide *še'a*).

mazrūtu Worfschaufel (?).

zaru e. Teil des Wagens, der mit der Deichsel zusammenhängt.

zarātu Zelt; zeltförmiger Ziegelbau; Zelttuch (?). *zarāt taknī* Baldachin.

zirūtu e. Körperteil.

(zarābu) II_1 pressen, auspressen, ausscheiden (: Urin *šīnāti*), (ausstoßen, scil.: Klagerufe *qubē* =) wehklagen; (jdn.) bedrücken (Gottheit). — II_2 bedrängt werden, bedrückt werden. — III_1 ausstoßen lassen (: Klagerufe *qubē*).

zarbiš bedrückt, kläglich (verwirrt sein *dulluḫu*), bitterlich (weinen *bakū*); unter Heulen (wie e. Sturm *ūmiš*).

(zurbu,) st. c. *zurub* in *zurub libbi*: innere Bedrückung, Beklemmung, Herzeleid. Vgl. *sarbu*.

zerbu Syn. zu *imšukku*.

(zarbābu) IV_1 wimmeln (?, Gottheiten in einer Götterschlacht).

zerbabu Ameise. — *zerbābi šādī* «Gebirgsameise».

zarbābu (?) Gießkanne; Bierkrug.

zurzu Netz (?, an Geräten *unūti*).

zarzaru, zerzeru, zerzerru e. Heuschreckenart.

zarāmu *(i)* sich Mühe geben; *zerem* mit asynd. impt. (tue) doch! — II_1 sich bemühen (um e. Land, scil. dessen Eroberung: *māta*). — *zurrumu qātē* (jds.) Hand lenken, (jd.) rechtleiten (Gottheit).

zermittu (?) e. Gefäß.

zarinnu (sum. LW.) e. Gegenstand aus Metall, ein Schmuckstück an der Tiara (*agū*) des Šamaš.

zarāpu kaufen, pms. gekauft werden. — I_2 kaufen.

zarpu, zerpu, f. *zarpat, zerpat* gekauft.

zarāqu, sarāqu, šarāqu *(i)* ausschütten, hinschütten (kultisch, : Wasser *māmi*, Öl *šamni*; Mehl *qēma*, *upunta*, Zeder *erēna*, Zypresse *burāša*, Datteln *suluppi*, Spezereien *reqqi*, auf: acc. oder *ina*, *ina eli*); pms. auslaufen (Augen, *ēnā*, einer Neugeburt); spez. *šarāqu* *(u, i)* e. Libation (: *šerqa*) darbringen (Sängerpriester *nāru*). — I_2 (jdn.: acc.) beschütten, bespritzen (mit Galle: *marta*). — II_1 hinschütten. — IV_1 ausgeschüttet werden. Vgl. *sarāqu*.

zerqu, serqu, pl. *serqi* Schüttopfer, Rauchopfer; Libation; Opferlamm, Lamm. — *sereq mūši* nächtliches Schüttopfer.

sarraqūtu Libation.

zerēqu, zemrēqu (?), ***zurēqu,*** dazu pl. *zurēkāti* Rohre; Bewässerungsrinne, Ausgußrinne (?); Kanüle; übertr. Kanal, channel, Weg (?, vgl. ***aṣū*** III_1).

surqēnu, šurqēnu Schüttopfer, Rauchopfer.

zarāqu schielen.

zāriqu schieläugig.

zerqūtu kurze Binde (?).

zerru Einfassung.

zurru s. *zumru*.

zurīratu e. Pflanze (Portulak?)

zišagallu, pl. (?) *zišagalli* (sum. LW.) Geschöpf, Lebewesen; pl. (in Lebewesen bestehende) Geschenke (?).

zišurrū s. *zisurrū*.

zatimmu, sasinnu, sasīnu (sum. LW.) Edelsteinarbeiter, Juwelier; e. Beiname Ea's.

zatimgallu Großjuwelier.

zateru Thymian.

zitarruṭu (sum. LW.) Lebensvernichtung, Tötung (?).

zittu s. *aṣū*.

ח

(*ḫa'u?*, pl.) *ḫa'ûti* e. Tempelgerät, Ständer oder Träger für e. Tafel (*ṭuppu*).

ḫû'a e. Vogel.

ḫābu Schlamm. *ša ḫābi* e. Fisch.

ḫajābu s. *ajābu*.

ḫādu (חא7ד) geben, zuteilen.

ḫajādu Spender.

maḫāzu, pl. *maḫāzū, maḫāzi, maḫāzāni* Kultstätte, Reinigungsstätte; Kultstadt, Tempelstadt.

ḫajaḫu e. Emblem Nergal's (Art krummes Schwert?).

ḫāḫu Dorn, Haken. — e. kleines Insekt.

ḫāṭu (חא7ט) sehen, schauen; durchschauen, durchspähen, prüfen, nachprüfen, nachwägen (: Gold, Geld); ausfindig machen, finden; erforschen (: die Zukunft *arkāti*), erfinden, erfassen, sich aneignen, erlernen; überschauen, Aufsicht führen, walten, gebieten; Zwang antun (?).

ḫāṭu Gesicht, Vision.

ḫāṭu nachgewogen (Gold).

ḫajaṭu Landstreicher, Vagabund; e. Berufsname (Inspektor?).

(*ḫajaṭû?*, f.) *ḫajaṭītu* Späherin, Ausspäherin (der Plätze *rēbāti*, der Männer *eṭli*), Beiname der Hexe.

ḫālu (חא6ל) quellen, fließen. Vgl. *ḫālu* (חא7ל).

ḫālu e. krankhafte Erscheinung.

ḫūlu Pfad, Straße, Weg (nach: *ša*), Wasserstraße (vgl. *dālu*).

ḫālu (חא7ל) beben, zittern, erbeben (Erde *erṣetu*), erzittern (Stadt *ālu*); vor Schmerzen beben, gebären wollen, kreißen; emporquellen lassen (? vgl. *ḫālu* חא6ל).

(*ḫālu*, pl.) *ḫāli* (Geburts-)Wehen.

ḫīlu Hochflut; Harz.

ḫajāltu Kreißende.

ḫijālu, ḫajālu, pl. *ḫijāli, ḫi'alānu* (LW.?) Truppen, Kriegsvolk.

ḫajaltu Kriegsheer.

ḫānu Inneres des Leibes, Eingeweide (?), e. Teil des Opfertieres.

ḫēnu s. *ēnu* א4א7ן.

ḫāsu (חא6ס) sich erbarmen, schonen (?).

ḫāpu reinigen, läutern; — II1 reinigen (: Tempel *bēta*).

ḫūpu Syn. zu *kullatu, abrātu, gemratu, kēmtu* Gesamtheit o. ä.

ḫāpu (חא7ף) sich drücken. Vgl. *ḫapāpu*.

ḫāqu (חא7ק) sich zusammenschließen, sich vermischen (miteinander *eštēniš*); zusammenfassen, mischen. — III2 sich vereinigen.

ḫīqu Halseisen. — (mit Wasser) gemischtes Bier.

ḫūqu Klammer (?); Beklemmung, Asthma.

ḫi'āru, ḫāru (חא7ר) sehen, erblicken, entdecken, anblicken; ausersehen (zur Brautschaft *ana kallūti*), freien (für: *ana*). — II1 auswählen (?, Zyperngras, *suadi*, für eine Arznei).

ḫā'iru, ḫāmiru Gatte, bridegroom.

ḫūratu Auserlesenheit. *ṣābē ḫūrāti* Gardetruppen.

ḫērtu (Haupt-)Gattin, bride.

ḫēru Syn. zu *kullatu, abrātu, gemratu* Gesamtheit o. ä.

ḫāšu (חא7ש) (auf etwas) losgehen, sich beeilen, eilen (nach: *ana*; zur Brautschaft *ana ḫadaššūtu*), dahineilen, stürmen (gegen: *ana*), davoneilen (aus: *eštu*). — I2 eilen (?) in *iḫtīšu ilqi* er nahm sich eilends vor, *iḫtīši ištakan pānišu* er richtete eilends sein Augenmerk darauf. — *ašar lā-ḫāši* e. unzugänglicher Ort.

ḫajattu Schrecken (?).

ḫabû (חבא1) bergen, aufbewahren. — I2 bergen.

ḫabû e. Aufbewahrungsgefäß, Krug.

ḫabītu e. Gewand.

ḫubai e. Beruf od. Amt (Bewahrer?).

naḫbū Köcher.

naḫbātu Köcher (?).

ḫabābu Geräusch machen; rufen, schreien, jauchzen, wehklagen; blöken, meckern (Kleinvieh *ṣēnu*); summen.

ḫabbu Wehgeschrei.

ḫubbu Wehklagen, Heulen.

ḫabību Freudengeschrei, Jauchzen.

(***ḫabūbītu,***) ***ḫumbibittu,*** pl. *ḫabūbēti* Bienen. *ḫabūbēti ša dišpi* Honigbienen.

ḫābibu (?) Rufer (?), e. Beiname Marduk's.

taḫbūbu Geschrei, Geblök. *emmer taḫbūbi* Leithammel (?).

ḫabābu strömen, fließen (über: *ina eli*), durchfließen (?). — III1 durchfließen lassen.

ḫabbu fließend (Wasser *mē*).

ḫabābu Regenflut.

ḫubbu, ḫubtu Brunnenschacht, Schacht, Loch.

(***ḫabābu*** lieben).

ḫabūbu (?) Geliebter (?).

ḫibabītu junge Frau, Braut.

ḫibibatu Jungfernschaft (?).

ḫabḫabbu (?) e. Teil der Türe.

ḫabālu *(u, i)* schlecht handeln, zerstören, schädigen (mit dopp. acc.), Gewalt antun (mit acc.); rauben. — I2 schädigen. — II1 schädigen. — II2 schädigen (?). — IV1 geschädigt werden. — *kī ḫabil* wie schade!, wehe! (?, Ausruf der Totentrauer).

ḫabālu Verderben.

ḫablu, f. *ḫabeltu* unterdrückt, Unterdrückter.

ḫabūlu, ḫabullu Schädigung.

ḫubullu, ḫubūlu geplagt.

ḫebeltu, pl. *ḫibilāti* Schaden, Verderben, Verfall; Schädigung, Übervorteilung, Verlust.

ḫabālu (binden?,) pfänden.

(***ḫabaltu*** ?, pl.) *ḫabalāti* Gewahrsam.

ḫabūlu, ḫabullu Zins.

ḫābilu, ḫabbilu Fänger.

ḫebeltu, pl. *ḫibilāti* Pfand, Schuldpfand.

ḫubūlū, ḫubullū Verpflichtung, Zinsverpflichtung, Zinsschuld, Schuld, Schuldpfand, Zinsdarlehen, (Geld-) Zins. — *ḫubul šatti* Jahreszins.

naḫbālu Fangstrick, Schlinge.

ḫabalkinnu, ḫabalkīnu Stahl (?).

(***ḫabattu?,*** pl.) ***ḫabanātu*** e. Gefäß für Öl usw., Krug, Faß (?).

ḫabunnu, ḫabūnu Schoß (?), Busen (?).

ḫubunnu e. Gefäß (?) aus Gold oder Silber, Krug (?).

ḫabāṣu anschwellen, sich aufblähen (Leib *zumru*). — I2 geschwellt sein (Länder *mātāti* von Freudengeschrei *ḫabība*). — I3 geschwollen sein (Fleisch *šēru*). — III1 fröhlich machen.

ḫabṣu üppig, reich.

ḫitbuṣu freudig.

ḫabaṣi s. *ḫabaṣerānu.*

ḫabaṣillatu, ḫabṣillatu Halm; e. Musikinstrument (Flöte?, Trommel?).

ḫabaṣerānu abgekürzt ***ḫabaṣi*** «Schwein» (? = *ḫumṣēru*) = Centaurus.

ḫabāru begleiten (?).

ḫabratu Konjunktion (von Mond und Sonne).

ḫabbartu e. Kleid.

ḫuburu, ḫubru Gesamtheit, Versammlung.

ḫabaratu Hauterkrankung der Brust (?).

ḫabiru «Beduine» (?) (Schimpfwort).

ḫabburu (sum. LW.) Steckling, Schößling.

ḫaburatu e. Pflanze.

ḫibur, ḫubur der 11. altassyrische Monat.

ḫubūru e. Tongefäß.

ḫabāšu zerkleinern, zerhacken (: Stroh *tibna*). Vgl. *ḫapāšu.*

ḫubuššu zerschrundet (? Neugeburt).

naḫbāšu Werkzeug zum Zerkleinern des Strohs.

ḫibšu e. Gebäude.

ḫibištu harziges Holz; Harz (?).

taḫabšu e. Art Tuch, Kleiderstoff. Vgl. *ḫipšu*.

ḫubšu Arbeiter, Troßknecht (vgl. *ṣābē*); Angehöriger des Mittelstandes, Neubürger, Metöke, Proletarier.

ḫabšallurḫu e. Pflanze.

ḫabātu *(u)* plündern, rauben, einen Raubanfall (*ḫabtūtam*) machen (auf: acc.), einen Raubzug machen (nach: *ana*), erbeuten, Beute (*ḫubta*) machen; (ab)holen, abholen; ein zinsfreies Darlehen nehmen. — I2 rauben (aus: *ultu*), plündern, Beute (*ḫubta*) machen, ausrauben (: Leute *ṣābi*). pms. geplündert werden (: Speicher *maškānu*). — I3 Beute (*ḫubta*) machen; zur Beute ausnützen (?, : Feldzug *alāk gerri*). — IV1 (mit *ḫubtu*) geraubt werden.

ḫabtu beraubt.

ḫabtūtu Beraubung, Raubanfall.

ḫubtu Beute, Kriegsgefangene; Raub, Hausfriedensbruch zwecks Diebstahls, Einbruch. — *ḫubut qašti* «Beute des Bogens», Kriegsgefangene. — *aḫ ḫubti* (< *an ḫubti*) bezüglich (?) eines Raubes.

ḫubtu, f. *ḫubuttu* zinsfrei, lastenfrei (?, Feld *eqlu*).

ḫubutatu zinsfreies Darlehen, *ḫabbāti* (pl.) Plünderung; Plünderer, Räuber.

ḫagallu (sum. LW.) Fischmensch.

ḫegallu, ḫengallu (sum. LW.) Überfluß, strotzende Fülle.

ḫadû (א6חדה) sich freuen (über: *ana*, daß *enūma*), fröhlich sein; belieben, wollen (König), einverstanden sein. — I2 sich freuen. — II1 erfreuen, fröhlich machen. — III1 sich freuen lassen. — III2 sich freuen (über: *ana*).

ḫadû, f. *ḫadītu* freudig, fröhlich.

ḫadiš freudig, gern, fröhlich.

(**ḫudû** ?, st. c.) *ḫud* Freude (des Herzens *libbi*, opp. *lumun libbi*). — *ina ḫud libbi* aus freien Stücken.

ḫadûtu, ḫidûtu, pl. **ḫidâti** Freude, Lust (opp. *sipdu*). — *ḫidâti u rēšâti* Freude und Jauchzen.

ḫudûtu Freude.

šuḫdû (?) erfreut.

ḫadu (?) ein Berufsname.

ḫadiānu, ḫadānu, ḫadēnu s. *adānu* (עדא4א6).

ḫuddu e. steinerner Ölbehälter.

ḫudḫumu e. Baum.

ḫadilu e. Tier niederer Ordnung; — e. Pflanze.

ḫadašatu (westsem. LW.) Braut.

ḫadaššûtu Brautschaft.

ḫudaštu Verlobung, Vermählung (?).

ḫuduštu e. Insekt.

ḫaziānu, ḫazannu, ḫazānu (חזן6א) (? westsem. LW.?), pl. *ḫazannāti, ḫazānāti* Ortsvorsteher, Stadtvorsteher, Bürgermeister.

ḫazû schreien. — I3 zischen (?, wie ein *ušugallu*).

ḫazû e. Vogel.

ḫuzzu (?) e. Art Tuch.

ḫazalunu e. Pflanze.

ḫazālu mahlen (: Mehl *qēma*); zermalmen (?, Städte *alānu*).

ḫazāmu verstopft sein (?, Ohr, *uznu*, einer Neugeburt). — II1 verstopfen (?).

ḫuzzumu verstopft (?), verstockt (?, Krieger *ṣābi*).

ḫuzunu e. (goldener) Schmuckgegenstand.

ḫaziqatu (?) Kopfbinde.

ḫuziqtu e. lederner Gegenstand.

ḫizaribu, ḫinziribu e. Art Tuch (Purpur?).

ḫuzertu Wurm (?).

ḫaḫḫu Pfirsich.

ḫaḫû (חחא6) auswerfen, ausspeien.

(**ḫaḫḫû ?**) **ḫaḫḫu, ḫāḫu** Auswurf, Speichel, Geifer, Schutt (?, einer Grube *būri*); vgl. *gaḫḫu, ganāḫu*.

ḫaḫūtu Ausbrechen (der Kälte *kuṣṣu*).

ḫuḫītu Auswurf.

ḫaḫaḫatu Morgen- bzw. Abendröte (?).

ḫaḫānu (?) III II1 (Am.) sich beugen, sich niederwerfen. — III II2(?) (Am.) sich niederwerfen.

ḫaḫin e. Dorngewächs, Distel (?).

ḫuḫunu e. Getreideart (?).

ḫaḫuru, ḫaḫḫuru, f. *ḫaḫḫurtu*, pl. *ḫāḫḫurēti* e. Rabenart. — *ḫaḫur ilāni* e. Abart davon.

ḫaḫḫurattu Gangart des *ḫaḫḫuru*; vgl. *alāku*.

ḫuḫaru (sum. LW.), (Vogel-)Käfig (?); (Vogel-)Netz, (Vogel-)Schlinge; Falle (von Metall *ša erē*).

ḫuḫariš wie eine (Vogel-) Schlinge.

(**ḫuḫarū,** f. *ḫuḫarītu*,) pl. *ḫuḫarāti* mit Schlingen versehen (?).

ḫiḫtu (?) Schläfe (?).

ḫaṭū *(i)* (חטא) sündigen, Sünde (*ḫīṭa, ḫiṭ*) begehen, sich versündigen (an: *ana*), sich verfehlen, sich (politisch) vergehen (gegen: *ana* oder *ina*), verletzen, nicht einhalten (: Landesgrenze *mēser māti*), vergessen. — I2 sündigen, sich versündigen (gegen: *ana eli*); fehlerhaft werden, fehlerhaft sein. — II1 schuldig machen (sich: *ramāna*). — *ḫaṭū ina adī*, *ḫuṭṭū ina libbi adī* einen Vertrag verletzen, eidbrüchig werden (opp. *naṣāru*).

ḫaṭū, *ḫiṭū* Sünde, Verbrechen; fehlerhaft (Opferschaf *šu'u*), schlecht.

ḫīṭu, ḫiṭṭu, pl. *ḫīṭū*, *ḫiṭāni* Sünde, Verfehlung, Verschuldung; Strafe, vgl. *emēdu*. — *an ḫiṭṭi* Sündiges, Sünde. — *ša ḫīṭu* Sünder.

ḫaṭītu, pl. *ḫaṭṭāti* Übeltat.

ḫiṭītu, pl. *ḫiṭāti* Sünde, Vergehen, Frevel; Fehler, Schaden.

(**ḫāṭū,**) f. *ḫāṭītu* sündig, Sünder.

ḫaṭṭānu, ḫaṭānu, ḫaṭi'ānu Widersacher, Feind.

ḫaṭāṭu *(u)* graben, einen Schacht (*ḫiṭṭata*) senken, nachgraben nach (einem Gründungszylinder *temena*).

ḫaṭṭitu Schacht.

ḫaṭṭu (sum. LW.?) Stock, Knüppel, Stab, Stecken, Szepter, (übertr.) Regierung; Penis (?). — *ša ḫaṭṭi* potent (?); vgl. *našū*. — *ḫaṭṭu u agū* Szepter und Diadem. — Vgl. *maḫāṣu*.

ḫaṭāmu einen Maulkorb oder Nasenring anlegen.

ḫuṭṭimmu Schnauze, Maul.

ḫuṭaru (westsem. LW.?) Stock, Stab, Szepter. — (*ša*) *ḫuṭari* «Inhaber des Stabes», Amtsname.

ḫuṭartu Stock, Stab, Szepter.

ḫaṭru (fremde?) Amtsbezeichnung (Anführer?).

ḫakukūtu s. *akukūtu*.

ḫakāmu *(i)* (westsem. LW.?) verstehen, begreifen, ergründen. — III1 belehren, erklären, mitteilen. — IV1 belehrt werden. — IV2 begriffen werden.

ḫakāru zerbrechen, zerschlagen (?).

(**ḫalū** hell sein). — I2 glänzen. — III1 erhellen, aufhellen (Sonne : Tag).

ḫalū Pustel, schwarzes Geschwür.

ḫullānu e. (für Götterstatuen bestimmtes) Gewandstück.

muḫellū (?) glänzend (?).

muḫtillū e. Gewand.

ḫulū e. (Raub?-)Tier.

ḫulu, ḫullu (sum. LW.), pl. f. *ḫulāte*, *ḫullāte* böse, Böses.

ḫalābu melken.

ḫalbu Harz (?).

ḫalibtu Gemolkenes.

ḫalbu (?) Wald, Forst.

ḫilbu Waldgrund, Wald?. — *ḫilbu u ṣēru* Wald und Steppe.

ḫilibu ein Baum; — e. Steinart (Lasurstein?).

ḫilibū (sum. LW.) Üppigkeit, üppige Pracht, Herrlichkeit.

ḫilidamu (?) e. Teil des Opfertieres.

ḫaldappānu Oleander (?).

ḫalzuḫlu (Am.) e. Amtsname (?).

ḫalziqu Schlauch, in dem das Lebenswasser aufbewahrt wurde.

ḫalḫallatu e. Musikinstrument (Doppelflöte?, Zinke?); — Ring, Fußring (?, opp. *unqu*).

ḫulṭuppû e. Sühnegerät. — Vgl. *mašḫulṭuppû*.

ḫuldubai e. Name des 12. Monats (Adar).

ḫaluku e. Baum.

ḫalālu durchbohren, durchlochen; einlochen, einscharren. — IV1.2 eingesperrt werden. — IV3 herumschleichen, durchschlüpfen (durch: *ina*).

ḫallu Loch, After, Gesäß.

ḫallalāniš durch Löcher hindurch.

ḫillu Mutterleib.

(***ḫullu?*** Öffnung, davon urspr. pl.?)

ḫullānu (Linnenstoff mit) «Öffnungen», Spitzen, Spitzenkleid (?); Spitzenborte (?).

ḫallilu Hacke (?).

ḫallūlai Schleicher, Beiname e. Dämons. — e. Insekt. — e. Medizinalpflanze.

muttaḫlilu, muttaḫalilu Einbrecher, Räuber.

ḫalālu flöten, wie eine Holzflöte (? *qēbu*?) tönen, klagen. — II2 pfeifen (Lunge *ertu*) wie e. Flöte *ša-malēliš*.

ḫillu Klage, Trauer.

ḫillūtu Wehklage.

ḫalla iṣṣur e. Gartengewächs.

ḫallatu Korb, Truhe; Schatz, Besitz (?).

ḫulālu e. Edelstein (Türkis?).

(***ḫallimu,*** pl.) ***ḫallimānu*** Fahrzeug, Kahn (?).

ḫulijam (LW.?) Helm. — (Am.) e. Art Kochtopf.

ḫulamesu e. Baum.

ḫulmittu e. Eidechsenart.

ḫillumûtu Ochsenzunge, Anchusa (?, e. Pflanze).

ḫalmatru e. Teil des Wagens.

ḫulanu e. Gerät. — e. Kleidungsstück.

ḫalāpu (*u*) bedeckt sein, bekleidet sein (mit acc.); sich verbergen (im Dickicht *ina qereb qīšti*), hineinschlüpfen (in Tor und Tür *ina dalti u sikkuri*, in den Himmel *ina šamē*, Mond); bergen (das Gesicht in: *ana pāni* mit acc.). — I2 verhüllt sein; sich verbergen. — II1 bekleiden (mit dopp. acc.), sich (?) mit e. Gewand (*naḫlapta*) bekleiden, überziehen (mit Kupfer *siparri*, Bronze *erī*). — IV2 sich bekleiden, anziehen.

ḫalpu s. *ḫalbu*.

ḫalaptu Geschirr.

ḫilpu Gewandung, Kleidung.

ḫālipu bekleidet, umgeben (von Furchtbarkeit *rašubbati*).

ḫallupu bekleidet.

ḫalluptu Ausrüstung, Geschirr.

ḫalpītu Decke, Bezug (?).

ḫitlupu bedeckt.

naḫlaptu, pl. *naḫlapāti* Überzug, Überwurf, Gewand, Hemd (auch coll. Hemden), Panzerhemd, Mantel; pl. Gewänder, Gewandung.

taḫliptu Ausrüstung.

taḫluptu Überzug, Verblendung (von Brandziegeln, *agurri*, um ein Innenwerk, *kummu*, von Brandziegeln *lebnāti*).

ḫalpiu, ḫalpu (sum. LW.) Kälte, Frost; Eis.

ḫaluppu, ḫuluppu (sum. LW.) e. Weiden- oder Pappelart; e. daraus geschnitztes Gerät (Stock?).

ḫuluppāggu (LW.) (Am.) e. Gegenstand (aus Kupfer).

ḫalpukkatu e. Pflanze.

ḫalṣu gereinigt, geläutert (Öl *šamnu*).

ḫelṣu, ḫilaṣu gereinigt.

ḫalṣu, f., st. c. *ḫaliṣ*, pl. *ḫalṣū*, *ḫalṣi*, *ḫalṣūti* Festung, Burg; Schanze.

ḫelṣu in *bet ḫelṣu* Schatzhaus (?).

ḫalaṣû III1 ins Wanken bringen (: Grundlage *išda*). — IV1 herunterfallen (von einer Palme *eštu gišimmari*); ins Wanken gebracht werden (in der Überlegung *ina melki*). — IV2 ins

Wanken gebracht werden (Grundlage *išdu*).

ḫalīṣu e. lederner Gegenstand.

ḫalāqu *(a, i)* fortgehen, abhanden kommen, verlorengehen; entkommen, entweichen, entlaufen (jdm.: acc.), entschlüpfen (den Händen *ina qātā*), fliehen, untergehen, zugrunde gehen; verlieren; zugrunde richten, ausrotten (: Namen, aus dem Mund der Menschen *ina pī nīši*). — I2 entgehen, entkommen, abhanden kommen, verloren gehen (Quittung *kanīku*); entfliehen (Sklave *ardu*); verschwinden (aus: *ina*); zugrunde gerichtet sein. — II1 fortkommen lassen, abhanden kommen lassen; verlustig gehen, verlieren (: Kapital *kīsa*); zugrunde richten, vernichten (: Leben *napišta*); verjagen. — II2 fortkommen lassen; zugrunde gehen lassen. — III1 entfliehen lassen (: Sklavin *amta*); zugrunde richten. — III2 abhanden kommen lassen (?). — III/II1 verderben (: [böses] Treiben *alkata*).

ḫalqu abhandengekommen, verloren; entflohen; flüchtig (Totengeist *eṭemmu*); Überläufer (?); Schimpfwort (?, sc. *kalbu*, q. v.).

ḫalāqiš vor dem Untergang (?, bewahren, *kala*?).

ḫulqu Verderben.

ḫulluqū Verderben. *ḫulluqū adi lā-bašē* völlige Vernichtung. Vgl. *dāku*.

ḫalāqu (?) Fluchtversuch; vgl. *nadū*.

ḫalqūtu Verlust.

ḫaleqtu Vernichtung.

šaḫluqtu Zerstörung, Vernichtung.

ḫulāqu s. *elliqu*.

ḫallūru, ḫalru, ḫallurtu Lathyrusart, Platterbse; ein Zehntel Sekel.

(**ḫalāšu** zermalmen).

ḫalšu e. Waffe. *ḫalaš* (?) *tuqmati* Zermalmer (?) im Kampfe; vgl. *ḫašlu*.

ḫaltu e. Stein. Vgl. *ḫaštu*.

ḫaltiqqu e. Erntefrucht.

ḫamū *(i, u)* (חמא?) hinwerfen, niederwerfen, zu Boden schlagen, lähmen. — IV1 gelähmt werden.

ḫammā'u, ḫammū, ḫamū, pl. *ḫammā'ē* Aufrührer; Thronräuber, Usurpator; e. Schimpfwort.

(**ḫumū,**) pl. *ḫumē* Aufrührer.

ḫamū (חמא) bewahren, beschützen; beobachten; vertrauend blicken, vertrauen (auf: *ana*).

ḫāmu (?) Zufluchtsort (?); Schutz (?); s. *ḫānduri*.

ḫāmiš sorgfältig.

ḫamātu Schutz, Hilfe, Zuflucht.

ḫemū fett, dick.

ḫamētu, ḫemētu (?) e. Fliegenart; vgl. *zubbu*.

ḫemētu dicke Milch, Butter; — e. Krankheitsdämon bzw. e. Krankheit.

ḫumbabītu, ḫumbibītu e. (weibliche) Mißgeburt.

ḫambaṣūṣu Vogelmilch (?).

ḫambaqūqu e. Gartenpflanze (Cassia Tora?)

ḫamādu brennen (Auge) (?). II1 verbrennen (?). — Vgl. *ḫamāṭu*.

ḫamadu (?) e. Teil e. Opfertieres (?).

ḫamadiru verbrannt, verdorrt (?, Getreide).

ḫamadirūtu Verdorrung.

ḫemzu, ḫenzu s. *ḫemṣu*.

ḫamāṭu *(u)* zucken, flackern (Flamme *nablu*); sich eilig bewegen, sich beeilen, eilen; eintreten (Verfinsterung *atalū*); flimmern (Planet, opp. *nāḫu*), flammen, brennen (auch übertr.: vor Zorn, Leber *kabattu*). — II1 beschleunigen; leuchtend, brennend machen. — II2 glühen, brennen; (act.) brennen (: Öltopf *gania šamni*). — III1 «eilig machen», eilen (abs.), eilends bringen; entflammen, erhitzen (?), verbrennen. — III2 eilends bringen lassen; flammen (?).

ḫamṭu, ḫanṭu eilig; flammend, brennend, auch übertr. (Dolch *paṭru*).

ḫanṭiš eilig, in Eile, behend.

ḫimṭu, ḫinṭu, st. c. *ḫimiṭ* Lohe, Leuchten (des Lichts *urri*).

ḫumṭu, ḫunṭu Hitze, Sommer (opp. *kuṣṣu*); — der erste (?) Monat (Nisān).

ḫamuṭṭu Eile. — *ḫamuṭṭa*, *ana ḫamuṭṭi*, *itti ḫamuṭṭa* eilends.

ḫamūṭiš, *ina ḫamūṭiš*, *kima* (vgl. *kī*) *ḫamūṭiš* eilends.

ḫimṭītu Brand, Lohe (?).

ḫitmuṭiš eilends.

ḫamuk e. Gartengewächs.

ḫamālu forttragen.

(**ḫamlu,** st. c. *ḫamal?*), pl. (?) *ḫamlūti* (?) Last, Bürde (?), *ḫammal* (?) *šurruti* die Last (?) der Königswürde.

ḫamāmu halten, fassen; tragen, besitzen (: Weisheit *nēmēqa*, Sachkenntnis *ummānūtu*); lenken, leiten (: Recht *mēšāru*, Befehle *parṣē*); einheimsen, ernten (?, Getreide *šeʾa*).

ḫammu, f. *ḫamimat*, st. c. *ḫammat* Leiter, Regent.

ḫāmmu (*ša mē*) Wasser-haltend, (Wasser-)Tümpel, (Wasser-) Loch. — e. Wasserpflanze. — e. Wassertier (?).

ḫammāmu, pl. *ḫammāmē* Lenker, Leiter.

ḫemmatu Leitung (von Zeremonien *parṣi*).

ḫammūtu Leitung (?), Herrschaft (?).

ḫummumu eingeheimst, geerntet (?).

ḫummānu e. Beamter.

(**ḫammu?,**) **ḫāmu** Gras, Stroh.

ḫimmatu Halm, Hälmchen.

ḫummu (?) e. Rohrart (?).

ḫummatu e. Tier.

ḫamusu Abgabe (?).

ḫamāṣu bedrücken, vergewaltigen. — I2 raffen. — II1 mit Gewalt nehmen, plündern, erbeuten, berauben. — III1 vergewaltigen, schänden.

ḫimṣatu Beute; Anteil, Gewinn.

ḫemṣu, ḫenṣu, du. **ḫenṣā** Fett, Schmer; Warze (auf der Nase, *appē*, eines Schlangenungeheuers ?); du. Lenden.

ḫumṣēru, ḫamṣēru, ḫabaṣēru Schwein, Eber. Vgl. *ḫabaṣerānu*.

ḫumuṣēru, ḫamaṣēru Vergewaltiger (?); e. Insekt.

ḫamāru (*u*) bedeckt sein (?), verborgen sein (?). — II1 bedecken (?).

ḫamru Verborgenes (?), Schatz (?); vgl. *bētu*.

ḫamurītu e. Teil der Kehle, Adamsapfel (?).

ḫāmiru s. *ḫāru*.

ḫummuru s. *ēru* (עור6א4).

ḫamāšu zermalmen, zerschlagen (: Zahn *šenna*, e. Menschen *amēla*). — II1 zermahlen (: Getreide *šeʾa*).

šaḫmaštu, saḫmaštu Zermalmung, Zerstörung; Aufstand.

ḫamšu, ḫanšu, ḫaššu, st. c. *ḫamiš*, f. *ḫamištu*, *ḫamiltu* fünf; fünfter.

ḫamšamma (?) fünffach.

ḫanšā, ḫaššā, ḫanšē fünfzig. — *ḫanšā šiqil*, *ḫanšā šeqli* fünfzig (sc. Sechzigstel) Mine, fünf Sechstel Mine.

ḫamiššerit fünfzehn.

ḫamšātu, ḫanšēt ein Fünftel, Fünft, fünf.

ḫummušu ein Fünftel; ein Fünftel Sekel.

ḫamuštu Fünfschaft.

ḫina (?) (Gegenstand von?) e. Steinart.

ḫenu s. *ḫennu*.

ḫanū (חנא7) drängen, dringen (?, auf: *ana* mit inf., und dat. pers.). — I2 dringen (?, auf: *ana* mit inf.).

ḫinētu Zudringlichkeit (?).

ḫanniu, ḫannū s. *annū*.

ḫanābu (*u*) (wests. LW.) emporsprießen, emporschießen (Dornen *puquttu*), Frucht tragen (Baum *iṣu*). — I2 sprießen (Mond). — III1 üppig Frucht tragen.

ḫanibu Frucht.

maḫnūbu Sproß (?).

ḫengallu s. *ḫegallu*.

ḫangaru Heldentum (?), Held (?).

ḫanādu (?) schief sein (?, Gesicht *pānu*).

ḫandū e. Spezerei (?).

ḫandabtu e. Pflanze.

ḫanduḫu e. Werkzeug (?).

ḫinduḫītu Metallteil (?) an einem Wagen.

ḫandelpiru e. Pflanze.

ḫāndūri (?, = **ḫām-dūri*?) Mauerschutz (?), Festungswall (?).

ḫanduttu weibliche Scham.

ḫanzibatu e. Pflanze.

ḫanzizītu e. Fliegenart.

ḫinziribu s. *ḫizaribu*.

ḫannaḫuru e. Steinart.

ḫannaka s. אנך$_2$.

(ḫanānu) II_1 schnaufen, schnauben lassen (: Nase *appa*).

ḫanānu *(a)* (wests. LW.) sich erbarmen, gnädig sein. — II_1 (?) begnadigen (?).

ḫennu, ḫēnu Gnade; — Schiffstau (?).

ḫanīnu begnadigt.

ḫannūnu, ḫanūnu gnädig; — ein (silbernes) Gerät.

ḫennu, ḫēnu unreife Dattel. Vgl. *uḫennu*.

ḫunnu Rebe; Wein (?).

ḫunnatu, ḫūnatu, iṣ-ḫunnatu, išḫūnatu Rebe.

ḫanāpu *(u)* Ruchlosigkeit (*ḫanpa*) verüben, freveln (gegen: *ana mūḫi*).

ḫanpu Ruchlosigkeit, Frevel.

(ḫanāṣu) II_1 rümpfen (?, : Nase *appa*).

ḫanāqu drücken, zusammendrücken, coire, zusammenschnüren; eingeschrumpft sein (bei Mißgeburten, Kopf *qaqqadu*, Bein *išdu*). — II_1 zusammendrücken (: Darm *erra*). — IV_1 gedrückt, verstimmt werden.

ḫenqu Flußenge; Keulenknauf (*ša abni*).

ḫannequ «Drücker» (der Schöpfmaschine *epinnu*).

ḫeneqtu e. Krankheit, *ḫeneqti nappaḫi* Atembeschwerden.

ḫitnuqu zusammengedrückt (?).

ḫanāšu sich beugen. — I_2 sich beugen (vor: *ina eli*).

ḫansū, ḫaššu gebeugt, unterwürfig.

ḫasū (חסא$_1$) mißtrauen (mit acc. od. *ana*). — I_2 mißtrauen.

ḫasū, ḫisū (?) (חסא$_6$) überwinden, bewältigen, überwältigen; vergewaltigen (Totengeist: Gesicht *eṭemmu* : *pāna*). — I_2 vergewaltigen (: einen Mann *amēla*, Mägde *amāti*). — II_2 bewältigen (?). — Vgl. *ḫašū*.

maḫsū e. hölzernes Gerät.

ḫasu seine Zuflucht nehmen (?).

ḫasū schweigen.

taḫsītu s. חסס.

ḫisgalū (?) e. Geschlechtskrankheit.

ḫasānu beschützen (?). Vgl. *ḫaṣānu*.

ḫassuḫaltu e. Gartengewächs.

ḫusū e. Vogel.

ḫasāsu *(u)* denken (an: acc.), bedenken, gedenken, eingedenk sein (opp. *mašū*), sich erinnern (jds.: *libbušu*); verständig sein (Sinn *ḫissatu*), klug sein, begreifen; planen. — I_2 gedenken (mit acc.); den Sinn wenden (zum Bösen *ana lemutti*). — III_1 begreifen lassen; gemahnen. — III_2 erinnern, in Erinnerung (*ḫisūtu*) bringen (dem König *ana šarri*). — IV_1 gedacht werden. — *ša iḫasasū* alles Erdenkliche; vgl. *mimma*. — *aḫsus ramāniš* ich selbst dachte.

ḫasāsiš für das Denken; s. *natū*.

ḫissatu Denkvermögen, Sinn; Gedenken (eines Namens *šumi*); *ḫissat uzni* Verstand.

ḫissītu Erinnerung.

ḫissūtu, ḫisūtu Erinnerung.

ḫassu, st. c. *ḫasis* eingedenk, bedenkend; weise, klug; erdenklich (s. *miamma*). — *ḫasis memma* allweise (Ea).

ḫasīsu Sinnen, Verstand, Weisheit; Ohr; Gehör (opp. *diglu*).

ḫasisānu e. Pflanze.

šaḫsusūtu, šaḫsasūtu Mahnung.

taḫsistu, taḫsītu Erinnerung, Gedächtnis; Abrechnung.

ḫassu Lattich; Salat (?).

ḫussu s. *ḫuššu*.

ḫasāpu *(i)* raufen, zerraufen (: Haupthaar *pērta*).

ḫasāru, ḫesēru mangelhaft sein, stumpf sein (?, Zahn *šennu;* «Horn», *qarnu*, des Öls bei der Ausbreitung auf Wasser).

ḫasarratu Wolfsmilch.

ḫusiranu e. Pflanze.

ḫapū, ḫepū (א4.7 חפה) zerbrechen (: Tafel *ṭuppa*, Gründungsurkunde *temena*, Knochen *gerpadda*); zerschmeißen, e. Loch (*? ḫupta?*) stoßen; zerstören (: Haus, Land, opp. *šullumu*); halbieren. — I2 zerstören (: Stadt *āla*, Hoden *iškā*). — II1 zerstören (: Land, Haus; Urkunden *kunnukāti*). — II2 zerbrechen; zerreißen (intr. Gewölk *urpu*). — IV1 zerbrochen werden, zerbrechen (intr.) (Tafel *ṭuppu*, Urkunde *kunnuku*). — *ḫepū ana šenē* hälften (: Muschel *nūna mašdā*).

ḫepū Zerbrochensein, Zusammenbruch (e. Hauses *bēti*); *ḫepi, ḫep libbi* Angst.

ḫepū zerstört, abgebrochen (Schrift), zerbrochen, amortisiert (Quittungstafel *kanīku*), zerworfen (Palme). — *ḫepi, ḫep libbi* angstvoll. — *ḫepū šennā* mit zerbrochenen Zähnen, zahnlückig.

ḫupū, ḫuppū Zerbrochensein, Loch, Riß (e. Wolke *erpettu*), Schacht. — *ḫup libbāti* zerschmetternder Zorn (?).

ḫuptu (?) Loch (?); Schacht, Brunnenschacht. — *ḫuppat ēni* Augenhöhle.

naḫpū e. Art Hacke.

(ḫapādu) II1 zerstören (: Auge *ēna*). — II2 zerstören (: Auge *ēna*).

ḫuppalū s. *ḫutpalū*.

(ḫapnu,) st. c. *ḫapun* (wests. LW.?) (hohle) Hand; vgl. *upnu*.

ḫipindū e. Stein, Syn. zu *aban išāti* «Feuerstein». — e. Teil der Türe (??).

ḫapāpu *(u)* sich beugen, sich niederbeugen, sich niederlassen (über, auf: [*ina*] *eli*). — II1 beugen, niederbeugen.

ḫuppu großer Bogen.

ḫupipi (?, LW.?) e. Tier, vgl. *ḫumbabitu*??

ḫapāru *(i)* (wests. LW.?) graben, aufgraben, aufwühlen (: Staub *eprāti*), ausgraben (: Tontafeln *ṭuppāni*; mit *eštu*).

ḫapāšu *(u)* zerschmeißen (: Tonbild *ṣalam ṭiṭi*). Vgl. *ḫabāšu*.

ḫipšu e. Kleiderstoff (?).

ḫuṣētu Weiler (?).

ḫaṣābu strotzen, üppig sein (Tage *ūmē*).

ḫaṣbu üppig, reichlich voll (Schatten *ṣillu*).

ḫiṣbu, st. c. *ḫisib* Fülle, Reichtum (an Wasser *mē*), Überfluß; Ertrag, Erzeugnis (der Wälder *ḫuršāni*, der See oder der Meere *tāmdi* oder *tāmāti*, der Länder *mātati*); Körperfülle, Reiz, weibliche Scham (?).

ḫaṣbu, pl. (?) *ḫaṣbātu* Ton, Tongefäß, Krug, Topf. — *ḫaṣab zēri* «Samentopf», ein beim Labartu-Ritual verwandtes Gerät.

ḫaṣbatiš wie Töpfe.

ḫuṣābu, pl. *ḫuṣābi* Zweig samt reifen Früchten, Fruchtstand (der Dattelpalme, der Zeder, des *azallū*-Baumes). — e. Teil des Wagens.

ḫaṣibaru e. Vogel.

ḫaṣānu *(i)* umfassen, bergen, schützen. — I2 schützen; freundlich aufnehmen. — II1 Schutz finden (?).

ḫeṣnu, st. c. *ḫeṣen* Schutz (Gottes *ili*).

ḫaṣinnu, ḫaṣīnu, pl. *ḫaṣināti* Beil; Axt.

ḫuṣannu Leibbinde, Hüfttuch, Leibgurt (?).

ḫaṣāpu (?) zerschneiden, abschneiden (: Rohr usw.), fällen (: Zeder *erēna*).

ḫaṣāṣu *(u)* zerbrechen, zerknicken (: Rohr *qanā*); pms. zusammenbrechen, zusammenknicken. — I2 (?) zerknicken (: Rohr). — II1 zerknicken (: Rohr).

ḫeṣēṣu s. *eṣēṣu*.

ḫuṣṣu Zerknirschung.

ḫuṣṣūtu Zerknickung (?, von Rohr).

(**ḫaṣāṣu** (?) umhegen?).

ḫiṣṣatu Einfriedigung.

ḫuṣṣu Zaun (von Rohr *qanē*); Hütte, Zrefe.

ḫiṣṣu Sand (?), Kies (?).

ḫaṣāru umhegen (?), schützen, beschützen.

ḫaṣāru, pl. *ḫaṣārānu* (?) umhegter Platz zur Vermessung und Teilung der Dattelernte.

ḫaṣuttu e. Gartengewächs.

ḫarū, ḫerū (א7חרה) graben, ausgraben, ausbaggern (: Kanal *nāra*, *ḫerīta*), ableiten (: Kanal, *nāra*, von: *eštu*), eine Grabung, *ḫerūta*, vornehmen. — I2 ausbaggern (: Kanal *nāra*). — II1 graben (: Loch *būra*). — II2 graben (: Fallgrube *šuttata*). — III1 ausbaggern lassen (: Kanal *nāra*, *palga*). — IV1 ausgebaggert werden (Kanal *nāru*).

ḫerītu, pl. *ḫeri'āti*, *ḫerāti* Graben, Kanal.

ḫerūtu Grabung, Ausgrabung.

ḫarūtu Umgraben (*ša eqli* des Feldes).

maḫrū Schaufel.

ḫariu, ḫarū, pl. *ḫarē*, *ḫariāti* Graben (?); ein Gefäß, Kufe (?, von Bronze), beim Neujahrsritual gebrauchtes Gerät; e. Teil des Wagens.

ḫurijānu e. Wickenart.

ḫarābu *(u)* sich beeilen (?), eilen (?, nach: *ana*). — I2 eilen (?, nach: *ana*).

ḫarābu trocken sein (?), auftrocknen (Regen und Hochwasser *zunnu u mēlū*); öde sein, wüste sein; brach liegen (?); verwüstet sein (Land, Stadt), zerstört werden (Tafel *ṭuppu*). — III1 verwüsten. — III2 verwüstet sein (Tempel *ešrēti*).

(**ḫarūbu**), **ḫarbu,** pl. *ḫarbi*, f. *ḫarubtu* zerstört, verwüstet, pl. Ruinen.

ḫarbiš wüst; vgl. *emū* (א7א6א2).

ḫarbatu, pl. (?), **ḫarābāti** (?), **ḫarrābēti** Zerstörung, pl. Ruine; Brachliegendes (vgl. *eqlu*).

ḫarbūtu Verwüstung; Wüste.

ḫurbatu wüster Ort.

ḫuribtu Wüste.

šuḫrubu wüst.

ḫarbu (?) e. Ackergerät (Harke?); vgl. *maḫāṣu*.

ḫarbu (?, wests. LW.) Messer (?).

ḫarūbu (sum. LW.), pl. *ḫarūbē* e. Insekt (Heuschreckenart?).

ḫarūbu Johannisbrotbaum, Johannisbrot.

ḫarbabilu e. Pflanze.

ḫarbaqānu e. Vogel.

ḫurbašu Frost (der Nacht, eines Kranken), Schauer, Grausen.

ḫargalū (?) (sum. LW.?) grobes Mehl (?).

ḫargallu (?) (sum. LW.?) Wassermenge (?).

ḫurgullu (?) Schloß; Verschluß, Knebel, Maulkorb (vgl. *nadānu*).

ḫarādu (?) fest machen, befestigen, festfügen (Balken *gušūrē*, Thron *kussā*). — I2 fest sein (?), stet sein (?), verharren (?), sich aufhalten (?). — IV1 sich beruhigen (?).

ḫardatu (?) feste Masse (?, e. Wolke *urpatu*), Vulva (?); Befestigungsteil, Querholz (?, der Deichsel *mašaddi*?).

(**ḫardūtu** ?,) **ḫarduttu** Festmachung (?), Erledigung (?, von Geschäften *dullāni*).

ḫaruḫai e. Raub(?)-Vogel.

ḫarḫubu e. Pflanze, Bitterkraut (?).

ḫarḫazennu (?) e. Körperteil.

ḫurḫummatu Loch, Höhlung.

ḫarḫāru, pl. *ḫarḫāri* Schöpfgerät, Eimer (?, von Bronze).

ḫarḫarītu Kanal (?).

ḫurḫuratu e. Werkzeug (?).

ḫarāku (?) II1 in Stein schneiden (?).

ḫarraku Steinmetz, Bildhauer.

ḫarrakūtu Steinschneiderei, Bildhauerei, Steinschneidekunst.

ḫarāmu abschneiden, (rituell) absondern, durchstechen.

*(**ḫarēmu,**)* ***ḫarmu,*** st. c. *ḫarem* (?) Buhle; *ḫarmatu, ḫaremtu* Buhlerin; Hierodule; «Zuhälterin» d. i. Päderast, Schimpfwort.

ḫaremūtu Hierodulenschaft, Hierodulendienst.

naḫrāmu e. Kleidungsstück.

ḫaramma usw. s. אחר1.

*(**ḫuramuṭu**)* II1 vernichten (: Bild *ṣalma*). — III1 vernichten (: Feinde), zerstören (: Land, Palast), verderben (: Salz *ṭābta*).

ḫarmil e. Körperteil (eines Rindes).

*(**ḫuramumu**)* III1 überwältigen (Schrecken *šarbabu*). — IV1 überwältigt werden.

ḫarrānu (sum. LW.), f., pl. *ḫarrānāti* Weg, Straße, Strecke; Hinweg (?, opp. *kutallu*); Zug, Reise, Tagereise (?); Handelsreise; Handelsunternehmung; Geschäftsunternehmen; Feldzug; Karawane; Gesandtschaft. — *ina ḫarrāni* auf Reisen, unterwegs. *ša ḫarrāni u libbi āli* (Unternehmungen) außerhalb und innerhalb der Stadt. — *ḫarrān ummāni* Heereszug; *ḫarrān bēli* eine Reise für einen Herrn; *ḫarrān kētti* der rechte Weg (opp. *uruḫ lā-kētti*); *ḫarrān ṣēri* Steppenreise; *ḫarrān šamši* Ekliptik. — *ḫarrān šarri*, pl. *ḫarrānāt šarri* Heerstraße; königliche Karawane. — *ḫarrān namrāṣi* beschwerlicher Weg. — *ḫarrānu mālaku, ḫarrānu u titurru, ḫarrānu u mētequ* Weg und Steg.

ḫerēnu Wurm (?).

ḫurnū e. Pflanze.

ḫarsānu (?) s. *arsānu*.

ḫursāni, ḫursān s. *ḫuršu*.

ḫursāniš s. *ḫuršāniš*.

ḫarāpu lesen, ernten (?). — III1 zur Ernte bringen (?), reifen lassen (?, Palme, sc. Früchte).

ḫarpu reif (Getreide *šē'u*); — Reifezeit, Sommer (opp. *kuṣṣu*); Herbst; Ernte (?).

ḫarpatu reifes Getreide.

ḫarpūtu Reife, Reifezeit.

*(**ḫuruptu?,**)* pl. *ḫurupāti* e. Gerät (aus Bronze).

ḫarāṣu *(u)* abschneiden, abteilen; einen Graben (: *ḫarīṣa*), eine Schöpfgrube (?, *dulūta*), Erdreich (*erṣeta*) ausheben; in Abrechnung bringen, abziehen (einen vollen Betrag *malā*, von: *ina*); bestimmen, beurteilen, ein Urteil (*ṭēma*) fällen. — III2 abziehen lassen (von: *eštu*). — IV1 umgegraben werden (?, Feld *eqlu*); in Abrechnung gebracht, abgezogen werden (von: *ina*).

ḫerṣu Teil eines Wagens (?); Körperteil (?). — *ḫereṣ gallī lemnī* Schimpfwort.

ḫarīṣu, ḫerīṣu Graben, Stadtgraben.

maḫraṣu e. Schneidewerkzeug (?).

maḫreṣu e. Hausgerät (?, aus Buchs).

ḫurāṣu Gold. — *ḫ. sagru* gediegenes Gold.

ḫurāṣanītu e. Vogel.

ḫarāru höhlen, aushöhlen, lockern, umgraben (: Feld *eqla*); eine Mulde haben (?, Nacken, *kišādu*, einer Mißgeburt). — II1 durchgraben, durchschütteln (Fieber *di'u*); durchwühlen (?, : den Kopf, *qaqqada*, wohl die Kopfhaut samt aufsitzendem Haar, als Heilverfahren). — III/II1 pms. durchwühlt sein, verwüstet sein (Heiligtum *sagū, ašertu*). — III/II2 verstört werden (?, Antlitz; vgl. *šuḫaruru*).

ḫarru Graben; Kanal. — *ḫarrī-pī* Kehle.

ḫerru umgegraben (?, Feld).

ḫerrītu Umgrabung (?).

ḫurru Höhle, Schlucht; Loch; Nest (der Ameise *ṣaṣiri*). — *ḫurru nadbaku ša šadī* Gebirgsschlucht.

ḫurratu, pl. *ḫurrāti* Loch.

maḫriru (Vorrats?-)Gewölbe (?).

ḫarru (sum. LW.) Grundriß, Plan; Aufzeichnung (?).

ḫurru (sum. LW.) Berg.

ḫurri nachher s. *eḫēru*.

ḫarurtu Kehle, Gurgel.

ḫarāšu pflanzen, einpflanzen, aufpflanzen. — II1 anpflanzen (: wohlriechende Kräuter *reqqi*); festbinden, anbinden (: Schiff).

ḫaršu Pflanzer (?).

ḫareštu, pl. *ḫarešāti* festgebundenes (Schiff); — Schwangere, Gebärende, Wöchnerin.

ḫeršu Pflanzung, Bepflanzung (?).

ḫuršanu bindende Abmachung, Vergleich.

maḫrāšu (Schiffs-)Tau.

ḫaršu e. Steingefäß. — *ḫaršu qū* (?) Gefäß für Hülsenfrüchte (?). *ḫaršu šeʾi* (?) Gefäß für Getreide (?).

ḫuršu, pl. *ḫuršāni, ḫursāni* Berg, Gebirg (opp. *erṣetu*). — *ḫuršān, ḫursān* der «Weltberg» und sein irdisches Gegenstück (e. Gerichtsstätte).

ḫuršāniš, ḫursāniš bergegleich, wie ein Gebirge.

ḫuruššu e. Pflanze.

ḫarušḫu e. (goldener) Schmuckgegenstand.

ḫaruttu Zweig der Dattelpalme.

ḫašū (א6חשׁ?) bedeckt werden, verfinstert werden, dahinschwinden (Stern); schwach werden; schweigen (?). — II1 bedecken (?), zunichte machen (?).

ḫašū, ḫaššu (?) finster, umwölkt; schwach (?).

ḫušū Bedeckung, Verfinsterung, Umwölkung (?); — *ḫuš šamni* Klystier (?) von Öl.

ḫašū, ḫešū (א7חשׁ?) binden.

ḫešū Zahlungsversprechen, abstrakter Verpflichtungsschein, Schuldschein (später *uʾeltu*).

ḫēšu Kopfbinde; Krone; — Vogelverschlag (?).

ḫašū Eingeweide; Lunge (?).

ḫašū Thymian.

ḫašāḫu *(u)* verlangen, begehren (zu: *kī*), wünschen; bedürfen, brauchen. — II2 in Not gebracht werden, heimgesucht werden (Haus, *bētu*, vom Tod *ina mūti*).

ḫešeḫtu, ḫeseḫtu Verlangen, Begehren; notwendiger Bedarf, Bedarf; Gegenstand des Begehrens, auch übertr. von Personen (der großen Götter; von Ēšara), Gegenstand des Wunsches. — Vgl. *bašū*.

ḫušāḫu, ḫušaḫḫu Teuerung, Not, Hungersnot.

ḫiššaḫu e. kleines Insekt (?).

ḫašḫūru (LW.?) Apfelbaum (?, Granatapfelbaum?); Apfel (?). — *ḫašḫūr abi* Gallapfel.

ḫašḫuraku Tannin (?).

ḫašikku taub.

ḫašikkiš wie ein Tauber.

ḫašālu *(u)* zermalmen, zerstampfen, zerreiben (: Staubsorten *eprī*), zerstoßen (: Gerstengraupen *puqla*, Mehl *qēma*, Getreide *šeʾa*, Emmer), e. Zerschmetterung (*ḫašāla*) vornehmen. — I2 zerschmettern. — II1 zermalmen. — III1 zermalmen lassen (: Gebeine *gerpaddi*). — *šaḫāl šēri* Zerschmetterung des Leibes.

ḫašlu, šaḫlu zerstoßen (vgl. *qēmu*), zermalmt (Palme).

ḫašlatu Gerstengraupe; e. Art Bier (?).

(ḫaššālu?,) ḫašalu in *ḫašal tuqmati* zermalmen im Kampfe; vgl. *ḫalāšu*.

(ḫuššulu,) ḫušulu «Zermalmtes», e. Art Mißgeburt.

ḫašannu Thymian. Vgl. *ḫašū*.

ḫašuru, ḫašurru (sum. LW.) e. wohlriechender Waldbaum (Zypresse?).

ḫašāšu üppig sein (?), heftig sein.

ḫiššatu Üppigkeit (?).

ḫiššatiš üppig (?).

ḫaššu (sum. LW.) e. Pflanze.

ḫuššu (?), ***ḫuššatu*** e. Wollstoff.

ḫuššū, pl. f. *ḫuššāti* rotglänzend, rot (Gold *ḫurāṣu*, Wolle *šipātu*).

ḫašarratu e. Pflanze.

ḫaštu e. Gefäß (?). — Loch, Fallgrube (s. *pitū*).

ḫatū (חתא) niederschlagen, niederwerfen, überwältigen; klopfen (?, : Flachs *pelta*); einreißen (: Wand *igāra*); hinraffen (Krankheit *murṣu*). — II1 niederwerfen (Krankheit *murṣu*); vernichten, verheeren (: Häuser *bētāti*).

ḫatū, adj. von e. Gewand gesagt.

taḫtū Überwältigung, Niederlage.

ḫutibānu e. Berufsname.

ḫatilu (?) Überzug (?) (eines Wagens).

ḫatānu (i) schneiden; beschützen.

ḫutnu Schutz.

ḫutnū Messer (?).

ḫatānu, *ḫatnu*, pl. *ḫatānāti* Schwiegersohn; Schwager.

ḫutēnu Schutzbereich.

(*ḫatāpu*) II2 niedermachen, niederschlagen (: Feind).

ḫutpu Keule.

ḫutpalū, *ḫuppalū* (?) Keule.

ḫatātu erschrocken sein (?).

ḫattu Furcht (vor: *ša*), Schrecken.

ḫatītata Bestürzung (?).

ḫattū «Hethiter», Schimpfwort.

ḫittu Tasche (?).

ḫittu (?) Mischbier.

ḫettu, *ḫītu* (sum. LW.?) Tragbalken, Architrav (?) — *ḫittu ša bābi* Türsims.

ḫuttu Ölkrug (?).

ט

ṭa'tu, *ṭātu*, pl. *ṭa'āti* Bestechung, Bestechlichkeit, Bestechungsgeschenk, Backschisch. — *ṭāti alakti* Geschenk für den (zurückgelegten) Weg, «Trinkgeld».

ṭe'ū Kopfkrankheit.

ṭābu (טאב) gut sein, freundlich sein (Ausspruch *šaptā*), lieb sein, gefallen (jdm.: *eli*); gesund sein; wohlgemut sein (Herz *libbu*); gut scheinen; gute Freundschaft halten; schön sein (Wetter *ūmu*); geeignet sein (zu: *ana*); günstig sein (Tag *ūmu* für: *ana*). — II1 gut machen, angenehm machen, zufrieden stellen (jdn.: *libbašu*); gesund machen, erhalten (: Leben *balāṭa*); schön herrichten (: Weg *gerra*); preisen; herstellen (?: Abschrift *nesḫa*). — II2 zufriedenstellen. — III1 wohltun (Schutzgeist *lamastu*); erfreuen (: Gemüt *kabatta*); gut ausüben (: Priesterschaft *re'ūta*). — III/II1 gut machen, fröhlich machen, wohlgefällig machen; einrichten (: Wohnung *šubta*); heilen (: Lunge *erta*). — *libbušu*, *libbuša iṭāb* («sein, ihr Herz ist befriedigt» =) er, sie erhebt keinen Einspruch gegen eine Rechtsentscheidung.

ṭābu, f. *ṭābtu*, pl. *ṭābtāti*, *ṭābtēte* gut (Name *šumu*, Aufführung *alaktu*, Wetter *ūmu*, Rauschtrank *šikaru*, Wein *karānu*, Gelände *eqlu*, Weg *ḫarrānu*, opp. *marṣu*), freundlich (Worte, opp. *šepṣu*); günstig (Wind *šāru*, Monat *arḫu*, Tag *ūmu*, Nacht *mūšu*, Geschick *šīmtu*); froh (Jauchzen *alālu*); angenehm (Schatten *ṣillu*); schön, fein (Öl *šamnu*), wohlriechend (Gewürzrohr *qanū*, Harz *za'ū*), süß (Dattel *suluppu*, Feige *ṭettu*, Brust, *tulū*, einer Amme *mušēneqti*, opp. *marru*); sicher (Schutz *andullu*, *kidinnu*); laut (Geschrei *šesītu*). — f. das Gute, Wohltat, Gefallen, f. pl. Wohltaten; Mischtrank aus Wasser und Wein oder Fruchtsaft, Scherbet. *ṭābu pā* mit schönem Mund. — *ina ṭābi* im Glück (opp. *ūteššušu*). *ana ṭābti* gut, in richtiger Weise. *eli dišpi u karāni ṭābu* süßer als Honig und Wein. *ša ana šarrūti ṭābu* (Inschriften) historisch-politischen Inhalts (?).

ṭābiš in guter Weise, freundlich, wohlwollend; in Wohlergehen, glücklich; bequem.

ṭābūtu gute Freundschaft (mit: *itti*); Wohlriechendes (?).

ṭību das Beste.

ṭūbu, ṭubbu, f. *ṭubtu* das Beste, Wohlwollen; f. pl. *ṭūbāti*, *ṭubbāti* Freundliches, Freundlichkeit, Gutwilligkeit; Wohlriechendes (?). — *ina ṭūbātišu ū mitgurtišu* mit seiner vollen Einwilligung. — *ṭūb libbi*, *ṭūb kabatti* Zufriedenheit, Wohlbehagen, (gute) Stimmung. *ṭūb šēri* Wohlbefinden, Gedeihen.

ṭābtu Salz. *ṭābat amāni* Ammonsalz, *ṭābat emesalli*, *šadī* Salzarten.

ṭādu (?) (טאדר) erklimmen (?).

ṭūdu, tuddu, pl. *ṭūdē*, *ṭudāti* Bergweg, Weg, Pfad.

ṭēṭu, ṭeṭṭu, ṭīṭu nasse Lehmerde (opp. *epēru*), Schlamm, Lehm, Ton; Tongefäß; verwesendes Fleisch; Dreck. — *ṭēṭ kabāsi*, *ṭēṭi ša kabāši* betretener Boden (auch im Sinn von unterwürfiger Diener). — *ṭīṭ-ilti* mit Spreu (?) vermischter Lehm; *ṭēṭ-tibni*, *ṭetibni* mit Häcksel vermischter Lehm.

ṭīṭiš zu Lehm. — *ana ṭīṭiš* gleich Lehm.

ṭālu, ṭajjālu s. *dālu*.

ṭēmu, tēmu (טאםם), st. c. *ṭēm* (*ṭēn*), pl. *ṭēmēti* Verstand, Einsicht, Sinn; Willenskraft, Wille, Willensäußerung, Befehl, Geheiß, Auftrag, Erlaß, Edikt; Beschluß, Bescheid, Bericht (an: *ana*), Botschaft, Kunde, Gerücht; Angelegenheit, Rechtsangelegenheit, Verhältnis (zu: *itti*). — *ana ṭēm*, *ina ṭēm* auf Geheiß von; *ana ṭēmi ramāni* nach eigenem Willen; *kī ṭēmi* nach Gutdünken, aus freien Stücken, eigenmächtig; *akī ṭēmi* gemäß dem Verhältnis (zweier Herrscher untereinander). — *ṭēmu annū lā annū* nach der einen oder der andern Richtung, so oder so ausfallender Bescheid. *ṭēm ēkalli* Kabinettserlaß. *ṭēm babbānū* Klatschgerücht. — *eštēn ṭēmu ū eštēn riksu* ein Wille und ein Verband.

ṭēmtu Syn. zu *bubu'tu* Hunger; Speise.

ṭēnu, tēnu *(e)* (טאןן) (grob) mahlen (opp. *samādu*), zermahlen (: Brotkorn *kurummata*. Getreidearten: *ennenna*, *arsuppa*, *šēguša*).

*(**ṭēnū**?,)* f. *ṭēnītu* (?), pl. *ṭēniāti* (?) gemahlen (?).

ṭēnu, pl. *ṭēnūti* Müller.

ṭīru (?), ***ṭūru*** (?) e. Bitterkraut (?).

ṭebū *(e)* (טאבע) versinken (auf einem Schiff ins Wasser *ina eleppi ina mē*), untergehen (Schiff *eleppu*), sich untertauchen (abs.). — II1 zum Sinken bringen (: Schiff, opp. *šutēlū*); überschwemmen, ertränken (: Feldfrucht *ebūra*), in die Tiefe dringen (mit Graben, Fundamenten *ana šupāli*, *ana mušpali*), eindrücken (Siegel *kunukkē*). — II2 untertauchen, untergehen lassen, zum Sinken bringen (: Schiff). — III1. (?) versenken (?). — *ṭebū ina libbi* (jdm.) «ins Herz sinken», d. i. einfallen (zu: inf.).

*(**ṭēbū**,)* f. *ṭēbītu* versinkend, einsinkend. — *elippu ṭēbītu* Schiff mit Tiefgang (?).

ṭabbi'u e. Wasservogel, «Taucher».

ṭebētu, ṭebēt Tebet, Monatsname.

ṭimbu'u, ṭimbūtu, timbuttu (wests. LW.?) Siegelring (von Gold). — e. Musikinstrument.

ṭabū (?) Schwein.

ṭabū'iš wie ein Schwein.

ṭubū Rohrstengel (?).

ṭabāḫu *(u)* schlachten, den Hals (*kišāda*) durchschneiden. II1 schlachten (: Lämmer *emmēri*, Gazellen *azli*). — II2 schlachten.

ṭabḫu (?), pl. *ṭabḫāni* e. (großer) Kessel (für Schlachtzwecke?; aus Kupfer oder Silber).

ṭābeḫu, ṭabeḫu Schlächter, Fleischer; Scharfrichter.

naṭbāḫu Schlachtbank.

ṭublu (?) Binde (?).

ṭabālu, tabālu, tapālu Tamburin.

ṭabāqu, tabāqu *(u)* e. Schichtung (*naṭbāqa*) machen, aufschichten, aufspeichern (: Getreide *šea*); pms. aufgeschichtet sein (Leichen *šalamtu*). — IV2 aufgeschichtet sein (?).

ṭibqu, ṭeqbu, teqbu, pl. *teqbi* Schicht (von Kalksteinen *ša pūli*); Ziegelschicht, e. Längenmaß. — *tiqib santakki* «Zeilenschicht», Kolumne.

ṭubqu, tubqu Innenraum, Innenseite (einer Mauer *dūri*); *ina tubqi* innen (opp. *šaḫāti*). *ana ṭubqi u šaḫāti* nach innen und außen. — *ša tubqi* Inneres.

ṭubuqtu, tubūqtu, pl. *tubūqāti, tubqāti* Innenraum, Innenseite (eines Hauses *bēti*, opp. *idāt bēti*); Himmelsgegend, Weltraum. — *ina tubqāti* innen (opp. *šaḫāti*).

ṭubqēnu, ṭubqettu, pl. *ṭubqēnāti* Höhle, Grotte; Friedhof (einer Stadt *āli*).

naṭbāqu, naṭabāqu Schichtung; Speicher. — *naṭbāq šadī* Bergabhang (?).

naṭbāqtu Stufe (?). — *naṭbāqāt mē* Wasserfälle; Katarakte.

ṭaḫū, taḫū, ṭeḫū *(e)* sich nähern (mit acc. oder *ana*), nahe *(qitrubiš)* herantreten, zur Seite *(ina aḫāti)* treten, (zu) nahe treten (mit *ana*), sich nahen (Heilpriester einem Kranken *āšipu ana marṣi*); coire. — I2 sich nähern. — II1 nähern, herbeischaffen, heranbringen (zu: *pān*), darbringen (: Opfer, Huldigung *ekreba*, mit *ana*); landen lassen (: Schiff, am Kai *ana kāri*). — II2 herbeischaffen; landen lassen (: Schiff); addieren, hinzuschlagen (: Zinsen zum Kapital *ṣibāti ana qaqqadi*). — *ṭeḫū eštēniš* aufeinanderstoßen (Wolkenzüge).

ṭāḫu, st. c. *ṭāḫ* angrenzend an; Nachbar.

ṭēḫu, st. c. *ṭēḫ* Nähe; Nachbargrundstück (?); in der Nähe von, nahe bei; angrenzend an. — *ṭēḫ lētē* Schläfe (?).

ṭēḫūtu, ṭeḫūtu Annäherung, Konjunktion (eines Sterns *kakkabu*).

ṭaḫādu triefen, strotzen, reichlich ausgestattet, überladen sein (Heiligtümer *ekurāti*). — II1 triefen lassen (: Schwellen *šeppi*), strotzen lassen, üppig machen (: Reichtum *nuḫša*), üppig ausstatten (: Tempel *ešrēti*, Opfer *satukki*, Tisch *paššura*). — *duḫḫudu libba* (?) schwängern (?).

ṭaḫdu triefend (Regen *zunnu*), strotzend, überreichlich.

ṭaḫdūtu Fülle (von Wohlgeruch *erēšu ṭābu*).

ṭuḫdu Rahm, Fett; Fülle, Überfluß. — *ṭuḫud dišpi* Wachs (?).

ṭuḫḫudu üppig; gemästet (?).

ṭiṭēlu s. *ṭitallu*.

ṭaṭmu, pl. *ṭaṭmū, ṭaṭmi, ṭaṭmē* Wohnsitz, Wohnstätte; Ortschaft. — *šūt ṭaṭmi, ṭaṭmi, nīši ṭaṭmi* Bewohner; (Erdenbewohner =) Menschen, Menschheit.

ṭulimu e. Körperteil.

ṭamū (טמא) spinnen.

*(**ṭāmū,**)* f. *ṭāmītu* Spinner(in).

ṭemū, f. *ṭemūtu* gesponnen.

ṭemītu gesponnener Stoff.

ṭimbu'u, ṭimbūtu, ṭimbuttu s. *ṭebū*.

*(**ṭamāmu**)* II2 betäubt sein (Ohr *uznu*).

ṭummumu betäubt, taub.

ṭummumiš, tūmumiš taub.

ṭamāru s. *tamāru*.

*(**ṭanāpu**)* II1 beflecken, besudeln (?).

ṭapḫu, pl. *ṭapḫāni* e. Gefäß, Krug (?).

ṭapālu verunreinigen (?); unlauter handeln (?). — III1 besudeln, schmähen.

*(**ṭapēlu?,**)* f. *ṭapēltu*, in *tašqertu ṭapēltu* verunreinigter Eid (?), Meineid (?).

ṭapultu (?) Unlauterkeit.

ṭappu, aṭappu, aṭāpu, pl. *ṭappū, ṭappāti* Brett, Balken.

ṭippu, ṭīpu (sum. LW.) e. Art Tür (?), Türfüllung (?).

ṭuppu (sum. LW.) m. u. f., st. c. *ṭup*; pl. *ṭuppū, ṭuppi, ṭuppāni, ṭuppāti* Brett, Tafel (aus Gold *ḫurāṣu*), Tontafel, Schriftstück, Text, Einzeltafel e. Serie, Liste (von Steinen *abnē*, Pflanzen *šammē*); Niederschrift, Protokoll; Urkunde, Vertrag, (urkundliches) Urteil; Brief (Briefanfang im Verkehr Gleichgestellter). — *ṭup adē* astrologischer Bericht (?); *ṭup u'elti* Tafel mit e. Urkunde; *ṭup ēkalli* Hausordnung (?) des Palastes; *ṭuppi ilāni* (die?) Götterliste; *ṭuppāt ummāti* Urkunden über (ursprünglichen) Besitz; *ṭuppu ša nēmēqi* Weisheitstafel; *ṭup apelti* Zahlungsliste (?); Liquidierungstabelle; *ṭuppāt aplūti* Erbschafts-Urkunden; *ṭuppu eṣeḫti, ṣeḫti* Belehnungs-Urkunde; *ṭuppu armu* case tablet; *ṭuppu arni, ṭuppi arni* Sündentafel; *ṭuppi bu'irti, būrti* Deklarations-Urkunde; *ṭup dameqti* Gnadenerlaß; *ṭup zitti* Erbteilungs-Urkunde; *ṭup marūti* Adoptions-Urkunde; *ṭup mārbanūti* Freilassungs-Urkunde; *ṭuppi lā paqāri, lā ragāmi* Nichtanfechtungs-Urkunde; *ṭuppu ša ramāni* e. Krankheitserscheinung der Haut; *ṭup* (pl. *ṭuppāt*) *šēmāti* Kaufurkunde; *ṭuppu šīmāti, ṭup-šīmāt (ilāni)* (göttliche) Schicksalstafel; *ṭup šēri* e. Mißbildung der Haut (bei einer Neugeburt); *ṭuppi šarri* königliches Schreiben; königlicher Paß.

ṭuppussū, ṭūpussū (sum. LW.) junger (Bruder *aḫu*).

ṭupšikku, ṭupšīku (sum. LW.), pl. *ṭupšīkāti* Tragbrett, Ziegelbrett; (übertr.) Zwangsarbeit, Frondienst.

ṭupšarru, ṭupšāru (sum. LW.) Tafelschreiber, Tontafelschreiber (opp. *kuššarru*), Schreiber (Amt). — *ṭupšar gemri, ṭupšar mēm-šumšu* Tafelschreiber des Alls, Beiname von Nebo; *ṭupšar (ša) māti* Staatsschreiber; *ṭupšar mēnāti* Mathematiker, Astrolog (?); *ṭupšar šarri* königlicher Sekretär.

ṭupšarratu Tafelschreiberin.

ṭupšarrūtu schriftliche Aufzeichnung (vgl. *tāru*); Tafelschreibekunst.

ṭipāru (?), pl. *ṭipāri, ṭipārāti* Fackel. — e. Wahrzeichen von Nusku.

(ṭupšu?,) st. c. *ṭupuš* das Vorzüglichste (?, von Weizen *ašnan*).

ṭeqāru, pl. *ṭeqārāti* Topf, Kochtopf (von Kupfer *erī*).

ṭarādu *(u)* schicken, senden (zu, nach: *ana, ana maḫar;* auch abs.); vertreiben, verjagen; ausstoßen (Worte, mit *mā* und or. dir.). — I2 senden, schicken, verweisen (an: *ana*). — II1 vertreiben. — IV1 geschickt werden, fortgeschickt werden. — *naṭrudu rēqūt* (mit Suff.) mit leeren Händen fortgeschickt werden.

ṭardu verjagt; weggerafft (vom Tod).

ṭaridūtu Vertreibung, Verjagung.

(ṭiruttu,) ṭirūtu Vertreibung.

šiṭarudu in *arḫi ša šiṭaruda* Monate des «Sichjagens», der unmittelbaren Aufeinanderfolge (?).

ṭarlugallu (sum. LW.) Hahn; Canis minor bzw. Prokyon.

ṭarpi'u (LW.?) e. Tamariskenart.

ṭarru e. buntgefiederter Vogel.

ṭurru, turru (sum. LW.?) Band, Schnur (?).

ṭitibni s. *ṭēṭu*.

ṭitallu, ṭiṭālu, ṭiṭēlu (sum. LW.) Flamme, Feuerbrand.

ṭitalliš in Flammen.

כ

kā; kiā (?); **kāma, kāmma, kāmme, kām; kiām, kijām, kiāma, kiāme, kiāmma; kiāmam** so (wie folgt oder wie vorhergeht, auch elliptisch = so verhält es sich), in dieser Weise, unter diesen Umständen, mit diesen Worten; nunmehr (?). — *daglati kiām ū daglati kiām* ich sah so (herum, d. h. nach rechts) und ich sah so (herum, d. h. nach links); — *u kā* und so, nun eben; — *šī kiām* so ist es; *šī lū kā* (?), *šī lū kiām* so sei es!; — *šumma lā kiām* wenn nicht, so = andernfalls; — *aššum kiām* deshalb. *anni kā, anni kām, anni kiām* alsbald, sogleich, sofort. *ulli kiām* noch nicht (?).

akkaja, akkā'i, ākā, aikā wie?

akkā'ikī wie mannigfach.

kam wie.

kannā, kannāma, kānāma auf solche Weise, so (wie folgt oder wie vorhergeht). — *kānāma ū* (?) infolgedessen (?).

kī, kē Part.: wie?; wie! (mit pms., prs., prt. u. prec.); ja, jawohl, gewiß, fürwahr (mit imprt.). — *kī kī, kē kē* wie!; *kī lā* fürwahr, ja!, daß fürwahr (mit prt.); *minū kī* was?, wie?, warum denn?; *kī māṣi* wieviel?; *kī māṣi ūmē* wie viele Tage, wie lange? — *akkī, akī, akē* wie?, wie sollte?

Prp.: wie, ebenso wie, gleichwie; (in der Eigenschaft) als; gemäß, entsprechend (vgl. *nadānu*), in Übereinstimmung mit; trotz; zwecks (mit Inf.). — *kī eštēn* wie ein Mann, allesamt; *kī eštēniš* einen wie den anderen; *kī ṭābi* so gut wie möglich (?); *kī ṭēmi* nach Gutdünken (vgl. *ṭēmu*); *kī kētti* in Wahrheit, rechtmäßig, verabredungsgemäß (?); *kī kaspi* nach dem Geldwert; *kī x kaspi* gleich x (Sekel) Silber, x (Sekel) Silber wert; *kī lemutti* böswillig; *kī lā libbi* wider Willen; *kī ma'ādu, kī mādūti* so viel wie möglich, sehr, in hohem Grade; *kī pī* gemäß (vgl. *pū*); *kī pēqi* plötzlich (?); *kī ša pāna, kī pānānu, kī ša pānānu* wie früher (vgl. *panū*); *kī qallī* dienstgemäß (vgl. *qalū*); *kī ša* gemäß dem, was; *kī šalmi* gemäß dem Ritus. — *akkī šaṭāri* gemäß dem Schreiben; *ak libbišu* wie es ihm ums Herz war.

Cj.: wie, in der Weise wie, ebenso wie, gleichwie; gemäß dem daß, in dem Maße als; sowie, sobald als, als, wann, nachdem; wenn; selbst wenn, obgleich (mit Neg. im Nachsatz); da, weil (vgl. *u*); daß (nach *idū* wissen, *amāru* sehen, *ḫašāḫu* wünschen, *palāḫu* fürchten, *qebū* sagen, *ina libbi šakānu* sich zu Herzen nehmen, *šemū* hören), daß nicht (nach *ētūmū* schwören), ob (nach *ša'ālu* fragen). — *kī ša* gemäß dem daß, weil; als; als ob (mit prt.); *kī lā* als ob nicht (mit pms.); *kī ša lā* als ob nicht (mit prt.); *kī ... kī, kī ... kīnanna, kēmē ... kī* wie ... so; *kī šumma ... kī* (mit dopp. prs.) für den (irrealen) Fall, daß ... dann; *kī ... u* (auch ohne *u*), *kēmē ... u kī ša* (mit dopp. prs.) wie ... so, sobald ... so (vgl. *u*). — *akkī ša, akī ša* seit, da, sobald; *akkī issuri* sobald (mit prs.).

kijām, kijāma, kijamam, kijamē, akija Adv.: so, also (meistens bei Verben des Sagens u. Hörens, auch mit folgd. *umma*). *kēmē ... u kijām* wie ... so; *kijām ... u kijām* so ... und so, hier(hin) ... und dort(hin).

kīka so, so wie (mit Suff.); so und so (?).

kēkē, kīkī irgendwie. — *kīkī lā* in keiner Weise.

kīma, kēma Prp.: wie, ebensowie, gleich wie; gemäß, entsprechend, in Übereinstimmung mit. — *ana kīma āli* gemäß der Stadt (?) = (?) nach üblichem Ortstarif, nach Stadtrecht (?); *kīma inanna, ina kīma inanna* jetzt; *kīma arḫiš, kīma ḫamutiš* quam celerrime, eilends; *kīma kētti* nach Verabredung (?); *kīma kājantimma* beständig; *kīma libbi, kīma kēt libbi* nach Herzenswunsch; *kīma mādiš* so sehr wie möglich, sehr; *kīma mādūti danniš* gar sehr; *kīma manman* wie nur irgendeiner; *kīma pānānu* wie früher; *kīma parṣi* nach Art von; *kīma qabī* nach der Aussage von; *kīma rittimma* sofort; *kīma šīmat* nach der Bestimmung von; *kīma ša* ebensowie.

Cj.: wie, in der Weise wie, ebensowie, gleich wie, gemäß dem daß; sobald als; daß (nach *lamādu*, lehren) (vgl. *kī*). — *kīma ša* gemäß dem daß, als ob. — *kīma* ... *kīma, kīma* ... *kīnanna, kīma ša* ... *kīnanna, kīma* ... *kīšuma* wie ... so, *kīma* ... *u* (auch ohne *u*) wie ... so, sobald als ... so.

kīmanā Cj.: ebenso wie.

kēmē Cj.: wie, sowie, ebenso wie; sobald als, sowie; gemäß dem daß; daß (nach *idū* wissen, *amāru* sehen, *dabābu* sagen, *mekū* vergessen, *nadānu* gewähren, *utazzumu* sich beschweren, *šemū* hören), ob (nach *ša'ālu*). — *kēmē* ... *kī ša* wie ... so; *kēmē* ... *u* (auch ohne *u*), *kēmē* ... *u kī ša kēmē* ... *u akanna* (mit dopp. prs.) wie ... so, sobald als ... so; *kēmē ēnuma* ... *u* sintemalen ... so; *kēmē* (mit prs.) ... *u kiām* (mit Nominalsatz) wie ... so; *kēmē šūtu u* wenn sich das so verhält, dann.

kīnanna, kīnāna, kīnannama auf diese Weise, in derselben Weise, unter diesen Umständen, unter solchen Umständen, so (vgl. *kī*); deshalb, da, dann.

kīšuma, kīšamma in dieser Weise, in solcher Weise, so, ebenso (vgl. *kī*).

kī, kū s. *atta* u. *qū*.

kū, pl. *kē* Kleid.

kaju Syn. zu *makkaru ša emēri* Eselsstecken.

kujātu e. Pflanze.

kālu (כאל6) sich halten (König *šarru*, ans Recht *ana dīni*). — II1 halten (: Zügel *ṣerrēti;* im Schoß *ina utli*), tragen (: Phalli *ziqāti*, Gewänder *quṣippi*); enthalten (Augen, Ohren: Blut *dāma*, Träne *dēmta*); erhalten (: Kapital [?] *rēša*), aufrechterhalten (: Tafeln *ṭuppē*); bereithalten, bringen (Monat *arḫu*: Regen *zunni*); hinhalten = anbieten; abhalten (: Freudenfeste *kippē*). — II2 sich halten an, einschlagen (: e. Weg *ḫūla*), die (Marsch-)Richtung einhalten (Spitze der Truppen *pānāti*). — *kūlu ina qāti* behalten (opp. *nadānu* hergeben); (durch Niederschrift) festhalten, aufzeichnen, verzeichnen (: astronomisch-astrologische Beobachtungen). *qātsu ukāl* «seine Hand wird festhalten» = er wird nutznießen. *memmu ša qāsa ukāl* sie behält all ihren Besitz. *rēša kūlu* haften (für ein Tun *ana epēši*). *rēš* ... *ana dameqti kūlu, rēš dameqti* ... *kūlu* für (jds.) Glück haften (Schutzgott *ilu nāṣeru*). *rēš annanna kūlu* «das Haupt von N. N. halten (Geld *kaspu*, Getreide *šē'u*, Bier *pīḫu*) = seine Person in Anspruch nehmen, so daß er dafür haftet (?). — *mukīl ašāti, mukīl appāni* Zügelhalter, Wagenlenker. *mukīl bābāti* Torstützen. *mukīl dalti* Türhalter. *mukīl rēš dameqti* der für das Glück haftet; *mukīl rēš lemutti* der für das Unglück haftet (Beiname von Namtar). *mukīl qaqqadi* e. Art Kopfbinde (?). — Bürge. — *mukīlat riksi* «Halterin des Bandes» (?, Beiname von Ba'u).

takāltu Behälter, Tasche, Lederetui; Magen; e. Teil des Pflugs.

kīmu, kūmu, kummu Stätte, Ort, Stelle; Ersatz (?). — *kūmu kūm, ina kūmi, kīmu, kīma* an Stelle von, anstatt (auch mit inf.), für (beim Tausch).

kīmu (?) e. Körperteil.

kajamānu, kaimānu, kāmānu, kajamāniš, kajamānūtu s. *kānu*.

kānu (כאן6) fest sein (opp. *nasāḫu* pms.?) (Gang *išdiḫu, šēpu*), feststehen (Fundament *išdu*, Thron *kussū*), stehen (an der Spitze von Truppen *ina pāni ṣābē*); bestehen bleiben, beständig sein; am Kehrpunkt stehen (?, Planet); wahr sein (Rede *pū*); treu (*kēnu*) sein (jdm.: *itti*), fest verknüpft sein, im Bunde sein (mit: *itti*). — II1 fest machen, feststellen, fest auflegen, befestigen (: Brandziegel *agurri*, auf: *eli*), festlegen (: Grenze *usurta, meṣra*), fest aufsetzen (: Fuß *šēpa*, auf die Erde *ina erṣeti*); festigen (: Fundament *išda*, Grundstein *temennu*), errichten (Gerüst [?] *gušūri*), befestigen (: Land *māta*, Tür *bāba*), durch ein Bündnis (mit Himmel und Erde *itti šamē ū erṣeti*) befestigen, fest einsetzen (: Gottheit in einem Tempel; Rechtssatzungen *dīnāt mēšāri*); als Geschenk festsetzen (für: *ana*); rechtmäßig verleihen (: Regierung *ḫaṭṭa, palā, šarrūta*); festsetzen (: regelmäßige Opfer *sattukki*, vgl. *tāru*), bestimmen (: Termin *edāna*, Grenze[n] *pulka, uṣurāti, kisurri*, Grenzgraben *meṣra*; jd. oder etwas: acc., zu: *ana* mit inf.), bestimmen, verhängen, verleihen (: Überfluß *nuḫša, ḫegalla;* Mangel *sunqa*, Hunger *bubūta;* über: *ina*); aufstellen, aufrichten (Gottheit: Schirm, Schutz *andulla*, über: *eli*), errichten (: Tafel *ṭuppa*, Bild *ṣalma*, Denkmal *nāra*, Haus *bēta;* Stadt *āla*), zum Opfer herrichten (cpl. *našū*), anbringen (: [Bilder der] große[n] Götter *ilāni rabūti*, auf einem Grenzstein *ina pāni nārī*); auferlegen (: Opfergaben *sattukki*, Tribut *mandatta*, jdm.: *eli, ṣēr*); bestätigen (: Rede *dabāba*, Vision *ber'a*); beweisen; halten (: Gebote *parṣi*); überführen (jdn.: acc., einer Handlung: *ina* mit inf., vor Gott [und Zeugen] *ina maḫar ili (ū šībi)*). — II2 festmachen, errichten (Balken *gušuri*); festmachen (= schließen [?],: Tür *dalta*); aufschlagen lassen (Wohnung *šubta*), festigen (: Thron *kussā*); fest einsetzen (Götter,: Mond, Sonne, Venus); bestimmen (zur Herrschaft *ana šarrūti*); bestätigen (Aussage *amāta*); beweisen; den Indizienbeweis führen; auferlegen; überführen. — III1 eine feste Zusage *(anna kēna)* geben. — *kunnu qātē* (mit inf.) sich daran machen (etwas zu tun). *kun qātē* Vorbereitung, Zurichtung (zu e. Zeremonie).

kēnu, kīnu, kinnu, pl. *kēnūti*, f. *kēttu, kētu*, st. c. *kēt*, pl. *kēnāti* fest (Fundament *išdu*, Spaten *šeberru*, Zusage *annū*), feststehend, normal (Zinsfuß *ṣiptu*), treu (Wesen *qerbu*), wahr (Rede *amātu, atmū, dabābu, zekru, pū*), ehrlich, wahrhaftig (Geheiß *qebētu*), zuverlässig, verlässig (göttlicher Ratschluß *purussū*, Vision *bēru*, Erscheinung [bei einem Vorzeichen] *ṣalmu*); recht (Weg *usu*), rechtmäßig, legitim (Frau *sinništu*), vom Recht begünstigt (Tag *ūmu*); — f. Wahres, Wahrheit; Recht, das Rechte, was Rechtens ist; Rechtlichkeit, Treue (gegen: *ana*); Bund, Bündnis (mit: *itti*); pl. Rechtssatzungen. — *ina kētti* der Wahrheit gemäß; in Wahrheit, wirklich; *ina kēnāti* wirklich; in Treuen. *kī kētti* in Wahrheit; rechtmäßig; verabredungsgemäß (?); *kīma kētti* verabredungsgemäß (?). — *kēttu u mēšāru* Recht und Ordnung (als Kinder Šamaš' personifiziert).

kēniš rechtmäßig, gesetzmäßig, in legitimer Weise; getreulich.

kēnūtu Treue.

kūnu, kunnu Festigung (des Thron[fundament]es *[išid] kussī*, der Regierung *palī*); Treue (des Herzens *libbi*); Portion, set (*kunnu nūni* e. Portion Fische). — *kūn qāti* e. best. mit Opfer verbundene Kulthandlung.

kajānu, kajamānu, kaimānu, kāmānu, f. *kajāntu, kaimāntu*, pl. *kaimānēti*, adv. *kajān, kajānim, kajānam, kajānamma, kajamāni* beständig (opp. *baṭlu*), ständig (Truppen; Wasser, *mē*, in einem Kanal, *nāru*; Wolke, *urpatu*, am Himmel, *ina šamē*, Planet); an der richtigen Stelle befindlich, normal (Augen *ēnā*, Ohren *uznā*, Mund *pū*, Hoden *iškā* und Fell *šipātu* einer Neugeburt); zuverlässig (Zeichen *ītu*), Saturn; f. pl. Zuverlässiges (?). — adv. beständig, fortwährend, immer, oft. — *kīma kajāntimma* beständig, *qaqdā kajānak* ich richtete beständig meinen Sinn (auf: *ana*).

kajamāniš beständig.

kajamānūtu Beständigkeit.

nakāmettu, nekēmētu Beständigkeit, Bestand (im Recht- und Rücklauf *alāku u nesēhu* von Merkur; vgl. auch *balāṭu*).

makānu Standort, Ort, Kehrpunkt (?, eines Planeten).

mukānu e. Hausgerät (Ständer?).

mukinnu Zeuge (der bezeugt, opp. *šēbu*). — *mukin uṣurāti* Schicksalsbestimmer, e. Beiname Marduk's.

mukinnūtu Zeugenschaft (vgl. *našū*).

(kānu) III/II1 sich beugen, sich demütigen, niederfallend huldigen (Kulthandlung), niederknieen.

šukennu Huldigungsgabe.

muškēnu, f. pl. *muškēnēti* dem Mittelstand zwischen Patrizier *(amēlu)* und Sklaven *(ardu)* angehörig, Proletarier; arm, Armer (opp. *rubū*); vgl. *māru*.

muškēnūtu Mittelstand; Armut.

kāsu, pl. *kāsāti* Becher (aus Kupfer *siparri*), Schale zur Lekomantie, Trinkschale (?); ein Unterteil (1/10?) des Hohlmaßes *sila* (?); — Eule (?).

kīsu, kīšu Beutel, (lederne) Geldtasche, Geldbeutel; Kapital; Betriebskapital (opp. *ummānu*). — *ana, ina* (?) *kīsi* auf eigene Rechnung (?).

kīsu, kīšu (ägypt. [-sum.?] LW.) ägyptisches Rohr; — Korb (?).

kāpu Riemen (?, Strick?); — Fels.

kūpu Foetus, Fehlgeburt, Monstrum, e. Dämon. Vgl. *qūpu*.

kāṣu (כאץ6) schinden, die Haut *(maška)* abziehen.

makāṣu, makēṣu (?) Schinderbank, Schlachtbank.

(kāru) II1 abschneiden, fällen (: Bäume *iṣē*).

kāru, pl. *kārē* (sum. LW.) Uferdamm (eines Kanals *nāru*), Wall, Uferanlage, Kai; Deich (eines Feldes *eqlu*); Geländer, Brustwehr (?, eines Schiffes *eleppu*); — Handelsplatz, Handelshof; Handelsamt, Handelsgericht (?), e. Stadtbehörde; Kaiabgaben, Kaisteuern; (Abgaben-, Zoll-) Tarif (?). — *kāru u nēberu* Damm und Furt. — *kār šulmi* Sicherheitsdamm, Böschungsmauer.

kārgullu Haupttarif (?); Tarifpreis (?).

kēru (sum. LW.) (Schmelz-, Asphalt-, Pech-) Ofen (des Schiffers), Herd; — e. Musikinstrument.

kiuru, kūru Ofen; — e. Hausgerät aus Rohr; — ein Deckelgefäß (aus Bronze *erū*).

kāšu kommen. — I2 aufbrechen (Heer, aus dem Lager *ina ušmāni*).

kāšu strotzen.

kēšu Hacke.

kāša, kāšim, kāšum s. אנת1.

kīšu s. *kīsu*.

kāta, kātu, kātunu, kātun s. אנת1.

kītu (sum. LW.) Knäuel (?), Knoten (?, am Rohr), Schnur (?, Schlinge?).

kūtu (Wasser-) Kessel (?, rituell).

(***kabū*** II1 nähen?).

kubbū genäht, abgenäht (?, Kleidungsstücke).

mukabbū, sartor, Kleidermacher, Schneider.

kubū (?) Laube (?, aus Rohr).

kabābu brennen. — II1 verbrennen (trs.).

kabbu brennend, heiß (Wind *šāru*). — *iṣṣu kabbu* Brandscheit (?).

kibbu Brand.

kibbatu Brand, Lohe. — *kibbat išāti* Feuerbrand.

kabābu s. *qabābu*.

kabidu, kaibdu (wests. LW.) Leber. Vgl. *kabattu*.

kabduqqū (sum. LW.) ein Kultgefäß.

(kabizzuhhu,) du. *kabizzuhhē* (LW.) e. paarweis gebrauchter Toilettegegenstand (aus Gold).

kubukku Stärke, Macht.

kabāsu, kabāšu *(u, i)* treten (auf den Fuß: *šēpa*), betreten (: Pfad *kibsa*, Boden *qaqqara*, Gebiet *meṣra, itā*, Landesgebiet *erṣeti māti*), niedertreten (: Nacken *kišāda*, Grenze *meṣra*; Füße: Weiden *šēpā* : *šēr berā, šēra berīta*), niederdrücken, unterwerfen (: Feinde, unter: *šapal*); bedecken, zudrücken (?, : Auge *ēna*); walken, waschen (?); pms. zerdrückt sein (?), plattgedrückt sein (?, Ohr, Teile der Leber). — I2 niedermachen, verzehren (Feuer: Opferteile). — II1 Tretbewegungen machen lassen (?, : Fuß *šēpa?*); niedertreten (: Feindesland); auf etwas treten (: Bergspitzen *rēšēti ša šadē*); betreten (: Adyton *anṣilli*); unterdrücken = verzeihen (?, : Verbrechen *ḫiṭā*). — II2 anrichten (: Zerstörung *tapdā*). — III1 niedertreten lassen, festtreten lassen (: Damm *aramma*); pflastern (: Brücke *titūra*, Heiligtümer *ašrāti*), stehend darstellen (auf Hunden: *kalbē*).

kabāsu das Betreten; vgl. *epru, ṭēṭu, qaqqaru*.

kabbastu, kabbaltu Fußballen (?), Hacken (?).

kibsu, st. c. *kibis*, pl. *kibsū, kibsāti* Tritt (von Menschen und Tieren), Spur, Pfad (des Königtums *šarrūti*), Auftreten (= Benehmen); Gang (in einem Tempelgebäude *bētu*); e. Art Decke (aus Linnen); pl. Fußspuren. — *kibis šēpi* Gang; Lebensweg.

kabsu, pl. *kabsi* Lamm.

kubusu (?) Höcker (?).

kabāru *(i)* dick werden, umfangreich werden (Bäume *iṣi*), dick sein, dicht sein (Haupthaar *šārat qaqqadi*, opp. *qatānu*), voll sein (Mond, opp. *karū*). — I3 anschwellen (?, Kranker, wie eine [vollgefressene] Schlange, *ṣēru*). — II1 dick machen, verstärken (: Mauer *dūra*); zum Quadrat erheben. — II2 (jmdn.) auszeichnen. — *kubburu pāni* «das Gesicht dick machen» = ein geschwollenes Gesicht haben.

kabru dick (opp. *qatnu*; [Stück] Rindfleisch *šēr alpi*, Schweinefleisch *šēr šaḫī*; vgl. auch *erru*), feist (Schaf *emmeru*), beleibt. — e. Kleidungsstück.

kabartu Mächtigkeit.

kabrūtu Dicke.

kubru, st. c. *kubur* Dicke, Feistheit; Umfang (eines Gartens *kerī*, einer Säule *demmi*). — *kubur zibbati* Schwanzwurzel (?).

kabbāru sehr dick (Hörner *qarni*), sehr feist (Schafe *emmeri*).

kumburu sehr dick (?).

kabīru Quadrat (math.).

kubāru groß.

kibru, kibratu s. *qepru, qepratu*.

kibirru (sum. LW.) e. landwirtschaftliches Werkzeug.

kabāšu eine Mütze *(kubša)* aufhaben, einen (Kopf-)Wulst *(kubša)* haben (Neugeburt eines gehörnten Tieres). — Vgl. *kabāsu*.

kibšu e. Vogel (Haubentaube?, Haubenlerche?).

kubšu, st. c. *kubuš* Mütze, Haube, Turban; (Mond-)Scheibe; e. Teil der Leber; Wulst; e. Teil des Pflugs.

kabātu drückend, schwer sein (Stein *abnu*), schwer lasten (Hand *qātu*), zu schwer sein (Feld[arbeit] *eqlu*, für die Arme *eli aḫē*); gewichtig sein; wohlhabend sein (?); hochangesehen sein (mehr als: *eštu*). — I2 drückend, schwer sein (jdm. *eli*). — II1 schwer machen, beschweren; ehren (opp. *qullulu*); (zu) reichlich versehen (?, mit Wasser *mē*). — II2 ehren. — *kabātu eštu* höher geachtet sein als. *kabātu eli aḫi* über (jds.) Kraft gehen. *qaqqada kubbutu* Ehre erweisen.

kabāt qaqqadi Ehrerbietung.

kabtu, pl. *kabtūti*, f. *kabittu* schwer (Menge *eptu*, Beute *šalaltu*, Joch *nēru*, Krankheit *murṣu*, Wunde *ṣimmu*, Sturm *imbaru, zū*, Verbrechen *arnu*, Strafe *annu, arnu*, Strafgericht *dīnu*), dick (Rauch *quṭru*), schwerwiegend (Geschenk *tamartu*, Tribut *mandattu, beltu*, Wort, Befehl *ūrtu, pū, qebētu, enemmu*), gewichtig, wichtig, bedeutungsvoll (Name *šumu*, *zekru*), hochangesehen (Gottheit *ilu*, Herr *bēlu*, *eṭlu*, Königtum *šarrūtu*), Fürst; pl. Vornehme.

kabattu, kabittu, kabītu Leber; Bauch (opp. *ṣēru*, *ṣu'ru*, *šašālu*); Inneres, Gemüt. Vgl. *kabidu*.

kubuttū Reichlichkeit, Fülle, Menge.

kabbuttu, kabbūtu, f. pl. *kabbūtāti* schwer (Lasurstein *uknû*, *ḫulālu*-Stein); gewichtig (Person).

kubbuttu schwer (*sandū*-Stein).

šukbutu im rechten Gewichtsverhältnis hergestellt (?, Körpermaße *menāti*).

takbittu schwere Menge, in *neqē takbitti* gewaltige Opfer, *ṣudē takbitti* Speisen in schwerer Menge.

kibatu, kibtu (sum. Lw.?) Weizenstroh (?), Weizen.

kigallu (sum. Lw.) Fläche; Grundfläche, Fundament, Basis (eines Palastes *ēkalli*, eines Tempels *bēti*, einer *seqqurratu*); Sockel, Piedestal (einer Statue); Wandfläche, Verblendung.

kādu Militärposten; Garnison. — *ana kādi* zur Beobachtung, als (militärische) Beobachtungsstation. — *šakādu* Militärposten (?).

kīdu, kēdu (sum. LW.) (unbebautes) Land (außerhalb der Stadt, opp. *ālu*), Feld, Steppe, flaches Land (opp. *bāmāti*); Äußeres. — *ša kīdi* Landbewohner. *ina kīdi* außerhalb (des Palastes *ēkalli*); *ana kīdi* nach außen (vgl. *aṣû*).

kīdiš außen (opp. *libbiš*).

kīdû, f. *kīdītu* äußerer (opp. *uršu*; Mondhof *tarbāṣu*); e. Örtlichkeit im Tempel; f. e. Teil der Leber. — *ša kīdītu* äußerer (Mondhof, opp. *ša libbi*). — *ina kīdi* draußen; *ana kīdi* hinaus, weg. *ana kiddāti* (?) nach außen, auswärts (?).

kīdannu, kīdānu außerhalb (der Stadt) gelegen. — *ina kīdanni*, *ina kīdan* außerhalb (des Tores *abulli*, der Stadt *āli*). — *ana kīdāni*, *ina kīdāni* außerhalb (adv.), von außen. *amēlu kīdāni* e. Fremder.

kīdānū äußere (Mauer *dūru*, opp. *bētānû*).

kadibbidū (sum. LW.) e. Krankheit.

kidudū, pl. *kidudē* (sum. LW.) Liturgie, Ritus, Zeremoniell.

kudkuddu e. Pflanze. Vgl. *kankadu*.

kadulu, kandalu, kundulu Lehne (?, einer *amartu*, aus Holz, Kupfer oder Bronze).

kudimu e. Alkalisalz (?, Salzlauge?).

kudimeru Cardamon.

kudimerānu Cardamon.

kadnu e. Pflanze.

kidānu Schutz.

kidinnu, kidīnu, st. c. *kidin*, pl. (?) *kidinnē* (von e. Gottheit gewährter) Schutz, (vom König gewährtes) Privileg; Wahrzeichen e. solchen Privilegs.

kidinnūtu Königsbann, Marktfrieden.

kidinētu Syn. zu *qīštu* Wald.

kudānu, kudannu, kudīnu, kudūnu (LW.?) Maultier.

kuduppānu e. Feigenart (?).

kadāru *(i)* ungestüm sein, feurig sein (Pferd *sīsû*). — II1 u. II2 e. Grenze *(kudurra)* festsetzen (?). — III1 wüten lassen, entfesseln (: Kampf *anunta*).

kadru, f. *kadirtu* feurig (Wildstier *le'u*, *rēmu*), herrisch (opp. *kanšu*), stolz (Göttin *iltu*).

kadriš stolz, in Ehrfurcht gebietender Weise.

(kudaru?), pl. *kudarāta* e. Werkzeug (e. Art Schaufel?).

kudurru, kudūru, kadurru, kadūru, pl. *kudurrēti* (sum. LW.) Tragkorb; Fronarbeit, Frondienst; Fronarbeiter; — Grenzzeichen, Grenzstein (in Form eines Tragkorbs?), Grenzurkunde (auf Stein od. Ton), Grenze, Mark; — ältester Sohn, Erbe (?).

kudurrānu Hahn.

kadišēru e. Pflanze.

kizū, pl. (?) *kizāti* Knappe, Schildknappe; Gesell.

kazābu (wests. LW.?) lügen. — III2 sich betrügen (um den Gewinn *ana nēmēli*).

kazbūtu Lüge.

kuzbu, st. c. *kuzub* (männlicher und weiblicher?) Schamteil (?), Zeugungskraft; Körperfülle; Üppigkeit; Pracht. — *kuzbu u ulṣi* Üppigkeit und Wollust.

(kuzbānū,) f. *kuzbānītu* üppig.

kanzabu e. (Saiten?-)Instrument.

kunzubu, f. *kunzubtu* üppig, mit vollen Formen; prachtvoll (glänzend, [Edel]-Stein *abnu*).

kazabu e. Pflanze.

kaziddaku, kazziddaku, pl. *kaziddakāti* (sum. LW.) Müller.

kizzu Besatz (?, eines Kleidungsstückes, aus Gold oder Kupfer).

kuzāzu e. Fliegenart.

kazallu e. Pflanze.

kizalu, kizallu (sum. LW.) Flur (?); — Teil eines Werkzeugs oder einer Waffe (ev. mit Gold überzogen).

kuzallu, pl. *kuzallāti* (sum. LW.) Schafhirt (opp. *utullu*), Hirt; altassyrischer Name des 3. Monats. Vgl. *guzallu*.

kazalurtu e. Medizinal-Pflanze.

(kaziru,) pl. *kaziri* Lustknabe (?).

(kizertu,) pl. *kizrēti* Freudenmädchen; Hierodule.

kuzuru e. Pflanze.

(kaḫu?), st. c. *kaḫ* (?) Teil eines Hausgerätes (ev. mit Gold überzogen).

kūḫazzu Bügel, Halter (?, aus Kupfer oder Gold, auch paarweise erwähnt).

kiḫullū (sum. LW.) Bußschemel, Bußbank; Zerknirschung (?).

kakku, kaku, st. c. *kak*, pl. *kakkū* (?), *kakki* (sum. LW.?) Waffe; Waffengang (vgl. *epēšu*); (hölzernes) Gerät; Emblem, Symbol (einer Gottheit *ša ili*, auch = Ordal?), göttliches Wahrzeichen; Penis (?). — *kakku ša abnu* (ein beim Eidschwur verwandtes) Steinemblem. — *kakki tāḫāzi* Kriegswaffen. — *kakki ḫarpi* Erntegerät (?, beim Lamastu-Ritual verwandt). — *kak abikti, kak aridu, kak aratti, kak ešīti, kak ušši, kak barti, kak maggarru, kak ḫibil, kak ḫabelti, kak lumun-libbi, kak nanduru, kakku ṣeḫru* (?), *kak šulmu, kak taḫti, kak tušši; kak Ištar, kak Šamaš* Markierungen (?) auf der Oberfläche verschiedener Teile der Leber. Vgl. *gerru*.

kikāti pl. (?) Teile (?) der *kanaktu*-Pflanze.

kukku, kūku (sum. LW.) Teil einer Wage *(gišrennu)*, Wagschale (?).

kukutu e. Gerät aus Rohr (?).

kakkū e. Hülsenfrucht, Bohne (?).

kakkabu (auch pl.), ***kaukabu, kakubu,*** st. c. *kakkab* Stern, Gestirn; «der Stern», d. i. Mars (?); Sternbild, «das Sternbild» d. i. Pleiades; sternförmiges Gebilde (durch Öl auf Wasser), sternförmige Verzierung, pl. Punkte (der Zeichnung eines Fisches); (sgl. od. pl.) die Sterne (eines Sternbilds); pl. (du.?) mit oder ohne *šinā* auch «die (beiden) Sterne», d. i. Mars und Merkur (?). — *kakkab šamē, kakkab šamāme* die Sterne des Himmels. — *kakkabu arqu* Beiname des Jupiter. *kakkabu nēbū* Hauptstern (eines Sternbildes). *kakkabu namru* Beiname von Arkturos. *kakkabu sāmu* Beiname von Mars. *kakkabu ṣalmu* Beiname von Saturn. *kakkabu rabū* Beiname von Jupiter; Meteor. — *kakkab tānūqāti, kakkab uṣūrti* Beiname von Venus. *kakkab balti* Beiname von Gemma (?). *kakkab māti* Beiname von Pegasus (+ α Andromedae). *kakkab Marduk* Beiname von Merkur. *kakkab nuḫši* Beiname von Coma Berenices (?). *kakkab mešrī* Beiname von Sirius (+ Prokyon). *kakkab šamē nabū* Beiname von Venus (?).

kakkabiš sterngleich, in *kakkabiš šamāmi* gleich den Sternen des Himmels.

kakkabānu, kakabānu Rebhuhn (?).

kukubu, pl. *kukubū* Kanne (?, aus Stein, Silber oder Elfenbein); ein Hohlmaß für Öl (?). — *kukubu ša ramāki* e. Libationsgefäß (aus Gold).

kukubarru e. Teil der Leber (?).

kukudru, kukkudru (?), ***kukudur*** (heth. LW.) Tiermagen.

kikiṭṭū (kikīṭū), pl. *kikīṭē* (sum. LW.?) Ritual; Zauberzeremonien.

kikulu e. Pflanze.

kakkultu Augapfel.

kukkānītu Rizinus (?).

kukunnu (LW.) e. Heiligtum (aus Brandziegeln *agurri*).

kaksū, pl. (?) *kaksē, kakusāni* (?) e. Emblem (?) Enlil's; — e. Teil der Leber (?).

kikkisu, kikkišu (sum. LW.) Rohrzaun (auch für kultische Zwecke).

kukru, kukuru Zichorie (?).

kikurru s. *gigurru.*

kakrītu Schöpfgerät (?).

kikiriānu e. Pflanze.

kikkišu s. *kikkisu.*

kakkiš *nāri* e. Wasservogel («Taucher»).

kalu, st. c. *kal, kali* ganz, all, gesamt; All. — *kali ša* alles was; *kali miam, kali memma, kali memmē* s. *miamma; kal gemrēti* das All; *akkal* (< *ana kal*) ganz, s. *ūmu* (םא₆א₇). — *kal ūmi* den ganzen Tag, *kal mūši* die ganze Nacht; *mušītu kalaša* die ganze Nacht hindurch. Vgl. *kalālu.*

kalamu, kalama, kalami jeglich, insgesamt; All.

kališ überall, allenthalben, allzumal.

kul (westsem. LW.?) alles. — *adu kul* auf ewig.

kalū (כלא₁) abschließen, zurückhalten (: Tontafel, von der Benutzung *ina mērešti*), aufhalten (sc. einen Boten); gefangen halten, gefangen nehmen, einsperren; vorenthalten (: Wasser *mē*, ein Weib *amēlta*), versagen, verweigern (: Tribut *mandatta, tāmarta*, Sendungen *šubelāti*), abschlagen (: Wunsch *erešta, mērešta; opp. šūšuru*). — I₂ zurückhalten, festhalten. — I₃ (sich?) zurückhalten (gegenüber: *ina eli*), sich abschließen (durch die Haustür *ina bāb bēti*). — II₁ zurückhalten, festhalten. — II₂ vorenthalten (: Erklärung *pešēra*). — IV₁ zurückgehalten werden, verhaftet werden (opp. *mutaššuru*). — IV₂ sich aufhalten, zurückbleiben. — IV₃ sich einsperren lassen.

kalū eingesperrt; Gefangener.

kellu, kēlu Gewahrsam, Gefängnis; Arbeitshaus.

kelātu Damm (e. Flusses *nāri*).

kelūtu Abschließung; vgl. *bētu.*

kutlāti (pl.?) Verschluß (von Kupfer, zur Absperrung des Tigris).

makallū Uferdamm (?).

šuklū Haft.

kelallān, kelallē, kelalūn, st. c. *kelallā,* f. *kelattān, kilatān* beide.

kelatū (?), f. *kelāti* beide; — f. beide (sc. Hände).

kalū (כלא₂) aufhören, zögern, kargen. — II₁ aufreiben.

kulu'u Päderast; Buhlknabe.

kalū e. Art Ton; e. Kosmetikum.

kalūtu Gefäß.

kaliu, kalū e. Kranichart (?).

kalū (sum. LW.) e. Priesterklasse, Beschwörer.

kalūtu *kalū*-Priesterschaft.

kalamaḫḫu, kalmaḫḫu Oberster der *kalū*-Priesterklasse, Oberbeschwörer.

kalītu, pl. *kalāti* Niere (von Menschen und Tieren, auch als Opferteil); auch als Sitz von best. Gemütsbewegungen. — *kalītu Ea* Bezeichnung des 5 bis 9 Tage alten Mondes. *kalīt lulīmu* α, β (?), γ, δ Cassiopeiae (?).

kilītu e. Pflanze.

kalbu (auch pl.), st. cstr. *kalab*, f. *kalbatu* Hund; — Nachbildung eines solchen aus Gold, Silber, Bronze *(erū)*, Ton *(ṭēṭu)*, Zedernholz *(ereni)* zu kultischen oder magischen Zwecken; — (astr.) Hercules (Engonasin); — Emblem verschiedener Gottheiten. — *kalbu* (mit oder ohne) *eštēn*, *kalbu mītu* «ein einzelner Hund», «toter Hund» = untertänigster, niedrigster Knecht (eines Haushalts *bēti*, der Residenz *bēt šarri*). *kalbu* (mit oder ohne) *ḫalqu* «(entlaufener) Hund» Schimpfwort, bes. zur Bezeichnung treuloser Untergebener oder Verbündeter. *kīma kalbi* «wie ein Hund» Ausdruck der Verachtung. — *kalab Elamti*, *kalab urṣi*, *kalab mē*, *kalab parašī*, *kalab šamaš* Namen von Tieren (durchwegs oder zum Teil Hundearten?). — *šam kalbi* e. Pflanze.

kalabu, kalabbatu, kalappatu Brechwerkzeug, Axt, Beil (von Eisen *parzilli*).

(kallābu, kallāpu,) pl. *kallābāni*, *kallāpāni* Schatzgräber, Pionier.

kalbannāti (?, pl., auch *kalbunati?*) Mauerbrecher.

kallabunu e. Heuschreckenart.

kalūbu Sporen (?).

kalaggu (?) e. Hausgerät (?, aus Bronze *siparru*).

kalgukku (?) e. Gefäß.

kildu s. *kišādu*.

kalakku, kalāku, kalku, pl. *kalakkāti* (sum. LW.?) Vorratsraum, Lagerraum, Kellerraum, Keller; — Chaiselongue; «Diwan» (?), Wagenkasten; — Floß (auf Hammelhäuten).

kilkilānu, kilkirānu s. *kiškirānu*; vgl. *qulqulānu*.

(**kalālu** ganz sein, fertig sein) III1 vollkommen machen, vollenden, fertig machen (: Haus *bēta*, Heiligtümer *ešrēti*), ausführen (: Orakel *tērēta*); Vollendetes fertig bringen. — III2 vollendet werden, zur Vollendung kommen.

kilīlu Ring, Reif, Kranz.

kullatu Gesamtheit. — *kullat qeprāti* die ganze Welt.

kulīli allenthalben, überall, überallhin.

kulūlu Reif (des Kopfes *ša qaqqadi*); Gesims (der Tür *bābi*).

šuklulu ausgewachsen (?, Rind *alpu*).

killa e. Stein.

kilīlu, kulīlu e. Vogel; Flußheuschrecke.

kulīlītu e. Tier niederer Art (Insekt?).

kulilanna e. Pflanze.

kallū, pl. *kallē* Aushebungsbeamter (für Frondienstleistungen); Steuerbeamter. *kallē nāri u tābāli* Fluß- und Landbeamte.

kallātu, kallatu Braut, bride (opp. *ardatu*); Schwiegertochter.

kallūtu Brautschaft.

kullultu Braut.

(kalāmu) II1 sehen lassen, erscheinen lassen (: Vorzeichen *idāti*; Blitz *berqu*: Feuergarben *nabli*); (mit dopp. acc.: jd. etw.) sehen lassen, erleben lassen (: Richter *dajāna*, Gefangennahme *mēsēra*), zeigen (: Antlitz *pāni*), weisen, vorweisen (?, Geld), angeben, bezeigen (: Freundschaft *ra'mūta*), klarmachen, (jd. in etw.) unterweisen, belehren (e. Weiser den anderen *mūdū mūdā*), ans Tageslicht bringen (: verborgene Gruftgewölbe *qimaḫḫi nakmuti*), lehren; (mit acc. rei und *ana* pers.: jdm. etw.) in Aussicht stellen, versprechen; pms. erfahren sein in, verstehen (: Taktik und Strategie *sedēra u mitḫuṣūta*). — II2 sehen lassen, zeigen, herzeigen, erzeigen, erweisen (: Gunst *rāma*, jdm. *ana*). — II4 erklären, e. Erklärung *(pišēra)* geben. — III1 (mit dopp. acc.: jd. etw.) zeigen; offenbaren (: Vorzeichen *iskimma*). — III2 zeigen (: Vorzeichen *ittāti*), erzeigen (: Gunst *dameqta*). — III/II1 unterweisen (Gott).

mukallim e. Amt.

mukallimtu Lehrtext; Kommentar (?).

taklimtu Weisung, Unterweisung.

kalmatu Wurm; Laus (?); Ungeziefer. — *kalmat arqi* Blattlaus (?).

kalūmu Lamm; (übertr.) Mädchen.

kalūmeš Lamm-, Lämmergleich.

(kalmā'u) IV_1 blicken (Kopf *qaqqadu*, in der Richtung des Schwanzes *zibbata*), erblicken, anblicken (zornig, grimmig *aggiš*, opp. *naplusu ḫadîš* oder *damqiš*) (böses Auge *ēnu lemuttu*). — IV_2 ansehen, anblicken (sc. grimmig, zornig). — IV_3 (zornig) um sich blicken.

nikelmū (grimmiger) Blick.

kalmakru e. Art Axt.

kallamārî, kālamāri frühmorgens.

kalmarḫu e. Pflanze.

kilūnu e. Pflanze.

kallapu Botschafter, Träger einer Botschaft (*šepertu*).

kalappatu s. *kalabu*.

kalāṣu blind sein.

kelṣu blind.

kullaru e. Baum.

kultaru s. *kuštaru*.

kam s. *kā*.

kamtu (א2מכ) Trüffel; — e. Bestandteil der Leber.

kamū (א7מכ) packen, überwältigen, bezwingen, bändigen, (: Land *māta*, Meer *tāmta*), festnehmen, fesseln, binden, lähmen (: Kniee *berki*). — I_2 festnehmen. — IV_1 gebändigt werden.

(kamātu?), kamtu Bedrängnis, Not (?).

kamātiš niedergeschlagen.

kamū festgenommen, gefesselt. *in kamī* in Fesselung, *ikkamū* gefesselt, gefangen.

kamīš gefesselt. Vgl. *emū* (א7 א6 א2).

kēmu; kēmtu; kēmātu Familie, Verwandtschaft.

kamū, f. pl. (?) *kamāti* außen befindlich (?). — *bābu kamū* äußeres Tor, (an der Straße befindliches) Haupttor. — f. pl. (?) Äußeres, Weichbild (e. Stadt), Maueranger. — *ina kamāti* (von) außen (?), außerhalb (?).

kumū Ente.

kumaḫḫu Kleid, Gewand. Vgl. *kū*.

kamkaddu, kamkadu, kankadu (sum. LW.) e. Pflanze.

kumekukanu e. Pflanze.

kamkammatu (sum. LW.) Ring (aus Gold oder Bronze, am Finger oder Fuß). — *kamkammat ubāni* Fingerring.

kimkimmu, kimkimu Handwurzel (?).

kamālu (i) zornig sein (Herz *libbu*), zürnen (mit jd.: *itti*).

kemeltu Zorn, Bann.

kummulu erzürnt, gram.

kamullu e. Pflanze.

kamāmu umfassen (?), einfassen (?).

(kammatu?,) st. c. *kammat* Einfassung (?, von Gold).

kummu eingefaßter Raum (?), Innenwerk (eines Tempelturms *zeqqurratu*, opp. *taḫluptu*), Gemach (einer Gottheit), Kammer, Raum. — *kummu mūšābi* Wohnraum.

kummu e. vom Schreiner gebrauchter Holzgegenstand.

kammu, pl. (?) *kammāti* e. Gefäß.

kammu, kāmu (?) Schrifttafel, Schriftstück, Text.

kamānu e. Art Kuchen (kultisch). — *kamān tumri* in Asche gebackener Kuchen, Aschekuchen; vgl. *akālu*.

kamūnu Maus (?); — (römischer) Kümmel.

kumma, kummu s. *atta*.

kamāsu aufbewahren.

kamāsu (i) fertig werden (mit einer Handlung: *ina* mit inf.). — I_2 vollenden. — IV_1 fertiggestellt werden, vollendet werden (Rupfen der Schafe *buqūmu*).

kamāṣu, kamāsu, kamāšu (i) sich beugen, sich niederwerfen (vor: *šapal, ana tarṣi*), sich niederlassen (in der Umgebung von: *namē* + suff.), lagern, verweilen, sich niederlegen (sc.

zum Mittagsschlaf). — I2 sich beugen (zur Erde *ašriš*). knieen (vor: *maḫar*). — II1 niederwerfen. — II2 niederknieen. — III1 niederwerfen. — III2 niederknieen lassen. — *kamāsu ina kinṣē* niederknieen. *šukmuṣu ina kinṣē* oder *ina šēpē* niederknieen lassen. — *kamāsu ūtnunu* bittend flehen. — Vgl. *kanāšu*.

kansu Kniebeugung (?).

kimṣu, kinṣu Unterschenkel, Schienbein (?), Fessel (?). — *kinṣu ša Šitaddāli* α Cephei.

nakmesu Kniefall.

kitmušu sich beugend, verweilend.

kamāru wuchtig sein, drücken, lasten (auf: *ina muḫḫi*); niederdrücken, niederwerfen, überwältigen; e. best. Tätigkeit bei der Gartenpflege (vgl. *kumurrū*). — I2 schwer sein (to be heavy, Nachtregen *zunni mūši*), lagern (Schnee *šalgu* auf: *sēru*). — II1 niederwerfen, niederstrecken, niederschlagen (Götterwaffe *meṭṭu* : Menschen *ummānu*); wuchtig sein lassen, aufgehäuft sein, aufhäufen lassen (: Reichtum und Überfluß *nuḫša u ṭuḫda*, Häuser *bētāti* zu Hügeln *tellāniš*). — II2 wuchtig sein, strotzen (Überfluß *ḫegallu*). — IV1 niedergeworfen werden, zerstört werden (Heiligtum *bēt-papaḫi*). — IV2 niedergeworfen werden.

kamru Haufen.

kemru Niedergeschlagenheit, Elend.

kamaru Netz, Garn.

kamariš im Netz.

kamāru Niederlage.

kitmuru, f. *kitmurtu* lagernd, aufgehäuft (Schätze *esettu*). — *bēt kitmuri* Schatzhaus (?).

kummuru Überfluß. — *bēt kummuri* Schatzhaus (?).

nakmaru Netz.

kemru (durch Eingraben zur Reife gebrachte) Dattel; — Penis (?, glans?, vgl. *mū*).

kumurrū Arbeit an der Dattelkultur (?).

kumaru (?) e. Werkzeug (?).

kameru, dazu f. (?) *kumertu* Priester; Götzenpriester (?).

kamuššakku (sum. LW.) e. Art Sessel (?, in *kamuš-*, d. i. *šenni-ṣēri*-Bearbeitung?).

kameššaru Birnbaum, Birne.

kameššarū Quitte (?).

kamātu *(u)* drohen (?, jdm.: *ana*).

*(**kanū**)* (כנא6) II1 (mit Sorgfalt) bereiten, pflegen, herrichten, in richtiger Weise herstellen, tadellos machen. — II2 feierlich herrichten. — IV1 wohlbereitet sein.

kanū, f. *kanūtu* tadellos, vollkommen (Göttin).

kunnū, f. *kunnūtu*, pl. f. (?) *kunāti* (?) richtig hergestellt, richtig, recht (Sohn *māru*, Erbe *aplu*), tadellos; das Richtige, das Rechte, pl. f. (?) Tadellosigkeit (?). — *ana kunnī* zurecht s. *alāku*.

taknū, teknū (?), f. **taknītu, teknītu,** pl. *taknāti* sorgfältig hergestellt, wohlbestellt (Tafel *pāššūru*), sorgfältige Herstellung, Tadellosigkeit. — *ana teknī* (?) aufs beste, comfortably.

*(**kanū**)* (כנא7?) II1 benennen (?).

*(**kinū**?)*, f. *kinītu*, pl. *kināti, kinnāti, kinattu* Genosse; f. pl. Genossenschaft (?), Dienerschaft, Gesinde. — *ša kināti* e. Name des Tišri.

kinātūtu Genossenschaft (?).

kinnū, pl. *kinnē* Felsen, Berg, Gebirg.

kunibu, kunibḫu eine Pflanze (Wickenart).

kingu ein Bestandteil der Türe *(bābu)*.

kungu e. Pflanze (Grasart).

kanagurru Weg (?).

kandu (wests. LW.?) Krug.

kandalu, kundulu s. *kadulu*.

kandānu e. Gerät.

kandaqu (?) e. Behälter (?).

kandurū (sum. LW.) e. Kultgefäß.

kanzabu s. hinter *kuzbu*.

kanzū e. Pflanze.

kunzubu s. hinter *kuzbu*.

kanāku *(u)* siegeln (abs.; auf den Namen von: *ana šum*), mit einem Siegel (: *kunukka, ina kunukki, ina kišibbi*) versehen, versiegeln (: Brief, Urkunde, *ṭuppa, kanīka, kanka*); durch ein Siegel verschließen (: e. Arzneimischung); urkundlich zuweisen (jdm.: *ana*, auf Grund einer versiegelten Urkunde *ina kanīki*). — I2 urkundlich verschreiben (jdm.: *ana*). — III1 ein Siegel aufdrücken lassen, ausstellen lassen (: Urkunde *kanīka*). — IV1 ausgestellt werden (Urkunde *kanīku*). — *kunukku ul kanik* das Dokument ist nicht richtig versiegelt. — *kanāku-ma arrata arāru* (: e. Grundstück *eqla*, jdm.: *ana*) durch eine gesiegelte Urkunde überweisen und (auf dieser) die (übliche Schluß-)Fluchformel anbringen. — *nība ... ina lịbbi tik ... ina libbi unqi kitanuku* e. Betrag mit gesiegelter Urkunde jdm. zu Lasten schreiben..

kāniku, *kānik bābi* Notar.

kanīku, kanku, f. *kanīktu* gestempelt, mit einem Stempel versehen, gemünzt (Silber, Gold *kaspu*); gesiegelte Urkunde, Dokument; Quittung; Schuldschein. — *kanīk āli* Stadtquittung. *kanīk errēšūti* Feldpachturkunde. *kanīk kaspi* Quittung über Geld. *kanīk teptīti* Neubruchspachturkunde. *kanīk riksāti* Vertragsurkunde. *kanīk šēmi* Kaufurkunde (eines Feldes *eqli*). *kanīk mušaddēni* Urkunde des Geometers.

kanīktu, pl. *kanīkāti* Urkunde. *kanīkāt šēmāti* Kaufurkunden.

kunukku, kunūku Siegelstein, Siegelzylinder, Siegel; gesiegelte Urkunde, gesiegelter Brief, Dokument. *kunukku ša bēti* Haussiegel. *kunuk zitti* Erbteilungsurkunde. *kunuk kišādi* Schildknorpel (?). *kunuk māti* Landessiegel (?). *kunuk kišādi, kunuk napišti* Amulett (?). *kunuk šēmi* Kaufurkunde. *kunuk šarrūti* königliches Siegel.

kanakku, kanaku (sum. LW.) e. Teil der Türe (Schwelle?, Pfosten?).

kanāktu, kanātku e. ölhaltige Pflanze (Opoponax?); das daraus bereitete Öl.

kankadu s. *kamkaddu*.

kankallu (sum. LW.) Depôt.

kankannu Pflug; — Krug, Bierkrug; — e. (röhrenförmiges?) Kultgerät.

kanakru e. bewegliche Sache aus Holz.

kanānu sich niederkauern, sich ducken (Hund *kalbu*, Mensch *amēlu*). — II1 zu Boden drücken, niederdrücken (Blutgefäße *mānāni*?).

kinnatu Senkung, Vertiefung (?).

kunnūtu Niedergeschlagenheit (des Gemüts *napišti*).

kannu (sum. LW.?) e. Gefäß, Behälter (für Wein, Wasser, Korn); Gestell (?); — Herde (?).

kanūnu, kinūnu Kohlenbecken; Ofen, Herd; dauernd brennendes Feuer, Herdfeuer; vgl. *balū*; — «Ofenmonat» (?), assyr. Name des *ṭebētu*.

kūninnu, kūnīnu, pl. *kūninnāti, kūnīnāti*. e. Art Rohr; e. Gefäß (aus Stein oder Gold).

kūnittu e. Art *kūnīnu* (?).

kansusu s. *kusāsu*.

kappu (כָּנָף), du. *kappā*, pl. *kappē* Flügel (eines Vogels *iṣṣūri*, des Südwinds *šūti*). — *kappi ēni* Augenlid. — *kappi kabitti* Leberlappen.

kippatu Zipfel, Saum, Ende; Schößling (eines Weinstocks *karāni*). — *kippāt mātāti* die Enden der Welt. *kippāt erbetti* die vier Enden (sc. der Welt); vgl. *kapāpu*.

kaniptu e. Pflanze.

kanipānu e. Pflanze.

kunurū (sum. LW.?) gestrig (Tag *ūmu*).

kanāšu *(u)* gebogen sein (?, *kaskasu*), eine Biegung (? *kenša*) machen (?), sich beugen (unter: *šapal*, unter ein Joch *ana nēri*), sich unterwerfen, untertänig sein (jdm. *ana*). — I2 sich beugen, sich unterwerfen. — II1 beugen (: Nacken *kišāda*), unterwerfen, unterjochen. — II2 Unterwerfung bezeigen (jdm. gegenüber: *eli*), huldigen. — III1 unterwerfen (*šēpē*, *ana šēpē*), unterjochen (*ana nēri*). Vgl. *kamāṣu*.

kanīšu, kanšu unterwürfig (opp. *kadru*).

kanšiš unterwürfig, demütig.

kenšu Biegung (?).

kanāšu zusammensein, zusammenkommen (?).

kiništu, kinaltu (?) (Priester-) Kollegium (?); Schule (?).

kunšu (Woll-)Knäuel.

kunāšu Emmer (?).

kanāšū, kanāšuttu e. Gartengewächs.

kunšillu e. Beamter.

kanašru, kanašarru e. Hausgerät; — e. Teil des Lastwagens.

kanātku s. *kanāktu*.

kantappu (?), du. *kantappē* Fußsohle (?).

kasū (כסא) binden, zusammenschnüren, fangen, umgarnen (Netz *saparu*), lähmen (: Sehne *šer'āna*); bannen; (Ziegel *lebnāti*) in e. best. Art bearbeiten. — I2 binden, lähmen (: Hände *idē*, Körper *pagra*). — II1 fest binden, in Bande schlagen; lähmen (: Kniee *berkē*); bannen; verpflichten (?). — II2 gebunden werden, gelähmt werden (Kraft *idu*, durch Krankheit *ina lu'ūti*). — IV1 angebunden werden (Ziege *enzu*), gebunden werden. — *kasū puridda* («den Fuß binden» =) Fesseln anlegen, fesseln. — *lipā kussū* pms. verfettet sein (?).

kasū gebunden (Kraft *idā*).

kasītu Band, Bande, Fessel, Gebundenheit.

kasūtu Gebundensein, Gebundenheit.

kisītu, kisittu Band, Fessel.

kusē'u Kopfbinde, Turban.

kusītu, pl. *kusāti* e. Kleidungsstück, Kopfbinde, Turban?

maksū Binde.

kasū Cassia (Tora).

kisū e. Pflanze.

kisat sēri e. Pflanze.

kusa tāmti e. Pflanze.

kisū (sum. LW.) Unterbau; Verstärkungsmauer; Wand, Seite.

kisītu Stamm(-Holz).

kusū in *kusum midditum* Emmer (?).

kussū, kursū (?) (sum. LW.) Sessel, Stuhl, Fahrstuhl (sc. *serdē*), Thron (eines Gottes oder Königs); übertr. Herrschaft; e. Teil des Pflugs; (der auf Räder gesetzte) «Stuhl» des Wagens. — *kussū gerri, kussū ḫarrāni* Reisestuhl, opp. *kussū nēmedi* «Heim-Stuhl» bzw. «-Thron». *kussū serdē* Fahrstuhl. — *kussū dajānūti* Richterstuhl. *kussū ša kēnāti* ein auf Rechtssatzungen beruhender, rechtmäßiger Thron. *kussū ša šarrūti* Königsthron.

kusibirru, kisibirru, kissibirri Koriander.

kissugu (LW.?) e. Fisch (Schwertfisch?).

kisikku (sum. LW.) e. Tempelgebäude.

kisukku Gefängnis.

kisukkiš im Gefängnis, gefänglich.

kaskasu e. Körperteil (Brustbein?).

kiskerru (sum. LW.?) Ausgabe-Etat, Unterhaltungskosten.

kaslu (?) Lende (?).

kisallu (sum. LW.), (**kišālu** [?]), pl. *kišālati* Unterbau, Fußboden, Plattform, Sockel, Oberfläche (?); Vorhof, Vorplatz; Hof, Tempelhof; Hofraum. — *kisal bēt Šamaš* Hof des Šamaštempels (wo sich verschiedene Handlungen des Prozeßverfahrens abspielten).

kisalītu, pl. *kisalāti* Hofanlage (?).

kisalluḫu, pl. *kisalluḫi*, f. *kisalluḫatu*; (**kisalluḫū**,) f. *kisalluḫītu* Tempelhofreiniger.

kisalmaḫu (sum. LW.) Großhof, Haupthof.

kislimu, kisilimu Kislev, Monatsname.

kasāmu *(u)* die Aufsicht führen (?), revidieren (?).

kasāmu *(i)* in Stücke schneiden, zerschneiden (: Arzneipflanzen *sammi*, einen Bogen *qašta*).

kismu e. Pflanze.

kisimmu (sum. LW.) e. Heuschreckenart.

kasāsu *(u)* kauen, fressen. — II1 fressen (Hexe *kaššaptu*: Sehnen *šer'āni*).

kissatu Fressen, Viehfutter.

kasūsu Syn. zu *uršānu*, *qarradu* stark; (Beiname des) Falke(n, *surdū*).

kusāsu, kansusu (?) Zahnwurzel (?), Zahn (?).

kissu ein Teil des Pflugs.

kasāpu *(u)* zerbröckeln; pms. (intr.) zerbröckeln, verwittern (Balken *gušūri*). *kasāpu kusāpu* «einen Bissen abbröckeln», eine Mahlzeit bereiten.

kispu «Zerbröckelung», Senkung (der Erde *ša erṣeti*); Speisung, Fütterung.

kuspu Zerbröckeln in *kusup libbi* Herzzerbrechen.

kusāpu Brocken, Bissen; Speise, Nahrung (vgl. *akālu*).

kusiptu Speiserest. *kusipāt akāli* Brosamen.

kasāpu *(i)* ein Totenopfer *(kispa)* darbringen.

kispu Totenspeiseopfer (opp. *neqū*, *remku*), Totenopfer; Begräbniszeremonie, Klagefeier. — *kispi naqmē* Toten-Speise- und Trankopfer (für die Manen *ana eṭemmi*).

kaspu Silber; Geld, Geldsumme. — *kī kaspi* nach dem Geldwert. *ana kasap gamerti* in vollem Betrag. — *kasap eqli* Geld für ein Grundstück. — *kasap usāti* (zinsfreies) Darlehen. *kasap uzubbī* Scheidegeld. *kasap bēri* (mit Suff.), *kasap tappē*, *kasap tappūti* (?) (zwei oder mehreren Personen) gemeinsam gehöriges Geld. — *kasap elki* Lehensgeld. — *kasap tamqāri* Betriebs-Kapital (?), Umsatz (?). *kasap kuramati* Kostgeld. *kasap epṭeri* Lösegeld. *kasap šāmi* Kaufgeld.

kusipu e. Pflanze.

kasāru *(i)* abdämmen (: Fluß *nāra*), absperren (: Tor *bāba*), zustopfen (: Abzugsrohre [?] *bībē*), benehmen (: Atem *šāra*); umgrenzen (: Tempelbau).

kisertu Uferdamm, Ufermauer.

kisurru, kisūru (sum. LW.), du. *kisūrā*, pl. *kisurrē* Grenze, Umgrenzung (einer Wohnstätte *šubti*, eines Tempels *bēti*); Grenzgebiet. — *ina kisurrē* innerhalb der Grenzen.

kusariqqu e. gehörntes (?) Tier; — e. Sternbild (Grenze von Ophiuchus und Serpens).

kipū sich beugen, sich niederwerfen.

kupū Schilfdickicht.

kapādu *(u, i)* sinnen (Verworrenes *nullāti*), trachten (nach: *ana*), einen Plan fassen, planen (etwas gegen jd.: dopp. acc.), Wünsche *(ṣummirāti)* hegen. — I2 planen, trachten (etwas zu tun: *ana* mit inf.); sich bekümmern (um: *ana*). — II1 planen. — II2 planen (?). — III1 (jdm.: *ana*, etwas: acc.) eingeben, anraten, anstiften zu, verleiten zu. — *ana kapādu*, *kapādi*, *kapād*, *kapda* raschbesonnen, rasch, sofort (?). — *kapādu lemutta itti*, *lemniš kapādu ana* übelgesinnt sein gegen.

kipdu, st. c. *kipid*, pl. *kipdi* Planen, Plan.

kāpidu *lemnēti* Unheilplaner (Schimpfwort).

takpittu Trachten.

kapkapu (?) stark (?).

kapālu wickeln, schlingen, fesseln, zusammenhalten (Schnur *kītu*). — I_2 sich winden (Schlange *ṣēru*). — II_1 binden, (jdn.) fesseln. — II_2 sich schlängeln, sich winden (Schlange *ṣēru*, Wasserlauf *mē*), eine Schleife (?, *kapāla*) beschreiben (?, Planet?), sich verzerren (?, Lippe, *šaptu*, bei einem Schlaganfall?).

kaplu Bein e. Tisches.

kapallu, kapālu e. paarweis vorhandener Bekleidungsgegenstand (Schuhverschnürung?); Schleife (?).

kaplītu (?) Verbindung, Mitarbeit (?).

kuppulu verzerrt (?, Neugeburt).

kiplu Band, Schleife, Fessel, Schnur (einer Peitsche *išdaḫḫi*).

kipaltu e. Edelstein.

kipuālu, kipīlu (LW.?) e. Tamariskenart. Vgl. *gumālu*.

kapāpu (u) krümmen (: Rückgrat *eṣenṣēra*), biegen (wie eine Rippe *kīma ṣālu*); — pms. gekrümmt sein, gebogen sein (?). — I_2 beugen (Übelbefinden *lā-ṭūbu*: Gestalt *lāna*).

kappu, du. *kappā*, pl. *kappi*, *kappāni* (hohle) Hand, Tatze; Flügel; Zweig, Ranke; Opferpfanne, Schale; *kappi umāmi* Tiertatzen. — *kappē abrē u nuballē* Handschwingen, Armschwingen und Steuerfedern (e. Adlers *našri*).

kippatu Krümmung, Kreisbogen, Kreis (eines Siegelrings *ṭimbūtu*); Ring (aus Gold *ḫurāṣi*; auch als Götteremblem); (ringförmiger) Henkel; Wölbung (Himmels [und] der Erde *šamē erṣeti*, spez. auch Mundwölbung [?]), Höhlung (einer Leier *balangi*, des Himmels *šamē*, *burummi*). — *kippat lemutti* Ring der Bosheit (feindliche Einschließung). Vgl. כנף.

kippû e. Art Saitenspiel *(mēlultu)*.

kuppu, pl. *kuppi*, *kuppāti* Wasserlauf, Quellauf, Quelle. — Vgl. *gubbu*.

kuppû e. Fisch.

kapāṣu wickeln, schlingen.

kapāṣu Halskette (?).

kapāru bestreichen; abwischen (: Tränen *dēmtā*; die Hände *qātē*). — I_2 abwischen (: das Gesicht mit einem Handtuch *pāna ina ulinni*). — II_1 wischen; bestreichen (mit Blut, Mehlteig usw., rituell), einen Reinigungsritus *(takperta)* ausüben (an Menschen oder Gegenständen, bes. Gebäuden). — IV_1 bestrichen werden (mit Erdpech *kupra*).

kupru Erdpech, Asphalt. — *kupru u iṭṭû* Erdpech und Asphalt.

kuprītu Schwefel.

kupūru Abwischung, Zuschlagszahlung.

kāpiru e. Beamter.

takpertu, pl. *takperāti* bestimmte Reinigungsriten des *āšipu*-Priesters.

(***takpurtu*** >) ***takpuštu*** Zuschlagszahlung.

takpūšu dass.

kapru (wests. LW.?) Dorf.

kapru, kaparu (?) Schale (für Speisen) (?, auch von Eisen).

kaparru, pl. *kaparrāti* (sum. LW.) Hirtenknabe, Hirte.

kapišu, f. *kapištu* e. best. Priester(in).

kapātu (u) mit einer Gießkanne *(kuppatu)* begießen. — II_1 übergießen, löschen (: Rauchopfer *quṭrenna*).

kiptu (kibtu), pl. *kibāti* Guß, Regenguß.

kuptu Guß, Metallguß, Gußarbeit.

kuppatu Gießkanne.

(***kapātu***,) pl. *kapāte* Gießer, Metallgießer.

kupputtu, kuppūtu e. kleines Tongefäß, Kanne; — e. Form des Brotes *(akālu)*.

kupitu e. Vogel.

kaptaru e. Fruchtbaum.

kapturru Köcher.

kaṣû kalt sein, kühl sein, übertr. auch vom Licht *(urru)* eines Himmelskörpers (?). — II_1 kühlen (: Glut *ṣereḫta*, Wahrsageschale *mākalta*).

kaṣû kalt (opp. *emmu*), kühl (Wasser *mê*). — *kaṣî ûme* kühle (Tages-)Zeit (?, d. i. Abend *lêlâti*).

kaṣâtu Kälte; Morgenkühle, Morgen; (Schüttel-)Frost (?). — *ina kaṣâti* morgens. *adi kaṣâti* bis zum Morgen. *kaṣât-ûma* Morgenzeit. *kaṣâtu u lêlâtu* Morgen und Abend.

kaṣâtiš frühmorgens (?).

kûṣu, kuṣṣu Kälte (opp. *ummu*), Frost; kalte Jahreszeit, Winter (opp. *ummâti*).

takṣâtu Kälte (?).

kuṣibi e. Gartengewächs.

(***kaṣâdu***) II1 binden (?), bannen (?); mit Beschlag belegen (?).

kiṣallu, du. ***kiṣallâ*** Knöchel (?).

kiṣillu, du. *kiṣillâ* e. Körperteil.

kiṣmu e. Gartengewächs.

kaṣâṣu s. *qaṣâṣu.*

kiṣṣu göttliche Ruhestätte, Dom; Wohnort (?).

kuṣṣu Dorn.

kaṣiṣiḫatu e. wohlriechende Pflanze.

kâṣiru s. *qâṣiru.*

karû (כרא) kurz sein (Mondhorn *qaran Sin*, Pfortader *padânu*), zu kurz sein (Zunge *lišânu*, Arm, *aḫu*, einer Neugeburt), schmal sein (Mond, opp. *kabâru*), kurz werden (Atem *napištu*). — I2 verkürzt werden, sich (krankhaft) verkürzen (Hände und Füße). — II1 verkürzen (: Tage *ûmê*, opp. *urruku*), (an Verdienst) einbüßen (opp. *urruku*). — *kurrû ikka* («den Gaumen verkürzen»), *kurrû napišta* («den Atem verkürzen») beengen, in Not bringen; *kurrû ikkašu* sich kasteien (?); *kitanarû ikkašu* in Atemnot geraten (beim Sprechen *ina dabâbi*).

kartu Not o. ä.

kurû kurz (opp. *arrâku*), klein (von Statur, opp. *arkû*).

kûru Beengung; Zagen, Not, Leid. — *kûru (u) nissâti* Zagen und Zittern.

kurrû e. kurzer Strick (?), Waschseil (?).

tekreân (?) Zwerg (?).

karû einladen, vorladen (zu: *ana*), vornehmen (Richter *dajânu*: Rechtsangelegenheit *amâta*), hereinholen. — I2 einberufen (?); abrufen (Gott). — III1 bringen lassen (Schiffe).

kerêtu Einladung, Gastmahl, Festschmaus.

karû Getreidehaufen, (Getreide-) Tonne, «Tonne», ein Hohlmaß (für Getreide) von 300 *Sila* (= 121 Liter), später von 180 *Sila* (= 72,7 Liter). — Mastbaum.

kerû, pl. *kerû, kerâti* Baumgarten (opp. *eqlu*), Garten; (zu einem Heiligtum gehöriger) Park. — (Öl-)Krug. — *kerû ṣêḫâti* Wundergarten.

kerêtu Unterschenkel (?); e. Maß; e. Teil des Schiffes.

karâbu *(u)* beten (zu e. Gottheit: *maḫar ili*), huldigen (jdm.: *ana*); segnen, Segen *(kerebta)* spenden (Gott); (jd.) preisen. — I2 beten, huldigen (mit acc.), Gebete *(ekrebi)* sprechen (für: *ana*); segnen (Gott). — I3 (regelmäßig, immer wieder) beten (zu: *maḫar*), segnen, huldigen (mit acc.). — II1 sich gnädig erweisen. — II2 segnen. — III1 zum Segen werden lassen.

kârebu, f. *kârebtu* Verehrer, Beter; e. der ehrt, huldigt.

kârebâti e. Art (vorbetender?) Schutzgottheiten.

karâbu Gebet, Huldigung; Segen, Segenswunsch.

karbît(u) Festkleid (?).

kerebtu Huld, Segen. — *kerebti ili u šarri* von Gott und König gesegnet.

kurebi gewisse Schutzgottheit(en).

kurrubu Segen.

kurubbu e. Maß (?).

kurbânu Huldgabe, Geschenk.

(***kurbânû?,*** f.) *kurbanîtu* huldvoll (?, Wort *amâta*).

ekrebu, pl. *ekrebi* Gebet, Huldigung (für den König *šarri*, für Šamaš *ša Šamaš*); Segen, Huld. —

ekrebi šumruṣūti (Gebets-) Schmerzensrufe.

takrebtu Gebet, Flehen, Klage; Huld.

kiribu e. Art Wollstoff.

kerbānu, kerbannu, kurbānu, kurbannu, pl. *kerbāni* Erd-, Lehm-Klumpen, Klumpen, Knollen; Unkraut. — *k. eqli* e. Knollenpflanze (?). — *ša kurbānē* e. Berufsname (Erdarbeiter?).

kerbīnu Kotballen (?). — Vgl. *nadū, nasāku.*

karabḫu Brache, Brachjahr (?, opp. *mērēšu*).

karballatu (LW.?) Mütze.

kurgū s. *kurkū.*

kirigū (?, sum. LW.) Lücke (im Schaltjahr) (?).

kārgullu s. *kāru.*

kurgarū (LW.) Kinäde; e. best. Priester.

kardū Syn. zu *daltu* Türe.

kerḫu Bollwerk.

karāku *(i)* wechseln, abwechseln (?) in *karāku epēšu* wechselweise tun, ausüben (?,: Kult *dulla*). — III₁ wechseln lassen (?,: Gewänder *quṣippi*).

karku abwechselnd (?, = stark und dann wieder schwach fließend, Wasser *mē*).

kerku, pl. *kerki* Rolle (?, von Pergament [?] *niāri*).

kerrektu e. weiblicher Beruf; Wechselsängerin.

karakku, kurukku (LW.) e. Vogel, Huhn (?).

kurkū, kurgū (LW.?) e. Hühnerart.

karkadinu s. *kaškaddinnu.*

kurkizannu (LW.) Nashorn.

kurkānū (LW.?) Safran.

kurkuru, kurkurru e. Gebrauchsgegenstand aus Kupfer *(erū)*; e. Teil von Perseus (ŠÚGI.). Vgl. (?) *gurgurru.*

kirkirānu s. *kiškirānu.*

kurullu e. Pflanze.

karālānu s. *karānu.*

karāmu *(i)* hinhalten, zurückhalten, aufhalten; sich fernhalten (?, Planet von *(ana)* Sternbild).

(nakrimu,) pl. *nakrimānu* Flüssigkeitsbehälter (?), Schlauch (?).

karmu Wüstenei, Ruine.

karmiš wie Ruinenland, zur Ruine.

karmūtu (Zustand der) Wüstenei, Ruine.

karmānu e. Beamter.

keremmu, st. c. *kerem* Busen.

kurummatu Brotkorn (?), Brot; Kost (vgl. *akālu*), Futter; Verköstigung, Proviant (für e. Monat *ša arḫi*), Unterhalt. — *kurmat kunāši* Emmerbrot. *kurmat sīsī* Pferdefutter.

kurumānu (pl.?) e. Ware aus Elfenbein *(šen-pīri).*

kurmittu (?) e. Insekt (Art Schmetterling?).

karimpidu Syn. zu *nāmaru* e. lederner Gegenstand.

karānu, karnu, pl. *karāni* Wein. — *karān lāni, karālānu* Wermut (?). — *karān šēlebi* Nachtschatten. — *karān šadī* Gebirgswein, Bergwein. — *karāni māqīti* Opferwein.

kurunnu, kurūnu Dattelschnaps. *kurunnu mutinnu* e. Wein- oder Schnapsart (?).

kerennū (sum. LW.) Stück (Ton).

karāsu um d. Polschuh *(kurussu)* bewegen (?,: Tür *dalta*).

kurussu Polschuh (einer Tür); Lederbeschlag (am Pflug).

karrisu e. Gemisch (?, von Öl [und] Wasser *ša šamni mē*).

mukarrisu, mukarrišu, mukārišu Salbtopf (?, Salbtuch?).

kirissu e. Art Ritznadel (?); e. Schmuckgegenstand (aus Edelsteinen, in Gold gefaßt).

kursū s. *kussū.*

karsillu e. Gegenstand (e. Waffe?).

kursimanu e. Pflanze.

karpu, karpatu Topf (für Öl *šamni,* Salbe *reqqi*), Krug (für Wein *karānu,* Bier *šikāru,* Scherbet *ṭābāti*);

ein Hohlmaß von 30 *Sila* (= 12 Liter) bzw. von 20 *Sila* (= 8 Liter). — *karpat šināti* Nachtgeschirr.

karpāniš gleich Töpfen.

karpaṣu Syn. zu *qitrudu*, *gešru* mächtig, stark.

kurṣū (*qurṣū?*) Fußfessel.

karāru (*u*) niederlegen, niedersetzen; niederstrecken (mit einem Bogen[schuß] *ina qašti*); legen (: Fundament *ušša*); auflegen (: Süßholz *ṣillibāna*, als Heilmittel); niedersetzen = aufschlagen (: Bett *erša*); werfen (: Tafel *ṭuppa*, ins Wasser *ina mē*; : das Los *pūra*). pms. liegen, lasten (Lehenspflichten *elkū*, auf: *ina muḫḫi*). — I2 niedersetzen, herrichten (: Opfertisch *paššūra*). — I3 sich (an)legen (?, Teil der Leber). — II1 hinbreiten. — IV1 aufgeschlagen werden (Bett *eršu*). — IV3 hingestreckt sein (?).

karru Niederstreckung, Niederwerfung.

kerru das Hinlegen, Hinwerfen, Hinschütten.

karru Knauf, Griff (e. Dolches, Schwertes *namṣāru*, *paṭru*).

karru Trauergewand, Gewand.

kerru Lamm, Lämmer.

kerru e. Gefäß.

kurrū, kur s. *karū* (כרא?).

kurāru e. Körperteil; vgl. *kuraštu*.

karšu Kirsche (?).

karāšu, karšu, pl. *karāšē* Magen, Baucheingeweide (auch als Opfergegenstand), Leib, Inneres; Sinn, Verstand, Klugheit. — *ikkariš* im Inneren.

karāšu Heerlager, Lager.

karāšu Not, Verderben.

karāšu Lauch, Porree, Allium Porrum.

mukarrišu e. Möbelstück.

kuraštu e. Körperteil; vgl. *kurāru*.

karašku e. Idol (?, aus Gold).

(karātu) II1 abtrennen, abhauen (: Hände *qātē*), abbeißen (?), wegmeißeln (: Inschrifttext *dabāba*).

kurutu abgeschnittenes Stück.

kurtibnu (?) e. Vogel.

takšū, pl. *takšē* Menge (?, von Würfen eines Muttertiers).

kušū (e.) Schlange.

kišibbu (sum. LW.) Siegel.

kišibgallu Groß-Siegel (?).

kašubū e. Heuschreckenart.

kišubu (sum. LW.) Ende e. Gesanges.

kišubbū unbebautes Land.

kišubbiš, kišubbāniš wie unbebautes Land.

kašādu (*u*) anlangen, ankommen, gelangen (zu: *ana muḫḫi*), herankommen (Termin *adannu*), anbrechen (Jahr *šattu*), eintreten (Kälte), eintreffen (von der Reise *eštu ḫarrāni*, in: *ana*, *ina*), kommen (zu: *ana*, *ana maḫar*, *ana pān*), sich begeben (zum Gerichtshof *ana bēt-dajāni*), herantreten (an: acc.); angehen (: die Richter *dajānū*); erreichen (Hand *qātu*; —: Ortschaft; — Planet: Stern oder Sternbild, Ekliptik, Zenit; — Ohren *uznā*: Nase, *naḫēri*, einer Mißgeburt; — Teil der Leber einen andern; — : Grundwasser *šupul mē*, Gründungsurkunde *temenna*; — : Alter *šēbūta*, *laberūta*, [langes] Leben *ana balāṭ*; — : Ziel *šepra*, Wunsch *ṣibūta*, *nēzemta*), treffen (Schlaganfall [?] *kišitti ili*, Flüche *errēti*, Bann *māmīt*, : jdn. : acc.); im Wert erreichen (ein Hausgrundstück ein anderes *bētu bēta*); antreffen (: entwendetes Gut); ertappen (bei einem Einbruch *ina pelši*); fangen (: Gazelle *ṣabīta*), verscheuchen, wegscheuchen (: Vögel *iṣṣūri*); zu erreichen suchen, aufsuchen; finden (opp. *bu'ū*); gefangen nehmen (Hand *qātu*); besiegen; erobern; bewältigen (Hand *qātu*, : Erdmassen *eperi*); sich bemächtigen (Hand *qātu*, fremden Eigentums (*memma*) *lā šuati*); lernen. — I2 ankommen, herankommen (Termin *adānu*), anlangen (bei: *ana muḫḫi*, am Ziel *ina pāti* [?]), gelangen (zu: *ana muḫḫi*); — erreichen (: Ortschaft *āla*; jdn. = jds. habhaft werden: acc.; — Ordal

Id. jdn.: acc.); — durchführen (: Arbeit *dulla*). — II1 ankommen, kommen; ankommen lassen (: Gesandten *măršepri*; mit leerer Hand *ᶜrēqūti* + suff.); verscheuchen (: Fliegen *zubbi*). — III1 erreichen lassen (: Ortschaft, *āla*, jdn.: acc.); in Erfüllung gehen lassen (: Wünsche *ṣumerāti*, Verlangen *nēzemta*, jdm.: acc.), bringen (: Böses *lemutta*, über: *ana*); mitteilen (: etwas: acc., jdm. *ana eli*). — IV1 angetroffen werden, sich finden (bei: *ina qāt*); gefangen werden; erobert werden; bewältigt werden (Erdmassen *epēri*). — IV3 erlangt werden (Leben, sc. dessen Vernichtung *napšāti*). — *ša-zubbi-kuššudi* Fliegenwedel. — *kuššid lā takalla* komm unverzüglich!

kāšidu siegreich (Waffen *kakki*). — *kāšid-ajabi* Feindebesieger, Name eines magischen Hundes. — *kāšid eḫzi* fest in der Lehre (Wahrsagepriester *bārū*). — *kāšid tibni* e.Vogel.

kašittu erwischtes Gut (das entwendet war).

kišdatu an jd. gelangtes, von jd. erlangtes, jdm. zugefallenes Eigentum.

kišittu erobertes Gebiet; Beute; Kriegsgefangene; Erwerbsgut (opp. *ṣibittu*), Besitz. — *kišitti qāti* Beute. — *kišitti ili* Schlaganfall (?).

kišādu, (kišdu?,) kildu (?), pl. *kišādāti* Hals, Nacken; Hals, Rand (eines Gefäßes); Ufer, Uferstrich; Halsschmuck; Amulett. *kišādu-ḫalṣu* (?) e. (wollenes?) Gewand (?).

kaššuḫu e. Gewürz (?).

kaškaddinnu, karkadinnu, pl. *kaškaddinne* e. Beamter.

kiškanū (sum. LW.) e. (heiliger) Baum (Traganth?).

kiškerānu, kirkerānu, kilkerānu, kilkilānu e. Spezereipflanze. — *kiškerānu burāši* Zypressenzapfen (?).

kaškaššu, kaškāšu, f. *kaškāštu* allgewaltig, Beiname verschiedener Gottheiten (Zamama, Nabū, Ninurtu, Nergal, Rammān; Lamastu [?]).

kiškattu, kiškittu (sum. LW.) e. Waffe; e. Teil des Schiffes.

kiškattū, kitkittū, kitkītū, pl. *kiškattē* (sum. LW.) Waffenschmied, Schmied; pl. e. Klasse der Genietruppen.

kišālu s. *kisallu*.

kašāpu *(i)* jdm. (acc.) einen Zauber *(kišpa)* antun, bezaubern, behexen. — II1 zaubern, bezaubern.

kišpu, st. c. *kišip*, pl. *kišpi* Zauber, Spuk; Zauberei; pl. Zauberei. — *kišip lemni* (?) «schlimmer Spuk», e. (best.) Art Beschwörungstext.

kaššapu, f. *kaššaptu* Zauberer, Hexenmeister; f. Hexe.

kušapšu e. Pflanze.

kešēru *(i)* ausbessern (: Stützmauer *asurrā*, Ruinen *abtāti*, *maqetta*). — II1 ausbessern, stützen (: Mauer *dūra*).

kašartu Stütze, Hilfe (?).

kišerru Stütze (?).

kušēru Stütze (?), Nutzen (?), Glück.

takšēru Ausbesserung, Wiederherstellung (?).

kašurrū, gašurrū Basalt (?).

kašurītu buntes Gewand.

kušru e. Pflanze. — e. vom Schmied hergestelltes Wertobjekt.

kušāru (?) e. Baum (?).

kašāšu *(a)* stark sein, gewaltig sein, Gewalt haben, an Gewalt übertreffen (jdn.: acc.); sich ermannen (?).

kāšišu, kaššu mächtig, gewaltig (Flut *mēlū*); Schuldherr.

kaššū e. Beamter (Herdenaufseher?).

kiššu Macht, Stärke.

kašūšu stark; Stärke.

kiššatu Machtfülle, Gewalt; Schulddienst; Gesamtheit. — *kiššat nīši* alle Menschen. *kiššat kal gemrēti* Gesamtheit des Alls. *kiššat (šamē u erṣeti)* Weltall, Welt.

kiššūtu Machtfülle; Schulddienst.

kuššu (sum. LW.) Pergament.

kiššenu e. Pflanze.

kuššaru (sum. LW.) Pergamentschreiber.

kuštu e. Pflanze.

kušītu s. *kusītu.*

kuštaru, kultaru, pl. *kultarē, kuštarāti, kultarāti* Zelt.

katū schwach, dürftig sein.

katū dürftig.

katūtu Dürftigkeit.

katū e. Beruf.

kitū Flachs; Linnengewand.

kitinnū Leinwand.

kitintu Linnengewand.

kutū e. Gefäß (Krug?); (Elefanten-) Rüssel.

kutū Unterwelt.

kuttaḫu, kūtaḫu, pl. *kūtaḫi* Pfeil (aus Kupfer *erū*); Beiname des *šukudu*; Beiname von Ninurtu.

kuttaḫiš wie ein Pfeil, pfeilschnell.

kitkittū, kitkītū s. *kiškattū.*

kutkuttu e. Baum, bzw. e. Pflanze.

kattillu wild; e. wildes Tier.

kutallu, f. *kutaltu* rückwärtig, hinter («Zeichnung», *uṣurtu*, der Leber); Rückseite, Hinterseite (eines Körpers, der Leber *kabittu*, eines Gebäudes *bētu*, einer Burg *bīrtu*, einer Stadt *ālu*); Hinterkopf (opp. *pūtu*); Rückweg (opp. *ḫarranu*), Rückmarsch (der Truppen *ummāni*). *kutal šatti* Jahresschluß. — *kutal, ina kutal* hinter, nach (opp. *(ina) pānāt*).

kutullu, kutlu, kutlānu (Teile von?) Pflanzen.

kutlalu wütend (?).

katāmu *(u)* decken, zudecken, bedecken (Erde, Sand *epēri*, *baṣṣu*: e. Gebäude; — Heuschrecken *āribi*, übertr. auch Feinde: e. Land; —: Blöße *naglabi*); verhüllen (: Toten), verschleiern (: Braut *kallāta*), verdunkeln (Sonnenlicht: Sterne); schließen (: Lippen *šaptē*); das Auge verschließen (?, vgl. *pitū*); überschwemmen (Hochflut *tib-meḫī*: Land); überwältigen (Sturm *imbarū*: Land; göttliche Majestät *namrīru*: Menschen). — I3 bedeckt sein. — II1 bedecken (Netz *šētu*, *šuškallu*; —: jdn. acc. mit e. Gewand *muṣibta*), verhüllen (: das Haupt *qaqqada* mit e. Tuch *ina ṣubāti*). — II2 bedeckt sein (Nackte *mērēšūti*, mit Kleidern *quṣippi*). — III1 bedecken lassen.

(katēmu,) katmu, f. *katemtu* bedeckt (mit Staub *epēri*), verdeckt (Mischkrug *qaqqullu*); verborgen (Wasserlauf *ašurrakku*, Geheimwissen *neṣērtu*, Land *erṣetu*, s. d.).

kitmu Decke.

kutmu Bedeckung. — *kutum libbi* Fettschicht auf dem Magen (?).

(kātimu,) *kātimtu* bedeckend; f. schließende (sc. Tür); Netz.

kuttumu, f. *kuttumtu* geschlossen (Lippen *šaptā*), verschlossen, verschließbar (?, Hausraum *bētu*); verschleiert (Braut *kallātu*, übertr. Nacht *mušītu*).

kutummu Schleier; Matte, Decke.

naktāmu Deckel, Verschluß (einer Kanne *kukubu*, einer Schale *kappu*, eines Waschkessels *narmaktu*).

taktīmu Überkleid, Mantel (?).

kutimmu, kuttimmu (sum. LW.) Edelmetallbearbeiter, Goldschmied, Silberarbeiter (auch Beiname Ea's).

katimatu, katimuttu e. Vogel.

kitinnū, kitintu s. *kitū.*

katappātu e. Körperteil (Schlüsselbein?).

katpallu, pl. *katpallāti* e. Hausgerät (?, aus Holz).

(katāru) I2 jdm. helfen (?).

ketru Bund, Bündnis, Bundesgenossenschaft; Bundesgenosse. — *ana ketri* + suff. zu Hilfe (vgl. *nazāzu, tebū*).

katarru e. Pilzart (?, Hausschwamm?).

kiturru, kituru, kitirru (?) (sum. LW.) Sitz, Platz.

katātu erschreckt sein. — II1 erschrecken (trans.).

ל

la-, li- = לְ (wests. LW.?); s. *bētu*, *pānu*, *qātu*.

lā (לא) nicht; nicht mehr; noch nicht; mit *šenū* (s. d.) wieder nicht; daß nicht, damit nicht; daß (s. *palāḫu*). — *lā* . . . *lā* weder . . . noch. *ana lā* ohne; damit nicht, um nicht zu; *aššu lā* damit nicht; *ba-lā* (?) ohne, s. *balū*. *ina lā* ohne. *ša lā* ohne; nicht gehörig (jdm.: gen.); *ša lā* . . . *mannu* . . . wer . . ., wenn nicht . . . — *kē lā-libbi (ilāni)* nicht nach dem Herzen (der Götter). — *amāt lā amāt* e. Wort, das nicht das richtige Wort ist. *dibbi lā dibbi* e. Rede, die nicht die richtige Rede ist. *annū lā annū* s. *ṭēmu*. *šalmu lā šalmu* e. Frieden, der nicht der richtige Friede ist. — *lā-man* s. *-man*. — *lā manman* (vgl. d.) niemand; a nobody, «Null», unbedeutender Mensch. — *lā-šū* (?) unrichtig (?, mit oder ohne *ūmu* Zeit). — *lā-šuatu*, *lā-šuati* nicht sein (eigen), nicht ihm gehörig.

lā-amātu Nichts. — *lā-adannu* Unzeit. — *lā amēlu* no gentleman. — *lā-ūmu* Unzeit. — *lā-āru* Unerreichbarkeit; gen. wie viele der folgenden mit adjektivischer Bedeutung: unerreichbar, unzugänglich. — *lā-adū* s. אדא6. — *ana lā-egī* unermüdlich, unnachlässig. *lā-edū* Unbekanntschaft; unbekannt. *ša lā-edī* unbekannt. *ina lā-edī* unwissentlich, ohne daß man es wußte. *lā-uddū* Unauffindbarkeit; unauffindbar. *lā-mūdū* unwissend, unverständig; Nicht-Wissender, Laie (opp. *mūdū*). *ina lamūdānūti* (?) ohne Sachkenntnis. — *lā-āderu* unerschrocken, furchtlos. — *lā-aḫu* «Nichtbruder», der Bezeichnung «Bruder» verlustig (gegangen). *lā-aḫzu-aššata* unverheiratet, ledig. — *lā-akālu* Nicht-Eßbarkeit. *ša-lā-akāli* Nicht-Eßbares. *ina lā-akāli* ohne Nahrung. — *lā-alū* Nicht-Aufgang; aufgangslos, ohne Aufgang (Zisterne *būrtu*). — *lā-ellu* unrein. — *lā-emūqai*, *lāmūqai* «meine Wertlosigkeit», Selbstbezeichnung eines Untergebenen. — *lā-amāru* Unsichtbarkeit, Dunkel (vgl. *eqlu*, *ašru*). *lā-amērtu*, *lā-amrāti* Ungehöriges (?). — *lā-enū* Unabänderlichkeit; Nicht-Anfechtung (eines Vertrags, seitens der beiderseitigen Kontrahenten *amēlu amēla*). — *lā-annu* Unschuld. — *lā-semāti* Unzugehörigkeit, Ungehörigkeit, Unwürdigkeit. *ana lā-semāti* + suff. unpassender Weise. *lā-semānu* Unzeit. — *lā-aṣu* «Ausgangslosigkeit», ohne Ausgang; Unentrinnbarkeit. — *ša-lā-ṣipti* unverzinslich. — *lā-erēšu* Nicht-erbitten: *paraṣ lā-arēši* unerbittliches Gebot. — *la-išānū* kraftlos, machtlos. — *lā-išāru* unrichtig; verunreinigt (Wasser *mē*); ungeraten, ungerecht; Ungeratener, Ungerechter. *lā-mēšertu* Ungedeihlichkeit. — *la-etēqu* Unentrinnbarkeit. *ša-lā-etēqi* unentrinnbar (Falle *gišparru*, Geschick *uṣūrtu*). *lā-mētēqu* Unentrinnbarkeit; unentrinnbar.

lā-bēl-ilāni der keine Götter hat, «gottlos». *lā-bēl-kussī* Nicht-Thronberechtigter. — *lā-bāštu* Schamlosigkeit. — *ina lā-bēti* außer Hause. — *lā-bābil-ḫiṭīti* sündlos, unschuldig. *lā-bābil-pāni* unnachsichtig. — *lā-Bābilai*, pl. *lā-Bābilū* Nicht-Babylonier (auch Schimpfwort). — *lā-baṭālu* Nicht-Aufhören, Endlosigkeit. *lā-baṭlu* unaufhörlich. *lā-nabluṭu*. Nicht-am-Leben-Bleiben, Tod; vgl. *meḫṣu*. — *lā-naballkutu* Nicht-Auflehnen: *uṣūrāt ilāni ša lā-nabalkuti* göttliches Geschick, wogegen man sich nicht auflehnen kann. — *lā-bānū*, f. *lā-bānītu* unschön, übel. — *lā-bašū* Nicht-Existenz, Nicht-Auftreten; e. Nichts. — *lā-bašlu* ungekocht; ohne reife Früchte (?, Baum).

lā-gāmilu schonungslos. — *lā-gamāru* Endlosigkeit.

lā-dagāl-ēnē Blindheit (?). — *lā-damqu*, *lā-danqu* unheilvoll (Plan *egerrū*); Bösewicht.

lā-zakū unrein. — *lā-zurāti* Unwidersetzlichkeit.

lā-ḫassu unverständig; Tor.

lā-ṭaʾātu, *lā-ṭātu* Unbestechlichkeit; unbestechlich. — *lā-ṭābu* «ungut», schlecht, bös, («bös» =) krank (Gelenk *šerʾānu*); Unhold. *lā-ṭābtu* Unglück. *lā-ṭāb-libbi* Unzufriedenheit. *lā-ṭūb-šēri* Mangel an Gedeihen, Übelbefinden. — *lā-ṭaḫū* Ferne; Unnahbarkeit; unnahbar.

lā-kēnu unwahr, unwahrhaftig; untreu, treulos, zahlungsunwillig. *lā-kēnāti* Unwahres. *lā-kēttu* Unwahrheit; Unrecht, Unrichtigkeit. — *lā-šuklulu* unvollkommen. — *(ša-)lā-kanīki* unquittiert, ohne Quittung. — *lā-kašād-ṣibûti* Vereitlung eines Wunsches. — *lā-kušēr* Nutzlosigkeit. — *lā-katmu* unbedeckt.

lā-leʾū kraftlos, machtlos. — *lā-libbušu-ma* wenn er nicht will (vgl. *labābu*). *kē lā-libbi* wider Willen. — *lā-lummudu* (noch) nicht eingearbeitet. — *lā-šulputu* unantastbar (?).

lā-mē, *lā-māmi* Wassermangel. — *lā-māgeru*, pl. *lā-māgeri* ungehorsam, unbotmäßig; pl. Widersacher, Feinde. *lā-mitgurtu* Zwietracht. — *lā-maḫāru* Unwiderstehlichkeit, Kräftezustand, mit dem man es nicht aufnehmen kann. *lā-maḫru* unwiderstehlich (König *šarru*). *lā-mitḫāru*, f. *lā-mitḫārtu* nicht übereinstimmend, verschiedenartig, verschieden (Gegenstände *udē*, Sprachen *atmē*). — *lā-malū* nicht erfüllt, vgl. םא6א7. — *lā-mēnu* Unzahl; zahllos. *lā-mēnāti* Unzeit, vgl. א6.7נמ. — *lā-mesū* unrein. — *lā-mašil* nicht wahr. *lā-tamšēlu* s. *mašālu*. — *ša-lā-muta* gattenlos (Ehefrau *aššatu*). — *lā-matē-ma* niemals.

lā-šuzzu ohne Aufhören (Weinen *bikītu*). — *lā-nēḫu* Unrast; rastlos, ruhelos. — *ina lā-nāki* ohne Beischlaf. — *lā-namāru* Unerleuchtbarkeit; unerleuchtbar; vgl. *eklu*. — *lā-nību* Unzahl; zahllos, unzählig. — *lā-naṭū* unpassend. — *lā-nāṭilu* blind. — *lā-nakāru* Unabänderlichkeit. — *lā-nāṣer-māmīt* eidbrüchig. *lā-nāṣer-ṭābti* undankbar. — *lā-našū-belti* Tributverweigerung. *lā-nāšū* unfruchtbar (Dattelpalme *gišimmaru*).

lā-sagru unrein (Gold). — *lā-sanēqtu* Unordentliches, Ordnungswidriges. — *lā-sarār* Unwidersetzlichkeit; unwidersetzlich.

lā-padū Unaufhörlichkeit; unaufhörlich, ohne Aufhören. *lā-pādū* nicht freigebend, schonungslos. — *lā-paṭēru* unlösbar, unzerreißbar (Fessel *riksu*). — *lā-pāleḫu* gottlos. — *lā-paqāru* Nicht-Anfechtung, Anspruchsverzicht, Einspruchslosigkeit. — *lā-naparkū* Unaufhörlichkeit, Unwandelbarkeit; unaufhörlich, unwandelbar, unversieglich. *lā-mupparkū* unwandelbar; unermüdlich. — *lā-parṣu* Satzungswidrigkeit; vgl. *bēlu*. — *lā-naparšudu* Unentrinnbarkeit. — *lā-pašāḫu* Ruhelosigkeit. — *lā-pašāru*, *lā-napšūru* Unlösbarkeit. — *lā-petū* uneröffnet; unbegattet, unbesprungen.

lā-ṣalālu Ruhelosigkeit (der Totengeister *eṭemmē*). — *lā-ṣummudu* nicht festgefügt. *lā-ṣamuttu* (f.) unbespannt.

lā-qabītu («Unsagbares» =) Schimpf. — *lā-qatū* unfertig; endlos.

lā-narbū unvergänglich. — *lā-ragāmu* Einspruchslosigkeit, Anspruchsverzicht. — *lā-ruqqupu* ohne Holzbekleidung, unvertäfelt (?, Haus).

lā-šēmu unbezahlt (?). *lā-šēmtu* («Schicksalswidrigkeit» =) Unzeit. — *lā-šubbū* nicht zu unterdrücken. — *lā-šaḫlu* unzerstoßen (Mehl *qēmu*). — *an-lā-šalūmi* Unheil. *ina lā-šalmi* nicht unversehrt; unvollständig (?). *lā-šalīmtu*, *lā-šalmāti* Unheilvolles. — *lā-šemū* Ungehorsam. *lā-šemū* taub. — *lā-šanān* Unvergleichlichkeit; unvergleichlich, ohnegleichen. — *lā-šunnū* Unveränderlichkeit. *lā-šenēnti-ekalli* s. *šanānu*. — *lā-šupēlu* nicht zu unterdrücken.

lā-tāru, *lā-tijārat* Nicht-Rückkehr (vgl. *alaktu*, *erṣetu*, *ašru*, *mātu*). — *lā-tebū* unangreifbar (König *šarru*); unbehebbar, unheilbar (Krankheit *asakku*,

Leibschmerz *muruṣ ḫašī*, Aussatz *išrubū*, Pest *namtāru*). — *lā-taklu* vertrauensunwürdig.

lāšu, laššu, lāšūni (es) ist nicht; nein; nicht wahr?

lū Partikel der Bestätigung; Partikel der Hervorhebung; Partikel der oratio directa; Wunschpartikel; fürwahr; sei es daß; wenn, wenn auch; oder. — *lū* . . . *lū* . . ., *lū* . . . *ū lū* . . . sei es . . . sei es . . ., entweder . . . oder . . ., *lū lā* ja nicht. — *lū-man* s. *mān.*

liu, lū (ל א₁), pl. *lê, liūtu* (?), f. *littu, lītu*, pl. *liāti, lāti* Wildstier, Ochse; Taurus (vgl. *isu*); Wildkuh, Kuh.

lū Saitenspiel (?). — *li maḫru* der vordere Chorreigen (?), *li arku* der hintere Chorreigen (?).

li'ū schwach werden, schwach sein, kümmerlich sein; (kultisch) unrein sein. — II₁ beflecken, schänden. — II₂ befleckt, geschändet werden.

lā'ū schwach (Kind *šerru*, Junges von Menschen und Tieren).

lā'iš adv. schwach.

lu'ū, pl. *lu'ūti*, f. *lu'āti* schmutzig (Straße *sullū*), (kultisch) unrein (opp. *ellu*) (Hände *qātē*).

lu'ūtu Schmutz, Schwäche, Krankheit; (kultische) Unreinheit.

(le'ū) (ל א₄ א₄) III/II₂ schlürfen (Hund *kalbu*).

lu'ū e. mit der Zunge zusammenhängender Körperteil.

mal'ū Zunge (?).

mal'ātu, ma'lātu Speichel.

lē'u (ל א₆ א₃), pl. *lē'ū* (?), *lē'āni* Tafel (von Pflanzenstoff, Stein, Metall), Schreibtafel; Schriftstück; — e. Teil des Pflugs. — *lē'u u ṭuppu* Schriftstück und Tafel (= Tafel samt Inschrift). — *lē'kētti* Tafel des Bündnisses (?).

lētu (ל א₆ א₄?), st. c. *lēt*, du. *lētā* Backe, Wange; e. Teil der Mauer *(dūru)*. — *ana lēt* . . . vor . . . hin.

lawū, lamū (ל א₆ א₇) umgeben, begleiten; einschließen (Mauerwerk *pe-teqtu*: Garten *kerū*), belagern. — I₂ umgeben sein (Mond von e. Hof *sīn tarbaṣa*); einschließen (ein Land), umgeben. — I₃ sich ringsum aufstellen (vor: *ina maḫar*). — II₁ umschließen (Kulthandlung). — III₁ umgeben lassen, umgeben, umsäumen (mit einem Goldrand *ina kippat ḫurāṣi*); beschränken (eine Anzahl von Tagen *menāt ūmē*). — III₂ umgeben lassen (mit dopp. acc.). — *lamū kunukku* einsiegeln. — *nīta lamū* blockieren.

lāmu Umfassung (?).

limmu, līmu, pl. *līmē* Familie. — Eponymat, Verwaltungsjahr.

lemētu Umschließung, Umfassung, Umgebung, Umkreis; Umfassungsmauer (eines Tempels); Periode, Verlauf. — *ina lemēt ūmē* im Lauf der Zeit.

lamūtānu, la'ūtānu, lātūnu Diener, Leibeigner.

tal'ētu Schorf.

le'ū (ל א₇ א) können, vermögen (mit infinit. oder *ana* und inf.); mächtig sein; im Rechtsstreit besiegen; wollen; verstehen. — I₂ können (mit inf.). — I₃ können. — *qātāt* . . . *le'ū* für . . . bürgen.

lē'ū, st. c. *lē'* stark, kräftig; fähig, kundig (Künstler *ummāni*); weise, verständig. — *lē'ū lē'ūti* der Weise der Weisen, der Allerweiseste, Beiname von Aššur. — *lē'ū ēni* klugen Auges.

lē'ūtu Macht; Fähigkeit; Willen. — *kī lē'ūtišu* (= *kī ša ila'uni, kī ša ile'u*) nach seinem Willen.

lītu, pl. *litāti* Macht, Stärke, Oberbefehl; Triumph, Sieg (über: *ina eli*); — *līt* kraft, vermöge. — *ina līt* in der Gewalt von. — *ša līti* im Machtbereich, unter der Herrschaft, unter dem Befehl.

(lītūtu?), ***littūtu*** (?) Macht (?).

lū'ūtu Stärke.

multā'ūtu Kraft, Stärke, Macht.

telē'u, telū, f. *telītu* verständig, weise.

lū Teig; Hefe.

la'ū in *karānu la'ū*.

la'ābu *(i)* (לאב₂) mit Fieber *(le'bu)* heimsuchen, fieberisch machen; Aufregung (?, *le'bu*) verursachen; aufregen (?). — I₂ aufregen (?).

la'bu Fieberhitze, Fieber; Wechselfieber (?); e. best. Frauenkrankheit (?).

lābtu gerösteter Emmer.

le'bu, lēbu Fieber; Aufregung (?).

lāḫu Syn. zu *perḫu* Keim.

lēḫu (Am.) Band (?) in *lēḫu ša tikki* Halsbänder (?).

la'āṭu (לאט₂) erleuchten, erhellen (?).

la'āṭu, (la'ātu?) *(u)* (לאט₄) verschlingen, auffressen; übertr. der Vernichtung *(šaḫluqti)* preisgeben, vernichten. — II₁ auffressen = vernichten (?). — *ša* (?) *la'tu* (?) Bissen (?).

lāṭu (לאט₆) verachten (?).

līṭu Vorhang (?).

līṭu, pl. ***līṭē*** Geisel.

līṭūtu Geiselschaft, Bürgschaft.

malāku (לאך₃) e. «Zunge» benannter Körperteil in der Weichengegend (Penis?).

lēlu (לאל₇) (?) Abend (?).

lēleātu, lēlāti (pl.) Abend (opp. *kaṣātu, šēru*).

lemmetan (?) abends.

lūlu, f. Gürtel (?); Umgebung (?).

la'āmu, lēmu, laḫāmu *(e)* (לאם₃) (wests. LW.?) kosten, verkosten, genießen (abs.;: Speise *akāla*, Wasser *mē*).

la'mu, lāmu Glanz, Glut.

la'miš wie e. Glut.

li'mu, līmu, lēmu, lemmu ungnädig.

līmu s. *lawū, lamū*.

lām, lāma, lāmi vor, ante; ehe, bevor (mit prs. od. inf.). — *lām šamaš aṣī, lām šamaš napāḫi* vor Sonnenaufgang.

illāmu, ellāmu gegenüber, vor (räumlich und zeitlich).

illāmī, ellammī vornhin (?); vorn dran befindlich (?), Führer (?, e. Beiname von Sīn).

le'mu, lēmu, st. c. *lēm*, pl. *lēmi* tausend. — *adu le'mišu* tausendfach.

lemmetan s. *lēlu*.

lānu (לאן₄?) Wermut (?); vgl. *karānu*.

lānu (לאן₆) Gestalt, Form, äußeres Wesen, Aussehen, Erscheinung, das Selbst (eines Menschen, einer Neugeburt, einer Zeder *erēnu*, eines Bildes *ṣalmu*); Körpergröße (eines Sklaven, einer Sklavin). — *lānī išdī* («meine Gestalt, meine Grundlage» =?) mein Fleisch und Blut. — *lān maḫerti* Peribolus, *lān pāni* Vorderbau (?, eines Tempels, der Arche).

lāpu, du. *lāpā*, pl. *lāpū* Halm (?, von Emmer *kunāši*), Sprosse; — e. paarweise vorhandener Körperteil (Arm?). — Vgl. *alāpu*.

līpu, liplīpu s. *alāpu*.

lēru Speichel; — e. Paste.

lijaru, tijaru e. Zedernart.

la'šu e. Metallgegenstand.

lāšu (לאש₆) kneten (: Lehm *ṭēṭa*, Mehl *qēma*).

lēšu Teig.

lāšu s. *lā*.

la'ātu s. לאט₄.

lu'tu e. Holzart.

labū (לבא₆?) umgeben, einsäumen (eine Wasserfläche *mē*); schließen (?). — II₁ umschließen. — III₁ umgeben lassen.

labū Umhüllung, Umschlag (?, einer Urkunde *ṭēmu*).

šulbū Umfang (eines Feldes *eqlu*); Abschluß.

šallabittu Zaun (?, aus Lehm).

labū (לבא₇?) winseln (Hund *kalbu*), wimmern, summen (Fliege *zumbu*).

libātu Wimmern.

labiānu, labānu Nackensehne, Nackenband, Nacken (eines Menschen, eines Rindes *alpu*).

libū s. ***lipū***.

labābu grimmig sein, wüten, toben, rasen.

labbu, lābu, f. ***labbatu*** Löwe; mythisches Ungeheuer.

labbiš wie ein Löwe.

nalbabu Wut.

nalbubu wütend.

šalbubu grimmig, wütend (Beiname von Marduk und Nergal).

libbu, pl. *libbū* Herz (opp. *šēru, pū*); Inneres, Eingeweide (e. Schafes *emmeri*); Leib, Rumpf; Gemüt, Verstand, Gesinnung (e. Landes *māti*); Herzenssache, Herzenserguß, Wunsch; Person; Konto, Guthaben; — ein Schmuckgegenstand: Nachahmung eines Herzens (aus Gold). — Gipfeltrieb (der Palme); — e. Art Gebäck. — pl. innere Organe. — *libbu rūqu, libbu rapšu* «weitherzig» = großmütig. — *lib-āli* Stadtinneres, city (opp. *aḫāt āli*). — *lib ṣalmi ēni, lib-ēni* Pupille. — *lib iṣi* Gipfeltrieb (der Palme). — *libbi šitti* ε Cancri. — *ša libbi* innerer (Mondhof *tarbaṣu*, opp. *ša kīdītu*); Leibesfrucht (e. Weibes); Ladung (e. Schiffes); Wunsch; nach dem Wunsch, nach dem Belieben von . . . — *libbi, lib, libu* in, inmitten; umgeben von; unter (among), gehörig zu (e. Geldsumme); auf. — *libbū* sobald als (?). *libbū dātu ša šarri* gemäß (?) dem Gesetze des Königs. *libbušuma* . . . *lā libbušuma* wenn er will . . . wenn er nicht will. — *ana libbi* in . . . hinein, nach . . . hinein, zu. — *ina libbi, illibbi* (?), *ina libbu* in, innerhalb, während; darinnen, dort; davon, darunter. *ina libbi gamri* von ganzem Herzen. *ina libbi ūmi ša* zu demselben Tage als. *libbu 2 ūmi* innerhalb 2er Tage. — *eštu libbi* von . . . weg, aus, von; seit. — *adi libbi* bis zu (zeitlich). — *kī libbi, kī ša-libbi, kīma libbi, kīma ket libbi* nach dem Herzen, nach dem Willen, nach dem Wunsche von . . . — *libbušu itti libbija* er ist mit mir einverstanden, gleicher Meinung wie ich. S. a. *lālibu*.

libbiš adv. innen (opp. *kīdiš*).

libbē (pl.) Gedärme.

libbāti (pl.) Mut, Zorn.

lubbu Bohne (?).

lubāṭu (?, *lubādu?*) eine Krankheitserscheinung (Lähmung?).

labāku salben. — II_1 salben (: sich *eṣemta* [«Gebein»] + suff., mit Öl *šamna*).

liblību s. *alāpu*.

lublubu Falle (?).

labānu, lapānu, lebēnu *(i)* plätten, plattdrücken (: Nase *appā* = sich aufs Antlitz werfen); Ziegel *(lebnāti)* streichen. — II_1 niederwerfen. — III_1 Ziegel streichen lassen; *šulbunu appa* zu Boden werfen. — IV_2 bedrängen. — *labān appi* Niederwerfung, Fußfall. — *lābin lebnāti* Ziegelstreicher.

lebēnū (?) Ziegelstreicher.

labnu hingesunken, niedrig; gesunken, elend (Mann *eṭlu*).

lebettu, st. c. *lebnat*, pl. *lebnāti* (ungebrannter, luftgetrockneter) Ziegel, Luftziegel (opp. *agurru*), Ziegelwerk, Mauerwerk; Ziegelhöhe; Fundament aus Ziegelsteinen; — Grundstein; vgl. *nadū*. — Gebärstein (?); — Platte (von Stein, Gold oder Silber), Barren (eines Metalls). — platter, vorderer Teil des Fußes (?).

lubnu Zusammenbruch, Unfall.

nalbanu, nalbantu, pl. *nalbanāti* Ziegelform; Ziegelbau; Estrade, Postament (?).

talbānu (?), pl. (?) *dalabānāti* Ziegelwerk (?).

labānu s. unter לבא.

lubānu (?), **lupānu** (?), **libbānu** e. Baum (Mastix?).

labāṣu niederwerfen, sich niederwerfen.

labaṣu ein Fieberdämon.

labāru *(i, u)* alt werden, altern. — I_2 altern. — II_1 altern. — II_2 alt werden. — III_1 alt werden lassen. — *ana labār ūmi* in Zukunft. — *ana litabur dadmi* bis zum Altern der Welt. — *šulburu palā* (mit Gen.) (jemanden) bis ins hohe Alter regieren lassen (?). — *labur balāṭu* Langlebigkeit; vgl. *ṣamāru*.

labāriš alt. — *labāriš umē* im Lauf der Zeit.

labēru, labru, f. *labērtu*, pl. *labērāti* alt (opp. *eššu*), früher; Original. — *eštu labēri, eštu labērti* von alters her. — *kīma labēri* wie seit alters; entsprechend dem Original.

laberūtu, leberūtu Alter.

labartu, labertu Abgabe, Steuer.

labertu, labbertu e. altes Schiff; — Dürrholz.

lubāru, lubārū s. unter *labāšu*.

labāšu *(i)* bekleidet sein, tragen, anhaben (: Hemd *naḫlapta*), an sich haben (: Aussatz *išrubā*). — I2 bekleidet sein (absol. od. mit acc.), sich kleiden (auf Kosten von : *itti*), verhüllt sein (ganzer Körper *gemer lāni*); gehüllt sein (in Feuer, Licht, Schrecken *išāta, nūra, puluḫtu*). — II1 ein Kleid *(lubulta)* anlegen lassen, kleiden, bekleiden (mit dopp. acc.). — II2 bekleiden. — III1 bekleiden (: Tempel *ešrēta* oder deren Wände *igārāti* oder Zedernbalken *erena* mit Gold und Silber). — III2 bekleiden. — IV1 bekleidet sein. — IV2 sich bekleiden, anziehen (die Haut eines Menschen *mašak amēli*).

libšu (wests. LW.?) Gewand (?).

lubšu Umhüllung, Hülse (vom Rohr *ša qanāti*).

lubāšu, lubāru, lupāru, pl. *lubārē, lupārūti* Kleid, Gewand.

lubārū (?) zum Kleid gehörig (?).

lubūšu Kleid, Kleidung.

lubuštu, lubultu, lubuldu, lubusu Kleid, Kleidung, Einkleidung.

labbāšu ein Amtsname.

libištu e. Körperteil.

libiššatu weibliche Scham.

litbušu Kleidung.

nalbašu Kleidung, Kleider.

talbīšu Bekleidung, bekleidet (mit Macht *ina līti*).

labišu e. Wickenart (Erbse?).

labātu *(u)* zu einer Einheit verbinden, kontingentieren (?, : Truppen *ummāna*). — II1 zusammenfügen (?), mischen (?).

lubbutu Verbindung, Mischung (von Schweinefett *šaman šaḫē*).

lugū Tür oder Teil der Türe.

ligimu Sproß, Menschenkind.

lignu, liginnu, ligittu, pl. *liginnāti* ein Gefäß; ein Getreidemaß. — Vgl. *qabū*.

lagappu (sum. LW.) Klotz.

lagappiš wie ein Klotz.

lagaru (sum. LW.) Diener; Tempeldiener (?).

lugarabi e. Tier niederer Ordnung.

liddu e. best. Kleidungsstück.

luddu (?) e. (eisernes) Waffenhemd (?); ein Gefäß (Becher?, von Silber), vgl. *luṭṭu*.

luddai e. Berufsname.

ladunu (LW.) Ladanumharz.

ladiru e. Pflanze.

lidrušu e. Pflanze.

lidiš in *ina lidiš* übermorgen.

lazāzu I2 peinigen, quälen, quälend rumoren (Totengeist im Körper *eṭemmu ina zumri*).

lazzu, f. *laziztu* peinigend, quälend (Gift *simmu*, [böser] Anschlag *melku*), belästigend (Regen *šamūtu*).

lazānu *(i)* vermessene Reden *(amāti)* führen (?).

laḫū (לְחִי), st. c. *laḫ*, pl. *laḫē* Kinnlade, Kiefer (von Menschen und Tieren).

laḫḫū (?), ***laḫḫē*** (?, pl.), ***laḫḫāti*** (?) (LW.?) Abend.

laḫābu III3 heulen (?, *kīma barbari*).

laḫlaḫḫu e. Pflanze.

laḫāmu *(i)* I1 s. *la'āmu*. — II1 eine Tätigkeit der Bierbrauer, brauen (?).

luḫummū Schmutz, Unrat (?).

laḫmu, pl. *laḫmi* ein verschiedenen Sterngottheiten beigeordnetes schlangenartiges Fabeltier.

laḫantu e. Vogel.

laḫannu, laḫānu, pl. *laḫanni, laḫanāti* (sum. LW.) ein Gefäß (aus Stein zur Aufnahme von Wasser,

Wein, Bier, Honig, Butter); Trog, Schale (?), Krug, Topf (?); *laḫānu ša sīsī* Pferdetrog.

laḫanatu Gefäß; Dirne.

laḫangiddu e. lange Schale.

laḫru Schaf, männlich und weiblich; Mutterschaf.

laḫratu Mutterschaf.

laḫrū (sum. LW.) Emmer.

laḫāšu *(i)* gebeugt sein (?), alt sein (?). — I2 gebeugt sein (?). — II1 mummeln (?); murmeln (: Beschwörungsformel *šipta*); flüstern (in die Ohren *ina libbi uznē*). — II2 mummeln (?).

lāḫišu Murmler, Beschwörer (?).

laḫšu s. *lašḫu*.

laḫtanu (sum. LW.) e. Tongefäß.

luṭṭu (?) Ladanum (?); vgl. *luddu*.

(lekū) (א4לכ?) II1 schwach machen (?, : die Mächtigen *aštūti*).

lākū klein (Kind *šerru*), schwächlich, schwach, elend.

lakādu Syn. zu *alāku* gehen, sich bewegen.

lakurubbu e. Beamter.

lukšu e. Aroma, beim Räucheropfer gebraucht.

lukeltu (?) e. (silberner) Schmuckgegenstand.

lukuštu e. Kleid oder e. Stoff.

lillu (sum. LW.?) schwach (Neugeburt), schwachsinnig, töricht; Elender, Tölpel, Dummkopf (opp. *ašarēdu*).

lillūtu Schwäche (der Glieder *šerāni*, der Streitkräfte *emūqā*), Schwachsinn, Torheit.

lullu (?) Schwäche, Elend.

(lalū) II1 Üppigkeit *(lālē)* strotzen lassen.

lālu, pl. *lālū* (?), *lālē* Fülle, verschwenderische Fülle (von Lobpreis *tanītu*), Reichtum, Wonne, Vollkraft. — *lālē balāṭi* Lebensfülle.

lalū, f. *lalītu* üppig.

lulū, pl. *lulē* üppige Pracht; Kraftfülle; Geilheit, Gier.

lalānu üppig (Pflanzungen *kerāti*).

lalū Zicklein; (Stück). Jungvieh.

lilū, f. *lilītu* (sum. LW.) ein männlicher bzw. weiblicher (böser) Dämon.

lilū (sum. LW.) e. Gewand.

lalītu e. Priesterin.

(***lālibu*** [?]), st. c. *lalib* «Herzlosigkeit» (?), Feindseligkeit (?, eines Reiches gegen ein anderes *šarrūti ana šarrūti*).

lalubē (LW.) e. Name des siebenten Monats *(Tišrītu)*.

lalubitu e. Teil der Zeder.

liligū Koloquinte.

lildu Fettmilch.

lellīdu s. *alādu*.

luludanītu e. Stein, aus dem der obere Himmel besteht.

lulmū Ohrgehänge (?).

lulimu, pl. *lulimē* (sum. LW.) eine Art Hirsch; übertr. Fürst, König; ein Sternbild = Cassiopeia (+ Andromeda?).

lulimu Glanz, Pracht.

lulimtu, st. c. *(lulmit?,) lilmit* (?), pl. *lulimēti* Glanz (des *elmēšu*-Steines); *lilmit ilāti* Glanz (der Göttinnen, Beiname der Venus).

lulumtu, luluntu, lulūtu e. Pflanze; e. daraus gefertigtes (?) Gewand.

lilissu, lilīsu, pl. *lilīsāni* Pauke (aus Kupfer und Leder, Kultinstrument).

lallaru Heulpriester, Klagemann; ein Insekt; Honig.

lallariš wie e. Heulpriester.

lallartu, pl. *lallarāti* Klageweib; ein Insekt; (pl.) Geheul, Kriegsgeschrei.

lummū e. Tier niederer Ordnung.

lamādu *(a)* erfahren (daß: *enūma*), Kenntnis erhalten; verstehen, begreifen, wissen; erlernen, lernen (mit inf. der Ausübung eines Kunsthandwerks, einer Wissenschaft); achten (auf: *ana*); erkennen (: Krankheit *murṣa*, e. krankes Glied *šer'āna marṣa*); «erkennen» (: ein Weib). — I2 sich verstehen auf (mit acc.); «erkennen» (: ein Weib). — II1 unterrichten, benachrichtigen, in Kenntnis setzen, amtlich verständigen, berichten (absol.); zu achten veranlassen, achten lassen (auf: *ana*); anlernen, lehren. — III1 verstehen lassen, lernen lassen, lehren (mit dopp. acc.), belehren (: Volk *ummān*). — IV1 bekannt werden. — *ina lamādi* soviel bekannt. — *ana lamādi* zur Kenntnisnahme. — *lāmid peresti* Erlerner des Geheimnisses, Novize.

mulammidu Lehrer, Professor.

talmīdu eingefahrener *(lummudu)* Pflug.

lamaḫuššū, lamḫuššu (sum. LW.?) e. (königliches) Prachtkleid.

lumakku ein Priester.

lamāmu locken (?, beißen?, Schaf).

lammu (zu Kultzwecken gezogener) Baum, Föhre (?).

lamānu, lemēnu *(u)* schlecht werden (Herz *libbu*); schlecht sein lassen (: Geschick *šīmta*), schlecht behandeln, schlecht machen (vor: *ana pāni*). — I2 Böses planen (Herz). — II1 schlecht machen, Böses schaffen, zum Bösen wenden (: Gedanken *egerrā*); pms. schlecht, ungünstig sein (Monatstag). — II2 schlecht machen. — *lemun Šamaš* e. Fluchformel.

lamnu, lemnu, lemnū, st. c. *lemun*, f. *lemuttu*, pl. *lemnēti* böse, schlimm (Krankheit, vgl. *marāṣu*), unheilvoll, unglücklich (Tag *ūmu*); toll (?, Hund); giftig (Kraut *šamu*); «bös» = krank (Gelenk *šer'ānu*); Bösewicht (Schimpfwort); (f.) Bosheit, Unheil, Unglück. — *ina lemnēti* in böser Absicht.

lemniš in böser Absicht, böse, schlimm; sehr (bei Verben übler Bedeutung wie *šumruṣu l.* sehr krank werden).

lemēnu Widerwärtigkeit; ungünstige Zeit (um zu: *ana* mit inf.).

lumnu, f. *lumuntu* böse; (m.) Böses, Unheil, Unglück; Bosheit. — *lumnu, lumnu-ma* eine um die andre Bosheit. — *lumun kāla* Unheil aller Art (Name einer Serie von Beschwörungsformeln). — *lumun libbi* Herzweh, Traurigkeit.

lūman, lāman s. *man.*

lamastu, lamassu, *lamāsu*, st. c. *lamasat*, pl. *lamasāti* (e.) guter Dämon; Schutzgott; (seine Darstellung als) Stier (-?, Löwen?)-Koloß (corr. *šēdu*). — *lamassi dunqi* (e.) guter Dämon. — *lamasat māti* Beiname von Tašmētu. — *lamasāt ēnā* Augenbrauen (?). *lamasat ēnāka* (sc. *Ninurtu*) Beiname von Gula.

lamsīsu Mischkrug.

lamṣu, f. *lamṣatu* Fliege, Mücke.

lamaqartu (?, sum. LW.?) Fischbehälter (?).

lumaši (?) Jupiter-Gestirne.

lamattu Ameise.

lamnutānu s. *lawū, lamū.*

lasāmu *(u)* schnell laufen, herumlaufen (Schwein *šaḫū*), herlaufen (hinter *urki*), feurig sein (Pferd *sīsū*), hurtig sein (Kniee *berkā*); losfahren auf (mit dat.). — I3 sich umhertummeln.

lāsimu Eilbote (?).

lasmu schnell, feurig (Rosse *mūrnisqi*).

lismu Schnellauf.

lisnu e. Werkzeug (?, Hammer?).

laserbilu e. Pflanze.

lipū, libū Fett, Talg.

lapānu s. *labānu.*

lupānu s. *lubānu.*

tilpānu s. unter ת.

lapāpu *(a)* wickeln (um den Hals *ina kišādi*), zusammendrehen, eine Schnur *(lappa)* drehen.

lappu Schnur.

lippu Verband.

luppu, pl. *luppāti* Balg, Schlauch (?, aus Leder); — ein Blasinstrument.

lupāru s. *lubāru.*

lapātu *(u)* anfassen, in Angriff nehmen (schneiden?,: Ähren *šer'i*), angreifen, affizieren (: Auge *ēna*), antasten (: Eigentum *bašīta*; Ehrenrühriger, *laputtū*, sc. die Ehre); anfressen (Ungeziefer *kalmatu*: Palme); rühren

(: Leier *balanga*); berühren (Gott: Schulter, *pudna*, bei der Segnung); befallen (Krankheit, z. B. Stechen *digšu*, vgl. *maḫāṣu*); anrühren (Gott: Nachkommenschaft, *zēra*, so daß sie zugrunde geht); bestreichen (mit Öl *šamnu*); befeuchten (: Lippen *šaptā*, mit Wasser: *mē*, d. h. [jd.] erfrischen, erfreuen); ergreifen (Feuer); sich beziehen (Gestirne, auf Unheil: *ana lumni*); (astrologische) Bedeutung haben (absol.); zusammenstoßen lassen (?, : eine Truppe mit einer anderen *ummāna ina ummāni*); anfertigen (?); pms. angegriffen, affiziert sein (Leber, opp. *šalāmu*). — I_2 anfassen, anrühren; besprengen. — I_3 sich vergreifen an, zusetzen (Leiden [und] Schmerzen *ṣitāti sabrāti*: dem Aussehen *lāna*). — II_1 berühren (: kultisch Unreines *lu'ā*); zusammenfügen; das Obere nach unten kehren, verdrehen (: Augen *ēnē*, Nase *appa*, Wangen *lētē*). — II_2 bestreichen (mit Gips *gaṣṣu*, Asphalt *iddū*, Honig *dišpu* usw.); zugrunderichten. — III_1 antasten (: Unantastbares *lā-šulputa*); schänden (Dämonen: Tempel *ešrēti*), treffen lassen; niederreißen (: Gebäude), verheeren, zugrunderichten (: Land; gänzlich *adi lā baši*). — III_2 anrühren lassen. — IV_1 angerührt werden (?); eingemacht, gepökelt werden (Fische *nūni*, mit Salz *ṭābtu*); zugrundegerichtet werden (Land). — IV_2 angegriffen werden (krankhaft, Hode *išku*). — *lapātu šaptē . . . mē* «(jds.) Lippen mit Wasser berühren», أقرّ عينْ فلان. — *lupputu šenni* die Zähne knirschen (?). — *lāpit pūt šu'i* «der die Stirn des Lammes berührt», der Hilfspriester des *bārū* bei der Leberschau.

liptu, st. c. *lipit*, pl. *liptāti* Berührung; eine ansteckende Krankheit (Aussatz?). — *lipit qāti*, *liptāt qātē* Handwerk; e. Opferzeremonie. — *lipit Ira*, *lipit ili* Berührung von Ira, Berührung des Gottes: Pest, Seuche. — *liptu pilū* e. Krankheit.

laputtū, lapūtū ehrenrührig.

lipittu Verheerung.

luputtu beschädigt (?) (Schiff *eleppu*, Gefäß *karpatu*).

luputtū e. Offizier.

šalputtu, šalpūtu Verheerung (eines Landes, einer Stadt), Verderben.

šulputtu, šulpūtu Verheerung (eines Landes, einer Stadt).

nalpattu Schöpflöffel (?), Kelle (?) (aus Gold, Silber, Kupfer, der Griff aus Buchs, *urkarinu*, oder *ušū*-Holz).

eltepetu e. Gewand (Umhang?).

(lapātu) II_1 zögern; sich verzögern (?, Lauf eines Gestirns).

laptu Rübe, Rübenkohl. — *lapat armanni* «Granatrübe».

laqū, leqū (לקא$_3$) *(i, e)* nehmen (zu [sich]: *ana mūḫi*; von jdn. *itti*, von e. Ort *ina*), wegnehmen (von: *eštu mūḫi*), fortnehmen, mitnehmen, fortführen; einnehmen, in Besitz nehmen; entnehmen, entleihen; kaufen (für: *ina libbi*), holen (: Holz *iṣi*; jd.: acc., zu: *ana mūḫi*), bringen (nach: *ana*); festnehmen; verschaffen (mit dat.); in Empfang nehmen; annehmen (: Kind *ṣeḫra*, Belohnung *šum dameqti*, Bestechungsgeschenk *ṭāta*, Rechtsentscheidung *dīna*, Flehen *unninna*); erreichen (?, ein Teil der Leber: einen anderen; Venus: Fixstern); eine Offenbarung empfangen; entrücken (Götter: *Utnapišti*). — I_2 (sich) nehmen, aufnehmen (ins Haus: *ana bēti*). — I_3 (regelmäßig?) in Empfang nehmen, bekommen. — III_1 nehmen lassen, zu eigen geben (mit dopp. acc.). — IV_1 genommen werden. — *l. ina pāni* + suff. (ellipt. auch *laqū* allein), sich vornehmen. *laqū aḫēti* + suff. beiseite nehmen. *leqū qabrā ṭuppi* von einer Tafel ein Duplikat anfertigen, Abschrift nehmen. — *l. manaḫāti* auf (seine) Kosten kommen. — *l. qāt* oder *qātāt amēli* für jdn. Bürgschaft übernehmen. — *l. šēṭūt ananna* jd. vernachlässigen. — *l. šašma* e. Zweikampf annehmen, kämpfen. — *laqū miksa* Steuer einziehen. *laqū ana mārūti* adoptieren (im Namen von *ina mē*). Vgl. *laqāḫu*.

lāq pī, lēq pī Gaumen.

lūqu Pfand. — *ina lūqi* als Pfand.

lequ Pflegekind.

melqītu das in Empfang zu Nehmende oder Genommene; Darlehen.

luqūtu Ware.

laqāḫu (wests. LW.) nehmen. Vgl. *leqū*.

laqalaqa e. Vogel (Storch?).

laqlaqqu Vulva.

laqātu *(u, a)* raffen, sammeln (Bienen *ḫabubēti*: Honig *dišpa*), nachlesen (?, : Schollen *kurbanna*, sc. von den Ähren und Körnern); hinwegraffen (: Nachkommenschaft *zēra*, Vieh *būla*), entziehen (der Hand *eštu qāti*...), wegnehmen (: Land), austilgen (: Namen). — IV1 hinweggerafft werden. — *laqātu iqqeb* vertreiben (: Rauch *qutra*, vom Himmel *šamē*).

leqtu Geschwür (?). — *leqet ṣupri* Nagelgeschwür (?).

leqtatu *(šē'u)* nachgelesenes (?) (Getreide), eine öffentliche Abgabe des Pächters (?).

malqatu ein Werkzeug zum Sammeln (?, der Datteln *suluppi*).

šulluqtu Hinwegraffung.

larū (?) stabförmige Abzweigung der Pfortader (?).

lardu (LW.?) Nardengras, Narde.

lurmu e. Vogel (Strauß ?).

luremtu, lurendu, pl. *luremēti* Weintraube.

lašū (?) (א6לשׁ?) gierig fressen (?, Hund). — I2 anfressen, infizieren (Hode *iška*).

lašḫu, laḫšu Zahnfleisch (?).

lušuḫḫānu e. Beamter.

lašlaštēti (?) in *dibbi l.* (verleumderisches) Geschwätz (?).

lišānu f., pl. *lišānū, lišānē, lišānāti* Zunge (von Menschen und Tieren), Sprache; Sprachweise, Dialekt; Rede, Gerede (Verleumdung). — Schwanz (einer Peitsche *dirratu*). — e. Teil der Leber; — e. Teil des Pflugs. — Klinge (e. Dolches *paṭri*). — e. Kultgerät. — e. Pflanze (Hederich?). — *ša lišānu* Verleumder. — *lišānu aḫītu, lišānu nakartu* oder *nakertu* fremdsprachig, Ausländer, Barbar; *lišān berqi* Blitzstrahl; *lišān gerri* Flamme; *lišān ḫurāṣi, lišānu ša ḫurāṣi* (länglicher) Goldbarren in Form einer Zunge; *lišān kalbi* «Hundszunge», Wegerich; *lišān kalbi piṣītu* «weiße Hundszunge», Spezies davon; *lišān* oder *lišānu mitḫurti* gleichsprachig, dieselbe Sprache sprechend; *lišān malaḫi* Schiffersprache (?); *lišān marri* der vordere Teil der Schaufel (?); *lišān sakelti* Plappermaul, Schwätzer; *lišān paṭri* Dolchklinge (von Stahl [?] *ḫabalkinnu*, Gold *ḫurāṣu*, Eisen *parzillu*); *lišān ṣelīti* Gebetssprache (?); *lišānu-rēšēti* hoher Würdenträger, «Exzellenz».

latū, letū (א1לתה?) III1 spalten (: Felsblöcke *abnē šadī*); zersprengen (: Aufständische *šaqṣi*).

litū geborsten (Palme).

lātānu s. *lamnutānu, lawū*.

littu, pl. *littē, littēti* Schemel (?); e. Teil des Pflugs.

latitu e. Pflanze.

מ

mē (א1מ), du. *mētān*, pl. *mēatti* (< **mēāti*, vgl. *šalāšu*) Hundert.

mā (< *ummā*) s. *ūmu* (םא6א7).

-mā, -mē, -ma, -me im einfachen Satz hervorhebende Partikel (z. T. = إِنَّمَا): grade; auch; nur; im zusammengesetzten Satz koordinierende Partikel, = فَ: (und) dann, (und) darauf, und zwar, sodaß, deshalb; oder Kopula = وَ; zur Wiedergabe einer oratio directa.

mū, pl. *mē, māmi* Wasser (einer Quelle *namba'*, eines Flusses od. Kanals, des Meeres; zur Bewässerung, als reißendes Wasser einer Überschwemmung; als Getränk, vgl. *akālu*; als Kühlung, vgl. *lapātu*), Gewässer; Fahrwasser; Grundwasser; e. Krankheitserscheinung (= *mē malūti?*). — *ina lā-mē* wegen Wassermangel. — *mē u te'ūtu* («Wasser und Nahrung» =) Speise und Trank. — *mē u šamni* «Wasser und Öl» (sc. Wahrsagung). — *mē ēnē* (vgl. *bēlu*), *mē libbi ēnē* die wässerige Flüssigkeit (?) des Auges. — *mē mēlī* Hochwasser. — *mē ellūti* Weihwasser (Titel von Beschwörungsriten). *mē tēlelti* Reinigungswasser. — *mē jarḫi* Zisternenwasser. — *mē šipti* Beschwörungswasser. — *mē būri* Brunnenwasser. — *mē balāṭi* Lebenswasser. — *mē burki* Fruchtwasser (?). — *māmi dārūti* ständig fließendes Wasser. — *mē ša zumri* Schweiß (?, Urin?). — *mē kemri* Urin (?, des Mannes). — *mē mūti* Todeswasser. — *mē meṭri* Regenwasser. — *mē malūti* Wassersucht. — *mē marti* Galle. — *mē-nādi*, *mē nādāti* Schlauchwasser. — *mē nāri* Flußwasser. *mē nār-šadī* Bergbach. — *mē nuḫši* e. «Meer» von Reichtum, vgl. *šakānu* I_1. — *mē saḫḫi* Wiesenbach. — *mē purīdē* Urin (bes. des Weibes?). — *mē paršu* Jauche. — *mē qātē* Wasser für die Hände. — *mē šurdūtu* laufendes Wasser. — *mē šēri* Fleischbrühe, Suppe. — *me nišbī* Wasser zum Stillen des Durstes. — *mē šamē* «Himmelswasser», Regen (?), Berieselungswasser (?). — *mū ša šatī*, *mū ana šatī (šetī, šutī)* + suff., *mū maštīti* Trinkwasser, *mojje liššurb*.

māmiš wie Wasser.

ma'ū, me'ū (?) (מ$_4$א$_7$א), pl. *mūtu*, *amūtu* Eingeweide; Vorzeichen, Orakelentscheidung.

mā'u (מ$_6$א$_1$א?) überwiegen, das Übergewicht haben (?). — I_3 besonders hervorkommen (Galle *martu*, beim Erbrechen *ina gišī*). — II_1 (*mu'ū*, *mumū* [?]) überwältigen (?).

mū (sum. LW.) Name. — *ina mē* im Namen von; vgl. *laqū*. — *mē ili* Gottesname.

mija, mija-me, (mit folgd. *anāku* auch) **mija-te** (westsem. LW.) wer (soll), wer (sollte) mit folgd. prs.; *mija-me . . . ū (lā)* wer (ist) . . . (bzw. mit folgd. pl. oder *šunu*), wer (sind die) . . ., daß er (sie) (nicht), מִי . . . וְ; vgl. *ū*. *mija-te anāku ū (lā)* wer (bin) ich, daß ich (nicht). — Vgl. *miamma*.

ma'ādu, mādu *(i)* (מ$_1$אד) viel werden, viel sein, zahlreich sein (wie Staub *kī epēri*; Getreide *šēu*; Fische *nūni*, im Strom *ina nāri*), reich sein (Segen *kurrubu*), groß sein (Areal *šiddu*), zu groß sein, zu groß erscheinen, schwer fallen (Last *nazbaltu*; jdm.: *maḫar*); pms. viel sein (opp. *mēṣ*), in großer Menge vorhanden sein; mehr sein, in größerer Menge vorhanden sein (als Staub *el epēri*). — I_2 in großer Zahl vorhanden sein (Adler *našri*). — II_1 viel machen, reichlich erweisen (: Wohltaten *ṭābāti*); viel vermögen (?). — III_1 mehr machen (als: *eli*), vermehren (: Jahre *šanāti*), steigern. — III_2 mehr machen (als: *eli*), erweitern (: Straßen *sūqāni*).

ma'ādu, ma'du, mādu, maḫdu, mandu, pl. subst. *ma'dē*, *mādē*; adj. *ma'dūti*, *ma'udūti*, *mādūti*, f. *ma'ttu*, *māttu*, *ma'assu*, pl. *ma'dāti*, *ma'dēte* Vielheit, Menge; viel, zahlreich (opp. *ēṣu*, *mēṣu*; Mannschaft *ṣābē*, *ummānu*, Tage *ūmi*, Jahre *šanāti*), groß (Wohltat *ṭābtu*, Blutbad *dīktu*), reich (Mitgift *nudunnū*, *terḫatu*, Geschenk *šulmānu*); adv. sehr. — *ana ma'dē* in Mengen. *mād akāli* viel Essen. *mād ḫurāṣi* viel Gold. *mād šulmu*, *ma'da šulmu* bestes Wohlsein. — *ma'du eli* zahlreicher als, mehr als. — *kī ma'ādu*, *kī mādē*, *akī mādē*, *kī mādūti*, *kīma mādūti* so viel als möglich; sehr, in hohem Grade. — *mād danniš*, *ma'da danniš*, *mādu danniš* in sehr hohem Grade.

ma'diš, mādiš, mātiš viel,

sehr, bei adjj. mit guter Bedeutung (opp. *marṣiš*) und mit pmss. — *mādiš danniš* in sehr hohem Grade. *mādiš danniš danniš* in sehr, sehr hohem Grade.

ma'dūtu Vielheit, Menge.

mu'dē (pl.) Mengen, in *ana mu'dē* in Mengen.

māzū, mēzū s. *mazū*.

majālu, majāltu s. *nālu*.

māma, māman, māmēnu, mēmēnu s. unter *manni*.

mēma, mēm s. *miamma*.

mā'unnu (?, wests. LW.?) Außenstadt (?).

mēnu, meanu (sum. LW.?) Kopfbinde. — S. auch hinter *manni*.

mūnu, umūnu Eidechsenart (?).

mānāni s. *annū*.

māsu, māšu (מאס?) abwehren (: Motte *qurṣibta*, feindliche Waffen *kakki nakēri*); (verächtlich) zurückweisen (Bannflüche *errēte*, Namensanrufung *niš šumi*, bzw. Stärke *danāna*, einer Gottheit; gebieterisch *šālṭiš*). — I_2 verachten.

mēsu e. Baum (Ulmen- oder Eschenart).

mēsu Heiligtum (?).

ma'āṣu, mēṣu s. *wāṣu*, *āṣu*.

namāṣu Gefäß für Michbereitung.

mār s. u. *amāru*.

māru (מאר?), st. c. *mār*, pl. *mārū*, *mārē*, f. *mārtu*, st. c. *mārat*, pl. *mārāti* (männliches bzw. weibliches leibliches) Kind, Sohn; Adoptivkind; Junges (eines Vogels *iṣṣūri*); einem (best.) Stand oder Gewerbe angehörige Person (vgl. u.); (mit folgd. Ortsbezeichnung) Einwohner (unter regelmäßiger Auslassung von *Bēt-* eines unmittelbar folgenden, mit *Bēt-* beginnenden Eigennamens), Bürger (einer Stadt); «Sohn» (als höfliche Selbstbezeichnung in Briefeingängen, vgl. *abu*); f. (leibliche) Tochter; weibliches Junge; Mädchen; Sklavin. — *mār*, *mārat x šanāti* (auch ohne *šanāti*) xjährig. *mār-šenēpū* acht Monate alt (Menschenkind, *amēlu*, d. h. Sklave).

mār amēli, pl. *mārū amēli*, f. *mārat amēli* Freier, Patrizier, Edelmann (auch als Titel). — *mār abulli* Torwächter. — *mār ugāri* Grundbesitzer (in) einer Feldmark. — *mār udē* e. Titel. — *mār aḫi*, *mār aḫāti* (Bruder- bzw. Schwestersohn,) Neffe. — *mārat aḫi*, *mārat aḫāti* Nichte. *mār aḫi abi* Vetter. *mārat aḫi abi* Base. — *mār ēkalli* Hofangestellter, Hofbeamter. *mār ēkalli asū* Leibarzt. — *mār ikkāri* Landmann, Bauer. — *mār ili-šu* Kind seines (Schutz-)Gottes (der Mensch *amēlu*). — *mār mummi* Sohn des Ahnen (Ea), e. Beiname von Marduk. — *mār ummāni* Handwerker. — *mār(?)-asī* (?) e. Gewürz (?). — *mārat uppi* («Mädchen mit dem Leibriemen» =) Schwangere. — *mārat eqli* «Tochter des Feldes», e. Name des Mohns. — *mār iššakki* Priester (usw., vgl. *iššakku*). — *mār ešpāri* Weber. — *mārū bābti* (Schaden-, Fehler-) Prüfungs-Kommission. — *mār bārti* Aufrührer, Rebell. — *mar-bēti* im Haus geborener Sklave (?); Hauskind (?), Klient (?). — *mār-banī*, pl. *mārē-banī*, *mār-banē* («Sohn eines [legitim] Erzeugten» =) Freier, Vornehmer. *mār-banūtu* Freilassung; (sc. *ṭup* . . .) Freilassungsurkunde. — *mār bārī* Seher, Wahrsagepriester. — *mār ḫērti* Kind der Hauptgattin. — *mār muškēni*, f. *mārat muškēni* Proletarier. — *mārat kallāt* Schwiegertochter. — *mār-māri* Enkel. — *mār māti* Landeskind, Inländer. — *mārē nūni* Fischlaich. — *mār lā mammani* the son of a nobody. — *mār-nērti* Mörder. — *mār manzaz-pāni* Kämmerling. — *mār niši ili* Glaubensgenosse (?). — *mār sīsī*, pl. *mārē sīsī* Pferdeknecht, Stallknecht (?). — *mār pisan-ṭuppi* (bzw. *-ṭuppā*, du.?) Archivar. — *mār erti*, *mārat erti* Kind (an) der Brust, (männlicher bzw. weiblicher) Säugling. — *māru rēštū* erstgeboren, Erstgeborener. — *mār šizbi* (?)

Säugling (?). — *mâr-šepri*, pl. *mârê-šepri*, *mâr-šeprâni*, *mâr-šeprâti* Bote, Gesandter. *mâr-šepri ša dunqi ša ili* Gnadenbote eines Gottes, Götterbote, ἄγγελος. — *mâr-šarri* Prinz; (sc. *rabû*) Kronprinz. *mâr-šarrûti* Kronprinzentum. *mârat-šarri* Königstochter, Prinzessin. — *mâru ša eli tilî (tuli)*, *mâru ša tulî*, pl. *mârê tulî*, f. *mârtu ša tulî* Säugling.

mârûtu Kindesverhältnis, Kindschaft; vgl. *laqû* und *šakânu*.

mêru, pl. (auch als sgl. gebraucht?) *mêrâni*, f. *mêrtu* junges Tier; spez. Jungstier; junger Hund.

mûru, st. c. *mûr*, pl. *mûrâni*, *mûri*, *mûrê* «Kind» (vom König als Schützling einer Gottheit gebraucht); Junges, Fohlen, Füllen (von e. Esel *emêru*, Kamel *gammallu*, Kuh *littu*, Löwen *nêšu*, Wildstier *rêmu*); junges Tier.

mûrbakkânu, ***mûrbaqânu*** e. Vogel.

mûrdudû Gallapfel (?).

(mûrnisqu,) pl. *mûrnisqi* Edelfüllen, (vorzügliches junges) Roß, مُهْر.

mâru (מאר 7) (westsem. LW.?) tauschen, eintauschen (etwas: acc., gegen *ana libbi*, von *eštu*).

ma'âru s. *wa'âru*.

mêru e. Körperteil (Hüfte?).

mâru, ***mâjâru*** s. u. *ajârû*.

mêrânu, ***mêrênu*** s. *erû* (א6.7ר א4).

mâšu s. *mâsu*.

mâšu, du. *mâšâ*, *maššâ*, pl. *mâši*, *mašši*, f. pl. *mâšâti* (sum. LW.) paarweise; Zwillinge (vom Menschen); Zwillings- oder Paarsterne, die nach der Farbe eines von beiden den Merkur vertreten können, besonders α + β Geminorum; *mâšâti* ζ + ε (?) Herculis. — *ênâ maššâ* Augenpaar.

(mêštu?,) pl. *mêšête* (?), in *mêšête ša bâbi* Torflügel (?).

mâtu (מאת 6) sterben, des Todes (*mûta*) sterben (durch Not *ina senqi*, infolge von Nahrungsmangel *ina bubûti ša akâli*, vor Durst *ina ṣummê*, durchs Beil *ina ḫaṣenni*, an gebrochenem Herzen *ina kusup libbi*, eines natürlichen Todes *ina šîmâti*), verrecken; pms. tot sein (opp. *baliṭ*), verstorben sein, abgestorben sein (Holz *iṣu*, im Walde *ina qîšti*). — I2 versterben, sterben (an Herzeleid *ina uššuši*), verrecken. — I3 dahinsterben (einer nach dem andern). — II1 Tod bringen (opp. *bulluṭu*, *šubluṭu*). — III2 (jds.) Tod veranlassen (Arzt *asû*). — III/II1 Tod bringen, umkommen lassen (durch Hunger *ina bubûti*, durch Kälte *ina kûṣi*), zum Absterben bringen, knicken (: Röbricht *appâra*). — *ina tereq libbi mêtû* sie waren vor Angst (fast) gestorben. — *mušmît ilâni* der Würger unter den Göttern, e. Beiname von Nergal-Mars. *mušmît bûli* Viehwürger, e. Beiname von Saturn. *mušmîtûti* die Würger, e. Beiname der Siebengottheit-Pleiade.

muatu, ***mûtu*** Tod (opp. *balâṭu*). — *mût neṭel ênê* augenblicklicher, plötzlicher Tod.

mûtânu (urspr. pl.), pl. *mûtânê* Sterben, Pest, Seuche.

muttâtu (urspr. f. pl.) Kadaver.

mîtu, pl. *mîtûti*, f. *mittu* tot, abgestorben (Dattelpalme *gišimmaru*), (tot-)krank (vgl. *balâṭu*), zum Tod verurteilt (vgl. *balâṭu*); Toter; Delphinus (?); f. Leichnam. — *mît ḫalpî* erfroren. — *mîtûti abkûti u ḫalqûti*, *mîtûti ḫalqûti u abkûti* Gefallene, Gefangene und Überläufer. — *mîtûtan* alle Toten.

mîtânû verstorben.

mîtûtu Tod, Ableben; Todesart (vgl. *atâru*). — *ina mîtûti* nach dem Ableben. *adi lâ mîtûti* vor Eintritt des Todes.

mîtûtiš wie tot.

mâtu, pl. *mâtâti* (sum. LW.?) Land (opp. *âlu*), Erde (opp. *šamû*, *tâmdu*, vgl. *nêru*), Flachland (opp. *šadû*); Landstrecke (vgl. *nēqu*); Heimatland (vgl. *tāru*); pl. Länder; Land, country. — *māt annanna, māti annanna* das Land N.N. — *gabbi māti, mātāti gabbišina* das ganze Land, alle Leute. — *mātātu rūqātu nēnu* wir (beide bewohnen) fern (voneinander) gelegene Länder. — *mātētan* im ganzen Land, allenthalben, überall. — *māti u nīši* Land und Leute. *mātāti u nīši* Länder und Völker. — *māt bērūti* Land der Tiefe (?, =) Grab. — *māt nukurti* Feindesland; Ausland. — *ina māti* «im Lande (geblieben)» = (ein Jahr lang) keinen Feldzug unternommen (Bemerkung im Eponymenkanon).

mātitān allerwärts.

mātiš s. *ma'diš*.

mabrū e. Gefäß (?, aus Silber *ṣarpi*).

mugu s. u. *rabū* (רבא).

magāgu, maqāqu *(u)* drücken, festdrücken (: Erde *epēri*), auf e. Grundstein *eli temenni*. — II_1 (jd.) «eindrücken», d. i. einmauern (?, im Mauerring des Palastes *ina dūr ēkalli*, in e. Pfeilertrophäe *ina libbi asīti*). — *magāgu qāta ana* Hand anlegen an, sich bemächtigen.

(meqqu?,) pl. *mekkē* Masche (?).

mungu e. Krankheitserscheinung (Lähmung?).

meqqānu e. Krankheitserscheinung («Drückendes», Drücken?).

namgugu Syn. zu *mungu*.

magal (sum. LW.) sehr, stark, in hohem Maße.

magilu (?, sum. LW.) Art (Kult-) Barke.

magāru *(u)* willig sein, wollen (abs.), zu Willen sein, willfahren (jdm.: acc.), gehorchen (einem Befehl *qebēta*); sich herbeilassen (zu: *ana*, auch mit inf.), Erlaubnis erteilen (jdm.: *ana*), gestatten, genehmigen, erlauben (etwas: acc., auch inf.); gewähren, erhören (: Gebet *niš-qātē*); passen, recht sein, übereinstimmen (mit: *itti*); sich einigen, übereinkommen; einverstanden sein, billigen (: Anspruch *amāta*); mit Neg. sich weigern (einer Sache: *ana*, etwas zu tun: *ana* mit inf.), e. abschlägige Antwort geben; nicht anerkennen (Richter *dajānū* : Zeugen *šēbi*); pms. befolgt werden (Befehl *qabū, amātu*); erhört werden (bei e. Gott *itti ili*); im Einvernehmen sein (Mann und Frau *mutu u aššatu*). — I_2 wollen (etwas tun: acc. d. inf.); willfahren (jdm.: acc.), willfährig sein (einander: *aḫāmiš*); Erlaubnis einholen (von: *itti*, etwas zu tun *ana* mit inf.); Erhörung erlangen, Erhörung finden (Betender *mutnennū*, bei e. Gott *itti ili*); genehm sein, passen (vgl. *amātu* unter *ewū, emū*); sich einigen (beim [?] Wahrzeichen des Šamaš *ina šurēni ša Šamaš*). — III_1 genehm sein lassen (: Werke *epšēte*, vor e. Gott: *maḫar ili*); e. Vereinbarung treffen lassen (jd.: acc.). — IV_1 Gehorsam finden, die Ausführung eines Befehls zu erwarten haben. — IV_2 sich vergleichen. — *māla magru* wie es recht ist (?). — *ina mitgurti* + suff. *mitaguru-ma, mitaguru-ma ina mitgurti* + suff. mit folgd. Verb: (etwas) nach Vereinbarung tun, e. Vergleich schließen. — *šumguru u qabū* Verordnung (?) und Befehl.

megru, st. c. *meger* Willfährigkeit; Willfähriger, willfähriges Werkzeug ([des Herzens] einer Gottheit *(libbi) ili*).

māgeru (gehorsam, botmäßig) s. *lā*.

magrānu (der Gebetserhörung) günstig (Monat *arḫu*).

mitguru, f. *mitgurtu* einträchtig (Brüder *aḫū*); f. Vereinbarung. — *ina mitgurti* nach Vereinbarung, im Einverständnis (mit: *ša*).

mitgāru (der Gebetserhörung) günstig (Tag *ūmu*).

tamgurtu Übereinstimmung, Zustimmung.

magru, magarru s. *garāru*.

maggāru s. *naggāru*.

migru (?) Syn. zu *nibḫu*, Schlinge.

mugru (?) e. Teil des Hüftgewandes *(sūnu)*.

magarru, mugerru s. *garāru*.

madū s. unter א4דא7.

madādu *(u)* abmessen, darmessen (: Getreide *šēa*), zumessen (etwas: acc., jdm.: *ana*), erlegen (Schiffsmiete *idā eleppi*). — II1 Maße *(mendiāti)* nehmen, ausmessen; die (Zumessung =) Ladung (eines Schiffes vornehmen), laden (abs.). — IV1 dargemessen werden (Getreide *šēu*, Datteln *suluppi*). — *madādu (ina) berti ēni* (oder *ēnē*) «die Mitte des Auges (von jd.) abmessen» = (jd.) scharf ins Auge fassen; mit folgd. *mā* (jdm.) (das Folgende) ins Gesicht sagen.

madattu, madātu, mandattu, mandātu, medītu, meddītu, pl. *mendiati, mendāti* Vermessung, Ausmessung, Maß (einer Person; eines Hofes *kisalli*); Dargemessenes, Tribut (besiegter [ausländischer] Völker [opp. *nāḫartu?*]; eines Sklaven an seinen Herrn).

mādidu, mandidu, mendidu Messer, Vermesser.

mudādu, muddu, mundu Dargemessenes, Zugemessenes, Ration (für e. Truppe *ummāni*). — *mundi kunāši* «Dargemessenes an Emmer (?)» = Emmerbreimehlopfer (?).

namaddu, namandu, namādu, pl. *namandū* e. Maßgefäß; Maß. — Liebling (?).

mādaktu, mandaktu, middak, middi (LW.?) Lagerplatz, Station, Lager.

mudulu (sum. LW.) e. Körperteil. Syn. zu *kerētu*.

madānu heulen.

mīdinu, mindinu, mindanu, mendinu (LW.) e. wildes Tier (der Katzenfamilie?).

mazū mischen, legieren. — IV1 angesetzt werden (Bier *šikāru*).

mazū, mezū gemischt, legiert (Gold *ḫurāṣu*, Silber *kaspu*); angesetzt (Bier *šikāru*).

mazītu Mischkrug (für Wein *karāni*).

namzītu, nāzītu (=?) **nanzīdu** (=?) **manzītu,** pl. *manziāti* (?) Gärbottich (aus Holz, Ton, Metall).

manzū, māzū, mēzū, pl. *māzī, māziāni* (sum. LW.?) e. (beim Kult gebrauchte) Art Trommel (aus Bronze *siparri*).

mizza (?, LW.?) e. Art Nutzholz.

(mazāḫu, masāḫu) III2 beräuchern (?,: Adyton *šigāra*). — III/II1 räuchern (?).

mazḫatu e. (mehlartiges) Räucherwerk.

mezaḫ, mezēḫu (ägypt. LW.?) Gürtel.

mazuktu Mörser.

mazmaz e. Pflanze.

mazāqu *(u)* schlürfen (: Blut *dami*).

muzēqu, muzeqqu, munzēqu, munzūqu (heller) Wein; Getränk (cpl. *akālu*).

namzāqu Riegelpflock, Schlüssel (aus Kupfer oder Gold). — *ša namzāqi* Pförtner.

(**mazāru** walken.)

(mazēru, mazru?,) mizru, f. pl. *mazrāti* gewalkte (Woll-)Stoffe.

mazūru Walkerstock; — e. Wahrzeichen von Sīn.

maḫū rasen (Sturm *imbaru*); von Sinnen werden.

mēḫū rasend (Sturm *ūmu*); Sturm; der letzte der bösen Sieben.

maḫḫū, f. *maḫḫūtu* «Rasender», e. Priesterklasse, μάγος (?).

maḫḫūtu Raserei, Ekstase.

maḫḫūtiš rasend, von Sinnen; vgl. *emū* (א7א6א2) und *alāku*.

meḫū (?) bedeutend sein, Verehrung genießen (?).

maḫdu s. *ma'du*.

maḫāzu s. *ḫāzu*.

maḫāḫu ausschütten, ausgießen, begießen (vgl. *ṣābu* unter צבא₁). — I₃ (fortwährend) tränen (Augen *ēnā*). — II₁ begießen (?). — IV₁ ausgeschüttet werden (?). — *maḫāḫu ina mē* mit Wasser verrühren (: Alaun *gabī*, Staubsorten *epēri*).

meḫḫu Sprengopfer, Libation.

maḫḫu (sum. LW.) Großer, Magnat; e. hoher Priester.

muḫḫu, mūḫu, st. c. *muḫ* Hirnschale, Scheitel (e. Menschen *amēli*), Schädel, Schädeldach; Dach, Oberfläche. — In abgeblaßter Bed. in Verb. mit Präp.: *ana muḫḫi* oben auf: *šaṭāru* (*šaṭāru ana muḫḫi* + suff. auf jds. Rechnung schreiben), *šakna šakānu* e. Statthalter einsetzen (über); zu, nach, gegen . . . hin: *abālu* bringen, *alāku* gehen, *erēbu* eintreten, *etēqu* marschieren, *dagālu* schauen, *kašādu* anlangen, *leqū* holen, *nadānu pāni* das Antlitz wenden, *paṭāru* abziehen, *qebū* sprechen, *šapāru* schicken, *tāru* zurückkehren; gegen (feindlich): *tabālu* intrigieren, *aṣū* ausziehen, *epēšu* ausführen, *ḫanāpu* freveln, *nakāru* Feind sein, *ṣullū* beten, *rašū nīdi aḫi* nachlässig sein; *ana muḫḫika ēnāja* auf dich sind meine Augen gerichtet; betreffs, über. — *ina muḫḫi* oberhalb (des Grundsteines *temenni*, des Ufers *kišādi*); über, auf: *aṣū* aufgehen (Sonne *šamšu*), *ašābu* sich setzen, *sarū* streuen, *šaṭāru* schreiben; gegen (feindlich); betreffs, über; *ina muḫḫi* obendrein (?). — *eštu muḫḫi* (weg) von, aus: *aṣu* ausziehen, *leqū* nehmen, *nakāru* abfallen, *namāšu* weichen, *paṭāru* sich lösen; seit. — *adi muḫḫi* bis, *adi muḫḫi ša* bis daß. — Dann auch ohne Präp. selbst als Präp.: oben auf; zu, gegen: gehen *alāku*, abtrünnig werden *paṭāru;* betreffs, über.

maḫāṣu, meḫēṣu *(a)* treffen, schlagen (mit e. Peitsche *ina qinnazi;* jdn. ins Gesicht, auf die Backe, auf die Brust *pān*-, *lēt*-, *erat* + suff.; sich auf die Seiten *idēšu*, sich auf die Schenkel *šapra*), abschlagen (jdm. den Kopf: *qaqqad* + suff.), einschlagen (: Schädel *muḫḫa*); erschlagen (Sīn: Feinde *nakri*); verwunden; «schlagen», abschlagen, fällen (: Rohr *urulla*, Balken *ṭappū*, Bäume *iṣi*); «schlagen» (Krankheitsdämon) = befallen (Krankheit, z. B. Gelbsucht *amurreqānu*, vgl. *lapatu*); schleudern (: Pfeile *mulmulli*, Brandpfeile *qelāti*); überschütten (med.), anrennen (Schiff *eleppu*: e. anderes *eleppa*); — weben (: Kleider *ṣubāti;* zu Stoff *ṣubātiš*); — pms. geschlagen sein (mit e. Prügel *ina tarqullī*); zerschlagen sein (Rückgrat, *eṣemṣēru*, eines Esels *emēri*); verletzt sein (Teile der Leber), verwundet sein; ergriffen sein (vom Fieber *ina išāti*); von Krankheit befallen sein; erschlagen worden sein (mit der Waffe *ina kakki;* um e. Haar *ubān lā*); «beschlagen» sein, bedeckt sein, angetan sein (Himmel *šamē*, mit Morgenröte *sāmta;* Nacht *mūšu*). — I₂ schlagen (: jemand auf die Backe *lēt amēli*); sich schlagen, kämpfen (Kriegsheer *ḫajaltu;* mit: *itti;* im Schutze von *ana kidinni* [oder *kidin*] *ša*); sich bedecken (Horizont *išid šamē*, mit Morgenröte *sāmta*). — I₄ kämpfen (mit: *itti*). — II₁ niederschlagen. perms. durch e. Wunde *(meḫṣu)* verletzt sein, verwundet (worden) sein (im Kampf *ina tāḫāzi*, *ina mitḫuṣi;* durch e. Pfeil *ina uṣṣi*), zerschlagen sein; bedeckt sein. — II₂ prügeln (mit dem Rohrstock *ina qanī*). — III₂ zum Kampf *(tamḫāra)* reizen, entzweien (: einträchtige Brüder *aḫi mitgurūti*). — IV₁ geschlagen werden, Schläge erhalten (mit [acc.] der Zahl [der Schläge]); verwundet werden. — *maḫāṣu* + suff. *x ina ḫaṭṭi* jdm. x Stockschläge geben. — *maḫāṣu ḫarba*, *maḫāṣu mājāra* «die Hacke einschlagen» = behacken (?, : Feld *eqla*). — *maḫāṣu* (sc. *qāta*) *pūt* jdm. (gegenüber) (durch Handschlag) bürgen; vgl. *nadānu*, *našū*. — *maḫāṣu* *pappāsa* e. Mehlbrei anrühren. — *maḫāṣu šallara* (*ina kurunni u karāni* mit Schnaps und Wein) die Ecke(n) besprengen (?).

maḫṣu zerrissen (Kleid *ṣubātu*).

meḫēṣu, meḫṣu, st. c. *meḫeṣ*, pl. *meḫṣi* Schlag, Verwundung; das «Schlagen» (von Nergal, vgl. o. das Verb). — *meḫeṣ qaqqadi* (bestimmte?) Kopfverletzung. — *meḫeṣ lā-nablāṭi* tödlicher Schlag. — Vgl. *mēḫzu* (unter *aḫāzu*).

maḫaltu (?) e. Hausgerät aus Rohr (?, Klatsche?).

māḫiṣu (Vieh-)Schlächter; — Weber. — *māḫiṣ pūti* Garant, Bürge.

mundaḫṣu, pl. *mundaḫṣūti, mundaḫṣi, mundaḫṣē* kämpfend; Streiter, Krieger.

(**mušanḫiṣu,**) pl. *mušanḫiṣē* Kämpfer (?).

mitḫūṣu, mitḫuṣṣu Zusammentreffen (der Truppen *ummānāti* oder mit den Truppen *itti ummānāti*, d. i.) Kampf. — *mitḫūṣ kakki* (Waffen-) Kampf.

mitḫūṣūtu Kampf (vgl. *epēšu*); Strategie (vgl. *sadāru*).

namḫāṣu (Hack-?)Klotz (?).

tamḫēṣu (?) s. *daltu*.

tamḫūṣu Kampf, in *tamḫūṣ kakkū* (oder *kakki*) (Waffen-)Kampf.

maḫāru (*u*) treffen, begegnen (Unglück, Unheil *maruštu, epšētu lemuttu*, jdm.: acc.), entgegenkommen, entgegentreten, entgegensein (feindlich); Klage erheben; (e. Bitte) entgegenbringen, (mit e. Bitte) angehen (jd.: acc.), (jd.) anflehen (etwas zu tun: *ana* mit inf.), beten (zu e. Gottheit *ila*, *ana ili*); entgegennehmen, einnehmen (vgl. *nadānu*), annehmen (opp. *turru*; : Bestechungsgeschenk *ṭa'ta*; von jdm.: acc. oder *ina qāt*, *ina qātē*); abnehmen (etwas: acc., von: acc.); aufnehmen (Gottheit: Gebet *niš-qātē*, Seufzen *tānēḫa*), in Empfang nehmen (: Abgabe *belta*), empfangen (: jd.: acc.), erhalten (: Proviant *kurummata*); verdauen, genießen (: Speise und Trank *akāla u šikāra*); mit asynd. folgd. verb. fin. dagegen sein daß, ‚sich widersetzen etwas zu tun; — perm. empfangen haben, erhalten haben (: Lohn *idā*, Abgabe *nedenta*; von *ina qātē*; aus der Grundsteuer *libbi belat eqli*); (von früher her) übernommen haben; annehmbar, genehm sein (Anspruch *amātu*), angenehm sein (dem Auge: *ēna*), gefallen (jdm.: *pān*, *ina pān*). — I$_2$ sich gegenüberstehen, in Opposition sein (Mond und Sonne; Mars und Merkur); in gleicher Weise gelagert sein, parallel laufen («Hörner», *qarnā*, von der schmalen Sichel [oder dem ersten Viertel?] des Mondes; Körperteile einer Neugeburt; Regen und Winde *zunni u šārē*); annehmen, empfangen; (jd.) angehen, anflehen. — I$_3$ (regelmäßig) empfangen, erhalten; (regelmäßig) beten (zu: *ana*). — I$_4$ *tatana* (immerfort) angehen. — II$_1$ (jd. zur Hilfeleistung) aufnehmen, aufstellen; (etwas) zur Aufstellung (*maḫḫuriš*) bringen, aufstellen (gegenüber von *ina tarṣi*); e. Spende (*muḫḫura*) darbringen (e. Gottheit *maḫar ili*), spenden. — III$_1$ begegnen lassen, treffen lassen (: Unheil *epšēta*, sc. *lemutta*; jd.: acc.); treffen, heimsuchen; entgegennehmen lassen, zukommen lassen (: Geldsumme *kaspa*), fassen lassen (: Proviant *kurummata*); darbringen (: Opfer *neqā*, Gabe *qatrā*, Abgaben *igisē*); als Spende (*meḫra*) darbringen (: Blut *dama*; nach Westen *ana šāri 4*); gleichmachen (dem Erdboden *qaqqariš*). — III$_2$ (einer Sache) begegnen, auf (sie) stoßen, to come across, auffinden (: Gründungsurkunde *temenna*). — III$_3$ *tata* sich einlassen (mit *itti*), nachstellen (jdm.: *itti*); (sich entsprechen lassen =) zum Quadrat erheben. — III/II$_2$ aufnehmen; verdauen. — IV$_1$ entgegengenommen werden, aufgenommen werden (von e. Gottheit: *pān ili*); angenommen werden, als gültig anerkannt werden (Siegel *kunukku*); mit Neg. nicht aufgenommen werden können (Kampf *qablu*), unwiderstehlich sein (Waffen *kakki*). — *imḫur ašru* e. Pflanze. — *imḫur pāni* e. Pflanze. — *imḫuršu meḫru* «es begegnete ihm ein Begegnis» = es widerfuhr ihm ein Mißgeschick. *akālka itti mēka amaḫḫar* «ich genieße deine Speise und deinen Trank» = (?) ich werde von dir verköstigt (werden). — *nadānu u maḫāru* Handel treiben. — *māḫir epri* (vom König) unterhaltene (Hörige). *māḫerat taṣlīti* die Gebet entgegennimmt, e. Beiname von Ningal.

maḫratu, pl. *maḫrāti* e. Hausgerät (von Holz). — *maḫrat eleppi* Schiffspflock (?).

muḫru Gebet. — *muḫru takrebāti* Gebet (und) Flehen. — *muḫur-ili* e. Monatsname.

māḫerānu Abnehmer, Käufer; (Empfänger, sc. gestohlenen Guts *šurqi* =) Hehler.

(maḫāru?,) pl. *maḫārūtu* Leitpferd (?).

maḫēru, f. *maḫertu*, pl. *maḫērāti* gegenüber befindlich; gleichkommend (an Wert); ebenbürtig; Rivale; Äquivalent, Wert; m. u. f. (Kauf-)Preis, Marktpreis; (Eß-)Ware (vgl. *akālu*, *napāšu*); f. Darbringung, Opfer; (die dem Tempel gegenüber- bzw. vorliegende?) (Tempel-)Umfriedigung (?). — *maḫerta* angesichts von. — *ana maḫērāti ša kaspi* dem Geldwert entsprechend.

maḫēriš als Preis.

maḫru, st. c. *maḫar* Vorderseite, Front; Vorzeit. — In abgeblaßter Bed. in Verb. mit Präp.: *ana maḫar* vor hin, zu: *abālu* bringen, *alāku* kommen, *erēbu* eintreten, *dabābu* reden, *ṭarādu* treiben, *kašādu* gelingen, *leqû* bringen, *mašāru* lassen, *nadānu pāna* gnädig sein, *šapāru* schicken. — *ina maḫar* vor, bei, zu: *ašābu* sitzen, *nazāzu* stehen, *kunnu* stellen; *šakin* pms. gesetzt usw. — *eštu maḫar* von: *erēšu*, *kašādu* anlangen, *eštu maḫrija* von mir aus. — *adi maḫar* bis vor, bis zu, zu: *abālu* bringen, *šapāru* schicken; entgegen: *alāku* gehen. — Dann auch ohne Präp. selbst als Präp.: vor Zeugen, in Gegenwart von, bei, zu; vor (zeitlich). — *ša maḫar* zur Verfügung stehend. — *maḫrika anāku* ich bin bei dir. — *maḫar ili*, *ina maḫar ili* vor e. Götterbild. *maḫar šēbi* vor Zeugen. *maḫar ili u šēbi* vor Gott und Zeugen.

maḫariš gegenüber, angesichts, vor.

maḫriu, maḫrû, f. *maḫrītu* vorn befindlich, früher (Tribut *mādattu*), älter (Stadtanlage; = major [?], opp. *qatnu*), erst (Ehemann *mutu*), aus erster Ehe (Kind *māru*, opp. *arkû*); f. erste Frau (opp. *arkītu*). — *ša maḫrī* früher. — *ina maḫrī* bei einer früheren Gelegenheit, früher (einmal). — *ina gerri maḫrī*, *ina maḫrī gerri* auf e. früheren Zug; auf der früheren Reise. — *maḫrû palû* (Regierungs-)Antritts-Jahr. — *ina šatti maḫrīti* im ersten (Pacht-) Jahr. — *ana maḫar*, *ana maḫarri* zu (s. *alāku*). *ana maḫrīti* zu, auf (s. *nadānu pāna*). — *qennu maḫrītu u arkītu* die frühere und die spätere Generation. *šarrāni maḫrūti arkūti* die früheren (und) die späteren = alle Könige. *ultu maḫrāti adi arkāti* «vom Früheren zum Späteren» = alles.

maḫrānumma von alters her.

meḫeru, meḫru, st. c. *meḫer*, f. *meḫertu*, st. c. *meḫērat*, *meḫrat*, *meḫret* begegnend, (dem Strom) entgegenziehend (Schiff, opp. *mūqelpītu*); Spende (s. o. das Verb); — e. paarweise vorhandener Körperteil (Teil des Beines); — f. Begegnis (s. o. das Verb); (dem Feind begegnende) Front, Spitze (der Truppen *ummānāti*, vgl.

ṣabātu); Entgegnung, Antwort (auf e. Brief *unnedukki*, *ṭuppi*, *kanīki*), Abschrift (eines Schriftstücks *seṭerti*); Gegenstück, Entsprechung; Einnahme, Erlös (eines Tempels, eines Flusses). — *amēlu meḫru* + suff. e. jdm. (gegenüberstehende, d. i.) gleichgestellte Person, seinesgleichen. — *ana meḫer* entsprechend. — *meḫer zamāri* Gegengesang, Responsorium. — *meḫer nāri* Stauwerk (?). — *ša meḫerti* Kapitän eines stromaufwärts fahrenden Schiffes. — *meḫrat eltāni* Nordseite. — *meḫērat* angesichts (des Meeres *mē apsī*). — *adi meḫērat*, *adi meḫrat* bis an, bis vor (vgl. *adū*). — *meḫret*, *meḫreti* gegenüber (der Spitze der Gallenblase *rēš marti*), neben, zugleich mit (vgl. *alāku*, *ašābu ina kussī*, *epēšu bēlūta*). — *meḫret aḫāmiš* zusammen.

meḫēru Gegenüber (?, s. *naṭālu*).

muḫḫuru Spende (s. o. d. Verb).

maḫḫūru Darbringung.

maḫḫūriš zur Aufstellung (s. o. d. Verb).

mitḫāru, pl. (?) *mitḫartu* (< **mitḫārūtu?*), f. *mitḫartu* entsprechend, gleichartig, gleichen Geschlechts (Zwillinge), übereinstimmend (d. i. vielleicht nur dialektisch verschieden, zur gegenseitigen Verständigung geeignet, Sprachen *lišānū*); entsprechender Teil, Quote; f. Opposition (von Mond und Sonne); pl. die einander entsprechenden (ineinander greifenden?) Teile des Weltgefüges, das All. — *lā-mitḫāru* verschiedenartig (Gegenstände *udē*, Sprachen *atmē*).

mitḫāriš in entsprechender Weise, gleichmäßig (vgl. *zāzu*), einer wie der andere bzw. einen wie den anderen; gemeinsam; allenthalben. — *mitḫāriš lā* nicht entsprechend; weder der eine noch der andere.

namḫāru, (dazu) pl. *namḫārāti* Behälter, Kufe; Opferschale (?, aus Gold oder Bronze).

namḫarū s. unter ן.

namḫartu, nanḫartu, nāḫartu in Empfang Genommenes, Empfangsgut, Empfangssumme; Tribut (des Inlands?; opp. *madattu?*).

tamḫāru, du. (?) *tamḫārā* «Begegnung(en zweier Feinde)», d. i. Kampf.

meḫru Platane.

maṭū, meṭū (מטא) geringer werden, abnehmen (Preis *maḫēru*), sich verringern (Vermögen *nikāsu*); fehlen (opp. *atāru*), zu klein sein (Hausgrundstück *bētu*, im Verhältnis zur Angabe der Kaufsurkunde *ana pī ṭuppāt šīmāti*); herunterkommen (Hauswesen *bētu*); pms. verringert sein, beeinträchtigt sein (in bezug auf die Sehkraft *digla*, Berauschter). — I_2 abgehen, verloren gehen (Metall-Substanz, beim Prägen *ina peteqi*, im Schmelzofen *ina utūni*, von : *ina libbi*), verringert werden (Metall-Substanz, um *ina libbi*). — II_1 abnehmen lassen (Tigris: seine Flut *mēlāša*); entziehen (: Trinkwasser *mē maštīti*), entreißen (etw., jd.: acc., dem Schnabel eines Raben *ina pī āribi*). — II_2 verringern (Mars: den Lauf *tāluka*), abnehmen lassen (: das Werfen, *tālitta*, von Kleinvieh *ṣēni*); zu niedrig werden lassen (: den Preis für Rauschtrank *maḫēr šikāri*, im Verhältnis zum Getreidepreis *ana maḫēr šēi*), zu gering werden lassen (: Ertrag *belta*). — III_1 verringern, beeinträchtigen (Dämonen: Sehkraft *digla*; cpl. *ṣabātu ḫasīsa*). — III_2 verringert, dezimiert werden ([Feindes-]Land). — III/II_2 abnehmen (Wohlstand *mešrū*); verarmen (Land, opp. *naḫāšu*). — *lemṭi lēter* mehr oder weniger, s. *atāru*. — *imaṭi qātī ša kamīki ina elija* meine Macht ist mir zu gering, dich (f.) zu bezwingen.

meṭū, emṭū Abnehmen, Abnahme, Sinken (sc. des Wohlstandes *mešrī*). — *meṭi nāri* niedriger Wasserstand eines Stromes (opp. *mēli nāri*).

maṭū, f. *maṭītu* niedrig (Preis *maḫēru*); zu gering (Opferschaf *šu'u*); «vermindert», klein (Gewicht *abnu*, opp. *rabītu*), *x mane maṭi (ana, ina) 1 bilat kaspi* x Minen weniger als 1 Talent Silber.

meṭṭu, mīṭu (mit Zähnen oder Widerhaken, *šenni*, versehener) Spieß (aus Eisen oder Bronze, ev. vergoldet, mit Holzschaft); e. Wahrzeichen Marduk's und Ištar's.

maṭmu s. *waṭānu*.

maṭāru (LW.?) II₁ regnen lassen (Ramman: Regengüsse *rādi*).

meṭru, meṭertu Regen.

meṭratu (?) e. Pflanze.

tamṭēru Regen(-Zeit), in *araḫ tamṭēri* Regenmonat, e. Name des Tebet.

maka s. *ammiu*.

-maku (suff. Partikel) wirklich.

muk, muku s. *anāku*.

makū (מכא₇) غفق, vernachlässigen (Befehl *amāta*), die Fürsorge abwenden (König *šarru*, von e. Land *eštu māti*), außer acht lassen, nicht beachten (daß: *kēmē*). — I₂ unbekümmert sein (um: *aššu*).

makū, *mikītu* vergessen.

makū Vernachlässigter, Verlassener; — (inf.) das Im-Stich-Lassen (seitens e. Gottheit), Gottverlassenheit.

makūtu, pl. *makāti* Geländer, Einfassung (eines Brunnens *bēri*), Balustrade (an e. Kai *kāru*). — *makūt majālti* Bettstatt (?, Bettpfosten?).

makkītu e. Kultgefäß (für *kurunnu*); — e. (in d. Form dieses Gefäßes hergestelltes) Gefährt (?).

makibu (?) e. (Kriegs-?)Gerät.

mikida, mikitu (LW.?) e. Flüssigkeit (?, Art Öl?).

mukānu e. Hausgerät (aus Holz).

makkanū Flußpferd (?); — e. afrikanische Palmenart.

makāsu, makāšu (binden?; verpflichten?;) Zoll, Steuer *(miksa)* erheben; einnehmen, bekommen. — IV₁ erhoben werden (Steuer *miksu*).

maksu, pl. *maksi* Band, Fessel (?, Verpflichtung?).

miksu, st. c. *mikis*, pl. *miksi* Zoll, Steuer, Abgabe. — *mikis kāri nēbēri* Kai- (und) Überfuhrzoll. — *mikis eqli* Grundsteuer.

mākisu Zolleinnehmer, Zöllner, Steuererheber.

makkāsu, mākāsu babylonische Dattel.

makrū feuerrot, rot (?), e. Beiname des Mars.

makkaru Eselsstecken.

makkūru, namkūru, namkurru, st. c. *makkūr* Besitz, Eigentum, Vermögen, «Geld», Finanzen (vgl. *bētu, seperru, pētū, aṣū*).

makāru, namkāru s. *maqāru*.

makāšu s. *makāsu*.

mikitu s. *mikida*.

(malā'u,) malū *(i)* (מלא₁) voll werden, sich füllen (Augen *ēnā*, mit Tränen *dēmta*; Täler *dassū*, mit Blut *dami*), erfüllt werden (Herz *libbu*, mit Wohlbehagen *ṭūbāti*), sich erfüllen (Tage *ūmi*, Monat *arḫu*); — füllen (: leere Fässer *eššeqqi rēqūti*), erfüllen (: Gemach *kumma*, mit Jubel *rēšta*), anfüllen, sich zerstreuen über (die Wüste *ṣēra*, *ana ṣēri*, die Flur *ugāra*, das Gebirge *šadē*); — pms. voll (geworden) sein (Maß), voll sein von (Öl *šamni*, Jammer und Seufzen *dēmti u tānēḫi*, Verwirrungen und Wirrnissen *ešāti u dalḫāti*, Schrecknissen *pulḫāti* [Gebirge *šadē*], Majestät *puluḫta* [Gottheit *ilūtu*], Furchtbarkeit *puluḫta* [Laḫmu], Grausen *ḫurbāša* [Ninurtu], Zeugungskraft und Üppigkeit *kuzba u lālā* [Nannar], Glanz *namrēra* [Sīn], Jammern *dumāma* [Sphären *tubqāti*]), erfüllt sein (Tempel, mit Jauchzen *rēšāti*), besetzt sein mit (Punkten *kakkabi*, Fisch), zerstreut sein über (die Flur *ugāra*, die Plätze *rēbāti*). — I₂ voll werden (Monat *arḫu*), voll sein

(Augen *ēnā*), von Schlaf: *šetta;* erfüllt werden (von Zorn *libbāti*); sich zerstreuen (über die Wüste *ana ṣēri*). — I3 (fortwährend) anfüllen (: Mund *pā*, mit Kot *qū*). — II1 füllen, anfüllen (etwas mit: dopp. acc.; Ort, Gräben *ašra*, *ḫērati*, mit Wasser *mē*, Kufe *ḫarū*, mit Wein *karāni;* Töpfe *laḫanni*, mit Honig *dišpa;* Augen *ēnā*, mit Speichel *ru'āta;* (jd.) mit (kultisch) Unreinem *lu'ūta*). — erfüllen (: Haus *bēta*, mit Pracht: *lulē*); e. Terrasse *(tamlā)* errichten; mit e. Aufschüttung *(tamlā)* herrichten, aufschütten (: Prozessionsstraße *mūtāqa*); vervollständigen, ausbauen (: Tempel); einfassen (: Edelsteine); behaften (Götter, jd.: acc., mit Aussatz: *išrubā*), spannen (: Bogen *qašta*); — zur Erfüllung *(mullā)* bringen, zu Ende bringen (: Zeit *ūmāti*), vorbeigehen lassen, verstreichen lassen (: Jahre *šanāti*, spez. e. Jahr, *šatta*, sc. der Miete); — (dem vollen Wert nach) ersetzen (: gestohlenes Gut *šurqa*, Gesamtkosten *gemra*); — abordnen, beordern, (militärisch) einziehen (jd.: acc. od. *pāni*, zu [e. Truppenteil]: *ana*; für: *ana*); — verleihen (: Räucherbecken *neqnaqqi*, jdm.: *ana qātē*); überantworten (jd.: acc., dem Feind *ana qāt nakri*), (sc. *qāt* + suff., s. u.) verleihen (jdm.: acc.: Herrschaft *re'ūta*). — II2 angefüllt werden; sich zerstreuen über (e. Land: *māta*); anfüllen (: Grube *būra*; : Leib *zumra*, mit e. Flamme *nabla*), einziehen (zu [e. Truppenteil]: *ana*); — vergeben (?, : Feld *eqla*). — II3 sich zerstreuen über (e. Land *māta*). — III1 voll werden lassen, erfüllen (: Flachland [und] Höhen *ṣēra bāmāti*, mit Schweigen: *šaqummata*). — III2 auffüllen, aufschütten; pms. gefaßt sein (Ring *ṭimbuttu*, mit Edelsteinen *neseqti abni*). — III/II1 füllen (: Leib *zumra*, mit Blut, Gift *dami*, *ēmta*), aufschütten, errichten (: Terrasse *tamlā*), erfüllen (: Tempel *bēta*, mit Pracht *lulē*). — III/II2 gespannt werden (Bogen *qaštu*). — *malū erti* «Vollsein der Brust» = (?) hohe und breite Brust, Stämmigkeit. — *ina malī libbāti* «im Vollsein des Zorns» = in hellem Zorn, im Jähzorn. — *upnai malā* bzw. *šer'ānija umtalli* («meine Hände» bzw. «meine Sehnen sind erfüllt mit» =) ich bin voller (: Krankheit *murṣa*, Fieber *le'ba*, Sünde *ḫiṭīta* usw. bzw. Wehklagen *nissāti*). — *mullū*, *šumallū qāt* (vereinzelt auch *ḫapun*) + suff. in jds. Hand geben, jdm. übergeben, verleihen, anvertrauen (: Knechte *ardi*, Heerschar *qeṣra*, Kriegsvolk *ṣābi*, Streitkräfte *emūqi*, Herrschaft *malkūta bēlūta*, *ḫaṭṭa*, Wahrsagepriestertum *bārūta*, den Wiederaufbau von Tempeln *uddušu ešrēte*), jdm. überantworten (: Feinde *lā-māgeri*). — *mullū napšāti* e. Menschenleben vergelten (sc. durch Erleiden der Todesstrafe); durch e. Menschenleben vergelten (: [abortierte] Leibesfrucht *ša libbi*). — *mullū nadānu* in vollem Betrag, in vollem Maß abliefern (: Geld, Getreide, an: *ana*).

malū, f. *malītu*, *malittu*, pl. *malāti* erfüllt, voll (von Staub *epēri*, Jubel *rēšati*, Klugheit *niklāti*; Zeit *ūmu*); behaftet; gespannt (Bogen *qaštu*); f. e. (mit Mehl?) (gefülltes) Kultgefäß (aus Gold). — *malū lālā* mit verschwenderischer Fülle ausgestattet (Prozessionsschiff). *itti qāti malīti* mit voller Hand. — *malū iššubī* aussatzbehaftet, aussätzig.

malū Vollsein (vgl. o.), Fülle; (sc. [?] *pērti* bzw. *šepāti*) Haar- bzw. Wollfülle (?); härenes (Trauer-)Gewand (?); (sc. [?] *išrubī*) Behaftetsein mit Aussatz, Aussatz (?).

māla, māli, māl, mēla, mēli vollauf, soviel(e) als, alles was (mit folgd. verb. fin. od. pms.); — entsprechend, gleichwie, wie; so groß wie; mal; — *māla . . . ū māla* (so) wie . . . so (auch). — *kaspu māla* das Geld vollauf, alles Geld das. *šeu māla*, *māla šē ša* alles Getreide das, soviel Getreide als. *(kaspu) māla terḫati* (Geld) im vollen Betrag des Mahlschatzes, voller Betrag des Mahlschatzes. *māla pī kanīki* dem Wortlaut der Urkunde entsprechend. — *māla magru* wie es recht ist (?). *māla bašū, māl bašū* soviel es gibt, soviel vorhanden ist, alles vorhandene. *māla ibašū* alle vorhandenen. *šipāti māla akannaka ibašū* alle dort bei dir befindliche Wolle (vgl. auch *bašāmu* und *nabū*). *māla uhhuzi u ḫeseḫti* soviel die Inangriffnahme und der (weitere) Bedarf (beim Bau eines Palastes erfordert). — *māla mēni* vollzählig. *māla ūmi* rechtzeitig. — *māla libbi, māla ṣibūti* (dem) Wunsch (entsprechend). *bētu māli bēti, alpu māla alpi, zēru māla zēri* e. dem (betr.) Haus, Rind, Saatgut entsprechendes Haus, Rind, Saatgut. *amēlu māla amēli, aḫu māla aḫi* einer wie der andere. *mannu mālaka* wer ist wie du. — *māla purzigalli* so groß wie (große) Kochtöpfe (Brecciasteine *turminabanda*). — *māla 2 šu* 2 mal. *7 mēla, 7 mēli* 7 mal. *10 šu māla annī* 10 mal (mehr) wie dies. — *šaltiš māla pīki ū māla dubbi* gebieterisch wie deine (f.) Sprache ist so rede (?). — *māla ša* alles was, soviel als (vgl. *manma, mimma*). *māla ša abbika šūbila* sende soviel als deine Väter (sc. gesandt haben). — Vgl. auch *meṣū*.

malmāliš zu gleichen Teilen (vgl. *zāzu*), in gleicher Weise, in gleicher Bedeutung (vgl. *amū* III2), entsprechend (Tag und Nacht *ūmu u mūšu*: Mond und Sonne *Sîn u Šamaš*), als Gegenstücke (vgl. *patāqu*).

mulū, st. c. *mul* (Erd-)Aufschüttung; (künstliche) Terrasse; Sockel (einer Statue *ṣalmi*); Füllung (von Türen *dalāti*).

tamliu, tamlū (Erd-)Aufschüttung, Damm (einer Straße *sulī*, einer Prozessionsstraße *mūtāqi*); (künstliche) Terrasse.

tamlītu Füllung, Fassung (von Edelsteinen *aban neseqti*, Gold *ḫurāṣi*; von Elfenbein *šenni*); Vergebung (?, von Feldern). — *ša-tamlīti* eingefaßt.

mel'u (מלא) (LW.?) Salz.

maluga e. Spezerei(pflanze) (Emblica?).

malgu, pl. *malgūti* e. Örtlichkeit.

mulūgu e. Teil des Frauenvermögens; Mitgift.

maldu s. *mašdu*.

malādu, meldu s. *alādu*.

(melēḫu?) I2 eilen, sich sputen (?). — II1 pms. beschleunigt sein, zu früh dran sein (?, Sternbild, beim Aufgang *ina aṣī*).

melḫu (kultischer) Wettlauf (?).

malāḫu (sum. LW.) Schiffer.

mallaḫtu e. Pflanze; Manna (?).

meluḫḫū afrikanische Palmenart.

malāku *(i, u)* e. Beschluß *(melka)* fassen, beschließen (über e. Land: *melek māti*; bei sich *eštu libbi*), beraten (Berater *māliku*, jdn.: acc., zum Guten, Bösen: *ana dameqti, lemutti*), sorgen (für: *ana* od. acc.); aufmerksam sein (auf: *ana*); überlegen, bedenken (daß: *enūma*). — I2 mit sich zu Rate gehen, überlegen; sich beraten (mit: *itti*); beschließen (etwas: acc.; für jd.: acc.); e. (best.) Termin beschließen.

melku, st. c. *melek* Beschluß; Rat; Fürsorge (für e. Land: *māti*). — *ina melek ramāni* aus eigenem Entschluß. — Vgl. *šanū*.

māliku Berater, Rat. — *mālik ramānišu* Berater seiner selbst, e. Beiname von Marduk und Šamaš. *mālikat melki* Ratgeberin, Rätin, e. Beiname von Ningal. *mālikat ilāni* Beraterin der Götter, e. Beiname der Ištar von Arbela.

mundalku (besonnen) beratend; Berater.

mundalkūtu Beratung, Besonnenheit. — *mundalkūtu u lē'ūtu* Besonnenheit und Fähigkeit, «Rat und Tat».

mitlūku, f. *mitluktu* nachdenklich, besonnen; f. Überlegung. — *mitlūk melki* besonnen im Ratschluß.

maliku, ***malku***, st. c. *malik*, pl. *maliki*, *malki*, f. *malkatu* (LW.?) Fürst, Regent.

malikūtu, ***malkūtu*** Regentschaft, Herrschaft.

mulūku, ***mulku*** Untertanenschaft (?), in *amēl*, f. *amēlat* (?) *mulūki*, pl. *šūt mulki* Untertanen, Sklaven (?).

malāku s. לא3ך.

malālu, ***melēlu***, ***mālēlu*** s. *elēlu*.

malālu (?) e. Körperteil (?).

malallū, ***malālū*** (sum. LW.) e. Korb (?) (aus Rohr); e. Fahrzeug (aus Rohr, Guffa?).

mallatu, ***maltu*** e. Gefäß (Napf?); e. Körperteil (Brustkorb?).

milla (LW.?) Heer, Rotte (?), in *milla gallē* e. Rotte (?) von Teufeln (Schimpfwort).

melammi, ***melemmi*** (pl.) (sum. LW.) Glanz (des Himmels, von Aššur, Ištar-Venus, Jupiter, der königlichen Majestät *šarrūti*), Schreckensglanz (einer Gottheit); — gesunde Gesichtsfarbe.

melammū e. Prachtgewand.

malmallu, ***mulmullu*** (sum. LW.) Pfeil(spitze); e. Emblem Marduk's.

malāsu, ***malāšu*** *(u)* ausreißen, ausraufen (: Haar *šārta*).

melistu e. Körperteil.

maltakal s. *maštakal*.

mumū s. מא6א1.

mamlu, groß, gewaltig, Beiname von Nergal-Mars und Zabāba. — *mamal ilāni rabūti* e. Beiname von Marduk.

miamma, ***miam***, ***memma***, ***mēma***, ***mēm***, *memmamma*, *memmāma*, pl. (auch als sgl. gebraucht) *memmū*, *mēmū*, *miammē*, *memmē*, *mēmē*, *memmāmē* irgend etwas, etwas, etwas Beliebiges, was immer (vgl. א6), alles (mögliche), allerlei, jeder; Habe, Besitz, Eigentum; alles was (adv.), irgendwie; ein Weg- und Zeitmaß (?; = 4 Sekunden); mit Neg. keinerlei, nichts. — *memma maršīt* aller Besitz. — *memma epēš tāḫāzi* allerlei Schlachtgerät. — *memmū šēri* («irgend etwas vom Morgen» =) Morgenanbruch. — *mēm šepru šuatu* irgendeine solche Kunstfertigkeit. *mēm šeper nekelti* irgendeine arglistige Handlung. *mēma bīšu* bewegliche Habe jeder Art. — *memma ḫassu* alles Erdenkliche. *mēm aqru* alles mögliche Kostbare. — *memma ṣibūti* jeder Wunsch. *memma kudurru lā* keinerlei Frondienst. *memma šumšu* allerlei Art, alles mögliche. *memma šumšu šūquru šundulu* alles mögliche Kostbare (und) Herrliche. *memma māla*, *memmū māla* alles was. *memma annī* alles dies, dies alles. *memma bīši bēt abi*, *memma numat bēt abi*, *mēmū bēt abi*, *memma ša abi* aller (möglicher) väterlicher Besitz. *mēm šarri* aller (möglicher) königlicher Besitz. — *amātu memma* irgend etwas. *dēnāti memmē* jeder Prozeß. *kali memmē* alles (mögliche) was. *kali mēma damqi* alles mögliche Vortreffliche. *kali miam annanna* aller Besitz NN.'s. *memma lā šuati* fremder Besitz, fremdes Eigentum. — *ana memmē*, *ana mēmē* zu was immer. *ina memma šumšu māla* in, von allem was. — *aššum memma* zu was immer, zu irgendeinem Zweck. — *memmūja*, *memmēja*, *memmēa* (*memmūka*, *memmūki*, *mēmūšu*, *memmūša*, *memmūšunu*) mein (dein, sein, ihr) Besitz. *qādu gabbi memmēa*, *qādu miammēšu*, *qādu memmūšu* nebst meinem (seinem) (ganzen) Besitz. *memmēja ū memme annanna* alles, was mir gehört; alles, was dagegen NN. gehört. — *miamma ul*, *memma ul*, *mēm ul*, *ul memma*, *lā mēma* nichts. — *eli . . . memma ul īšu*, *eli . . . mamman memma ul īšu*, *eli . . . memma māman ul īšu* auf ... hat ... keinen Anspruch, auf ... hat niemand einen Anspruch. — *memma lā* in keiner Weise, auf keinen Fall, durchaus nicht, gar nicht. — *memma ša, memmū ša, memmē ša* alles was, was, das was; aller Besitz von. *qabbi memmē ša* alles mögliche was. — Vgl. *mija*.

mamma, mammu, mamman usw. s. unter *mannu*.

mammū Rost.

mammū Schnee- und Regenschauer (?).

mummu Wasser; Sohn des Apsū und der Tiāmat; Ruf, Geschrei (= λόγος?). — *bēt mummi* Akademie, Gelehrtenschule. Vgl. unter *ummu*.

-man Partikel zur Hervorhebung eines einzelnen Wortes: Verbums, Pronom. pers. oder der Partikeln *lū, lā, ula* (?).

muttu, pl. *(munāti?,) munatti, muttāti,* auch als sgl. gebraucht, Haar; pl. Behaarung (des Kopfes *qaqqadi,* eines Lamms- oder Schweinsfußes *šēp emmeri, šēp šaḫī*), Haar, Stirnhaar (?, vgl. *galābu*); Stirnbinde (aus Wolle *tabarri*), Rand, Streifen (Landes *māti,* eines Feldes *eqli,* der Zunge *lišāni*), Anbruch (der Nacht *mūši*), Tagesanbruch (?). — *ana mutti* nach vorn; vor. — *immutti* vor; *mutta* + suff. vor.

muttiš vorn; vor.

manū (א6.7מנה) zählen, rechnen (jd.: acc., zu: *itti*), bestimmen (: Menschen *nīši,* für die Haifische *ana karāši;* dem Verderben *ana šaḫluqti;* zur Beute *ana šallati, šallatiš*); berechnen (: Zeit *ūmi*); («erzählen, herzählen, aufzählen» =) e. Rezitation *(mēnūta)* vornehmen, hersagen, aufsagen, rezitieren (: Beschwörung *šipta*), aufzählen; («rechnen» =) behandeln (wie: *kīma*); — pms. gezählt werden. — I2 zählen, rechnen (jdn.: acc., zu: *itti*). — II1 rechnen (: 10 Stück eingehendes Kleinvieh *10 ṣēn meqetta,* auf 100 Stück Kleinvieh *ana 1 mē ṣēn*). — II2 herzählen, aufzählen. — II4 rechnen (auf: *ana*). — III1 zählen lassen (: Habe *numāta*). — IV1 gezählt werden, gerechnet werden (zu den Lebenden: *itti balṭūti*). — *māla imanū* soviele man (deren) zählt. — *manū ardata* auf e. Mädchen rechnen, seiner begehren, (geschlechtlich) lieben. — *manū ana zaqīqi* wie Luft behandeln. — *manū qāt(ē), ana qāt, ina qāt* in jds. Hände geben, überantworten, ausliefern (Gottheit : Feinde). — *manū qaqqariš, mitanū qaqqar* + suff. dem Erdboden gleich machen. — *manū ramān* + suff. es sich zur Pflicht rechnen, sich verpflichten (zu: *ana* mit inf.).

manū, f. *manītu* gezählt; — zugezählt (?), in *šūtu (eltānu) manīt Ea (Marduk) šāru* der Ea (Marduk) zugezählte Süd-(Nord-)Wind.

mēnu, pl. *mēniāti, mēnāti* (auch als sgl. gebr.) Zahl; pl. Maße (eines Opfertieres); Größe, Summe; Dauer. — *lā-mēnu, lā-mēna, ana lā-mēni, ina lā-mēni* Unzahl; zahllos; vgl. *šakānu abikta*. — *mēniātuka lā ṭābā* deine Verfassung ist nicht gut. — *mēnāt arḫi* (Tage-)Summe, Dauer des Monats; vgl. *arāku* und *šalāmu*. *ina lā-mēnāti* nicht bei der (rechten Tage-)Summe (des Monats), nicht zur rechten Zeit, zur Unzeit (Eintritt der Opposition von Gestirnen).

mēnūtu Zahl, Anzahl; Währung (von Babylon *ša Bābili*); Rezitation, Formel. — *x* (Zahlwort) *ina mēnūti* x an der Zahl.

manū, pl. *manē* (?) (sum. LW.?) Mine, Pfund (= 0,5 kg); e. Zeitmaß = *2 bēri* = 4 Stunden.

mēnū s. u. *mannu*.

mangu e. alkalische Pflanze.

mungu e. Krankheitserscheinung (?, Art Lähmung?).

mangaga (LW.?) e. Teil der Dattelpalme.

mangirū e. Pflanze.

mandē, mandēma, mendē, mendēma s. unter *edū* (א4דא7).

mandu s. *ma'du.*

mandinu, mindinu, mindanu s. *mīdinu.*

mindu e. Pflanze.

mundu s. *madādu.*

manzū, manzītu s. hinter *mazū.*

munzēqu, munzūqu s. *muzequ.*

mannu, manni, māni, manna, man, gen. *manni, māni, ma'na,* acc. *manna, man* wer (sgl. u. pl.; häufig nachgestellt: im einfachen Satz dem Objekt, einem Adverbialausdruck oder selbst dem regierenden Verb; im zusammengesetzten Satz einem Relativsatz), welcher, derjenige welcher. — *mannu ilū šenā* wer sind die zwei Götter. *māni ūmāti* wie lange, wie oft. *mannu mēmēni* (sc. *ibašši?*) welcher Vorgang (?). *mannu* oder *manna šū annanna ša* wer ist (denn dieser) NN., daß. *manna šū atta ša* wer bist du (denn), daß. *mannu atta ša* wer du (auch) seist, der. *mannu amēlu ū . . . ū* wer ist (denn) ein (solcher) Mann, daß . . . und daß dann. — *kunuk manni* wessen Siegel. *ardat ma'na* wessen Magd. *eleppēte ša māni* wessen Schiffe. — *ana manni, ana māni* wem, für wen. *ana qabē manni* auf wessen Geheiß. — *ina qātē manni* bei wem. *ina ūmi ša māni* in wessen Tagen. — *eli manni, eli ša manni* weswegen. — *eštu manni, eštu māni* vor wem (vgl. *naṣāru*). — *mannu ša* derjenige, welcher; wer ist es der, wer sollte. — *mannu mēnā, manni mēnā* quis quid. *mannu ana manni* quis cui.

manman, mamman, māman, mamma, mammu, māma, manāma, māmēnu für alle Kasus, gen. *mammāni, memmān, mēmēnu, mēmēni* (auch nom.), acc. *māmāna* wer (auch) immer, irgendeiner, irgendjemand (*memmān, mēmēnu* und *mēmēni* auch neutrisch: was immer; Habe, Besitz); mit Neg. keiner, kein einziger, niemand (außer: *ūlānu*). — *manāma šarru* welcher König auch immer; mit Neg. kein einziger König. *mamma ēdū* irgendein einzelner. *mamma šānumma* irgendein anderer; mit Neg. niemand anderer, niemand anders. — *manāma (u) mamma* ein jeder (jeglicher), wer es auch sei. — *mammu mēm ul* keiner . . . irgend etwas. — *mār lā-mammāni* the son of a nobody. — *manman, mamman ša . . . ul* keiner der, niemand der. — *ittu . . . mēmēni* was immer für e. Zeichen. *ezertu mēmēni* irgend e. Fluch. *dullu mēmēni* irgend e. Kult. *gerrūtu mēmēni lā* keine Feindschaft. — *issūri mēmēni* wer (immer) nun, sollte nun jemand. *mēmēni lā* niemand. *ana mēmēni lā* niemandem. *lā memmān . . . lā* nicht das geringste, gar nichts. — *mēmēnu ša* alles was. — *mēmēni ibašši* was (immer) vorgeht, (jeder) Vorgang (am Himmel *ina šamē*). — *mēmēnišunu laššūni* sie sind besitzlos.

mēnū, mēnī, gen. *mēnī,* acc. *mēnā, mēnū* was (einem Objekt, Adverbial- oder Präpositionalausdruck häufig nachgestellt), das, was, (alles) was; welch. — *mēnū uḫḫur* was soll das Zögern, wozu zögern. — *attuni ašābani mēnū* was (soll) unser Bleiben (nützen), wie können wir (da) bleiben. — *mēnū amātu-ma* what is the matter that, wie kommt es daß. — *mēnī epēši* welches Verfahren (vgl. *maṣu*). — *mēnū ša* das was; was ist es daß, wie kommt es daß. — *mēnū . . . memma* was denn alles (?). — *ana mēnī, ammēnī, ammēn,* vereinzelt *ana ammēnī, ana mānī, aššum mēnī, ina eli mēnī* weshalb, warum. *mēnū (šūt) . . . u* was ist (sind) (denn) . . ., daß er (sie), vgl. *u.*

mēnumma, gen. *mēnimma,* acc. *mēnamma,* pl. (auch als sgl. gebraucht) *mēnūmē, mēnummē,* acc. *mēnammē* was immer (für), jeder, alles was, alles; mit Neg. kein einzig, gar nichts. — Vgl. *u.* — *mēnummu* *ereštu, mēnummē erešti* jeder Wunsch. *mēnummē erī* alles Kupfer. *mēnummē amātu* was immer für Worte, jedes Wort. *ina mēnimma amāti ul* mit keinem einzigen Wort. *mēnamma emūqū mādū* («was immer für Streitkräfte in großer Menge vorhanden sind» =) wie groß die vorhandenen Streitkräfte sind. — *mēnūmē ša, mēnammē ša* irgend etwas von dem was, was immer, alles was.

munattu s. נאם.

mānāni s. א4נא7.

maninnu, pl. *maninni* (?) Kette (für den Hals, *teqqu,* e. Menschen, f. Pferde, auch zum Heben eines Gefäßes; aus Gold oder Edelsteinen; goldgefaßt).

mannasu Syn. zu *ildaḫḫu* Peitsche.

mansū, mensū s. *massū.*

manitu Wind.

mesū (מסא7) (rituell) waschen, abwaschen (: Füße *šēpā*), säubern (: Baugrund); pms. gewaschen sein (Hände *qātā*). — I2 sich waschen (: Hände *qātā*). — II1 waschen, reinwaschen, reinigen, säubern (: Baugrund). — II2 reingewaschen, gesäubert werden (Topf *pūru*). — III1 reinigen lassen, säubern lassen (?). — IV1 abgewaschen werden (übertr., Sünde *gellatu*). — *mesū dami* («Blut abwaschen» =) e. Blutschuld sühnen. — *mes pī, mussū pī* «Mundwaschung», e. kultische Reinigungszeremonie; vgl. unter *pitū.* — *qātā masiā-ma* mit reinen Händen. — *masū šēpē annanna* die Füße NN.s waschen, (symbolischer Ausdruck der) Verpflichtung der Neben- gegen die Hauptfrau. — Vgl. *nasū.*

mesū gewaschen, geläutert (Silber *kaspu*). — *ša qātā* + suff. *lā-mesā* mit unreinen Händen.

messūtu Reinigung.

musāti (pl.) Reinigungswasser, Spülwasser (?, der Hände *ša qātē*). — *bēt musāti* Abort.

namsū Waschstelle; Waschbecken. — Rohrstock (?, des Wäschers, *ašlāki,* zum Klopfen der Wäsche?).

namsītu, nemsētu, Waschschüssel (aus Bronze *siparri*).

mēsētu s. *nesū.*

masabbu (sum. LW.) (Räucher-) Schale (von Gold); Wiege (von Rohr); e. Wahrzeichen von Bau.

masāḫu s. *mazāḫu.*

(masāku, mašāku) II1 schlecht machen, schlecht behandeln (: eroberte Stadt), verunglimpfen (: Recht *dēna,* Erlasse *uṣūrāti*); pms. schlecht sein (opp. *dameq*), verschimmelt sein (? Brot *kurummatu*). — III1 («schlecht sein lassen» =) für schlecht halten, geringschätzen (: Lied *zamāra,* opp. *nādu*), geringachten (Götter : Sünde *ḫiṭīta*), verächtlich behandeln (: Steuer *belta,* Urkunde *nārā*); pms. für zu schlecht gehalten werden (für [den Genuß an der] Laute und [ihrem] Klang *pidnu u rigma*). — III2 verunglimpfen (: Urkunde *ṭuppa*), schänden (: Grab *qimaḫḫa*), geringachten (: Rede, Ausspruch *seqer šaptē, epēš pī*).

(masīku,) masku, mašku, f. *masiktu, mašiktu* schlecht; f. Schlechtes, das Schlechte, das Böse (opp. *dameqtu*).

mussuku Mißgeburt (?).

mussukatu Menstruierende.

massaku Wohnraum, Kammer.

musku, mušku e. Baum.

musukkānu, musūkānu e. Baum (mit Nutzholz), Maulbeerbaum.

musalaḫatu (LW.?) e. Gefäß.

mismakannu e. Baum; Palme.

(massu,) pl. *massi* e. Kopfbedeckung, Hut (?, Kopftuch?).

massatu e. (kupfernes) Gefäß (?).

massū, mansū, mensū, maššū, pl. *massē* (sum. LW.) Fürst; e. Priesterklasse (zum Dienst im Libationsraum *bet remēki*); e. Waffe; Beiname von Anu und Sin; pl. Notabeln. — *mensū ilāni* e. Beiname von Enlil. *massū ṣēru* e. Beiname von Nergal und Šamaš. *massū ṣēru (ša ilāni)* e. Beiname von Ea. *massū etēpšu* e. Beiname von Nabū. *massū šamē u erṣeti* e. Beiname von Enlil.

misissam (LW.) Tiermagen.

massaqu s. u. *šatāqu*.

masāru s. *asāru*.

musarū, musarrū, mušarū (sum. LW.) Reihe (?), Beet (?), Anpflanzung, Garten; e. Flächenmaß = 35284 qm; Schriftzeile; (Schrift-)Urkunde.

meṣu (?, meṣū?) Kinnbacke, Kiefer. Vgl. *asū, esū*.

muṣu (med. LW.) e. (in Medien einheimischer) Stein.

(maṣū) (מצא) hingelangen zu, erreichen, finden; pms. sich vorfinden, وُجِدَ, vorhanden sein, (da) sein; imstande sein (?), mit Neg. nicht (zu finden) sein (Raum *kummu*, für: *ana*). — III$_1$ hingelangen lassen, erreichen lassen, zuteil werden lassen, Mittel und Weg finden lassen. — III$_2$ erreichen lassen (zu *ana*), *maṣi* mit pft. oder praet. es ist wirklich der Fall daß, قَدْ, es möge wirklich. — *maṣū, mitaṣū māl(a)* (dasselbe erreichen wie =) entsprechen; mit Negation: nicht ausreichen (Länder *mātāti*, für die Schale der Lekanomanthie *māla mākati bārūtu*). *šamṣū māl* entsprechen lassen (: den Schwachen *enša*, dem Starken *danni*, d. h. beide gleich behandeln). *maṣū māla* mit inf. „Mittel und Weg finden, um zu. — *māla maṣū, kī maṣū* entsprechend. *ša māla annī maṣū* dementsprechend. *māla šalāmika maṣū* («deinem Wohlbefinden entsprechend» =) nach (deinem) Bedarf. *māla mēni epēši maṣū* («welchem Verfahren soll er entsprechen» =) welches Verfahren soll er einschlagen (?). *aju ilu mālaka imsi* welcher Gott entspricht dir. *maṣū māla libbi, māl libbi* + suff. einen Wunsch erreichen. *šumṣū, šutamṣū māla libbi* + suff. jdm. e. Wunsch gewähren, jdn. frei gewähren lassen. *māla libbi* + suff. *maṣi* nach Wunsch handeln, frei schalten. — Vgl. *aṣū*.

maṣātānu erfolgreich.

muṣū e. Kleidungsstück.

muṣṣū weibl. Scham.

(maṣālu) III$_1$ abtropfen lassen, wegspülen, wegnehmen (Meeresflut: Schüttelfrost *šurubba*). — III$_2$ gespült werden ([vom Meer] zu e. Haus *ana bēti*).

(maṣlu?,) st. c. *maṣal* (?) e. (Tropf?-)Gefäß (für Wasser oder Öl).

muṣeltu e. Stein («Tropfstein»?).

maṣāru, meṣru s. *aṣāru*.

maṣṣartu, māṣartu s. *naṣāru*.

namṣartu e. Gefäß.

muṣrītu Wassermelone.

maqāqu s. *magāgu*.

muqqu (sum. LW.) e. Wollkleid.

meqēru, mekēru (?) *(e)* bewässern (aus e. Kanal *ina namqāri*; opp. *sekēru*), reichlich tränken (Hochwasser *mēlū* : Flurgelände *eqel ugāri*), laben (: Herz *ṣurra*, mit Wein *karāni*). — II$_1$ bewässern (: Fluren *qarbāti*). — III$_1$ mit Wasser füllen lassen (: Teiche *tāmerāti*), bewässern lassen (: Fluren *qarbāti*).

(meqēru,) meqru (?) Bewässerung (?).

mēqeru Bewässerer (opp. *sēkeru*).

namqāru, namkāru Wasserlauf, Kanal.

muqāru Teil eines Tieres (?, Eidotter?).

maqurru (sum. LW.) Schiff; Götterschiff, Götterbarke (von Bau, Enlil und Ninlil, Ninā, Sīn).

maqātu *(u)* stürzen intr., vom Pferd *eštu ṣēr sīsī*, zu Boden *qaqqariš*; (opp. *tebū*) und tr., (opp. *šutbū*), einstürzen (Haus *bētu*), fallen (Rind *alpu*; durch Waffen *ina kakki*, durch e. Pfeil *ina kuttaḫi*; Licht *urru*, auf: *eli*); vorfallen, stattfinden (Reise *gerru*); zufallen (jdm.: *ana*, als Besitz *ina esqi*); herstürzen, herfallen (über jdn.: acc., *ana, eli*; über e. Stadt, e. Land *eli āli*, *māti*); befallen (Furcht, Schrecken, Grausen *puluḫtu*, *ḫattu*, *ḫurbāšu*, jdn.: acc.); (überstürzt, eilends) flüchten (zu: *ana pān*, *ana eli*, *ina*); — pms. herausgefallen sein (Stein, aus e. Ring *eštu unqi*); erloschen sein (Glanz, *šarūru*, von d. Sonne oder vom Mars, opp. *naši*). — I2 erlöschen (Glanz *mešḫu*, opp. *mašāḫu*), herausfallen (Stein aus e. Ring); befallen (Hunger und Durst *bubūtu u ṣummū*, Fallsucht *bennu*; jd.: *eli*); sich flüchten (in den Schutz einer Gottheit *ana kidīni ili*). — I3 fortwährend fallen (vom Himmel *ultu šamē*; auf: *eli*; vom Himmel zur Erde *eštu pūt šamē ina qaqqari*), fortwährend stürzen, straucheln (Bein *išdu*); sich (flüchtend) stürzen (nach den Bergabhängen *ana kāpē ša šadē*). — II1 stürzen lassen (: Zunge *lišāna*, d. h. mit der Zunge anstoßen [?]). — III1 fallen lassen, niederwerfen, zu Boden strecken (mit Waffen *ina kakki*), der Vernichtung (*ina abikti*) preisgeben (: Länder *mātāti*), vernichten (Löwen *nēši* : Vieh *būl ṣēri*). — III2 niederreißen (Löwen *nēši* : Vieh *būl ṣēri*). — IV1 gestürzt werden, verlöschen (Fackel *ṭipāru*). — *muqut-ma* mit prec. man tue eiligst. *lenquta lēpuš* er soll schleunigst tun. — *maqāt amāti* Lästerung (?). — *maqātu ana ederti* ins Unglück geraten. — *maqāt zunni* Regenfall. — *pū emqut* es ging ein Gerede (über jdn.). — *maqātu ana* (auch *ina*) *qātē* + suff. in jds. Hände fallen. — *maqātu ana šēp(ē)* (jdm.) zu Füßen fallen. *maškān ramānija muqqutu šēpāja* «meine Füße straucheln an meiner eigenen Stelle» = (?) «ich falle über meine eigenen Füße». — *maqāt šerṣi* Glanzverlust (von e. Gestirn, auch übertr. von der Majestät des Königs). *šumqut šarūri* Glanzabnahme, Glanzverlust (von der Sonne).

(maqītu,) maqtu, f. *maqittu*, *meqettu* gestürzt, gefallen (verwundet oder gestorben), verfallen (Gebäude), ausgefallen (Zahn *šennu*); — f. Fallen, (Vieh-)Sterben (in e. Viehhof *tarbāṣi*), Niederlage (e. Heeres *ummāni*), Einsturz, Verfall, Ruine (e. Gebäudes); Fallsucht (?). — *meqetti amēlūti u būli* Menschen- und Viehsterben. — *meqet*, *meqetti išāti* Feuersbrunst, Feuer; e. Beiname vom Mars. *meqet mē u išāti* Wassers- und Feuersnot. — *meqet ṭēmi* Wahnsinn, Verzweiflung (?). — *meqet libbi* Wahnsinn, Verzweiflung (?); e. Medizinalpflanze. — *meqet pī* Lästerung. — Vgl. *rašū*.

muqattu, pl. *muquttē* (?) (unberechtigter) Anspruch auf Schadenersatz.

meqtu, pl. *meqti* e. Pflanze (?).

muqutānu e. Pflanze.

martu s. *marāru*.

(marā'u) (מרא1) III1 fett, üppig machen (: Viehhof *tarbāṣa*), sich mehren.

marū fett, feist, stämmig (Stier *šūru*, *alpu*, *gumaḫḫu*, Schaf *šu'u*, *emmeru*); mannhaft; (gramm.) gesteigert, intensiv.

(merū?) II1 wegnehmen, wegführen (Feind, *nakru*, bzw. Hochwasser *mīlū* : Ernte *ebūra*); ablegen, verschwinden lassen (Meteor *kakkabu rabū* : Glanz *mešḫa*).

mariannu (pl.) (LW.) Adlige.

mūrbakkānu, mūrbaqānu s. u. *mūru*.

mirgu e. Gartengewächs, Kohlart (?).

margulu, margunu, marguṣu e. Pflanze; Syn. zu *urgannu*.

mergeranu e. Pflanze.

murdē (pl.?) Art einer Goldfassung.

murdēnu, murdennu s. ארד6.

mūrdudū s. *mūru*.

murḫu Beduinen-Gewand.

mereḫtu, s. ארח6.

marḫallu, marḫālu (sum. LW.?) e. für Ketten (*maninni*), Salbbüchsen (*piššāti*) u. andere Gefäße (*kunīni*) verwandter (Halb-)Edelstein; vgl. u. *pū*.

marḫūšu (sum. LW.?) e. (Halb-) Edelstein.

marāṭu eine Einreibung *(merṭa)* vornehmen; pms. aufgerieben sein (?). — II1 (sich) reiben (: Augen *ēnā*, Wangen *lētā*, Lippe *šapta*); e. Einreibung *(merṭa)* machen, einreiben (mit dem Finger *ina ubāni*).

merṭu Einreibung.

(markū,) f. *markītu* s. *arāku*.

marmaḫḫu, marmāḫu (LW.?) Mispel.

marinu (sum. LW.?) e. Gewandstück (aus Leder).

mūrnisqu s. u. *mūru*.

marāsu *(u)* zu Mus *(mersa)* verkochen, rühren, verrühren (: Kuchenteig *kamāna*, mit Öl: *meres šamni*). — I2 verrühren; aufreiben (Waffe *kakku*). — *marāsu meres ṭābāti* Fruchtsaft einkochen.

marsu verrührt (?).

mersu Mus; Süßes. — *mersu piṣū* «Weißmus», e. (best.) Art Konfekt. *meres dišpi ḫēmeti* Sirup. *meres karāni* Weingelée (?).

marāṣu *(u, a)* Widerstand leisten, beschwerlich fallen (jdm.: *ina muḫḫi*); pms. sich widersetzen (e. Sache: *ana*), widerstreben (jdm.: *eli*; Größe der Verkleinerung *rabūtu eli ṣuḫḫuri*); zuwider sein, peinlich sein (jdm.: *eli*); mit Schmerz behaftet sein, leiden (an e. Krankheit *murṣa*), krank sein (sehr: *danniš, mādu*); weh tun (opp. *dameq*). — I2 widerstreben, zuwider sein, mißfallen (jdm.: *eli*); Schmerzen bekommen, von e. Krankheit *(murṣa)* befallen werden, erkranken. — I3 (dauernd) krank sein, kränkeln. — III1 Schwierigkeiten machen, beleidigen, krank machen (Dämonen: Körper *zumra*); pms. erkrankt sein, krank sein (sehr: *lemnis*). — III2 Schwierigkeiten bereiten; Schwierigkeiten überwinden, sich bemühen, sich anstrengen. — III/II1 s. sogleich. — *marṣāta* es geht dir schlecht. *mariṣ (maruṣ, maruiṣ) danniš ana jāši* es geht mir sehr schlecht. — *mariṣ ana ēnē* es tut den Augen weh, ist «ein Dorn im Auge» (daß: *enūma*). — *marāṣu ina libbi* + suff. bekümmern. *marāṣu libba* + suff. sich bekümmern. *šumruṣu, šutamruṣu, šumarruṣu libba* + suff. Kummer bereiten (durch: *ina*).

marṣu f. *(mariṣtu)*, pl. *marṣāti* steil (Anhöhe *mēlū*, Berg *šadū*), beschwerlich (Weg *ṭūdu*); f. Schwierigkeit, schmerzlich, leidvoll, schmerzhaft (Wunde *ṣimmu*, Gelenk *šerḫānu*), erkrankt; schlecht (Tat *epšu*); bitter (Mehl *qēmu*).

marṣiš mühevoll, mit Mühe, unter Beschwerden; viel, sehr, bei adjj. und verbb. (vgl. *adāru, anāḫu, nālu, nāqu*) mit schlechter Bedeutung (opp. *ma'diš*).

marṣūtu Krankheitszustand (?); Erkranktes, erkrankter Körper.

murṣu Schmerz, Weh, Leiden, Krankheit (opp. *šulmu*). — *muruṣ ēnē* Augenweh, Augenleiden. — *muruṣ aḫi* Schmerz am Arm. — *muruṣ lā-aṣī* am Ausgehen verhindernde Krankheit. — *muruṣ benāti* Gliederschmerzen. — *muruṣ daddāni* (?) Nackenschmerz (?). — *muruṣ ḫašī* Leibschmerz. — *muruṣ kaṣāti* Schüttelfrost. — *muruṣ libbi* Herzeleid, Kummer. — *murṣu lemnu* «schlimme Krankheit», e. best. Krankheit (?). — *muruṣ marti* Gallenleiden. — *muruṣ qaqqadi* Kopfschmerz. — *muruṣ šēpē* Fußleiden. — *muruṣ šenni* Zahnschmerz. — *muruṣ lā-tebī* am Aufstehen verhindernde Krankheit.

namrāṣu Beschwerde; vgl. *eqlu, ašru, ḫarrānu, qaqqāru*.

namrāṣiš unter Beschwerden, mühsam (vgl. *šapālu*).

šumruṣu schmerzerfüllt (Knecht *ardu*); schmerzlich, Schmerzens-; vgl. *urḫu, zekru, ekrebu*.

(marāqu) *(u)* zerkleinern: zerreiben (: Heilkräuter); zerbröckeln, zerbrechen (: Tafel *ṭuppa*), auflösen, zergehen lassen (: Salz, *mel'a*, im Munde *ina pī*). — II1 (sc. *ṭuppa*?, «e. [auf einen Rechtsanspruch lautende] Urkunde zerbrechen»? =) verzichten (auf einen Anspruch : *paqāra*), sein Recht (auf etwas : acc.) aufgeben (vor den Richtern *ina pān dajāni*). — II$_2$ Verzicht leisten (abs.). — IV$_1$ Verzicht geleistet werden (auf e. Forderung *ina u'elti*). — *māruqu u lā-paqāru* Verzicht und Aufgabe des Anspruchs. — *ebūru māla libbi immerequ* der ganze Ernteteil, auf den Verzicht geleistet wird (?).

(***merēqu?***,) ***merqu*** (fein) zerrieben (Mehl *qēmu*).

murruqu zerkleinert (?) (Silber *kaspu*) (opp. *kaspu ša gīni*).

murruqū Verzicht.

mararu *(u)* fliehen (?). — III$_1$ vertreiben (: Feinde *šārūta*, aus *eštu*); vgl. *sāru*.

mumerrītu Fliegenwedel (?).

marāru bitter sein. — II$_1$ verbittern, Bitternis bereiten; bitter schmekken lassen (Dämon : Zunge *lišāna*).

marru, f. *marratu*, *martu* bitter (Wasser *mē*, Brust *tulū* einer Amme *mušēneqti*, opp. *ṭābu*, *matqu*), scharf (Wind *šāru*); — *marratu* Lagune; (e. Bei-?)Name des Regenbogens (?); — *martu* bittere, scharfe Flüssigkeit; Galle, Gallenblase; (übertr.) Bitterkeit, Bitternis.

marāru, ***murāru*** bitterer Lattich.

marru e. Fisch.

marratu e. (opferbarer) Vogel.

marrutu e. Gartengewächs.

marāru *(e)* hacken, behacken (: Feld *eqla*); — pms. sich einhaken (Widerhaken, *šennu*, eines Spießes *meṭṭi*).

marru, st. c. *mar* (sum. LW.) Hacke, Breithacke (aus Kupfer *eri*); Wahrzeichen Marduk's. — *mar abunnati*, *šikkattu* s. *abunnatu*, *šikkatu*. — *marru u qan-ṭuppi* «Hacke und Schreibrohr», e. Sklavenmal.

(***marēru***, ***merēru?***,) *marru*, *merru* gehackt, gehacktes (?, sc. Feld); abgehackt (Dattelpalme *gišimmaru*).

marāru III$_1$ s. unter *nawaru*, *namāru*.

murru (westsem. LW.?) Myrrhenbaum, Myrrhe.

murrānu Stock aus dem Holz der Kornelle (vgl. *ēru*).

marāšu *(u)* in schlechte Verfassung geraten (innere Organe *libbū*). Vgl. *marāṣu*.

maršu, f. *maruštu*, *marultu* schlecht, schlimm, böse (Bannfluch *erretu*), unheilvoll (Orakel *amātu*); f. Schlimmes, Unheil (eines Orakels *amāti*), Unglück, Leid; vgl. *epēšu*, *maḫāru*, *palāsu*.

murāšū s. *rašū*.

martū s. *maštū* u. *ratū*.

martakal s. *maštakal*.

mašā'u (א3משׁ) streichen, einreiben; II$_1$ salben (mit Öl *ina šamni*). Vgl. *mašāšu*.

mašā'u, ***mašāḫu*** *(u)* (א4משׁ) plündern (abs., Feind, im Land *libbi māti*; : Habe *būša*, Haus *bēta*, Palast *ēkalla*). — I$_2$ plündern (: Haus *bēta*). — IV$_1$ geplündert werden (Palast *ēkallu*).

(***maššiu***,) pl. *maššī'ūti* Plünderer, Räuber (e. Beiname der bösen Sieben).

mašū (א7משׁ) vergessen (opp. *ḫasāsu*; etwas : acc.; auf etwas : *aššu*); vergeben (: Sünde *qellata*); mit *-ma* und folgd. verb. fin. etwas zu tun vergessen. — I$_3$ (fortwährend) vergessen (Kranker : Wörter *amāti*, Rede *dabābi*). — II$_1$ der Vergessenheit anheimgeben (: Örtlichkeit *ašra*, Stadtgebiet *qaqqar āli*, Zerstörung *teṣēta*). — III$_1$ (?) vergessen lassen (?). — III$_2$ vergessen lassen. — IV$_1$ vergessen werden, in Vergessenheit geraten (Kultobliegenheiten *parṣū*); vergeben werden (Sünden *ḫiṭāti*). — *anniā amši ul iqabi* «dies habe ich vergessen» wird er nicht sagen, gerichtliche Bekräftigungsformel bei Vermögensteilung. — *ana maši* abgesehen von.

timēšu vergebend نسی.

mašū, f. *(mašītu,) mešītu* vergessen (Kultobliegenheiten *parṣi*); f. Vergessenheit.

mašītiš zur Vergessenheit.

(mašū) (משא₇) III₁ verdunkeln, finster werden.

mūšu, mīšu, pl. *mūši* Nachtzeit, ليل (opp. *ūmu*); Nacht, ليلة (opp. *urru*). — *mūšu anniu* (die) heute (verflossene) Nacht. *mūšu anniu ša ūmi 22.* (die) heute (bevorstehende) Nacht am 22sten. *ūma 13. mūši ša ūmi 14.* am 13ten in der Nacht zum 14ten. *mūša* bei Nacht; heute nacht. *mūšamma* (gestern) nachts. *kal mūši* die ganze Nacht. *ina qabal mūši*, *ina qereb mūši* mitten in der Nacht. *mūši mašli, mūši mašal* Mitternacht. *mūša u urra, mūši u urri, mūša adi urri, mūšu u immu* Tag und Nacht; vgl. *ūru* (אור₆א₁) und *immu*. *mūši u uddakam* («die Nächte und allmorgendlich» =) Tag und Nacht. *muškaṣāt* Morgendämmerung (?).

mūšiš bei Nacht (opp. *urriš*).

mūšamma gestern.

mušītu Nacht. — *mušītu kalaša* die ganze Nacht hindurch. *qereb mušīti* mitten in der Nacht.

mušītaš bei Nacht.

amšat verwichene Nacht, gestern. — *ina amšat* (gestern) abends (opp. *uddiš*).

amšāla gestern. — *eštu amšāli* seit gestern.

mašū zu Grunde gehen. — I₃ faulen, ausfallen (Zahn *šennu*). — III₂ vernichten.

mušgallu (sum. LW.) Riesenschlange.

mušgarru (sum. LW.) e. Schlangenart; — e. Art Türkis (?).

mašādu *(i)* drücken (Dämon: jdm. auf den Leib: *bāmāt* + suff.), aufdrücken; schlagen (: einem Kranken auf die Backe (rituell): *lēt marṣi*), niederschlagen; pms. aufgedrückt haben (Neugeburt: Mal *mašṭa*), behaftet sein (Neugeburt, mit e. Mißbildung der Epidermis: *abūsat*, bzw. *ṭuppi, šēri*). — II₁ drücken (?, Nahrung *akālu*). — III₁ pms. aufgedrückt, aufgesetzt sein (?, Diadem *agū*). *mešettu imešidsu* es trifft ihn der Schlag. — *muššudu appā* + suff., *lēta* + suff. sich auf die Nase, die Wange tippen.

mešdu, st. c. *mešed* Druck (der Hand *qāti*).

maštu (< **mašadtu*, **mašātu?*) Mal (s. d. verb.).

mešettu Schlag (med., s. o. d. verb.).

mašdu, maldu (< **mašīdu?*) niedergedrückt (?); Niederung (?, eines Flusses *nāri*, eines Ruhelagers *erši*).

mašdū (sum. LW.) verschlossen (Lippen *šaptā*; vgl. auch *nānu*); — Türpflock, Türhalter (?).

mašdarū (sum. LW.) regelmäßiges Lammopfer.

mašahu *(u)* Glanz *(mešḫa)* entwickeln (Mond, von Osten nach Westen *ultu šadī ana amurrī*; Venus, Merkur, Sternbilder, opp. *mitaqutu*), glänzen. — I₂ aufglänzen, aufleuchten (Aquila *erū*).

mašḫu e. («glänzender»?) Schmuckgegenstand (von Gold).

mešḫu Glanz (vom Mars *ša nibeāni*), Gefunkel; glänzender Stern (im Schützen).

mušḫu Gefunkel.

mašāḫu *(u)* (wests. LW.?) messen, darmessen (: Getreide *šēa*). — IV₁ (?) «rationieren» (?, : Getreide *šēa*). — *mašāḫ šēi* Getreidedarmessung. — Vgl. *mašā'u*.

(mešēḫu?,) st. c. *mešēḫ* (?), ***mešeḫtu, mašḫattu*** (?) Maß.

māšeḫu messend; Messer, Feldmesser; Meßholz, e. Maß. — *māšeḫu rabū* Vollmaß. — *māšeḫu ša ušišti (usišti)* Grundmaß, Normalmaß. — *māšeḫu (ša) tarṣi* geaichtes (?) Maß.

— *māšeḫu ša emetti* e. Maß für Naturalienabgaben. — *māšeḫu ša sattuq* e. Hohlmaß für Naturalienlieferungen = 14,4 l (36 sila?).

māšeḫānu Feldmesser.

namšāḫu (e. best.?) Gemäße.

mašḫulṭuppū Sühnezicklein. — Vgl. *ḫulṭuppū*.

mašāku s. *masāku*.

mašku, st. c. *mašak* Haut, Fell; Leder; Ledertäschchen (?). — *ina maški* (in Leder, sc.) eingewickelt (?). — Vgl. *masāku*.

mešku Syn. zu *daltu* Türe.

mušku s. *musku*.

maššakku, muššakku (LW.?) e. Art Schütt- oder Rauchopfer (?).

mašālu (*a*, *e*) ähnlich werden, gleich werden (einer Sache: [*ana*,] *ina*); pms. gleichen (einer Sache: acc. oder *ana*; einander *ana aḫāmiš*). — II₁ ähnlich machen, nachbilden (: Gestalt *bunnannā*); entsprechen lassen (: Willen *ṭēma*, der Vollkraft: *lālē*); es gleichtun, gleichkommen (an Macht: *šepṣēt*, an Göttlichkeit: *ilūta*). — II₂ ähnlich machen, gleich machen, nachbilden (etwas: acc., einer Sache: acc.); gleichgemacht werden, durch (etwas) Ähnliches oder Gleiches erreicht werden, mit Neg. unerreichbar, unvergleichlich sein (Kraft *dannūtu*). — III₁ + *-ma* und *zāzu* zu gleichen Teilen verteilen (: Felder *eqlāti*). — *kī ša . . . amšal* («ich würde gleich einem, der» =) es schien als ob ich. — *lā-mašel* («[ist es] nicht eben so» =) nicht wahr. — *kī ša inanna adi-šunu-ma lū mašlu* sie mögen so bleiben wie bisher, sich gleich bleiben. — *muššulu kī libbi* + suff. so bleiben lassen, wie es der Wunsch von . . . ist. — *mutaššulu iliš* gottähnlich, göttlich machen (: den Ruhm des Königs *tanādāti šarri*).

mašlu, mešlu, st. c. *mašal*, *mašel*, *mešel* Hälfte (eines Feldes *eqli*). — *mešlu . . . mešlu* die eine, . . . die andere Hälfte. — *mešel ša* die Hälfte von dem was. — *mešel šeqli*, *mešel šeqel kaspi* ein halber (Silber-)Sekel. — *mešel ūmi* Mittag. — *ina mūši mašal* (*mašel*, *mašli*) um Mitternacht. — *mešel šatti* Jahreshälfte.

mešlānu Halbabgabe (eines Pächters), «Halbpacht»; vgl. *nadānu*. — e. Behälter aus Ton (?).

mušālu Spiegel (von Metall).

muššulu nachgebildet, ähnlich; f. pl. Nachbildungen, Abbilder, Bilder (aus Ton). — *muššulu ša ili* Abbild Gottes, gottähnlich (König *šarru*).

tamšēlu Bildnis, Gleichnis; Nachahmung (eines Baustils); Symbol (gefülltes *mušālu*, von Delphinus: *ša mīti*). — *tamšēl* (ähnlich) wie, gleichwie; etwas wie ein . . ., eine Art von. — *ša lā-tamšēli* ohne gleichen (königliches Siegel *kunuk šarrūti*). — *tamšēl gallī* ein wahrer Teufel (Schimpfwort). — Vgl. unter ת.

mašallū s. *salū*.

māšeldu s. *mašāšu*.

mēšultu s. *ešēšu*.

mušālu e. paarweise gebrauchtes, in der Hand zu tragendes Holzgefäß für Flüssigkeiten, mit Deckel, in Gold gefaßt.

mušlaḫḫu, f. *mušlaḫḫatu* (sum. LW.) Schlangenbeschwörer, e. Priester.

mušmaḫḫu (sum. LW.) Riesenschlange.

mašmaššu, mašmāšu (sum. LW.) e. (hoher Beschwörungs-)Priester. — *mašmaš ilāni* e. Beiname von Ea, Gibil und Marduk.

mašmāšūtu Amt des *mašmāšu*; — Beschwörungsliteratur.

mešēnu s. *šēnu*.

maššānu, mūšānu (?), pl. *maššānānu* e. Hausgerät (?, von Holz).

mušannītu, mušānītu s. *šanū*.

muššepu s. *ašāpu*.

mašāru schneiden, zerschneiden, zerreißen.

mašru zerschnitten, zerrissen (Kleid *ṣuhātu*).

mašāru s. *(w)ašāru.*

mušarū s. *musarū.*

mušerettā s. *šarū.*

mušruššū (sum. LW.) Drache; heiliges Tier Marduk's.

muššerru (?, LW.?) e. Edelstein.

mašāšu *(u)* bestreichen; abwischen, abwetzen (?) (: Rost *mammū*); läutern (?). — I2 bestreichen (: Wange *lēta*). — IV1 bestrichen werden (Gelenke *šer'āni*), geläutert werden (?, Kupfer *qū*).

(māšišu,) f. *māšeldu* Wetzstein (?).

mašīšu, maššu, pl. *mašīšūti* geläutert (?, Gold *ḫurāṣu*, Kupfer *qū*).

maššī s. *māšu.*

muššu weibliche Brust; — ansteckender Aussatz (?); — in Brocken *(kusāpi)* dargebrachte Opfersubstanz (?).

maššū s. *massū.*

maššitu e. Art Steuer (?).

maššišiši Art Musikbegleitung.

maštu s. *mašādu.*

maštū, martū großer Stock, Stück Holz (?, für Pflöcke *šikkāti*); — vgl. *retū, šatū.*

maštakal, martakal, maltakal (LW.?) Juniperus.

maštaqu, mištaqu s. *šatāqu.*

mutu Gatte, Ehemann, Gemahl (cpl. *aššatu*), Bräutigam. — *ša lā-muta* gattenlos (Ehefrau *aššatu*). — *mut aḫāti* Schwestermann, Schwager. — (*jamutu* s. א7א1).

mutūtu Stellung des Ehemanns. — Vgl. *aššūtu.*

matē, mat, matia-ma, matē-ma, metē-ma (?) (מתי7א) wann; wann immer, jederzeit. — *lā-matē-ma, matē-ma . . . lā, matē-ma . . . ul* niemals, nie; noch nie (mit impf.); nie mehr, nimmermehr (mit prs.). — *matē-ma ina aḫrāt ūmi* stets in der Zukunft. — *adi matē, adi mat, ad matē* wie lange (noch). *adi matē ūmi* wie lange Zeit (noch). — *ammatē* wann (cj.). *ana matē-ma, ana matemma, ana matummamma* (?) für immer, auf immer. *ana matemma . . . ul* nimmermehr. — *ina matē, immatē, imata, immat* wann (interr.; cj. mit prs. od. pms.). *ina matē-ma, ina matē-me, immatē-ma, immatemma* wann; wann immer. — *adi immatē, adi immat* wie lange (noch).

matāḫu *(u)* aufnehmen, verladen (: Steine *abni*), in die Höhe halten (Priester, einer den andern *aḫāmiš* [mi-misch]); pms. hochstehen (Mond). — I2 verladen (: Steine *abni*); davontragen (aus: *eštu libbi*). — III2 sich hinwegheben über, hinwegkommen über (Schluchten *ḫurri*). — IV2 sich erheben, aufsteigen, aufgehen (Mond, Jupiter). — *matāḫu ina burkē, ina sēqē* auf den Schoß nehmen. — *matāḫu rēša* + suff. trösten. *mitatuḫu rēša* + suff. sich trösten, guten Muts sein. — *matāḫu šēpē* frohlocken.

mutḫummu (sum. LW.?) Produkt.

matqu süß (opp. *marru*; Dattel *uḫēnu*); Most (?).

mutqu Süßigkeit; vgl. *akālu.* — e. Tier niederer Ordnung (Eidechsenart?).

muttāqu (aus Emmer bereitete) Süßspeise. — *ša muttāqi* Feinbäcker.

muttāqūtu Zubereitung (?) der Süßspeise.

mutqu Syn. zu *uplu* Laus.

matnu, pl. *matnānu* (?) Sehne (eines Bogens *qašti*).

mutinnu (?, sum. LW.?) Wein (?). Vgl. *kurunnu.*

matāru s. *(w)atāru.*

maturru (sum. LW.) e. Art Götterbarke.

muttu s. מן.

נ

ne'ū *(e)* (א6א3 נ?) wenden; mit folgd. verb. fin. andrerseits, hinwiederum, auch (tun). — *ne'ū ida* + suff. «den Arm wenden» = etwas ausrichten (gegen : *ana*). — *ne'ū erta* + suff. «die Brust wenden» = sich entfernen, fliehen (Dämon; Unhold *lā-ṭābu*; aus der Schlacht *ina tāḫāzi*). *nā'ī erti* Flüchtling. — *ikkal inē'u ikkalū* er frißt, (und dann) fressen auch (hinwiederum).

nē'ū (?) Peripherie (?).

nawū, namū (נאו ₇ נא ₆?) (umgeben); — pms. verödet sein (Tempel *bētu*). — II_1 verwüsten, veröden lassen (: Kultstätten *eśrēte*). — IV_1 zur Wüstenei werden, veröden.

nawū, namū, pl. *namū, namē* Umgebung (einer Ortschaft; des Königs *šarri*), (unbebautes) Land, Trift, Wüste. — *ina nawī šū* er ist auf dem Land. — *namē* + suff. in der Umgebung von (?, vgl. *kamāṣu*).

namātu (?) Umriß (?, in *namātu eṣrāti* Bauplan?).

nītu Umschließung, Blockade (vgl. *lāmū*). — *nīt libbi* Mutterleib (?).

namū'iš als, zur Wüste; vgl. *alāku*.

namūtu, namuttu Verwüstung, Wüstenei; vgl. *alāku*.

numātu (häusliche?) Umgebung (?) = Hausgerät, Habe.

nu'ū (sum. LW.?) Schwächling, a 'nobody', e. «Null», Dummkopf (opp. *ummānu*).

nūbtu (נאב ₆) Biene.

najābu (נאב ₇), pl. *najābē* Zahn; Vorsprung an oder in der Nähe der Leber; Zinne (einer Mauer *dūri*).

nābu Laus.

na'ādu *(u)* rühmen, preisen (: die Herrschaft, *bēlūta*, einer Gottheit; Lied *zamāra*, opp. *šumsuku*); Lobpreis spenden (einer Gottheit : *ana ili*). — I_2 (ehrfurchtsvoll, vgl. *palāḫu*) preisen (: Göttlichkeit *ilūta*; das Wort, *amāt*, einer Gottheit; die Namen der Götter *šumū ilāni*); Lobpreis spenden (einer Gottheit : *ana ili*), sich furchtbar zeigen. — II_1 rühmen, preisen (: Göttlichkeit *ilūta*); (rühmend) empfehlen (jdn. jdm.: dopp. acc.; zu : *ana*), anempfehlen; sich furchtbar machen, sich überheben. — II_2 rühmen, preisen (: Göttlichkeit *ilūta*, den Götterherrn *qarrād ilāni*).

na'īdu, na'du, nādu, f. *na'ittu* gepriesen, berühmt (Gottheit, Fürst), angesehen (Mann *amēlu*).

na'īdiš ruhmvoll.

tanattu, tanettu, tanētu, pl. *tanādāti* Ruhm, Preis, Prunk; Lobgesang (vgl. *iṣ*).

nādu, pl. *nādāti* Schlauch. — *nād mē* Wasserschlauch.

nāḫu (נאח ₆) Ruhe geben, sich beruhigen (Gottheit; Herz, *libbu*, einer Gottheit; über, gegenüber jd. : acc.; Zorn *uzzu*; opp. *zenū*, *sabāsu*), ruhen (friedlich *šupšuḫiš*); übertr. die Tätigkeit einstellen, «ruhen» (Lanzen *ulmi*); pms. ruhig sein, still sein (Zisternenwasser *mē jarḫi*); beruhigt sein (Mensch), friedlich sein (Haus *bētu*); im Friedenszustand sein (Land *mātu*); die Tätigkeit eingestellt haben (Glanz, *ṣerḫu*, eines Planeten), nicht scheinen, nicht leuchten (Mond, Planet); aufgehört haben (etwas zu tun : *ina* mit inf.). — I_2 sich beruhigen. — II_1 zur Ruhe *(nēḫta)* bringen (: Herz *libba*), beruhigen (: Herz, Gemüt, *libba, kabatta*, einer Gottheit), besänftigen (: Zorn *uzza*); stillen (: Wunde *ṣimma*). — III/II_2 die Tätigkeit einstellen, nicht scheinen (Mond), unterbrochen werden (Nachtwache *maṣṣartu*, opp. *gamāru*).

natāḫu *(u)* sich beruhigen (Herz *libbu*).

nūḫu Beruhigung. — *nūḫ libbi* Besänftigung.

nēḫu, f. *nēḫtu* ruhig, friedlich (Stätte *mäzaltu*); f. Ruhe; vgl. *ašābu*, *rabū*. — *lā-nēḫu* ruhelos, rastlos.

nēḫiš ruhig.

tanēḫtu Ruhe; vgl. *parakku*.

nāḫu Fett (vom Schwein *ša šaḫī*).

nūḫu Fettöl, Öl zum Einfetten von Leder.

nūṭu e. Behälter aus Leder.

nāku (נאך ₇) beischlafen, beschlafen, vergewaltigen, (päderastisch) mißbrauchen; pms. vergewaltigt werden. — I2 beiwohnen. — I3 (regelmäßig, öfter) beiwohnen. — II1 als mißbraucht erklären, des Ehebruchs bezichtigen (?,: Ehefrau *aššata*). — IV1 vergewaltigt werden. — *nāku tappāšu* Päderastie treiben.

niāku, nāku Beischlaf.

nīktu f. mißbraucht.

nā'ikānu Hurer, Ehebrecher.

nālu, ne'ēlu, nēlu *(a, e?)* (נא2ל) sich niederlegen, sich auf ein Ruhelager *(majāl)* legen, ruhen; sich zur ewigen Ruhe legen (opp. *tebū*); pms. darniederliegen (an e. Krankheit *ina murṣi*, schwer *marṣiš*). — I2 sich legen (zu Füßen *ina šēpē*); ruhen (Weib, bei e. Mann : *itti*). — I3 sich (zusammen) niederlegen, sich niederlassen (auf e. Ruhelager, im Ehebett *ina erši*, *ina majālti*; auf e. Niederung *ina nidūti erṣeti*). — I4 ruhen (im Schoß, *ina sūni*, eines Weibes); niederlegen, legen (in Salz *ina ṭabti*). — II1 niederlegen, niederwerfen (: Feinde). — II2 pms. sich niedergelegt haben, ruhen, schlafen. — III/II1 legen (in Salz *ina ṭābti*); hinwerfen (: Netz *sapāra*), niederwerfen (: Feinde); verwerfen (: Rat *melka*).

natālu *(i)* sich schlafen legen (abs., auf: *ina eli*, in e. Gemach *ina kummi*). — I2 sich zum Schlaf niederlegen (auf e. Bett *ina erši*). — *itatulu ina sūni* + suff. einer Frau beischlafen.

natullāti (pl.) Ruhekissen (?, aus Leder).

ne'ēlu, nēlu, st. c. *nēl* cubitus, Samenerguß; semen virile; vgl. *balālu*.

majālu, majāltu Lager, (künstliches) Ruhelager (opp. *qaqqaru*), Bett; Beilager (cfr. *eršu*); Sitz (eines Wagens *narkabti*). — *majāl taqnī* κλίνη εὖ ἐστρωμένη. — *majāl mūši* Nachtlager.

namālu (נא6ל?) Mist, Schmutz.

najalu, nālu Hirschkuh. — *kīma nāl-mi* (?) (so schnell) wie e. Hirschkuh, schleunigst (?).

nāliš (schnell) wie e. Hirschkuh.

nūmu, pl. *nūmi* (נא1ם) Spruch (?).

munattu (נא6ם?), pl. (?) *munāmāti* Schlummer (?), früher Morgen, Morgendämmerung.

nīmu Syn. zu *elpitu* e. Binsenart.

nēnu, nēni, nēn (נא3ן) s. *anāku*.

nūnu, pl. *nūni* Fisch; Pisces E. — *nūn-amēli* «Fisch-Mensch». — *nūni apsī* Seefische. — *nūnu mašdū* Muschel (?). — *nūn ṣuṣī* Röhricht-Fisch (?, der Karpfenfamilie?). — *nūni-tulati* «Fischwürmer» (?). — *nūn temri* Backfisch.

nīnū Ammi.

nāpu (נא6ף?) überschüssige Abgabe entrichten (?).

nūptu, pl. *nupāti* überschüssige Abgabe, Extravergütung (seitens eines Hausmieters).

na'āṣu, nāṣu sich im Mund (*ina pī* + suff.) abmühen mit (?), kauen (: Zedernholz *erēna*, e. [Pflanzen-]Wurzel *išda*); übertr. verkleinern, verachten, beschimpfen (?). — II1 kauen.

nēṣu Syn. zu *gašru* stark.

nāqu (נא6ק) jammern, stöhnen (sehr *marṣiš*). — I3 (fortwährend) jammern.

tanūqāti (pl.) Gestöhn, Wehgeschrei.

nāru, nārtu, pl. *narāti* (נא2ר) Wasserlauf (opp. *tābalu*), Wasser, Strom, Fluß, Kanal; Strömung (?, vgl. *pašāru*); (Mond-)Hof. — *nār-šadī* Bergbach.

nāriš wie (in) e. Strom.

nēru *(e)* (נא3ר?) zerfleischen (?,: Wange *lēta*); Mord (: *nērta*) begehen, hinmorden, hinschlachten, niedermachen (: Feinde *ajābi*, *gārē*, *lā-māgeri*; mit der Waffe, mit Waffen *ina kakki*); zugrunderichten (: e. Volk; Dämon : e. Land *māta*). — II1 niederwerfen. — IV2 hingeopfert werden.

nērtu Mord, Metzelei.

nērtānītu Mordgesellin (?, Hexe *kaššaptu*).

nēru (נא4ר) heulen (Sturm *ūmu*), brüllen (Löwe *labbu*). — II1 brüllen (Löwe *nēšu*).

nēru Geheul, Klage.

nā'erē, pl. f. *nā'erāti,* pl. Klagemänner, Klageweiber. — Vgl. *nāru.*

nawāru, na'āru, namāru *(e)* (נאר$_6$) licht werden (opp. *eṭū, ēteneṭū*), hell werden (Vorzeichen *iddāti*), leuchten (Tageslicht *ūmu,* vgl. אמר$_1$ IV$_1$; übertr. Antlitz *pānu, zīmū*), (wieder) aufleuchten (Kohlenbecken *kinūnu*); sich erheitern (Gemüt *kabattu*); pms. hell sein (opp. *eṭi,* Planet, Sternbild, Komet; Antlitz *pāni*). — I$_2$ aufleuchten. — II$_1$ hell machen, erhellen, aufhellen (: Geheimnis des Ehebetts *puzra majāli*), erleuchten (Sonne : Land *māta,* Verstand : *ṭēma*), aufleuchten lassen (: Opferfeuer *abrū*), leuchten lassen (: Tempel, wie der Tag *kēma ūmi,* wie der Sternhimmel *kēma šeṭer burūmi;* Antlitz, *pāni,* einer Gottheit); erheitern (: Gemüt *kabatta*), schmücken (: Tisch *paššūra*); pms. leuchten (Sternbild; Antlitz *zīmū*). — III$_1$ aufleuchten lassen (aus e. Kohlenbecken *eštu libbi kinūni*). — III/II$_1$ erhellen (: Nacht *mūša,* Finsternis *eklēte*), leuchten lassen (: Licht *nūrā,* Tempel, wie der Tag *kēma ūmi*; Antlitz *pāni*). — IV$_1$ zum Leuchten gebracht werden, entfacht werden (Feuer *išāti*); pms. Licht haben, scheinen (Mond). — IV$_2$ leuchten (Mars *nebeānu*). — *munammer eklēte* Beiname von Gibil und Šamaš. *munammer mūši* Beiname von Sīn-Mond. *munammerat mūši* Beiname von Ištar-Venus.

namāru Erleuchtung; Tagesanbruch, Morgen. — *namār kabatti* Heiterkeit.

(namartu,) pl. *namarātu* Heiterkeit, Fröhlichkeit.

namārītu Morgen- (d. i. dritte) Nachtwache; vgl. unter *naṣāru.*

nūru Helle, Licht (auch übertr., vgl. unter *aṣū, šakānu*), Tageslicht. — *nūru ša išāti* Feuerschein. — *nūr ili* Beiname von Marduk und Šamaš. *nūr māti* (?) Beiname von Sīn.

namēru, namru, f. *nawertu, namērtu* hell (Licht *urru,* Mondlicht *šarūr Sīn,* Tag *ūmu,* Auge *ēnu*), licht, leuchtend (Antlitz *zīmē, bunni*), strahlend (Gold *ḫurāṣu,* Kupfer *erū*); hellfarbig (?, Sklave, Sklavin *ardu, amtu*); f. Helle. — *namra-ṣīt* Glanzaufgang (?, vom Mond). — Vgl. *ūmū* (אם$_6$א$_7$).

namriš strahlend.

numru Heiterkeit, Fröhlichkeit.

nummuru Strahlen (des Antlitzes *pāni*).

namurru, f. *namurtu,* st. c. *namurrat,* pl. *namūrāti* leuchtend, strahlend (Hausgeräte *anūt bēti*; vgl. *bētu*); furchtbar, schrecklich glänzend (Rammān); f. Glanz, Schreckensglanz ([göttlicher] Embleme *kakki,* des [Kult-]Gefährtes *makkītu*).

namrēru Lichtflut, Lichtglanz (von Gestirn-Gottheiten).

netmertu Erleuchtung, Entfachung.

tanwartu, tanmartu e. Monatsname.

tinūru Backofen, Ofen.

nāru, f. *nārtu* (sum. LW.?) Sänger, e. Priesterklasse. — Vgl. נאר$_4$.

nārgallu Vorsänger.

ni'aru e. Art Papyrus.

narū (sum. LW.) Urkunde (auf Stein, Ton *ḫaṣbu* oder Pergament).

nēru (sum. LW.?) Pflock (?), Querholz (der Tür *dalti,* des Pflugs *epenni*; von Tamariskenholz *ašli*), Joch (auch übertr. : einer Gottheit, der Herrschaft *bēlūti*), Vela (vgl. u.); e. Teil der Leber; übertr. : Kulturland (?); vgl. *emēdu, kanāšu, nadū, saḫāru, salū, ṣamādu, šētu, šadādu, tāru.* — *nēr māti* Bootes. *nēr emēri* η Bootis. *nēr emēri arkīti* ε Bootis. *nēr šamē* Draco. *nēr (tāmti)* Vela.

nēru, nēr νῆρος.

nēšu genesen.

muna'išu Tierarzt.

nāšu (נאש$_6$) ins Wanken geraten, wanken, schwanken (Tor *bābu,* Heiligtum *ašertu* (?), Schiff *eleppu*, Himmel und Erde *šamû u erṣetu*, übertr. Feinde *nakri*); erbeben (Erde *erṣetu*). — II1 in Bewegung setzen (: Monstrum *qeṣra*, s. d.), ins Wanken bringen (: Berg *šadâ*), schütteln (: Haupt *qaqqada*, gegen jd.: *ana*), abschütteln (: Kopfschmerz *muruṣ qaqqadi*). — II2 erschüttert werden (Fundament *išdu*).

nêšu heulen, brüllen (?).

nēšu, f. *nēštu* Löwe. — *nēšu ša ṣērišu* Wüstenlöwe. — *nēš-qaqqari* «Erdlöwe», χαμαιλέων (?).

nīšu, pl. *nīši* Volk, Völkerschaft; Leute; Einwohner, Bewohner (von Stadt und Land); Untertanen; Angehörige; Menschen (im Gegensatz zu Tieren). — *nīši māti* Landesbewohner. — *nīši qereb Labnana* die Leute im Libanon. — *nīši āšibūti, nīši ṭatmi* Bewohner, Einwohner. — *nīši u šallat māti* die Gefangenen und die Beute des Landes. — *nīši mūši* Nachtvolk (?), d. i. Dämonen (?).

nīšūtu, nīsūtu Hausgenossenschaft. — *nīšūtu u salātu* Hausgenossenschaft und Verwandtschaft, Hausgenossen und Verwandte.

nāšu e. Art Bier. *ša nāšišu* Schenkwirt.

ni'āti s. *anāku*.

nibu s. *ajanibu*.

(nabā'u,) nabû *(i)* (נבא1) rufen, (beim Namen : *nība*) nennen; e. Berufung (: *nibīta*) vornehmen, berufen (jd. : acc., zur Herrschaft *ana bēlūti*); pms. genannt sein, benannt sein (nach: *ana šum*). — I2 nennen. — I3 (fortwährend) blöken (Schafe *laḫrāti*). — II1 laut rufen; wehklagen, jammern. — IV1 genannt werden (Name *zeker šumi*; unter : *itti*). — *nabû šum* + suff. benennen (jd., etwas : acc.); berufen (jd. : acc., zur Herrschaft *ana bēlūti*). *ša nabi šuma* wer (was) e. Namen hat, irgendein. *nabû ana šumi* + suff. auf einen Namen bringen, benennen (: Tempel). — *nabû zeker* + suff. berufen (zur Herrschaft *ana bēlūti*). *nabi zeker* + suff. genannt sein. — *itabû nibīta* eine Berufung vornehmen, berufen (jd.: acc., zu : *ana*). *nību* Benennung, Name (vgl. *qebû*), Bezeichnung (eines Feldes *eqli*, einer Flur *ugāri*, der Grenzen *itē*); Betrag (einer Geldsumme *ša kaspi*). — *ša nība lā išû, lā-nībi* zahllos, unzählig.

nibītu Benennung, Berufung, Anrufung (vgl. *zakāru, šaṭāru, šakānu*); Gegenstand der Berufung, Berufener (einer Gottheit). — *nibīt šumi* Name. *ina nibīt šumija, itti nibīt šumija* in meinem Namen.

nubbû, nūbû, numbû Geheul, Gejammer. — *numbû u bakû* Gejammer und Weinen.

munambû Heulpriester.

(nabû?) (נבא2?) pms. hervorragend (geworden) sein (Ištar-Venus, am Himmel *ina šamē*, einzig *ēdiššiša*).

nabû, nebû, f. *nabātu* (?), *nabītu, nebītu* (?), *nebittu* hervorragend (über die Fürsten *eli maliki*); Haupt-Hauptstern. — *nebû* Jupiter (?). — *kakkab šamē nabû* Hauptstern des Himmels (Venus). — *nabât* (?) *kakkabi* die hervorragende (?) unter den Sternen (Ṣarpānītu-Venus). — *nabīt ili* die hervorragende unter den (Stern-)Gottheiten, Haupt-(Stern-)Gottheit (Ištar-Innin-Bau-Venus). — *nabat* (?) *nabīt* (?) Venus (?). — *nebû ša enzi* Hauptstern von Lyra (Wega). — *nebû ša šuvai* Algol. — *nebû ša erat simut* γ Cygni. — *nebû ša ina kalīt lulimi* α Cassiopeiae (?). — *nebītu* (?) *ša šer'i* Spica. — *nebittu* Prachtgewand (?).

nebeānu Mars.

(nebû) (נבא4) II1 sprudeln (lassen?) (: Kanäle *ḫerāti*). — III2 sprudeln (Wasser *mû*).

nambā'u Quelle. — *nambā'u ša mē* Wasserquelle.

nib'u Schößling; *nib'i eqli* «Feldschößling», e. Pflanze.

nabû (?) e. Insekt.

nabbû (?) e. Hausgerät.

nibzu Urkunde (auf e. Tontafel; assyrische *Aššurai*, aramäische *Armai*).

nabāḫu *(u)* bellen (Hund *kalbu*). — I3 (?) fortwährend bellen. — II1 bellen.

nabāṭu, nabātu, napāṭu aufleuchten, aufstrahlen (Tageslicht *ûmu*, Stern *kakkabu*), funkeln (Waffen *kakki*). — I2 glänzen (Silber *ṣarpu*). — II1 erstrahlen lassen. — III1 aufleuchten lassen (: Glanz *namrēra*), erstrahlen lassen (: Tempel *bēta*, Kapelle *papāḫa*, Antlitz *bunni;* Aussehen, *zîmû*, eines Tempels; sonnengleich *šaššiš*). — IV1 pms. leuchten, funkeln (Scheren von Scorpius, opp. [?] *nengul;* Teile von Perseus). — IV2 leuchten (wie das Tageslicht *kēma ûmi*), erstrahlen (Antlitz, *zîmû*, *bunni*, einer Gottheit). — IV3 funkeln, strahlen (Orion, Teile von Scorpius; Hörner, *qarnā*, eines Wildstiers *rēmi;* Alabastersubstanz *zumur gišergalli*, wie das Tageslicht *kēma ûmi*); entzündet sein (?, Eingeweide *libbû*).

napṭu Erdöl, Naphtha.

nabṭû, nebṭû leuchtend (?), beleuchtete Wolke (?).

napāṭiš adv. ganz offen.

nibṭu Glanz, Licht (vgl. *nadû*).

nambāṭu Heiterkeit.

nappāṭu Herd (?).

nabālu, napālu *(u)* zerstören, verwüsten (: Stadt und Land; Schriftstück *ṭuppa*), herausreißen (: Augen *ênê*, d. h. blenden). — I2 zerstören (: Stadt). — II1 zerstören; pms. zugrunde gegangen sein (Mann *amēlu*, Auge *ênu*). — *napālu naqāru* von Grund aus zerstören, gänzlich verwüsten. — *napālu, nuppulu êna (ênê)* + suff. jdn. blenden. — *nuppulu šenni* + suff. mit den Zähnen knirschen.

nabbaltu Sturm.

nāpilu e. Belagerungsinstrument, Mauerbrecher.

nabbillu e. Heuschreckenart.

nablu, pl. *nabli* Flamme, Lohe, Feuer, auch übertr. vom Feuer der Iris (*ṣalam êni*); pl. Feuergarben (eines Blitzes *berqi*; vgl. *kalāmu*).

nabliš flammend.

niblu Sproß.

nuballu, nubālu, du. *nuballā*, pl. *nubālū* Steuerfedern (?, vgl. *kappu*), Flügel; pl. auch übertr. Fittiche (des Königs, die über das Land ausgebreitet sind *ša eli māti šuparrurū*).

nabultu, nultu (?), pl. (?) *nabulti* (wests. LW.?) Leichnam.

nablāṭu (?), ***nabalṭu,*** ***(nablātu)*** sich das Leben retten, davonlaufen (?, vor *pān*), übertr. des Sieges verlustig gehen (?, Waffen *kakki*).

(nabāsu?,) napāšu (rote Wolle) zerzupfen, krempeln. — IV1 zerzupft werden (Ziegenwolle *šepāt enzi*, gefärbter Wollstoff *ṣerpu*); übertr. zerstreut, vereitelt werden (Bann *nîšu*).

nabāsu, nabassu, napāsu, nabāšu rot (gefärbt)e Wolle.

(nabēšu,) nabšu, nibšu (?) gekrempelt.

nabāsiš wie rote Wolle.

nabrî (sum. LW.?) e. Name des achten (?) Monats.

nabreu, nabereu e. im *nabrî* gefeiertes Fest.

nabru, nabrîtu s. *barû*.

nabāšu s. *nabāsu*.

nabātu s. *nabāṭu*.

nibittu e. Kleidungsstück.

(nagû) (נגא2) IV2 («strahlen» =) fröhlich sein (Gemüt *kabattu*).

nuggu, in *nug libbi* (Herzens-) Freude.

tangîtu Fröhlichkeit.

nagû (נגא7?) spielen, aufspielen (einer Gottheit *ana ili*).

nengûtu, nêgûtu, pl. *nêgûti* Spiel, Musik; vgl. *epēšu, šakānu*.

nagû, pl. *nagê* Landstrich, Gebiet, Bezirk; Insel. — *nagû (ša) nêberti tâmdi* Gebiet am Meeresufer, Küstenland. — *âlu adi nagîšu* Stadtbezirk.

nigabgallu großer (Tor-)Wächter, e. Statue am Palasteingang.

nagāgu schreien, brüllen (Wildkuh *lētu*), wiehern (Pferd *sīsû*), jahen (Esel *emēru*), blöken (Schaf *laḫru*); knacken (?, Arme [?] *lāpā*). — I2 jahen (Esel *emēru*).

nāgigu Schreier (Esel).

(nagālu) pms. niedergeschlagen sein, gedrückt sein (Gemüt *kabattu*). — II1 niederwerfen (: Land *māta*). — IV1 pms. niedergeschlagen sein; (in der Erscheinung) unterdrückt sein (=?) schwach leuchten (?, Scheren von Scorpius; opp. [?] *nenbuṭ*).

nagallu e. Waffengattung (?, Axtträger, Pionier?).

neggallu, nēgālu e. Art Axt (aus Kupfer).

nagimu Syn. zu *perḫu* Sproß.

nigiṣṣu, nigīṣu s. *qaṣāṣu*.

nāgiru Vogt. *nāgir ēkalli* Palastvogt.

naggāru, nangāru, namgāru (sum. LW.) Schreiner, Holzschnitzer. — *naggār eleppi* Schiffsbauer. — *naggār magarrē (mugerrē)* Wagenbauer.

naggārgallu Schreinermeister.

maggāru Beil (?).

nagāšu *(u)* sich hin- und herbewegen (Mensch), schleppfüßig, als εἰλίπους gehen (Rind), flackern (Feuer), schaukeln (Schiff). — I2 (hin und her) wandern, durchwandern. — IV3 stieben (auseinander *aḫāti*).

muttagišu Landstreicher, Vagabund; (von Ort zu Ort wandernder) Inspektor (?).

nadû (נדא?) werfen (ins Wasser *ina mē*, ins Feuer *ina meqet išāti*, auf die Straße *ina sūqi*, auf den Maueranger *ana kamāti*), niederwerfen (jd.: acc.), hinunterwerfen (vom Turm der Stadtmauer *eštu dēmti*); vorwerfen (etwas : acc., jdm. : *eli*); auswerfen (Fischer *bā'eru* : Netz *šēta*, auch ohne *šēta*); entwerfen (: Form *lāna*); anlegen, gründen (: Garten *kerā*, Heiligtümer *parakkē*); setzen (: junge Löwen *mūrāni nēši*, in einen Käfig *ina bēt-esēr*); bringen (etwas : acc., in [ein Gefäß] : *ana libbi*; : Not *ḫušaḫḫa*, über e. Land *ana māti*); «von sich werfen» = nachlässig werden (abs.), vernachlässigen (etwas : acc., gegenüber : dt.; Mutter *ummu* : Kind *māra*, Schaf *laḫru* : Junges *puḫāda*, Ziege *enzu* : Zicklein *lalā*); aufgeben (: Heimat *āla*, Feld *eqla*); — pms. Gegenstand des Vorwurfs sein (gegen jd. : *eli*); zufallen (Feld *eqlu*, jdm. : *ana pān*, zum Abernten *ana eṣēdi*); liegen (Ortschaft, im Wasser *qereb mē*, an der Küste *ina aḫi tamti*); stehen (Marduk-Jupiter, am Südhimmel [?] *ina libbi* [?] *Ea*; Wolkenbank *nīdu*, rechts [links] von der Sonne *ina emetti (šumēli) Šamaš*); lagern (einander gegenüber *ana tarṣi aḫāmiš*); ruhen (Kette *maninnu*, auf dem Hals *ana teqqi*); liegenbleiben (Getreide *šēu*, draußen *ina kēdi*); enthalten sein (Gold, in : *ina libbi*); vernachlässigt sein (Angelegenheit *amātu*); nicht bestellt sein, brachliegen (Feld *eqlu*). — I2 niederwerfen (jd. : acc., auf dem Schlachtfeld *ina ṣēri*); vorwerfen (?, : Böses *lemutta*); aufschlagen (: Lager *ušmanni, karāša*). — II2 entwöhnen (?, : Säugling). — II4 s. u., unter *nadû pā*. — III1 werfen lassen (ins Wasser *ina mē*); besiedeln; veranlassen daß nicht geschieht, hintertreiben (e. Handlung : inf.). — III2 (jd.) veranlassen (etwas) wegzuwerfen; (jdn.) veranlassen (etwas) zu unterlassen, (jd.) abhalten (?, etwas zu tun : *ana* mit inf.). — IV1 geworfen werden (ins Feuer *ana išāti*; in Fesseln : *maškāna*); hingeworfen werden (vor jdn. : *pān, ina pān*); angelegt, gegründet werden (Wohnstätte *šubtu*), besiedelt werden (Stadt und Land *ālu u mātu*); achtlos hingeworfen werden (Stein), vernachlässigt werden; pms. sich senken, d. i. (?) vom Zenit entfernen (Ištar-Venus, opp. *nanši*). — *nadû aḫa* säumig werden (jdm. gegenüber : *eli*), versäumen (etwas : *ana*); vgl. *rašû*. — *nadû aḫēta* hinauslegen (?). *itadû aḫēti* ausgerenkt sein (Glieder *mešrête*). — *itadû ana unqâti* sich in Windungen legen, sich winden. — *nadû ana eqli* aufs Feld treiben (: Kleinvieh *ṣêni*). — *itadû mêrânu (mêrênu)* + suff. mittellos werden (Land *mâtu*), der (Wasser-)Zufuhr entbehren (Wasserlauf *nâru*). — *itadû arûrûtu* e. Bannfluch ausstoßen. — *nadû išâta* Feuer anlegen. — *nadû šipta* e. Beschwörung rezitieren. — *nadû uššê* den Grund legen. — *nadû ašušta* Leid bringen. — *nadû bûla* Vieh treiben (auf den Weidegrund *ina usalli*). — *nadû bêrête parzilli* Eisenfesseln anlegen (jd.: dt., an Händen und Füßen *qâtâ u šêpâ*). — *nadû gella* «auf die Flut legen» = von Stapel lassen (: Schiff *eleppa*). — *nadû maḫar dajâni* vor den Richter bringen. — *nadû ḫalâqa* e. Fluchtversuch machen. — *nadû ḫurgulla ana pî kaššâpi* e. Zauberer knebeln. *nadû ḫurgulla ina pî kalbi* einem Hund e. Maulkorb anlegen. — *nadû kurbâni ana Id* Klumpen in den (heiligen) Fluß werfen (e. symbolische Handlung; vgl. *nasâku*). — *nadû lêta* («die Wange» =) das Ohr neigen, Gehör schenken, Aufmerksamkeit schenken (jdm. : *eli*). *nadû liblibba* e. Fehlgeburt haben; *šuddû, šutaddû ša-libbi* + suff. e. Fehlgeburt veranlassen (bei jdm.: acc.). — *nadû lebetta* (feierlich) den Grundstein legen. — *nadû mâdakta* Station machen (in : *ina*). — *šuddû nêra* (den Feind) zwingen den Angriff aufzugeben. — *nadû nibṭa* Licht werfen (Jupiter). — *nandû ina napišti* «aus dem Leben geworfen werden» = ums Leben kommen. — *nadû, itadû, utetedû pâ* + suff. die Stimme erschallen lassen (Rammân = donnern). — *nadû ṣerrête* anseilen (: Gefangenen). — *nadû qât* + suff. Hand anlegen, sich vergreifen (an: *ana*). — *nadû ša lâ qabîta* beschimpfen (den Nächsten : *el aḫi*). — *nadû qulultu* e. Schmähung ausstoßen. — *nadû qinaza* «die Peitsche anlegen» = mit der Peitsche schlagen. — *nadû ru'ta* «Speichel auswerfen» = ausspucken. *kêma nadê ru'ti* (plötzlich?) wie Spucken. — *nadû rigma* + suff. die Stimme erschallen lassen (Rammân = donnern). — *nadû šîba* alt werden (?). — *nadû šulma* e. Blase. werfen, e. Fettauge bilden (Öl). — *nadû šummanna* anseilen (: Gefangenen). — *nadû šenni* + suff. jdm. die Zähne ausschlagen. — *nadû temmenna* das Fundament legen. — *nadû tuqutta* sich in e. Kampf einlassen.

nâdi'ânu einer der angelegt hat (: Garten).

nâdu (?) Ablagerung (?, von Lehm *ṭêṭi*).

nîdu Auswurf; Ablagerung (des Flusses : *nâri*), *nîd libbi* Fötus (Frühgeburt); Lagerung (sc. von Wolken), Wolkenschicht, Wolkenbank (vgl. o. das verb.). — *nîd ru'ti* Spucke.

nadû, pl. *nadûti*, f. *nadîtu* ausgeworfen, ausgespuckt (Speichel *ru'tu*); hingeworfen, niedergerissen (Gebäude *bêtu* = Ruine); vernachlässigt (Angelegenheit *amâtu*). — *têlâni nadûti, ḫarbi nadûti* Ruinen. — *(eqlu ša) nadîti* unkultiviertes Land.

nidûtu «Unkultur» (s. *eqlu*); Öde (vgl. *alâku, ašâbu*). — *nidût erṣeti* Ödland.

mandîtu Inhalt, Gehalt (?, an Gold *ḫurâṣi*). — *mandît kaspi* Gehalt (?).

nidbû, nindabû, pl. *nidbê* freiwilliges Speiseopfer (opp. *sattukku, neqû*).

nadîtu e. Frauenklasse.

nadânu, natânu *(i, a)* geben (: etwas, jd. : acc., jdm. : dt., *ana, ana qât, ina qât*, als etwas : acc., zu etwas: *ana*; opp. *itabulu*); zurückgeben, herausgeben (: gestohlenes Gut *šurqa*); ersetzen; übergeben (: Stadt *âla*), überlassen; mitgeben (: Brief *ṭuppa*, jdm.: *ana qât*); Abgabe *(nedenta)* leisten, abgeben; verkaufen (Verkäufer *nâdinu, nâdinânu*); ausleihen; zugeben, zulassen (: e. Handlung : *ana* mit inf.), jd. (acc.) tun lassen (: etw. inf., *ana* mit inf.); angeben (: Zeitpunkt *adanna*); hergeben, schenken; e. Eheschenkung (*nudunnā*) machen; in die Ehe geben (: Tochter *mārta*); verleihen (: langes Leben *napišta rūqta*, *napšāti arkāti*; Szepter *ḫaṭṭa*, Thron *kussā*, Zügel *ušpāra*, Herrschaft *rē'ūta*, Macht *lē'ūta*); schaffen (Gottheit); — pms. gegeben sein (Brief *ṭuppu*, jdm. *ana qāt* = haben, ἔχειν); übergeben sein; hergegeben, dahingegeben sein (Götterbilder *ilāni*). — I_2 geben (: Mitgiftgeschenke *qīšāti*, jdm. : *ana*), übergeben (: Ländereien *eqlāti*, zur Bewirtschaftung *ana errēšūti*, durch jd. : *ina qātē*); verkaufen (um soundsoviel Geld *ana* . . . *kaspi*); pms. übergeben, abgeliefert sein (Geld). — I_3 (ständig) verleihen (: Rede *dabāba*). — II_2 preisgeben (?). — III_1 geben lassen, eintreiben (: Naturalsteuer; zu viel *atra*); kaufen. — III_2 pms. als Geschenk erhalten haben, besitzen (: Tafelschreibekunst *ṭupšarrūta*). — III/II_1 sich geben lassen. — IV_1 gegeben werden (jdm. : *ana*; für : *ana*), übergeben werden; zur Ehe gegeben werden (Mädchen); verkauft werden. — *nadānu ū* geben daß (Gottheit). — *nadānu u maḫāru* «verkaufen und einnehmen» = Handel treiben. — *ša nadāni* Bezahlungsmittel. — *nadānu itta* . . . ein Merkmal von . . . geben, beschreiben (: Weg *ḫarrāna*, Person). — *nadānu ana tāmāti*, *nadānu ana tumāmīti* zum Eid veranlassen (Richter: Zeugen). — *nadānu ana ēlti* zur Schuldentilgung zahlen, abzahlen. — *nadānu ana belti* verpachten (: Feld *eqla*). — *nadānu*, *itadunu ana igri* vermieten. — *nadānu ida* die Hand hinhalten (?, als Aufforderung zur Zahlung?). — *nadānu idā* Honorar zahlen (einem Arzt : *ana asī*). — *nadānu ana uzubbī* als Scheidungsgeld geben. — *nadānu ana aḫūzāti* zur Ehe geben. — *nadānu mānaḫta* die Aufwendung (auf e. Haus seitens des Mieters) ersetzen (Hausherr). — *nadānu ana aššūti u mutūti* zur ehelichen Gemeinschaft geben. — *nadānu aplūta* + suff. *ana annanna* jdm. die Erbschaft hinterlassen, ihn zum Erben einsetzen. — *nadānu nēplāti* e. Zuschlagszahlung leisten. — *nadānu ana gullubi muttāt* + suff. jdm. das Haar abschneiden lassen. — *nadānu dēna* Prozeßverfahren gewähren (jdm. : dt., oder *dēna* + suff.), zum Prozeß zulassen. — *nadānu zībi* Opfer darbringen. *nadān zībi* Opfergabe. — *nadānu ṭēma* Bescheid geben. — *nadānu kaspi* zahlen. *šuddunu kaspi* bezahlen lassen. *naddunu ana kaspi* verkauft werden. — *itadunu ina libbi* (etwas) daruntergeben, vermengen mit. *šutaddunu libba* (jdm. etwas) eingeben (?, Gottheit). — *nadān māti* Landesabgabe, staatlicher Tribut (?). — *nadānu madatta* Tribut leisten. — *nadānu ana mešlāni* auf Halbabgabe verpachten. — *nadānu ana muti* verheiraten (: Tochter *mārta*). — *nadānu ana niš ili* zum Eidschwur vor einer Gottheit veranlassen (Richter *dajāni*). — *nadānu* (sc. *qāta*) *pūt* bürgen; vgl. *maḫāṣu*, *našū*. — *pūta ellita nadānu* e. reine Stirn geben = freilassen. — *nadānu pūḫa*, *nadānu pūḫāti* Ersatz leisten. — *nadānu*, *itadunu pāni* die Aufmerksamkeit richten (auf : *ana*, *anā mūḫi*, *ana maḫar*). — *naddunu ana epṭēri* für den Loskauf bezahlt, als Lösegeld gegeben werden. — *nadānu ana qēpti* auf Borg geben, ausleihen. — *nadānu ana qīšti* als Entlohnung geben, entlohnen. — *nadānu quṭrenna* ein Räucheropfer bringen (den Göttern *ana ilāni*). — *nadānu rigma* + suff. die Stimme erschallen lassen (Rammān, im Himmel *ina šamē*). — *nadānu šēma* den Preis (von etwas) geben, bezahlen (jdm. : dt.). — *nadānu ana šaluš* auf Drittelabgabe verpachten. — *nādin šipṭi* Gerichtsvollzieher (Sīn-Mond). — Vgl. *gamāru*, *malū*, *saḫāru*, *šalāmu*, *šanū*, *tāru*.

(nadattu?,) nedentu, nedettu, nedētu, pl. *nadanāti* Geschenk; Abgabe (an den König *šarri*).

nādinu, f. st. c. *nādinat* Verkäufer.

nādinānu Verkäufer.

nudunnū, nudnū (urspr. pl.), pl. *nudunnāni* Eheschenkung: Geschenke des Ehemanns an die Ehefrau nach der Hochzeit; Morgengabe.

(mādattu?,) st. c. *mādnat* (?) Geschenk, in *mādnat šamē* Himmelsgabe (?).

mušaddinu, mušādinu Einnehmer (der Naturalsteuer). — *mušaddin ēkalli* (staatlicher) Steuereinnehmer.

muttadinu Verkäufer.

taduntu Geschenk.

nendānu, nēdnu Gabe, Geschenk. — *ina nēdni* als Geschenk.

(nadāru) pms. zum Zorn gereizt sein, e. Wut haben (Dämon, auf die Menschen *ana nīši*). — IV1 zum Zorn gereizt werden, wütend werden (Löwe *nēšu*, durch den Fraß *ina ukulti*), wütend anfahren (Tier, seine Jungen: *mārēšu*), wüten (Schlange *ṣēru*, Räuber *ḫabbāti*, übertr. Waffen *kakki*). — IV3 wüten, sich verfeinden mit (opp. *salāmu*).

(nadēru,) nadru, f. *nadērtu* zum Zorn gereizt, wütend (Wildstiere *rēmū*, Löwen *labbi*, Dämonen *ušumgallu*, *abbu*, Hunde *kalbē*). — e. Vogel.

nadriš wütend.

nanduru, pl. *nandurūti* wütend (Sturm *ūmu*, übertr. die *ūmu šaqū* genannte Markierung, *kakku*, der Leber), grimmig (Sirius *šukudu*), grimm (Stärke, *kašūšu*, der Ištar). — Vgl. *adāru*.

nezū (?) ausspritzen, ausscheiden (: Urin *šīnāti*, Kot *qū*); greifen (?, Mund *pū*).

nazītu s. *namzītu* u. *mazū*.

nazāzu (i) sich stellen, treten (vor e. Gottheit *ana tarṣi*, *ina tarṣi ili*), betreten (: Spielplatz *ašar mēlulti*), hintreten (vor: *maḫar*), auftreten (als Prozeßgegner von: *eli*; Pleiade-Dämonen, am Himmel *ina šamē*, in böser Absicht *lemniš*; Ninurtu bzw. Nabū, zum Kampf *ana tāḫāzi*, in überlegener Weise *dapniš*); als Zeuge auftreten (beim Siegeln einer Urkunde *ina kanāk ṭuppi*); einen Standort (*manzāza*) einnehmen (Neulicht vom Mond), stehen (am Tor *ina bābi*; Planet, im Mond *ina libbi Sīn*; Ištar vor Orion *nabāt ina pān šitaddali*; ringsum *battebatte*); «stehen» = sich befinden (Esel *emēru*, im Hause *ina bēti*; Geld, *kaspi*, im Besitz von *ina qāt*); «stehen» = aufgestellt sein (Götterwahrzeichen); «stehen» = bereits angebracht sein (Türen, *dalāti*, eines Neubaus); «stehen» = (?) starr sein (Augen, *ēnā*, einer Neugeburt); stehen bleiben, verbleiben (jdm. : *ina qāt*); einstehen, eintreten, haften (für : dt., *ana*; um zu : *ana* mit inf.; auch abs.); zu Diensten stehen, zu Diensten sein, Dienst tun (im Haushalt *ina salāti*; bei *ina pān*, *ina maḫar*, *itti*; auch militärisch); bürgen (für: *ana*); ausstehen (to be due) (?); angestellt sein (bei Hofe *ina libbi ēkalli*); sich verfügen (nach e. Tempel *ana bēti*); sich machen (an etwas : *ina muḫḫi*); mit asynd. anger. verb. fin. sich daran machen, etwas zu tun, imprt. mit Neg. : halt, tu' nicht!; — pms. aufgetreten sein (grimmig *ekdiš*). — I2 auftreten (fröhlich *ḫadīš*, grimmig *subiš*); herantreten (an den Opfertisch *ina eli paššūri*); sich befinden (im Gefängnis *ina bēt-kīli*); stehen (Scorpius in e. Mondhof); «stillstehen, sistiert werden» (=?) aufhören (Auslese *nesqu* [s. d.]); zur Verfügung stehen (für die Feldarbeit *ana pāni eqli*). — I4 (?) stehen (Jupiter hinter *arki* Mond); mit asynd. anger. verb. fin. sich daran machen zu. — II1 erheben (Wind *Rammān* : Stimme *pā*, wie e. Lamm *kēma emmēri*); pms. stehen (auf e. Wagen *ina narkabti*); sich befinden (im Schutze von *ina ṣil*); zu Diensten stehen. — II2 pms. verweilen, sich befinden (in e. Land *ina māti*). — III1 Platz nehmen lassen (an e. Tafel *ina paššūri*); stellen (dem Feind gegenüber *ṣēr gārē*; : Truppen *ummānāti*, zur Hilfe *ana ketri*); aufstellen (am Tor *ina bābi*, in e. Wohnraum *ina aṭmāni*, an der Torschwelle *ana sippi abulli*); niederlegen, abliefern, bringen (an e. Ort *ana ašri*, *ina ašri*); dienstbar machen (: Priester, einer Gottheit *maḫar ili*); zur Verfügung stellen (jdm. : *ina maḫar*); als Pfand eintreten lassen (?). — III2 stellen (: Volk *uqu*, an seinen Platz *ina ašrišu*). — IV1 stehen, angebracht sein (an den Umfassungsmauern eines Tores *ina kisē bābi*); pms. stehen (im Verborgenen *ina puzri*); sich verlassen (auf e. Ausspruch *ina eli dabābi*). — *ina nazāzi ša* in Gegenwart von. — *nazāzu ana idi lemutti* sich auf die schlechte Seite stellen, to side with evil. *nazāzu idā* + suff. jdm. zur Seite treten. — *nazāzu aḫāti (aḫēti)* «hinaustreten» = weichen. — *nazāzu eli* triumphieren über. *šuzuzu eli* triumphieren lassen über. — *nazāzu arki* hinter (jd.) hersetzen. — *nazāzu ina qaqqar balāṭi* «auf den Boden des Lebens treten» (jds. Fuß, *šēpu*, = [von Krankheit] wiederhergestellt werden). — *nazāzu ana tabrāti* bewundernswert werden. — *itazuzu ina lēti* siegreich hervorgehen, triumphieren. — *šuzuzu ina eli lē'i* aufzeichnen, verzeichnen. — *nazāzu ana paqri (pāqerāni)* für e. Vindikation (e. Vindikanten) haften (gegenseitig *aḫu ana paqri aḫi*). — *šuzuzu ernetta* den Sieg verleihen (über die Feinde *eli gārē*). — *šuzuzu šārat zumri* das Haar raufen (?, Dämon). — Vgl. *rašādu*.

ušuzzu (?,) f. pl. *ušuzza'ēte* aufgestellt (? Bogen *qašāti*).

manzāzu, māzāzu, muzzāzu, mūzāzu, manzaztu, manzaštu, manzaltu, mazzaštu, mazzaltu, māzaltu, st. c. *manzāz*, *māzēz*, pl. *manzāzāni*, *manzālāti* (?) Stätte, Station, Posten, Pfosten (?), Stelle, Stellung, Rang, Amt, Amtszeit (?), Trittbrett (eines Wagens *magarrē*); Gallenblasengang (?); Standort (eines Obelisken *demmi*, eines Planeten; von Ursa major *ereqqi*); *manzaltu* (fünftägige) Mond-(«Station» =) Phase; Angestellter, Beamter; (sc. *pāni*) Kämmerling; pl. Pfandbetrag (?). — *manzāza* zur Stelle (vgl. *paḫāru*). — *manzāz ēkalli* Hofbeamter. — *manzāz ili* (?) göttlicher Rang (?). — *manzāz (mūzāz) bābi (abulli)* Tür-(Tor-)Pfosten; Geschäftsführer, usher (?). *muzzāz bāb ēkurri* Tempelaufseher (?). — *manzāz pāni*, *manzāz pānūti*, *māzēz pānutti* Kämmerling. — *manzāz rēši* Leibwächter. — *manzāz šarrūti* (Königsrang =) (seine) Majestät (der [König] NN. *ša annanna*).

manzazānu Pfand.

manzazānūtu Verpfändung.

nanzāzu Standort (von Venus); Kämmerling (vgl. *tērū*). — *manzāz maḫri* Kämmerling (Schutzgeist *šēdu damqu*).

nazāzu *(u)* grunzen (Schwein *šaḫū*).

nazālu *(u)* (von *mazzaltu*) e. Station *(mazzalta)* beziehen (?).

nazālu *(e)* sich beklagen (über *itti*, *eli*; daß : *kē*). — Vgl. *nazāmu*.

(nazāmu) II2 sich beklagen (abs.), Klage führen (über : *itti*; daß : *kēmē*). — Vgl. *ezēmu*, *nazālu*.

tazzemtu, tāzemtu Klage.

nazāqu sich grämen, sich betrüben, sich kümmern, (etwas) schwer nehmen; pms. Gram, Kummer, Sorge haben. — I2 in Betrübnis geraten. — II1 betrüben, in Sorge bringen (: Landesbewohner *nīši māti*, durch die Unterjochung *ina nēri*). — III1 drangsalieren, quälen, beschädigen. — III2 in Betrübnis versetzen, leid tun. — IV1 in Betrübnis versetzt werden (Land *mātu*).

nazāqu Kummer, Betrübnis (eines Landes *māti*).

nezeqtu Kummer, Betrübnis, Sorge; (Bei-)Name einer Sterngottheit. — *nezeqtumma* wie schade!, what a pity.

nazāru *(u)* mit e. Fluch *(ezra)* belegen, verfluchen, verwünschen (Mund *pû*). — I3 (ständig) verwünschen. — Vgl. *ezēru*.

(nazēru, nezēru,) nazru, f. *nezertu* verflucht; f. Fluch, Gegenstand des Fluches (Schimpfwort). — *dibbi nazrūti* «verfluchtes Zeug», böse Worte, Bosheiten; s. *dabābu*.

naḫbû Köcher (aus Stein, Gold oder Silber).

naḫbātu Köcher.

(naḫāzu) aufhalten (: Boten *māršepri*). — II2 aufhalten (: Boten *māršepri*).

naḫḫūḫu e. Behälter (für Getreide, Sesam).

(naḫāṭu) II1 bitten. — II2 mit Bitten anliegen (jdm. : *ana eli*).

naḫālu sieben (: Getreide *šêa*). — II1 sieben.

(naḫīlu,) naḫlu gesiebt (Getreide *šêu*).

māḫaltu Sieb.

naḫlu, naḫallu Bachtal, Schlucht; Bach. — *naḫalli šadî* Gebirgsbäche, سيل.

neḫlu «Bach» (?, sc. der Nase?), Katarrh (?).

naḫlu e. Kleidungsstück.

neḫan (?) (LW.) e. Holzart.

naḫnaḫūtu, pl. ***naḫnaḫēte*** Knorpel (?, der Nase *ša appê*).

(naḫāsu) *(u?)* II2 Tränen vergießen.

nanḫūsu Erguß, in *nanḫus dēmtā* Tränenerguß.

neḫēsu *(e)* weichen, rückläufig sein (Merkur, opp. *alāku*), entweichen (nach : *ana*), schwinden (?), abgehen (?), sich lösen; nachgeben (von Bauten); — pms. losgelöst sein (?, Gallenblase *martu*). — I2 zurückweichen, sich zurückziehen (?), sich lösen (?). — *neḫēsu arki* + suff. zurückweichen. — *neḫēsu ana kutalla* zurückbleiben (?).

naḫsu, neḫsu umgebend (?); Umgebung (?, einer Stadt), Einfassung (?, von Gold *ḫurāṣi*; vgl. *eḫzu*).

naḫsūtu Einhüllung, Mantel (?).

naḫāru *(u)* schnarchen, schnauben; toben. I3 immerzu schnarchen.

nāḫeru «Schnauber», e. Meertier; an der Küste des Mittelmeers *sîsû ša tâmti* «Meerpferd» genannt.

naḫēru, du. *naḫērā* Nüster, Nasenloch. Vgl. *pû*.

(naḫāru) II1 durchbohren (?). IV2 durchbohrt werden (?) (Lippen *šaptā*).

nuḫāru e. Pflanze (Anemone?).

nuḫurtu Durchbohrung, Erdolchung, Mord (?); — Asa foetida.

nanḫartu, nāḫartu s. *maḫāru*.

naḫāšu reich werden (Land; opp. *šutamṭû*); — pms. reich sein, üppig sein. — II1 reich machen, bereichern (König *šarru* : Land *māta*; : Stadt *āla*, Truppen *ummānāti*).

naḫāšu Überfluß (an Getreide *šêi*).

naḫšatu Menstruation.

nuḫšu Reichtum, Üppigkeit, τρυφή, Wohlleben (der Menschen *niši*). — *in nuḫši* in üppiger Ausstattung; vgl. *rašādu*. — *nuḫuš šamê erṣeti* «Überfluß Himmels (und) der Erde», aller erdenkliche Überfluß. — *in nuḫši u ḫegalli* in Hülle und Fülle.

naḫatu II1 vermindern (?).

naḫtu Verzagen (?).

nuḫḫutu vermindert, minderwertig (Geld, opp. *ša ginnu*); Verzagtheit (?).

naḫtu e. Kleidungsstück; — e. (junger?) Vogel.

nuḫatimmu (sum. LW.?) Bäcker; Garkoch; — e. Amtsname.

nuḫatimmūtu Bäckerei.

nuḫatimgallu (?) Oberbäcker.

naṭû, (neṭû,) natû passend werden, sich anpassen, entsprechen (Oberes dem Unteren *elītu* : *šapelta*); dürfen (mit folgd. asynd. Verbum). — pms. passend sein, geeignet sein; möglich sein (jdm.: dt.) mit Neg. unpassend, ungeeignet sein, unmöglich sein (um zu: *ana* mit inf.). — *eštīka lū natū* deinerseits ist('s) möglich. — *lā naṭi-ma* mit pms. außerordentlich, ungewöhnlich (sein). — *ḫasāsiš lānnāṭi* unverständlich sein, den Verstand übersteigen. — *ana taḫī lā naṭi* unnahbar sein.

naṭū, f. *naṭītu*, pl. *naṭāti* passend, geeignet. — *lā-naṭāti* Unpassendes.

naṭālu *(u)* blicken (zu Boden *qaqqara*), schauen (: Traumgesicht *šutta*), gerichtet sein (Gesicht, *pānu*, eines Fötus nach unten *šapliš*; «Horn», *qarnu*, vom Mond zur Erde *qaqqara*), anblicken (Zwillingsfötus, einander *aḫu aḫa*; sein Gegenüber: *muḫēršu*); beschauen (Wahrsagepriester: Öl auf Wasser *šamni ina mē*); «schauen» = versuchen (etwas zu tun *ana epēš* ...). — I2 anblicken (scheel *lemniš*); «berücksichtigen» (?) = entsprechen (?, Hausgrundstück *bētu*, dem [dafür geforderten] Geld *ana kaspi*). — IV1 erblickt werden, sichtbar sein (Bilderschmuck *uṣurāti*). — *memma ša innaṭalu* alles Sehenswerte, alles Erdenkliche.

neṭlu Blick. — *neṭel ēnē, neṭlu ēnē* Augenlicht, Blick; Augenblick; Augenzwinkern, اختلاج العين (?, zu magischen Zwecken). — *kēma neṭli* nach Ermessen.

nāṭilu sehend, in *lā-nāṭilu* blind.

naṭāqu ausreißen (?).

neṭnāqu s. *neqnaqqu*.

nak, naka s. *anāku*.

nuk, nuku s. *anāku*.

nakū (LW.?) e. Schmuckgegenstand (aus Lasurstein *uknū*).

nakādu *(u)* sich ängstigen (Herz *libbu*, Gemüt *kabattu*), verzagen, Angst bekommen (vor e. Namen: *zekra*, vor e. Wort: *ana amāt*); — pms. Angst haben. — II1 Angst haben (?). *akkudma aršā nikitti, akkud nukutti aršē* ich ward ganz verzagt.

nakdu verzagt.

nakuttu Angst, Unruhe, Mühe.

nikittu, nukuttu Angst, Verzagtheit.

nakālu *(i)* e. List *(nekelta)* ersinnen, in listiger Weise handeln; — pms. ersonnen sein (List *neklu*), kunstvoll (gemacht) sein (Palast *ēkallu*), kunstreich (vorgenommen) sein (Beschwörung *šiptu*). — I2 e. List *(nekla)* ersinnen. — II1 arglistige Pläne *(neklāti)* schmieden; kunstvoll herstellen (: Werk *šepra*), kunstreich vornehmen (: Beschwörung *tā*); pms. kunstvoll hergestellt sein (Arbeiten *epšētu*; die Maße, *mēnāti*, Marduk's); klug sein (Sinn *karāšu*).

(nakēlu, nekēlu,) naklu, neklu, f. *nakeltu, nekeltu*, st. c. *neklat*, pl. *naklāti, neklāti* kunstvoll, kunstreich (Tür *daltu*, Himmel *šamū*, Schriftstück *kammu*; vgl. auch *tāḫīzu*), schmuck (Stätte *ašru*); klug, listig; *neklu* List; *nekeltu* List, Arglist; Klugheit (des Herzens *libbi*); pl. Klugheit; Ränke. — *epšēte naklāti* Kunstwerke. — *ina (mēm) šeper nekelti* durch (irgend) e. Arglist, in arglistiger Weise.

nakliš kunstvoll, auf kunstreiche [Weise.

nakāmu *(i)* aufhäufen; «türmen» = anschwellen lassen (Südwind *šūtu*: Meer *tāmta*); bergen. — II1 aufhäufen, bergen (in: *ina qereb*); pms. aufgehäuft sein, geborgen sein (in e. Vorratsgebäude *qereb bēt nakkamāti*).

(nakēmu, nekēmu,) *nakmu*, f. *nakemtu, nekemtu* aufgehäuft, geborgen (Besitz *makkūru, būšē*), verborgen, bedeckt (?, von *naktāmu?*, Gruftgewölbe *qemaḫḫi*, Götterbilder *ilāni*; vgl. *kalāmu* II1, *aṣū* III1); f. «Aufhäufung» (?, =?) Anschwellung (einer Ölschicht), Schwellung (d. Körpers *zumri*).

nakkamtu, nākamtu, nākantu, nākandu, pl. *nakkamāti, nākamāti* Aufhäufung, Vorrat, Vorratsraum, Magazin (eines Tempels *bēti*, Palastes *ēkalli*); vgl. *bētu*.

nakāmettu, nekēmētu s. *kānu.*

nakāsu, nakāšu *(i)* abschneiden (: Ohr *uzna*, Nase *appā*, Finger *ubāna*, Zunge *lišāna*, Mund *pā*, Kopf *qaqqada*, Hand *retta*, Unterlippe *šapta šaplīta*); fällen (: Zedern *erēni*); (sc. *qaqqada*) den Kopf abschneiden, köpfen, enthaupten; (sc. *labiāna*) die Nackensehne (eines Opfertieres) durchschneiden, opfern; trennen (?, : Dämonenspuk, vom Körper *ina zumri*). — I2 abschneiden (: Schwanz *zibbata*); durchschneiden (: Nackensehne *labiāna*). — II1 abschneiden (: Ohren *uznā*, Hals *kišāda*, Kopf *qaqqada*, Füße *šēpā*, Geschlechtsteile *šērē*), niederhauen (: Truppen *ummanāti*). — *nakāsu iṣa* Holz schneiden, abholzen. — *nakās napišti* Abschneidung der Kehle, Ermordung. — *nakās qaqqadi* Enthauptung.

niksu, st. c. *nikis*, pl. *niksāni*, *niksi* Bresche; Ermordung (durch e. Dolch *paṭri*). — *nikis qaqqadi* Enthauptung; (Gegenstand der Enthauptung, d. i.) abgeschlagenes Haupt.

(***nakīsu, nakīšu?,***) ***naksu***, f. *nakištu* (?) abgeschnitten, gefällt (Dattelpalme *gišimmaru*).

nukkusu abgeschnitten, zermetzelt (Fleisch *šēru*).

(***nukāsu,***) f. pl. *nukāsāti* (bestimmte Schlacht-)Opferteile (?).

makkasu doppeltes (?) Hand-Beil.

nikkassu, nikkāsu, nīkassu, nīkāsu (sum. LW.?) das Rechnen (arithm.), Rechnung, Berechnung, Konto, Rechnungsabschluß, Verrechnung, Abrechnung; (nach der Abrechnung verbleibender Kassen-)Bestand, Vermögen, Besitz; Abschluß (?, d. i. das spitze Ende [?], eines Horns *qarnu*). — *ana nikkāsi* im Wege der Abrechnung. — *ša balāṭi nikkāsu* Lebensdauer-Berechnung. — *nikkāsu arū* Multiplikationsrechnung (?). Vgl. *apālu, epēšu.*

nakāpu *(i)* stoßen (Rind *alpu*: jdn. *amēla*); zerdrücken, zerknittern (?, : Kleid *ṣubāta, kusīta*); — pms. anstoßen («Hörner», *qarnā*, einer Zauberpflanze, an den Himmel *šamē*); verkrüppelt sein (?, Finger *ubānu*). — I2 stoßen, stößig sein (Schaf *emmeru*, *laḫru*, im Pferch *ina tarbaṣi*); niederstoßen (: Feinde *zamāni*); losstoßen, losbrechen (Flut *agū*, Sturm *ūmu*, Kopfschmerz *muruṣ qaqqadi*). — II1 niederstoßen, niederwerfen (Wildstier *rēmu*: Rind *alpa*; : Feinde *gārē, zā'eri, nakrūti*, Feindesland *māt nukurti*; mit den Hörnern *ina qarnē*); — pms. verzogen sein (Mund *pū*). — *muttakipat šadē, rēmtu munakkipat qeprāti* Beinamen von Ištar.

nikpu, st. *nikip* Stoß (eines Rindes *alpi*).

nākipu stößig (Rind).

nakkāpu, f. *nakkāptu* stößig (Rind *alpu*).

nikiptu Storaxbaum.

nakāru *(i)* fremd werden, fremd vorkommen (jdm. : acc.); versagt sein (Wohlergehen *ešdēḫu*); böse werden (gar sehr *mādiš danniš*); sich verfeinden (mit : *itti*); abfallen (von : *eštu*); abstreiten (jdm. etwas : dopp. acc.); — pms. feindlich gesinnt sein, verfeindet sein (mit: *itti*); sich empört haben. — I2 in Abrede stellen, leugnen, abstreiten; sich verfeinden (mit : *itti*); sich empören (gegen : *lapāni*). — II1 ändern, abändern (: Wortlaut, *amāta, pā*, einer Urkunde *ṭuppi*; Landesrecht *dēn māti*); fortschaffen, wegschaffen (: Grundsteinurkunde *temenna*, Namenszug *šeṭer-šumi*, Bilderschmuck *uṣurāti*; Kopfschmerz *muruṣ qaqqadi*; Verfall *anḫuta*); befeinden (einander *aḫu aḫa*); verlegen (: Wohnsitz *šubta*, nach : *ana qereb*); übertragen (: Haus *bēta*, jdm. : *ana*; für, um den Preis von : *ana*); wechseln (: Kleidung *lubušta*, Leibgewand *ṣubāt pagri*); — pms. fremdartig sein (inbezug auf d. Blick *amāri*); befeindet sein. — II2 abändern (: Viehmarke *šīmta*), fortschaffen (: Grundsteinurkunde *temenna*, Bilderschmuck *uṣurāti*). — II3 (regelmäßig) verändern (Venus : Standort *manzāza*). — III1 verfeinden (mit : *itti*); zum Abfall bringen (: Land *māta*, von: *itti*). — *ša lā nakāri, ša lā uttakkaru* unabänderlich, unwandelbar (Geheiß *qebētu*, Ausspruch *pū*). — *munakkerat uzzāti* Zornverscheucherin, e. Beiname von Gula.

nakēru, (nekēru,) nakru, (nekru,) st. c. *nakēr, nakar*, pl. *nakrūti, nakarūti, nekrūti*; *nakēri, nakrū, nakri*, f. *nakertu, nakartu* fremd (vgl. *lišānu*); feind, feindlich gesinnt, feindlich (Land); Feind, (auch sgl.:) Feinde. — *nakar, nakaru* e. Beiname von Mars. — *ina nakri* durch Feindesland. — *nakru u salmu* Feind oder Freund, ob Feind ob Freund.

nakriš feindlich.

nukurtu, pl. *nukurāti* Feindschaft; feind, feindlich gesinnt (gegen: *ana, ina, itti*); Feind.

nukarribu (LW.?) Gärtner.

nakrimānu (LW.?) Schlauch.

nikarūru e. Pflanze.

nakāšu s. *nakāsu*.

nukušū (sum. LW.) e. (oberer *elū* und unterer *šaplū*) Teil der Türangel, Zapfen (?) (aus Kupfer *erū*).

nullū, pl. f. *nullāti* (sum. LW.?) nichtswürdig; pl. f. Nichtswürdigkeiten, Verworrenes; vgl. *emū* (א7א6א3), *kapādu, ṣapāru*.

nalāšu niedergehen (Regenschauer *nalšu*, auf die Erde *ina erṣeti*).

nalšu Regenschauer. — *nalšu ša kakkabi* Niedergehen der Sterne, انقضاض الكواكب, d. i. Sternschnuppen.

nultu s. *nabultu*.

namū, namātu, namūtu, numātu s. *nawū* (א7א6נ).

namburbē (pl.) (sum. LW.) (e. best. Art von) Sühnriten.

numgallu (sum. LW.) «Monsterfliege» (?), e. Art Katapulte.

namgāru s. *naggāru*.

namgarru (sum. LW.) Leib.

namḫāru (sum. LW.) e. Teil des Wagens.

namālu s. לא6נ.

namullu e. hölzerner Gegenstand. — *namul iṣṣūri* e. Pflanze, Curcuma.

namāru s. *nawāru* (רא6נ).

nemru, pl. *nemri* Panther (?, Leopard?).

namerimburdū (sum. LW.) Bann-Lösung; Name einer Sammlung von Beschwörungen.

namāšu in Bewegung kommen, sich in Bewegung setzen, sich bewegen (Tag und Nacht *urra u mūša*); sich vorwärts bewegen, e. Angriff machen (auf : *eli*); sich zurückbewegen, sich zurückziehen (aus der Stadt *ina libbi āli*, von jdm. : *eštu*), weichen (von: *eštu māḫi*; vom Stadttor *eštu (pī) abulli*); nachgeben (ein Ziegel *lebettu*, unter den anderen *eštu šapal tappāti*); sich entziehen (dem Lande *eštu māti*). — I2 sich in Bewegung setzen, sich aufmachen, aufbrechen (Heer[führer], von *eštu*). — II1 aufbrechen (opp. *dagālu*); entfernen (?). — II2 sich in Bewegung setzen, den Lauf beginnen (Mars *nebeānu*), aufbrechen (von: *eštu libbi*, nach: *ana*). — *utammišu alāku* sich auf den Weg machen. *utammišu ṣabū* sich daran machen auszuziehen.

nammaššū, nāmaššū, pl. *nāmaššē* sich bewegend, sich regend (Vieh *būlu*); Lebewesen (vgl. *būlu*); Schildkröte (?); Piscis austrinus. — *nāmaššē ša ṣēri* Tiere des Feldes. — *nammaššū tenēšēte* menschliche Wesen, Menschen. — *nāmaššē māti* (Landes-) Bevölkerung, Volk.

nammaštu (e. best.?) Spinnentier. — *nammašti aqrabi* das Spinnentier Skorpion (zur Unterscheidung vom gleichnamigen Stern).

namištu, pl. *namišāti* (schwanker?) Wipfel; Gipfel, *namišāt šadē* Berggipfel.

namūšišu, namšišu, pl. *namušišāti* beweglich (Gelenk *šer'ānu*).

namtarru, namtāru (sum. LW.) Todeskrankheit, Pest (?); Dämon e. solchen Krankheit (als Vogel gedacht?).

ninū e. Gartengewächs, e. Umbellifere.

nannabu s. *enbu*.

nangugu s. *agāgu*.

nangāru s. *naggāru*.

nanzīdu s. *mazū*.

nānaḫu, nāneḫu (westaram. LW.) Minze.

ninṭanaqu (sum. LW.) Meßrohr.

nānequ e. Pflanze, Syn. zu *kalū*.

nannāru, nannēru (LW.?) Sichelschwert (?), Wahrzeichen von Sīn. — *nannār ili, nannēr šamē (ellūti) (u erṣeti)* Beinamen von Sīn-Mond.

nesū *(e)* (נסא$_4$) sich entfernen, weichen (Dämon, von : *ina zumri* + suff.), fortziehen (aus e. Stadt *eštu libbi āli*); entfernen (: Schwellen *sippā*); — pms. entfernt sein (Wohnsitz *šubtu*). — I$_2$ sich entfernen (abs.; von jdm. : *ina zumri* + suff.; Götter *ilāni*, vom Lande *ina zumur māti*); abfallen (von : *itti*). — II$_1$ entfernen (: Siechtum *dīḫa*), forttragen lassen (: Unglück *lemnēte*, wie in e. Korb *kēma pisanni*). — II$_2$ weichen (Scheu *adēru*). — III$_1$ weichen lassen (: Siechtum *dīḫa*, von : *eli*); fernhalten (von jdm. : *zumrašu, ina zumrišu*; vom Volke *ina niši*). — III/II$_1$ fernhalten (: Sünde *ḫiṭa*). — IV$_1$ entfernt werden, weichen (Krankheit *murṣu*). — *nussū nēzmat* + suff. jd. eines (dringenden) Wunsches berauben (?).

nesū, pl. *nesūti*, f. *nesūtu*, pl. *nesāti* fern (Himmel *šamū*), entlegen (Berge *šadē*), weit (Weg *ḫarrānu*); f. pl. Ferne.

nesīš fern.

mēsētu Entfernung.

nīsūtu cf. *nīšu*.

nesū zerschneiden, zerfetzen (: Fleisch *šēra*). — II$_1$ dass.

nissabu (sum. LW.) Getreide.

nisiggu (sum. LW.) e. Jagdmittel (Schlinge?).

nasāḫu, našāḫu, (nesēḫu?) *(u)* ausreißen (jdm. e. Auge : *ēna* + suff., das Bein [?, = Genitalien?] : *išda* + suff.), entfernen, fortnehmen (: Obelisken *demmē*, von ihrem Standort *eštu manzaltišunu*; Marduk : Schutt, *epēri*, von e. Tempel), ausrotten, vertreiben (: Bösewichte *raggi*; jd. : acc., aus e. Land *eštu qereb māti*), deportieren (: Einwohner, aus : *eštu libbi*); verstoßen (: Ziehkind *tarbīta*); tilgen (: Krankheit *murṣa*; aus einer Liste *ina ṭuppi*); einen Abzug *(nusāḫa)* eintreten lassen = (Natural-)Abgabe erheben; ausrotten (: Pflanzen, *šammi*, aus dem Feld *ina ṣēri*); herausholen, hervorholen (: Quittung *kanīka*), abholen, holen (: Rind *alpa*, nach [e. Ort] : *ana*, zur Feldbestellung *ana epēš eqli*); abheben (: e. Summe, bei jdm. : *itti*); subtrahieren; (sc. *ina aplūti*) enterben; sich entfernen, abziehen (von : *eštu*); — pms. ausgerissen, weggerissen sein, fehlen (Fleischteil, *šēru*, der Leber); ausgenommen sein (vom Frondienst *ina ṭupšikki*); abgewiesen sein (in Hinsicht von Klageansprüchen); ausgezogen, abgeschrieben sein (Schriftstück, aus *eštu libbi*, in Eile *zamar, ḫanṭiš*); enterbt sein. — I$_2$ vgl. u.; pms. «hervorgeholt» = entfesselt haben (: Kampf *tuqūmta*). — II$_1$ entfernen, ausrotten. — III$_2$ werfen (vom Vieh *būli*). — IV$_1$ herausgerissen werden; deportiert werden; entfernt werden (Sand *baṣṣu*); geheilt werden (Verletzung *ṣimmu*); ausgestoßen werden (aus der Familie *ina bēt-abi*); sich entfernen (abs., Dämon), aufbrechen (von : *ina maḫar*); erhoben werden (Naturalabgabe *nusāḫa*). — *nasāḫu, nussuḫu amāta* e. Angelegenheit erledigen, e. Rechtsfall (durch Beweis oder Schwur) abtun. — *nasāḫu tērta* «die Eingeweide herausziehen (?)» = e. Orakel einholen (?). — *nasāḫu belta* + suff. jdm. e. Last abnehmen, ihn entlasten. — *nasāḫu ina aplūti* + suff. jd. enterben. — *nasāḫu libba* + suff. jd. der Sinne berauben (Nergal, Šamaš). *ša libbušu nasḫu* mente captus, sinnberaubt. *nāseḫ libbi* sinnberaubend (göttliches Wahrzeichen *kakku*). — *nasāḫu pagri u rugūmāni* Reklamationen und Ansprüche abweisen. — *nasāḫu qāt* . . . einem (Exekutionsverfahren durch e.) Gläubiger entziehen (: Schuldner acc.). *nasāḫu qāt* + suff. sich e. Sache enthalten, sich nicht daran beteiligen. *itasuḫu qāt* . . . fernhalten (: Familie *bēt-abi* gen., vom Gerichtshof *ina puḫri*). *qāt annanna nasḫat* NN. ist dem Exekutionsverfahren entzogen, davon befreit. — *nasāḫu rugummē* Ansprüche abweisen. — *nasāḫu šuren Šamaš* das Wahrzeichen Šamaš' (zur Eidleistung) hervorholen. — *nasāḫu šurša* e. Wurzel ausgraben. *nasāḫu šuruš māti* das Land «entwurzeln», d. h. völlig zugrunderichten.

nasḫu ausgerissen, entwurzelt.

(nesēḫu,) nesḫu Entbindung (?, gynk.).

(nasēḫu?, nesēḫu,) nesḫu, nusḫu, f. *nesehtu*, pl. *nesḫāti* ausgezogen, Auszug, Exzerpt, Kopie, Exemplar (von Ton *ša ṭēṭi*), Verzeichnis (von Hausgerät *udē bēti*); f. (eingeholte?) Ration (?).

nusḫu e. Behälter.

nusāḫu Abzug, (Natural-)Abgabe.

tassuḫtu Wurf (fetus).

nasāku, našāku (u) werfen (ins Feuer *ana libbi išāti*, ins Wasser *ana nāri*, in e. Brunnen *ana būri*, in Dickmilch *ina ḫēmeti*, auf die Straße *ana ḫarrāni*), hinwerfen (: Klumpen *kerbāna*, auf e. Hund *ana* [?] *kalbi*), umwerfen; fallen lassen (sc. Beute, Falke *šurdū*); abschießen, (: Pfeil *mulmulla*, Bogen *pappāna*, zur Erde *ana erṣeti*), schießen (abs.); (Metall) gießen (?); abladen (?,: Getreide *šēa*); — pms. fallen. — I2 werfen (durch [?] das Haupttor : *bābkamē*), hinauswerfen (zur Türe *ina bābi*, aus der Stadt *eštu āli*), vertreiben (?, von der Arbeit *ina dulli*); abschießen (: Bogen *qašta*). — I3 (öfter) abschießen (: Bogen *qašta*). — II2 werfen (?, auf jd. : *ina eli*). — III1 fallen lassen (: Tafel *ṭuppa*; übertr. : Namen *šuma*; : Joch *abšāna*, auf jd. : *eli* = jd. unterjochen); zu Fall bringen (: Land *māta*). — IV1 geworfen werden; sich werfen, fallen (zu Füßen von *šēp*). — *nasāku kerbāna ana ḫarbāti, ana Purāti* symbolische Handlungen; vgl. *nadū*.

nasku hingefallen, gefallen.

nusuktu Metallguß (?).

nasīku, pl. *nasīkāti* (wests. LW.) Beduinenscheich, Fürst, Regent.

nasīkūtu Regentschaft.

nismatu Wille (o. ä.).

nisannu, nisānu, nisan (sum. LW.?) Nisan.

nasāsu sich hin- und herbewegen, zittern (Leib *karšu*, Sehne *šer'ānu*; auch übertr. abs.; täglich *ūmišamma*); — pms. in Zittern sein. — II1 hin- und herbewegen (Schaf *emmeru* : Maul *pā* d. i. wiederkäuen), schütteln (: Haar *pērta*, *qemmata*), wedeln (mit dem Schwanz *zibbata*), wiegen (: Kind *šerra*), erschüttern (? : Haus, Familie *bēta*).

nassu zitternd (Leib *zumru*, Eingeweide *tērēte*).

nissāti (pl., auch als sgl. gebr.) Zittern; Unrast.

nasappu Platte.

nisippu, nisīpu, pl. *nisippi, nisīpi* e. Behälter (zur Heizung gehörig?, aus Eisen); — e. Hohlmaß für Öl.

nisiptu e. Gefäß.

nasāqu, našāqu (u) wählen, auswählen (: Teil *zitta*). — I2 erwählen, auserwählen. — II1 pms. (wohl-)gewählt, erlesen sein (Worte, Rede *amātu, atmū*). — II2 auswählen (?). — *nasāqu ramān* + suff. sich selbst (anderen) vorziehen, sich überheben.

nesqu Auslese, das Erlesenste (an Pferden *sīsē*). — *neseq abni* Edelsteine. — *neseq ṭupšarrati* die Perle der Tafelschreibekunst.

nasēqu, (nesēqu,) nasqu, nesqu (vgl. unter *māru*), f. *nesēqtu* auserlesen (Worte *awātē*), vorzüglich (König *šarru*, Leibwächter *muter-pūti*, Geschlecht *zēru*, Landstrecken *šiddi*). — *nasēq šarrāni* der vorzüglichste unter den Königen. — *abni nasqūti, nesēqti abni, abni nesēqti* Edelgestein, Edelsteine.

nussuqu erlesen, vorzüglich.

nasriš s. *našru*.

napū (נפא$_7$) sieben.

nappū Mehlsieb.

napū in Schuldhaft *(nepūta)* bringen, gefangen setzen (: Mädchen *ṣuhārta*). — I_2 als Schuldpfand *(nepūta, ana nepūti)* fortführen (: Mädchen *ṣuḫārta*, Rind *alpa*).

nepūtu, pl. *nepāti* Schuldhaft; Schuldhäftling.

nēpū Schuldherr.

napāḫu, nepēḫu *(u)* blasen; anblasen, anzünden (: Holzstoß *abra*); hineinblasen (etwas acc., ins Auge *ana libbi ēni*, in den Penis *ana berki*); aufgehen (Sonne am Horizont *ina išid šamē*, in e. Wolkenbank *ina nīdi*; Mars in der Ekliptik *ina ḫarrān šūt šamši*; Sternbild); heliakisch aufgehen (Gestirn); — pms. aufgegangen sein (Sonne), auflodern, aufleuchten (Holzstoß *abru*, Brandscheit-Venus *akukūtu*). — I_2 auflodern (Feuer *išātu*, am Himmel *ina libbi šamē*; Fackelschein *šalummat ṭipāri*). — II_1 stark blasen (Südwind *šūtu*), zischeln (Schlange *ṣēru*). — II_2 pms. angezündet werden (Holzstoß *abru*). — III_1 entfachen (auch übertr.). — IV_1 entfacht werden (Brand *išātu*). IV_2 aufgeblasen, aufgebläht, aufgedunsen sein (Schaf *emmeru*, Fisch *nūnu*), sich aufblustern (Vogel *iṣṣūru*); übertr. in Zorn (?) entflammt sein (Herz *libbu*). — IV_3 aufgebläht sein (?, Vela, *nēru*, beim Aufgang). — *eštu bet šamaš inappaḫannu adū irabbūnu* von Sonnenauf- bis -untergang. — *nappāḫtu innapaḫ* e. Anfachung (?, d. i.?), e. Aufstand wird angefacht werden.

napāḫu, nepēḫu, (napḫu,) nepḫu, st. c. *napaḫ, nepeḫ* Aufgang (von Sonne und Mond). — *nepḫa* (?) bei Sonnenaufgang. — *eštu napaḫ šamši adi rabā šamši* von Sonnenaufgang bis Sonnenuntergang.

napēḫu, f. *napēḫtu* angezündet (Feuer).

nappāḫu Schmied. — *nappāḫ hurāṣi, nappāḫ siparri, nappāḫ parzilli* Gold-, Kupfer-, Grobschmied.

nappāḫu Blasrohr.

nappāḫtu, pl. *nappāḫāti* Anfachung (s. o. d. verb.); Blasbalg.

napāṭu, napṭu, nappāṭu s. *nabāṭu*.

napālu *(u)* als Zuschlagszahlung geben.

tappilātu Zuschlagszahlung, Überschuß.

napalū e. Beamter (?).

napāsu s. *nabāsu*.

nāpsu s. *apāsu*.

napāṣu zerschlagen, in Stücke schlagen, zerschmettern (Dämon: Mädchen *ardata*; jd.: acc., von e. Turm der Stadtmauer *eštu dēmti*). — I_3 um sich schlagen (?, Fische *nūni* [sc. auf dem Trockenen], Kranker). — II_1 zerschlagen, erschlagen, töten. — II_2 dss. — IV_1 (?) aufgeklopft werden (?, Obst *enbu*). — IV_2 zerschmettert werden (Fötus *ezbu*).

nipṣu Zerschmetterung, in *nipiṣ šer'āni* Gelenkbruch.

napṣu zerschlagen (Dattelpalme *gišimmaru*).

nappāṣu e. Teil der Türe (?).

napāqu II_1 acht haben, harren auf (?).

(napāru) pms. hoch sein (?, Schulter *rapaštu*).

napurru ein (hochgelegener) Bauteil ähnlich *gabdibbu* (opp. *uššē*).

napurriš wie ein *napurru*; vgl. *emū* ($\aleph_7\aleph_6\aleph_2$).

naprārū (?) Hochebene (?).

nepru (?), pl. *nepri* Sprößling, Nachkomme.

nupāru Gemüt; vgl. (?) *napāšu*.

napāšu *(u)* sich weiten (Herz *libbu*, *ṣurru*, Inneres, d. h. frei aufatmen); weit sein, reichlich sein (Ernte *ebūru*, [Eß-]Ware *maḫēru*). — II$_1$ weiten, sich weiten lassen (: Herz *libba*, *ṣurra*, d. h. frei aufatmen lassen); reichlich erhalten (vgl. *akālu*). — II$_2$ ausgedehnt werden, sich ausdehnen (Land *mātu*). — Vgl. *nabāsu*.

napāšu Reichlichkeit, Fülle (von Getreide *nissabi*). — *napāš ebūri* reiche Ernte.

napšu weit (opp. *qattānu*), reichlich (Nahrung *akālu*; vgl. unter *akālu*).

napištu, pl. (auch als sgl. gebr.) *napšāti* Kehle, Hals; Leben; Menschenleben; Lebensunterhalt, عَيْش (der Menschen *nīši*). — *napšāti* + suff. Selbst, نَفْس (s. *(w)ašāru*). — *x napšāti* x Seelen, Personen (Sklaven). — *napištušu itti* er steht mit seinem Leben ein für (?). — *ša pāni napišti* Halsgeschmeide. — Vgl. *kašādu* IV$_3$, *nadū*, *nupāru* (?), *sāqu*, *qāšu*, *qatū*, *šakānu*.

nappāšu Luke, Luftloch; (Ofen-) Loch.

naṣu, st. c. *naṣ* Teil des Adlerflügels.

naṣū *(e)* (נצא1) bringen (nach : *ina*); gebracht werden, kommen (Menschen *nīši*, Rinder *alpi*; von : *eštu*, *eštu libbi*; zu, nach : *ana*, *ina eli*); gebracht haben, haben (: Brief *egerta*, Ring *unqa*; bei sich *ina qātē* + suff. [?]). — I$_2$ forttragen, bringen (von, aus : *eštu*). — Vgl. *našū*.

(naṣābu) pms. festgesetzt sein, to be fixed, definitiv sein (Haus[-Verkauf] *bētu*). — I$_2$ versetzt sein, sich befinden (in Ruhe *ina pašāḫi*).

anṣabtu, ensabtu, pl. *ansabāti*, *enṣabāti* Ring (für den Finger *ubāni*, die Ohren *uznē*).

nanṣābu, namṣābu, nāṣābu, nenṣābu Stütze; Ständer, Behälter (aus Holz *iṣi*, Ton *ḫaṣbi*, Rohr *qanī*).

nuṣābu Anemone.

naṣāru, naṣēru *(u)* حَفِظَ, beachten (: Wort *amāta*), hüten (: Rindvieh und Kleinvieh *alpi u ṣēni*), behüten, beschützen, schützen (: jd. : acc.; sich selbst *ramāna* + suff., *māṣārta ša ramāni (ramni)* + suff.; : Leben *napišta*; Gottheit : Herrschaft *šarrūta*; Stadt und Land; Haus *bēta*, Tor *abulla*, Mauer *dūra*, Saat *zēra*, Recht *dēna*; vor : *eštu*; zugunsten von, für : *ana*); Wache *(maṣṣārta)* halten, wachen, (abs.) bewachen; e. (schwangere) Frau (acc.) beaufsichtigen, inspicere ventrem (Schwiegermutter *emītu*, bis zur Geburt *adi alādi*); e. astrologische Beobachtung *(maṣṣārta)* anstellen; e. Depôt *(maṣṣārta)* verwalten, aufbewahren, deponieren (: Geld *kaspi*); wahren, nicht antasten (?, : Schutzdamm *aram zīnāti*), im Gedächtnis bewahren; — pms. behütet, beschützt sein; Jungfrau sein; sich schützen, auf der Hut sein (sehr *danniš*); in Schutz, in Hut (genommen) haben (: Örtlichkeit *ašra*); im Gedächtnis haben. — I$_2$ beachten (: Wort *amāta*); in Schutz nehmen; e. Beobachtung anstellen, beobachten (: Wolke *urpāti*, Mars *nebeāna*, Orakel [?] *šēra*); sich wahren, sich wehren, sich nicht antasten lassen (Frau). — I$_4$ in Gewahrsam legen. — II$_1$ achten auf, beachten (: Geheiß *qebēta*); aufmerken (abs.); schützen; — pms. geschützt, bewacht sein (Stadt *ālu*). — III$_1$ Wachposten *(maṣṣāri)* ausstellen, bewachen lassen (: Tor *abulla*); Wache halten (in e. Zwinger : *šigārū*); achten (auf e. Wort: *seqra*); beobachten lassen (: Verlauf eines Feldzugs *mētēq gerri*). — *uṣrī gemlī u šūzibī* schütze, schone und errette (o Ninneanna!). — *ānaṣār* zum Schutz von. — *naṣāru māmīta, adē* e. Eidschwur, Vertrag halten (opp. *ḫaṭū*, *ḫuṭṭū*). — *naṣāru māṣārta ša šarri* e. astrologische Beobachtung im Interesse des Königs anstellen; die Sache des Königs vertreten (?). — *naṣāru pēḫata* e. Amt bekleiden. — *naṣāru peresta (perelta)* e. Geheimnis bewahren. — *naṣāru šapta* «die Lippe» =) die Zunge hüten.

nāṣeru, f. *nāṣertu* Beschützer. — *ilu nāṣeru* Schutzgottheit. — *nāṣerat kiššat nīši* Beschützerin aller Menschen, e. Beiname von Bau. — *nāṣer peresti* Wahrer des Geheimnisses (einer Gottheit). — *nāṣer šamē* Himmelsschauer, Astrolog. — *lā-nāṣer māmīt* eidbrüchig. *lā-nāṣer ṭābti* die Wohltat mißachtend, undankbar.

(neṣēru,) f. *neṣērtu* bewahrt, gehütet; f. Schatz (eines Palastes *ēkalli*); Schutz (vgl. *a'ālu, epēšu, šakānu*); verborgenes Wesen (?, d. i. Leben, *napištu*, von Tiamat); Geheimnis (vgl. *awātu* א7א6א3), Mysterium, Geheimwissen. — *neṣērti āšipi* das Geheimwissen des Beschwörungspriesters, Beschwörungskunst. — *neṣērti apkal* (sc. *šamni*), *neṣērti bārūti* Geheimwissen des (der Ölwahrsagung) Kundigen bzw. des Wahrsagepriestertums : Wahrsagekunst. — *neṣērtu katemtu* verborgenes Geheimwissen, Tafelschreibekunst *(ṭupšarūtu)*. — Vgl. *ašru*.

naṣūru Schutz.

maṣṣāru, māṣāru, pl. *maṣṣāri, māṣāri* Wache; Bewachung (vgl. *šakānu*); Wache (Person), Wächter, Wärter. — *maṣṣār āli* Schutzmann. — *maṣṣār abulli* Torwache. — *maṣṣār ēkalli* Palastwache. — *maṣṣār ēribi* Wächter gegen (?) die Raben. — *maṣṣār eqel šēi* Wächter eines Getreidefeldes. — *maṣṣār bābi ēkalli* Palasttorwache. — *maṣṣār bēti* Hausmeister. — *maṣṣār bēt-ili* Tempelwache. — *maṣṣār kerī* Gartenwächter. — *maṣṣār mūši* Nachtwächter. — *maṣṣār nākanti* Magazinwache. — *maṣṣār ṣibitti* Gefängniswärter. — *maṣṣar šulmi* «Heilwächter», Schutzgottheit (Uridimmu-Lupus, von Marduk-Jupiter und Erua-Venus). *maṣṣār šulmi (u) balāṭi* Hüter von Heil und Wohlfahrt, Schutzgottheit. — *maṣṣār šamē u erṣeti* Wächter Himmels und der Erde (Sonne und Mond).

manṣārtu, maṣṣārtu, māṣārtu, pl. *maṣṣārāti, māṣārāti, maṣṣārti* Bewachung, Besatzung, Garnison; Wache, Wachmannschaft (eines Tempels *šūt ēkurri*; vgl. *arādu*); Befestigung (einer Mauer *dūri* = [?] Schutzmauer); (divinatorische) Vogelschau; astrologische Beobachtung (einer Verfinsterung *ša attalī*; im Interesse des Königs *ša šarri*), die (astrologisch-astronomische Beobachtungs-)Zeit des Nychthemeron *(māṣrat mūši u im[mi])* = *6 manē*; die (Beobachtungs-)Zeit der ganzen Nacht *(māṣrat kal mūši)*; eine der drei Nachtwachen (*maṣṣārāti šelaltišina*; vgl. *barārītu (barārtu), qablītu* und *namārītu* bzw. *šāt-urri*); Depôt (von NN. *ša annanna*, bei NN. *itti annanna*). — *ša maṣṣārti* (?) Vogelschauer (?).

maṣṣārūtu Bewachung; Aufbewahrung.

māṣūru Wächter.

naqū, neqū (נקא7) ausgießen (: Wasser *mē*); ein Sprengopfer *(meḫḫa)*, e. Opfer *(neqā)* verrichten, opfern (: Wein *karāna*, über *eli*; Räucherwerk *mazḫāti*; Schafe *šu'ē*, Lamm *urīṣa*; einer Gottheit *maḫar ili*), e. Totentrankopfer bringen. — I_2 e. Opfer *(neqā)* darbringen. — II_1 ausgießen, als Trankopfer darbringen (: Wasser *mē*, Wein *karāna*, Most *kurunna*, Emmerbier *ulušinna*, Honig *dišpa*). — II_2 (?) Opfer darbringen (einer Gottheit *ana ili*; ehrfurchtsvoll *palḫiš*). — IV_1 ausgegossen werden, sich ergießen (Wasser *mū*, Blut *dami*, Platzregen *teq šamē*). — *neqū mē*, *naqū neqā* e. Totenopfer(-Fest) begehen (für jd. : dt.). — *naqū tanqēte* Opfergaben darbringen. — *nāq-mē* Trankopferspender (für die Toten, an deren Festen), Erbe. — Vgl. *epēšu*, *maḫāru*, *ṣabātu*.

neqū, nēqu (?), st. c. *neq*, pl. *neqē*, *nēqi* (?) Trankopfer (opp. *nēnṭābū*), Totentrankopfer (opp. *kispu*); Opfer; Schafopfer (für den König *ša šarri*).

maqqū, (māqū,) pl. *māqē* Spendegefäß (von Gold *ḫurāṣi*, für Rauschtrank *ša šikāri*).

(maqqītu,) māqītu, pl. *maqqāti* Trankopfer. — *maqqāti u mēnūtu* Opfer und Rezitation.

maqqānū Libation.

tanqītu Libation.

naqābu *(e)* (aushöhlen,) deflorieren (: Mädchen *ardata*); — pms. defloriert werden (Mädchen *ardatu*). — I_2 deflorieren, vergewaltigen.

neqebtu e. (perforierte?) Spezereipflanze.

taqqabu (?) Loch.

nāqidu, pl. *nāqidi*, f. pl. *nāqidāti* (wests. LW.) Hirte (auch übertr.). — *nāqid ṣalmāt qaqqadi* Volkshirte (König).

neqūdu (e.) Sumpfvogel.

neqnaqqu, neqnāqu, neṭnāqu Weihrauchgefäß (von Gold); (e.) Wahrzeichen von Azagšud-Lupus.

neqseleqqu (?), **neqselēqu** (sum. LW.) e. im Kult gebrauchtes tafelförmiges Gerät.

naqāru *(u)* niederreißen, einreißen (: Mauer *igāra*, Tor *abulla*, Haus *bēta*; opp. *uššušu*), zerstören (: Urkunde *narā*; Stadt und Land, vgl. *nabālu*), verwüsten (: Feld *eqla*); mißhandeln, verunstalten (: Gesicht *pāni*); vernichten (: Feinde *nakrūti*); auseinandernehmen (: Schiff *eleppa*). — I_2 zerstören. — II_1 zerstören. — III_1 zerstören, vernichten lassen (: Grenzstein *kudurra*, Urkunde *narā*, *giṭṭa*), verwüsten lassen (: Feld). — IV_1 niedergerissen werden (Mauern *dūrāni*), zerstört werden (Götterbilder *ilāni*).

šuqquru Zerstörung (von Mauern *dūrāni*).

neqettu s. unter *rašū*.

narābu II_1 ausfließen, sich ausbreiten, lang hinstrecken (s. u.); — pms. lang hingestreckt sein, sich ausbreiten (Feuer *išātu* [?], Zellbildung an der Gallenblase *diḫu*). — IV_1 sich lang hinstrecken, sich erstrecken (Pfad *urḫu*), (der Länge nach) hinfallen (Esel *emēru*). — IV_3 (öfter) hinfallen (auf der Straße *ana sūqi*).

munērbu «Hinstrecker», Überwältiger, e. Bezeichnung Ninurtu's.

nurbu Feuchtigkeit, Fettigkeit, Saft. *nurub nissati* Tränenstrom. *nurub šēri* Saft des Fleisches.

nurrubu triefäugig.

nargītu (Kopf?-)Binde.

narāṭu *(i)* erstarren, betäubt werden, erlahmen (Hände *qātā*, Füße *šēpā*, Fleisch *šēru*), nachgeben (Balken *gušūre*). — II_1 erstarren lassen, die Vegetation erstarren lassen (?, der Erde : *erṣeta*, der Berge : *ḫuršāni*); lahmlegen (: Ausübung der Herrschaft *epēš šarrūti*); hinfällig machen (: Klage *dabāba*). — III/II_1 (jdn.) lähmen lassen (: Furcht *puluḫta*).

narēṭu, nareṭṭu, (nerēṭu, nerṭu,) st. c. *nereṭ* erstarrt; Leiche, sterbliche Überreste (eines braven Mannes *bēl ṭābti*); Sumpf.

nurruṭu starr (Lanzen *asmarāni*).

nurmū (sum. LW.) Granatapfelbaum; — e. Schmuckgegenstand in der Form von dessen Frucht (aus Gold oder Edelstein).

nuremtu (?), **nuremdu** e. Schmuckgegenstand.

nurmagallu Riesengranatapfel.

narēnu e. Pflanze.

nurpāru (LW.?) Gewahrsam (?).

nārūqu, nāruqqu s. *arāqu*.

narāru zu Hilfe eilen, zur Hilfe herbeikommen (von, aus : *eštu*).

narāru, nerāru Hilfe. — *narāru* («Hilfe!» =) ach, in *narāru eṭlu* ach Mensch!

narārūtu, nerarūtu Hilfeleistung, Hilfe. — *narārūt ṣābi* militärische Hilfe. — Vgl. *alāku.*

nāreru hilfreich, Helfer, in *iṣṣūru nārer ilāni* der den Göttern hilfreiche Vogel (Rabe *āribu*).

(našā'u,) ***našū*** *(i)* (נשא) in die Höhe bringen (opp. *šuppulu*), heben (: Flut *mēlā*), erheben (: Hände *qātā*, s. u.; zur Würde einer Vestalin *ana ēnūti*); aufopfern, ein hergerichtetes *(kunnu)* Opfer darbringen (einer Gottheit *ana ili*); hochbringen, aufziehen (: junge Löwen *mūrāni nēši*); multiplizieren (math.); entheben, entreißen (dem Leid *ina marušti*); tragen (: Stuhl *kussā*, Ziegel *lebnāti*; Schulden *ḫubulli*; Strafe *arna*, *šērta*; — Schiff *eleppu*, Wagen *narkabtu* : Ladung; Planet: Lichtglanz *namrēra*); (Frucht) tragen (Dattelbäume *urḫennū*); (für jd.) Kosten tragen, unterhalten (: Waise *ṣeḫra*, Witwe *almatta*); beibringen (: Urkunde *ṭuppa*; Hehler *māḫerānu* : gestohlenes Gut *šurqa*), bringen (jdm. : *adi maḫar*, *ina maḫar*); — pms. bei, mit sich tragen, (an)haben (: Pelz *šepāta*), (bei sich, in Händen) haben (: Urkunde *ṭuppa, kanīka, (kanka,) kanīkta*), für jd. (dt.) bereit halten (: das Wertvollste *šūqurā*). — I2 auf sich nehmen (: Strafe *arna*); bringen, mitbringen (: Schriftstück *malṭāra*, von, aus : *eštu*); wegtragen, wegnehmen (: Besitz *bušē*, von, aus : *eštu*). — I3 (ständig) heben, halten (: den Kraftlosen *lā-le'ā*), für den Unterhalt sorgen, unterhalten. — II1 forttragen; überführen (vgl. u.). — II2 überführen (vgl. u.). — III1 tragen lassen (: Tragkorb *alla*, Bauwerkzeug, jd. : acc.). — III2 tragen lassen (: Glanz *melammi*, vgl. u.), (weg)tragen lassen. — IV1 (feierlich) getragen werden (?, Götterwahrzeichen), erhoben werden (zur Herrschaft *ana bēlūti*); sich erheben (Länder *mātāti*, einmütig *ešteniš*), «aufgehoben», weggeführt werden (König *šarru*, aus seinem Palast *ina ēkallišu*). — IV3 (ständig) emporstrecken (Wildstier *rēmu* : Hörner *qarnā*), emporhalten (zu jd. : *ana*); — pms. sich (gegen den Zenit) erhoben haben (Ištar-Venus; opp. *nandi*). — *našū ēna (ēnā)* + suff. e. Auge haben auf jd., jdm. Gunst zuwenden. — *nuššū, utaššū mukinnūta* + suff. die Zeugenschaft erheben, (jd.) durch Zeugen überführen. — *našū kakki ana māti* e. Land bekriegen. — *ana epēš . . . našanni libbī* mein Herz hat mich dazu getrieben, es lag mir am Herzen, . . . zu bauen. *libbišu našū* «sein Inneres hebt sich» = er erbricht. — *naši melammi* «Glanz tragen», hell leuchten (Ištar-Venus; vgl. o. III2). *našū eštu sūqi* «von der Straße nehmen» = (?) durch Handel gewinnen. — *našū (sc. qāta) pūt* bürgen; vgl. *maḫāṣu, nadānu.* — *našū nīš-qātē* e. Gebet verrichten, beten (zu e. Gottheit *ana ili*). — *našū qātā* beten. — *našū rēša* + suff. jd. bzw. sich aufrichten; trösten bzw. guten Muts sein. — *naši šarūra* «Glanz tragen», hell leuchten (Regulus *šarru*; Scheren, *qarnā*, von Scorpius; opp. *maqit*). *itanšū šerṣa* hell leuchten (Mars *nebeānu*). — *šuššū tārānu* Schatten geben, Schatten werfen (auf: *eli*). — Vgl. *naṣū.*

nīšu, st. c. *nīš* Erhebung; (sc. *qātē*) Gebet; (sc. *ili*) Eid; — *nīš* bei (Schwur). — *nīš-ēnē* Blick; Gunst; Gegenstand der Gunst, Liebling. *nīš nūr ēnē* Lichtblick, leuchtender Blick. — *nīš idi* Aufheben des Arms. — *nīš-ili* (Hände-)Erhebung zu, d. i. Schwur bei e. Gottheit, Eid. — *nīš zeker ili* Schwur beim Namen einer Gottheit. — *nīš-libbi* Herzenstrieb; Geschlechtstrieb, Potenz (vgl. *etēru*). — *nīš-qātē* Hände-Erhebung, Gebet.

nīšītu Erhebung. — *nīšīt-ēnē* Liebling.

nīšūtu Erhebung (zur Herrschaft *bēlūti*).

nāšū, st. c. *nāš* tragend, (Frucht) tragend (Dattelpalme *gišimmaru*); Träger, Inhaber, bearer, holder, Besitzer, ذو. — *nāš belti* steuerpflichtig. — *nāš asmarē* Lanzenträger. — *nāš ariti* Schildträger. — *nāš balti* bzw. (?) *ḫaṭṭi ṣērti* ذو الكرّ القناة (?), e. Beiname von Marduk bzw. Nabū. — *nāš ṭuppi* Inhaber einer Urkunde. *nāš ṭup šēmāti* Inhaber der Schicksalstafel, e. Beiname von Nabū. — *nāš kakki* Waffenträger. — *nāš kanīki* Inhaber einer Quittung. — *nāšpaṭri* Schlächter. — *nāš paṭar Ištar* (?) e. Sterngottheit. — *nāš pilaqqi* Beilträger. — *nāš qarnāti eddēte* Träger spitzer Hörner (Nergal-Mars). — *nāš qašti* Bogenträger, Bogner. *nāšat* (?) *qašti u išpāti* Bogen- und Köcherträgerin, e. Beiname von Anunītu. — *nāš šipāti* wolletragend (Bäume *iṣṣū*, d. i. Baumwollenbäume). — *nāšū šarrūti* Inhaber der Herrschergewalt, e. Beiname von Marduk.

nanšū Hebel (?).

nušū (נשׁא6?) (e. best.?) Sehne.

našāḫu s. *nasāḫu*.

nušḫu Mandelbaum.

našāku *(u)* beißen (Hund, Hündin *kalbu, kalbatu,* Eber *ḫumṣēru*). — I2 sich beißen. — II1 beißen, zerbeißen. — *našāku, nuššuku šapta* + suff. sich auf die Lippe beißen. — Vgl. *nasāku*.

nišku Biß. — *nišik māti* Todesbiß, tödlicher Biß.

munaššiku bissig (Hund).

nišakku, niššīku s. *iššakku*.

naškapu (LW.?) e. Steinart.

(našāpu) II1 fortblasen, verachten. — IV1 aufgeblasen werden, auffliegen (Spreu *pū*).

našuptu e. Art Graupen (?).

nenšupu aufgeblasen (?).

našāqu, (nešēqu) *(e)* küssen. — I2 küssen (: Erdboden *qaqqaru*). — II1 küssen (: die [königlichen] Füße *šēpā (šarrūti)*; : Erdboden *qaqqaru*). — IV1 geküßt werden, (sich) küssen (einander *aḫu u aḫi*). — *nuššuqu šaptā* + suff., *pān* + gen. jd. auf die Lippen, aufs Antlitz küssen. — Vgl. *nasāqu*.

našāru *(u)* vermindern (: Überfluß *ḫiṣba*, Stärke *emūqa*), dämpfen (: Stimme *rigma*), beeinträchtigen (: Wesen *lāna*); abheben (: Getreide *šēa*); absondern, aussondern (?, : Grundstück *eqla*). — II1 (jdm. : acc.) Abbruch tun, ihn fernhalten (Bannfluch *māmīt*, von den Menschen *ina amēlūti*). — IV1 abgetragen werden (Erdschicht *šepek epēri*); abgehoben werden (Getreide *šēu*); beeinträchtigt werden, Einbuße erleiden (am Wohlbefinden *ina šulmi*; «Konjunktion», *ḫabratu* [s. d.], von Sonne und Mond). — *munaššer māti, munaššer napḫar, munaššer šamē u erṣeti* der dem Lande, der dem Weltall, der Himmel und Erde Abbruch tut (Dämon).

(nešēru,) nešru, f. *nešērtu, nušērtu* vermindert; m. und f. Verminderung (des Wildstandes *būl-ṣēri*), Abzug, Abbruch.

nušurrū Abzug (von irgend etwas *ina memma*; an Getreide *šēi*), Beeinträchtigung, Einbuße.

šūšurtu Abtragung (?, eines Hauses *bēti*).

našāru *(e)* zersägen (?, Wahrzeichen, *kakku*, von Šamaš).

šaššāru, šāšāru Säge; (e.) Wahrzeichen von Šamaš.

našru, (nasru) Adler; Geier; Aquila; e. Art Leuchter (?, in Form eines Adlers [?], aus Kupfer oder Eisen).

nasriš (schnell) wie e. Adler, flugs. — *nasriš arḫiš, nasriš ḫamuṭṭa* schleunigst.

natū schlagen (Degen *paṭru*; aufs Haupt *qaqqada*, ins Gesicht *pāni*). — II1 einschlagen (: Schädel *muḫḫa*; mit e. Waffe, e. Keule *ina kakki, ina ḫutpalī*). — Vgl. *naṭū*.

nittū Einbrecher.

natābu (?) abschneiden (?, : Zunge *lišāna*).

nutābu (?) Splitter (?).

natāḫu s. unter *nāḫu*.

natāku tropfen (Urin *šīnāti*; Speichel, Geifer *ēmtu*, aus dem Mund *eštu pī*). — I2 ausfließen, zerfließen (semen virile *nēlu*). — II1 träufeln (: Öl *šamni*, auf, in : *ana libbi*). — III/II2 betropft sein (?, Lippen, *šaptā*, eines Kranken).

nātiktu, šātiktu Weihwassergefäß.

tātīkāti (pl.), in *tātīkāti ša šīnāti* Harnfluß (?).

natālu s. unter *nālu*.

natānu s. *nadānu*.

neteru (ägypt. LW.) e. Alkali (Natron?, Pottasche?).

ס

sū, šū e. Stein.

sū, *sua, suatu, suati, siati* s. *šū*.

sūtu, pl. *sātu* e. Hohlmaß = 1/30 Kur; e. soviel fassendes Gefäß.

sa'u e. Art (?) des *ēru*-Baumes (oder [auch?] ein daraus gefertigter Gegenstand).

sâ'u (?) (סא7א1?) treten, zertreten (: Ernte *ebūra*, Land *māta*), entgegentreten (jdm. : *eli*).

sa'ābu, sābu (סא1ב) schöpfen (: Wasser *mē*).

si'du e. Pflanze.

sādu (סא7ד) überwältigen (Ea: Apsū und Mummu).

sādu Au (?).

suādu Zypergras.

sīḫu Wermut.

sāku (סא6ך) salben.

su'ālu (סא4ל) Husten.

sāmū (סא7ם) sich röten (Himmel, *šamū*, bei Sonnenaufgang), rot sein (Stern), braunrot sein. — *tikpi sāmūti sāmu* rote Flecken haben (Mond).

sāmu, f. *sāmtu, sāntu, sāndu, sā'tu* rot, braunrot (Gold *ḫurāṣu*, Gewand *ṣubātu, naḫlaptu*; Mars, vgl. *kakkabu*); f. Morgenröte; — Karneol (?); — Rotwein (?).

(sāmū?,) f. *sāmūtu* rötlich, rot (Prachtkleid *lamḫuššu*).

ṣūmu Röte (?).

sēniš s. *eštēnis*.

sūnu, sunnu, st. c. *sūn*, pl. *sūnē, sunnē* Hüfte (samt Oberschenkel), Schenkel, Schenkelstück (Opfer); Schoß (eines Weibes, einer Göttin); e. Teil der Kleidung (Lendenschurz?, Unterhose?); Überzug (?, eines Torflügels *dalat abulli*, von Kupfer *erī*); e. Holzgerät (?).

sāsu, ṣāṣu Motte; — e. Abart (?) des *ḫulālu*-Edelsteins.

sūsu (ägypt. LW.?) Bubalisantilope (?). Vgl. *susu*.

sīsū, pl. *sīsū, sīsē, sīsī* (LW.?) Pferd, Roß. — *sīsū piṣū* Schimmel. *sīsū ša pitḫalli* Reitpferd. *sīsū ša tāmti* (= *nāḫeru*) e. Meertier.

sīsatu Luzerne.

sāpu (?) e. Steinart; e. daraus gefertigter Schmuckgegenstand (?). — Vgl. *sappu*.

sēpu e. Getreideart (?).

(***sâqu*** [סא6ק] eng sein) II1 beengen, in *suqqu napišta* «den Atem beengen», bedrängen, in Not bringen.

sēqu, f. *sēqtu* eng, schmal (Schiff *eleppu*, opp. *arektu*).

sūqu, suqqu, st. c. *sūq*, pl. *sūqāni, sūqāti* Weg, Straße (einer Stadt *ālu*); Bett (eines Kanals *nāru*). — *sūq-āli* Hauptstraße (?). *sūqu-arbai* (?) Vierweg, Kreuzweg (?). *sūqu piḫū* «versperrte Straße», Sackgasse. — *sūqu (ū) sulū* Weg und Steg. — Vgl. *sunqu*.

sūqāqu, du. *sūqāqā*, pl. *sūqāqāti* Gasse.

sāqu (?), ***sēqu, šāqu*** (?), du. *sēqē* Knie; Schoß.

se'ēru, sēru, šēru *(e)* (סא2ר) umgeben, Wände *(igārāti)* herstellen, e. Dach *(ūra)* decken. — *šēru gušūra* einen Balken einziehen.

sa'ru, sāru, šāru, pl. *sārāni* (?), Ring, Kreis, Zyklus, Periode; Einheits-, Vollzahl: (360?,) 3600, σάρος; «Legion», zahllos («Männer», *mutū*, der Buhlerin *ḫaremti*); — e. (Kult-) Gefäß (?).

sēru, st. c. *sēr*, pl. (?) *sīri* Wand; Hecke (?, einer Weide *berī*); Masche (?, eines Netzes [?] *sapāri*); Dach, Zelt.

mušērtu (runde) Luke, Fenster (?).

sāru, šāru, šamāru *(u)* (סאר) tanzen (wirbelnd *ašamšāniš*), springen; pochen (Herz *libbu*); toben (Sturm *ašamšātu*, *mēḫū*; Aufruhr *nabalkuttu*; Ṣaltu; die bösen Sieben). — I2 toben (Löwe *nēšu*), wüten (gegen: *eli*). — II1 tanzen lassen, heftig bewegen (: Auge *ēna*, Augenwinkel *naqabta*, Antlitz *pāna*).

ša'erru, šamru, f. *šamurtu* heftig (Wind *šāru*, Angriff *tebū*), tobend (Sturm *mēḫū*, Flut *agū*), wütend (*gallū*-Dämon), schwirrend (Pfeil *kuttaḫu*); Rebell, Aufrührer (?); f. Tänzerin (?).

šamriš heftig.

šamrūtu Ungestüm.

šumru, st. c. *šumur* Ungestüm, Wut.

šu'uru «Tänzer» (?, e. Priesterklasse).

sūrtu (kultischer) Tanz.

šitmuru tobend, ungestüm.

šitmuriš heftig.

šušmuru Ungestüm (der Waffen *kakki*). — *šušmur libbi* Mut.

(šamrāru) II1 wüten lassen (: Waffen *kakki*, gegen: *eli*). — Vgl. *nawāru* III1.

sāru e. Säugetier; — e. Fisch. — *ēnā sāri* e. Pflanze.

sūrtu e. postament- oder tischförmiger beim *bārū*-Ritual gebrauchter Gegenstand.

sātu (סאת) übrig lassen, zulassen.

sītu, sittu, (šītu,) pl. *sītāti*, *sittāti*, f. *(sītu,)* st. c. *sītat*, *šītat*, pl. *sītāti*, *sittāti*, *sitēti*, *sittatāti* (?) übrig, Rest.

sūtu (?) Guthaben.

sa'tu s. *sāmu*.

sītu Zinne (?).

sabbi'u Syn. zu *igaru* Wand.

sibī, f. **sibā** (סבא) sieben. — *adi sibīšu* siebenmal.

sibittu, sibītu, šibītu, st. c. *sibīt* Siebenheit, sieben. — *Sibitti* die Sieben (sc. bösen Dämonen). *Sibittišunu* Pleiaden. — *Sibīt-šāri* «Siebenwind», e. best. Wind.

sibūtu, sibtu der siebente Monatstag; e. best. Feier an diesem Tag; — e. Name des dritten (?) Monats.

sēbū, sībū siebenter.

šibitān, sibitāni, sibitanni, sibitāna, sibittāna siebenmal. — *ina eli sibittā(n)* siebenmal.

sabū dahinziehen (Wolken *urpāti*), dahinlaufen (Wagen *narkabtu*), dahinstürmen, wogen (Meer *(mē) tāmdi*). — II1 fortziehen (trans.), fortführen, fortschleppen.

sābītu (?) dahinziehende (sc. Wolke?).

sabū e. best. Weinsorte.

sābiu, sābū, sēbiu, sēbū, f. *sābītu* Schankwirt(in).

sēbūtu Gebräu des Schankwirts (?).

sibū e. Kleidungsstück.

sibbu, sippu (sum. LW.) Hirte.

sibiḫu e. Kleidungsstück.

(sabālu) II1 verweigern (?).

sabāsu, sabāšu, šabāsu, šabāšu *(u)* abwenden, verdrehen (: Nacken *kišāda*, Fuß *šēpa*), sich erzürnt abwenden, zürnen (opp. *nāḫu*, *salāmu*), zornig sein, Groll hegen (Gott *ilu*, gegen: *ana*, *eli*, *itti*). — II1 verdrehen (Lamastu: kleine Kinder *la'ūti*); erzürnen.

šabsu zornig, grollend. — *šabsu ū kummulu* grollend und gram.

šabištu, šebistu, st. c. *šebsat* Groll, Zorn (von Göttern und Menschen *ilāni ū amēlūti*).

subiš (?) grimmig (?).

šabbasū zornig, wütend (Wildstier *rēmu*).

sabsinnu (LW.?) Buntwirker (?).

sabāru (?) III$_3$ ausmessen (?, formen?, Waffenschmied *kiškattū*: Schilde *arāti, qabābāti*).

sabarru e. Teil des Wagens *(narkabtu)*.

sabāšu s. *sabāsu*.

sagū bleiben (?).

sagū, saggū, sāgū Tempel(-Teil?).

sugugalū (sum. LW.) «das Fell des großen Stieres», e. Attribut Anu's.

sigdu e. Tier niederer Ordnung.

sagikkū (sum. LW.) Gelenkschmerz.

sagallu (sum. LW.) e. Körperteil.

sagilatu e. alkalische Pflanze.

sagullu, sugullu, sukullu, pl. *sugullāti, sukullāti* Herde.

saggilimut, saggilmut (sum. LW.) e. Gesteinsart.

suginu, sunginnu, sumginu (sum. LW.) Dürrholz.

sagsallu (?, sum. LW.?) Saitenspiel (?).

sagīru, sagru rein, gediegen (Gold *ḫurāṣu*).

sagašu e. Gefäß.

suddu' e. Unterteil (ein Sechstel) des Sekels.

(sadādu) II$_1$ behüten.

saddattu (?), **sādātu** Behutsamkeit (?); vgl. *alāku*.

suddudu Pflege (des Kleinviehs *ṣēni*).

sadidu Syn. zu *maḫrū* früherer.

isdiḫu s. *šadāḫu*.

sadlu s. *šadlu*.

saddinu, sātinnu, suddinnu, suddīnu, sūdinnu (sum. LW.) Eule (?); — Deichselende (?); — e. (unteres?) Kleidungsstück. — *saddin būṣi* Byssus-Gewand.

sadāru, sedēru *(e)* reihen, ordnen, in Schlachtordnung (: *sedra*) aufstellen (gegen: *ana, itti*); ununterbrochen eintreten lassen (: Wohlergehen *išdiḫa*, für: *ana*); pms. in einer Reihe, ununterbrochen eintreten (Regen *zunnu*, Wind *šāru*, Sturm *imbaru*), wiederholt eintreten (Schlacht *tāḫāzu*, Unfall *lubnu*, Todesfall *mūtu*), andauern (Glück *mešrū*, Ärger *nezeqtu*), fortwährend *(kajān)* beschäftigt sein (mit : *ana*); mit *-ma* und folgendem verb. fin. andauernd etwas tun; pms. mit *tālakta* sich aufmachen, sich rüsten (zu : *ana*). — II$_1$ in einer Reihe aufstellen (: Opferspenden *guqqanē*, Bittgaben *tēmeqū*, vor : *ana maḫar*), in Schlachtordnung aufstellen (: Truppen *ṣābi*); ununterbrochen, andauernd eintreten lassen (: Verwirrung *duluḫḫā*; Windgott *Rammān* : Stimme *pā*); mit *-ma* und folgd. verb. fin. andauernd etwas tun. — *sadrū išatū* sie (sollen) trinken, ohne abzusetzen. — *sedēru ū mitḫuṣūtu* Taktik und Strategie. *sedēru tāluku* e. geordneten Zug unternehmen (in die Berge hinein *ina qereb ḫuršāni*). *sadāru tālakta* sich aufmachen (zu : *ana* mit inf.).

sadru, sedru, f. *sedertu* andauernd (Hochwasser *mēlū*); Reihe; Schlachtreihe.

(saddarū?,) **sādarū** (?) beständiger (sc. Regen?) (?).

sudduru Schlachtordnung.

sudūru e. Schmuck.

masdāru Dauer. — *masdāra* dauernd, ununterbrochen, unaufhörlich.

maldāriš ununterbrochen, fortwährend.

siduri s. *šiduri*.

suduštu s. *šadāšu*.

sizzinnu e. Hausgerät.

seḫū Unordnung hervorrufen, sich empören, abtrünnig werden; sich weigern (etwas zu tun : *ana* mit inf.); e. Rechtseinspruch erheben; pms. in Unordnung geraten (Handlungen *epšēti*). — I$_2$ sich empören. — II$_1$ in Unordnung bringen (: Heiligtümer *ešrēti*, Bildwerke *uṣurāti, aṣṣurāti*, opp. *šullumu*); unfähig machen (: Mund *pā*, zu reden *ana dababi*); sich empören.

seḫū Einspruchserhebung, Reklamation.

seḫtu, *eseḫtu* (?) Reklamation. — *ṭuppu seḫti* Reklamationsurkunde.

saḫū, seḫū unordentlich, verwirrt, voll Widerspruch.

sēḫū Reklamant.

suḫḫū Empörung (Gottes über den Menschen *ili ana ameli*).

saḫḫu Wiese.

saḫḫiš Wiesen-mäßig. Vgl. *emū* ($\aleph_7\aleph_6\aleph_2$).

saḫālu *(u)* stechen (Dorn *siḫlu*); durchbohren (: Leib *karāša*, mit e. Degen *ina paṭri*). — II$_1$ «stechen», schmerzen.

seḫlu Dorn; Stich. — *seḫel balti* Dornstich. — *seḫel nūni* Fischgräte.

seḫeltu Stich (eines Gespenstes *eṭemmi*).

saḫlū, saḫlē (urspr. pl.?), pl. (?) *saḫlānu* (sum. LW.) e. Unkraut, Lolium.

(saḫāmu) II$_1$ quälen.

suḫḫimāti (pl.) Quälereien, Foltern (?).

suḫindu (?) Rate (?).

saḫmaštu s. *ḫamāšu*.

saḫāpu *(u)* niederwerfen (Netz *saparru*, *alluḫappu* : Bosheit *lemna*), überwältigen (Sturm *abūbu*, *imbaru*, Furcht *ḫattu*, *puluḫtu*, Glanz *melammu* usw., : Land, Stadt); bedrücken (Vorzeichen : das Land). — I$_2$ sich niederwerfen (bäuchlings *puppāniš*). — II$_1$ niederwerfen, niederschmettern.

saḫpu niederdrückend (?).

seḫpu Fläche (des Gesichts *pāni*, eines Wagens *narkabti* [?]), Gebiet (von Land *māti*, *mātāti*), Bereich (von Wohnstätten *dadmē*); — e. Pflanze (e. Baum?).

musaḫḫiptu Netz (?, zum Fang von Gazellen).

nasḫāpu e. Gegenstand aus Rohr (e. Art Klatsche?).

saḫāru, saḫēru, šaḫāru *(u, e)* sich wenden (Jupiter, nach Süden *ana šūti*), sich drehen (Wind *šāru*), sich verdrehen (Auge *ēnu*); umgeben (jdn. acc.), Zauberei treiben; wiederkehren; sich zuwenden (jdm. : *ana* = es mit ihm halten); mit asynd. folgd. Verb (etwas) wiederholt tun; pms. umgeben sein (mit Glanz *melammi*), verdreht sein, gewunden sein, verschlungen sein (Ohr, *uznu*, Hals, *kišādu*, von Mißgeburten). — I$_2$ sich zuwenden; wiederkehren, zurückkehren; m. asynd. folgd. Verb wiederum tun. — I$_3$ sich herumtreiben; (immer) wieder (auf jd.) zurückkommen, ihn suchen; (wieder) nahe kommen (?, Mars : Saturn [?]). — II$_1$ zuwenden, ausliefern (dem Feind *ana nakri*); abwenden (: Ansturm des Feindes *teb nakri*; : Dolch *paṭra*, von : *ultu pān*); in Prozession herumführen; zurückgeben, zurückstellen; mit *-ma* und folgd. Verb wiederum tun. — II$_2$ wiederkehren (?). — III$_1$ sich wenden lassen, sich drehen lassen (: Radfelge *seḫer magarri*); (sich um etwas legen =) umschließen lassen (mit dopp. acc. : Mauer *dūra*, Wall *kāra*; : Land *qaqqara*, Stadt *āla*), zuwenden (: Antlitz *pāna*). — III$_2$ umkreisen lassen, umgeben lassen (mit Glanz : *melemmi*). — IV$_1$ sich wenden (Mond *Sīn*); sich herumdrehen, rückläufig werden (?, Mars *Nebeānu*), sich herumtreiben (in : acc.). — IV$_2$ sich wenden (zu : *ana*); wiederkehren, zurückkehren (zu : *ana muḫḫi*); mit *idē* und suff. sich auf jds. Seite schlagen. — IV$_3$ sich wenden (an : *ana*), sich anschließen. — *saḫār ūmi* Wende des Tages. *sa[ḫār] tāluki* das Umlaufen einer Bahn. — *saḫāru*, *suḫḫuru nadānu* zurückgeben. *saḫāru idē* mit suff. sich auf jds. Seite schlagen. *nēršu isḫer* «sein Joch hat sich gewendet», d. h. er ist besiegt (?). *saḫāru ana rēṣūti* sich zur Hilfeleistung wenden, Hilfe leisten. — *suḫḫuru kišāda*, *suḫḫuru pāna* aufmerksam werden (abs.), Aufmerksamkeit schenken, die Aufmerksamkeit richten (auf : *ana*); mit Neg. sich (um etwas) nicht bekümmern, unbekümmert sein. — *šutaḫḫuru ana* *pān* mit Suff. (etwas) sich zuwenden, für sich nehmen.

seḫru, st. c. *seḫer* Umgebung, Rand (eines Flusses *nāri*), Kuppe (eines Siegelzylinders *kunukki*); mit Kuppe versehener Siegelzylinder (?). — *seḫer magarri* Felge.

seḫertu Umgebung, Umfassung, Umfang, Umkreis (einer Stadt *āli*), Komplex (eines Hauses *bēti*). — *ana seḫerti* mit Suff. dem ganzen Umfang nach, insgesamt.

suḫru, šuḫru, st. c. *suḫur, šuḫur* Abwendung, Abkehr (des Gesichts *pāni*); — e. (sich beständig wendender?) Teil des Fußes (Ballen?). — *ina suḫur pāni* mit abgewandtem Gesicht.

suḫurtu Zurückwerfung (des Feindes).

sāḫeru, saḫḫeru, f. *sāḫertu* Zauberer; — der untere Teil des Türpols.

saḫēru verschlungen, in *erri saḫērūti* («verschlungene Därme» =) Gedärm.

saḫḫaru e. kleiner Topf; vgl. (?) *šaḫarratu*; — e. Unterteil (ein Drittel) des *karpu* (?).

suḫēru Eselfüllen, junger Esel (?).

suḫūru e. Fisch (Karpfenart?). — *suḫūr-mašu* Abart des *suḫūru*; «Ziegenfisch» («Schraubenhornzickleinfisch»).

saḫāšu fischen (?).

suḫuššu junge Dattelpalme; vgl. (?) *šaḫiššu*.

sakēa (?) e. Tier (?).

sakāku verstopft sein, taub sein. — *sakāk uznē* Taubheit.

sakku taub.

sukkuku taub.

sukkukūtu Taubheit.

sakīku Verstopfendes, Schlamm (eines Kanals).

(sakku,) pl. *sakkē* Satzung. — *sakkē šarrūti* «Satzungen des Königtums», e. best. Klasse von Beschwörungen.

sakikku (sum. LW.) e. Gliederkrankheit, Rheumatismus (?).

(sukku,) sūku, usukku e. Körperteil.

sukku, pl. *sukkē* (Teil der Backe?,) Damm (e. Kanals *nāri*).

sukku, usukku, ašukku, pl. *usukkāti* (sum. LW.) Göttergemach, Kapelle.

sakālu *(i)* e. Erwerbung *(sekelta)* machen, erwerben. — II1 e. Erwerbung *(sekelta)* machen, erwerben.

sekeltu, pl. *seklātu* Erwerbung, Erwerb.

saklu, f. *sakeltu*, pl. f. *saklāti* dumm, töricht (Rede *lišānu*); Dummkopf; Tor, Narr; pl. f. Torheiten.

suklu (sum. LW.) Gerte, Rute (?); e. Längenmaß, Elle (?, = *ammatu*?).

sukkallu, sūkallu (sum. LW.) Minister, Kriegsminister, Vezier (auch von Göttern, spez. Sterngöttern). — *sukkallu dannu* Großvezier. *sukkal elāt* Vezier der oberen Welt, e. Beiname von Nusku.

sukkalmaḫḫu Großvezier.

sukullu s. *sugullu*.

sakānu *(i)* (westsem. LW.?) sorgen (für : *ana*).

sakuttu Besorgung (?, von Getreide *šē'i*).

sikkānu Steuer(ruder).

sukanninu (?) e. Vogel.

sakāpu, šakāpu *(i)* stürzen (: Regierung *šarrūta, palā*), niederwerfen, zu Boden werfen (: Feinde *nakri, zā'eri*), zurückstoßen (: die Brust des Bösewichts *erat lemni*, den *lamaštu*-Dämon); pms. sich legen, ruhen. — II1 stürzen (trs.).

sakkāpu Türsturz (?).

sikiptu, pl. (?) *sikpēti* Niederwerfung; mit oder ohne *Enlil, Marduk*, ein der Niederwerfung (Enlil's oder Marduk's) Verfallener, Verfluchter.

askuppu, askuppatu Türschwelle. — *askuppatu u ṣarru* Schwelle und Angel.

sakāru, sekēru *(e)* verstopfen, abdämmen (: Wasser *mē*, Fluß *nāra*, Kanal *palga* bzw. deren Mündung *pā*, mit : *ina*; opp. *meqēru*), verschließen (: Haus *bēta*, Schleuse *bāb-nāri*). — II2 verstopft sein (Ohren *uznā*). — IV1 verstopft werden (Fluß *nāru*, opp. *naptū*; Penis *zekru*). — IV3 gehemmt sein (Urin *šinādi*).

sekru abgedämmt (Kanal *ḫarru*); — Schild (?). — Vgl. *ajar*.

sēkeru Verschließer, Abdämmer (opp. *mēqeru*).

sikkūru, sīkūru Verschluß, Türschloß, Riegel (von Bronze *siparri*); e. Teil des Pfluges. — *sikkur urri* (der Verschluß des Tageslichts =?) Dunkelheit (vor Sonnenaufgang). — *sikur eqli* e. Pflanze (Distelart?). *sikur pī* Schweigen. — *sīkūr šakili* Fallriegel (?).

sukkuru, f. *sukkurtu* verschlossen (e. Teil der Leber *rēš manzazi*); f. Verschließung (?).

sakerū e. Pflanze (?).

sikrūtu e. Pflanzenstoff (?).

sakātu *(u)* schweigen.

sila das Einheitshohlmaß = 0,4 l.

salā'u, salū, šalā'u, šalū (סלא1) untersinken, tauchen, eintauchen (ins Wasser *mē*, [beim Ordal] in den «Strom» *Id*; vgl. *bēru*); waten (in Blut *ina dami*). — II1 besprengen (mit dopp. acc.). — *salū ana mē* überschwemmen.

salītu (Fischer-)Netz (?).

šallū e. Wasserfahrzeug.

mašallū (?) Wasserrinne, Wasserröhre.

(salū) (סלא4?) I2 dahinsiechen, gebrechlich sein.

sili'tu, silītu, pl. *sili'āti* Siechtum, Gebrechen, Krankheit (Aussatz?, vgl. *šelū*).

maslū Zerstörung (e. Gebäudes), Siechtum (des Körpers *zumri*).

maslā'tu (?) Siechtum (?).

salū, šalū (סלא6) werfen (: Pfeile *kuttaḫi*, *mulmulli*), schleudern (: Lanzen *asmarānē*); abwerfen, abschütteln (: Joch *nēra*); auswerfen (Speichel *ru'ta*); verwerfen, vernachlässigen. — II1 abschießen (: Bogen *qašta*); verachten. — III1 zum Abortus bringen (: Fötus *ša libbi*). — Vgl. *ṣalū*.

šitlū (?) abgetrenntes (sc. Reis einer Zeder *ašūḫu*).

(sēlatu,) **sellatu, šellatu,** pl. *sēlāti, sēliāti* (?) Widerspenstigkeit, Vermessenheit, Frechheit (der Rede *pī*), Gemeinheit.

silītu, šilītu (סלא7) Mutterleib; Nachgeburt (?).

salātu, sallātu Nachkommenschaft, Angehörige, Verwandtschaft, Haushalt, Sippe (?).

sulu', sulū, sullū, šulū, pl. *sulē* Straße, Weg; Hauptstraße (einer Stadt); Tempelstraße. — *sulū ša sūqi* Marktstraße. *sulē ṣēri* Steppenwege (?).

salāḫu, šalāḫu (sum. LW.?) besprengen (mit Wasser *mē*, Blut *dama*, Fischtran *šaman-nūni*, Geifer *ēmta*), bespritzen; ausspritzen, geifern (Gebiß *dūr-šenni* : Galle *marta*); übertr. geifern, wütend sein (auf : *ana*). — II1 e. Waschung, *šulūḫa*, vornehmen, e. Kult begehen. — III1 fluten lassen (: Trauer, *sipitta*, in e. Land *ina māti*). — IV1 besprengt werden (mit Wasser *mē*). — *ša salāḫi, ša šuluḫḫi* Sprenggerät(e), Spritze(n) (?, aus Gold und Silber).

šalḫu (hölzerne) Bewässerungsröhre (?).

šeleḫtu Mündung eines Bewässerungskanals (in das Berieselungsgebiet, opp. *bāb-nāri*); Wasserlauf.

šuluḫḫu, šulūḫu (Hände-) Waschung; Kult.

šuluḫḫatu Platzregen (?).

(musalaḫtu?, musaliḫtu?,) pl. *musalaḫāti, musaliḫāti* (?) Sprengkrug.

salḫū, šalḫū Außenmauer, Vormauer, Außenwall (corr. *dūru*).

salāṭu, šalāṭu, šalātu zerschneiden, entzweischneiden (: Faden *qā*, Tau *ḫenna*), spalten (: Brust *erta*, Feuerstein *ṣurra*, Horn *qarna*), aufritzen (mit dem Ritzmesser *ina imṭī*). — II1 entzweischneiden (: Tau *ḫenna*), aufbrechen (: Schloß *sikkūra*).

salṭu aufgeschnitten.

silakku (sum. LW.?) Syn. zu *ālu* Niederlassung, Stadt.

sallu, sellu, saltu (?), pl. *salli*, *sellē* (?) Korb; — Archivolte (?).

sililītu e. Name des Monats *Šebat*.

salāmu (i) wohlgeneigt sein (opp. *zenū*, *sabāsu*), huldvoll sein, gnädig sein (Gott *ilu*), Gnade erweisen (einer Stadt *ana āli*); sich versöhnen, in gutes Einvernehmen kommen (mit: *itti*, opp. *itananduru*; vgl. *šalāmu*); pms. in gutem Einvernehmen *(ina salāmi banī)* sein. — II1 gnädig stimmen (: Gott *ila*); zur Versöhnung bewegen. — *salāmu salām ananna* jds. Gunsterweisung teilen (vgl. *zenū*).

salmu wohlgeneigt; Freund (opp. *nakru*). — *salmāku u aḫḫāku itti* ich bin Freund und Bruder von.

salīmu Zuneigung, Gunst, Huld, Gnade (für: *ana*); Versöhnung.

salīmiš huldvoll, gnädig.

sullummū, *sulummū*, pl. *sulummē* Versöhnung, gutes Einvernehmen, pl. Versöhnungsgeschenk (?).

silammu e. Pflanze.

silammaḫḫu (sum. LW.?) e. Prachtgewand.

(salānu) II1 verschönern (?).

suluppu (reife, opp. *tuḫallu*) Dattel. — *suluppi šasqī* Emmermehl mit Datteln.

salāqu kochen (: Fleisch *šēra*).

salqu, selqu gekocht; Kochfleisch (?).

selqu Runkelrübe, Bete.

sulāqu Syn. zu *lubāšu* Kleid.

ṣalātu zermalmen.

saltu zermalmt.

sillātu, siltu Feinmehl.

samū lahm sein; schwer vorwärts kommen, stecken bleiben (Schiff *eleppu*). — I3 erlahmen (Füße *šēpā*). — II1 lähmen (Zauber *kišpu*: Hexe *kaššapta*).

sāmū lahm, hinkend (wohl auch Schimpfwort).

samū s. *šamū*.

sumētu s. *asūmu*.

sumginu s. *suginu*.

samādu (fein) mahlen (opp. *ṭēnu*, *qemū*).

samīdu Feinmehl.

samedu e. Pflanze. (Vgl. *asmidu*.)

samāḫu vermischen, vereinigen (Heere, *ummānāti*, miteinander *ana libbi aḫāmiš*). — II1 mischen, mengen (untereinander *ana libbi aḫāmiš*, zu: *ana*). — II2 sich vermischen, sich verschwören. — III1 durcheinander bringen (Feldgrenzen).

samḫu, pl. *samḫūti* vermischt, vermengt (aus verschiedenen Sorten) (Steine *abni*, *neqnaqqē* Räucherwerk); verschlungen (? Pfortader *padānu*).

šummuḫu vermengt; in Kampf verwickelt (? Länder *mātāti*, untereinander *ana libbi aḫāmiš*).

samaḫḫu (sum. LW.) großes Netz.

samēṭu (?), ***šamēṭu*** (?), ***samṭu*** (ägypt. LW.) Acacia nilotica.

simakku, simāku e. Art Heiligtum, Götterschrein (?).

simkurru, *senkurru* (?, LW.?) e. wildes Tier (Geierfalke?); — e. Fisch.

sumaktaru, pl. *sumakarāti* Sklavenkind.

samullu, samūlu, šamullu e. Baum.

samāmu vergiften.

simmu, pl. *simmi* Gift.

simmatu Vergiftung.

summatu, pl. *summāti* Taube.

(samānu) II1 achteln.

samāni, f. *samānti*, *samūnti* acht.

samānū, samnū, f. *samānītu*, *samānūtu* achter; achtjährig.

sumuntu Achtgespann (Pflug).

(ṣamānu alt, morsch, hinfällig werden [?]), faulen (?).

samānu Faulen (?, des Getreides *šeʾi*, des Feldes *eqli*). — e. Gelenkkrankheit.

summanu alt, morsch, hinfällig (?).

samenu e. Pflanze.

semertu e. Teil des Pflugs.

samsu s. *šamšu*.

semēru s. שא6ר.

simut (?) e. Sternbild (Cygnus + Cepheus?).

sinū (wests. LW.) e. Dornenart.

sinbu e. Kleidungsstück.

singu e. Art Tierpelz oder Wollstoff.

sunginnu s. *suginu*.

sungertu e. (Wasser?-)Pflanze.

sindū e. Baum (Steineiche?).

senkurru s. *simkurru*.

sannu Fischernetz.

sennu s. *šennu*.

sunnu s. *sūnu*.

sinūnu Schwalbenfisch (?); vgl. *šinunūtu*.

sinuntu, sinundu (LW.?) Schwalbe.

sanapu s. *ajaru*.

sanāqu, zanāqu, šanāqu *(i)* وَصَلَ binden, festbinden, festhalten (Häscher *ṣābi-tānu*), in Ordnung halten (Gottheit: Weltall *mitḫurta*; *Anunnaki*), einspannen (ins Joch: *eskara*, *nēra*, in ein Gespann *ṣenda*), in Zeilen *(santaqqi)* geordnet schreiben, in Zeilen ordnen (: Schrifttafel *ṭuppa*; vgl. *abāṭu*), in Ordnung bringen, zum geordneten Abschluß bringen (: Geschäftsunternehmen *ḫarrāna*), (der Ordnung gemäß) eintreiben (: Geld); festmachen, schließen (: Tür *dalta*), abschließen (: Haus *bēta*), abdämmen (: Wasser, *mē*, eines Wasserlaufs); — hinkommen, anlangen, ankommen, einholen (Planet : Fixstern), eintreffen (in : *ana*), sich begeben (zu: *ana*); vorstellig werden (bei: *ana*); vorgehen (gegen : *ana*). — I2 eintreffen; reichen (Kanal *nāru*, bis zur Kaimauer *ana dūr kāri*); gleiche Höhe erreichen (Wall mit einem andern Wall *kāru itti kāri*); vorstellig werden. — II1 festbinden, anbinden (: Rind *alpa*); die Ordnung prüfen, nachmessen (Getreide: *šeʾa*); — anlangen lassen, einholen, auftreten lassen (: Zeugen *šēbūti*, vor einem Gott *ana ili*), Kunde einziehen, sich vergewissern (über : acc.). — II2 nachgeprüft, nachgemessen werden (Hausgrundstück *bētu*); verschlossen sein (corr. *naqābu*). — III1 eintreiben lassen (: Geld *kaspa*); festmachen, anhalten lassen (: Schiff *eleppa*); — herankommen lassen (: Böses *lumna*); vorstellig werden lassen (bei : *ana*). — *sanāqu ana dajāni* sich zu einer richterlichen Entscheidung begeben. — *sanāq amāti*, *sanāq atmē*, *sanāq pī*, *sanāq qebēti* Schweigen, Stillschweigen. — *sāniq mitḫarti* Ordner der (einander) entsprechenden Teile (des Weltgefüges), des Alls, e. Beiname Nabū's.

senqu, sunqu, sūqu (?) Gebundenheit, Knappheit, Not.

sanīqu (?), f. *sanīqtu* (?) geordnet; vgl. *lā*.

sunnuqu festgebunden, gebunden (Sterne *kakkab-šamē*, wie Garben *kīma šerʾi*).

masnaqtu, in *masnaqti aṭnāti* geordnete (und durch Tore abgeschlossene) Menge von Wohnungen.

tašnīqu Erstickungsanfälle (sodaß der Magen keine Nahrung aufnimmt oder verdaut).

sanāšu, šanāšu (etwas) hineintun, hineinstecken (in : *ina*). — II1 hineintun, hineinstecken.

sinnišu, sīnišu, f. *sinništu, zinništu*, st. c. *sinnišat* weiblich (Dattelpalme *gišimmaru*, Gottheit *ilu*; opp. *zikaru*, *amēlu*); Person weiblichen Geschlechts, Weib, Frau. — *sinnišat ēkalli* (auch *sinništu* abs.) Palastfrau, königliche Gemahlin. — *sinništu ša ruḫē* Zauberweib.

sinnišānu Weibmann.

sinnišāniš weiblich, als Weib; vgl. *alāku*.

sinnišūtu Weiblichkeit.

santaqqu, šantaqqu, sattaqqu, f. (*sattaqtu?,*) *šaddagdu* (sum. LW.?, vgl. *sanāqu*) ununterbrochen, ständig (?, Krieger *ṣābi*), dauernd (?, Geheimnis *puzru*); — (ununterbrochene) Reihe, Zeile. — *santaq, santaqqi, sattaqqi, šaddagdi, šaddagdim, šaddagda, šaddagdam* ununterbrochen, immer (?); *ištu šaddagdi* von jeher (?).

šaddagiš, šaddagdiš, šādagdiš ununterbrochen, beständig (?).

sattuqqu, pl. *sattuqqi* ununterbrochene, regelmäßige Naturalienlieferung (Opfer).

(***susu?, sūsu?,***) pl. (?) *susāni* e. Gefäß (?, von Silber).

sisītu Gelenk (?), in *sisīt retti* Handgelenk (?).

sassu, šassu (LW.?) Sitz des Wagenlenkers, Bock; — e. (diesem ähnliche?) Pflanze.

susabīnu s. *susapīnu.*

sasāku (?, sum. LW.?) II_1 (gerben?;) übertr. unsanft behandeln, mißhandeln (?, Bannfluch *arnu, māmīt*: Menschen *amēla*).

sissiktu, šišiktu, pl. *sissikēti* Mantel.

susikku Gerber, Kürschner (?).

susiktu Kürschnerarbeit (?).

sussulu, sūsulu, pl. *sussulū* Korb.

sasinnu, sasīnu s. *zatimmu.*

sisānu s. *zizānu.*

sissennu, sīsennu, pl. (?) *sīsenāti* Dattelrispe. — Vgl. *iṣṣūru.*

sasappu e. Körperteil.

sasuppu, šusuppu e. Kleidungsstück.

susapīnu, susabīnu, šusapīnu Brautführer.

sassaqu Majoran (?).

sasqū, šasqū e. Art Emmermehl (?).

sassuru, sāsuru, šassuru, šāsuru e. Insekt (Fliegenart?).

sasurtu Klumpen (?, von Blei *annaku*).

sisseru Kind; Jugend.

siserenu, sisrennu Syn. zu *šikittu* u. *arattū,* e. Sitzgelegenheit od. e. Örtlichkeit.

sipu e. Örtlichkeit. *sipu āli.*

sapū, šapū betteln (Hund *kalbu*). — II_1 mit Gebeten (*suppē*) angehen (: e. Gott *ila*), flehen (zu e. Gott *ana ili*), anflehen (: Gottheit *ilūta*).

sipū Gebet.

suppū, sūpū, pl. *suppē* Bitte, Gebet, Flehen.

taspītu Gebet.

sapādu klagen, trauern.

sipdu Trauer (opp. *ḫidūtu*).

sapādu Trauern, Trauer.

sipittu Trauer, Trübsal (opp. *mēlultu*).

sapāḫu, šapāḫu zerstreuen, versprengen (: Kühe *lâti*); verheeren, vernichten (: Land, Stadt, Haus). — II_1 zerstreuen (: Getreide *šē'a*), streuen (: Salz und Lolch *ṭābta ū saḫlā,* über e. Wegstrecke *ṣēr mālaki*), zerpflücken (?, : Pflanze); zerstören (: Haus *bēta*; Sonnengott : Gebirg *šadī*), vernichten (: Truppen *ummānati,* Glieder *mešrēti*), zunichte machen (: Streitmacht *ellata,* Weisheit *nēmeqa,* Sünde *anna*). — IV_1 zusammenstürzen (Bau, *eṭānu,* eines Hauses *bēti*), vernichtet werden (Volk *nīši,* Leben *napištu*).

šapḫu zerstreut (corr. *puḫḫuru*).

šapāḫūtu Zerstörungstätigkeit (?).

naspuḫu Verheerung, Vernichtung.

saplu (wests. LW.?) Schale, Becken.

supalu Wacholderbaum.

sapalgīnu Alant.

sapānu, šapānu (*u*) niedermetzeln, niedermachen (: Feinde *aibi, nakri*), niederwerfen (: Land), wegfegen (Sturmflut *abūbu*), wegschwemmen (: Erdreich *erṣeta,* mit Wasser *ina mē*), austilgen (: Andenken *zekra*).

sapnu (niederwerfende) Pranke (eines Löwen *nēši*).

naspanu e. Art Schlinge.

našpantu Niederwerfung, Verheerung; vgl. *abūbu*, *šarru*, *amāru*.

sapannu Inneres (eines Gebirges *šadī*, eines Sumpfgebietes *appari*), Tiefe (des Meeres *tāmdi*).

supinnu e. Teil des Beiles (?).

sappandu (weißer) Senf (?).

ṣapāsu, šapāsu pms. rötlich leuchten (?, Sonne).

sapsapu, sapsuptu (?), pl. *sapsapāti* Unterlippe.

sappu, šappu, šappatu Becken. — Vgl. *sāpu*.

sippu, šīpu, du. *sippā*, pl. *sippū* (sum. LW.?) die Mauerwangen beiderseits e. Tordurchgangs. — Vgl. *sibbu*.

suppu e. Säugetier.

(***sapāru,*** sum. LW. [?] wie ein Fangnetz auslegen, herumlegen, umfriedigen?; vgl. *šuparuru*).

saparru, sapāru Netz, Fischernetz. — *sapar Uruk* Milchstraße (?).

sapāriš ins Netz.

supūru Umfriedigung, Umwallung; Pferch, Stall (von Rindern *alpi*, Schafen *emmeri*, Ziegen *enzi*); (großer) Hof (um Gestirne; vgl. *tarbaṣu*).

sapru, šapru, sappartu zottiges Fell (speziell des *sappāru*).

sapparu, šapparu (sum. LW.) wilder Ziegenbock, Wildziege, Ziege; — e. Art Granatapfelbaum (?). — *sappar ilāni* e. Beiname von Ninurtu.

seperru, sepēru e. Hofbeamter des Tempel- und Aufsichtsdienstes. — *seperri makkūri* Finanzaufseher.

siparru Bronze; Kupfer.

sepperū «Sippareser», e. Apfelsorte.

supurgillu Quitte.

saqāru s. *zakāru*.

seqqurratu, sēqurratu, seqqūratu, pl. *sēqurrāti*, *sēqūrēti* (LW.?) Tempelturm, Sakralturm. — *seqqurrat šadī* der «Tempelturm» des (Sintflut-) Berges.

sarāti (pl.) in *ša sarāti* altassyr. Name des 6. Monats *(Uūlu)*.

serjām, sarjām, šerjām, pl. *serāmēti* (wests. LW.) Panzer, Harnisch (aus Leder *maški*, Bronze *siparri*, für Menschen oder Pferde).

surrū (sum. LW.) e. Priesterklasse.

sarbu, (dazu?) pl. *sarabāti* Schmerz, Leid, Gram. Vgl. *zarābu*.

sargānu Syn. zu *dannu* stark.

sarādu (mit einem Seil) angebunden, angeschirrt sein, sichern (Esel *emēru*). — II_1 anschirren; vgl. *emēru*.

serdu, šerdu, du. *serdā* Seil, Zügel, Riemen (?, an einem Schöpflöffel *nālpattu*); (bindende?) Ausführungsbestimmung (?, eines Vertrags); du. die beiden Seile (, an denen der Esel den Fahrstuhl zieht, s. *kussū*).

serdu Ölbaum (?).

surdū Falke (?).

surudu Hinterbacke (?).

surummu After.

sarmadu Mohn.

sarmaḫḫu (sum. LW.) Park.

surmaḫḫu (sum. LW.) höherer Rang der *surrū*-Priester.

sarāpu schlürfen (: Mehlbrei *pappāsa*).

sirāpu, sirpu (eiserne) Schere (zur Schafschur).

sarāqu s. *zarāqu*.

sarāru unbeständig sein; widersetzlich, widerspenstig sein; falsch sein, lügnerisch sein; ungültig sein (Urkunde *ṭuppu*). — I_2 lügen. — II_1 rebellisch sein, meutern. — II_2 eine Falschheit begehen.

sarru, serru, f. *sarratu*, *sartu*, pl. *sarrāti* unbeständig (Beiname des Mars); widerspenstig (gegen *ana*), aufrührerisch; lügnerisch, unwahr (opp. *kēnu*); Aufrührer, Rebell, Lügner; — f. Widerspenstigkeit, Aufruhr, Unbotmäßigkeit; Falschheit, Lüge (opp. *kēttu*); — pl. Aufrührerisches, aufrührerische Worte.

sarriš wie e. Aufrührer, wie e. Rebell.

surru Augenblick, Nu. — *adi surri*, (*ina surri* >) *issurri, issūri*, (*ana surri* >) *āsūri* im Augenblick, sofort, nun. — *issūri mēmēni* wer (immer) nun, sollte nun jemand.

surriš im Nu, eilends, flugs.

surratu, surtu, pl. *surrāti* Widersetzlichkeit, Aufruhr, Hochverrat; Falschheit.

(sarāru) III_2 anbeten (: Götter *ilāni*).

sarūru, surāru, pl. *surāri* Gebet.

sarru e. Teil des Lastwagens.

sararu e. Teil des Lastwagens.

sērāšu, sērāš, šērēšu, tērāš (?) (LW.?) Most.

sērāšū, sērēšū Kelterer.

suršu s. *šuršu*.

sartennu, sartēnu (LW.) Oberrichter.

satālu *(i)* anpflanzen (Röhricht *ṣuṣā*).

sātinnu s. *saddinu*.

sattuqqu s. u. *santaqqu*.

ף

pū, pl. *piāti, pāti* Mund, Maul, Rachen, Schnabel; Mündung (e. Flusses oder Kanals); Eingang (e. Tores *abulli, bābi*); Schneide, Schärfe (e. Dolches *paṭri*, e. Säge *šaššari*); Ausspruch (vgl. *aṣū*), Rede, Befehl, mündlicher Auftrag, Wort, Stimme, Wortlaut, Inhalt (e. Urkunde *ṭuppi*), Sprache; Gerede; Teil (vgl. *šenē-pū*). — e. Kultgerät. — *pū karši, pū libbi* Nabel (?); e. Opferteil. *pū lišāni* Zungenspitze (?). *pī māti* Landessprache. *pū naḫērē* (Mündung der) Nasenlöcher. *pū marḫalli* e. Edelstein.. *pū ṣabīti* Gazellenmaulstein. *pū šamši* Sonnenstrahl. *ištēn pū* Einmütigkeit. *pū ana ištēn, pū ašar ištēn* Vereinbarung. — *pī, ana pī, appī, ina pī* gemäß; auf Zureden von. *ina pī kanki* nach dem Wortlaute e. Urkunde; *ana pī ṭuppi* im Verhältnis zur Angabe einer Urkunde (vgl. *maṭū*). *kī pī, ša pī* gemäß, nach dem Wortlaute (e. Urkunde *ṭuppi, kanki*, e. Vertrages *riksāti*). *ana eli pī ša, ina eli pī ša* auf Geheiß von.

pātu, pāṭu Seite, Rand, Ufer (des Meeres *tāmdi*); Grenze; Gebiet, Ziel (?). — *adi ištēn pāti* ein einziges Mal. (?). *pāt gemri* Gesamtausdehnung; *pāt* (sc. *gemer*?) *šamē erṣeti* Gesamtausdehnung (?) von Himmel und Erde. *ana pāt gemri, adi pāt gemri, pātu palli* mit Suff. insgesamt, vollständig.

pūtu Stirn (opp. *kutallu*), Schläfe; Vorderseite (opp. *urkā*), Front; Breitseite (opp. *šiddu*); Breitseite eines Rechtecks. — *pūt, ina pūt, ina pūti ša, in pūti* angesichts von, gegenüber, vor; *pūt* gemäß, nach Maßgabe (des Anteils *zitti*); für, anstatt. — *pūta ū amarta* vorn und hinten (?). — *pūt šēpi* zu Füßen. Vgl. *emēdu, maḫāṣu, nadānu, našū*.

pū'u, pū ($א_3א_6פ$?) Spreu, Häcksel, σύρμα, Ernteabfälle (?). — *ištu pē adi* (oder *ana*) *ḫurāṣi* vom Häckerling bis zum Gold, d. i. vom geringsten bis zum kostbarsten, vollständig.

pa'ū e. Vogel.

pāgu ($פא_6ג$?) wegnehmen (?), entreißen (?). — I_2 wegnehmen (?), an sich reißen (?).

pūgu e. kleines Netz.

pādu ($פא_7ד$) gefangen nehmen. — I_2 gefangen setzen.

piazu Wildschwein (?). — e. Fisch.

pāḫu ($פא_6ח$) II_1 e. Tausch *(puḫḫa)* vornehmen, tauschen, eintauschen (gegen : *kīma*).

pāḫātu, pēḫātu (pl.) Stellvertretung; Ersatzleistung, Ersatz, Ersatzwert; (zu vertretende) Stelle, Amt (vgl. *naṣāru*); Verpflichtung, Verantwortung, Pflicht; Amtsbezirk, Provinz; Stellvertreter, Statthalter; Güterverwaltung. — *ša pēḫāti*, pl. *šūt pēḫāti, bēl pāḫāti* (vgl. *bēlu*) stellvertretend, bevollmächtigt, Stellvertreter,

Statthalter, Gouverneur (e. Provinz). — *pāḫāt ṣāb-maṣṣar-āli* Polizeipräsident (?).

pīḫtu Nachbildung.

pūḫu, puḫḫu Stellvertretung, Stellvertreter, Ersatzperson; Ersatz, Tausch; Ebenbild. — *pūḫi amēli* Menschen-Ersatz, Menschen-Tauschbild. — *pūḫ* statt, an Stelle von.

pūḫtu Tauschobjekt, Tauschwert.

pūḫat wofür, warum, weshalb. *ana pūḫti, ana pūḫat, ana pūḫāti ša* im Tausch für, zum Eintausch.

pīḫu, pl. *pīḫū* e. Art (dickflüssiges?) Bier; e. best. Menge davon. — e. Gefäß (Faß?).

(pēlu) (פא$_4$ל?) III/II$_1$ unterdrücken, ändern, abändern (: Sünde *arna*, Urkunde *ṭuppa*, Zauberkreis *uṣurta*, Kult *šuluḫḫa*, Herrschaft *šarrūta*; Wort, Befehl). — III/II$_2$ geändert werden (Befehl *qebētu*); unterdrücken, ändern. — Vgl. *abālu*.

pālu (פא$_6$ל) rot, rötlich sein (Mond-«Hörner»).

pēlū, f. *pēlūtu* rot, rötlich (vom Wein *karānu*, Bier *šikaru*, Emmer, der *šummu*-Pflanze); — Rotwein, Rotweinrebe; Neugeburt, Junges, Vogeljunges.

pāltu s. *pāšu*.

pīlu, pūlu, pl. *pīlāni, pūli* (LW.?) Kalkstein, Haustein. — *pīlu piṣū* (heller) Kalkstein. — Vgl. *pīru*.

pīlāniš wie Hausteine.

pēntu, pēndu (פא$_3$ם) glühende Kohle, Holzkohle; Kohlenfeuer.

pēndū, pl. *pēndē* Narbe (?, einer Brandwunde?), Pustel (?); — e. Stein (Feuerstein?); — e. Erzeugnis (?) aus Gold. — e. Dornart (?).

pēnu zerstoßen, zerquetschen.

pēnu, du. (?) *pēnē* Schenkel.

pijāmu Syn. zu *qarradu* stark; Syn. zu *šikittu*.

(pēṣu) II$_1$ wegnehmen (?). — II$_2$ beschlagnahmen (?). Vgl. *piṣū*.

pūṣu Beschlagnahme (?).

pāqu fest sein, verschlossen sein (Mund, Auge); eng sein. II$_1$ fest machen (: *abna* Schmelzmasse).

pāqu, pēqu verschlossen; taub; eng (Paß *nērebu*); schmal, klein, kurz (Quellen *ēnāti*).

pēqa, pēqat in kurzem, bald, alsbald. *kī pēqi* plötzlich (?).

pīqītu schmale Wasserrinne (?).

pāru (פא$_7$ר?) suchen. — I$_2$ aussuchen, auswählen (?).

pāru Haut (?); — Sandbank (?).

pīru, pīlu, pl. f. *pīrāti* (LW.?) [Elefant.

pērtu s. פרא$_4$.

pūru Los.

pūru (?) (sum. LW.) (Stein-)Schale, Topf, Alabastron (?).

piāšu e. krankhafte Erscheinung.

pāšu, pāštu, pāltu Axt.

pīšāti s. *bīšu*.

pītu e. Hohlmaß (für Zwiebeln).

(pegū) (פגא$_4$) II$_1$ verleumden.

pagū, pl. *pagē*, f. *pagītu, pagūtu*, pl. *pagāti* (LW.?) e. Säugetier, e. Affenart (?); — e. Saiteninstrument.

(pagālu) II$_1$ gewaltig sein (Macht *emūqu*).

paglu stark (Großstier *gumaḫḫu*, Zedern *erēni, ašūḫi*).

paggālu, paggallu, pl. *paggāli* stark (Lamm *emmeru*).

puggulu, pungulu machtvoll, stark (Glieder *mešrēti*), gewaltig (Marduk).

pagalu, pagilu, pagulu e. Gefäß für Flüssigkeiten (Wasser, Wein, Bier; rituell).

puglu Rettich.

pāgumu, pl. (?) *pāgumi* (mit kostbaren Steinen besetzter Leder-)Sattel (?).

pagru, st. c. *pagar*, pl. *pagrū, pagri* Körper, Leib; Leichnam, Kadaver. — mit suff.: selbst.

pagratu Gallapfel.

padū, pedū (פדא$_7$) lösen, erlösen, freigeben; aufhören. — II$_3$ als Sühneopfer bringen (?).

pādū, pādītu freigebend. — *lā pādū* schonungslos.

(***pīdū**?,*) pl. *pīdē* (Sühne-?)Gabe, Geschenk.

pidītu Sühne.

tapdū, dabdū, dubdū Lösegeld (?); Steuer (?); — Auflösung (?), Vernichtung, Niederlage. — *dabdē ṣēri* Feldschlacht.

padānu, paddanu (urspr. pl.?) Weg, Bahn, Pfad; Pfortader.

pidnu (?) Brett, speziell Werkzeug des Kalfaterers (*addupu*, zum Glätten der Teermasse?), Holztafel (?); Aufzeichnung auf einer solchen Tafel, Register; (tafelförmige?, weiße) Wolkenschicht; ein Saiteninstrument (Laute?, عُود); Saitenspiel. [Land (?).

pidru (?), ***pudru*** (?) unbebautes

pazāzu (?) zudrücken (mit der Hand *ina qāti*).

pazāru aus dem Verborgenen kommen (?, mit *eštu*). — II_1 verbergen. — III_1 verbergen, bergen (Tür *daltu*). — III_2 verbergen, bergen, schützen. — III/II_1 schützen (in Not *in karāši*).

pazru, pl. f. *pazrāti* verborgen; geheimnisvoll (Hain *qīštu*); pl. Verborgenheit.

puzru Verborgenheit (vgl. *aḫāzu*); Geheimnis, Mysterium. — *ina puzri* im geheimen.

puzurtu, pl. *puzrāti* Versteck, Verborgenheit; vgl. *abālu*.

tapzērtu Verbergung.

paḫu Vogelschlinge (?).

paḫū, peḫū (פחא) schließen (: Tür *bāba*, vor : *ina pāni*), verschließen (: Ohren *uznā*, After *qennata*), versperren, einsperren, gefangensetzen; die Arbeit abschließen, fertigmachen (: Schiff *eleppa*). — I_2 verschließen (: Tür *bāba*); fertig werden, aufhören (Hitze *ḫunṭu*). — IV_1 verschlossen werden (Stadttor *abullu*).

piḫū verschlossen (Haus *bētu*), versperrt (Straße *sūqu* [s. d.], Weg *padānu*); (sc. *uznā*) taub.

piḫḫatu Verschluß (e. Topfes *ṭeqāri*).

paḫīdu in *qēmu paḫīdu* e. Mehlart. — Vgl. *qemū*.

puḫādu Junges von e. Schaf (*laḫru*), Lamm, Zicklein, bzw. von e. Gazelle (*azlu*). — e. Fisch.

(***paḫāzu***) III_1 überkochen lassen (?).

paḫallu, pl. *paḫalli* Hode (von Menschen und Tieren).

puḫālu männliches Tier, Hengst (opp. *urītu*), Schafbock.

puḫpuḫu e. Pflanze.

puḫpuḫḫū, puḫpūḫū Streit, Hader, Zwietracht.

paḫāru (*u*) sich versammeln (bei: *ṣēr*); sich begeben (zum Richter *dajāna*); pms. versammelt sein (zur Stelle *manzāzā*); geraten (in Not *ana dannati*). — I_2 sich versammeln (bei *eli*); e. Versammlung (*peḫerta*) veranstalten. — II_1 sammeln (Bienen *ḫabūbēti* : Honig *dišpa*), einsammeln (opp. *suppuḫu*); versammeln, e. Versammlung berufen; zusammenhalten, in Ordnung halten (: Haus, Haushalt *bēta*, Familie *qenna*, opp. *suppuḫu*). — II_2 sammeln (: Truppen *ummanātī*). — *mupaḫḫerat puḫri* die Versammlung (sc. der Sterne) in Ordnung haltend, e. Beiname von Ištar-Venus.

paḫru versammelt.

puḫru, st. c. *puḫur* Versammlung, Schar (der Totengeister *eṭemmi*), Ratsversammlung (der Götter), Gerichtsversammlung, Gerichtshof; Streitmacht. — *ina puḫur* in Gegenwart von.

puḫriš zusammen; vollständig.

pāḫeru e. Beamter.

pāḫerānu e. Beamter.

peḫertu Versammlung, Aufgebot.

putḫuru (Gerichts-) Versammlung.

napḫaru Gesamtheit; Summe. — *napḫar, inapḫari* insgesamt, in Summa. *napḫar napḫar* Summa summarum. — *napḫar (kullati)* das All (von Himmel und Erde), Weltall.

tapḫūru Versammlung (zum Gebet).

tapḫartu Versammlungsraum (?).

paḫaru (LW.?) Töpfer (Beiname Ea's und Marduk's).

muštapḫeru Töpferscheibe (?).

paṭilutu Brombeerbusch.

paṭāru *(u)* lösen (opp. *rakāsu* und *kasū*; : Vertrag *rikista*; Gürtel *mēserra*; den Lendenschurz [?, *qabla*] eines Gottes; Bande *maksi*), auflösen (: Schanzen *ḫalṣū*, opp. *rukkusu*), ablösen (: Kopf *qaqqada*, des Opferrindes *alpi*), einlösen (etwas : acc., von : *itti*), 'auslösen, loskaufen, losreißen (: Geschirr *ṣimitta*); entfesseln (: Zauberbilder *ṣalmē*, opp. *rakāsu*); abräumen (: Opferzurüstung *riksa*, Opfertisch *paššūra*, opp. *rakāsu*); sich lösen (Mondhof); sich losreißen, sich lockern (?, Kiefer *laḫū*); kapitulieren (?, Burg *bīrtu*), aufbrechen, fortgehen, abziehen (von : *eštu*, nach : *ana*, *ana muḫḫi*), entweichen (aus : *eštu*), weichen (rückwärts *arkānu* [?]); abweichen, abtrünnig werden, abfallen (von : *eštu*, zu : *ana*, *ina*; jemanden gegenüber *eli*, *ana mūḫi*, auch *ana*). — I2 lösen, befreien, freilassen (opp. *ṣabātu*); abziehen (von : *eštu mūḫi*). — II1 lösen (: Gelenk *riksa*, Bann *māmīta*), auslösen, auflösen (: Rechnungsaufgabe); spalten, öffnen (: Quelle *naqba*); befreien. — II2 sich lösen (Gefüge *ṣendu*), aus den Fugen gehen (Ziegelwerk *agurru*), behoben werden (Seufzen *tānēḫu*). — II3 sich auflösen. — III1 lösen (: Bann *qeṣra*), lockern (Schlachtreihe *tāḫāza*), verscheuchen (: Wehmut *sarba*). — IV1 gelöst werden (Haftung *e'eltu*), ausgelöst werden. — IV2 gelöst werden (?). — *paṭār ereši* («Lösen des Begehrens» =) Kündigung.

peṭru Lösung, Loslösung, Trennung.

epṭēru Lösung, Auslösung, (Sklaven-)Loskauf; vgl. *nadānu*.

mupaṭṭeru, mupatteru «Spalter» (sc. des Feldes *eqli*), e. Art Wurm.

napṭaru, napṭeru Freilassung, Einlösung; Spalt.

napṭartu Schlüssel.

paṭru, pl. *paṭrāti* Dolch (aus Kupfer *siparrī*, Eisen *parzilli*); Degen; Schlachtmesser; vgl. *našū*; e. Werkzeug des Kalfaterers *(addupu)*. — *paṭar šibbi* Gürteldolch.

paṭaru, paṭarru, paṭṭaru (?, sum. LW.) e. Art Keule.

peṭru Trüffel (?).

puṭur ini e. Vogel.

pakku Vorhaben, Wille.

pakkatu Syn. zu *perḫu* Sproß. Vgl. *paquddu*.

pukku e. Art Netz (?). — *pukku u meqqē* Netz und Maschen (?).

palū (sum. LW.) königliches oder göttliches Gewand; Regierung; Regierungszeit; Regierungsjahr; Regent; — e. Vogel.

pelū Ei, Fötus (?).

palgu Kanal, Bewässerungskanal.

palgiš wie e. Kanal.

puluggu, pulungu Bezirk. — Vgl. *palāku*.

palāḫu *(a)* Furcht haben, sich fürchten (zu tun : *ana epēs*), sich scheuen (vor einer Tat *ana ēpēši*), sich zurückhalten, fürchten (mit acc.), befürchten (daß: *enūma*; *ul*, *lā* oder *assurri* mit praes.; vor : *pān*, *ana pān*, *ina pān*, *eštu pān*, *ana*; wegen : *eštu* [?]); Ehrfurcht erweisen (mit den Armen *ina aḫē*) (gehorchend, dienend) verehren (: Gottheit, Heiligtum, ältere Verwandte), dienen. — I2 sich fürchten; verehren. — I3 verehren. — II1 Furcht einflößen, fürchterlich sein. — II3 in Furcht versetzen. — III2 sich fürchten, verehren. — *palāḫ ili* Gottesfurcht. *palāḫu u it'udu* Verehrung und Preis (einer Gottheit).

pāliḫu, palḫu furchtsam, gottesfürchtig; ehrfurchtgebietend ([Marduk's] Wort *seqru*). — *pāliḫ ili* gottesfürchtig.

palḫiš ehrfurchtsvoll; in Furchtbarkeit.

palūḫu gefürchtet.

pulḫu Furcht, Ehrfurcht (?); — e. Priestergewand.

puluḫtu, st. c. *pulḫat*, pl. *pulḫāti* Furcht, Ehrfurcht, Ehrfurchtsbezeigung; Furchtbarkeit, Majestät; Fürchterliches, Schreckliches, Schrecknis.

pitluḫu furchterregend, fürchterlich.

puluḫḫiš, in *ipuluḫiš* (< *in puluḫḫiš*?) in Furchtbarkeit.

naplaḫu Ort der Verehrung (?).

palāku *(u)* als Gebiet *(pelka)* absondern, abgrenzen (: Land *eqla*), abmessen (mathem.). — I_2 zuteilen (?). — II_1 als Gebiet *(pelka)* zuteilen, verteilen (: Land *eqla*, an: *ana*). — Vgl. *parāku*.

pelku, st. c. *pelek* (vgl. *perku*) Gebiet, Bezirk; Befestigungsgebiet (?, *dūru* und *šalḫu* zusammen).

pulku, st. c. *puluk* Grenze (?), Abgrenzung (?).

(pulluku,) *pulukku* abgegrenzt, Grenze; abgegrenztes Gebiet, Bereich.

pallukku Oleander (?).

pelakku Spindel; Erlös aus «der Spindel», dem Spinnen (?).

pulukku (sum. LW.) Kegel (?, eines Berges *šadū*); Cancer (astron.).

pulukkiš wie ein (Berg) Kegel (?).

pulakutu weit geöffnet sein; mit *uzni*: klug sein. — III_1 weit machen, weit auftun, weit öffnen (: Tür *dalta*, Tor *bāba*, Mund *pā*, Wohnstätten *dadmē*).

palkū weit, umfassend (Weisheit *ḫasīsu*, *nēmeqi*); weit verstreut (?, Schafe *emmerī*); klug (mit und ohne *uzni*).

nepelkū weiter, offener Platz (?).

palijāmu (LW.?) e. Kleidungsstück, Beinkleid (?).

pillu s. *pištu*.

pulilu Bohne.

palāsu *(a)* schauen, ausschauen. — I_3 anstarren. — II_1 anschauen, ein Auge werfen (auf *ana*), anstarren. — III_1 schauen lassen, zeigen. — IV_1 schauen (durch e. Öffnung *ina apti*), erblicken, anblicken (freundlich, gnädig *ḫadiš*, *damqiš*; Auge *ēnu*, jdn.: acc., einander *aḫāmiš*, unheilvoll *ana lemutti*, *ana marušti*); sich (etwas) ansehen, beobachten, erwägen (?); mit *arki*: sich verzögern. — IV_2 ausschauen, erschauen, erleben, blicken (auf: *ana*). — IV_3 gewahren, sich überzeugen von (mit acc.), untersuchen (: e. Rind *alpa* auf seine kultische Verwendbarkeit). — *naplus mūti* Todesblick, tödlicher Blick.

pullusu starr (Auge *ēnu*).

palsū e. Emblem Marduk's.

(pulasuḫu, purasuḫu) III_1 niedertreten. — IV_1 sich niederkauern (auf einem Bußschemel *ina kiḫullī*, auch abs.), sich niederwerfen (zu Boden *qaqqariš*, in den Staub *ina eper*). — IV_2 sich niederwerfen.

napalsuḫtu niedriger Stuhl.

pilpilānu mit Pollutionen (?) behaftet; vgl. *pappaltu*.

pillurtu, pilurtu s. *ballurtu*, *billurtu*.

(palpāsu) II_1 blinzeln lassen (?, : Augen *ēnē*).

palāqu fällen, niederschlagen, erschlagen (: Ochsen *lē*), opfern, niederfallen, sich niederwerfen (vor: *ana pān*), niederschlagen (Beine, *išdē*, eines Betrunkenen). — II_1 niederschlagen, erschlagen (: Ochsen *lē*, Rinder *alpi*).

pilaqqu Beil (auch Kultgegenstand). — *pilaqqi Ištar* e. Vogel.

naplaqtu Beil (?, aus Kupfer *siparri*).

pillurtu, pīlurtu s. *ballurtu*.

palāšu *(u)* ein Loch machen, durchlochen, durchbohren (: Ohren *uznā*, Nase *naḫērā*), aushöhlen (: Zahn *kaskasa*); einbrechen (in ein Haus *bēta*), eindringen (?). — II_1 bohren (: Löcher *ḫurrāti*, in eine Tür *ina libbi dalti*), durchlöchern

(: Hände *qātā*, Füße *šēpā*, Körper *pagra*); einbrechen (in ein Haus *bēta*). — IV1 durchlöchert werden (Nase *appā*), ausgehöhlt werden (*sandu*-Stein); verübt werden (Einbruch *pelšu*). — *pelša palāšu* Bresche legen.

pelšu, pl. *pelši* Einbruch; Einbruchstelle, Bresche. — *peleš ittī* Loch im Pflugbaum (an einer Verbindungsstelle mit der Deichsel (?).

pallišu Einbrecher.

pulluštu Sieb (?), Seiher (?) (von Kupfer *siparri*).

naplaštu Gallenblasengang.

paltigu Reisesessel.

pānu (פנ̇א?), auch als pl., st. c. *pān*, pl. *pānū*, *pāni*, *pānānu*, *pānāti* Gesicht, Antlitz (der Sonne *šamaš*); Vorderseite (eines Joches *nēri*, vgl. *tāru*); Rand (?, eines Flusses *nāri*), Spitze, tête (von Truppen *ṣābi*, *ummāni*, [einer] Kleinvieh[herde] *ṣēni*); Gesinnung, Neigung (zu: *ana*), Absicht (zu gehen, dienen, einzutreten, zu erwerben *ana alāki, arādi, erēbi, ṣabāti*). — *ūm pānišu tammaru* sobald du ihn erblickst. — *pān erṣeti* Unterwelt (?). *pān puḫali* ein Hausgerät (aus Holz). *pān-šatti* Frühjahr, Frühling.

pān, pāni vor; -fach (?). — *ana pān, ana pāni* vor, vor ... hin, angesichts; gegen, gegenüber; vor Ankunft, in Erwartung (von Truppen *ṣābi*); mal (?). — *ina pān, ina pāni, īpāni* (< *in pāni*) vor, in Gegenwart von, angesichts; gegenüber, entgegen; in Erwartung von; zur Verfügung von; westlich von (astr.); *pānāt, ina pānāti* vor; *eštu pān, eštu pāni* vor; seit; seit dem; wegen *adi pān, adi pāni* vor. *lapān, lapāni* (wests. LW.?) vor; wegen. — *ša pāni* das Vorliegende; das Frühere. *ša pān ēkalli* Palastvorsteher. *eli ša pāni, eli ša pānāti* mehr als früher. — *pāni ū arku* vorn und hinten.

pāna, pāna-ma, *ina pāna, ša pāna* vor dem; früher. — *ana ša pāna* mehr als früher. *eštu pāna* von alters her (hierher auch *eštu apnama* seit alters?). *kī ša pana* wie früher.

pānānu früher. — *ina pānānu, ina pānāni* früher, vormals. *eštu pānānu* seit früherer Zeit, früher. *aššum pānānu, aššum pānumma* dem Früheren gemäß, wie früher. *kī pānānu, kī ša pānānu, kīma pānānu* wie früher.

pāniu, pānū, f. *pānītu*, pl. *pāniūti, pānūti, pānutti*, f. *pānāti* (?) vorder, früher; älter (?, opp. *qatnu*); ein Beamter. — *ina pānīti* zuvor, zuerst, früher. *ina pānāt* vor; *pānātu* vor (opp. *kutal*); *ana, ina pānātušu* vorwärts (?); *ina pānunīt* (?) vor; vgl. *alāku*. — *pānūti* Vorfahren (opp. *arkūti*); *pāniūti* Vergangenes, Vergangenheit (opp. *urkiūti*).

appūna, appunna noch; auch, ebenfalls. — *ul appūna* nicht mehr; (gar) nicht. — *šumma appūna* wenn auch. — *appūna el* noch mehr als.

(panāgu) II1 einfassen (?, : Lasurstein *uknā*, mit Gold *itti ḫurāṣi*).

pingu Einfassung (?).

pannigu e. Art Gebäck, Kringel (?).

pēndū s. פאן.

panpanu e. Göttergemach (?).

pinnaru, pinnanaru bunt, gefleckt (?).

pasū bedecken, verdecken (?); verbergen (?). — II2 sich ausbreiten (?).

tapsū (?) Decke (?, aus Leinwand *kitū*).

pissū, pl. (?) *pīsūtu* (?) schiefgewachsen (Neugeburt, Baum), lahm, hinkend; in Unordnung befindlich (?).

paskaru e. Art Binde.

pasālu fest anliegen, angewachsen sein (?) (Fuß einer Mißgeburt, nach außen *ana kīdi*).

peseltu, pl. (?) *beslātu* (?) Festlegung, Aufhaltung (?, eines Heereszugs *ḫarrān ummāni*).

pasallu Überzug, Auflage eines bestimmten kostbaren Metalls (?).

pasillu, pasīlu «Anhängsel» (?) d. h. (?) noch bei der Mutter verweilendes Lamm (?).

pussulu zusammengewachsen (?, Füße einer Mißgeburt).

pisalluru e. Insekt.

(pasāmu, pašāmu) umschließen, verschließen.

pašumu Schleier.

pasuntu, pasuttu Netz; Maulkorb (eines Rindes *alpi*).

pusmu Behälter (?).

pusummu Zaum (?); Schleier (?).

napsamu Zaum und Gebiß.

pisannu, pisānu, pišannu (?), pl. *pisannāti* (sum. LW.) Behälter von Rohr, Holz (z. B. goldüberzogenem Zedernholz) oder Ton : Korb (zum Transport von Getreide, *šeʾu*, oder Knoblauch, *šūmu*); Kiste, Kufe, Truhe; Tongefäß (der Archivtafeln); Kapsel, Etui; Tonne. — *pisan gallabi* Seher-Kästchen. *pisan ṭuppi* Tontafelbehälter; Archivar, Archivdirektor (vgl. *māru*). *pisan kunukki* Siegel-Kästchen. — *pisan rukūbu* e. Art Fahrstuhl (?).

pisnaqu, pisnuqu schwach, kraftlos.

pisnuqiš schwach, wie ein Schwächling.

pasāsu (u) tilgen, austilgen (: Sünde *ḫiṭīta, qellata*). — II₁ tilgen, austilgen (: Sünden *ḫiṭāti, qellāti*), zerstören, vernichten. — II₂ tilgen (: Denkmal *narā*, Recht *dēna*).

pissu Zerstörung (eines Landes).

pasusatu Zerstörung (?, Beiname der Lamastu).

paspasu e. Vogel (Huhn).

pasāqu durchbrechen, durchstechen (: Kanal *nāra*). — II₁ durchdringen, vordringen (von Stadt . . . zu Stadt *eštu libbi āli . . . adi āli*). — II₂ durchbrechen (: Mauer *dūra*).

pasāru s. *basāru*.

pisurru, pisūru Kropf (eines Vogels).

papāḫu, st. c. *papaḫ*, pl. *papaḫū, papaḫi, papaḫāni, papaḫāti* e. Teil des Wohnhauses, Kammer (?); Götterkammer, Kapelle, Heiligtum.

papallu Sproß, Keim.

pappaltu Sperma (des menschlichen Penis *ša berki amēli*); Pollution (?).

pappānu, pāpānu, pl. *pappānāti* (sum. LW.?) e. Art Bogen; — e. Pflanze (Binsenart). — *pāpān libbi* Bauchwölbung (?, unter dem Nabel; vgl. *qaštu*).

puppānu unterer Teil des Bauches (?), Schamgegend (?).

puppāniš bäuchlings, auf dem Bauch.

pappāsu, pāpāsu (sum. LW.) Staubsand (?); Mehlbrei; außerordentliche (sakrale) Zuwendung (?).

peṣū (פצא4) zerstoßen, zerquetschen.

paṣū, peṣū weiß sein; rein sein; reinigen; weißglühend werden. — II₁ bleichen, weißglühend machen.

piṣū, f. *piṣītu* weiß; hell, rein (Blut [opp. *ṣalmu*], Silber, Gold, Honig, Kleidung; auch kultisch?).

piṣātu e. Krankheit (perniziöse Leukämie?).

pūṣu rein (kultisch?, Körper, *zumru*, eines zum Opfer bestimmten Rindes, *alpu*); fein gebleichter Stoff. — Vgl. *būṣu*.

puṣāʾa, f. *puṣāʾītu* Bleicher.

puṣṣū e. Getreideart (?).

puṣṣūtu Braut (?).

mupaṣṣū Bleicher.

paṣādu weit sein (?) — II₁ erweitern (?, : Fundament, *dannata*, eines Baues); erleichtern (: Menschen *nīšē*). — II₂ erleichtern (: Menschen *nīšē*).

(paṣāḫu) II₂ schlagen (?) (: Diener *zuḫāra*).

(paṣānu) I₂ sich verschleiern. — II₁ verschleiern : Braut *eserta*, vor *ana pān*).

(paṣūnu,) f. *paṣūntu* verschleiert (*ḫaremtu*).

(paqū) warten, erwarten. — I$_2$ bedacht sein. — II$_1$ Acht geben, harren, achten (auf : *ana*), beachten (mit acc.). — II$_2$ achten (auf : *ana*).

paqātu Netz zum Gazellenfang.

piqqūtu (פקא$_4$) Springgurke.

paqādu *(i)* Acht haben, beaufsichtigen, bewachen, beschützen, bewahren, hüten, überwachen (: Land *māta*); aufbewahren, deponieren (bei : *maḫar*); übergeben, ausliefern, überantworten (jemandem : *ana*), anvertrauen (jemandem : *ana*, *ina qāt*, *ina pān*); Auftrag geben (jemandem : *ana*), beauftragen, betrauen (jemanden : acc., mit : *itti*); besorgen, versorgen; bestellen (über : *ina eli*); einsetzen (in : *ina*), zu einem Amt (*peqettūtu*; vgl. *tāru*) bestellen; die Verwaltung (*peqda*) ausüben (über : *ana*); (jd.) bestimmen (zum Leben *ana bulṭu*). — I$_2$ anvertrauen (?); einsetzen. — II$_1$ prüfen (: [kranke] Glieder *mešrēti*); übergeben; anvertrauen (mit *qāt*); einsetzen. — II$_2$ Sorge tragen, sich Mühe geben. — IV$_1$ eingesetzt werden. — *peqedsu iliš* befiehl ihn der Gottheit.

pāqidu, paqdu Verwalter. — f. pl. *paqdāti ḫarrāni* Wegzeichen, Wegweiser.

peqdu Verwaltung; Verwalter.

peqettu, pl. *peqettāti* Aufsicht, Pflege, Erhaltung, Aufwartung, Unterhalt; Auftrag, Bestimmung, Anstellung; Verwaltung, Amt, Posten; Verwaltungsbehörde; Verwalter, Beamter. — *peqetti ummāni* Heerschau.

peqettūtu Amt.

puquddū, puqu̇ddītu Depositum.

pitqudu achtsam, umsichtig, sorgend tätig, sorgsam.

pāqūdu (wests. LW.) Aufseher.

paquddu (sum. LW.) Sprößling.

puqdu (?) e. Teil der Schöpfmaschine.

puquttu, puqdatu Distel.

piqallulu Ofenloch.

piqannu Stall; Urin.

paqāru, älter ***baqāru*** *(i)* gerichtlichen Einspruch erheben, verklagen (mit dopp. acc.); (auf e. Eigentum) Anspruch erheben, vindizieren, reklamieren. — I$_2$ verklagen, wegen etwas (acc.) klagen (gegen *itti*). — II$_1$ eine Klageforderung (*taqperta*) einbringen; (etwas) abstreiten. — III$_1$ ein Anrecht geltend machen lassen, reklamieren lassen. — IV$_1$ reklamiert werden.

paqāru, paqru, baqru, pl. *baqri* gerichtlicher Anspruch oder Einspruch; Klage; Rückforderung. — *pagri u rugūmāni, ruggumāni* Reklamationen und Ansprüche, Reklamation.

pāqerānu Vindikant, Reklamant, Kläger.

puqurrū Klage, Vindikation, Reklamation, Gegenstand der Reklamation (?).

taqpertu Klageforderung.

pitquru Ansprüche gegen einander erhebend.

(paru,) pl. *parē* (durchlochte kleine) Kugel (oder Ring) aus (Edel-?)Stein.

parā'u, parū *(u)* (פרא$_1$?) zuschneiden, abschneiden (: Lippen *šaptē*); pms. zerreißen (Sandale *mēsēru*). — I$_3$ zerschneiden. — II$_1$ abschneiden. — II$_2$ (abtrennen?, übertr.) entfremden, verfeinden (?). — IV$_1$ abgeschnitten werden (Fäden *qū*). — *purrū napišta* oder *napšata* «die Kehle abschneiden» und *purrū ušlāt dami* «den Blutlauf (?) abschneiden» = töten.

naprū Messer (?).

pērtu (פרא$_4$?) st. c. *pērat*, pl. *pērēti* Haupthaar. — *pērti ḫarrāni* (?) e. Pflanze.

parū (פרא$_6$?) sich übergeben, erbrechen; überschwemmen (?). — III$_1$ zum Erbrechen bringen (?).

pāru Überschwemmung.

(par'u?,) pāru Erzeugnis. — *pār nubti* Honig.

per'u, pēru Sproß (einer Distel *balti*), Frucht, Leibesfrucht, Sproß, Sprößling, Nachwuchs, Nachkommenschaft, Junges. — *pēr kalbi* e. alkalische Pflanze. — Vgl. *perḫu*.

piri'u Hartheu (Hypericum) (?).

parū, pl. *parē* Maultier.

parūtu weißer Marmor, Alabaster.

parab fünf Sechstel. — *parab 1 ammāti* fünf Sechstel Ellen.

pargāniš ungestört, friedlich (?).

parādu eilen, hasten, ängstlich sein; zittern, pulsieren (? Teil der Leber). — I2 enteilen (? Orakelanfrage *tāmītu* : dem Munde *ina pī*). — II1 ängstlich machen, Angst einflößen, schrecken. — II2 enteilen. — II3 ängstlich hin und her laufen.

pardu (?), f. *parettu*, pl. *pardāti* beängstigend, schrecklich (Traum *šuttu*, Leute *nišē*); entsetzlich (?, Beiname der Lamastu); f. e. Krankheit.

purīdu, puriddu, pirīdu, du. *purīdā* eilig, hastig; — Eilbote; — Bein; — ein paarweis vorhandener Teil der Leber; — Angst; — e. Vogel.

pirittu, pl. *pirdāti* Furcht, Zittern; — Schwelle (?).

pardannu e. Krankheit (?).

(puradu'u) III1 hell machen (opp. *ummulu*), erhellen (Sonnengott: Finsternis *ēṭūta*), erheitern (: Gemüt *kabīta*), rein machen, reinigen (kultisch). — IV1 hell werden, hell sein (Tag *ūmu*); heiter werden, heiter sein (Gemüt *kabattu*). — IV2 heiter werden (Aussehen *dūtu*). *šupardū u šububu* kultische Reinigung.

nipirdū hell (Tag *ūmu*).

purdī e. Teil der Ausrüstung (Waffe?) (aus Bronze, *erū*, oder Silber *kaspu*).

pardīsu (?) (pers. LW.) Lustgarten (?).

purzigallu (sum. LW.) e. Kochtopf; e. Gefäß (aus Zypressenholz, *burāšu*, rituell).

(purazuḫu) III1 üppig machen, reichlich machen (: Opferabgabe *sattuqqa*), üppig ausstatten (?, : Allerheiligstes (?) *sigara*).

parzillu (LW.) Eisen.

parāḫu aufgehen, sprießen. — II1 üppig sprießen lassen (?), üppig sein lassen (?); dick einbrauen (?, : Bier *šikara*).

parḫu üppig (?), herrlich (?), Herrlicher (?).

perḫu Sproß, Sprößling, Nachkomme. Vgl. *per'u*.

purḫu (?) (biegsamer?) Stengel (?).

purḫiš (?) wie ein (biegsamer?) Stengel (?).

parruḫu üppig, prächtig, herrlich.

(pereḫḫu?,)bereḫḫu, pl. *bereḫḫū*, f. *perreḫtu* Schößling (?, einer Zwiebel *šūmi*); Sprößling, Nachkomme.

napraḫtu Braubottich.

perḫu e. Gartenpflanze (Kaper?).

parāku *(i)* sich winden (Schlange *ṣēru*), sich wälzen (Wolken usw.), sich hindernd wälzen; sich widersetzen (?), sich hinderlich in den Weg stellen (vor : *ana pān*); hemmen; untätig sein lassen (: Pflug *epenna*); verschließen, verrammeln (: Tür *bāba*), verriegeln, versperren, absperren; vereiteln; hemmend entgegentreten, überwältigen. — I2 den Grenzbereich überschreiten. — I3 sich widersetzen (?). — II1 verriegeln (: Tür *bāba*), versperren (: Straße *sūqa*); abschließen (?, : Rechnung *nikāsa*). — II2 ein Hindernis bereiten. — III1 ein Hindernis bereiten, in den Weg stellen (: Böses *lemutta*, ein schlimmes Ereignis *epšit lemutti*, jemandem : *ana pān*, *ina pān*). — IV1 sich in den Weg stellen, hinderlich sein (böses Zeichen *itu lemuttu*), zum Hindernis *(perektu)* werden (für jemanden : *ana napišti*). — IV3 sich in den Weg stellen (böse Taten *upšašū lemnūti*). — Vgl. *palāku*.

parku, f. *parektu* versperrt (Weg *ḫarrānu*), verschlossen. — *parektu* Hemmnis, Hindernis. — *ina parekti* mit Gewalt.

perku, pešku, st. c. *perek* (vgl. *pelku*) Riegel, Sperre, Schranke (?), Grenzbereich, Bereich (des Landes *māti*, einer Sterngruppe *kakkabāni*); — Widerwärtigkeit, Schwierigkeit; dem Ansehen Hinderliches, Böses, Schlechtes; vgl. *dabābu*.

perektu Hindernis.

napraku Verschluß, Riegel.

perku in *perku ša arīk* e. Dorngewächs.

parakku, pl. *parakkē, parakkāni* (sum. LW.) Wohnraum; Göttergemach, Tempelkammer, Götterschrank, Heiligtum; Herrschergemach, Thronsaal. — *parak šīmāti* Schicksalskammer (auch am Himmel). — *parak (šubat) tānēḫti* Ruhegemach (einer Gottheit).

parakkatanu ein (goldener) Schmuckgegenstand.

(puraku'u) (meist mit Negation gebraucht) III$_1$ aufhören machen. — IV$_1$ aufhören, ablassen, weichen (von: *ina*; von der Seite: *idā*), unterbrochen sein (Abgaben *ginē*), ausbleiben. — IV$_2$ zu arbeiten aufhören, ausbleiben (?); arbeitsunfähig werden (Sklave *ardu*).

naparkū, pl. *naparkūti*, f. *naprakāti* (?) aufhörend, nachlassend, versiegbar (Wasser *mē*).

purīmu, purīmanu Wildesel; Esel.

parammaḫḫu (sum. LW.) Allerheiligstes.

parumḫu (?), **purumḫu** (?), pl. *purumḫāti* (?) e. Waffe.

parāsu, parāšu *(u)* scheiden, trennen (jemanden: acc., von: *itti*), absperren, (mit jd.: *itti*) entzweien, vorenthalten (: Verköstigung *epra*, [Sendung einer] Gesandtschaft *ḫarrāna*), abhalten (: Fuß, *šēpa*, des Feindes vom Betreten eines Landes *eštu māti*, *ina māti*; den Klang menschlicher Stimme *regem amēlūti*, an einem Ort: *ṣēr*), fernhalten (: «bösen Fuß» *šēp lemutti*, von einem Haus *ana bēti*), aufheben (: Bruderverhältnis *aḫūta*), unterbrechen (: regelmäßiges Opfer *sattuqqa*); hemmen (: Gang *alakta*, *išdiḫa*; Gott : das Gebären *alāda*, *nesḫa*); abwendig machen, zum Abfall bringen (?); (richterlich) entscheiden, e. Entscheidung *(purussā)* fällen (gegen: *ina eli*); teilen, verteilen, e. Verteilung *(parāsa)* vornehmen; prüfen, untersuchen, klarstellen (: Sachverhalt *arkata*); pms. fernbleiben (von: *ina*). — I$_2$ hemmen (: Gang *alakta*), zurückhalten. — II$_1$ zerstückeln (: Glieder *mešrēti*); eine Entscheidung treffen (zwischen: *bēri*); verteilen (an: *ana*). — III$_1$ hemmen (: Fuß *šēpa*, Tritt *kibsa*). — IV$_1$ abgetrennt werden (Land *mātu*); unterlassen werden ([Hin- und Wiedersendung von] Boten *mār-šepri*, zwischen: *bēri*), aufhören (Regen und Hochwasser *zunni u mēli*), unterbrochen sein (regelmäßiges Opfer *sattuqqu*), weichen (von der Seite *idā*); untersucht, klargestellt werden (Sachverhalt *arkatu*). — *parāsu šēpā* sich weigern (zu: *ana*). *parāsu ša tulē* entwöhnen. *parāsu*, bzw. *parāsu tukkulu*, *arkata* den Sachverhalt (einer Klage) untersuchen, klarstellen, bzw. genau prüfen; eine Zeichendeutung vornehmen (Wahrsagepriester *bārū*) oder vornehmen lassen (König). — *ana parās ramāni* + suff. nach eigener Entscheidung, auf eigene Faust. — *pārisū pursi*, *pāris pursi* Fäller der Schicksalsentscheidungen, Beiname der Trias Ea, Šamaš und Marduk.

parīsu, parsu abgeschieden (Ort *ašru*; vgl. *bētu*); gehemmt (Fuß *šēpu*). — Halbmine.

persu, pl. *persānu*, *persāti* (?) Abtrennung; Abfall (?); Abteilung, Teil (eines Schriftstücks); — e. Gefäß (kultisch).

parsū (?) gehemmt (Fuß *šēpu*).

(pārisu), f. *pāristu* untersuchend, erklärend; vgl. *amātu*.

parīsu (sondierende?) Schiffsstange, Ruderstange.

perestu, pereltu, pereštu (göttliches) Geheimnis (der großen Götter *ilāni rabūti,* der Wahrsagewissenschaft *bārūtu*), Geheimwissen. — *peresti šamē ū erṣeti* Geheimwissen von Himmel und Erde.

purussū, purūsū, pursū, pl. *pursī* (richterliche) Entscheidung; (göttlicher) Ratschluß, Schicksalsentscheidung (zur Zeit des abnehmenden Mondes); Orakel; Omen. — *purussū Annunaki* Schicksalsentscheidung am 28. (?) Monatstag.

parsigu s. *barsigu.*

purupuḫu Portulak.

parāṣu *(u)* stumpf sein (?, Beil *pilaqqu,* Gehör, *uznu,* einer Neugeburt), abgestumpft sein (?, Mauerbau *dūru*); verstockt sein (?), lügen; unwahr machen, verletzen (: Eidschwur *māmīta*). — II1 lügen. — II2 lügen.

parṣu, pl. *parṣi* (abgestumpfter Bau?, : Heiligtum; Grabstätte (?).

(pereṣtu,) pl. *perṣāti* Lüge. — *ina perṣāti* unter unwahren Angaben, unter lügnerischen Vorwänden.

pāriṣu, parriṣu, pl. *pāriṣūti, parriṣūti* Lügner.

napraṣu stumpfes Ende eines Beiles (?).

parṣu, st. c. *paraṣ,* pl. *parṣū, parṣē, parṣi* Brauch, Kultbrauch, Ritus, religiöse Verpflichtung; profaner Brauch, Sitte, Herkommen; göttliche Gewalt, heilige Macht; göttliche Ordnung.

pereqqu (LW.?) e. Tier des Katzengeschlechts, Löwe (?).

parāru *(u)* zerbrechen (act.), sprengen (: Felsen *puluk šadī*), zerhacken (Falke *surdū* : Jagdbeute *bu'ūra* mit dem Schnabel *ina pī*). — II1 zerbrechen (: Topf *ḫaṣba*), brechen (: Streitmacht *ellata*), zerstören (Löwenhöhle *qenna*). — II2 (intr.) zerbrechen, zerstieben (Heerschar *qeṣru*). — IV1 zerstört werden (Land *mātu,* Augenlicht *uddat ēnē*). — Vgl. *parāšu.*

perru Eskadron (?).

(***parāšu*** ausbreiten, die Flügel ausbreiten, fliegen). — III1 fliegen lassen (: Schwalbe *sinunta* aus dem Nest *ina qenni*), schwirren lassen (: Pfeil *uṣa*). — III2 ausbreiten, ausdehnen (: Schutzbereich *ḫutēna*). — IV1 fliegen, auffliegen, entfliegen (Vogel *iṣṣūru*), überfliegen (Heuschrecken *ēribi* : Land *māta*); *naprušu-ma* in fliegender Eile oder Hast, eiligst (gehen oder kommen *alāku*). — IV2 fliegen (Vogel *iṣṣūru*). — IV3 fliegen (Adler *našru,* miteinander *eštēnis*), flattern. — III/II1 *(suparruru)* ausbreiten (: Netz *sapāra,* Fittige *nubālū*); pms. ausgedehnt sein (Mond). — Vgl. *parāsu.*

šuparruštu Netz.

mupparšu, mūparšu beflügelt, beschwingt.

paršu, pl. *paršē* (?) Mist, Unrat, Exkremente.

peršu (?), ***pereštu*** Mutterleib, Schoß (?). [schnur?).

napšaru e. Körperteil (Nabel-

paruššu Stab, Stock.

paršu', puršu'u (פרשא5) Floh.

paršigu s. *barsigu.*

purašudu IV1 fliehen, entfliehen (vor : *lapān, eštu pān*); entrinnen, entkommen. — IV3 fliehen. — *ina qātā naparšudu* entschwinden.

muttaprašidu (politischer?) Flüchtling.

naparšudiš zum Entrinnen.

parašdinnu Loch (?).

(purašumu) II1 grau werden, alt werden, ein Alter erreichen (bis zur Zeit von : *ana*). — II4 alt werden.

paršamu, paršumu, pl. *paršamūti,* f. *peršantu, beršantu, puršumtu, puršuntu,* pl. *paršumāti* grau, alt (opp. *ṣeḫru*); Greis; sgl. m. auch ein Titel («Senator»); pl. m. die Alten (opp. *ṣeḫrūti*); f. graue Haare (des Bartes *zeqnu*).

parattitinu, parātitinu Knopf (?, einer Peitsche *eldaḫḫu*).

pašāḫu *(u)* ruhig werden, sich beruhigen, ruhig sein (Herz *libbu*), Ruhe haben; sich besänftigen (Gemüt *kabittu*, über, gegenüber jd. : acc.; erzürnte Gottheit); (intr.) heilen (Verletzung *ṣemmu*). — II$_1$ ruhig machen (: Länder *mātāti*); besänftigen; zur (Toten-)Ruhe bringen (Weg [ins Jenseits] *ḫarrānu*: Menschen *amēlūti*); heilen (: Skorpionenstich : *zeqet 'zuqāqipi*), ausbessern (Verfallenes *anḫūta*); geschmeidig machen (Öl *šamnu* : Glied *šerāna*). — III$_1$ ruhig machen (: Land *māta*), beruhigen (: Ortsvorsteher *ḫazāna*); besänftigen (: Gemüt *kabitta*); ruhen lassen (: Bogen *qašta*); stagnieren lassen (: Wasserlauf *alakta māmi*), heilen (: Glied *šer'āna*, Niere *kalīta*). — III$_2$ lindern. — *puššuḫu anḫūta* den Verfall (eines Gebäudes) aufhalten; den Kräfteverfall (eines Menschen) aufhalten, Erholung gewähren; sich Erholung gewähren, sich erholen.

pašāḫu Ruhe.

(pašḫu,) pl. f. *pašḫāti* beruhigend — *ana pašḫāti* zur Beruhigung.

(pušḫu?,) pl. f. *pušḫāti* beruhigt (?).

šupšuḫiš beruhigt, friedlich; vgl. *nāḫu*.

tapšaḫu Ruhestätte.

tapšuḫtu Ruhe, Grabesruhe, Beruhigung (der Gottheit) (?); Ruheort (Bett *eršu*); Heilung. — Vgl. *akītu, ēkallu, šubtu, bētu, kimaḫḫu*; *šamnu*.

pašāṭu *(i)* auslöschen, austilgen (: Namenszug *šumi-šaṭra*). II$_1$ austilgen (: Inschrifttext *dabāba*), verwischen, unklar aussprechen (: Wörter *amāti*, beim Reden *ina dabābi*). II$_2$ auslöschen (: Namen *šuma*).

pešku s. *perku*.

pušikku Wolle.

pašālu *(a, i)* schleppen, fortschleppen (: Zedernstämme *gušūri*, *erēni*, aus *ultu*, mühsam *namrāṣiš*; : Besitz [?] *merāna*), (bei sich) tragen (?, : aus Elfenbein, *šen-pīri*, gefertigte Gegenstände). — I$_2$ (sich schleppen,) kriechen (auf allen Vieren *eli erbi rettē*). — III$_2$ (sich herumschleppen,) umherziehen (?).

pašultu e. Art Axt oder ein Teil davon.

pišannu s. *pisannu*.

(**pašāqu** arg sein, beschwerlich sein). — III$_1$ Beschwerden verursachen (beim Gebären *ina alādi*, opp. *ašāru*), bedrängen, drängen. — III$_2$ Beschwerden haben (bei der Geburt), in Bedrängnis geraten, in Lebensgefahr geraten. — III$_3$ in Bedrängnis kommen, in Not geraten (Gegenden *qeprāti*).

pašqu, f. *pašuqtu* beschwerlich (Berg *šadū*, Pfad *urḫu*), mühsam, drängend, drangvoll (Eid *māmītu*, Not *dannatu*).

pašqiš mühsam, mit Mühe.

pušqu, pl. *pušqi* Enge (Mutterleib bei der Geburt), Drangsal, Schwierigkeit, Problem.

šapšaqu Beschwerde, Drangsal, Not.

šupšuqu beschwerlich (Pfad *mālaku*, Gelände *ašru*); in Drangsal gebracht; Beschwerde, Mühe.

šupšuqiš unter Beschwerden, mühselig.

pašqu (?) Mauerkappe (?), Zinne (?).

pašāru *(u)* lösen (: Bannfluch *māmīta*), beheben (: Zauberei *kišpi*), beschwichtigen (: Zorn *kemelta*); abgeben (an : *ana*, zum Zweck der Bundesgenossenschaft *ana ketri*; als Kaufpreis *maḫiriš*); verkaufen (um Geld *ana kaspi*, für Gold *ina ḫurāṣi*), verschleißen; erklären, deuten (: Traum *šutta*). — II$_1$ lösen (: Beschwörung *šipta*); deuten (Traum *šutta*). — IV$_1$ gelöst werden (Eid *māmītu*), beschwichtigt werden (Gemüt *kabittu*), gemildert werden (Tag[eshitze] *umu*); wieder gnädig sein, sich versöhnen (mit : *ana*). — *pašāru* (?)

šēpa «den Fuß lösen» (?) = sich aufmachen (?).

pašru gelockert (?); — vgl. *paššūru.*

pāširu einer, der löst, Löser; Erklärer, Interpret. — *pāširu šunāte* Traumdeuter. *(mē) pāšir nāri* (Wasser,) das die Strömung auflöst, glättet (?).

pišīru (?), st. c. *pišir* Erklärung, Deutung, Zeichendeutung; Gegenstand der Zeichendeutung (?).

pišīriš zur Deutung, zur Erklärung (?).

pišertu Lösung.

pašīrattu (chiffrierte?) Geheimsendung, Geheimvertrag (?).

napšaru e. Werkzeug zum Lockern des Bodens (?); — vgl. *šāru.*

napšāru zwei (verschiedene) Körperteile.

napšuru Lösung; Beschwichtigung, Erbarmen.

tapšuru Lösegeld.

tapšertu Lösung, Erlösung (rituell).

paššūru, pāšūru, pāšru, pl. *paššūrū* (sum. LW.) Tafel, Auftragebrett (von Holz, mit Silber oder Gold überzogen), (Speise-)Tisch, (Speise-)Opfertisch. — *paššur mākalē* Speisenbrett. *paššūr gerri* Tisch für die Reise (?). *paššūr qaqqadi* auf dem Kopf getragenes (?) Auftragebrett. *paššūr taknī* wohlbestellte Tafel.

pašāšu *(u)* mit einer Salbe *(napšaltu)* einreiben; salben (: Pferd *sīsā*, Urkunde, Namensschrift, *musarā*, *šeṭeršum*, Bild *ṣalma*, mit Öl *šamni*). — I2 sich salben. — II1 salben. — IV1 sich salben. — IV2 sich salben.

piššatu, biššatu (?) Salböl; Salbbüchse.

napšaštu, napšaltu Salbe.

piššu (?) e. Gartengewächs.

pašīšu, pl. *pašīši* (sum. LW.) Salber, e. höherer Priester. — *pašīš apsī* e. Priesterklasse.

pašīšūtu Amt des *pašīšu*.

peštu, peltu; pellu Flachs.

putu e. Dorngewächs.

petū *(i)* (א3פתה) öffnen (opp. *edēlu*, vgl. auch *tāru*; : Gebäude *bēta*, Tor *abulla*, Tür *dalta*, Speicher *našpaka*, Mund *pā*; Vogel: Fänge *idā*); eröffnen (: Weg *ṭūda*), auftun (: Kanal *atappa*, *namqāra*, mittelst Hacke *ina māri*; Quellen *bērāti*; Wasser *mē*), bewässern; eröffnen (: Weg *urḫa*, *gerra*, opp. *ṣubbutu*; Geheimnis *perešta*, *amat neṣerti*); bekennen (: Sünde *ḫaṭā*, *ḫīṭa*, *arna*), offenbaren (Gott : rechte Zeit *mēšara*); entblößen (: Scham *ūra*, Waffe *kakka*); bloßlegen (Fundament *ušša*, Grundstein *temena*); urbar machen, anpflanzen (: Feld *eqla*). — I2 öffnen (: Gebäude); urbar machen (: Feld). — I3 fortwährend öffnen (: Mund *pā*). — II1 öffnen (: Tore *bābāti*), eröffnen (: Weg *durga*, *ṭūda*, Zugänge *nērbēti*); urbar machen, neu anlegen (: Feld *eqla*, opp. *zaqāpu*), lösen (: Probleme *pušqi*). — III1 öffnen lassen, öffnen (: Quelle *naqba*, Vorrat *ṣalpāna*), aufbrechen lassen (: Siegel *kunukka*). — III/II1 öffnen (: Ohr *uzna*). — IV1 geöffnet werden (verschlossenes *edlu*, Gebäude *bētu*, Tor *bābu*, *abullu*), aufgetan werden (Fluß *nāru*, opp. *naskuru*), sich öffnen (Tor *bābu*, von selbst *ana ramānišu*, Türen *dalāti*, von selbst *ina ramānišina*), sich bilden (Öffnung *pītu*). — IV2 sich bilden (Öffnung *pītu*). — *kī petī u katāmi* «gleich dem Öffnen und Schließen» (sc. des Auges?), in einem Augenblick (?); abgekürzt (?). Vgl. א4פתה. — *petū ēna*, *petū igā* einen Bruchteil offenlegen, dividieren, eine Divisionsaufgabe lösen. *petū upnā*, *pettū upnā* die Hände öffnen, ausbreiten (Anbetungsgebärde), *petū idē* die Arme ausbreiten, die Fänge öffnen (Vogel). *petū uššē bēti* Fundamente e. Hauses legen. *petū pāni* klar werden, offenbar werden; *pet pāni* Klarheit; *pettū pāna* sich öffnen (Ähre *šer'u*). *petū purīdā* «die Beine öffnen» = eilen, herbeieilen;

pet purīdi eiliger, plötzlicher Anlauf, Ansturm; *ina pet purīdi* im Moment, sofort. *petū qāta* offenhändig sein. *puttū uznā* mitteilen, kund tun, verkünden. *naptū uznā* mitgeteilt bekommen. — *pet bābi* «Öffnung des Tores» (zum Einlaß der Laien in den Tempel aus Anlaß eines monatlichen Tempelfestes); Beiname des Monats *Du'ūzu*; *pet bābi rabū* «Große Toröffnung» (zum Einlaß der Laien in den Tempel aus Anlaß eines jährlichen Tempelfestes). *petē libbi* («Herzensöffnung» =?) Fröhlichkeit. *pet pī* «Mundöffnung», eine kultische Reinigungszeremonie; vgl. unter *mesū*.

pītu Öffnung.

pētū, f. *pētītu* Öffner, Türöffner, Pförtner. — *pētū rabū* Oberpförtner. — *pētū (ša) bēt makkūri* Finanzverwalter. — *pētāt pī ili* «den Mund der Götter öffnend» (wohlriechende Pflanzen); vgl. *pet pī*. — *pētū ša mūtērti ša kēli* «Öffner der Gefängnistür, Gefängniswärter».

patiū, petū, f. *patītu, petītu* (?) geöffnet, offen; begattet (Weib *sinništu*), besprungen (Lamm *emmertu*, Zicklein *unīku*); offenstehend (Fallgrube *haštu*); offenliegend (Rückgrat [opp. *uppuqu*], Leibesmitte [?, *libbu*] einer Neugeburt); bloßgelegt (?, Horn, *qarnu*, durch das Heranwachsen eines Tieres?); entblößt (Waffe, *kakku* usf.); urbar (Feld); gebahnt (Weg *urhu*, *durgu*). — *pet uzni, pet hasīsi* offensinnig. *petān berki* «mit geöffneten Knieen», d. i. schnellfüßig (Pferde *sīsē*, Löwen *urmahhi*). *pet pāni* offenbar, klar, erkennbar, durchsichtig (Rechnung, *igiarū* [?], opp. *itguru*).

pethallu, pl. *pethalli, pethallāti* Reitpferd; Reiter; Reiterei. — *ša pethalli, ša pethallāti* Reiter; Reiterei. *pethal šēpi* Leib-Reiter.

teptētu, pl. *tapteātu* Öffnung; Urbarmachung (auf [bestimmte Zeit]: *ša, ana*). — *ša teptēti* das Neubruch-Ergebnis, das aus dem Neubruch zu gewinnende (Getreide) (?).

naptū, neptū Instrument zum öffnen, Schlüssel; ein Teil der Leber (?); e. Art Hacke *(allu)*.

naptētu Schlüssel.

petū, pettu (א4פתה) Augenblick. *kīma petī, ina petī, ippetti, ippettu, appetti* augenblicklich, plötzlich, sofort. *ina pet . . . ina pet* sofort wenn . . . oder wenn (?), ob . . . oder.

ina petīti plötzlich, sofort.

petīš mit einem Mal, plötzlich.

pattū (sum. LW.) Korb.

patāhu *(i)* einbohren, durchbohren, aushöhlen (: Tamariske *bīna*), schlachten (: Rinder *alpi*). — II_1 durchlöchern (: Mehlsieb *nappā*); schlachten. — II_2 sich durchbohren (gegenseitig *ahāmiš*).

pethu Bohrloch.

pātihu, pātihatu lederne Tasche.

patālu drehen, wickeln, schlingen; umschnüren (jdn. wie e. Schnur *kīma petelti*); perm. verschlungen sein (Eingeweide *erru, libbū*, wie ein Knäuel [?] *kīma petelti*). — II_1 wickeln, falten.

putlu (?) Schlinge (?).

peteltu Schnur; Knoten (?); Knäuel (?).

putluttu mit Knoten besetzt (?, ein Teil der Leber).

patānu *(u)* kosten, essen, ein Essen *(patāna)* verzehren, speisen. — *ina patān* während des Essens.

naptanu, st. c. *naptan* Mahl, Mahlzeit; Festmahl, Schmaus; Opfermahl (eines bestimmten Monats). — *naptan hudūtu* Freudenschmaus. *naptan qāti* «Hand-Mahlzeit» (rituell). *naptan šēri* Frühstück; *naptan šēri līlāti* Morgen- (und) Abendmahlzeit. *naptan šarri* königliche Tafel.

putnu verzehrt (?).

eptennu, eptēnu Speise.

patānu schützen, beschützen.

patinnu e. Gewand.

patāqu, petēqu *(i)* zubereiten, herrichten (: Rohstoff; vgl. *dullu*; Sesamwein *kurunna*), formen (: gebrannte Ziegel *agurri*, ziseliertes Erz (?) *ešmarū*, Messing *zaḫalā*; Gestalt *katta*), ein Bauwerk (*petqa, peteqta*) errichten; prägen (?, : Geld *kaspa*); pms. geformt sein (als Gegenstücke *malmališ*). — II1 ein Bauwerk (*petqa*) errichten. — III2 formen lassen (: Ziegel *agurri*). — IV1 errichtet werden (Mauerwerk *lebnāti*). — *patāqu*, *puttuqu* *qaqda* den Sinn richten (auf: *ana*, *ana* mit inf.).

patqu verarbeitet (zu einem Kunstwerk *ana šipri*).

petqu, st. c. *peteq* Machwerk, Arbeit (von Bronze *erū*, *siparru*, Messing *zaḫalū*, Gold *ḫurāṣu*, Silber *kaspu*); Bauwerk, Gebäude; Lehmbau; Hürde; «Gebilde» = Kind. — *peteq agurri* Ziegelbau. — *petqa* ein Achtel Sekel.

peteqtu Bauwerk, Mauerwerk (von Lehm); Einfassung.

pātiqu, f. *pātiqtu* Former, Bildner. — *pātiqu kal gemri* Bildner des Alls, Beiname von Ea; *pātiq šamē Anu* Bildner des Himmels Anu's, Beiname von Aššur; *pātiqat nabnīti* Bildnerin der Schöpfung, Beiname der Belitili.

puttuqū Prägung (?).

patāru fetten, einfetten (?). — II1 mit Fett umgeben (?), einfetten (?).

petru Fett (?).

pattaru e. Waffe.

mupatteru s. *paṭāru*.

pattu, pl. *pattāti* Kanal.

pattiš als Kanal.

צ

ṣâ'u (א4א7צ?) stürzen, zerstören, vernichten.

ṣē'u, in *ṣē'i šamši* Sonnenuntergang.

ṣētu, ṣītu, pl. *ṣitāti* Zerfall, Zerstörung; — e. Insekt. — *bušul ṣīti* Überreife.

teṣētu Ruine.

ṣādu (צא6ד) rötlich strahlen (Sirius [+ Prokyon] *Šukudu*, wie Kupfer *kīma erī*). — I3 erröten, erglühen (Antlitz *pānu*). — II1 erröten machen (: Backe *issa*); glühend machen (: Schmelzmasse *abna*); ausglühen, läutern (: Gold *ḫurāṣa*).

ṣūdu Erröten, Erglühen (des Antlitzes *pāni*).

ṣīdānu Erglühen, Fieber.

ṣādu (צא7ד) jagen; einherjagen (Wolke *urpatu*, vor: *ina pān*); nachjagen (der Schlechtigkeit: *zilipta*). — I3 einherjagen (Sturm *abūbu*, *ašamšatu*), hinüberjagen, sich rasch hinüberbewegen (Augen *ēnā*).

ṣaddu Schlinge, Netz.

ṣaiadu, ṣā'idu jagend (Dämon *utukku*); Jäger; Jagdhund.

ṣīdānu Jagen; Jagdnetz.

ṣâḫu (צא6ח) begehren.

ṣūḫu Begehr. — *kī ṣūḫi* nach Wunsch.

ṣâḫu (צא7ח) schreien, rufen, anrufen; pms. wunderbar sein (zu sehen *ana amāri*). — I2 in Verwunderung ausbrechen (über *ina muḫi*). — I3 in Verwunderung ausbrechen. — II1 Rechtsanspruch erheben (?); anrufen, beten (?).

ṣēḫittu, ṣēḫītu, šēḫtu, eṣēḫtu (?), pl. *ṣēḫāti* Anruf; Anspruch, Rechtsanspruch (?); Wunsch, Begehr (?, vgl. צא6ח); pl. Wunder, Pracht, Wonne.

ṣēḫiš wunderbar.

ṣajaḫu schreiend, Schreier (Dämon *šēdu*); — e. Vogel.

ṣēni, st. c. *ṣēn* (pl. f.) Kleinvieh (Schafe und Ziegen, opp. *alpi*).

ṣānu, ṣēnu (*e*) (צא4ן) laden, aufladen (auf *ina*), beladen (: Schiff *eleppa*, mit Fracht: *ša-ṣēni*), auflegen (: Datteln *kemra*, auf das Auftragebrett *ina eli paššūri*), auftragen; anfüllen (mit Gift: *ēmta*, : Leib *karāša* mit Wassersucht: *agalatillā*); pms. erfüllt sein (Göttin, mit Üppigkeit: *kuzba*). — I2 angefüllt sein (Kanal *nāru*, mit Schuttmassen: *šiḫḫāt eperi*). — II1 beladen; anfüllen. — III/II1 tragen lassen. — *ša-ṣēni* Fracht.

ṣēnu (צא5ן) böse, schlimm; Bösewicht, Übeltäter.

ṣēnu e. niederes Tier (Insekt?).

ṣe'pu, ṣiḫpu (צא3ף), pl. *ṣe'pēti* (südsem. LW.?) Schreiben, Brief.

(**ṣāpu**) II$_1$ verschließen (?).

ṣāṣu s. *sāsu.*

(**ṣēru**) (צא2ר) II$_1$ erhaben machen (: Tempel *bēta,* : Mond *Nannar*).

ṣēru, ṣīru hoch (Himmel *šamē,* Türen *dalāti*; Axt *pāltu,* vgl. auch *nāš balti* bzw. *ḫaṭṭi*; Geschmeide *teqni*; Fest *esennu*; Kräfte *emūqāni,* Streitkräfte *emūqē*), hochragend (Zedern *erēni*), erhaben (Name *šumu*); Rücken; Rückenfläche (von Teilen der Leber). — *ṣēr, ṣēri* auf, über; zu; gegen, wider. *ṣēr ša* mehr als, besser als. *ana ṣēr, aṣṣēr* zu, zu ... hin, gegen. *ana ṣēr ša* gegenüber, gemäß dem, was. *ina ṣēr* auf.

ṣēriš erhaben; darauf; zu ... hin.

ṣērūtu Erhabenheit.

ṣēru (צא3ר) (freies) Feld; Flachland (opp. *bāmāti*), Schlachtfeld, Wahlstatt; Wüste (opp. *ālu*), Steppe. *ša ṣēri* im Freien (gelegen).

ṣurru (צא6ר?) Feuerstein.

ṣūrtu (Feuerstein-)Messer (?).

ṣēru s. *zāru, zēru.*

ṣēru Schlange; Sternbild (Hydra + β Cancri). — *ṣēr abnu, ṣēr gušūru, ṣēr mē, ṣēr mūši, ṣēru ṣalmu, ṣēr qarni, ṣēr šadī* Schlangenarten.

ṣabā'u, ṣabū (צבא1) zum Krieg ausziehen, Krieg führen (als Verb wests. LW.?), ausziehen (um zu : *ana* mit inf.).

ṣābu, st. c. *ṣāb,* pl. *ṣābi* Krieger, Mann; (coll.) Krieger, Kriegsvolk, Mannschaft, Leute; Heer; — *ṣābi adē* vertragsmäßig verpflichtete oder ausbedungene Leute (?). *ṣāb tāḫāzi* Kriegsleute, Krieger. *ṣāb ēkallāti* Haremsvolk. *ṣāb ummāti* Angehörige des Hauptkorps. *ṣābi emūqi* e. best. Truppengattung, Genietruppen (?). *ṣāb eqli* Feldarbeiter (?). *ṣāb bābekalli* Truppe des Palasttores. *ṣābārīti* Schildträger. *ṣāb bērti* Festungstruppe. *ṣāb bētāti* e. Truppengattung. *ṣābi tidūki* Kampfgenossen, Krieger. *ṣābi ḫurati* Elitetruppen. *ṣāb ḫubši* Troßknechte; Proletarier; Prolet (Schimpfwort). *ṣāb ṭatmē* Ortsbewohner (?). *ṣābi kidinni* Körperschaft mit Selbstverwaltung (?). *ṣābi maḫāḫu* Begießer. *ṣāb mandi* Nomaden (?). *ṣāb maṣṣār-āli* Schutzmann. — *ṣābi māṣārti* Besatzungstruppe. *ṣābi sīsē* Reiterei, Kavallerie; *ṣābi santaqqi* Kolonne. *ṣāb ṣēri* Wüstenbewohner. *ṣābi qātē* Truppen unter dem Befehl von. *ṣāb qašti* Bogenschützen. *ṣābi rēṣūti* Hilfstruppen. *ṣāb šēpē* Leibtruppen. *ṣāb šarri, ṣāb šarrūti* e. königliche (militärische) Beamtenklasse. *ṣābi tuklāti* Garde, Schutztruppe. Vgl. *ammu.*

ṣibū (צבא5) färben.

ṣibū gefärbt (mit Blut und Unrat *dami ū parša*).

ṣabū (צבא6) die Neigung, den Wunsch haben (zu : inf.), wollen, verlangen. — I$_2$ gewillt sein, wollen.

ṣabū gewünscht, verlangt (?).

ṣibūtu, dazu pl. **ṣibāti** Verlangen, (göttliche) Willensäußerung, Wille, Absicht, Wunsch, Bedürfnis, Vorhaben; Gegenstand eines Wunsches, Ding, Sache; pl. Sehnsucht (?). — *ša ṣibūti* Gegenstand des Wunsches, notwendige Sache. — *ana ṣibūt* für den Bedarf von.

ṣebū umgeben, rings umschließen, umreißen. — II$_1$ umzäunen, einzäunen (: Feld *eqla*), umfriedigen (?, Kapellen *papaḫi*), beigeben (?, : e. Inschriftstein, *aban ṭuppi,* einem Bild, *ṣalma*). — II$_2$ eingefriedigt sein (Standbild *ṣalmu,* Umgrenzung *kisūru*). — III$_2$ planmäßig bauen, konstruieren (: Bauwerk *šepra,* Heiligtümer *parṣi*).

ṣabītu, pl. *ṣabāti* Gazelle.

ṣubbu (?), **ṣumbu, ṣūbu** Lastwagen, Karren.

ṣubban e. Längenmaß = 60 Ellen *(ammāti)*.

ṣubābu e. Teil des Baumes.

ṣabāru *(u)* capere : ergreifen, an sich raffen, in die Gewalt bekommen (böser Gott *ilu lemnu* : Glieder *mešrēti*); übertr. begreifen, verstehen. — II₁ wegraffen, vergewaltigen. — III₁ angreifen (?, Priester, einer den andern *aḫāmiš* [mimisch]); begreifen lassen. — IV₁ hinweggerafft werden (= verschwinden, Venus); leck werden (?, Schiff *eleppu*).

ṣaburtu Vergewaltigung, Bedrängnis, Drangsal.

ṣabburītu Vergewaltigerin (Hexe).

naṣbaru e. Instrument.

ṣibāru e. Tier.

ṣibārīnu (?) (der) Pelz (des *ṣibāru*?) (?).

ṣiburu, ṣibaru Aloe.

ṣabātu *(a)* nehmen (: Land *māta*, zu einem Gebiet *ana ša-māti*; was zu nehmen ist *ša-ṣabāti*), einnehmen, besetzen, erobern (: Land, Stadt), kapern (: Schiff *eleppa*), sich bemächtigen (: des Thrones *kussā*); in Angriff nehmen (: Arbeit *dulla*, *šepra*); benehmen (jdm.: den Verstand *ḫasīsa*); wegnehmen (: Erde *epēri*, von e. Hügel *ina tellī*), packen, ergreifen, erfassen, heimsuchen (Fieber *la'bu*, *išātu*, Krankheit *murṣu*, Dämon *Utukku*, *Lamastu*, Hungersnot *nekrētu*, Furcht *ḫattu*, Schuldverbindlichkeit *e'eltu*); aufnehmen (: Ziegelbrett *alla*); auf sich nehmen (: Eid *māmīta*); im Gedächtnis festhalten (: Wort *amāta*, (jdn.) im Herzen *ina libbi*); festnehmen (opp. *pitaṭuru*), verhaften; in Anspruch nehmen, belangen, herankriegen, haftbar machen, zur Rechenschaft ziehen (wegen : *aššu*); auf frischer Tat ertappen; (e. Sache bei jd.) antreffen; versperren (Ausgang *muṣṣā*), abschneiden (: Weg *ḫarrāna*); hemmen (: Fuß *šēpa*); — pms. als Besitz *(ṣibta)* haben, im Besitz haben, haben (: Feld *eqla*); vorhaben (: Arbeit *šepra*); (im Gewahrsam *ina bēt-kīli*) gehalten werden; ertappt werden, angetroffen werden; verschlossen sein (Mund *pū*, Antlitz *pāni*). — I₂ sich. nehmen; ergreifen (Fieber *la'bu*); (im Gedächtnis) festhalten; festnehmen; ertappen; antreffen; — pms. zusammengewachsen sein (Zwillinge *tu'āmā*); aneinander geraten, sich streiten (wegen *aššu*). — I₃ beharrlich verschließen (: Mund *pā*). — II₁ festhalten, gefangen nehmen; besetzen, versperren (opp. *petū*; : Weg *gerra*, Ausgang *muṣṣā*). — II₂ gefangen nehmen. — III₁ festnehmen lassen, aufgreifen lassen; (nehmen lassen =) geben (: Geschenk *ṭāta*; Regierung, *šarrūta*, *rēda*, einem Land *māta*); verrichten lassen (: Arbeit *dulla*). — III₂ fassen lassen, ergreifen lassen. — IV₁ genommen werden (zum Vorzeichen *ana itti* (?); Arbeiter, für e. Arbeit *ana šepri*); festgenommen werden; ertappt werden (bei : *ina*). — IV₂ ertappt werden, angetroffen werden. — *ṣabātu abbūt* Fürsprache für (jd.) einlegen (bei : *ana*, *maḫar*, *ina pān* [?]); *ṣābit abbūti* Fürsprecher, Beiname von Lupus (Uridim); *ṣābitāt abbūti* Fürsprecherin, Beiname von *Ṣarpanīt*-Venus und Ningal (opp. *ākilat qarṣu*). *ṣabātu adē* e. Eid leisten. *ṣabātu abna* einen Gewichtsstein gebrauchen. *ṣabātu ana eššūti* in neue Verwaltung nehmen. *ṣabātu aḫā'iš* sich zusammenrotten. *ṣabātu appā* sich schneuzen. — *ṣabātu asāti* die Zügel handhaben. — *ṣabātu nēpera* Proviant beziehen (?, aus e. Stadt *ina āli*). *ṣabātu urḫa* einen Weg einschlagen; übertr. : *uruḫ šulmu* den Weg des Glücks einschlagen; : *uruḫ šīmti* den Weg des (Menschen-)Geschickes einschlagen, sterben. *ṣabātu batqa* (Risse) ausbessern; *ṣ. batqa ša ašarrū* das Mauerwerk instandhalten. *ṣabātu zibanit lā kētti* falsche Wage führen, betrügerischen Handel treiben. *ṣabātu ḫasīsa* + suff. jdm. das Gehör benehmen (Dämonen; cpl. *šumṭū digla*). *ṣabāta ḫarrāna* den Weg nehmen, die Straße einschlagen (nach : *anā*), ziehen (gegen : *eli*); *ṣabātu ḫarrān kētti* den rechten Weg ziehen (Sterne). *ṣabātu manzāz magarrē* den Platz des (Wagen-) Rades (von jd.) einnehmen, sich (ihm) völlig unterwerfen. *ṣabātu neqā* e. Opfer vornehmen. *ṣabātu meḫret ummānāti* sich an die Spitze der Truppen stellen. *ṣabātu sisiqti ili* den Gewandsaum eines Gottes ergreifen, ihn um Schutz anflehen. *ṣabātu supē* Gebete (zu e. Gottheit) anheben, (zu ihr) beten. *ṣabātu pā* (jds.) Mund verschließen, (ihn) in der Rede unterbrechen. *ṣabātu pān* sich an die Spitze von (etwas) stellen, die Leitung von (jd. od. etwas) übernehmen; leiten (?, einen Kanal *nāri*); *ṣabātu pān gerri* den Weg versperren. *ṣabātu ana ṣibti* in Beschlag nehmen (?, : Schiff *eleppa*). *ṣabātu qātā* die Hände gebrauchen, zufassen, sich an einer Arbeit beteiligen; *ṣabātu qātā amēli* jd. Beistand leisten, helfen; *ṣabātu qātā ili* die Hände einer Gottheit fassen, Zeremonie bei der Besitzergreifung ihres Heiligtums und der damit verbundenen Rechte. *ṣabātu ana ramāni* in eigene Verwaltung nehmen (: Stadt). *ṣabātu šēpā* die Füße (von jd.) ergreifen, (ihm) Unterwürfigkeit bezeugen; um Schutz anflehen; um Gnade anflehen; *ṣabātu ina šēpē* zu (jds.) Füßen Platz nehmen, sich in (seinen) Schutz begeben. *ṣabātu šadā* sich nach dem Gebirge retten. *ṣabātu šidda nāri* an einem Fluß entlang marschieren. *ṣabātu šupul mē* «die Tiefe des Wassers ergreifen», sich ertränken. — *šuṣbutu adē* beeidigen. *šuṣbutu usa kēna* rechtleiten (: Land *māta*). *šuṣbutu urḫa, padāna* einen Weg einschlagen lassen, führen. *naṣbutu berīt berīt* in zwei Teile getrennt werden (Land *mātu*).

ṣabtu Gefangener. — *ṣabtu Nabū u ašba Nabū* von Nebo gebannt und besessen (?, Schimpfwort?).

ṣibtu, pl. *ṣibāti* Besitz, Eigentum; e. Gewand (Überwurf, Mantel?); e. chronische Krankheit (Fieber?). — *ina ṣibit appē* im Moment, im Augenblick. *ṣibit libbi* e. Krankheit (Krampf?). *ṣibit pī* Stummheit.

ṣābitu Inhaber. *ṣābit alli* Träger der Spitzhacke. *ṣābit ṭuppi* Tafelschreiber. *šābit qātē* Unterstützer, Helfer.

ṣābitānu Häscher, Fänger.

ṣabītu (?) e. Kleidungsstück.

ṣabūtu Besitz, Habe (?).

ṣabbutītu die Packende (Manungal).

ṣibītu, ṣibittu Entnahme (?, von Wasser *māmi*); Haft, Gewahrsam, Gefängnis; (zeitweiliges) Besitztum (opp. *kišittu*); Lehensbesitz.

ṣubātu, pl. *ṣubātū, ṣubāti, ṣubātē* Gewebe, Fasergewebe (einer Dattelpalme); Tuch (aus Baumwolle *šipāti*), Stoff; Kleid, Gewand. — *ṣubāt ūmakal* Alltagsgewand. *ṣubāt agappi* Flügelgewand. *ṣubātu elītu, ṣubāt arištu* Obergewand. *ṣubāt andulli* Schutztuch. *ṣubāt nēpēši* Zeremoniengewand. *ṣubāt balti (bulti)* Schamtuch (?, Hemd?). *ṣubāt ginē* Opfergewand (?). *ṣubat pagri* Leibgewand. *ṣubātu ša qablu* Hüftgewand, Lendenschurz (vgl. *qablu*). *ṣubāt šitūtu* gewobenes Gewand. *ṣubātu ša erši* Bettuch. *ṣubāt mišḫi* Glanzstoff.

ṣubātiš zu Kleidern, zur Kleidung, zu Stoff; vgl. *maḫāṣu*.

muṣibtu, pl. *muṣibbēti, mušēbeti* Kleidung; pl. Kleidungsstücke.

naṣbatu Kleid.

tiṣbūtu (vgl. I_2) ineinandergreifend (2 Goldringe *2 šemēr ḫurāṣi*, mit den Reifen *ša mēsūqi*).

(ṣadū) I_2 speisen (intr.). — II_1 Speisen *(ṣudē)* verabreichen, speisen (tr.), mit Proviant *(ṣudē)* versehen.

ṣudū, aṣudū (?), pl. *ṣudē* Speise; pl. Speisen (in schwerer Menge *takbitti*), Proviant (eines Schiffes *eleppi*).

ṣidītu Verköstigung, Verpflegung, Proviant (den man bei sich trägt *ša ittišunu inašūna*). — *ṣidīt gerri* Reisekost.

ṣaddu Syn. zu *ittu* Zeichen.

ṣadīdu Antimonglanz (?, als Augenschminke).

ṣadanu e. Pflanze.

ṣadūq (wests. LW.) recht (Recht).

(ṣadāru) II1 hervortreten (?, Augen?).

ṣidarē (pl.) e. Holzart.

ṣuduru e. Kleidungs- oder Schmuckstück.

ṣiḫḫu (sum. LW.) Schwein (?).

ṣuḫili (?) e. Beamter (?).

ṣiḫpu s. *ṣēpu*.

ṣaḫāru klein sein, verkleinert werden (Land *mātu*), sinken (Kaufwert *maḫēru*); wenig sein; jung sein; minorenn sein. — II1 verkleinern (: Land, übertr. : Größe *rabūta*), vermindern (: Vieh *alpi*, *ṣēni*); auslassen (: Fett *lipā*, im Feuer *ina išāti*); pms. zu klein werden (Bauwerk *šepru*, für : *ana*). — *iṣaḫir ana jāši* ich bin mutlos (?).

ṣaḫru, ṣeḫru, st. c. *ṣeḫer*, f. *ṣaḫertu*, *ṣeḫertu*, pl. *ṣeḫrāni* klein (Stadt *ālu*, Kanne *kukubu*, Heer *ṣābi*, Ziegelhöhe *lebettu*), winzig; jung (opp. *rabū*, *šību*), jünger (als: *eštu*), jüngst (Sohn *māru*, Bruder *aḫu*); übertr. gering (Knecht *ardu*); Junge, Knabe; minorenne Person; Waise; Bursche; kleines Gefäß; f. kleiner Finger (vgl. בָּ‍א2ן); pl. kleine Kinder; die Jungen (opp. *paršamūti*). — *ṣeḫer-rabū* Klein und Groß.

ṣeḫēru, ṣeḫḫēru, ṣeḫru, pl. *ṣeḫḫērūti*, f. *ṣeḫērēti* klein (Kinder *mārē*), eng (Maschen *etāni*); jung; minorenn; Kindheit (opp. *mēṭlūtu*), Jugend; pl. junge Leute. — e. Pflanze.

ṣeḫḫērūtu Jugend (opp. *rabbūtu*).

ṣuḫāru, ṣuḫru, pl. *ṣuḫāri*, *ṣuḫārē* junger Mensch, Jüngling, Gehilfe, Diener, Knecht (compl. *amatu*), Bote, («Jünger»=) Schüler (?), Höriger. — *adi ṣuḫāri* auf kurze Zeit. *ina ṣuḫāri* binnen kurzem.

ṣuḫārtu, pl. *ṣuḫārāti* Mädchen, Jungfrau, Dienerin; e. Beamter (urspr. dessen Amt?, = *ṣuḫāru*?).

ṣaḫḫaru e. kleines Gefäß (?, aus Stein, Gold oder Silber).

ṣuḫēru (übertr.) Verkleinerung, Verachtung.

ṣuḫḫurtu Verringerung, Dezimierung.

ṣuḫūrūtu Geringheit (sc. der Helligkeit), Lichtschwäche (des aufgehenden Mars).

meṣḫerūtu Kleinheit; Jugend; übertr. Niedrigkeit, Wenigkeit.

ṣeḫeru e. Art Mehl (?).

ṣaḫātu fließen lassen, auspressen (: Sesamöl *šamaššamna*), keltern (: Wein *karāna*). — II2 herausgepreßt sein, hervorstehen (Augen *ēnā*).

ṣaḫtu, mit oder ohne *karānu*, ausgepreßter Wein.

ṣāḫitu, st. c. *ṣāḫit* Kelterer.

maṣḫatu Feinmehl.

ṣalū (צלא1) in *ṣala ittu* Sumach.

ṣālu, ṣēlu (צלא4) du. *ṣēlā*, pl. *ṣēlāni* Rippe (auch als Opferteil und als e. Teil des Wagens *narkabtu*), Seite (des Körpers und übertr.). — *ina ṣēlē kilallān* zu beiden Seiten. — *ṣēl eleppi* Schiffsrippe, Schiffswand.

ṣālāniš Seite an der Felswand (passieren, *etēqu*, einen engen Weg *gerra qatna*).

ṣalū, salū (צלא6) II1 beten zu, anflehen (: Gottheit; [jds.] Herrschaft, *bēlūta*, *šarrūta*, d. h. [jd.] als Herrscher), beten; (beim Eid) anrufen (: König *šarra*). — II3 anflehen.

ṣulū, sulū, pl. *ṣulē* Flehen, Gebet.

ṣelītu Gebet.

taṣlītu, teṣlītu Gebet.

ṣalū, ṣelū (צלא7) (?) werfen (Los *pūra*), legen (: Schwellen *askuppāti*), auflegen (: Räucherwerk *quṭrenna*), befestigen (an das Haupt *ana qaqqadi*); — es auf (jd.) anlegen (?), feindlich sein (jdm. : *ana*); streiten; — pms. gelegen sein, liegen (Stadt). — II1 lahm legen (?, : Arm *aḫa*). — II2 anfeinden, befeinden. — III1 auflegen lassen (: Räucherwerk *quṭrenna*, vor einer Gottheit *maḫar ili*).

ṣaltu, ṣassu, ṣeltu Feindseligkeit, Streit, Kampf; Feind(e).

ṣelû Feindseligkeit, Feindschaft.

ṣelûtu Feindseligkeit, Feindschaft.

ṣulâtu (?, pl.?) Kämpfe (Kampf?).

muṣallû, muṣêlu Feind.

ṣillîbânu, ṣilbânu Süßholz.

ṣalâlu *(u)* beschatten; beschirmen, beschützen. — II1 beschatten; das Dach legen, bedecken, bälken.

ṣillu, ṣîlu, st. c. *ṣil* Schatten, Dickicht (?); Schirm, Schutz. — e. Pflanze. — *ṣilli laḫḫê* Abendschatten, (?, Abenddämmerung?). — *ṣillu û ṣulûlu* Schutz und Schirm. — *ša ṣilli* (?) Baldachin (?). — *ṣil eleppi* Sonnenzelt (?) des Schiffes.

ṣillanîtu e. schwarzes Pulver.

ṣalûlu Schirm, Schutz. — *an-ṣilli* zum (speziellen) Schutz (einer Gottheit) gehörig, Adyton (?), Asyl (?).

ṣilûlu Schirm.

ṣulûlu Schatten; Schirm, Schutz, Amulett (?); Schirmherr (des Landes, *mâti*, d. i. Marduk; von Ebabbar, d. i. Šamaš; von Eizkim, d. i. Ea, vgl. *andullu*); schützendes Obdach; Bedachung. — *ṣulul tarâni* Bedachung.

ṣulultu, šullultu Bedachung.

ṣullulu dunkel, übertr. dunkel, schwierig (Text *kammu*).

ṣalâlu *(a)* sich hinlegen (opp. *emêdu* pms.), sich lagern, sich schlafen legen (auf die Bettstatt *ana bêt-urši*), ruhen (auch vor der Grabesruhe); beschlafen; pms. liegen (auf dem Lager *ina erši*, im Schoß, *ina sûni*, eines Weibes), schlafen (opp. *âru*). — II1 beruhigen (: Gemüt *kabatta*). — III1 zur Ruhe bringen (Ea: Apsû).

ṣâlilu, ṣallu, pl. *ṣallûti* ruhend, untätig daliegend; Schläfer, Beischläfer.

ṣallûtu Liegen, Begattung.

maṣallu Ruheort, (Rohr-)Hütte (eines Hirten *rê'î*).

muṣlalu Zeit der (Mittags-)Ruhe, Mittag.

taṣliltu Ruhen.

ṣallu e. lederner Gegenstand.

ṣililîtu e. Vogel.

ṣulalû s. *ṣumlalû*.

ṣalâmu *(i)* schwarz werden, schwarz sein (Lippe *šaptu*).

ṣalmu, f. *ṣalimtu* schwarz; dunkel, unrein (Blut, opp. *piṣû*); Schwarzes. — *ṣalam êni* Iris (opp. *aruq êni*). *ṣalmât qaqqadi* (sc. *nîši*) die schwarzköpfigen (sc. Menschen, d. h. Semiten); Menschen, Volk.

ṣulmu, st. c. *ṣulum* schwarzes Haar (am [gebänderten] Bein *purîdi*, des [Steppen-]Esels *emêri*).

ṣalamtu, šalamdu, ṣulâmu (?), ***ṣulmu*** schwarze Varietät (?, einer Schlange, eines Baumes oder Gesteins).

ṣalmu, st. c. *ṣalam*, du. *ṣalmâ*; pl. *ṣalmâni* Bildnis, Bild, Bildwerk, Denkmal (aus Blei *annaki*, Alabaster *giššir-galli*, Ton *ṭêṭi*, Holz *iṣi*; *uḫûlu*; mit Gold, Silber überzogen *ḫurâṣi*, *kaspi uḫḫuzu*; gegossen *šapku*), Standbild, Statue (von Gottheiten oder Menschen), Stele; Abbild, Ebenbild; Puppe (als Nachbildung) eines Kranken, *marṣi*, aus Ton *ṭêṭi*); Form; Erscheinung (in e. Vorzeichen *têrtu*). — *ṣalam amêltu* Frauenbild. *ṣalam pûḫi* Tauschbild. *ṣalam-šarri*, pl. *ṣalam-šarrâni* Königsbild. *ṣalam šarru-pûḫi* Königs-Tauschbild. (*ṣalam demmu*,) pl. *ṣalam-demmê* Denksäule, Denkstele.

ṣulamu, ṣulmu Keltbaum, *ṣulum ḫilibu*; *ṣulum mêsi*, *ṣulum meluḫḫi* Arten davon.

ṣallummû Glanz (?, eines Sterns *kakkabi*).

ṣalāpu aufhäufen (?). — II1 abteilen (?).

(*ṣalpu*?, pl.?) **ṣalpāni** Aufhäufung (?), pl. Vorrat.

ṣiliptu Haufen, Abteilung; Diagonale. — *ṣiliptu ana ṣilipti* Stück für Stück. — Vgl. *zalāpu*.

ṣilurtu Platane.

ṣamā'u, ṣamū (צמא) II1 dürsten (nach : acc.) — III1 dürsten lassen (Šamaš : Totengeist *eṭemma*, nach Wasser : *mē*).

ṣāmū dürstend, durstig (opp. *šakru*).

ṣummū, ṣūmū, pl. *ṣummē, ṣumāmi* Durst.

(**ṣumānū**?,) f. *ṣumāmaitu, ṣumamītu* durstig; Wüste.

ṣamū, pl. *ṣiniāti* Türpfosten (?).

ṣumbu s. *ṣubbu*.

ṣumberu (LW.) e. (Schmuck?-) Gegenstand aus Jaspis *(iašpu)*.

ṣamādu *(i)* zusammenbinden, einbinden, zusammenpacken, einpacken, verpacken, packen (: Kleider, Hemden, *nalbaša, naḫlapta*, etc.); spannen (: Gefangene, an einen Wagen *ina ša-šadādi*), vorspannen, anspannen (: Pferde *sīsē*, Maultiere *parē*; Ištar : Löwen *labbi*, auch abs.), bespannen (: Wagen *narkabta*); zusammenbringen (: Truppen *ummāni*, [e. Herde] Lämmer *puḫādi*); pms. eingespannt sein (ins Joch *ina nēri*), festgewachsen sein (Gallenblase *martu*). — II1 zusammenbringen, sammeln, stauen (: Wasser *mē*); festfügen (: Pflug *epenna*). — III1 bespannen lassen (: Wagen *narkabta*).

ṣemdu, ṣendu, st. c. *ṣemed*, pl. *ṣemdū, ṣendi* Gespann (eines Wagens *narkabti*); Verband (einer Wunde *asakki*); Band, Fessel; Gefüge (eines Bauwerks); bindender Vertrag, Satzung.

(**ṣamūdu**?,) f. *ṣamuttu* bespannt (Wagen *narkabtu*).

ṣemettu, ṣemtu, du. (?) *ṣemdān*, pl. *ṣemdāti, ṣendāti, ṣemdēti, ṣendēti* Querholz an der Wagendeichsel; e. Teil des Pflugs; Gespann (von Pferden *(ša) sīsē*); bindende Abmachung, Satzung, Bestimmung. — *ṣemettu nēri* Jochgespann. *kīma ṣemdāti, arki ṣemdāti* nach den Satzungen, satzungsgemäß.

naṣmadu Gespann; Verband; Umschlag.

ṣummuḫu in e. best. Weise bearbeitet (Silber, Gold, Steine).

ṣumlalū, ṣulalū, šumlalū e. Baum, Oleander (?).

ṣemmu Verletzung, Wunde.

ṣamuṣiru Wermut.

ṣamāru *(i)* im Sinn haben, planen. — I2 bedacht sein (auf : *ana*). — II1 bedacht sein, mit Bedacht tun (mit asynd. angereihtem Verb); begehren; nach dem Leben trachten (?, e. König dem anderen *šarru ana šarri*). — *ṣamurkašādu* Wunscherfüllung; vgl. *labēru*.

ṣemru Gewünschtes (?), Schönes, Reichtum.

ṣumru, st. c. *ṣumur* Wunsch (?).

ṣumertu, ṣummertu, st. c. *ṣumrat*, pl. *ṣumerāti, ṣummerāti* Begehr, Wunsch (des Herzens *libbi*).

taṣmertu Wunsch (des Herzens *libbi*).

ṣamru rote Brustbeere (?).

ṣimertu e. Krankheit (Blasenstein?).

ṣendu s. *ṣemdu*.

ṣendāti, ṣendēti s. *ṣemettu (ṣamādu)*.

ṣunduru s. *ṣadāru*.

ṣanāḫu *(u)* Schnupfen haben.

ṣanānu fressen (?), ätzen, Ausschlag verursachen (?, Schlangengift, *ēmat bašmi*, dem Menschen : *amēla*).

ṣennū (?), f. *ṣennītu* Fresser (?, Heuschrecke *ăribu*), Ausschlag (im Gesicht *ina appi*), Aussatz (?).

ṣennatu, ṣennetu e. Musikinstrument (aus Rohr).

ṣennetān (du.) Zügel.

ṣassu s. *salū*.

ṣapū, šapū (א6צפ) schauen, erschauen, erwarten. — I2 beobachten, ausschauen; erwarten (: den dritten Monat *šalša arḫa*). — II1 beobachten (: das Erforderliche *semāti*), inspizieren (?, : Feld *eqla*). — IV1 erschaut werden.

ṣapītu Beobachtung.

naṣpadu e. Körperteil (Brustknorpel?).

ṣapānu unterdrückt werden, verschwinden (?, *Šamaš*).

ṣippatu Pech (?).

ṣippatu, pl. *ṣippāti* Obstbaum; pl. (Obst-)Baumpflanzung (eines Gartens *mušarī*).

ṣuppu e. (eßbares) junges Tier (Lamm?, Zicklein?).

ṣapāru *(u)* spitz sein (Horn *qarnu*); e. hohe («spitze») Stimme haben (weibliches Wesen *sinništu*), piepen, zirpen, zwitschern (Vogel *iṣṣūru*, böse Geister); wimmern, jammern; stammeln (Lippen *šaptā* : Verworrenes *nullāti*). — II1 mit dem Nagel bearbeiten, auskratzen, austilgen. — II2 in der Fistelstimme (?) rezitieren (: Beschwörung *šipta*). — III1 Jammern verursachen.

ṣepru, dazu (?) pl. **ṣeprāti, ṣeprēti** Spitze (eines Pfeils *kuttaḫi*); Koma (eines Kometen); Nagelabdruck; Schnabel (eines Vogels *iṣṣūru*); pl. e. Art gewobener Arbeit («Spitzen»?); e. Teil der Ausrüstung (von Silber *kaspi*, Gold *ḫurāṣi*, Kupfer *erī*).

ṣuppāru, ṣupru, st. c. *ṣupur*, du. *ṣuprā* Nagel, Kralle, Klaue, Huf; Fuß (eines Stuhles *kussī*, *agappi*, eines Tisches *paššūri*). — *ṣupur amēlūti* e. Pflanze.

ṣipparāti (pl.) (LW.) kleine Vögel (?); s. *bētu*.

ṣippirāti (pl.) Morgen (?).

ṣapru «gelber» Sumach.

ṣāpitu Sturmgerät.

ṣuṣū Schilf, Röhricht.

ṣiṣṣu, pl. *ṣiṣṣi* Nagel (?); (hölzerner) Pflock (zur Fesselung).

ṣiṣitu Pflock (?).

ṣaṣumtu, ṣaṣantu, ṣaṣutu e. Pflanze.

ṣaṣēru Ameise. — *ṣaṣēru ša kappi šitkunu* geflügelte Ameise.

ṣertu (א4צר), pl. st. c. *ṣerrēt* (?) weibliche Brust; Euter.

ṣirū e. Hausgerät (?).

ṣarbatu Sorbus (?).

ṣurbu Teufelsdreck, Stinkasant.

ṣarādu frösteln.

ṣarāḫu *(u)* Glanz *(ṣarāḫā)* verbreiten, aufleuchten (Sternbild), erglühen, glühen (?), entzündet sein (?), fiebern (?). — I2 übertr. brennen (auf : *ana*). — II1 glänzen lassen. — III1 erglühen lassen, aufleuchten lassen (Rammān : Blitz *barqa*). — IV1 übertr. erglühen, in Erregung kommen (Inneres, Gemüt *libbu, kabittu*). — IV2 hervorleuchten (?).

ṣarḫu feurig (Maultier *parū*).

ṣarḫu, ṣerḫu Glanz (eines Planeten), Gluthitze (?).

ṣereḫtu Glut, in *ṣereḫti libbi* innere Glut, Erregung, Fieber, *ṣereḫtu ša libbi ēnē* die Glut in den Augen.

ṣarāḫu schreien, (jdn.) anschreien; singen (?). — I2 laut aufschreien. — III1 ertönen lassen.

ṣerḫu, st. c. *ṣereḫ* Gesang, Lied; Klagelied. — *ṣerḫu rēštū* Hauptlied («liturgisch»). — *ša ṣerḫi* Sänger.

šurḫu Schrei.

ṣāriḫu Schreier, Heuler, «Klagesänger».

taṣriḫtu lautes Schreien, Geschrei.

ṣerku e. langfüßiger Vogel.

ṣarāmu (?) an etwas denken.

ṣarāpu *(u)* färben (: Wolle *nabāsa*, [künstlich nachgemachte] Bäume, *iṣi*, und Pflanzen *šammi*); pms. gefärbt sein, e. best. Farbe haben (wie Blut *kīma dami*).

ṣerpu, pl. *ṣerpāni* gefärbt; gefärbter Stoff (Wolle, Kleider); pl. Streifen gefärbten Stoffes.

ṣereptu e. Krankheitserscheinung.

ṣarāpu (im Ofen) läutern, «brennen» (: Ziegel *agurri*, Tonwaren *ḫaṣbi*). — II1 schmelzen (: Metalle), läutern (: Silber *ṣarpa*).

ṣarpu f. *ṣareptu* geläutert (Silber *kaspu*), rein (Becher *kāsu*); Silber. — *ṣarap* (?) *ilāni* «Götter (d. i. besonders feines [?])-Silber».

ṣerpu Läutern, «Brennen»; gebrannte Form (von Ton *ša ḫašbi*).

ṣarrapu Silberschmied.

naṣrāpu (?), in *naṣrāpu (ša Šu.gi)* ε Persei.

naṣraptu Schmelztiegel; — e. Körperteil (eines Opfertieres); e. Teil der Leber (?).

ṣarṣāru e. best. Ton (?) -Gefäß (Urne?).

ṣarāru *(u)* dringen (Blut *dami*, aus dem Mund *eštu pī*); (durch die Dunkelheit) durchdringen, aufleuchten, erglänzen (Stern). — I2 aufleuchtend ziehen (Meteor, von Nord nach Süd *ultu eltāni ana šūti*). — II1 aufleuchten lassen.

ṣarru, f. *ṣarratu*, *ṣartu* (?), pl. f. *ṣarrāti* weiterdrängend, rauschend (Wasser *mē*).

ṣerru, st. c. *ṣerer*, Leuchten, Glanz (eines Sterns *kakkabu*, des Tageslichts *uddū*).

ṣarīru e. rotglänzende Goldlegierung, Gold (?).

ṣarru, ṣerru (sum. LW.?) Türzapfenloch, Türangel (obere *elū*, untere *šaplū*).

ṣerratu, ṣerretu, du. *ṣerretān*, pl. *ṣerrāti*, *ṣerrēte* Seil, Strick, Zügel; pl. (übertr.) Leitung (der Völker *nīši*, der Könige *šarrāni*, des Himmels *šamāmi*). — f. Nebenfrau.

ṣurru Herz; (übertr.) Inneres (eines Schildes *arū*), Bett (eines Kanals *palgu*); Verstand (?).

ṣurarū e. Art Salamander; Geldbehälter, Geldbeutel; e. Weinsorte.

ṣurerittu e. Art Salamander.

muṣārertu s. *ṣarāšu*.

(ṣarāšu) II1 sprießen lassen (: Keim *papalla*); pms. sich ausbreiten (Öllinse *šamnū*, wie ein Stern *kīma kakkabi*).

ṣiršu, ṣuršu, st. c. *ṣiriš* Sproß (des Meeres *tāmdi*).

muṣarrištu, muṣārertu Gießkanne (?).

ṣutammu e. Berufsname.

ṣittu s. *zittu*.

ק

qā e. Hohlmaß, ca. 0,4 Liter; Kubikinhalt (an Holz : *iṣi*); e. soviel fassendes Gefäß.

qū, pl. *qū*, *qē* Faden, Garn, Schnur, Tau, *qē lumni* Unglücks-Fäden.

qū'iš einem Faden gleich.

qēš ringsum (?).

qū, kū, pl. (?) *kujātu* (?) Ackerpflanzen (bes. Hülsenfrüchte?); das Mehl solcher Pflanzen (?).

qū Kupfer; Grünspan (?).

qūmiš gleich Grünspan (?).

qā'u (ק$_6$א$_7$א) II1 harren, warten, erwarten, auf jdn. (acc.) warten; auch astrol. (Mond : Sonne); ausersehen, auflauern (: Feinden *nakrūti*). — *qā'u rēša* nach dem Haupte trachten.

qā'u (ק$_7$א$_1$א) cacare (in fluvium : *nāra*; corr. *šāru*).

qū Exkremente, Kot.

qu'ū s. *qamū*.

qādu (ק$_6$אד) anbrennen, anzünden. — I2 verbrennen, verzehren.

qidatu Verbrennung.

qādu s. *gādu*.

qālu rufen, schreien. — I2 (?) laut klagen. — II1 schreien (?). — II2 laut schreien, heulen.

qāliš laut, laut klagend.

qūlu Stimme, Geschrei, Lärm, Ruf, Klage. — Vgl. *qullu*.

qālu schweigen, sich zurückhalten (von : *ina*, *ana eštu*), achten (auf : *ana*); vernachlässigen. — I2 schweigen.

qūmtu (?) (קא$_6$ם) Gestalt, Statur.

qāpu (קא$_6$ף) baufällig sein, werden, einzustürzen drohen (Mauer *igāru*). — I$_2$ baufällig sein, werden. — III$_1$ baufällig sein, werden.

qāpu eingestürzt.

quppu baufällig.

qēpu Fötus.

qūpu Fötus (?).

qāpu (קא$_7$ף) für wahr halten, glauben; anvertrauen, betrauen, bestellen; zinsenfrei darleihen. — I$_2$ vertrauen, überzeugt sein.

qāpānu e. Beamter.

qēpu Vorsteher, Oberhaupt, Kapitän, Gouverneur, Präsident. — *qēp kabtūti* Vorsteher der Vornehmen.

qēpūtu Stellung e. *qēpu*.

qēptu (zinsloses) Darlehen. — *ana qēpti* auf Borg (vgl. *nadānu*).

eqēpu Schuldüberweisung (?).

qāru (Gold-)Verzierung (? am Opfertisch).

qiāšu, qāšu (קא$_7$ש) zum Geschenk (*qīšta*) geben, schenken (: das Leben *napšāta, balāṭa*), weihen. — II$_1$ schenken. — II$_2$ geweiht werden (?). — *qāšu enba* sich begatten (Weib, cpl. *tabālu enba*). *qā'išu* schenkend. *qā'išat napišti balāṭi* Lebensspenderin (e. Beiname der Venus).

qīšu geschenkt.

qīštu, qūštu (?), pl. *qīšāti, qūšāti* (?) Geschenk, Gnadengeschenk, Mitgiftgeschenk; Lohn, Entlohnung (vgl. *nadānu*). *ša qīšti* verschenkt (opp. *ša qāti*).

qīšu Wald, Dickicht.

qīštu, pl. *qīšāti*, Wald, Dickicht, Hain (e. Gottes). — *qīštu ēru* . . . -Hain, *qīštu erēni, ašūḫi* Zedernwald usw.

qātu f., du. *qātā*, pl. *qātē, qātāti* Hand, Vorderfuß; Handhabe, Griff; Besitz, Macht; Hilfe, Unterstützung (für : *eli*); Handwerk; Anteil, Teil; e. Drittel, Unterabteilung des Sekel, e. Längenmaß (= $\frac{1}{6}$ *ammatu*); Bürge, Bürgschaftspfand; pl. Handgeld (?). — *ša qāti* was untersteht, verwaltet wird, worüber befohlen wird (vgl. *ṣābē*), zu Händen, anvertraut, im Besitz (Gold *kaspu*, opp. *ša qīšti*). *ina qāti* bei (vgl. *amāru*), durch Vermittlung von, empfangen von, durch, *ina qāti ēkalli* s. *aṣū*. *ana qāti, aqqāt* durch Vermittlung von; vgl. *atāru*. *kī qāti* auf Befehl von. *šapal, šapli qātē* unter der Hand, heimlich. — *šē qātātišu* sein (eigenes?) Getreide. *II qātā* zwei Drittel (Sekel). — *ina qāti malīti* mit voller Hand. — *qāt ili, qāt Ištar, qāt eṭemmi, qāt Nergal* Bez. von gewissen Fieberkrankheiten. — *qāti aḫītu* e. fremde Hand = unbefugte Person.

qabūtu (קב$_4$א), pl. *qabu'āti* Becher (für Wasser : *ša mē*), Kelch.

qabū, qebū (קב$_7$א) sprechen (bei sich *itti libbi* + suff.), rufen, reden, aussprechen (: Gemeinheit *sellata*, Wunsch *mērēšta*), sagen (daß : *enuma*); beklagen; aussagen, aussprechen (Richter *dajānu* : Scheidung *ezēba*), e. Aussage machen (über etwas *eli*, bei e. Göttersymbol *ina šurenni*), erklären, ankündigen, nennen (: Namen *nibā*); deuten (: Omen, auf : *ana*); einen Befehl (*qebēta*) erlassen, befehlen, verschreiben, angeben, bestimmen (zu : *ana*), mit *ul* verbieten, beschließen (Gottheit : Unheil *an lā-šalāmi*); zusprechen, überliefern (: Sünde *ḫiṭa*, dem Tode *ana mūti*), e. Urteil sprechen; sich vornehmen, wollen. — I$_2$ sagen, sprechen (zu : *ana*), erklären; jdn. heißen; versprechen. — I$_3$ sprechen. — IV$_1$ gesprochen werden, befohlen werden. — IV$_2$ befohlen werden. — *ša iqabūni* sogenannt («was man sagt»). *ša lā qabītu, ul ša qabī* nicht zu sagen, unsagbar; Schimpf (vgl. *nadū*). — *qabū ulla* nein sagen. — *qabū dameqta* Fürsprache einlegen, *qabū itti libbi* überlegen, erwägen, *qabū liginna* (jdm.) das Maß angeben, (ihn) beraten, Ratgeber sein (?). *qabū merehta* sich dreist, frech äußern (über : *eli*). *qabū tanetta* preisen. *qabū šuma* bestimmen (für : acc.). *qabū ina šurenni* «am Panier sprechen» e. Rechtszeremonie.

qabū, qebū Ausspruch (feierlich *rabiš*); Befehl. — *ina qabī* auf Geheiß; nach mündlichem Auftrag (opp. *ina našperti*). *anā qabī* im Auftrag von, auf Veranlassung von, auf Antrag von, durch Vermittlung von, vertreten durch. *ina qebī ša, iqqēbī ša, iqqeb* auf Geheiß von (vgl. *iqqebu* unter א). *iqqebī ša ilāni* bei den Göttern! fürwahr!

qabbā'u Rufer, Vogt (?).

qebētu, qebettu Wort, Geheiß, Befehl, Gebot (von Gottheiten). — *ina qebīt* auf Geheiß von. *qebēt pī* Gebet.

qēbū (?) Holzflöte.

(qubū) (קבא7), pl. *qubē, qubbē* Klagerufe (schmerzliche : *marṣūti*).

qubbātu Klage (?).

qabū Stall. — *qabū alpi* Rinderstall; *qabū sīsē* Pferdestall.

qabūtu, qabūttu Unterbringung (von Tieren) im Stall (?).

qabābu, kabābu, pl. *qabābāti* Schild des Waffengenossen des Lanzenträgers (*nāš asmarē*; opp. *ārītu*).

qabālu *(i)* feindlich gegenübertreten, kämpfen (einen Kampf *qabla*). — I2 kämpfen.

qablu Kampf, Schlacht; *qabal kakki* Waffengang.

qabaltu, pl. *qablāti* Kampf.

qabbālu Kämpfer.

muqtablu Kämpfer.

qablu, du. *qablā*, pl. *qablē* Leibesmitte, Taille, Hüfte, Lende; Mitte. — *qablu, ša qabli* e. Hüftgewand, Lendenschurz (?, eines Gottes; vgl. *paṭāru, ṣabātu, rakāsu*). — *qabal, ina qabal* in, mitten in; *ultu qabal* aus, mitten aus. — *qabal ūmi* Mittag. *qabal āli* Innenstadt, City. *qabal šamē* Meridian.

qablū, f. *qablītu*, pl. *qablāti* mittlerer Teil. — *qablītu* Mitte; Hälfte; eine Maßbezeichnung (?, für Wolle?). — *(māṣārtu) qablītu* Mittlere Nachtwache (vgl. *naṣāru*).

qabaltu mittlerer Teil (der unteren Region der Leber). — *qabalti, ina qabalti, ina qablat* in, mitten in.

qablu (?) e. Gegenstand aus Holz.

qabasāti s. *qapāsu*.

qabbaṣu Starrheit (?, des Auges, bei einem Schlaganfall [?]).

(qabāru), qebēru *(i)* eingraben, vergraben (in die Erde *ina erṣeti*), begraben, beerdigen. — II1 begraben. — *ul qeber* er wird kein Grab haben. — II3 begraben sein (?). — IV1 begraben werden (außer Hause *ina lā-bēti*).

qabru, pl. *qabrāni* Grab, Grabstätte; Höhle.

qubru Grabstätte, Sarkophag (?).

qibīru Begräbnis, Bestattung; Grab.

qaburtu Begräbnis.

naqbaru Begräbnis, Grab.

qadū schreien (*qadū*-Vogel).

qadū e. Vogel.

qadū Tonkiste (?).

qadūtu Schlamm; *qadūt šikari* Biersatz, Hefe.

maqdū e. Gefäß (?) aus Holz.

qadū e. Beamter.

qadādu *(u)* sich neigen, schwanken, sich beugen; beugen (?). — I2 sich beugen; niederbeugen (?). — I3 sich beugen. — II1 beugen. — III2 sich beugen. — *qadādu appā* betrübt werden.

qadādāniš, *qadāniš* niedergedrückt.

qudādu klein, schwächlich.

qiddatu, pl. *qiddāti* Neigung, Niedergeschlagenheit; Richtung nach unten. — *mē qiddati* Wasser, das nach unten fließt.

qududāti Niederkünfte, Entbindungen.

qudquddu Krüppel (?).

maqaddu e. landwirtschaftliches Werkzeug (?).

maqdadu e. Gefäß.

qadmu Führer, Lenker (?) (= *ilu*, Gott).

qudmu Vorderseite (Körper; Gebäude [?]); Vorzeit, frühere Zeit, früher, uralt.

qudme, qudmeš vor.

qadāšu furchtbar sein (Götter) (?). — II1 reinigen, heiligen, weihen. — II2 sich reinigen, weihen. Vgl. *qašdu*.

quddušu rein (Lamm), heilig, geweiht; Heiligung.

qadištu, qadiltu, pl. *qašdāti* (kultisch) Reine, Hierodule (der Ištar).

qadildūtu Hierodulenschaft.

qizigu (?) erste Tagwache (?).

qiṭnē (?) e. Art Hülsenfrüchte (?).

qiṭanītu (?) Teil eines Opfertiers (?).

qaṭāru *(u)* aufsteigen (zu den Bergen : *ana ḫursāni*), sich erheben (Sturm : *imbaru*). — II1 aufsteigen lassen (: Rauch *quṭra*); räuchern, beräuchern. — II2 räuchern. — III1 sich erheben (Wind *šāru*?).

qaṭru, f. *qaṭertu* rauchend (Kohlenbecken *kinūnu*). *išātu lā-qaṭertu* rauchloses Feuer.

quṭru, st. c. *quṭur* Rauch.

quṭrēnu, quṭrennu Räucherwerk, Duft, Dankopfer.

muqaṭṭeru, muqaṭṭertu, pl. *muqāṭerāti* Räucherpfanne (aus Silber *ṣarpi*).

qeltu e. alkalische Pflanze.

qalū (קלא6) brennen, verbrennen (intr.) (als Brandopfer *ana maqlūti*). — I2 verbrennen (: Brandopfer *maqalūta*). — II1 verbrennen (trs.). — III1 verbrennen (trs.).

qalū geläutert (Silber *kaspu*); gerösteter Emmer.

qullū geläutert (?).

quliāti Pfannen.

qelūtu Feuerbrand.

qelāti Brandpfeile.

maqlū, pl. *maqlu'āti* Verbrennung, Brandopfer; Verbrennungsritus; Name einer Beschwörungsserie.

maqalūtu Brandopfer.

maqaltānu Brandopferstifter.

taqlīmu Röstbrot (?), Opferkuchen.

qalālu *(u)* leicht werden, leicht sein; wenig, gering sein; geringgeachtet sein (opp. *kabātu*). — II1 geringachten, verachten (opp. *kubbutu*); Sünden *(arni)* begehen, freveln, schlecht handeln (opp. *dummuqu*), Schlechtes unternehmen (gegen : *ana*). — II2 schmähen; schwach werden (Auge *ēnu*). — *qaqqadī iqallil* es wird mir Geringachtung bezeugt. — *itti* (?) *ili qullul* er ist vor Gott schlecht (opp. *itamgur*).

qallu leicht, gering, verächtlich, schlecht; opp. *dannu*. — Vgl. auch קלא4.

qalliš, qališ leicht, leichtfertig geringschätzig, frevlerisch.

qallālu klein (opp. *rabū*).

qellatu Sünde, Frevel.

qullu, qūlu Hohn, Schmähung.

qulālu Schmähung; — Minderwertigkeit (?, s. *iṣu*).

qulultu, pl. *qullulāti* Schandtat, Sünde; Schmähung.

maqlelu Schamteile.

qallu, f. *qallatu* Knecht, Sklave (opp. *rubū*); Soldat.

qallū Dienst (? bes. eines Gesandten *mār-šepri*). *ki qallī* gemäß der Dienstleistung.

qallūtu Dienst.

qallu Syn. zu *qištu* Wald.

qallu großer Krug.

qullu, pl. (?) *qulānu* (?) Schädel; — Blättchen (?) aus Bronze am Pferdegeschirr.

qalmu Syn. zu *ṣeḫru* (?) klein.

qulmū e. Art Axt.

qalāpu abschälen. — I2 ablösen (: Goldverzierung *qāra*). — II1 herausschälen (: Lasurstein *uknā*). — IV1 abgeschält werden (Zwiebel *šūmu*).

qalpu Beil.

qelpu Haut (des Kropfes : *pisurru*).

qulpu Rinde (?).

quliptu Schuppe (e. Fisches *nūnu*).

(qulapu'u) ziehen (Mond in Wolken *Sīn ina urpāti*). — III1 treiben lassen (: Schiff *eleppa*). — IV1 fahren (auf Schiffen *ina eleppāni*), schiffen (nach : *ana*; auf dem Euphrat *ina Puratti*, in der Lagune *ina qereb Marrati*), hinabschwimmen (Panther: Fluß *nemru*: *nāra*), treiben (auf der Wasseroberfläche : *ina pān mē*); gehen, ziehen (= *alāku*; Wind *šāru*, Wolke *erpitu*, Mond im Gewölk *sīn ina urpāti*), laufen (Schweiß); grassieren (Krankheit *murṣu*).

(muqqalpū, muqqelpū,) f. ***muqqalpītu, muqelpītu*** (mit dem Strom) treibendes (Schiff *eleppu*, opp. *meḫertu*); Fährschiff (?); sich (im Lande *ina erṣeti*) herumtreibende (Hierodule *qadištu*). — *ša muqqelpītu* Kapitän eines Fährschiffes (?).

qalqaltu Verschmachtung.

qalqallū (?) e. kleiner Kochtopf (?).

qulqulānu, qulqullānu Kassia (?); vgl. *kiškerānu*.

(qulatu'u) IV1 erwachen, aufwachen. — IV2 aufwachen.

qemū (קמא3) (grob) mahlen (opp. *samādu*), zermalmen (: Land wie Mehl *māta kīma qēmi*).

qēmu Grobmehl (opp. *samīdu*), Mehl, Speisemehl; mehlartige Substanz. — *qēm ašnan* Gerstenmehl; *qēm buṭutti* (?) oder *qēm kunāši* (?) oder *qēm* (?) *lābti* Emmermehl; *qēmu ḫašlu* (bzw. *lā šaḫlu*) zerstoßenes (bzw. unzerstoßenes) Mehl; *qēm kibti* Weizenmehl, *qēmu merqu* zerriebenes (?) Mehl, *qēmu paḫidu* e. Mehlart. — *qēm summati* Taubenmist (?).

qamū (קמא6) verbrennen (mit Feuer, *ina išāti*, wie Feuer *kima išāti*). — II1 *(qumū, qu'ū)* verbrennen, verzehren (Feuer *išātu*). — IV1 verbrannt werden.

qemētu Brand.

naqmū Verbrennung.

naqmūtu Brand.

qemaḫḫu, qemāḫu (sum. LW.) Grab, Gruftgewölbe; Begräbnisplatz (?). — *qemāḫ tapšuḫti* Ruhestätte.

qumaḫḫi Grabbauten (?).

qamḫurū Palmkohl (?).

qummalu Syn. zu *būlu* Vieh.

qamāmu schweigen, verstummen. Vgl. *šuqamumu*.

qemmatu Wipfeltrieb, Baumkrone; Scheitel, Haupthaar, Haar. — *ša qemmati* Haarkünstler (?).

qumqummatu Beiname der Hexe.

qumāru ein paarweise vorhandener Teil des Oberkörpers, Achsel (?); e. Kleidungsstück. — *qumāru ša Šitaddali* β Cygni.

qanū (קנא6) erwerben. — IV2 unter Aufsicht gebracht werden (?).

qanū, pl. *qanāti* (sum. LW.) Rohr, Rohrstock (zur Züchtigung, vgl. *maḫāṣu*), Röhre (? von Erz *siparri*); e. Längenmaß: Rute = 6 oder 7 Ellen *(ammāti)*, e. Flächenmaß : Quadratrute = ca. 12 qm. — *qanū ṭābu* Gewürzrohr. *qanappāri* Schilfrohr. *qan urulli* e. Rohrart. *qan ṭuppi* Schreibrohr, Schreibgriffel; e. Wahrzeichen Nabū's. *qan mindāti* Meßrohr. *qan-šalalu* Schierling (?). *qan šurupti* Räucherrohr.

qanū e. Stein.

qunubu Hanf (?).

qundu e. Pflanze.

qanadanu e. Pflanze.

(qanāzu) I2 peitschen (? Windgott *Adad*).

qinnazu, qīnazu Peitsche, Geißel. — *qinnaz alpi* Ochsenziemer.

qanānu *(u)* flechten, eine Schnur *(qanna)* schlingen, sich zusammenringeln (Schlange *ṣēru*); raffen (: Gewand *lubāra*); ein Nest *(qenna)* flechten, nisten (Vogel). — II1 nisten lassen (?); auffangen (?, Blut, *dama*, in einem Gefäß).

qannu, qānu, pl. *qannāti* Schnur, Gürtel, Saum, Kleidersaum, Binde (der Wöchnerin *ša ḫarišti* = Windel?); vgl. *qaṣāru*, *rakāsu*. —

Grenze, Gebiet, Ort. — e. Teil des Tempels (?). — ein (auch paarweise gezählter) Bestandteil des (Tier-)Körpers (?, Gewebe?, Lappen?), auch als Teil des Opfertieres; — e. Gartengewächs. — *qan ṣēli* Rippenfleisch (?).

qaninu Syn. zu *qennu.*

qennu Vogelnest; Höhle des Löwen; Familie; Generation (vgl. *maḫrū*), Familienbesitz. — Fangschnur (?, für Fische).

qennatu Hinterbacke, After.

qunnapu e. Gewürzpflanze.

qesru Unterbau.

quppū, qūpū Dolchmesser (womit die Augen ausgestochen werden).

qapāsu *(i)* nahekommen (?), zusammenwachsen (?, in eins *ešteniš*, Teile der Leber).

qapsu naheliegend, nahe, benachbart; f. *qapasāti*, *qabasāti* Nähe, Umgebung, Bereich, Gebiet (eines Landes, einer Stadt, eines Tempels).

quppu, pl. *quppū*, *quppē*, *quppāti* Behälter, Kästchen (aus Rohr *šūri*), Kasten; Kasse; Käfig.

qapāṣu zusammengezogen sein, verschlossen sein (Ohr eines Neugeborenen).

(**qapāru** abschneiden). — II1 abschneiden (: Taue *qē*, Baumstämme *gupni*), abtragen (?, : Zinnen [? *qarni*] einer *seqqurratu*). — II2 abhacken (: Baumstämme *gupnū*).

qepru st. c. *qeper* (Abschnitt des Landes an einer Wasserader =) Uferstrich, Ufer (eines Flusses oder Kanals *nāri*), Rand (eines Daches *muḫḫi*, einer Ölschicht *šamni*). — *qeper-nāri* «Flußufer», e. Wasserpflanze.

(**qepertu,**) st. c. *qeprat*, pl. *qeprāti* abgegrenzter Raum, Gemach; Landstrich, Gegend; Weltteil, Weltquadrant. — *qeprāti*, *qeprāti arbau*, *qeprāt arbai*, *qeprāt erbēti* die vier Weltteile.

taqperru in *taqperru napišti* Atemnot (?).

taqpertu Abholzung (auf einem Grundstück *ina eqli*).

(**qapāšu**) II2 unternommen werden (?, Wichtiges *kabtu*).

(**qaṣābu**) II1 zerbrechen (?, : Hörner *qarnāti*). — III2 zerbrechen (?).

quṣippu (?), **qiṣippu** (?) (Woll-?) Binde, Kleid, Gewand. — *quṣippi ša tārēti* «Binden der Wärterin» = Windeln (?).

qaṣāṣu, kaṣāṣu, gaṣāṣu *(u)* zerreißen (Knöchel *qursinnu*, Teil der Leber), zerschneiden, abschneiden (: Flügel *agappi*), ein Ende machen; grimmig, wütend sein (Gottheit), wüten (König gegen das Land seines Feindes *šarru ana māt nakrišu*), Wut zeigen (durch Zischeln, Schlange *ṣēru*). — I2 zerbrechen (: Eisenkette *šemer parzilli*); wüten (Windgott Rammān). — II1 zerschneiden, abschneiden (: Flügel *agappi*). — II2 abgeschnitten werden (Finger *ubānē*). — IV3 wüten (Windgott). *gaṣāṣu napišta* den Garaus machen. *qaṣāṣu šenna* mit den Zähnen knirschen (?). *qaṣāṣu lišāna* sich auf die Zunge beißen (?). Vgl. *gazāzu.*

(**qiṣṣu,**) st. c. **qiṣ** in *qiṣ ūmi* Tagesende (opp. *šēru*); *qiṣ-libbi* Raserei; *ša qiṣ-libbi* Rasender.

qiṣṣatu Mahd (eines Feldes *eqli*); Häcksel.

maqaṣṣu Schere.

nigiṣṣu, nigīṣu, st. c. *nigiṣ*, pl. *nigiṣṣāti* Riß, Spalte, Schrunde, Kluft (an e. Haus *bēti*, e. Grab *qabri*, in der Erde *erṣeti*, *qaqqari*).

qaṣāru *(u)* binden (: Knoten *qeṣra*), anbinden (an : *ina*), festbinden, festfügen, anlegen (: Bau), verbinden (mit : *itti*), zusammenfügen (e. zerrissene Sehne *šer'āna batqa*), ausbessern (: Verfallenes, Ruine *maqta*, *meqetta*, Riß *batqa*); wiedereinführen (: Marktrecht, *kidinnūta*, einer Stadt); zusammenbringen, einheimsen, sammeln (: Herden *sugullāti*), versammeln, formieren (zu : *ana*), rüsten (zur Schlacht *tāḫaza*);

zusammenschneiden, sinnen (auf Mord, Peinigung *nērta, ikki*); herstellen, neu festsetzen (: Marktfreiheit *kidinnūta*); verfassen (?, : Schriftstück *kamma*); pms. angewachsen sein (Zunge, Außenrand des Ohrs); zusammenhängen, geschlossen sein (Hof, *tarbaṣu*, des Mondes). — I_2 sich zusammenscharen. — II_1 binden; zusammenziehen (: weiße Augenhaut *aruq ēni*); sich rüsten (zum Kampf: *anunta*). — II_2 sich zusammenscharen, sich rüsten (Krieger *ṣābi* zum Kampf *ana ṣalti*); sich ballen (Wolken *urpāti*). — III_1 zusammenscharen. — III_2 zusammenbringen, versammeln; zusammenkommen lassen (Wettergott *Rammān* : Blitz(e) *berqa*). — IV_1 sich zusammenballen. — *qaṣer ina qanni* «er hat sich an den Kleidersaum (einer Gottheit *ša ili*) gebunden», Ausdruck einer religiösen Zeremonie.

qaṣru, f. *qaṣertu* festgefügt; — Miete. — *qaṣar bēti* Hausmiete. — *ana qaṣar ana šatti eštēnit* zur Miete auf ein Jahr.

qeṣru, st. c. *qeṣer* Verbindung (auch astrol.), Knoten; Verschlingung (e. Kreißenden); Schar, Haufen, Heerschar, Heereseinheit, Truppenkontingent; Einheit e. Textes, Paragraph; Lohn (für ein Jahr *ina šatti eštēnit*), Miete, Mietzins; Bezahlung (von Ziegeln *ša lebetti*); Einkommen (?). *qeṣer ammati* Ellbogen. *qeṣru ša Ani* Knoten Anu's, Meteor (?). *qeṣer bēti* Hausmiete. *qeṣer ginī* dauernder Verband. *qeṣer libbi* Herzbeklemmung. *qeṣer šadī* Fels. *qeṣer šarri, šarrūti* stehendes Heer.

qeṣertu, st. c. *qeṣrat* Haufen, Summe (?). — Groll.

qeṣerūtu Herrscher. Vgl. *rabū*.

qāṣeru, kāṣeru Walker.

qāṣerūtu Walkerei.

qeṣṣuru zusammengewachsen (Zwillinge *māši*, Finger, *ubānē*, e. Neugeborenen).

maqṣaru Bündel (Stroh); Trense (e. Pferdes).

qaqū e. (bei best. Beschwörungsriten verwandter) Vogel.

qūqūbānu, qūqūbātu Magen der Tiere, Kropf (?).

qaqqādu, qāqādu, qaqdu, pl. *qaqqadā* (du.), *qaqqādi, qaqqādāti* Oberkopf, Scheitel, Kopf, Haupt, Spitze; Platte (eines Tisches *paššūri*), Vorderseite (eines Geländes, *eqlu*, opp. *erku*); Sinn (vgl. *ewū, kajānu, patāqu*); Vornehmer, pl. «Spitzen»; selbst; Kapital(summe) (ohne Zinsen); e. Teil des Pflugs; e. Schlangenart. — *qaqqad kaspi* Kapital. — *qaqqād urgulī* ε und μ Leonis. — *ina qaqqād muṣlali* zu Beginn (?) des Mittags.

qaqqadū Kopfbedeckung.

qaqqādānu e. Heuschreckenart. — e. Pflanze.

qaqqullu, qāqullu, qāqūlu, qaqqultu, qāqultu, pl. *qāqulāti* (sum. LW.) Mischkrug; — e. Emblem Marduk's; — Kardamom (?).

qaqānu e. Vogel.

quqānu e. (Krankheit erregender) Wurm (?).

qaqāru (?) II_1 auslöschen, tilgen (: Schrift *šeṭra*).

qaqqāru, qaqqēru, qaqqūru, qāqāru, pl. *qaqqārū, qāqārāti* Erde (opp. *šamāmi*), Land (opp. *mē, ajabu, nāru*), Erdboden, Fußboden, Boden (e. Schiffes *eleppi*); Grund, Gebiet, Bereich (e. Sternbilds), Grundstück, Baustelle, Distrikt; Weg, Strecke; Talent (?). *qaqqār āli* Stadtgebiet. — *qaqqār balāṭi* «Land des Lebens» = Leben. *qaqqēr buṣē* Schlammboden (?). *qāqaru, qaqqāri ša kabāsi* betretener Boden. *qaqqār kētti* Rechtsstätte. *qaqqār namrāṣi* beschwerliches Terrain. *ina qaqqār nukurti* auf feindlichem Boden, in Feindesland. *qaqqār ṣummē* «Land des Durstes» = Wüste.

qaqqāriš zu Boden; dem Erdboden gleich (vgl. *manū*).

qarītu, (qerītu), pl. *qerāti* (קריא) Kornboden, Speicher.

qarābu, qerēbu *(i)* sich nähern *(ana, ana pāni)*, nahe sein, herantreten, antasten (: Eßbares *ana ša-akali)*, herbeikommen, eintreten (in : *ana*), pms. nahestehen (jdm. : *maḫar*), dem Ende nahe sein (Lebenstage *ūmi*). — I2 (feindlich) anrücken (zum Angriff *tāḫāziš*). — II1 bringen, herbeibringen; sich nähern (Jupiter : der Ekliptik *ašar šamši*). — II2 heranbringen (: Stierkoloß, auf dem Flusse *eli nāri*; : Sturmgerät, *sāpita*, an die Mauer *ana dūri*). — III2 sich nähern (der Ekliptik : *ana ḫarrān šamši*), herankommen lassen (Wettergott : Blitz *berqa*). — *qarābu ana aḫāmiš* sich verbünden.

qerbu, st. c. *qereb* nahe; Inneres (opp. *aḫāti*), Mitte; Wesen; (einer Reihe von Schuldnern gemeinsame ganze) Schuld. — *qereb ēkurri* das im Tempel Vorgehende, Opfer usw. — *qereb bēti* Harem (?). *qereb suluppi* Dattelfleisch. *qereb šamāmi* Himmelsmitte. *ša qereb tāmti* Meeresmitte. — *qereb, ina qereb* in, auf. *ana qereb* hinein. *ištu qereb* aus ... heraus.

qerbiš innen; = *ana, ina qereb.*

qerbētu (pl.?) Mitte, Inneres (opp. *aḫāti*); Eingeweide; Mutterleib.

qarib nahezu, beinahe.

(qurbu), st. c. *qurub*, pl. *qurubūti* e. Nahestehender; e. Berufsname (?).

qarābu Kampf.

qitrubu Ansturm (der Schlacht *tāḫāzi*).

qitrubiš nahe heran.

naqrabu Kampf.

taqrubtu Kampf.

qerbīnu e. Krankheit.

qarbāti, *qerbāti, qerbēte* (pl.) Steppe; Flur, Feld.

qarādu *(u, i)* stark, gewaltig sein (gegen *ana*); überwältigen, drängen (?). — II1 überwältigen (?). — II2 sich bemächtigen (?).

qardu, f. *qarattu, qarettu* stark (Rind *alpu*), mächtig, (beschwörungs-) kräftig (Name *šumu*); Held.

qarrādu stark, mächtig; Held, Kriegsheld. — *qarrād ilāṇi* Götterheld, e. Beiname von Nergal.

qardami, qardammi (?) Krieger (?); Feind (?).

qardūtu Macht.

qurdu, pl. *qurdi* Stärke, Macht; pl. kriegerische Taten bzw. Eigenschaften. — *qurdu tašreḫtu* Macht (und) Herrlichkeit, Hülle und Fülle.

qurdūtu Heldenhaftigkeit.

qurādu stark, heldenmütig; Held.

qarradūtu Stärke; Heldentum, Tapferkeit.

qitrudu stark, tapfer.

qardupu s. *qartappu.*

naqruṭu Gnade (?).

qarānu *(u)* aufhäufen, aufschichten (: Haufen *qurūna*). — II1 aufhäufen (: Haufen *qurūnāti*), aufspeichern.

(qerennu?), gerennu Hausrat.

qurunnu, qurūnu, gurunnu, pl. *qurūnē, qurūnāti, qurūnēti* Haufen.

qurunniš haufenweise.

qitrunu (?) aufspeichernd (?).

qarnu, du. *qarnā*, pl. *qarni, qarnāte* Horn, auch als Warenbezeichnung; Zinne (? eines Tempelturms *seqqurratu*); (übertr.) Stärke (eines Menschen); ein Teil am Wagen; Spitzen der Monstrosität einer Dattelpalme *(gišimmaru)* bzw. einer Zauberpflanze; Radialarm am Rand einer Öllinse *(nekemtu)*; *qarnāti* Bug und Hinterteil des Schiffes; (vom Mond) Sichel; (von Scorpius) Scheren. — *qaran allutti* α β Capricorni. *qaran alpi* Rindshorn.

qarnānū, f. *qarnānītu* «gehörnt» (vgl. *uḫūlu*).

qurnū Origanum. — *qurnū tabali* Bergminze.

qersu e. Kultgemach, Teil des Tempels (?).

qursinnu, qursīnu, du. *qursinnā*, pl. *qursinni, qursinnāti* Bein (e.

Tieres); Knöchel. — *qursīnāti pāniāti* Vorderbeine.

qarāṣu *(u, i)* nagen, benagen; beißen (?); abkneifen (: Stück *qerṣa*; Ton *ṭīṭa*). — I2 abkneifen.

qarṣu, qerṣu Stück (Ton, Holz), Stück Fleisch, Rückenfleisch (?), Fötus, s. *ākil*; Verleumdung.

qurṣibtu Brennessel (?); e. Insekt (große Motte?).

qerṣappu s. *qertappu*.

qerqisu Lederbehälter, Sack (?).

qurqurru, qurqūru Kunsthandwerker: Steinschneider, Holz- und besonders Metallarbeiter; e. Insektenart.

qarāru brennen; versengt werden; austrocknen (?). — I3 trocken werden (Gaumen *ikkû*).

qerru Brand, Hitze, Feuer.

qarāru, pl. *qarārē*, *qurārū* (?) Feuer, Glut, Hitze.

qarūru Vertrocknung (?).

qarūrtu Dürre, Hungersnot, Teuerung.

qurāru Feuer.

qarrātu altassyrischer Name des Adar.

qarāšu spalten (Holz), abtrennen.

qaršu Abspaltung, Einzelglied (?, von den einzelnen Zehen *ubanāt šēpi*).

qeršu in *akal qerši* abgeschnittenes Stück Brot.

muqarrišu (?) e. Werkzeug (?).

qartappu, galtappu, qardupu, gertappu, gištappu, qerṣappu, qerṣapu, gerṣipu, gerigubu, pl. *qartuppāti* (sum. LW.) Trittbrett, Schemel.

qiššū Gurke; e. Ölgefäß (in Form einer Gurke?).

qašdu rein, heilig (Opfer *neqē*). Vgl. *qadāšu*.

qašdūtu Reinheit.

quššudu heilig (Opfergaben *nindabē*).

qašāṭu *(i)* abschneiden (: Bäume *iṣē*, Rohr *appurē*).

qušāru e. Art Keule (?).

qaštu, pl. *qašāti* Bogen; Bogenschuß; Bogner, Bogenschütze; Bogenstern (Gruppe bei δ Can. maj. nebst einem Zusatz). — *qašat libbi* e. äußerer Teil des Rumpfes, Bauchwölbung (?, vgl. *pappānu*).

qitū (קתא6) Flachs, Lein; Leinwand.

(***qitū***, f.?) ***qitītu*** Linnen (?), Linnengewand.

qātū (קתא7) zu Ende gehen, fertig werden, zu Ende sein. — I2 zu Ende gehen. — II1 zu Ende führen, fertig machen; erfüllen (: Verpflichtung *riksa*), beendigen (: *balāṭa* + pron. suff. Leben jds.); (sc. *napišta*) den Garaus machen, ums Leben bringen (: Feinde *nakrūti*). — II2 fertig gemacht werden, fertig sein, aufgerieben sein. — II4 fertig gemacht werden (Getreide *šeu*, durch Ernten *ina eṣēdi*, d. h. fertiggeerntet werden). — III1 zu Ende bringen, hinbringen (: Regierungsjahre *šanāt palī*). — *quttū napišta, šuqtū napišta* den Garaus machen.

qētu Ende.

qatū, f. *qatītu* beendigt, fertig. — *qati* vollständig, völlig.

qūtu Ende; *adi qūt šatti* bis zum Jahresende.

qutū Barbar («Gutäer», Schimpfwort).

qatānu *(u)* dünn sein (Haupthaar *šārat qaqqadi*, opp. *kabāru*), schlank sein (Hinterteil *arkatā*), schwach sein (Damm *kāru*; Glanz, *šērtu*, des Jupiter).

qatnu dünn (opp. *kabru*), eng (opp. *rapšu*), jüngerer (?, minor, opp. *maḫrū*).

qattānu, qātānu eng (Straße *sūqu*; opp. *napšu, rapšu*); pl. f. *qattānāti, qātānāti* schlank (Becher *ubānāti*).

qattenu, qatennu Kleinbauer, (ausländischer) Beisaß (opp. *āšib āli*).

quttennu klein (opp. *rabū*); jünger (Sohn *māru*, Bruder *aḫu*); zweitklassig (opp. *rēštū*).

quttinitu e. Art Sessel.

qatāpu abpflücken. — II1 abreißen (: Geschwüre *umṣāti*).

qatpu, qetpu abgepflückt (?).

qutuppānu e. Baum.

qatāru s. *qaṭāru*.

qatrū (?) Gabe, Geschenk, Bestechungsgeschenk.

qutru e. Pflanze.

qutāru (sum. LW.?) e. (aufstellbarer) Gegenstand eines Beschwörungsrituals (von Metall?).

qatāšu *(u)* losgehen, kämpfen.

qatātu zerschlagen; dividieren. — II1 niederschlagen (?). — III2 sich im Dunkel *(adriš)* verlieren (?, Venus).

qettu (?) in *qetat libbi* mit zerschlagenem Körper = Schwächling, Krüppel (?).

qattu (?) äußere Erscheinung, Gestalt, Wuchs.

qatattu ein Körperteil; e. niederes Tier.

ר

ru'u, rū (רא$_4$), f. *ruttu*, pl. *ru'atu* Nächster, Freund, Gefährte, Genosse.

re'ū (רא$_4$א$_7$) weiden (: Rind *alpa*), abweiden; hüten, behüten, regieren. — I2 weiden; regieren. — I3 (beständig) regieren.

re'ētu, re'tu, rettu, rētu Weide; Futter; Herde. — *rētu u mašqītu* Weide und Tränke.

rē'ū, st. c. *rē'*, f. *(rē'tu,)* st. c. *rē'at* Hüter, Hirte; Regent. — *rē'ī* «mein Hirte», Anrede an e. höhergestellten Beamten. — *rē'ē (u) nāqidi* Hirtenvolk. — *rē'ū kēnu ša šamē* treuer Himmelshirte, Beiname von Šitaddalu. — *rē' udrāti, rē' alpi, rē' emēri, rē' enzāti, rē' iṣṣūri, rē' atūdi, rē' liāti, rē' sīsī, rē' ṣēni* Hüter bzw. Hirte von Kamelen, Rindern, Eseln, Ziegen, Geflügel, Böcken, Kühen, Pferden, Kleinvieh.

rē'ūtu Hirtentum, Hüterschaft, Obhut; Regierung, Herrschaft.

merētu Weideland. — *merētu u mašqītu* Weideland und Tränke.

rettu (רא$_6$א$_3$?), du. *rettā*, pl. *rettē* hohle Hand (opp. *kappu*), Hand, Vorderfuß, Vordertatze; (die) Finger; Henkel; Handgriff; Handsiegel (?); ein Teil der Schöpfmaschine; eine Art Gebäck (?). — *rettē amēlūti* Menschenhand. — *ina eštēnit retti, kīma rettimma* auf einmal; sofort. — *ina eli erbi rettē* auf allen Vieren; vgl. *pašālu*.

ru'tu, rūtu, ru'ātu (רא$_6$א$_4$) Speichel, Spucke (vgl. *nadū*). — *ru'ti nāri* e. Kraut.

ra'ābu, raḫābu *(u)* (רא$_2$ב) ungestüm sein, toben, zürnen, böse sein. — I2 zürnen.

ra'bu zornig.

rūbu Zorn.

rubtu Zorn.

rēbu (רא$_3$ב) weit.

rēbu e. weites Tongefäß (?).

rēbitu, pl. *rēbāti* Weichbild; Platz; Hauptplatz; Straße; Markt, Basar; Bezirk.

rābu, rēbu (רא$_6$ב) (klopfen intr. =) beben, erbeben (Erde, Himmel), zittern (Füße), erzittern (Götter). — I2 beben (Beben, *rēbu*). — II1 (klopfen tr. =) drücken, ausdrücken (: Feuer); auswischen; zerdrücken, unterdrücken; erzittern lassen (: Himmel).

rēbu Erdbeben.

rubbu Unruhe (d. Meeres).

ra'ibtu e. (Haut?-)Krankheit.

rābu (רא$_7$ב) ersetzen (etwas jdm.: acc. u. dat.), zurückgeben; vergelten (jdm.: acc.; *lumnu* mit Bösem); belohnen. — *rābu ḫebelta* entschädigen. — *rābu gemella, rābu tuktē* Vergeltung, Rache üben. — I2 vergolten werden (?).

rābu Belohnung.

rēbtu Belohnung.

rēbāti Entgelt. — *ina rēbāti* zur Vergeltung für.

rebbatu noch zu leistende Abgabe (?).

tarību Vergeltung.

tarībtu Vergeltung.

rādu (ראד4) erbeben, ungestüm sein.

rādu ungestüm, stark (hervortretend), mächtig.

rādu, pl. *rādū* (?), *rādi* Gewitter (-Regen, -Sturm), Regenguß; vgl. *zunnu.*

ra'āzu rings umschließen, einfassen (?).

rāḫu (ראח7) übrig bleiben, als Rest bleiben.

rāḫ kīdi Gossenschmutz.

rēḫu Rest.

rēḫtu, pl. *rēḫāti, rēḫēte* Rest, Übriges; (nb.) Vermögensrest; pl. Anerbietungen (?).

rēḫānu Rest.

rijaḫu e. Pflanze.

rāṭu (ראט2), pl. *rāṭāti* Wasserrinne, Tränkrinne, Grube; Brunnen; Wasserbehälter.

rūṭu Fuß (als Maß) (?).

ra'āmu, rāmu *(a, e)* (ראם1) lieben (opp. *zāru*), zugetan sein (jdm.: *ana*; vgl. *tāru*), aus Güte geben, schenken. *rāmu napišta* das Leben schenken, begnadigen. — I2 lieben (opp. *zenū*), begünstigen, Freundschaft halten. — I3 Freundschaft halten. — I4 Freundschaften halten (mit : *itti*).

rāmu Liebe (zu : *ša*), Gunst.

ra'imu, rāmu, st. c. *ra'im, rām* Liebhaber, Freund.

rēmtu, st. c. *rēmat* Liebling; Liebesdienst (?).

ra'imtu, st. c. *ra'imat* Geliebte, Freundin.

ra'mūtu, rāmūtu Freundschaft (mit : *itti*).

re'mūtu, rēmūtu Freundschaft, Freundschaftsgabe, Geschenk; Lohn (?).

ru'mūtu Freundschaft.

narāmu Liebe; Liebling.

narāmtu Liebe; Liebling.

ner'amtu e. Waffe.

rēmu (ראם1), st. c. *rēm,* pl. *rēmū, rēmāni* Wildstier; Stier. — *rēmi šadī* Gebirgs-Stier.

rēmāniš wildstiergleich.

rēmtu Wildkuh.

rēmu, rēmtu (ראם3) Mutterleib. — *rēmu ālid napḫari* allgebärender Mutterleib, Beiname des Mondes.

(rāmu,) rēmu *(i)* sich erbarmen, Mitleid haben; II1 Erbarmen, Mitleid erwecken.

(rāmu,) rēmu Erbarmen, Mitleid, Gnade.

rēmēnū, rēmnū, f. *rēmēnītu, rēmnītu,* pl. *rēmēnātu* barmherzig, mitleidig, gnädig. — f. pl. Barmherzigkeit.

rēmūtu Begnadigung, Gnade, Gnadengeschenk (?, vgl. ראם1).

(rūmu,) (ראם6) f. ***rūmtu*** hoheitsvoll.

rēsu erschlagen. — II1 erschlagen, zerschmettern.

rāṣu (ראץ6) helfen (jd.: *ana, eli*), hilfreich sein.

rūṣu Hilfe.

rā'iṣu, rēṣu, pl. *rēṣē* Helfer, Verbündeter; Hilfe.

rēṣtu Helferin.

rēṣūtu Hilfe.

rā'iṣu Zinke (e. Hacke *allu*), vierzinkige Hacke.

rēqu *(e)* (ראק3) fern, weit weg sein, zu weit weg sein (um : *ana* mit inf.), weit sein (Weg, *alaktu*); sich entfernen. — II1 fern halten; sich drücken (?).

rēqu entfernt, fern.

rūqu, f. *rūqatu, rūqtu* (pl. *rūqēti*) entfernt, fern, weit (Weg *urḫu,* Landstrecke *mātu,* bis zu : *ana*).

rūqiš von ferne.

rūqāti, rūqēti Fernen, die Ferne. — *ana rūqāti* fernhin.

rēqūtu ferne Vergangenheit oder Zukunft.

terēqtu Zwischenraum.

rāqu (ראק7) leer sein (Hode *išku*); entbehren; unerfüllt lassen; müßig sein, ohne Arbeit sein (Pflugrinder *alap epenni*); *mē rāqu* wasserlos sein. — III/II1 ausfallen lassen (: Rate *inīta*, Ernte *ebūra*).

rāqu, rēqu leer; untätig; «festleer», festlos (Tag *ūmu*).

rāqūtu, rēqūtu Leerheit. — Vgl. *tarādu, alāku, aṣū*.

terēqtu (?) unbebautes Land.

rāšu obenan sein, reichlich sein. — II1 an der Spitze gehen (?).

rāšu, pl. *rāšāni* Haupt, Fürst, Vornehmer, Scheich.

rēšu, du. *rēšā* Haupt, Kopf, Oberteil (opp. *šēpētu*), Gipfel, Spitze (e. Fingers *ubāni*), obere Teile (e. Gebäudes), Vorderseite, Oberfläche, Höchstes, Erstes, Bestes, Anfang (e. Monats *arḫi*, e. Reise *gerri*); Angabe, Anzahlung, Hauptstück (e. Tafelserie *eškari*); Vorhut (d. Lagers *karāši*), Stück (Vieh, Sklaven); Grenzstein; Vorsteher, Leiter, Oberhaupt, Häuptling; Vorarbeiter, Aufseher. du. die beiden Schädelknochen. — *rēš ēni* Quellpunkt, Quelle. *rēš arḫi* Monatsanfang. *rēš būšī* Erstlinge. *rēš dameqti* Glück (vgl. *kālu*). *rēš libbi* Herzgrube, Epigastrium. *rēš lemutti* Unglück (vgl. *kālu*). *rēš manzazi* e. Teil d. Leber. *rēš makkūri* Kapital. *rēš meṣri* obere Grenze (opp. *šēpīt meṣri*). *rēš qeṣri* Anfangsrate der Miete. — *rēšu (u) arkāt (i)* Anfang und Ende (?). *eštu rēši* vormals. *eštu rēši adi qēti* von Anfang bis zu Ende.

ša-rēši, ša-rēšēn, pl. *šut rēši* Vertrauter, Eunuche.

(rūšu), pl. **rūšān** Spitze (?, Fingernägel *ṣuprē*); f. **rūštu** vorzüglich, best (Öl); das Beste.

rēštu, rīštu, rīstu Spitze, Höchstes, Bestes; Anfang; Angabe; oberster, ältester, erstgeborener, bester; erste Rate, Anfangsrate (der Miete *qeṣri*); anfänglich, erst, ursprünglich, vorherig, früher; erstklassig (opp. *quttennu*).

rēštū, f. **rēštītu** oberst, höchst. — *ṣerḫu rēštū* Hauptlied.

rēšēti Kopfgegend (opp. *šaplū, šēpētu*); Höchstes; Spitzen (der Berge); das Beste, der beste Teil (d. Opfergabe). — *ana rēšēti* auf die Spitze, aufs höchste, aufs äußerste. — Vgl. *lišānu*.

rēšūtu Sklavendienst, Armut, Elend (?).

ra'šānu e. best. Kopfkrankheit.

ri'āšu (רא3ש) Getreidewurm.

rēšu *(e)* (רא4ש) jauchzen, frohlocken, jubeln. — I2 strahlen (Gesicht *pānu*). — II1 jauchzen machen, froh machen. — *mura'išat ṭaṭmi* die die Menschen froh macht, e. Beiname der Ištar.

rēšu Jauchzen.

rēštu, rēltu, pl. *rēšāti* Jubel, Jauchzen, Fröhlichkeit. — *rēšāti tašēlāti* Jauchzen (und) Wonne.

rēšūtu Freude (vgl. *epēšu*).

rubatu s. *urbatu*.

arba'u, arba'i, erba, erbi (רב4א), f. *erbēti, erbetti, erbēt* vier (Weltgegenden, Winde, Zitzen, Hunde der Gula); f. Viergespann, *ša erba šēpāšu* Vierfüßler.

arbā, erbā vierzig.

arbai e. Beamter.

rābū, rabbū, rēbū, (f. *rēbītu*) vierter. — *rābū kaspi* Zins (?). — *rēbū ina rēbū* (?) ein Teil des Bogens (*qaštu*). *ina rābūšēni* zum vierten Mal.

rebātu $^1/_4$ Sekel; vgl. רב7א.

rēbūtu Viertel.

rubūtu Viergespann (Pflug).

erbē (?, pl.) Viertel (?, der *enqēte* genannten Münzen).

arba'išu zum vierten Mal, viertens.

erbišērū vierzehnter.

rabū verschwinden, hinschwinden, untergehen (Gestirn; opp. *napāḫu*). — I2 untergehen.

rēbu Untergang (der Sonne, eines Planeten).

rûbu Untergang (von Planeten).
(narbû,) pl. f. *narbâti* vergänglich.

rabû (רבא7) aufwachsen, wachsen, groß werden; groß sein; hinzukommen (c. *ina muḫḫi*). — I2 aufwachsen, groß werden. — II1 groß machen; großziehen (vgl. *abu*, *ummu*); erhöhen; gedeihen lassen (: Saat *zêra*). — II2 aufziehen; erhöhen. — III1 groß machen, mächtig machen. — III/II1 groß machen lassen, vergrößern lassen. — *adi rabîja* bis zu meiner Mannhaftigkeit.

rabiu, rabû, st. c. *rab*, f. *rabîtu*, pl. *rabâti* groß (opp. *ṣeḫru*, *quttennu*); vergrößert, geschwollen (Gelenk *šer'ânu*); hoch, angesehen, edel; ältere(r), älteste(r) (Sohn *mâru*, *aplu*, Prinz *mâr-šarri*, Bruder *aḫu*, Schwester *aḫâtu*, Tochter *mârtu*), e. Amtstitel; Beiname von Mond und Jupiter; f. eine Priesterin. — *inâ* (sc. *abni*) *rabîti* nach «großem», schwerem Gewichtssystem (opp. *abnu maṭîtu*), *ina rabâti* in Feierlichkeit. *rab-aba* Chef. *rab-akâlê* Speisenmeister. *rab-mušâkili* Oberproviantmeister (?). *rab-êkalli* Palastvorsteher, Palastinspektor. *rab-âli* Stadtpräfekt. *rab-unqâti* Münzmeister (?). *rab-ṣipti* Steuererheber (?). *rab-ârîti* Schildträger. *rab-urâsâni* e. städtischer Oberbeamter. *rab-urî*, *rab-urâtî* Stallmeister. *rab-urîṣi* Jungviehhirt. *rab-ešerti*, *rab-ešerit* Befehlshaber von 10 Soldaten, Dekurio, Unteroffizier. *rab-ešpâri* Webermeister. *rab-bûli* Viehaufseher. *rab-bêti* Palastvorsteher; Tempelfunktionär. *rab-bêt-kîli* Gefängniswärter. *rab-bîrti*, *rab-dûri*, *rab-ḫalṣu* Festungskommandant. *rab-bânû* Baumeister. *rab-bappiri* Oberbierschenk. *rab-batqi* Mauerpolier. *rab-dajjâli* Postmeister (?). *rab-zammari* Vorsänger; *rab-ziqâti* Verwalter der Tonphallen (?). *rab-ḫajjâti* Oberinspektor (?). *rab-ḫijâli* Truppenanführer, Anführer. *rab-ḫanšê* Befehlshaber von 50 Soldaten. *rab-ṭupšarri* Oberschreiber, Kanzleivorstand. *rab-kâri* Steuerdirektor. *rab-kusû* Kämmerer. *rab-karâni* Kellermeister (?). *rab-kaškaddinni* Ober-*kaškaddin*; *rab-mê* Befehlshaber von 100 Soldaten (?). *rab-mugi* e. hoher Offizier; רב-מג (?). *rab-miksi* Steuerinspektor. *rab-malaḫê* Kapitän. *rab-mašmaš* Oberbeschwörer. *rab-nuḫatimmi* Oberbäcker. *rab-nikkâsi* Rechnungsrat (?). *rab-sukkalli* Großvezier. *rab-qanâti* Aufseher der Rohrpflanzungen. *rab-qâṣir* Oberwalker. *rab-qeṣer* Hauptmann. *rab-qeṣerûtu* Hauptmannschaft, Hauptmannsrang. *rab-qaqûlâti* Schenkmeister (?). *rab-qašti*, pl. *rab-qašâti* Hauptmann der Bogenschützen. *rab-rê'ê* Oberhirte. *rab-rêšê* General. *rab-reqqê* Bräumeister (?). *rab-šikkati* e. militärischer Beamter; *rab-šikkatûti* dessen Amt. *rab-šamni* Ölbesteller. *rab-šaqû*, *rab-šâqû* Obermundschenk, Kommandant. *rab-šuššî* Befehlshaber von 60 Soldaten. *rab-šerki* e. Oberbeamter. *rab-tamqâri* Obmann der Kaufleute.

rabîš groß, kräftig, wuchtig, schwer; feierlich (Aussprechen, Ausspruch *qabû*); sehr, ganz (vollkommen *šuklulu*).

rabûtu, rabbûtu Größe, Majestät; Mannbarkeit (opp. *ṣuḫḫuru*, *ṣeḫḫerûtu*).

rubû, f. *rubâtu* mächtig (Feuer *išâtu*), vornehm; Vornehmer (opp. *muskênu*) Fürst, Prinz, Magnat; Zins.

rubûtu Fürstlichkeit, Erhabenheit, Herrlichkeit, Majestät.

rabiânu Ortsvorsteher, Stadtobmann; Oberrichter, Polizeipräsident (?).

rebbâti Zinsen; Zinsfuß von 25 %; vgl. רבא4.

narbû, nerbû, pl. *narbê* Größe, Majestät (e. Gottes); pl. Großtaten.

nurbû Ausdehnung, Weite (?) (der Erde).

šarbiš großartig.

(tarbiu?), tarbū, pl. *tarbiāni* Sprößling; Jüngling (?).

tarbītu Auferziehung; Sprößling, Gewächs, Erzeugnis; Ziehkind.

šurbū, f. *šurbītu* groß, hoch, erhaben, herrlich, gewaltig (Göttin *ištar*).

šurbūtu Größe, Herrlichkeit.

rabābu (u) eine Bewegung von kurzer Dauer machen, bzw. wiederholen, zittern, schlottern. — III_1 erzittern lassen.

rabbu Moment; zitternd.

rabbiš im Nu, flink.

šarbabu Zittern, Schrecken.

(***rabābu (i??)*** groß, mächtig sein, machen.) — II_1 groß machen. — III^{II}_1 groß machen, vergrößern.

rabbu groß.

rubbu Größe, Gewalt (Meer).

rabibu groß machend.

rabbūtu Größe, Mächtigkeit.

rabāku anrühren, einrühren, mengen.

rābiku ein Priester (?).

rebku Mischung.

rabāṣu (i) sich niederlegen, (sich) lagern (Tiere; beisammen *aburriš*). — I_2 am Boden liegen (Waffen). — III_1 lagern lassen (auf: *ṣēr*); bewohnen lassen, wohnen lassen (in Sicherheit *abūriš*).

rubṣu Lager; Stall, Hürde; Kot (eines Stalltieres); Mutterleib. — *rubuṣ kitti* e. Substanz, aus der Parfüm gewonnen wird.

rābiṣu Aufseher, Wächter, Vogt; Vorsteher; Zöllner; Wegelagerer; ein (Sturm?-) Dämon. — *rābiṣ dajāni* ein dem Richter beigegebener Beamter; *rābiṣ lemutti* Unheilsdämon.

rābiṣūtu Aufsicht, Bewachung, Schutz.

(rabīṣu?,) rabṣu bewohnt (Land *mātu*).

narbaṣu Lager, Wohnung.

tarbaṣu (umfriedigter) Viehhof, Hof, Hürde, Pferch; (kleiner) Hof (um Gestirne; vgl. *supūru*); *tarbaṣ lāti* Viehhof für Kühe; *tarbaṣ nīši* Leuthof; *tarbaṣ šurenni* Säulenhof.

ragāgu böse sein; schlecht bekommen (?). — II_1 böse behandeln, einzwängen (?).

raggu böse, schlecht; Übeltäter; Böses, Schlechtigkeit. — *raggi u ṣēni* Bösewichte.

reggatu, pl. *reggāti* Unrecht.

targigu Bösewicht.

ragāmu (u) schreien, rufen; heulen (Wind); klagen, verklagen, beanspruchen, reklamieren (gegenseitig *ana aḫāmis*), Anspruch erheben (auf *ana*, *ana muḫḫi* oder *aššum*, mit acc. oder *ana* d. Person). — III_1 zu klagen veranlassen. — *ṭuppi lā-ragāmi* Bescheinigung des Nichtklagens. — Vgl. *šagāmu*.

regmu, st. c. *regem* Stimme, Klang; Schall; Ruf, Geschrei, Wehgeschrei; Gebrumm, Gebrüll; Lärm, Getöse, Geklirr. — *regem tāḫāzi* Schlachtgeschrei.

regmatu Ruf.

regemtu eine Waffe; Aufruf (sc. zur Bezahlung), Forderung.

(rāgimu,) raggimu, f. ***rāgintu*** e. Priester.

rugummū, rugūmē, rugūmāni (pl.) Klagen, Einsprüche, Ansprüche; Wert des Anspruchs (?), Reklamationssumme.

radū, redū hinterhergehen, folgen (hinter : *arki*); (auf e. Ort zu) gehen, schreiten, wandeln, ziehen, verfolgen; Nachfolge antreten, erheben (: Nachlaß *arkāti*), (hinterhergehend) treiben (: Vieh), fliegen lassen (: Vogel), fließen lassen, opfern, libieren, befruchten, zeugen; führen, lenken, leiten, herbeiführen; geeignet sein (zu : *ana*). — I_2 folgen, nachsetzen (jdm. : *eli arki*); entlang ziehen; führen, lenken, zuführen (mit dopp. acc.). — I_3 (e. Weg) verfolgen. — II_1 (weiteres folgen lassen =) hinzufügen (zu : *eli*, *ina eli*), vermehren addieren. — III_1 gehen lassen, laufen lassen (mit dopp. acc.), fließen lassen (: Wasser *mê*). — III₂ (e. Weg) verfolgen; laufen; sich verbreiten lassen, ausbreiten; laufen gelassen werden (Wasser *mû*). — IIIII₁ hinzufügen lassen (zu: *eli*). — IV₁ verfolgt, belästigt werden (mit: *ina*).

redû, pl. *redâti* Verfolgung.

rêdu Leitung, Regierung. — Kind.

rêdû, st. c. *rêd*, f. *rêdîtu* Nachfolger, Erbe; Gefolgsmann; Verfolger; Läufer (e. Soldatenklasse), Kurier. — *rêd-abarakki* Adjutant (?) des Großveziers. *rêd-udrâti* Kameltreiber. *rêd-emêri* Eseltreiber. *rêd-bâbti* Geschäftsdiener (?). *rêd-bêti* Tempeldiener (?). *rêd-gammali* Kameltreiber. *rêd-dajâni* Gerichtsbote (?). *rêd puḫri* Versammlungsdiener (?). *rêd qâti* e. Bote (?). *rêd šarri* königlicher Adjutant (?). — *rêdû arḫât šamê u erṣeti* Verfolger der Pfade Himmels und der Erde, e. Beiname von Šamaš.

redûtu Nachfolge; Thronfolgerschaft.

redânu (?) Sprößling (?).

ruddû vermehrt (opp. *eṣu*).

mardîtu, pl. *mardiâti* Weg, Route.

merdêtu Opfer, Libation.

murtêdû Leiter, Lenker, Kutscher.

tardîtu Fließen, Opfer. — *mê terdâtu* fließendes Wasser.

terdû Leibesfrucht.

terdennu Leibesfrucht.

šurdûtu Bewässerung, Überflutung (?); vgl. *mû*.

radâdu *(u)* verfolgen.

ardadu Verfolger (?), Bösewicht.

reddu (?) Verstand (?).

nardamu, nerdamu Weg (?).

razmu (?) vernichtend (?); Übeltäter (?).

raḫû, reḫû gießen (über : *eli*); ausgießen, begießen; den Samen ergießen lassen (Dämon *alû* : Mann *amêla*), beschlafen; zeugen, erzeugen; befruchten (Himmel : Erde *šamû* : *erṣeta*); pms. erzeugt sein. — I₂ sich ergießen (über: *eli*). — II₁ zu Pollutionen veranlassen. — IV₁ hingegossen werden.

reḫû Besprengung; Beischlaf.

ruḫû Speichel, Geifer, Spucke; Spuk, Behexung.

râḫû, rêḫû Beischläfer (einer Patrizierin *ašti amêli*).

reḫûtu Ausgießung, Beischlaf, Befruchtung; Sperma; Erzeugnis, Sprößling.

reḫêtu Sperma; Sprößling.

marḫîtu Beischläferin, Weib.

terḫû Sprößling (?).

terḫâtu (ab., Am.) Mahlschatz; (nb.) Brautpreis, Mitgift; Preis für sakrale Prostitution (?).

raḫâbu s. *ra'âbu*.

ruḫâḫu sprengen (?).

raḫâṣu *(i)* befeuchten; überschwemmen; abspülen; — überwältigen, niederwerfen, zerschmettern. — I₂ überschwemmen. — I₃ abspülen. — IV₃ niederwerfen (?). — *Rammân iraḫiṣ* es regnet.

reḫṣu Überschwemmung; Platzregen (vgl. *teqû*).

reḫeṣtu, reḫeltu Überschwemmung; Platzregen.

marḫâṣu Spülgefäß; Bad.

raḫâṣu *(u)* vertrauen, sich verlassen (auf: *eli, ina*). — III₁ vertrauen lassen, Vertrauen einflößen.

reḫṣu Vertrauen.

raḫâšu (Am.) senden (?).

raṭâbu feucht sein, feucht werden. — II₁ anfeuchten, bewässern.

raṭbu saftig, frisch (Baum).

(reṭbu,) pl. f. **reṭbâtu** saftige Pflanzungen.

ruṭibtu Feuchtigkeit, Fäulnis.

muraṭṭibu e. Gewerbetreibender (?).

narṭabu Bewässerungsgerät; (Freß-)Trog (?).

narṭibbu Pfütze, Morastloch (?).

rakābu *(a)* besteigen (: Reittier, Fahrzeug *rukūba*), reiten, fahren (vehi); fahren (vehere), (am Himmel) einherfahren (Gestirne); aufsitzen (auf : *eli*); coire. — I2 fahren, bespringen (Hund), pfropfen (Dattelpalme), (künstlich) befruchten. — III1 einsteigen lassen (in, auf : *ina kereb*); aufsetzen (: e. Wand auf e. andere *igāra eli igāri*).

rakbu Reiter; Wagenfahrer (vgl. *šalšu*); Gesandter; Postverwalter; (reitender) Bote; Eilbote (?).

rekbu Befruchten, Pfropfen, männlicher Befruchtungsteil (der Dattelpalme); Teil des Pflugs; Geschoß, Etage.

rekebtu Befruchtung (vgl. *iṣu*), Zeugung, Beischlaf.

rukūbu Reiten, Fahren; Gefährt, Fahrzeug, Wagen, Schiffswagen (Marduk's).

rakkabu Sattel.

narkabu Vehikel; Reibstein (der obere von zwei Mühlsteinen); Oberteil (an e. Steingefäß).

narkabtu, nerkabtu Wagen, Streitwagen (opp. *ša šadādi*); (Götter-) Wagen; e. Sternbild (β + ζ Tauri?). — *narkabat tāḫāzi* Schlachtwagen. *narkabat šēpi* Leibwagen.

rakābu *(u)* (?) (Am.) zittern (?).

rekebtu *(, rekeptu?)* Erdklumpen (?); Knollen (?).

(rakānu) III1 niederdrücken, niederwerfen (Meer : Schilf *appāra*).

rakāsu, rakāšu *(u)* binden, anbinden, befestigen, verbinden (mit : *itti*), umbinden, umschließen, umgürten, fügen, zusammenfügen, festfügen (: Bauten); einspannen (: Wagen *narkabta*); an die Brust nehmen (Amme *mušēneqtu*: Kind *māra*); e. Vertrag *(reksa)* schließen, vereinbaren (opp. *šamāṭu*), sich verpflichten; zubinden (: den Beutel mit der Scheidesumme); e. Opferzurüstung *(reksa)* machen (opp. *paṭāru*), d. Opfertisch *(paššūra)* zurüsten (opp. *paṭāru*), opfern; fesseln, binden (: Zauberbilder *ṣalmē*). — I2 sich aneinander reihen (: Sterne *kakkabi*, Regenschauer *zunni*); zusammenbinden (hinten : *ina kutalli*); (sich?) fügen; an die Brust nehmen; umgeben, anlegen, schmücken. — II1 festbinden, anbinden (an : *ina*), umbinden, umschließen, umgeben, verbinden (: Hode *iška*); Schanzen *(ḫalṣū)* aufwerfen (opp. *paṭāru*); versehen (mit dopp. acc. oder acc. u. *ina*); kontraktlich binden, verpflichten (zu : *ana*). — II1 kontraktlich verpflichten; verbinden (Arzt). — III1 herrichten lassen, einrichten lassen. — IV1 gebunden werden, gefesselt werden, festgefügt werden. — IV2 sich untereinander verbinden, sich zusammentun. — *uzubbā ina sūni rakāsu* e. Frau das Scheidegeld ins Gewand binden. *ešteniš rakāsu* zusammenbinden. *qāta rakāsu* (jdm.) «die Hände binden». *rakāsu ina qanni* «an den Gürtel binden» (: Brautpreis *terḫāta*).

raksu gebunden, anhaftend an *(arki)*, lastend auf *(arki)*, umgürtet (mit : *ina*), festgefügt (Schlachtreihe *tāḫāzu*), gemietet. — *ina libbi raksu* eingeschlossen, inklusive.

reksu, pl. *reksū, reksē, reksi* Band, Binde, Seil, Tau, Sehne; Verbindung, Gefüge; Befestigung. Verband; Bund, Vertrag, Miete, Gehalt, Vertragssumme (?); Verpflichtung (auch im Sinne e. Ordals); Anordnung, Zurüstung, Opferzurüstung; priesterliches Binden, Fesselung, Bann. — e. Kleidungsstück. — astrol. Konstellation. — *rekes bēti* (Verschluß-)Tür (?) des Hauses. *rekes kal gemri* das Gefüge (?) des Weltalls. *rekes majalti* Bettstatt (?). *rekes nūni* Band der Fische. *rekes sippi* e. Teil des Hauseingangs. *rekes šamē u erṣeti* «Band Himmels u. der Erde», Beiname des Tempelturms *seqquratu*. *reksu ša našparti* e. durch e. Beauftragten abgeschlossener Vertrag, Mandatsurkunde. *reksu* *u tamāmītu* «Vertrag u. Eid», Eidvertrag.

rakāssu e. Beamter (Schließer?).

rakīsu Geschirr, Gespann.

rekestu, rekeltu, pl. *reksāti* Bindung, Verbindung, Fuge; Befestigung; Verbindlichkeit, Bündnis, (schriftlicher) Vertrag; Satzung, Ordnung.

markasu Band, Binde; *markasu rabû* «das große Band», Symbol eines Sternbilds; (Speise-)Opfer. — *markas bābi* Türriegel; *markas māti* «Zusammenhalt des Landes» = Zentrum der Regierung, auch Beiname e. Gottes; *markas qaqqadi* Kopfbinde; *markas šamē* «Himmelsband», Beiname von Ursa major; *markas šamē (u) erṣetim* «Band Himmels und der Erde», Beiname von Nippur. — *markas eleppi* Schiffstau (?, Takelwerk?).

(murakkisu,) murakisu e. Beamter.

mušarkisu Notar (?).

rukūšu (wests. LW.?) Ḫerdenbesitz (Kamele).

ramū (רמא$_6$) sich lockern, sich lösen (Gebundenheit *kasītu*, Fundament *temmennu*), schlaff werden, schlaff sein (Nacken *kišādu*). — I_2 sich ablösen (Verband *talitu*, von: *ina*). — I_3 schlaff sein ([Muskel-]Fleisch *šēri*). — II_1 lockern (: Spange *keremma*), lösen (: Bande *maksi*), loslassen, aufschieben (: Riegel *mēdela*), freigeben. — II_2 lockern (die [Verhüllung der?] Brüste *dīdā*); lösen (: Aufgabe *dulla*).

ramū erschlafft.

remūtu Lähmung.

nurmū s. unter נ.

ramū (רמא$_7$) werfen, niederwerfen; schießen, abschießen (: Bogen *qašta*); eine Wohnung *(šubta)* gründen, sich niederlassen, bewohnen (: Gebirge, *šadā*, Oberfläche *kigalla*). — I_2 die Wohnung *(šubta)* aufschlagen. — II_1 niederwerfen (Dämon : Kopf *qaqqada*, Kniee *berkē*). — III_1 den Wohnsitz *(šubta, parakka)* aufschlagen lassen, wohnen lassen (in : *ina, qereb*). — III_2 sich werfen, sich stürzen (in : *ina*). — IV_1 befallen werden (von Furcht *puluḫta*). — III/II_1 wohnen lassen. — *rami šubta nēḫta* er hat sich friedlich niedergelassen, lebt in Frieden.

ramū angetan mit (acc.).

remētu Wohnsitz, Wohnung.

narmū Wohnsitz.

nermū Fundament (?).

ramāku *(u)* sich waschen, baden; waschen. I_2 gebadet sein (mit acc.). — II_1 waschen; reinwaschen; einen Reinigungsritus begehen (?). — II_3 ausgießen. — III_1 übergießen (mit dopp. acc.).

ramku, pl. *ramkūti* Priester.

remēku, remku, renku (?) Waschwasser; Waschung, Bad; Libation, Totentrankopfer (opp. *kispu*).

narmaku Waschung (s. *bārtu*); Waschkrug (?, Libationsgefäß?).

nermaku Waschkrug (?).

narmaktu Waschkessel (?).

nermaktu Waschbecken, Reinigungsbecken.

ramāmu *(u)* schreien, brüllen (Löwe); zischen (Schlange); donnern (Rammān); erdröhnen (Erde *erṣetu*). — I_2 brüllen, donnern (Rammān).

remmu Gebrüll, Geschrei. — *remmu ša amēli* Furz.

remmatu Gebrüll, Geschrei.

ramīmu Getöse (e. Götterwagens *narkabtu*).

rammu e. Art Wolle.

armānu, armannu (LW.?) Granatapfelbaum.

armānū Granatapfelsaft (?).

ramānu e. Körperteil.

ramānu, remēnu, ramnu (mit suff.) selbst, eigen; allein. — *ina ramānišu* aus freien Stücken, *ina ramānišina* von selbst (s. *petū*); *ana ramānišu* für sich selbst, für sich allein; *itti ramānišu* auf eigene Kosten.

— *ša ramānišu* unabhängig, frei von Verpflichtung (gegen den Adoptivvater, Sklave), sein eigener Herr; eigenes Geld.

ramāniš selbst (s. *ḫasāsu*).

(ranānu) schreien; jammern (?).

(rennu,) st. c. *renen* Jammern (?).

ernettu, ernētu Siegesgeschrei (?, daraus?) Sieg, Triumph.

rannu, rānu, arantu, arandu, rennu, rēnu (sum. LW.) e. Unkraut.

rusū Spuk, Hexerei.

rasānu, resēnu anfeuchten, bewässern (?).

resettu Befeuchtung, Bewässerung (?).

resnēti (pl.) Zaum, Zügel (?).

rasāpu, rasābu schlagen, zerschlagen, zerstören. — II₁ niederschlagen, erschlagen, schlagen (mit Waffen *ina kakkē*).

raspu zerstört.

resebtu Niederschlagen.

resbatu Schlägerei, Prügelei.

(rapā'u, rapū) (רפא) heilen.

repūtu Heilung (?).

rapādu *(u)* rastlos, unstet umherlaufen, umherschweifen, durchjagen (: die Steppe, *ṣēra*; das Leben, *balāṭa?*). — I₂ durchlaufen, durchjagen. — II₂ umherlaufen (in der Wüste, *ina namē*); umherirren (Totengeist). — III₁ durchjagen lassen.

rapadu (in einem Land ausbrechende) Unruhen. — e. Gelenkkrankheit.

rapāsu schlagen (: Gesicht eines Rindes *pān alpi*, mit e. Riemen *ina uppi*); dreschen, treten, stampfen, zerschlagen. — IV₁ zerschlagen sein.

repsu kleines Aschenbrot; Drusch. — *ina repsi* sogleich (?).

narpasu Dreschschlitten; Teil einer Schleuse.

rapāqu *(i)* umgraben, behacken, graben (: Feld, *eqla*, Garten, *kerā*, Kanal, *ikū*).

reqpatu Umgrabung.

rapāšu *(i)* weit sein, ausgedehnt sein; breit sein (corr. *arāku*). — I₂ sich ausbreiten, sich leichter fühlen (Kranker). — II₁ weit machen; erweitern (: Bau); mit *uzna* oder *ḫasīsa* scharfen Verstand verleihen; mehren (: Nachkommenschaft, Werfen, *zēra*, *tālitta*, Familie, *kēmta*). — II₂ vermehren (: *zēra*). — III₁ erweitern lassen.

rapšu, f. *rapaštu*, *rapaltu* weit (opp. *qatanu*), ausgedehnt (Schutz *kidinnu*), umfassend (Verstand *uznu*, *uznā*); breit (corr. *ariku*); groß (Feldschlacht *tāḫāz ṣēri*), zahlreich; f. Schulter; e. Art Ruhelager (?, zum Ausruhen der Schultern?). — *rapaštu ṣeḫertu* Schlüsselbein (?). — *rapša erti* breitbrüstig (Nergal).

rapšiš weit, breit; weit und breit.

rappašu (Am.) weit.

rupšu Breitseite, Breite (math., corr. *murāku*, *mūlū*).

rupuštu, rupultu Ausdehnung (?); Auswurf.

ritpašu weit, ausgedehnt.

tarpašu Ausdehnung (?); Ebene.

ripitu e. Getreide- oder Mehlart.

raṣānu gerben (?).

reṣettu das Gerben (?).

ruṣṣunu, f. *ruṣṣuntu*, *ruṣuntu* schön, herrlich (?).

raṣāpu *(i)* zusammenfügen, herstellen (Bauten), aufbauen; aufrichten (: Säule, *dimta*, *asīta*), aufschichten (zu Haufen *ana asīti*, turmhoch *dimātis*); aufreihen (?, einen an den andern, *amēla amēla*).

reṣeptu Bau.

(raqū) I₂ sich verbergen (?, vor: *eštu pāni*); bei sich verbergen. — IV₁ sich flüchten, sich bergen.

marqītu Zuflucht.

nerqētu Zufluchtstätte.

(reqū) II₁ Salbe *(reqqu)* bereiten.

reqqu wohlriechendes Kraut, Spezerei, Salbe; *reqqu annabu* («Hasenkraut» ?) e. best. Spezerei.

reqqū, pl. *reqqūti* Brauer (?).

raqqū Parfumeur (?).

raqādu *(u)* hüpfen, springen, tanzen (vor Freude). — I3 umherspringen; unruhig umherlaufen (?). — II1 springen. — III1 hüpfen lassen.

raqqedu «Tänzelnde», e. Tiername.

raqāpu zusammenfügen; täfeln (?); stufen (?). — II1 mit Holzverkleidung versehen (?); zusammenfügen (?); bewirtschaften (: Garten).

reqpu Stufe.

ruqpu Speicher, Scheune; — Gesims (?).

ruqpēti (pl.) Täfelung (?).

reṭqupu zusammengefügt (?); getäfelt (?); zusammengelegt (?, Medizinalpflanzen); eng zusammengewachsen (?, Huf des Schafes).

tarqeptu Instandsetzung, Einrichtung (e. Gartens).

raqāqu dünn sein, fein sein. — II1 dünn machen.

ruqqu, f. ***raqqatu*** dünn (?); seicht (?).

raqqatu, pl. *raqqāti* e. Gewand; Marschland, Sumpf.

ruqqu Metallknopf. — *ruqqu kaspi* Silber-Knopf.

(reqqītu?,) reqītu e. innerer Körperteil, Magen (?).

raqqu große Schildkröte.

raqraqu, raqraqqu Storch.

(rašū) (רשׁא6) II1 verleumden; durch Verleumdung zugrunderichten (?).

muraššū, murāšū (?) Verleumder; Ankläger (?); = e. Tier niederer Ordnung (?).

(taršītu,) pl. *taršiāti* Verleumdungen.

rašū (רשׁא7) erhalten, bekommen; erwerben, sich aneignen, besitzen; Platz greifen lassen, eintreten lassen; gewähren (: Wasserspende *naq mē*); e. Forderung haben (gegenüber : *eli*), zurücknehmen (: Rede, Gebet *nīš qātē?*). — I2 sich nehmen (: e. Frau *aššata*); fassen (: Zuneigung *salīma*), haben (: Wunsch *ṣibūta*). — II1 bekommen. — III1 gewähren (: Begräbnis *qebēra*), bekommen lassen; verschaffen (: Kinder *mārē*, e. Genossen *tappā*). — *rašū amāta* in e. Prozeß verwickelt werden. *rašū ida* Gewalt erfahren, d. i. gewaltsame Veränderung erfahren; mit neg. unabänderlich sein; *amāta ida šuršū* e. Sache abändern, schroff von sich weisen; *ida šuršū* sich ablehnend verhalten. *rašū ederta* in Trübsal geraten. *rašū tēkēta* in Not geraten. *rašū nēmetta* Schuld bekommen, Schuld laden (auf: *ina eli*). *ana bibil qāti iraši* es juckt ihm die Hand nach . . . *rašū baṭelta* in Wegfall kommen. *rašū banūti* schön, rein sein. *rašū mugallita* e. Feind haben. *rāšū ḫiṭṭa, an ḫiṭṭi, ḫiṭīta* Sünde begehen. *rašū ḫip libbi* mutlos werden. *rašū lalā* wohlhabend werden. *rašu meqetta* verfallen. *rašū nid aḫi* nachlässig werden, vernachlässigen (jdn.: *ana, ana eli*). *rašū nakutta* Angst bekommen. *rašū salīma* Zuneigung fassen; Erbarmen fassen. *rašū puluḫta* Furcht bekommen. *pāna šuršū* (e. Sache) deutlich machen, genau mitteilen. *rašū ṣibūta* e. Wunsch haben; mit neg. wunschlos, zufrieden sein. *rašū ṣibit ṭēmi* e. Beschluß fassen. *rašū rēma* Erbarmen fassen, Gnade schenken. *rašū tajāra* Erbarmen fassen.

(rāšū), rašū Gläubiger. — *raš* = رئ : *raš uzni* klug; *raš emūqi* kraftvoll, Beiname von Ninurtu; *raš banūti* rein; *raš ṭēmi* willenskräftig, verständig.

rāšūtu Gläubigerschuld, Guthaben, Schuld(verschreibung).

rāšūtānu Gläubiger.

rešūtu Besitzrecht, Erwerbsrecht (?).

maršu Substanz (eines Zügels *appati*), Gestell (eines Wagens *narkabti*, Sattels *pāgumi*).

maršītu Besitz, Hab und Gut, Herde(n).

rašābu glühend, furchtbar, schrecklich, ehrfurchtgebietend sein.

rašbu furchtbar (Feuer, eig. rotglühend?), ehrfurchtgebietend (Dom *kiṣṣu, parakku*).

rašubbu furchtbar (Feuer).

rašubbatu Furchtbarkeit (Feuerglanz); Herrlichkeit.

rešebtu herrliches Denkmal.

*(**rašādu**)* III1 das Fundament *(išda)* festmachen, festgründen (Königsthron, Priesterthron *išid kussī šarrūti, šangūti*, felsenfest *uḫummiš*; : Wohnstätten *šubāti*, in üppiger Ausstattung *in nuḫši*). *šuršudu nanzuzu* festgelegt, d. i. unterzeichnet sein (Gottheiten *ilāni* auf einer Urkunde *ina nārī*).

rašdu festgegründet (Heiligtum *parakku*.

šuršudu gefestigt (Grundlage *išdu*).

rušumtu, rušumdu Schlamm, Morast, Sumpf.

naršundu, f. *naršundatu*, pl. f. *naršunāt* e. Art Zauberer.

šuršummu Verschlammtes, Schlamm (?).

rušrušu e. Pflanze.

rašāšu rotglühend werden (Schmelzmasse *abnu*).

***ruššu** (**rūšu**)* Glanz (Gold, Silber).

ruššū, pl. *ruššūti*, f. *ruššāti* rotglänzend, rot (Gold, *ḫurāṣu*, Früchte *enbi*, Gesichtszüge *zīmē*, Wolle *šipātu*, Diadem *agū*), goldglänzend (?, *ašnan* Gerste).

rūšiš, rūšuš glänzend.

***retū** (i)* (רתה א1) fest machen, festigen, befestigen. — I2 befestigen (mit dopp. acc.). — II1 befestigen; starren lassen (: Augen *ēnē*).

retū gefestigt (wie die Erde, *kīma erṣeti*, Nergal); gestellt (Falle *gišparru*).

martū, pl. *martē* Stange (?); — vgl. *maštū*.

tertītu Gestänge (?, eines bespannten Wagens).

ratū e. fehlerhafte Beschaffenheit des Kopfes.

ratītu e. Haarkrankheit, Räude (?).

ratātu jagen, verfolgen.

rutitu e. Baum, e. Weidenart.

ratuttu Anemone.

ש

ša, šu, du. *šā*, pl. *šūt* derjenige welcher, einer der, das was, etwas was, wer, welcher, wer immer, was, was immer (vgl. א6); — Genetiv-Partikel: von; Mann, Sache, Angelegenheit, Eigentum, Gebiet von; gehörig zu; geweiht für; handelnd von, usw.; häufig mit proleptischem pron. suff. oder, wenn dem Regens vorausgehend, mit letzterem suffigierten ﻣﺎﻟ; — Konj.: daß, da, weil, ob; nach *niš*: daß nicht. — *ṣalmu ša annaki* ein Bild aus Blei. *Ištar ša Ninua* Ištar von Ninive. *šēu ša šatti* Getreide für ein Jahr. *ša akāli* etwas zu essen. *ša* $^2/_3$ *manī* im Betrag von $^2/_3$ Minen. *ūm ša* zur Zeit da. *ša lā* s. *lā*. *ana ša* . . . dem gegenüber, daß . . . *aššum ša* s. *šumu*. *bani ša* s. *banū*. *kī ša, kīma ša* s. *kī*. *pī ša* s. *pū*.

šū, f. *šī*, cas. obl. *šuati, šiati*, dat. *šuašim*, pl. *šunu*, f. *šina* cas. obl. *šunūti, šināti* adj. u. subst. (altbab.); *šūt*, f. *šīt*, cas. obl. *šuašu, šuaša* subst., *šūt*, f. *šīt*, cas. obl. *šuatu, šiati* adj. (altass.); *šū*, f. *šī*, cas. obl. *šāšu, šāša* subst., *šū*, f. *šī*, cas. obl. *šātu, šāti* adj. (ass.) er, jener, selbiger. — *adi šū-ma šū* solange er derselbe bleibt. *anāku ū šūtu* ich und er. *arduka ū šūti* dein Diener und er. *anāku šūtu arduka* ich bin dein Diener. *šūtu ananna* er, N. N. *šūtu kalbu* er, der Hund. *kalbu šūtu* jener Hund. *kīmē šūtu* sowie sie (die Lösung *epṭeru*) ist; sowie sie (die Taten *epšēti*) sind. *šūtu-ma abbūtika* jene deine Väter. *eštu ūmāt* (?) *šu'āt* (?) seit jenen Tagen. *arki šuati* darnach. *ana šāša-ma* hierher. *ina šuati* um dessentwillen.

šū s. *su*.

šu'u (א1ש), pl. *šu'ē*, *šu'āti* Schaf (auch als Opfertier).

(ša'tu,) ***šātu*** (א4ש), st. c. *šāt* Zeit, in *(māṣārtu) šāt urri* Morgenzeit, Dritte Nachtwache (vgl. *naṣāru*); *šāt mūši* Nachtzeit.

šu'u Emmer (?).

šu'ū e. (Gelenk?-)Krankheit.

šu'u Herr.

šu'etu Herrin.

šēu, st. c. *šē*, f. *šēatu* (sum. LW.) Getreidekorn, Getreide; Gerste; Kost; — e. (Getreide-)Maß = 46,75 mgr.; e. Münze, «Pfennig» = $\frac{1}{180}$ Sekel; f. Pachtabgabe (?). — *šē gerri* Reisekost, Reiseproviant. — *šēat šibši* pachtgeldpflichtiges Getreide.

še'itu Teil einer Estrade *(nalbantu)* (?).

še'ū (א7א4ש) sehen, schauen, ersehen, erschauen (Nergal-Mars: Weltall *gemra*), durchschauen; suchen (: Lebensunterhalt *napšāta*); (jd.) aussuchen. — I2 Umschau halten (weit und breit *rapšiš*, umsichtig *emqiš*; nach einer Stätte: *kumma*; in einem Tempel *ina bēti*); suchen, (sich etwas) aussuchen, ausfindig machen, aufsuchen (: Wege *urḫēti*, Weide *rēta*, Leben *balāṭa*, Liturgien *kidudē*, Heiligtümer *ašrē*, *ašrāti*, *parakkē*, Gründungszylinder *temena*), untersuchen, nachforschen (abs.; tief *emqiš*). — I3 (wiederholt) ausfindig machen, (immer wieder) aufsuchen (: Heiligtümer *ašrē*), hilflos herumsuchen (abs.), (immer wieder) ausschauen nach, planen (: Böses *lemutta*, *amāt lemutti*), (wiederholt) Ausschau halten (Adler *erū*, über Truppen *eli ummānāti*), (wiederholt) Nachforschung halten (abs.). — II2 einen Entschuldigungsgrund, eine Ausflucht suchen (für e. Sache *ana amāti* oder acc., für das, was ... *(ana) ša* ...), etw. leichtfertig behandeln.

(ša'ū) (א7א6ש) II1 *šu'ū*, *šummu* braten, ***šumē*** (pl.) Gebratenes, gebraten (Fleisch *šēru*).

tašwītu (א7א6ש) Äquivalent (e. Guthaben *sūti*).

ša'ū (אא6ש) fliegen.

še'ū, f. *še'itu* Freund o. ä.

šēbu (שא7ב) grau, alt werden, alt sein, Greis sein.

šību, pl. *šībūti* (adj.), *šībū*, *šībi* (subst.), f. *šībtu*, pl. *šībāti* grau, alt (opp. *ṣeḫru*), alter Mann, Greis, Ältester; pl. adj. «Älteste» (e. Auslese der Patrizier); mit pl. subst. Zeuge (der bei einem Ereignis zugegen war, opp. *mukinnu*); graues Haar (vgl. *nadū*). — *šībūti ū ṣeḫrūti* Alt und Jung (einer Stadt, eines Stammes), *šēbūt āli* (vgl. *ālu*) «Stadt-Älteste» (Mitglieder der Stadtverwaltung), *šībūt mātī* «Landes-Älteste».

šībūtu Greisenalter, Alter; Zeugnis. — *ana šībūti* zum Zeugnis; vgl. *šaṭāru*. *šībūt sarrati* falsches Zeugnis.

šābu (שא6ב) sich legen (wie Rohr *kīma qanē*). — II1 zerdrücken, zerbrechen (: Rohr *qanā*).

šību Schminke.

šēgatu s. *šēqu*.

šēdu, pl. *šēdū* e. (guter) Dämon; Trutz- und Schutzgott; (seine Darstellung als) Stier-Koloß (corr. *lamastu*). — *šēdu damqu*, *šēd dunqi* (e.) guter Dämon; Schutzgeist. — *šēd bēti* Genius eines Tempels.

šedu e. Pflanze.

šēḫu (שא7ח) wachsen (Baum *iṣu*, Getreide *šēu*), aufwachsen, auswachsen, (fertigwachsen) (Tiere *umāmi*, Adlerjungen *mārē erī*, Menschen *amēlūti*, Götter *ilāni*).

šīḫu hochgewachsen, hoch (Baum *iṣu*, Zeder *ernu*); — e. Zedern- bzw. Zypressenart (auch *siḫu*); — e. Tier niederer Ordnung (Ameisenart?).

šēḫtu Syn. zu *perḫu* Sproß.

šutāḫu ausgewachsen (Zeder *ernu*), vollentwickelt (Wolke *urpatu*, Fötus).

šuttuḫu hochgewachsen (Glieder *mešrēti*).

šēḫu (LW.?) Atem, Hauch.

šēḫu e. Gerät aus Kupfer.

šēḫtu, pl. *šēḫāti* e. Kultgefäß (Art Schale?).

šēḫu Vision.

šēḫānu Prophet.

šâṭu (שא6ט) mit Mühe tragen, schleppen (: Joch *nīra*, *abšānu*); sich abmühen, sich abquälen.

šâṭu, šēṭu (שא7ט) lässig, nachlässig, pflichtvergessen sein (in bezug auf: *ana*), versäumen, nicht erfüllen (: Pflicht *ana dulli*, opp. *epēšu*).

šēṭu nachlässig, pflichtvergessen.

šēṭūtu, šeṭṭu Nachlässigkeit, Pflichtvergessenheit; vgl. *leqū*.

šāka s. *eli* und *atta*.

šūku e. Pflanze.

ša'ālu, šâlu (auch *šaḫālu*) (שא1ל) *(a)* fragen (Mund *pū*; nach: *ana*, über: *eli*, *ina eli*, wegen: *aššum*; ob: *adi*, *ēnu-ma*, *kī*, *kīmē*, *šumma*; ob ... oder ob *šumma* ... *(ū) šumma*), befragen (: Gottheit *ila*, Zukunft *arkāti*), erfragen (: jd. etwas; bei: *ana*, *ašar*), sich erkundigen (bei: *ina aḫi*), forschen, ausforschen, verhören, zur Rechenschaft ziehen; fordern (für: *ana*). — I$_2$ fragen (ob: *šumma*), befragen; sich (gegenseitig *ištēn ana ištēn*) befragen, Beratung *(šitultu)* pflegen, beraten; untersuchen (: Angelegenheit *amāti*). — I$_3$ (wiederholt) befragen; sich (gegenseitig *ištēn ana ištēn*) befragen, beraten. — II$_1$ (durch eine Anfrage an die Gottheit) feien (?, : Waffen *kakkē*). — II$_4$ eine Frage richten. — III$_1$ fragen lassen (?, fragen?). — IV$_1$ gefragt werden; verhört werden. — *ša'ālu uṣṣuṣu*, *ša'ālu ūteṣṣuṣu* gründlich ausfragen, ausforschen. — *ša'ālu di'ata* sich um (jd. od. etwas) erkundigen, sich kümmern. — *ša'ālu šulum ...*, *šâlu šulma ša*, *ša'ālu šulmān* ... sich nach dem Wohlbefinden von (jd.) erkundigen, (ihn mit einer solchen Erkundigung) begrüßen (auch seitens der Götter *ilāni*, Šamaš und Rammān).

šā'ilu, f. *šā'iltu* e. Orakelpriester; — (m.) e. Insekt.

šitultu Beratung, Überlegung, Rat.

maš'altu Verhör.

muštālu, pl. *muštāli* Berater, Sachwalter (?, e. Beruf?); Beiname verschiedener Gottheiten (Nabū, Šamaš, Sīn).

multālūtu Beratung (seitens einer Gottheit).

šēlu, šīlu Fürst, Herrscher.

šālūtu Herrschaft.

(šēlu) *(e)* glätten (: Pflaster *šēlara*, mit Öl *ina šamni*); schleifen (?).

šēlu glatt (?), geschliffen (Degen *paṭru*, Lanze *ulmu*); vgl. שלא3.

šālūtu, šēltu, pl. *šēlāti* (geschliffene) Klinge (eines Degens *paṭri*, einer Lanze *šuḫurri*).

mašēldu Schleifstein, Wetzstein (?).

tašēltu, pl. *tašēlāti* Wonne, Jubel, (Freuden-)Fest (einer Göttlichkeit *ilūti*).

šūlu e. Tier niederer Ordnung. — Vgl. שלא4.

šellebu, šēlabu, šēlebu, šelebbu (שא4לב) Fuchs; — e. Fisch; — g über ζ Ursae maj.

šēlabiš wie e. Fuchs.

šēmu (שא7ם) festsetzen (: Opfer *zibi*, Willensäußerung *ṭēma*), bestimmen (e. Gott: Stärke *dunna*, Weisheit *ḫasīsa*, Herrschaft *ellilūta*, Flüche *arrāti*), bereiten (: Gedeihen *šēra ṭāba*) (für: *ana*), e. Schicksal *(šēmta)* bzw. (etwas) als Schicksal *(ana šīmti)* festsetzen (für: *ana*, zum Glück *ana dameqti*). — pms. bestimmt sein (Geschicke *šēmāti*). — II$_1$ die Geschicke *(šēmāti)* festsetzen; bestimmen. — *tušām* (wenn) du bestimmst, (wenn) du (so) meinst, nun also. *tuššam-ma kī* (wenn) du meinst, daß. — *mušīm šēmāti*, pl. *mušīmū šēmāti* Beiname der Trias Ea, Šamaš und Marduk.

šēmtu, šēndu, st. c. *šēmat*, pl. *šēmāti* Bestimmung, Schicksal, Geschick, Los (eines Menschen, eines

Landes); (Bestimmung mittelst) Mal, Marke, Sklavenmarke, Viehmarke; auch (Todes-)Geschick, Ableben (vgl. *mātu*). — *kī šēmat* ... nach der Bestimmung (eines Gottes). — *šēmat išāti* Brandmal (einer Kuh). *šēmat-balāṭi* Lebenslos. Vgl. *alāku*, *mātu*, *ṣabātu*.

tašēmtu Schicksalsbestimmung, Glück; (sc. *ṭēmi?*) Willensfestsetzung (?), Überlegung (?).

***šāmu** (a)* einen Einkauf *(šāma)* machen, kaufen (von: *itti*, von seinem eigenen Geld *ina ša ramānišu*). — I_2 (für sich) kaufen. — IV_1 gekauft werden, abgeschlossen werden (Kauf *šēmu*).

šāmu, šēmu, šēmtu, šēndu, st. c. *šām*, *šēm*, *šēn*, pl. *šēmāti* Kauf, Einkauf; Kaufobjekt, Kaufgut; Kaufpreis, Preis, Wert; Bezahlung des Kaufpreises; f. auch ein bestimmtes wägbares Kaufobjekt (Farbstoff?); pl. auch Kaufgeschäfte. — *ana šēmi gamri* im vollen Betrag. — *šēn-kaspi* Bezahlung (in Geld), Geldwert.

šā'imu Käufer.

šajamānu Käufer.

šāmu s. *sāmu*.

šēmu Fett, Schmiere.

šimtu, šindu Schminke.

šūmu Knoblauch.

***šānu** (e)* (שאן₁) einen Schuh *(šēna)* anziehen (jdm.: *ana šēpē* + suff.).

šēnu, pl. (du.) *šēni (šēnē)* Schuh, Sandale, auch coll.; — e. Fisch («Sohle»). — Vgl. *šēmu*.

mešēnu Spange (?, der Sandalen *šēnē*, für den Fuß *ša šēpi*, aus Silber oder Gold).

šānu (שאן₇) pissen (in den Fluß: *nāra*, corr. *qā'u*). — I_2 Urin *(šīnāti)* lassen, pissen (gegen jd.: *ana eli amēli*).

šīnāti (pl.) Urin, Harn. Vgl. *ašru*, *karpu*.

šēn, šēndu s. *šāmu*.

šēnu s. *šennu*.

šīs s. שדש.

šāpu mit Füßen treten, niedertreten. — II_1 niedertreten, überwältigen.

šēpu, st. c. *šēp*, du. *šēpā* Fuß (eines Berges *šadī*), Ufer (eines Flusses), der untere (im Kiefer steckende) Teil des Zahnes (opp. *šikkatu*). — *šēp, šēpā, ina šēpē* zu Füßen von. *ina šēpē, šēp rāmāni* zu Fuß; vgl. *alāku*. *ša šēpē* e. Art Leibwache (abgek. aus *mutēr pūti ša šēpē?*; vgl. *tāru*). — *šēp anzūzi* e. Pflanze. *šēpā erešti* e. Pflanze. *šēp lemutti* «Böser Fuß», Name einer Beschwörungsserie. *šēp emetti Lulim* Verbindungsstück zwischen Lulim und Simut (Teil der heutigen Lacerta?). *šēp emetti Zamama* η Ophiuchi (?). *šēp šumēli Kusareqqi* δ Ophiuchi (?). *šēpu arkū ša Urgulī* β Virginis (?).

(šēpū,) f. *šēpītu*, pl. *šēpāti* zu Füßen, unten befindlich; f. Fußende (eines Bettes *erši*), unteres Ende (opp. *rēšu*, *rēšētu*); Saum (eines Gewandes *lubāri*). — *šēpīt mēsri* untere Grenze (opp. *rēš mēsri*); *šēpāt* (?) *Tu'amū* η (?), μ, ν, γ, ξ Geminorum (?).

šēparik «Langfuß», e. Vogel.

šāpu Paste auftragen.

šīpu Paste, Farbstoff. — Vgl. *sippu*.

šāqu (שאק₆) treiben (?).

šēqu, f. *šēqatu* (?) treibend (?), Treiber (?); f. Peitsche (?).

šūqatu Peitsche (?).

šūqu Syn. zu *ḫegallu* Überfluß.

šēru (שאר₁), pl. *šērē*, *šēri* (?) (Stück) Fleisch, Fleischteil, Leib, Körper; Epidermis (?); Nachgeburt (?); Geschlechtsteile (?); Fleischeslust (?, vgl. *tallaku*); — Orakel; — pl. Körperteile, Glieder. — *šēr amēlūti* Menschenfleisch. *šēr alpi* Rindfleisch. *šēr šaḫī* Schweinefleisch. *šēr napšari* e. Körperteil (Nabelschnur?). — *šēru ṭābu* Wohlbefinden, Gedeihen. — *šēr dunqi* Gnadenorakel.

šāru (שאר₂) s. *šāru*.

šēru (שאר₃) hell werden.

šēru, šērtu, pl. *šērēti* Morgenröte, Morgen (opp. *šimetan*, *mūšu*);

Neulicht(sichel); pl. Morgenröte, Morgen. — *memma šēri* Morgenanbruch. — *šēri u lēla* (?), *ina šēri (u) lēlāti, šērti nubatti* morgens und abends. *ultu šēri adi lēlāti* vom Morgen bis zum Abend. *ina šērti ilidiš* morgen oder übermorgen.

ši'āru Morgen. — *ši'āri nubatti* morgens und abends. *ina ši'āri, išši'āri, īši'āri* morgen (cras); *ana ši'āri* (für, auf) morgen.

šēru (שא4ר) pms. behaart sein (Lippe *šaptu*). — II1 pms. (?) (stark) behaart sein (?, Gesicht *pāni*).

šārtu, st. c. *šārat*, pl. *šārāti* Haar, Behaarung, behaarte Haut, Haarbekleidung des Körpers (*zumri*), Fell. — *šārat qaqqadi* behaarte Kopfhaut. *šārat pūti* Stirnhaar. — *šārat unīqi* Ziegenfell. *šārat puhadi* Lammfell.

šērettu (?, pl.?) Haarschopf (?, eines Vogels).

šēru (שא4ר) Abteilung e. Liedes (opp. *kišūbu*).

šāru (שא4ר), st. c. *šār*, pl. *šārāni, šārē, šāri* Wind, Himmelsgegend; Windstoß; Sturm; Hauch, Atem; Blähung. — *šārē erbetti* die vier Himmelsgegenden. *šār erbēti* die vierte Himmelsgegend (Osten). — *šāru lemnu* Orkan. *šāru ṭabu*, pl. *šārē ṭabūti* (göttlicher, *ša ilāni*) guter Wind, Glücksbringer; opp. *šāru lemnu*. — *šār pī* Atem. *šār ṣēri* Wüstenwind. *šār ummi* Glutwind.

šērtu (שא4ר), st. c. *šērit* Zorn; Missetat, Schuld; Buße, Strafe.

ša'ēru, še'ēru, šu'ēru, šemēru, semēru (שא6ר) Ring (einer Kette *ullu*, von Silber *kaspi*, Gold *hurāṣi*, Eisen *parzilli*); Armspange; «Ringgeld» (Privatvermögen einer Ehefrau oder Priesterin). — *šemēr qāti hurāṣi, šemēr hurāṣi ša qāti* goldener Ring für die Hand. *šemēr šēpi* Fußring.

šūru (שא6ר) Stier. — *šūr-šamāi* Himmels-Stier (Beiname von Rammān). — *šūr narkabti ša eltani* bzw. *šūti* β bzw. ζ Tauri.

šāru (שא6ר) s. *sāru*.

(šēru) (שא7ר?) sich (zu)neigen (?), (auf etwas) zugehen (?). — II1 sich neigen, sich bücken, sich beugen (aus den Fenstern *apāta*); sich herabneigen (Wort *amātu*, eines Gottes, auf : *ana*); begatten (Mann *eṭlu* : Mädchen *ardata*), bespringen (Esel : *emēru* : Eselin *atāna*).

(šāru) vernehmen, verstehen. — II1 zum Verständnis bringen (jdm.: *ana*).

šāru, šā'iru, šārūtu s. *zāru* und *sāru*.

šāru, šēru, šerru klein (Mensch *amēlu*, Bruder *talīmu*); kleines (noch nicht entwöhntes) Kind.

(šu'ru,) du. *šu'rā* e. paarweise vorhandener Körperteil.

šūru e. Rohrart.

mušērtu s. *se'ēru*.

šāšu (שא6ש) aufscheuchen (?, sc. Jagdwild); pms. aufschrecken, schrecklich sein (?, Traum *šuttu*).

(šūšama?,) šuššama plötzlich (?).

šūšu Süßholz; — junger Sproß (?); — Haarschopf (?).

šīšat, šūši s. שדש.

šētu (e) (aus e. Netz?) entweichen (aus : *ina*), entrinnen, fliehen (vor : *lapān*, opp. *kašādu*).

šētu, st. c. *šēt* Schlagnetz (?, vgl. *ešēšu, nadū*), Netz.

šātu s. שן.

(šītu,) st. c. *šītat* s. *sītu*.

šūtu südlich, Süden; Südwind. — *šūtu u šadū* Südosten. *šūtu u amurrū* Südwesten.

šebû (e) (שבא4) satt werden, satt sein (opp. *emēṣu*), sich sättigen (mit Speise *akāla*); von Regen gesättigt sein, regenschwanger sein (Gewölk *urpatu*, Himmel *šamē*). — I2 satt werden (Hungrige *bāriūti*). — II1 sättigen (: Magen *karāša*; jd. mit etwas : dopp. acc.); heimsuchen (: Land *māta*, mit e. Sintflut *abūbiš*). — IV1 gesättigt werden. — *šebû littūta* («an Nachkommenschaft satt werden» =) zahlreiche Nachkommen erhalten.

šabū, f. *šabītu, šabūtu* regengesättigt, regenschwanger, dicht (Wolke *erpetu*); kompakt (?), dick (?) (Speise, Trank).

šubū, šupū «die Dicke» (?), e. Kriegsmaschine; — e. Stein.

nišbū «gesättigt», d. i. verdickt, dick (?, Blut *dami*); — Sättigung, Durststillung.

(šebū?) gewaltig sein (Flut *agū*). — I2 überwältigen, erstürmen (: Stadt). — I3 überwältigen (?). — II1 überwältigend sein (Sturmflut *abūbu*); überwältigen, unterdrücken (: Aufstand *saḫmašta, tēšā*).

šabābu einfassen, umschließen (?). Vgl. *šapāpu*.

šibbu Lendentuch, Gürtel; Einfassung (eines Körperteils in der Nähe der Leber).

šububu e. (dolchartige, im Gürtel getragene?) Waffe.

(šabāḫu) III2 sich verdunkeln, sich verschleiern (Augen *ēnā*).

šebḫu, st. c. *šebeḫ* Verdunklung.

šabeḫu e. (in der Nähe der Venus beobachtete, weiße oder gelbe) Wolkenschicht (?), Dunst (?).

šabāṭu schlagen (: alten Mann *šība*; auch als Symbol der Trauer oder Buße: Haupt *qaqqada*, Brust [?] *erta* [?]), erschlagen, niederschlagen (die bösen Sieben: Mann *eṭla*, Rind *alpa*, Schaf *emmera*). — I3 um sich schlagen.

šibṭu Stab (?), Beiname des Šukudu.

šabbīṭu e. Art Stock (von *ēru*-Holz), Szepter.

našbaṭu abgeschlagener Palmzweig (?).

šabāṭu Sebat.

šabikū e. Kopfbedeckung.

šabbilu e. Pflanze.

(šubbulu,) **šunbulu, šūbulu, šūbullatu, šūbultu** (wests. LW.) Ähre; *lā mimma šūbultu* nicht das geringste, gar nichts, (non) mica.

šabāsu s. *sabāsu*.

šabāṣu, šabṣu körperliche Schwäche (?), Krankheitserscheinung (?).

šabāqu, šapāqu *(u)* durchziehen (?, Marduk : Erde, Meme : Erde und Himmel, Aššur : Igigi und Anunnaki).

šebqu, šubqu, st. c. *šebeq, šubuq* Durchgang oder Zugang zu einem Haus oder Palast (?), Vorraum (?). — *šebeq kisalli* Durchgang (?) zu einem Hof (?), Korridor (?). — *šubuq šamē* Vorraum (?) des Himmels, Himmelsraum (?). *šubuq burūmi* Vorraum (?) des Firmaments.

šebēru *(e)* zerbrechen (: Horn *qarna*, Knochen *eṣemta*, Nase *appā*, Bogen *qašta*, Szepter *ḫaṭṭa*, Waffe *kakka*, Geschirr *abšāna*, Brustschmuck *duditta*), brechen (: Hals *tikka*); Erdklumpen zerbrechen, umbrechen (: Feld *eqla*). — I2 zerbrechen (: Knochen *eṣemta*, Fuß *šēpa*, Flügel *kappa*). — II1 zerbrechen, in Stücke brechen (: Götterbilder *ilāni*, Bogen *qašāti*, Zinne eines Tempelturms *qarni seqqurrati*). — IV1 zerbrochen werden, zerbrechen (intr.). — IV2 zerbrochen werden (Flügel *kappu*).

šebru, f. *šebertu* zerbrochen (Knochen *eṣemtu*, Balken *gušūru*, Spinnwirtel *gaṣu*), in Stücke gebrochen, zerstückt (Bronze *siparru*); umgebrochen, bestellt (Feld *eqlu*); f. Stück (Lasurstein *uknī*).

šebēru, šeberru, šebru, šebērtu Spaten (aus Bronze *siparru*); Stab (eines Hirten *rē'ū*), neben dem Szepter *(ḫaṭṭu)* e. Abzeichen der Königswürde *(šarrūti)*. — *šebēr epenni* Pflugschar.

šebru, šebratu Umbrechen (des Feldes); Feld- und Gartenbestellung.

šebrūtu Umbrechen (des Feldes).

šabrū (sum. LW.) Seher.

šibburu, šibburatu e. Raute. — *šibburat šadî* ihre im Gebirg wachsende Art.

šubûru (?) e. (paarweise vorhandener?) Körperteil.

šabarraktu (ind.-griech. LW.) Smaragd.

***šabâšu** (u)* herausziehen; Getreidepachtgeld *(šibša)* erheben (von einem Feld *ina eqli*). — Vgl. *sabâsu.*

šibšu Getreidepachtgeld.

šabâtu fegen (Sturmflut *abûbu*); reinfegen, reinigen (: Topf *ṭeqâra, karpata,* das [gedroschene] Getreide [bzw. die Gerste] *šêa*), abreiben (: Kopf *qaqqada*), scheuern (: Fußboden *qaqqara,* Dach *ûra*).

šubtu Scheuerung.

šâbit (?) *bêti* Tempelreiniger (?).

šabattu, šapattu (Tempel-) Reinigungsfeier (?), (Tag dieser Feier =?) Vollmondstag.

šibitân s. unter *sabû.*

šibîtu e. (siebensaitiges?) Musikinstrument. Vgl. *sabû.*

šibittu, šibêtu Dill.

šubtu e. Gewand(-Stoff?).

šubbatu e. Pflanze (Flachsart?).

šegû (שגא4) wütend werden (Hund *kalbu,* Hündin *kalbatu*). — IV1 wütend, wild werden (Pferd *sîsû*). — IV3 wütend werden (Hund *kalbu*).

šegû «Toben», ein Klagegebet mit bestimmtem monatlichem Ritus.

šaggû, šagû s. *šangû.*

šugû, šukû (?), (sum. LW.) unterer; ein unterer Teil der Türe.

šegû, šugû, f. *šugîtu* (sum. LW.) alt; f. eine Hierodule, als Nebenfrau verheiratet. [*šennu.*

šigbu (?) Zermalmung (?). — Vgl.

(šagâgu) schreien (Esel). — I2 schreien (Kamel *gamalu*).

šiggatu Stöhnen (?), e. Krankheit (?).

šagîgu (?) Eselsgeschrei.

šaggikarrû (sum. LW.) freiwilliges Gebet.

šagâlu II1 vernichten (?). — s. *šaqâšu.*

šagalûtu (?) Vernichtung (?).

šagallu, pl. *šagallâti* e. Werkzeug (?).

šagâmu, šagêmu *(u)* brüllen, heulen (Wind[gott], Dämonen), schreien (Eule *eššepu*). — I2 in Heulen *(šagenti)* ausbrechen. — Vgl. *ragâmu.*

(šigmu,) st. c. *šigim* Geräusch (der Füße, *šêpê,* von Rossen).

(šagemtu,) šagentu Heulen.

šagammu Türpol (der «Knarrer»?).

šugammumu brüllen, heulen (Sturm).

šagaperu, šagapuru, st. c. *šagaper, šagapur,* f. *šagapûrtu* (LW.?) großmächtig, Großmächtiger (Epitheton von Gottheiten).

šagapuriš heldenhaft.

šigarru, šigâru, pl. *šigârû* (sum. LW.) Verschluß, Schloß (des Himmels *šamê,* von Lasurstein *uknî*; der Unterwelt *erṣeti*); verschlossener Raum, Innenraum (eines Tempels, einer Kapelle *papaḫi*), Adyton (einer Gottheit *ili*); (verschlossener) Vorratsraum; Käfig, Zwinger (einer Gazelle *azli,* eines Hundes *kalbi,* Löwen *nêši*). — *šigâru ša kišâdi* Halseisen (?, Halsband?).

šagru, f. *(šegertu,)* pl. *šegrêti* eingeschlossen; m. Sträfling (?); f. Harembewohnerin.

šagurrû (sum. LW.) Zuneigung.

šugarrû, šugârû (LW.?) e. Produkt der Dattelpalme.

šagâšu s. *šaqâšu.*

šêgušu, (=?) ***šâšugu, šaššugu*** e. Getreideart; — e. Baum (?).

šadû, šaddû, st. c. *šad,* pl. *šadû, šadâni, šadê, šaddê* Berg (opp. *mâtu*), Gebirge; e. chemisch-mineralogische Substanz; (Gebirgshimmelsgegend =) östlich, Osten; Ostwind. — *ša šadî* berghoch, hocherhaben (Wort *amâtu*). — *šadê ḫursâni* Bergeshöhen. *šad elêti* Hochgebirge (?). *šadî u mâti* Berg und Tal. *šad ubâni* e. Erhebung am lobus caudatus. *šad Igigi* e. Beiname von (Gott) Aššur. *šad erni* Zedernberg. *šad naqbi* Berg der Quellhöhle. *šadū rabū* e. Beiname von Enlil. — Vgl. *emēdu.*

šadāniš berghoch.

šaddā'u, šaddū'a Bergbewohner, «Gebirgler» (Schimpfwort).

šadānu, šaddānu Bergkristall (?).

šaddabakku s. *šandabakku.*

šadādu *(u)* ziehen (trans. u. intr.); dahinziehen (Jupiter *Neberu*); ziehen (Zugtier : Joch *nēra*, die beiden Seile *šerdā* [eines Fahrstuhls], übertr. [Gottes] Knecht sein); einziehen, einsaugen (mit dem Mund *ina pī*, durch ein Rohr *ina qanī*), übertr. zu kosten bekommen, erfahren (Land *mātu* : Erschöpfung *eppēra*); entziehen (: Nahrung *akāla*, gesunde Gesichtsfarbe *melamma*), wegschleppen; (nach Quadraten, vgl. u.) berechnen (: Erdreich *epera*, Gelände *eqla*, seinem Umfang nach *(ana) pī šulbīšu*; Fechsung *eqla*). — I2 entziehen (Ehefrau *aššat amēli* : sich ihrem Gatten *ina pāni mutiša ramānša*). — II1 ziehen lassen (: Joch *nēra*). — III1 ziehen, schleppen lassen (: Steine *abni*, Schwellen *askuppi*, Zedern- und Zypressenstämme *erēni ū šurmēni*, nach *ana*, *qereb*). — IV1 gezogen werden (Fahrstuhl *pisan rukūbu*). — *ša-šadādi* Prunkwagen (opp. *narkabtu*). — *šadādu ana libbi* sich zu Herzen nehmen, in Erwägung ziehen (: e. Sache *amāta*). — *šādid ašli* der das (Schiffs-)Seil zieht, treidelt; Feldmesser. — *šadādu šiddi* die Seiten (sc. eines Quadrats) ziehen, e. Quadrat beschreiben (Kulthandlung).

šiddu, st. c. *šid*, pl. *šiddi, siddāti* entlangziehende Seite, Langseite (eines Vierecks, obere *elū*, untere *šaplu*, opp. *pūtu, rupšu, arku*); Strecke, Entfernung; Areal (vgl. *ma'ādu*); pl. Landstrecken, Flanken (eines Schiffes *eleppu*). — *ša šid eltāni* nördlich. — *ina šiddi gerri* unterwegs.

šiddu, šiddatu, šīdatu (viereckige) Fläche (von Ackerland); (viereckiges) Gestell; Kiste.

šadittu Fahrstuhl.

šandūtu, šādūtu in *araḫ šandūti, šādūti* Monat der Berechnung (?, Abrechnung?).

mašaddu Querholz der Deichsel (opp. *asmaru*).

šaddagdi, šaddagdim, šaddagda, šaddagdam, šaddagiš, šaddagdiš, šādagdiš s. *santaqqu.*

šadāḫu *(u)* feierlich einherschreiten, einherwandeln, hinziehen (Truppen *ummāni*, Mond, [Stern-]Gottheiten; in : *ina qereb*, auf den Straßen *ina sūqāti*, vor *ana maḫar*, zur Seite *idē*), feierlich heranziehen (Nabū, aus : *eštu*). — I2 feierlich einherziehen, einherfahren (Wagen *narkabtu*); langsam vor- bzw. eindringen (Pflock *ukū*). — I3 fortwährend feierlich einherwandeln (Gespenst, in einem Giebelbau *ina gisallē*). — II1 feierlich einherziehen lassen (: e. Gott *lān ili*, in e. Tempel *ina bēti*). — II2 feierlich durchwandeln (Nergal-Mars : Himmel und Erde *šamē u erṣeta*). — III1 feierlich einherziehen lassen (zu e. Fest : *ana eseni*).

šadāḫu Fest-(Zugs-, Monats-)Tag (einer Gottheit, 5. : der Tašmētu, 25.: von Enlil und Bēlet-Bābili).

esdēḫu, esdēḫu, st. c. *ešdēḫ* Weg, Bahn; Gang; (glücklicher) Lebensweg, Wohlergehen, Gewinn.

mašdaḫā (du.) Prozessionsweg, Prozessionsstraße; Festzug, Prozession.

(**šadālu** sehr weit sein). — II1 sehr weit machen, erweitern, verbreitern (: Weg *tālakta*, Kulturland *mērešta*, Straßen *rēbāti*, Bau *šeketta*); riesengroß machen (: Last *ḫamla*?); massenhaft werden lassen (: Jahre *šanāti*). — II2 sehr weit werden, sich weit ausdehnen (Land *mātu*, Stall *supuru*). — *mušamdil ašnan* der massenhaft Gerste wachsen läßt, e. Beiname Marduk's.

šadlu, sadlu, f. *šadeltu*, pl. *šadlāti, sadliāti* sehr weit (Erde *erṣetu*, Meer *tāmdu*), riesig (Tore *abulli*, Balken *gušūri*, Besitztümer *bušē*), riesengroß (Verstand *ṣurru*, Steuern *igisē*); massenhaft (Werkleute *ummāni*, Feinde *nakēri*); herrlich (Nabū).

šundulu, šumdulu, f. *šundultu* sehr weit (Stätte *aśru*, Erde *erṣetu*); riesengroß (Verstand *libbu*); herrlich.

šitaddalu Riese; Orion.

šudingirāku (sum. LW.) «Gottes-Hand», e. fieberhafte Krankheit.

šaddaru e. (Gift-)Pflanze.

šiduri, siduri (?) (LW.?) Tochter; mannbares Mädchen (?); e. Beiname der Ištar.

šiššu (שדש), f. *šiššat, šišat* sechs. — *epen šīšat* Sechsgespann (Pflug).

šīs Sechzigstel in *ḫanšā šīs* (fünfzig Sechzigstel =) fünf Sechstel.

šeššu sechster (Monat *arḫu*, Feldzug *gerru*, Tor *bābu*).

šeššītu sechster (Monatstag).

šuššu, šūši, du. *šuššār, šūšānu* (?) (ein Sechstel der Vollzahl 360 =) sechzig; du. (zwei Sechstel =) ein Drittel.

suduštu (?) Sechsgespann (Pflug).

šizbu, st. c. *šizib* Muttermilch, Milch. — *šizbi enzi* Ziegenmilch. *šizib lāti* Kuhmilch. — *šizbu ū ḫēmetu* Milch und Butter.

šuḫ betreffs.

šaḫū im Schlamm waten, wühlen.

šaḫū, st. c. *šaḫ*, f. *šaḫītu* Schwein; — e. hölzernes Gerät oder Werkzeug. — *šaḫ api, šaḫ qanī, šaḫ šūri* Wildschwein. — *šaḫ qaqqari* e. Insekt.

*(**šuḫū**?,)* f. *šuḫītu* «watend in», über und über bedeckt (?, Wagen *narkabtu*, mit Gold *ina ḫurāṣi*).

šaḫḫū Tuch (?); Bußgewand (?).

šaḫḫītu, šaḫḫūtu (f., sc. *eleppu*) Segelschiff.

šuḫattu, šuḫātu Binde (?).

šaḫāḫu *(u)* locker werden (Stein *abnu*), ausgehen (Haupthaar *šārat qaqqadi*, Backenbart *šārat lētē*). I2 schlaff werden (Fleisch *šēru*). — II1 erschlaffen lassen (: Körper *zumra*). — III2 dämpfen (: Schrei *šagima*).

šaḫḫīḫu e. Krankheit, Auszehrung (?).

šeḫḫatu Auflockerung (des Erdreichs *epēri*), Schlaffheit (des Fleisches *šēri*).

šuḫḫānu (das Erdreich?) tüchtig lockernd (?, Pflug *epennu*).

(? **šaḫḫānu?**) (westsem. LW.) III/II1 und III/II2 (?) sich niederbeugen, sich verbeugen.

šaḫāṭu *(u)* gewaltsam abziehen (: Haut *maška*), abreißen (: Turban *kubša*, Diadem *agā*), ausziehen (: Kleid, Gewand *lubūša, ṣubāta*), (mit Ellipse) entblößen (: Arme *idā*); entfernen. — III1 abreißen lassen (: den Beschlag *eḫza* eines Wagens *narkabti*), entreißen (lassen), entfernen lassen. — IV1 entfernt werden, abgespült werden (mit Wasser *itti mē*). — *šaḫāṭu šeḫṭa* «ein Ausziehen bewirken» = (jdn.) kultisch reinigen.

šaḫṭu s. *šaḫtu*.

šeḫṭu Ausziehen; s. d. Verb.

šuḫḫuṭu zerrissen (?), verletzt (?, Penis, Hode).

šaḫāṭu, šaḫātu *(i)* springen, anspringen, überfallen; überspringen, entspringen; bespringen; hinaufsteigen, hinauftreten; überfallen (Stadt, Land), dahineilen (Šamaš). — I2 dahinziehen (Verfinsterung *atalū*, nach : *ana eli*), durchziehen, dahineilen; davoneilen, entspringen, entrinnen; sich aufbäumen (Leib *zumru*); (jd.) überfallen. — II1 besteigen (: Roß *murnisqa*). — III1 überspringen lassen, übersetzen lassen (: Truppen *ummānāti*, über einen Fluß *nāra*); dahineilen lassen (: Wolke *urpa*). — IV1 überfallen werden.

šaḫtu Anspringen, Sprung, Überfall (seitens eines Löwen *nēši*, einer Schlange *ṣēri*).

šeḫṭu, st. c. *šeḫeṭ* Sprung, Eilmarsch, Lauf (der Sonne, des Mars).

(šuḫṭu,) st. c. *šuḫuṭ*, in *šuḫuṭ libbi* Aufwallung des Herzens, (zornige) Erregung.

multaḫṭu Entrinnender, Flüchtling.

šaḫālu seihen, filtern; mit einem Seiher aufhalten (: Fische *nūni*, im Wasser *ina mē*), (jdn.) wie mit einem Seiher aufhalten, zurückhalten (Aufseher, *šāḫilu*, am Ausgangstor *ina bāb mušēṣī*). — Vgl. *ša'ālu, ḫašālu, ḫašlu.*

šaḫillu e. Hausgerät (aus Bronze).

šiḫlu e. Beamter (Aufseher?).

mašḫalu (steinerner oder silberner) Seiher, Filter.

šaḫullatu Gartenkresse.

šaḫānu warm, heiß werden (Tag *ūmu*). — I2 erwärmt werden, Wärme empfangen (Landstriche *qeprāti*, vom Sonnen-)Licht *urra*; an der Sonne *itti šamši*). — II1 wärmen (Holz *iṣi*), erhitzen (im Feuer *ina išāti*).

šaḫnu Erglühen (?, der Sonne *šamši*).

šuḫnu Syn. zu *zarḫu.*

mušaḫḫinu e. Gerät zum Wärmen (aus Bronze *siparru*).

šaḫpu gepreßtes Leder (?, zum Überziehen eines Götterschranks *parakku*).

šuḫuppatu e. paarweise gebrauchter lederner Bekleidungsgegenstand (Gamasche?).

(šaḫāqu) niesen (?).

šaḫāru s. *saḫāru.*

šaḫarratu e. best. Art (sc. Form?) eines Gefäßes (*laḫanu, karpatu*); vgl. (?) *saḫḫaru.*

šaḫūru, šuḫūru (?) (sum. LW.) Tempelhäuschen (?, auf dem obersten Geschoß eines Sakralturms).

šuḫarruru still werden, abflauen (Orkan *imḫullu*), abnehmen (Tag[eslicht] *ūmu*); in Schweigen versinken; sich still halten (König bei einer Mondfinsternis); sich entsetzen (?); pms. still sein (Stätte *ašertu*). — I2 sich entsetzen (?; vgl. *ḫarāru*).

šaḫarratu, šuḫurratu, šaḫrartu Stille, Schweigen; Entsetzen (?).

šuḫurriš still (?).

šaḫiššu, šaḫittu, šiḫittu e. Pflanze; vgl. (?) *suḫuššu.*

šaḫātu (u) zaghaft sein, sich bangen (um : *ina*), ehrfurchtsvoll sein. — Vgl. *šahāṭu.*

šaḫtu, šahṭu ehrfürchtig.

šaḫatu e. Pflanze.

šaḫātu s. u. *aḫu.*

šaḫittu, šiḫittu s. *šaḫiššu.*

šuḫtu Rost, Grünspan.

šuḫattu, šuḫātu s. unter *šaḫḫū.*

šeṭū (שטא) ausbreiten (: Malz *buqla*). — I2 ausbreiten.

šatāṭu (u) aufschlitzen (: Leib *karāša*).

šaṭāpu (?) überströmen (?).

šaṭāru, šatāru (u) schreiben (auf e. Tafel *ina ṭuppi, ina lē'i*, auf Papyrus *ina urbanni*; daß *aššum*; wegen : *ana*), ein Schreiben (*šaṭāra*), e. Schriftstück (*u'ilta*), e. Urkunde (*ṭuppa*) verfassen (auf den Namen von *ana šum*), aufschreiben (: Namen *nebēt šumi*, auf *ina eli*), niederschreiben (: Worte *amāti*, auf einem Denkmal *ina narī*), hinschreiben (: Namen *šuma, nebīt šum* + suff.; auf *ina eli*), beschreiben (: Tafel *ṭuppa*), schriftlich kundgeben (: Macht und Stärke *danāna ū līta*); e. Urkunde ausfertigen, eintragen (in e. Urkunde *ina ṭuppi, ina kanīki*; mit Namen, namentlich *šumišam*); einreihen (in, unter: *ana*); urkundlich (*ina ṭuppi*) zuschreiben, verschreiben (: Feld *eqla*, Gabe *nudunnā*, jdm. : *ana*), e. urkundliche Zuwendung machen (jdm. : *ana*), urkundlich gestatten (mit inf.); pms. aufgezeichnet sein (Name *šumu, zeker šumi*, Text *dabābu*, Beschwörung *šiptu*; auf: *ṣēri, ina eli*; auf einer Urkunde *ina maštari, ina musarī, ina nibzi*); urkundlich aufgezeichnet sein (zum Zeugnis für *ana šībūt*), jdm. (dat.) urkundlich zugeschrieben sein (Feld *eqlu*). — I2 hinschreiben (: Namen; auf e. Urkunde *ina libbi nibzi*). — II1 aufzeichnen. — III1 einschreiben lassen (nach dem Wortlaut einer Urkunde *ina pī kanki*), aufzeichnen lassen (auf : *ṣēr*). — IV1 geschrieben werden; bezeichnet werden (als); eingereiht werden (unter : *ana*). — *kiām šaṭir* so steht geschrieben (in e. Urkunde *ina ṭuppi*). *kīma šaṭru* wie geschrieben steht (in e. Urkunde *ina ṭuppi*). *kīma labērišu šaṭir-ma bari* nach seinem Original kopiert und kollationiert.

šaṭru geschrieben (Name *šumu*, Denkmal *narû*).

šeṭru, st. c. *šeṭer* Schrift, Schriftstück. — *šeṭer šumi* Namenszug. — *šeṭer burūmi*, *šeṭer šamê* Schrift des Firmaments, Himmelsschrift, Sternhimmel.

šeṭertu Schreiben, Schriftstück; Korrespondenz (zwischen . . . und . . . *ina berēt . . . u ina berēt . . .*). — *šeṭertu ša māmēti* durch Eidschwur erhärteter Vertrag. *šeṭerti šamāmi* Himmelsschrift, Sternhimmel.

šaṭāru Schreiben, Schriftstück, Urkunde, Inschrift (auf Stein *ša abni*).

mašṭāru, malṭāru, malṭūru Urkunde, Inschrift, Aufschrift (auf e. Sockel *kigalli*).

šiṭarudu s. *šarāṭu*.

šākû (?), **šēkû** (?) (sum. LW.) e. Verwaltungsbeamter. — *šākû* (?) *māti* Landesverwalter (?). — Vgl. *šaqû*.

šākūtu e. Verwaltungsamt (Bürgermeisteramt?).

šakkû Verwaltung (?), Ordnung (?).

šukû s. *šugû*.

šukuddu (?), **šukūdu** Pfeil; Sirius (+ Prokyon).

maškādu e. Gelenk(?)-Krankheit.

šakāku *(u)* eggen; (etwas) aushecken (gegen : *eli*). — II1 eggen; inkrustieren (mit Silber, Gold, Edelsteinen).

maškakkātu, maškākātu (pl.) Egge. — *maškākāt mušarî* «Gartenegge», Rechen.

šakāku mit der Spitze *(šikkatu)* hervorragen, hervorspitzen, hervorbrechen.

šikkatu, pl. *šikkāti*, *šikāti* Pflock; Türpflock (?); Nagel (an verschiedenen Teilen des Pflugs *epennu*, an einer Hacke *marru*, an e. Joch *nīru*, an einem Schloß *aštartu* bzw. dessen Riemen, *uppu*, oder Schlüssel *namzaqu*; von Kupfer *erî*); Spitze (einer Waffe *kakki*, eines Gebirges *ḫuršāni*); Trommelschlegel; Zahnkrone (opp. *šēpu*); Auswuchs (am Rückgrat, *eṣenṣēru*, einer Mißgeburt). — *šikkāt magarrē* die Nägel, mit denen das Rad im Reifen befestigt ist. *šikkāt manzāzi* die Nägel, mit denen (am Wagen) das Trittbrett an die Deichsel befestigt ist. *šikkāt ittî* die Nägel, mit denen der Pflugbaum an seine Deichsel befestigt ist. *šikkat ṣēli* ein Teil (der knöcherne?) der Rippe.

šikku, šikkatu Alaun.

šikkû e. Tier (Maus?).

šakilu (sum. LW.) e. Art Riegel.

šakkilu e. Kopfbedeckung.

šakullu, šākullu (sum. LW.) e. Baum.

šukammu (?), **šukāmu** (?) Abrechnung(stafel) (?).

šakānu *(u)* legen (: Fundament *uššа*; Besatzung *maṣṣarta*, in : *ina*; etwas : acc., in den Schmelzofen *ana utūni*, auf die Wage *ina zibānīti*, jdm. in die Hand *ana qāti* mit Suff.), hinlegen (vor : *ina pān*), niederlegen (: Urkunde *musarû*; etwas (acc.) in : *qereb*, *ina qereb*), aufstapeln, deponieren; schriftlich niederlegen (: Recht und Gesetz *kētta u mēšara*, in der Landessprache *ina pī māti*), mündlich deponieren, Bericht erstatten, berichten, aussagen (vor : *maḫar*, *ina maḫar*; opp. *šakānu ina ṭuppi*), spez. ein Anliegen vorbringen, petitionieren; anlegen (: Linnengewand *kitā*, Ring *šemēra*, Kette *alla*, *ulla*, Seil *šumāna*, jdm. dat.); auferlegen (: etwas acc., jdm. *ina eli*; sc. *pēḫata* Verantwortung = verantwortlich machen, jd.: *ina muḫḫi*); zulegen (: Geld *kaspa*, jdm.: dat.); setzen (: einen Namen auf ein Denkmal *šumšu al ṣalmi*), aufsetzen (: Datteln *uḫēni*, d. h. das männliche Reis auf den weiblichen Baum pfropfen); ansetzen (: Frist *adāna*, jdm. : dat.); festsetzen (: Verköstigung *kurummata*, für: *ana*); einsetzen (: König *šarra*, Statthalter *pāḫata*, Residenten *qēpa;* als Vogt *rābiṣa*, *ina rābiṣi*, als Schutzherrn *ina ḫaṣānūti;* in [ein Amt]: *eli*, *ana eli*), spez. als Statthalter einsetzen (: jd. *amēla*, in e. Stadt *ina āli*); stellen (an die Spitze von Truppen *ina pān ṣābi*), in Dienst stellen; aufstellen (: Bild *ṣalma*; als Vertreter *bēl-pēḫati*, für : *ana*); bestellen, beordern (jd.: acc., für: dat., zu: *ana*, auch *ana* mit inf.), bestimmen (: Käfig *šigāra*, für : dat.); bereiten (: Opfermahl *mākali*; e. Meer von Reichtum *mē nuḫši;* für : *ana*); zuteil werden lassen (: Gnade *rēma*, Untergang *ḫalāqa*, jdm. : dat.), schaffen (: Rat *šētulta*), verschaffen (: Licht *nūra*, jdm. : *ana*); veranstalten, abhalten (: Fest *esenna*, *tašēlta*, Gastmahl *kerēta*, Klagefeier *kasāp kispi*, Strafgericht *šipṭa*), anzetteln (: Wirren [und] Aufstand *ešīta saḫmašta*, gegen: dat.); bewirken, beibringen (: Niederlage *abikta* [mit unzähligen Verlusten *ina lā-mēni*], *tapdā*, *kamāra*), ausüben (: Macht und Stärke *danāna ū līta*); verwenden (: etwas acc., zu : *ana*); zur Bewirtschaftung übergeben (: Garten *kerā*, jdm.: *ana*); regeln (: Angelegenheit *amāta*); machen (: Stadt *āla*, zu e. Festung *ana neṣerti*, [: jd.] zu seiner Magd *amatsu*); arbeiten, schaffen (abs.); (mit Ellipse von *pāna*) beabsichtigen, sich vornehmen (zu : *ana* mit inf.); — mit *-ma* und prec. oder imprt. bestellen, bestimmen und dann tun; — pms. liegen (Teile der Leber, einander gegenüber *tarṣi aḫāmiš*), gelegt sein (in e. Topf *ina karpati*, Zitze in den Mund *zīzu ina pī*), aufgestapelt, deponiert sein (Getreide *šēu*, Datteln *suluppi*, Kapital *kīsu;* in : *ina*, bei: *maḫar*, *ina maḫar*); schriftlich deponiert sein, aufgezeichnet sein (Name *šumu*, vor e. Gottheit *ina pān ilūti* [zur Orakelerholung]); angelegt sein (Fessel), angebracht sein ([mitten] in : *qabal*, *ina libbi*); gesetzt sein, gefangen sein (Vogel *iṣṣūru*, in e. Schlinge *ina libbi ḫuḫari*); aufgestellt sein (Streitkräfte *emūqi*, gegen: *ina eli*); bestellt sein, beordert sein (nach e. Ort: *ana*, zu: *ana* mit Inf.; zu e. Arbeit *eli dulli*, opp. *eteq*); zuteil werden (Feindschaft *nukurtu*, jdm.: *ana eli*; als Geschenk *šaraqtu*, jdm. : *ana*); zu Diensten stehen, zur Verfügung stehen (jdm. : *ana pān*); gefaßt sein (Ring *unqu*, in Gold *ina ḫurāṣi*); geregelt sein (Angelegenheit *amātu*); geschaffen sein (Erde *erṣetu*); (an sich) haben, versehen sein mit (: Mal *mašta*, Fühlhörnern *burzāzā*, Leben *napišta*; Jupiter: Glanz *melamma*, Mars: Lichtschwäche *ṣuḫḫurūta*). — I2 aufstellen (: Schlachtreihe *sedra*, *sederta*), herstellen (: geordnete Verhältnisse *mēšāra*), bestellen (?, : Haus *bēta*); einsetzen (jd. : acc., über *eli*); anbringen (: Namen *šuma;* Bild *ṣalma*, auf e. Grundstein *ina temēni*); beibringen (: Wunde *ṣemma*, jdm. : dat.), verursachen (: Herzeleid *muruṣ libbi*, jdm. : *ana pān*), bewirken (: Niederlage *tapdā*; Mondgott *Sin*: Verfinsterung *atalā*); ausüben (: Macht und Stärke *danana ū līta*). — I3 sich in Bewegung setzen (?, Füße *šēpā*); andauernd berichten, petitionieren (bei: *maḫar*). — III1 hineinlegen (lassen) (in: *libbi*); aufhäufen lassen (: Überfluß *ḫegalla*, in e. Land *ina māti*). — IV1 gelegt werden (zu: *ana*), niedergelegt, deponiert werden (in : *ina*); bestellt werden (zur Statthalterschaft: *ana šakīnūti*), bestimmt werden (für : *ana*; auch mit *-ma* und prec.; Kaufpreis *maḫīru*, zu, auf : *ana*); veranstaltet werden (Wollrupfen *buqūmu*), vollzogen werden (gesetzmäßige Freilassung *andurāru* [eines Sklaven], Namensnennung *zeker šumi*), stattfinden (Verfinsterung *atalū*, Gesang *zamāru*), geschaffen werden ([berühmter] Name *šumu*, durch e. Gottheit *eštu eli ili*), erfunden werden (Furcht *ḫattu* bei [jdm.] *muḫḫi*), zuteil werden (Unheil *lemuttu*, jdm. : *ina pān*), zufallen (Verantwortlichkeit *pēḫatu*, jdm. : *ina eli*); in Verbindung treten (mit : *itti*); (jdn.) betreffen, befallen (Krankheit *murṣu*, Samenerguß *gitalūtu*); sich einstellen, entstehen (Not *sunqu*, Überschwemmung *pāru*, gutes Einvernehmen *sūlummū*, Hader, Streit *ṣaltu*, *puḫpuḫū*); werden (: Diener *arda*). — IV2 in Verbindung treten (mit : *itti*). — IV3 fortwährend entstehen (Gewölk *urpatu*, am Himmel *ina šamē*) *naškunu ana eqqeb* fern sein, fernbleiben von (Regen; Verfluchter seinem Haus [?]). — *šakānu kīma* . . . (jd.) gleichstellen mit . . . *šakān amēli* die Handlung der Leute. *minā iššakinka* was ist dir geschehen? *šakānu amāta* e. Ausspruch tun (Wahrsagepriester *bārū*). *šakānu amāt* . . . e. Prozeßverfahren über . . . zum Austrag bringen. — *šakānu andurāra* Freiheit bewirken, freilassen. *šakānu ūrta* e. Gesetz erlassen. — *ēnā ultu šarri šaknā* die Augen sind auf den König gerichtet. *šitakunu ēnā* die Augen richten auf, erwarten (etwas : acc.). — *šakānu abbutta* e. Sklavenmal machen (jdm. : dat.). — *šakānu adē* e. Vertrag schließen (mit : *itti*), e. Eid ablegen. *šakānu ša adē* Vertragsschließung, Eidesleistung. — *šakānu uburta* blockieren (milit.). — *šakānu mādaqta* Station machen. — *šakānu uznā* «die Ohren stellen», die Aufmerksamkeit (auf etwas) richten. — *šakānu aḫēta* beiseite legen (: Getreide *šēa*). *šakānu aḫūta* Bruderschaft setzen (zwischen *ina bēri*). — *amūtsa iššakar* sie wird Magd. — *šakānu emūqāti* «Kräfte zusetzen», verstärken. — *šakānu mānāḫta* Aufwendungen machen (für e. Feld *ana eqli*). — *šitakunu unkenna* sich scharen, sich zusammenrotten. *šitakunu semāti* mit dem Erforderlichen versehen. — *šakānu eqla* e. Acker urbar machen. — *naškanu erā* geteilt werden (Land). — *šakānu ana išāti* in Brand stecken. — *šitakunu šubta* den Wohnsitz aufschlagen, wohnen. — *šakānu ana ašri* schaffen. — *šakānu uššurta* e. (kultische) Anordnung treffen (?). *šakānu mēšāra* e. (Gnaden-)Verordnung erlassen; Schuldennachlaß gewähren (?, König *šarru*). — *šakānu ašušta* e. Leid antun, Schmerz bereiten, wehtun. — *šakānu ubānāti ina uznē* die Finger in die Ohren stecken. — *šakānu ina burki ili* «in den Schoß einer (best.) Gottheit niederlegen» = e. Geldstrafe (: *kaspa*) an e. (best.) Tempel entrichten. — *šakānu, šitakunu gemella* Vergeltung üben (an : *eli*), rächen. — *šakānu gerra ana* oder *ina šēpē* mit Suff. jdm. den Weg bereiten, ihn fördern. — *šakānu ana gašīši* pfählen (jd. : acc.). — *šakānu ana dannūti* zum Stützpunkt machen. — *šakānu ana libbi zitti* mit Suff. jdm. zuteilen (etwas : acc.). *naškunu ana zitti* zuteil werden. — *šakānu, šitakunu ṭēma* Bescheid geben, Auftrag, Befehl erteilen. *šitanakunu ṭēma* regelmäßig Bescheid geben (jdm. : *ana*). — *šakānu ina ṭuppi* schriftlich niederlegen, deponieren, niederschreiben. — *šakānu ina kidi* fortschaffen. — *šakānu kibsa* den Schritt verhalten, stillstehen (?). — *šakānu kišāda ina ḫūli* den Nacken unter das Joch beugen. — *šakānu lēta* den Sieg davontragen, triumphieren (über : *ina muḫḫi*). — *šakānu libba* mit Suff. *ina* beachten, berücksichtigen. *šakānu ina libbi* sich etwas zu Herzen nehmen, sinnen (: Unheil *lemutta*). *naškunu ina libbi, eštu libbi* zu Herzen gehen (, daß : *kī*), am Herzen liegen. *šakānu ina libbišu paṭra* sich einen Dolch auf die Brust setzen. — *šakānu lišāna* mit der Zunge schnalzen. *šitkunu lišāna* Verkehr pflegen, verkehren (mit :

itti). — *šakānu ana mārūti* zur Kindschaft annehmen (jd. : acc.). — *šakānu medīta* das Maß festsetzen, messen, vermessen. — *šakānu meqetti* + suff. jdn. zu Fall bringen, vernichten. — *šitakunu ana tanādati* zum Ruhm gereichen lassen. *šakānu ana nasīkūti* zum Regenten machen. *šakānu nūra* Licht schaffen (einem Volk : *ana nīši*). *šakānu nibīt* + suff. benennen. — *naškunu ana nikāsi* auf Konto gesetzt werden, verrechnet werden. — *šakānu, šitakunu nengūta* Musik machen, eine Musikaufführung veranstalten. — *šakānu, šitakunu napišta* den Geist aufgeben, sterben (durch e. Biß *ina niški*). — *maṣṣāri šakānuma šū'uru* unter Bewachung schicken. — *šakānu ana neṣērti* zum Stützpunkt machen. — *šakānu nušērta* Abbruch tun, nicht vollständig, nicht richtig ausführen (: Feldmahd *qeṣṣat eqli*). — *šakānu pā* e. Aussage machen (Wahrsagepriester *bārū*). *šakānu, šitakunu pā* mit Suff. *itti, šakānu pā ū libba itti* mit (jd.) sich ins Einverständnis setzen, konspirieren. *šakānu pā* mit Suff. *ašar eštēn* e. Vereinbarung treffen. *šakānu niša ina pī amēli* jd. e. Eid leisten lassen. *šuškunu ina pī* . . . jd. aussprechen lassen (: Ehrfurchtsbezeigung *puluḫta*). *šuškunu ina pī ili* e. Gottheit aussprechen lassen (etwas : acc.). *naškunu īna pī* ausgesprochen werden. — *šakānu ana pūḫi* durch Tausch veräußern (: Feld *eqla*). — *šakānu pidna* Streichmusik machen. — *šakānu epṭera* als Lösegeld vereinbaren (e. Summe, zwischen *bēri*). — *šakānu pāna* das Antlitz richten (gen Sonnenaufgang *ana ṣīt-šamši*), übertr. die Aufmerksamkeit hinlenken, richten (auf : *eli*), die Aufmerksamkeit ablenken (?, von e. Ort *eštu ašri*). *šakānu pāna damqāti* e. freundliches Augenmerk haben (auf : *eli*). *šakānu ana pāni* (jd.) vorziehen. *pān amēli šaknu* jd. hat die Absicht, nimmt sich vor (zu : *ana* mit inf.). *ašar pānušu šaknu* wohin er strebt. *šitakunu pāna* die Aufmerksamkeit richten (auf : *ana*), darauf bedacht sein, beabsichtigen, sich vornehmen (zu : *ana* mit inf.). *naškunu ana pān* . . . sich (jdm.) zur Verfügung stellen. — *šakānu ṣuḫḫurta* dezimieren. — *šakānu ṣalam dameqti ina tērti* e. günstige Erscheinung in e. Vorzeichen veranlassen (Gottheit). — *šakin, iššakin qūlu* der Lärm legt sich (?). — *šakānu qātā* Hand anlegen, in Bearbeitung nehmen (: Ruinenhügel *tellāni nadûti*). *šuškunu qātā* Hand anlegen lassen. — *šakānu qabā* das Wort einsetzen, sich verpflichten (?). *šitakunu apputi qabā* sich aufs Bitten verlegen (?). — *šitakunu qūla* (mit Suff.) (jd.) verhöhnen. — *šakānu qenna* e. Nest bauen (Vogel *iṣṣūru*). — *šakānu reksāti* e. Vertrag schließen. — *šakānu šēpā ina qaqqari* («die Füße auf den Boden setzen» =) vom Krankenbett aufstehen. *šuškunu ḫarrān* . . . *šēpā* mit Suff. jd. den Weg wohin einschlagen lassen. — *šitakunu šeḫṭa* e. Eilmarsch zurücklegen (von 30 Meilen *ana 30 bēri*). — *šakānu kīma šakāni* entsprechend handeln, das Erforderliche veranlassen (?). *šakānu šukunnā* Ertrag bringen (?). *šakānu šukunnē* (best.) gärtnerische Arbeiten ausführen (Stecklinge setzen u. dgl.). — *šakānu šuma* den Namen (wohin) setzen, übertr. die Herrschaft antreten (in e. Land *ina māti*). — *šakānu šamna ina qaqqad amēli* jd. (zum König) salben. — *šakānu ina šaptē* reden. *šakānu nīša ina šaptē* e. Eid leisten. *naškunu šapta, ina šapti* geredet werden. *naškunu nīšu ina šapti* geleistet werden, Eid. — *itaškunu ana šarrūti* sich selbst zum König machen. — *šakānu tebā šamra* e. heftigen Angriff machen (auf : *eli*).

šākinu, f. *šākintu, šakittu*, st. c. *šākinat* festsetzend, aussagend, verschaffend, arbeitend, in *šākinat tuqunti* Kampfesleiterin (Ištar); *šākin takrebti*, f. *šākinti takrebti* betend, Beter, Beterin; *šākin ṭēmi* e. Titel: «Auftraggeber» («Geheimrat»), *šākin ṭēmi māti* «Auftraggeber» in der Landesverwaltung; *šakittu napšati* Leben verschaffend, Lebensspenderin, e. Beiname von Aruru; *šākinu* (Garten-) Arbeiter, Gärtner.

šākinūtu Gartenbewirtschaf-[tung.

šakēnu, *šaknu*, st. c. *šakēn*, f. *šakēntu*, *šakēttu*, *šekēttu*, *šaknatu*, st. c. *šaknat*, *šeknat*, pl. *šaknāti*, *šeknāti* eingesetzt, bestellt; verrichtet (Gebet *takrebtu*); Statthalter, spez. Provinzstatthalter; Verwalter; f. Stand, in *ašar šaknatu* Standort (eines Prunkwagens *narkabtu*); Anlage, Bau (eines Tempelhofes *kisal bēti*, einer Terrasse *tamlū*); Gestalt (einer Gottheit *ili*). — *šakēn šarri* der vom König eingesetzte. *šakēn māti* Landes-Statthalter. *šakēn ili* Statthalter einer Gottheit (König). *šakēn būši* Domänenverwalter (?). *šakēntu ša bēti* Haus (Tempel?)-Verwalterin. *šaknat*, *šeknat napišti* Lebewesen.

šakēnūtu, šaknūtu Statthalterschaft.

šiknu, st. c. *šikin* Satz, Sediment, Schlamm (eines Kanals *nāri*); Bauwerk, Bau; Machwerk; Bildnis, Figur; Natur (einer Krankheit *murṣi*); gärtnerische Ausnützung (?, eines Feldes *eqli*). — *šikin adanni* festgesetzte Zeit, Termin. *šikin uṣurāti* Machenschaft, d. i. Einfluß des Schicksals (opp. *epšēt amēlūti*). *šikin ṭēmi* Bescheiderteilung, Bescheid. *šikin napišti* Lebewesen. *šikin pī* Kinn (?). *šikin qātē* («Machwerk der Hände» =) (jds.) Kreatur (Untergebener). *šikin-šēpi* Fuß-Sohle.

šikānu Satz, Bodensatz.

šukānu Besitz.

šukunnū Ertragsabgabe.

šukuttu Depositum, Vorrat, Schatz, Besitz.

maškānu, pl. *maškāni* Niederlage, Depôt; Lagerplatz, Tenne (zu e. Feld gehörig *ša eqli*); Posten, Platz, Stelle, Ort; -Pfand, -Fessel. — *ina maškān* irgendwo. — *maškān ramāni* s. u. *maqātu*.

maškattu, pl. *maškanāti* Niederlage, Lagerplatz (?), Tenne (?).

šakanna s. *akanna*.

šakinnu Sproß, Trieb (?, der Dattelpalme).

šikinnu (sum. LW.) e. Tongefäß.

šakanakku, šakkanakku, šakkanāku, šakanku (sum. LW.) Herrscher, Machthaber, Statthalter; Stadtpräfekt. — *šakanki ilāni* Statthalter der Götter (König, urspr. 'the gods' footman'?).

šukūsu Mütze (?), Hörnermütze (?).

šakāpu s. *sakāpu*.

šakāru trunken werden, sich berauschen (beim Trinken *ina šatī*).

šakru trunken (opp. *ṣāmū*).

šakerū Bilsenkraut.

šakrānu Trinker, Trunkenbold.

šikāru Getränk; Trank (cpl. *akālu*), Trunk (vgl. *ašābu*); Rauschtrank. — *šikāru mār-šatti* einjähriger Rauschtrank. — *šikār sātu* Rauschtrank von Rotwein (?). — *šikāru enṣu* Essig.

šakkūru berauscht.

maškēru, maškūru, pl. *maškēri* Trinkbeutel, Schlauch.

šakkarū e. Teil der Dattelpalme (?).

šakirū (sum. LW.?) (Scherbet-?) Krug.

šekru Klinge (?). *šeker maggari* Klinge des Beils.

šukurru Klinge (?); e. Waffe, auch als Schwursymbol.

šikittu e. Holz.

šakkaterru (LW.?) «Buntschwanz», e. Insekt.

šalū (שלא) s. *salū* (סלא).

šēlu, šellu (שלא?), pl. *šēlū*, *šēlūtu* Haut (am Fleisch *šēri*; auch ein [vorbedeutender] Teil des Opferfleisches); Balg (?, eines Vogels *iṣṣūri*); Rinde (?, der Dattelpalme); Vorzeichen. — *šēlu ša sinništi* Hymen (?), — Vgl. *ša'ālu*.

mašlu, mašlū, Lederbeutel.

šēlu (?), **šūlu** (א4שׁל?) Ausschlag (?), Aussatz (?). — Vgl. *salū* und *ša'ālu*.

šūlānu mit Ausschlag behaftet (?, Neugeburt).

šalū (א6סל) s. *salū* (א6סל).

šelītu s. *salū* (א7סל).

šulū s. *sulu'*.

šalbabu e. Epith. Marduk's.

šalgu Schnee.

šalāḫu s. *salāḫu*.

šalḫu (Leinen-)Binde (?).

šalḫū s. *salḫū*.

šallaḫurū (sum. LW.) e. landwirtschaftliches Gerät.

šalāṭu herrisch sein, gebieterisch sein, herrschen (über *eli*, *ina eli*). — I2 mächtig sein (an Rang : *manzāza*).

šalṭu, st. c. *šaliṭ* Herrscher, Fürst.

šalṭiš, salṭāniš als Herrscher; gebieterisch.

šulluṭu machtvoll.

šitlutu machtvoll, mächtig, gebieterisch (e. Beiname von Nabū).

šalāṭu, šalātu zerschneiden, entzweischneiden (Faden *qā*, Tau *ḫenna*), spalten (: Brust *erta*, Feuerstein *ṣurra*, Horn *qarna*), aufritzen (mit dem Ritzmesser *ina emṭī*). — II1 entzweischneiden (: Tau *ḫenna*), aufbrechen (: Schloß *sikkūra*).

šalṭu (?, wests. LW.?) Schild (?, Köcher?).

šalālu *(u)* wegführen, fortführen (opp. *turru*), Beute *(šallata)* machen, erbeuten (: Personen und Sachen), plündern (: Stadt, Land). — I2 fortführen (: Rinder *alpi*, nach *ana*), erbeuten (: Schatz *makkūra*), plündern (: Stadt). — IV1 (als Gefangener) abgeführt werden, geplündert werden (Land *mātu*, Palast *ēkallu*); sich schleppen, kriechen. — IV3 sich fortbewegen, sich herausbewegen (Schlange *ṣēru*, aus einer Türe *ina dalti*).

šallu weggeführt (Gottheit *ilu*).

šallatu, šellatu Beute, Kriegsgefangene. — Vgl. *salū* (א6סל).

šallatiš als Beute, zur Beute; vgl. *manū*.

mušlalu e. Bauwerk.

šalalu s. *qanū*.

šalāmu *(i)* unversehrt sein (Schiff *eleppu*), ungebrochen sein (Treue *kētu*), fehlerlos, normal sein (Inneres eines Schafes *lib emmeri*, Leber, opp. *lapātu*; Körpermaße, *menāti*, eines Opfertiers; [Opfer-]Fleisch *šēru*); vollkommen sein (Wohlbefinden *šulmu*); sich vollziehen, zur Vollendung kommen, fertig sein (*kisikku*-Fest), zur Tatsache werden (Feindschaft *nukurtu*, gegen : *ana*); in seinem Element sein (Sonne *šamšu*, am Himmel); heil sein, sich wohlbefinden; verlässig sein (Person), richtig sein (Aussage), heil hervorgehen (aus einem Prozeß *ina dīnāti*); sich in Übereinstimmung befinden, einig sein (mit : *itti, ana*); vgl. *salāmu*. — I2 unversehrt, heil bleiben (im Ordal); ausgeführt werden (Beschwörungen, Zeremonien, Vorzeichen und Ölwahrsagung *tērtu ū šamnu*). — II1 fehlerlos herstellen (: Haustüren *bābān bēti*); unversehrt, heil erhalten, instand halten (: Heiligtümer *parṣē*); wieder in Ordnung bringen (Bildwerke *uṣurāti*, opp. *suḫḫū*); vollenden (der 30. Tag *ūmu 30.* : die Dauer des Monats *mēnāt arḫi*, bzw. Sīn : die (Monats-)Tage *ūmū*, opp. *turru*; Monat *arḫu* : das Jahr *šatta*); fördern, Gedeihen geben (Gott *ilu*), gedeihen lassen (: Menschen *nīši*, Leben *napišta*, Unternehmen *šepra*); vollziehen (: Opfer *sattuqqa*, Geheiß *qebēta*); ausführen (: Eidschwüre *adē*); rite begehen (: bestimmte Tage); wohlbehalten bringen (: Göttinnen *ilāti*, *ištarāti*, nach : *ana*); günstig gestalten (Gottheit : Wahrsagung *berʾa*); zurückerstatten, bezahlen (: Geld *kaspa*), ersetzen (: Schaden *ḫebelta*, Verstorbene *mītūti*). — II2 ausgeführt, vollzogen werden (Opfer, Beschwörungen, Zeremonien), fertig sein; heilen (: Knochenbruch *eṣmet amēli šeberta*). — *šalāmu ū balāṭu* wohl und gesund sein. — *šalāmu-ma nadānu* voll ersetzen (: Schaden *ḫiṭīta*).

(šalīmu,) šalmu, f. *šalimtu, šalintu, šalindu,* pl. *šalmāti* unversehrt (Siegel *kunukku*), vollkommen (Zusage *annū*), heil, wohlbehalten, zahlungsfähig; richtig (Aussage *amātu*); glücklich (Tag, Monat), günstig (Vorzeichen *tērēti*, Orakel *šērē*, Schicksalsbestimmungen *uṣūrāti*, Aussprüche *dibbi*); wohlbestellt (Amt *pēḫatu*); — Wohlergehen, Friede; — f. e. Hausgerät (von Eisen oder Bronze); — pl. Heil. — *ina šalmi* vollkommen. *ina šalimti, ina šalmāti* wohlbehalten (salve); unbescholten (vgl. *aṣū*). *kī šalmi* rite, wie es Ritus ist. — *šalmu lā šalmu* s. *lā*. Vgl. *šalamtu*.

šalmiš wohlbehalten, heil (salve), in Frieden.

šalāmu Unversehrtheit, Vollendung, Vollzug, Wohlergehen, Wohlfahrt, Gesundheit (vgl. *balāṭu*), Heil. — *ina šalāmi* unversehrt, unvermindert (Geldsumme). — *an lā-šalāmi* Unheil. *šalām bēti* Vollzug einer (rituellen) Tempelabgabe. *šalām manzalti* Vollendung einer (fünftägigen) Mondphase. *šalām šamši* Vollendung (des Tageslaufs) der Sonne, Sonnenuntergang.

šalamtu, šalamdu, auch **šalmu** (fertiger, sc. Körper? =) Leichnam, Leiche; (als pl. gebr.) Leichen.

šalamdaš wie eine Leiche.

šēlan, šellan (< *šalām, šelām* [?] (beim) Untergang, (im) Westen (opp. *ṣītan* s. *aṣū*).

šelemtu zentraler Muttertropfen (?, einer Ölschicht).

šulmu, st. c. *šulum,* pl. *šulmū* (?), *šulmāni* Wohlsein, Wohlergehen, Wohlbefinden (opp. *murṣu*), Befinden; Sicherheit (vgl. *kāru*); Heil, Gruß (besonders in Briefeingängen, an: *ana*); Friede; Friedensbann (?), vgl. *alāku;* — Blase, Fettauge (einer Ölschicht), Echinococcusblase (?, an der Leber), Orakel. — *ša šulmi* unversehrt, fehlerlos (Opfer *neqū*). — *šulum kīsi* guter Kapitalstand. — *šulmu (u) balāṭu* Heil und Wohlfahrt.

šulmānu (vgl. *šulmu*), pl. (?) *šulmānāti* Begrüßungsgeschenk, Geschenk, Gabe. — *šulmān qāti* persönliches (?) Geschenk.

šūlmāniš wohlbehalten.

šulummū unversehrter Zustand (opp. *ḫupū*).

šullumtu Unterhaltungskosten.

tašlimtu, tašilindu (?), pl. *tašlimāti* Begrüßung (?).

(šalumtu, st. c.) *šalummat* Glanz (der Mondsichel *askari*, der Waffen *kakki*), Glorie (einer Kapelle *papāḫi*, der Königsherrschaft *šarrūti*). — *šalummat ṭipāri* Fackelschein (der Ištar-Venus).

šilammu e. Pflanze.

šalinnu (?) e. Gerät (?, aus Bronze).

šēlan, šellan s. unter *šalāmu*.

šalāpu (u) herausreißen (: Embryo *šerra*, sc. aus dem Mutterleib), ausreißen (: Zunge *lišāna*); herausziehen, befreien. — pms. herausgerissen sein (Ziegelwerk, *lebettu*, einer Mauer *igāri*; Frau, aus dem Schoß ihres Gatten *ina sūnē ḫā'eriša*), (aus der Scheide) herausgezogen, gezückt sein (Schwert *namṣaru*). — II₁ herausreißen, wegreißen (: Unglücksfäden *qē lumni*).

šelleptu e. Art Hacke (für die Ziegelbereitung).

šulpu Halm (?); Getreidefeld (?, opp. *zaqpu*).

šallapānu e. Pflanze.

šeleppū Schildkröte (?).

šalāqu (u) abschneiden, ausschneiden (: Zunge *lišāna*, Mund *pā*, Feuerstein *ṣurra*). — II₁ aufschneiden (: Kamel *gammala*, seinen Bauch aufschlitzen).

šulluqu geschlitzt (Ohr *uznu*).

šeleqqu e. Vogel.

šallaru, šēlaru Pflaster (?) (e. Tempels *bēti*, e. Kapelle *papāḫi*).

šallariš gepflastert (?).

šalluru, šēluru Mispel.

šalāšu zum dritten Mal bearbeiten (: Feld *eqla*, nach dem Eggen, *šakāku*, und Umbrechen *šebēru*). — II$_1$ verdreifachen (: Dicke einer Mauer *itat dūri;* auch mathem.); zum dritten Mal bearbeiten (?). — III$_1$ aus drei Fäden drehen (: Schnur *petelta*); zum dritten Mal tun (mit asynd. folgd. verb. fin.); zum dritten Mal sagen. — *ulli šullušu* dreimal «nein» sagen.

šalāšu, šelāšu, st. c. *šalāš šelāl*, f. *šalassu*, *šelaltu* drei; Dreiheit. — *šelāl šunu* dritter Tag. *šālāšišu*, *adi šalāšišu, adi šelāšišu* drei Mal, zum dritten Mal. — *šalāš meatti* dreihundert.

šalāšā, šelāšā dreißig; dreißigster (sc. Monatstag).

šalāšerū dreizehnter.

šalšu, šelšū, f. *šaluštu*, *šalultu* dritter; drittes Kind (vgl. *walādu*), drittgeborener (Sohn *māru*); ein Drittel (sc. Sekel); «Dritter» (e. hoher über dem *rab qešer* stehender Beamter); «dritter» (sc. Fahrer, *rakbu*, der Besatzung eines Wagens); f. zum dritten Mal; das dritte (sc. Drittel; cpl. *šittēn*); Dreigespann (Pflug). — *ana šalši* (sc. *ūmi*) am dritten Tag. *ina šalši* an dritter Stelle, drittens. *ina šalši ūmi, iššāšūmi, šalši ūmi, šāšūmi* vorgestern.

šalšai dritter (Bruder *aḫu*).

šalšātu ein Drittel.

šalšiānu, *ina* ***šalšēni*** zum dritten Mal.

šaluš, f. *šaluštu*, *šalussu* (?) Drittel (altbab.); Drittelabgabe (eines Pächters), «Drittelpacht» (vgl. *nadānu*). Vgl. *zāzu*.

šullul, f. *šullultu*, *šūlultu* Drittel (neubab.); ein Drittel (sc. Sekel). — *adi šululti* bis zum (Schluß von dem ersten) Drittel (des Tages *ūmi*).

šalātu s. *šalāṭu*.

šulutu, šultu Opium.

šumu, st. c. *šum*, *šun*, pl. *šumū* Name; Ruf, Ansehen, Titel (?); Satz (gramm.); Träger des ererbten Namens, Erbe, Sohn; Wesen. — *šumšu* namens. — *memma šumšu* s. *meamma*. — *aššumi* (mit Suff.), *aššumma, aššum, aššū* betreffs, über; wegen, zwecks, um .. willen, um zu (mit Inf.); weil, da (vgl. *ū*); daß (vgl. *šapāru*). *aššum ša* was das betrifft, daß, *aššum annīti* deshalb. *aššum memma* zu irgendwelchem Zweck. *aššum mēnē* wozu, warum; vgl. auch *pānu*. — *šumu babbānū* Klatsch (?). *šum dameqti* guter Ruf; — Belohnung; vgl. *leqū*. *šumi-šaṭru* Namenszug.

šumišam nach dem Namen, namentlich.

šamū, šemū *(e)* (שמא$_4$) hören (abs.; auf : acc. oder *ana*; von dem Wohlbefinden *šulma*; aus dem Mund der Leute *eštu pī, amēlūti;* daß : asynd. angereihtes verb. fin., *kī*, *inūma*); vernehmen (: Sache *amāta*, mündliche Aussage *pā*, *ša-pī*, *šaptē*), erfahren; anhören (: Boten *mār-šepri*; sc. einen Rechtsfall, Richter *dajānū*); erhören (: Gebet *ekreba*, *zeker šaptē*); gehorchen (jdm. : acc.). — I$_2$ hören (auf : *ana*, von woher *eštu*); vernehmen (Wort, Angelegenheit *amāta*, Namen *šuma*, Wind, Hauch *šāra*), erfahren (, daß: *kēmē*); anhören (: [verlesenes] Schriftstück *ṭuppa*); gehorsam sein (abs.). — I$_3$ ständig hören auf (e. Wort *amāta*). — III$_1$ hören lassen (: jd. etw. dopp. acc.); proklamieren (: Urkunde [auf Stein] *abna*, [oder Ton] *zā*); zum Gehorsam zwingen. — III$_2$ (jd.) Gehorsam schwören lassen (?, vor einer Gottheit *ina maḫar ili*). — IV$_1$ gehört werden (Reden *zekrū*).

šemū Erhörung bringend (?), günstig (Tag *ūmu*). — pl. f. *šemātu* Gunst (?).

nešmū Gehör.

tašmū Erklärung. — *tašmū ū salīmu* gnädige Erhörung.

šamū, samū (שמא$_7$), pl. *šamai*, *šamē*, *šamāmi* Himmel, sky (opp. *erṣetu*, *ēkurru*); Regen (?, vgl. *teqū*); übertr.

Himmel, Decke (des Adytons, von Gold *ša ḫurāṣi*), Baldachin (aus *miskanu*-Holz). — *šamē (ū) erṣeti, šamē u erṣēte, erṣeti šamāmi, šamāmi (ū) qaqqar* Himmel und Erde. *šamū Ani* Himmel Anu's. — *šamē libbi* Brust. *šamē pī* Gaumen.

šamāmiš zum Himmel, gen Himmel.

šamū, šamūtu Regen.

šumū e. Gerät.

šumē, šummu s. א7א6ש.

šumēlu (שמאל1) links, linke Hand, linke Seite, linke Keule (?); östlich. Vgl. *emnu*.

šamāḫu *(u)* üppig sprossen, wachsen (Wald *qīštu*), gedeihen (Wuchs *qattu*).. — pms. üppig sein (Wipfeltrieb *qemmatu*). — II₁ üppig reifen lassen (: Frucht *enba*), gedeihen lassen (: Volk *nīši*, Reiche *ba'ūlāti*). — II₂ gedeihen lassen, glücklich machen (: Volk *nīši*), verschwenderisch darbringen (: Opfer).

šamḫu, f. *šamḫatu, šamuḫtu*, pl. *šamḫāti* in Üppigkeit lebend, üppig (Rohrpflanzung *appāru*) gedeihend (Volk *nīši*); f. Freudenmädchen.

(šumḫu,) st. c. *šumuḫ* üppiges Wachstum (der Baumpflanzung *ṣippāti*).

šummuḫu üppig (Wald *qīštu*, Gaben *igisē*).

šamaḫḫu (sum. LW.) Dickdarm.

šamāṭu, šamātu *(u)* abreißen, zunichte machen (: Datteln *ḫēni*); annullieren (opp. *rakāsu*; : Anteil *zitta*, einer Teilungsurkunde *u'elti*); versiegen lassen (: Schweiß *zūta*); — pms. sich abheben (?, Bergspitze vom Massiv). — II₁ abreißen (?). — II₂ abgerissen werden (Datteln *ḫēni*).

šamṭu, šanṭu ausgerissen, vernichtet (?, Getreide *šēu*).

(šemṭu?,) šenṭu e. Art Wollstoff.

šamēṭu s. *samēṭu*.

šamkatu Freudenmädchen. Vgl. *šamḫatu*.

šamallū (sum. LW.) Kleinhändler (opp. *tamqaru*) Gehilfe des Handelsreisenden, Händler.

šamalūtu Stellung des Gehilfen des Handelsreisenden.

šamullu s. *samullu*.

šamālēlu, šamālēliš s. *mālēlu* unter אלל2.

šumlalū s. *ṣumlalū*.

šammu, pl. *šammi, šammē; šammūti, šammāti* Kraut, Pflanze; Kräuter, Pflanzen (auch künstliche, aus Elfenbein *šen-pīri*); Futterkraut, Pflanzenkost (opp. *nabšaltu*); Arzneipflanze, Arznei, Medikament (mit folgd. gen. der dadurch zu heilenden Krankheit); — e. Stein (Art Malachit?); — *šammē* wohlriechende Kräuter; *šammūt erēni, šammāti erēni* Zederndu ft. *šam-amēli* e. Kraut. — *šammi kerī* Gartenkräuter. *šammi ša ṣēri* Feldpflanzen. *šammi kēdi* außerhalb (der Stadt) wachsende Pflanzen. *šammi ḫāliqūti* (?) Unkraut. *šam-rānu* e. Unkraut. — *šammu balāṭi* «Lebenspflanze». *šam-balilti* s. *balilti*. *šam-šamši* e. Pflanze («Sonnenpflanze»).

(šamānu) II₄ Fett ansetzen, fett werden (opp. *abālu*).

šamnu, st. c. *šaman* Öl, Ölschicht; Fett; Essenz; Ölwahrsagung (?). *šamnu ṭābu* Öl. — *šaman rēšti, šaman rūšti* Fein-Öl. *šaman labērti* (?), *šaman beršanti* altes Öl. *šamnu ša napšuši* Salböl. *šaman balāṭi, šaman tapšuḫti* Öl zur Heilung. — *šaman iddī* Naphtha. *šaman asi* Myrtenessenz. — *šaman neqebti* die aus der n.-Pfl. gewonnene Essenz. *šaman erēni* Zedernessenz. *šaman murri* Myrrhenessenz. *šaman šurman* Zypressenessenz. — *šaman arḫi* Rindsfett. *šaman šaḫī* Schweinefett. *šaman nūni* Fischtran. — *šaman gunnu* e. Art Öl oder Essenz (?).

šummannu, šūmānu Seil, Leitseil (eines Rindes *alpi*). — *šummannu ša būrti* Brunnenseil. — Vgl. *nadū*.

šamāru *(a)* warten (: Pferde *sīsē*). — I2 warten, pflegen (: Pferde); verehren (: Namen *šuma*, *zekra*, Gottheit *ilūta*). — II2 verehren (: Namen *zekra*, Gottheit *ilūta*). — III1 warten (lassen) (: Pferde).

šitmaru, f. *šitmartu* verehrungswürdig.

šemru, šemranu, šamrannu Fenchel.

šamāru s. סא6ר.

šemēru s. שא6ר.

šamšu, samsu, šaššu, st. c. *šamaš* Sonne; Beiname verschiedener Sterngottheiten; Titel der Pharaonen und der Hethiter-Könige; e. Pflanze («Sonnenblume»). — *šamšu nibū* «maßgebende Sonne», Beiname von Marduk-Jupiter. — *šamši ilāni* «Göttersonne», Beiname von Marduk. — *šamšu Babili* «Sonne Babel's», Beiname von Ḫammurabi. — *šamaš kiššat nīši* «Sonne aller Menschen», Beiname assyrischer Könige. — *šamaš lēmi* «Sonne der Tausende», *šamaš mātāti* «Ländersonne», Beiname des Pharao.

šaššiš, šaššāniš sonnengleich.

šamšatu, pl. *šamšāti* Sonnenscheibe; runde Scheibe, sp. runde Votivscheibe.

šamšatiš durch die Scheibe.

šemeššalū, šemšalū (LW.?) Buchsbaum.

šamaššammu Sesam.

šamātu s. *šamāṭu*.

šimetan Abendröte (?), Abend (opp. *šērēte*).

šumuttu (sum. LW.) e. Pflanze.

šantu, šattu, šātu (שן), st. c. *šanat*, pl. *šanāti* Jahr; pl. Lebensjahre. — *šattu šatti, šatta šatta-ma, šatta ū šattama, šatta ana šatti, ina šatti 1* Jahr für Jahr (auf unbestimmte bzw. auf Lebenszeit, opp. *x esenni (Šamaš)*), *šatta, šatta annā, šatta annīta, šatta agā, ina šatti annī, ina šatti annīti* heuer, in diesem Jahr. *ana šatti, aššatta* für immer, *ina šatti*, in Jahresfrist, *enšat* (?) in einem Jahr, im Verlauf eines Jahres, *ina libbi šatti annīti* innerhalb dieses Jahres, *ana kutal šatti annīti* am Schluß, zum Schluß dieses Jahres, *ultu šanāti* seit Jahren. — *šanāt dārāt* Jahre der Dauer, ewige Jahre.

šattišam jährlich.

šanū, šenū (שנא7) anders werden, sich ändern, fortziehen; anders sein; wiederholen, abermals, zum zweiten Male tun (mit *-ma* und verb. fin.); wieder sagen, erzählen; wiederholt schreiben, wiederholt ausstellen (: Urkunde *ṭuppa*); wiederum in Arbeit nehmen, reparieren (: Dach *ūra*). — I2 sich ändern (Sinn *ṭēmu*), abhanden kommen, verloren werden (Überlegung, Verstand *melku*); wiederholt, wiederum Bescheid *(amāta)* geben. — II1 ändern (: Gewichtsstein *aban kīsi*, Namen *zekra*, Geschick *šēmta*); verrücken (etwas acc., von einer Stelle *eštu maškāni*); zweifach tun (mit *-ma* und verb. fin.) = wieder, mit *lā* wieder nicht, wiederholen, wiedergeben (: Worte *amāti*), berichten; übergeben (etwas : acc., jdm. : dat.). — II2 ändern; wiedergeben (: Worte *amāti*; in der [einem bezüglichen Auftrag] entsprechenden Weise *aḫēnnā*). — III1 ändern, verlegen (: Anfang eines Kanals *rēš nāri*); Bericht *(ṭēma)* erstatten lassen (jdm. : dat.). — III2 ändern, verändern, den Lauf ändern, rückläufig werden (?, Jupiter); verdoppeln; pms. verdoppelt werden (Stärke *dunnu*), doppelt vorhanden sein (Bein, *qursinnu*, der Mißgeburt eines Tieres; Blase [an der Leber] *šulmu*). — III/II2 verdoppeln; etwas doppelt, zweifach tun (geben, zurückgeben *nadānu*; mit *-ma* und verb. fin.). *šanū ṭēmi* Wahnsinn, Wahnwitz. — *šunnū ṭēm* . . . den Sinn von (jd.) ändern (Gottheit). *šunnū melek ṭēm* . . . die verständige Überlegung von (jd.) ändern, ihn des Verstandes berauben, verrückt machen (Gottheit). — *aštapar ū aštani, aštapar aštani* ich schrieb wiederholt.

šanū verrückt (Dinge *epšēti*).

šenā, f. *šettān*, *šettēn* zwei; beide; Zweihöckerige (d. i. Dromedare *udrāti*); f. zwei Drittel (cpl. *šaluštu*). — *ana šenā* in zwei Abteilungen, vgl. *zāzu*, *ḫepū*. *šenēšu*, *adi šenēšu*, *ana šenēšu* zweimal, doppelt, zum zweiten Male. — *šenē erti* (?) die beiden Lungenflügel (?). *šenē-pū*, *šenē-pātu*, st. c. *šenē-pāt* zwei Dritteile, zwei Drittel (einer Elle *ammati*, der ersten Nachtwache *bararīti*, [einer Anzahl] von Datteln *suluppi*).

šānū, šēnū, pl. *šānūti*, f. *šānītu*, *šānūtu*, pl. *šanāti* zweiter, anderer (subst. und adj.), fremd (Land *mātu*), fremdartig, seltsam (Vorgang *epeštu*); zweites Kind (vgl. *alādu*); Zweiter, zweiter Klasse, Bezeichnung verschiedener Beamter; — f. Wiederholung, zweites, anderes Mal; nächstes (Jahr *šattu*, opp. *annītu*); Nebenfrau. — *ašar šānī* anderswohin. *ina šānī*, *ina šānūtišu*, *šanūti* zum zweiten Male, zum zweiten, zweitens. — *ina šānīti šatti* im nächsten Jahr (opp. *ištet šatti*). — *šānītu u*, *u šānītu* ferner. — *šānūma*, *šānumma* e. anderer (außer mir *eli jāši*); «Zweiter», Beiname von Mars. — *šānītam* ferner.

šaniānu ein zweites Mal, zum zweiten Male; vgl. *tāru*.

šānīš wiederum, oder, oder auch.

šānīšam zum zweiten Male, zweimal.

šēnšērū zwölfter.

šunnū doppelt. — *šunnū* (?) *ubāni* zweifache Fingerbreite. — *šunnū lišānu* verschiedener Zunge (Länder *mātāti*).

šunnūtu, šūnūtu Zweigespann (Pflug).

mušannītu, mušānītu Böschung (?, eines Kanals *nāru*).

tešēnī, tušēnī (?) zweihöckerig (? Kamele *udrāti*).

šun s. *šumu*.

šunu, šina usw. s. *šū*.

šanū brüllen (Rind *alpu*).

šanū Eselsfüllen.

šenītu gefärbter Stoff.

šunu'u, *šunū*, du. *šunai* (ar. LW.) Höcker.

šunū Buckelrind.

šunū e. Baum (Keuschbaum?).

šunbulu s. *šubbulu*.

šangū, šaggu, šāgū, pl. **šangē** (sum. LW.) Priester. — *šangū ēkalli* Hof(?)-Priester. *šāgu bēti* Tempel-Priester. — *šangū dannu* Oberpriester. *šangū šānū* Priester zweiter Ordnung.

šangītu, šaggītu, šāgītu Priesterin.

šangūtu, šāgūtu Priestertum.

šangammaḫḫu, šāgammaḫḫu Oberpriester.

šingallu e. Musikinstrument (?).

šungallu s. *ušumgallu*.

šanādu e. Gelenkkrankheit.

šanūdu, šanundu stark, gewaltig.

šēndu s. unter שאןם.

šandūtu s. unter *šadādu*.

šandabakku, šaddabakku (LW.) e. Amtsname (Vertreter?, Sekretär?).

šundulu s. unter *šadālu*.

šanāḫu *(u)* wackeln (?) mit (der Kinnlade *asa*).

šenṭu s. unter *šamāṭu*.

šinamū e. Art Verwalter, Sachwalter.

šinamtu (?) Verwaltungsdienst (?).

šanānu *(u)* gleichen, gleichkommen, gleich sein (Hand mit e. anderen *itti qāti qātu*, Fuß mit e. anderen *itti šēpi šēpu*); sich gleichstellen (e. Gott: *ila*); in Opposition sein (Mond : Sonne), übertr. sich gegenüberstellen (?, Sterngottheit : e. Stadt *āla*). — I2 sich messen, wetteifern (mit : *itti*), an Höhe erreichen (Baum, Spitze, *rēšu*, eines Tempels : Himmel : *šamāmi*, *šamāmiš*), in Streit geraten (Könige *šarrāni*), (sich) streiten, ringen (Leben mit dem Tode *balāṭu itti mūti*). — II1 pms. entsprechen. — II2 in Streit geraten (Könige *šarrāni*). — IV1 vergleichbar sein (mit : *itti*).

šennatu Gleiches, in *šennassu* seinesgleichen.

šenentu Passendes, Entsprechendes, in *la-šenenti ēkalli* dem Palast Nicht-entsprechendes (einer Person geltendes Schimpfwort).

šunnatu, st. c. *šunnat* Ebenbürtigkeit (eines Gottes *ili*).

šaninu gleichend, gleichwertig, ebenbürtig.

šitnuntu Wettkampf, Kampf.

tašnentu Hader, Streit.

šennu, šēnu, du. *šennā*, pl. *šenni* Zahn; Elfenbein; du. die beiden Zahnreihen, die Zähne; pl. übertr. die (großen, *rabāti*, und kleinen *ṣeḫrēti*) Zähne einer Egge (*maškākātu*); Widerhaken (?, vgl. *meṭṭu*). — *šenni-šigbi* (?) Mahlzähne (?). — *šenni-pīri* Elfenbein. *šenni naḫeri* Pottwal-Zähne. — *šenni-ṣēri* Schlangenbiß; e. Art der Holzbearbeitung (?, vgl. *kamuššakku*). *šenni-kušī* «Schlangenzahn», e. mythisches Ungeheuer (?). — *šenni(?)-tāmti* Koralle (?).

šunnu e. Waffe.

šinunūtu e. Teil von Capricornus oder Aquarius; vgl. *sinūnu*.

šenēpū, šenēpātu s. *šanū*.

šennepitu e. Gegenstand aus Rohr (?).

šanāqu s. *sanāqu*.

šanāṣu (*u*) lästern (?) (Zunge *lišānu*).

šanāšu s. *sanāšu*.

šantaqqu s. *santaqqu*.

šesū (א₇סשׁ) schreien (Mund, *pū*, eines Neugeborenen; [angeblich] Fötus *ša-libbi*); wehklagen (über e. Kranken *eli marṣi*, e. Toten *eli mīti*); klagen (gegen : *ana*, betreffs, wegen : *ana*); rufen (beim Namen *ina šumi*); ausrufen, erheben (: Jubelgeschrei *alāla*, Schlachtgeschrei *regem tāḫāzi*); anrufen; herbeirufen (zu : *ana*); aufrufen, e. Aufruf, e. Befehl erlassen (betreffs, wegen : *ana*, gegen : *ina eli, ina muḫḫi*) e. Aufforderung richten (an : *ana*); einfordern (etwas : acc., : Geld *ana kaspi*); (als) Zeugen (*šībū*) vorladen; donnern (Himmel *šamū*, Wettergott *Rammān*, über eine[r] Stadt *eli āli*); lesen. — I2 einfordern (Eintreiber *šēsū*); lesen (: Dokument *nārā*, Text *kamma*, Bericht *ṭēma*, Brief *egerta*). — I3 (jdm.) zurufen (von oben *ultu ullanumma*); lesen (: Aufschrift *malṭara*). — I4 lesen (: Urkunde *ṭuppa*). — IV1 eingefordert, eingetrieben werden (Zins *ṣiptu*). — *šesū u aḫētu* Vorladung und Widerwärtigkeiten (?). *šesū ana dubbubti* e. Aufruf zur Klage erlassen, Klage erheben. — Vgl. *šaṣū*.

šēsū Eintreiber (des Hofes *ēkalli*).

šassā'u Schreier.

šassā'ītu Geschrei.

šesītu Ruf; Aufruf (des Vogtes, *nāgeri*, sc. zur Fronarbeit); Wehgeschrei, Wehklage. — *šesīt alāla ṭābtu* lautes Jubelgeschrei.

šassu s. *sassu*.

šassukkatu, šāsukkatu, st. c. *šassukkat* (LW.?) Fürstin (der Wohnstätten *adnāti*, Beiname von Ištar; der großen Götter *ilāni rabūti*, von Himmel und Erde *šamē ū erṣeti*, Beinamen von Bēlit-ṣēri).

šusuppu, sasuppu (mit. LW.?) e. Kleidungsstück.

šusapīnu s. *susapīnu*.

šasqū s. *sasqu*.

šassuru, šāsuru s. *sassuru*.

šaptu, du. *šaptā*, *šaptān* Lippe; du. mündliche Aussage, Ausspruch (vgl. *šamū*); Abhang (eines Berges); Brüstung (einer Mauer); Rand (des *kunīnu*-Rohrs). — *šaptu elītu* Oberlippe. *šaptu šaplītu* Unterlippe; — e. Fisch. — *šaptā ša lullā* Lippen der Üppigkeit, üppige Lippen (?).

šipu (?) e. Hausgerät (?, aus Ton *ṭēṭu*).

šapū s. *ṣapū*.

šipātu, šupātu Wolle; Baumwolle (vgl. *nāšu*); Fell, Pelz (vgl. *našū*); Wollstoff. — *šipāt enzi* Ziegenwolle.

šapū s. *sapū*.

šupū s. א₄פשׁ.

šapāḫu s. sapāḫu.

šapāṭu richten, entscheiden.

šipṭu (wests. LW.?) Urteil, Gericht, Strafgericht. — *šipṭu ū purussū* Gericht und Entscheidung.

šapāku *(u)* gießen (in e. Kanne: *našpaktu*, in e. Gußform, *equ*), ausgießen (aus einem Scherbetkrug *ina šakeri*), weggießen (: Wasser *mē*), begießen (: Garten *kerā*, Fläche *kigalla*), benetzen (: Tafel *ṭuppa*, Glieder *mēšrēti*); zur Aufspeicherung *(našpakūtu)* bringen, aufspeichern (: Getreide *šēa*); pms. ausgegossen werden (Öl *šamnu*), beschüttet, begossen sein, sich ergießen (: Himmel *šamē*, sc. von regenschwangerem Gewölk *urpatu šabūtu*); aufgespeichert sein (Getreide *šēu*). — I2 gießen (: Kupfer *erā*, in e. Form aus Ton *qereb zi'pi ṭeṭṭi*); aufschütten, hinschütten, einen Wall *(šepka)* errichten. — II1 aufschütten (: Wall *kāra*). — II2 aufschütten (: Getreide *šēa*). — IV1 aufgeschüttet werden (Erdreich *epri*, Sand *baṣṣu, turūbu*; in : *ina*), hingeschüttet werden (auf, über : *eli*). — IV2 hingeschüttet werden (zu [jds.] Füßen: *ana šēp*). — *šapāku ana qurunni* aufhäufen. — *našpuku telāniš* «ruinös hingeschüttet sein» = verschüttet sein. — *našpuku ana šēpē* sich (jdm.) zu Füßen werfen («hingegossen sein»).

šapku, f. *šapektu* gegossen (Kupfer *erū*; Bildwerk *ṣalmu*); ergossen, sich ergießend (Gewölk *urpatu*).

šepku, st. c. *šepek* Guß; Beschüttung, Aufschüttung; Inhalt, Sinn (einer Urkunde *ṭuppi*). — *šepek epēri (epri)* Erdschicht, Erdaufschüttung, Belagerungswall.

šepku Rat (?).

šepkatu, pl. *šepkāti, šepkēti* (?) Aufschüttung ([des Getreides nach] der Ernte *ebūri*).

ešpēku, ešpekku Aufhäufung (?), Aufschüttung.

mašpāku, in *mašpāk epēri* Erdaufschüttung.

našpāku Aufschüttung; Inhalt ([einer bestimmten Menge] von Getreide *šēi*); Speicher; (Öl-)Topf (aus Stein *abnu*).

našpākūtu Aufspeicherung; Speichergut. — *ana našpākūti* zur Wiederaufspeicherung (Rückerstattung eines Getreideguthabens an das Lagerhaus?).

našpaktu Gießer, Kanne.

šapālu, pms. gesenkt sein, tiefliegen (Schläfe, *muttat qaqqadi*, einer Neugeburt); erniedrigt sein, gebeugt sein; südlich stehen (Mond, opp. *šaqū*). — I2 (zu) niedrig werden. — II1 erniedrigen, vertiefen (opp. *šuqqū, ullū, našū*); in die Tiefe dringen, in den Boden *(qaqqar)* eindringen; eine südliche Bewegung haben (Mond). — II2 eine südliche Bewegung haben (Mond).

šaplu, st. c. *šapal*, f. *šapeltu, šapērtu* (?) unter(er); f. das Untere (vgl. *naṭū*); Rest (einer Summe, opp. *ṣītu*); Untergewand (?); *šapertu* Niederung (?). — *šapal, ina šapal, šapli, ina šapli* unter (den Sandalen *šēnē*), unter der Obhut von (e. Gott oder Menschen). *eštu šapli* von unten (weg). — *šapal qātē, šapli qātē* unter der Hand, heimlich. — *šapeltu ša ēni* e. unterer Teil des Auges (Wimper?, opp. *elīt ēni*).

šapliš unten (opp. *ēliš*). — *eštu šapliš* von unten.

šapaltu e. Körperteil.

šaplū, f. *šaplītu*, pl. f. *šaplāti* unterer (opp. *ēlū*; Land *mātu*, Meer *tāmdu*, opp. *ālītu, ēlītu* gering [an Qualität], opp. *rēštū*); Schaft (eines Pfeiles *kūtaḫi*, aus Kupfer *erī*); pl. f. das Untere, opp. *ēlāti*); die südliche Region (des Mondes, opp. *ēlāti*); Niedriges, Gemeines.

šaplānu unterer, unten befindlich, unten (opp. *ēliš*); im geheimen. — *šaplānu libba* tief im Herzen (opp. *ēliš ina šaptē*). — *šaplān, ina šaplān* unterhalb von (opp. *ēlēn, ēliš*).

šapūlu, st. c. *šapūl*, du. *šapūlā* e. (beim Menschen und Skorpion) paarweise vorhandener Körperteil (Bein?, Weiche?).

šuplu, st. c. *šupul* Tiefe; Schacht. — *šupul mē* Wassertiefe.

šupālu, st. c. *šupāl* tiefliegend (Hausgrundstück *bētu*); Untenbefindliches (an einer Zeder *erēni*). — *šupāl šēpu, šupāl šēpē, šupāli šēpē, šupāl šēnē, šupāl šēpē šēnē* Fuß-Schemel. — *ana šupāl upri šēpē* nieder zum Staub der Füße. — *ana šupāl šāri* gen Süden (?). — *ina šupāla* unterwürfig, s. *erēbu*.

šutpalu Niederung (?, neben e. Feld).

mušpalu Niederung, — *mušpal āli* Unter-Stadt.

šapānu s. *sapānu*.

šapnu e. Behälter aus Rohr.

šapāsu s. *sapāsu*.

šipassu, šipatsu (?) Eingravierung (?).

šapāpu zucken; (zuckend) brennen.

šeppu e. (ruheloses *lā nēḫu*, zuckendes *galtu*) Schlangenwesen, Viper; einer der bösen Sieben.

*(**šeppatu, šēpatu?**)* in *šēpat* (?) *išāti* Brandscheit (?).

šipūpu Zucken, Flimmern.

šuppatu e. Pflanze.

šupapitu e. Insekt.

šappu, šappatu s. *sappu*.

šapāṣu sich einkrallen, sich festhalten an; pms. festgehalten sein (Füße *šēpā*, am Boden *epra*). — I2 sich festhalten an (?).

šapṣu, šepṣu, pl. *šepṣūti*, f. pl. *šepṣēti* fest, streng (Worte *dibbi*, opp. *ṭābu*), stark, mächtig; Festigkeit, Stärke, Macht; pl. Mächtige, Machthaber; f. pl. Strenge, Macht.

šapāqu s. *šabāqu*.

šapāru *(u, a)* schicken (etwas: acc., zu : *adi maḫri, ana muḫḫi*), senden (: Boten, Gesandten *mār-šepri, sukkalla, rakba*, Streitkräfte *emūqē*, Schriftstück *ṭuppa*), e. Sendung *(šapāra)* bestellen (an : *ana*), hinschicken (an, nach : *ana*), zum Zwecke von : *ana*, um sagen zu lassen *ana qabī*, e. Mitteilung machen, Bescheid, Nachricht geben (durch : *ina qātē*. . .), etwas *(amāta)* mitteilen; schriftlich angeben, schreiben (abs.; an : *ana, ana eli, ana maḫar*, nach : *ana*, um etwas : *ana*, über, wegen *eli, aššum*; daß : *aššum*); zurückschicken; Auftrag *(našperta)* geben, beauftragen, beaufsichtigen (?); pms. geschickt werden, hingeschickt sein (von : *eštu*). — I2 Botschaft, Bescheid, Nachricht *(amāta)* schicken (an : *ana, ana eli, ana muḫḫi*, nach : *ana, ina*); hinschicken (abs.); (schriftlichen) Auftrag geben, schriftlich mitteilen (auf einer Tafel *ina ṭuppi, ina libbi ṭuppi*), sich schriftlich erkundigen (ob : *adi*), schreiben (an : *ana*, über : *eli*); zurückschicken. — I3 wiederholt senden, regelmäßig senden (: Gesandten *rakba*, Gesandtschaft *ḫarrāna*), wiederholt Botschaft schicken, Mitteilung machen, schreiben (: Frechheiten *meḫerēti*; an : *ana*), wiederholt schriftlich (die Versicherung der) Verbrüderung *(aḫūta)* geben, wiederholt die Herrschergewalt *(bēlūta)* anerkennen (Sohn gegenüber seinem Vater *māru ana abišu*). — II1 bestellen (: Pferde *sīsē*). — IV1 gesandt werden (Bescheid *ṭēmu*); geschrieben werden (imps.). — IV2 gesandt werden (zu : *ana, ana maḫar*); geschrieben werden (imps.; an : *ana*). — *šupur (-ma)* mit prc. oder impr. gib (gebt) (schriftlichen) Auftrag, daß . . :, wohlan! — *šapāru ana aḫūzati* schriftlich zur Ehe begehren, freien. — *šapāru ana bēt mār-banī* («ins Haus der Freien senden» = ?) (einen Sklaven) freilassen. — *šapāru ana pān* entgegenschicken. — *šapāru (ana) rēṣūt* . . . jdm. zu Hilfe senden. *šapāru šulma* (jdm.) über das Befinden (von jd.) Nachricht geben; (jdm.) einen Gruß schicken (?). — *šitapuru kakki* («Waffen»-)Truppen senden. *šapāru šeper mereḫti, šitapuru mereḫta, šitanapuru mereḫēti* dreiste, freche Botschaft senden. *šitapuru pūsurat ḫadē* (jdm.) e. Freudenbotschaft senden.

šapru s. *šapēru* und *sapru.*

šapartu, *šapertu* Schuldpfand.

šepru, šepertu, st. c. *šeper*, pl. *šeprāni* (vgl. *māru*); *šeprāti, šeprēti* Sendung, Botschaft, Meldung; schriftliche Nachricht, Schriftstück; Auftrag; (aufgetragene) Arbeit, Unternehmen, Werk, Tätigkeit, Kunstfertigkeit; bearbeitete Strecke; vgl. *epēšu, māru.* — *šepra, ana šepri epšu* bearbeitet (vgl. *epēšu*). — *šepru ša Ea* (e. best.) Botschaft (Offenbarung?) Ea's (vgl. *amātu*). *šeper ilūti* göttliches Wirken. *šeper nēmēli* lohnende Arbeit. *šēper erēbi u aṣī* Botendienst. *šeper urrakūti* Werk der Bildhauerkunst. *šeper ašlakūti* Wäscherarbeit. *šeper išippūti* Ausübung des Sühnepriesteramts. *šeper ištarāti*, *šeper Ištar Elamāti* Beinamen des Elul. *šeper nabnīti* Bauarbeit. *šepri ḫeseḫti ēkallāti* Deckung des Bedarfs der Paläste. *šeper mereḫti* dreiste, freche Botschaft. *šeper nāri* Arbeit an einem Kanal. *ina šeper nekelti* in arglistiger Weise. *šeper sinništi* weibliche Tätigkeit, Aufgabe. *šeper qātē* Handwerk.

šāperu, pl. *šāperūti*, f. *šāpertu* (vgl. *šāpilu*) Auftraggeber, Gebieter (in Briefeingängen); (Staats-) Sekretär; Tempelschreiber, Klosterschreiber. — *šāper māti* Landrat (auch ohne *māti*). *šāper nāri* Vorstand des Kanalbauamts. *šāper tamqāri* Vorstand des Handelsamts *(kāru).*

šāperūtu Machtbefugnis.

šapāru Sendung (an : *ana*); göttliche Sendung.

(šapēru?), šapru Beauftragter; Bote.

našparu Bote; (beauftragter) Arbeiter. — *našpar lā-nēḫu* unermüdlicher Arbeiter.

našpartu, našpertu Auftrag (eines Gottes); schriftlicher Auftrag; «Kommission»; s. *alāku.* — *ina našperti* nach schriftlichem Auftrag (opp. *ina qabī*).

šapru s. *sapru.*

šaparru s. *saparru.*

šiparu Versammlung (?).

šuppar, in *šaq-šuppar* (?) e. Würdenträger.

šuparruru s. *parāšu.*

šapattu s. *šabattu.*

šipatsu s. *šipassu.*

šaṣū (שצא$_7$) krächzen (Rabe *āribu*), heulen (Stürme *zīqāti*). — Vgl. *šasū.*

šaṣātu Geschrei (?).

šiṣū, šuṣū kernlose Dattel.

šaqū (שקא$_6$) hochkommen, hoch werden, sich erheben (gegen : *ana muḫḫi*, Haupt *rēšu;* Getreide *šēu*, x Ellen *x ammatu;* Jupiter, x Meilen *x bēru;* Merkur, zur Höhe [eines Fixsterns] *ana it* . . .); steigen (Marktpreis *maḫēru*); pms. erhaben sein (Wort *amātu*), hervorragend sein (Kräfte *emūqā*); nördlich stehen (Mond, opp. *šapil;* Sonne, e. Stern). — I$_3$ in die Höhe ragen (?, Sohlen *asīdā*); sich auf der Höhe halten (?, Merkur; Venus, in nördlicher, östlicher Richtung (?) *ana eltāni, ana šadī*). — II$_1$ erheben (Haupt *rēša*), erhöhen (: Bau *šikitta*; Gottheit, jdn. : acc., über *eli*, opp. *šuppulu*); hinaufbringen (?, : Schiff *eleppa*, nach *ana*). — II$_2$ pms. überragen (Ištar : Göttinnen *ilāti*). — II$_3$ sich erheben (?, Venus). — III$_1$ erhöhen (opp. *šušpulu*) (: Terrasse *tamlā*). — *šuqqū uznē* die Ohren spitzen.

šaqū, f. *šaqūtu* hoch (Berg *šadū, ḫuršu*, Türflügel *daltu*, Topf *ṭeqāru*); höchster (der großen Götter *ilāni rabūti*, Bezeichnung von Nergal), erhaben (Gottheit); Offizier (?); vgl. $א_6א_7$ם und *šākū.* — *šaq-šuppar* (?) e. Würdenträger.

šaqūtu Offiziersstellung (?).

šaqīš, šaqqīš hoch, hochragend; höchst, außerordentlich,

šaqqai e. Beamter.

mašqū Höhe (von Pegasus + α Andromedae *Ikū*).

šušqūtu Hoheit, Erhabenheit (einer Gottheit).

šaqū, šeqū (שקא) zu trinken geben (: Schnaps *kurunna*), tränken (: Erde *erṣeta*, mit Blut : *dami*), bespritzen (mit Geifer : *ēmta*), bewässern (: Feld *eqla*). — II1 bewässern (Feld *eqla*). — III1 zu trinken geben, tränken (übertr., jd. : *ana*, mit Reichtum *nuḫša*). — *šaqū, šuqqū mē eqla* Wasser auf ein Feld bringen, es bewässern (aus einer Bewässerungsanlage *ina mašqīti*).

šiqītu Bewässerung. — *an-šiqīti* Bewässerungsrinne (?).

šāqū, šēqū Mundschenk.

išqū e. Werkzeug (?) zum Bewässern. [Trinkgefäß.

mašqū, pl. ***mašqē*** Tränkplatz;

mašqītu Tränkanlage, Tränke, Bewässerungsanlage.

šeqdu, šuqdu Mandelbaum.

šaqālu *(u)* aufhängen (: Schlinge *ṣadda*, für : *ana*; Sonnengott *Šamaš* : die Enden der Welt *qeppāt mātāti*, im Himmel *ina qereb šamē*); (die Wage aufhängen,) wägen, darwägen (: Geld *kaspa*, jdm. : *ana*), bezahlen (abs.; gemeinsam [für mehrere] *mitḫara*); pms. schwerwiegen, schwer sein (Regengüsse *zunnū*). — I2 sich die Wage halten (»oberer [und] unterer« Teil der Leber) *elītu šaplītu*); in Opposition sein (Mond und Sonne); abwägen; bezahlen (: Geld *kaspa*). — III1 zur Zahlung veranlassen, zahlen lassen (: Geld *kaspa*). — III2 auszahlen (lassen) (: Geld *kaspa*, an : *ana*). — *šāqil kaspi* Zahlmeister. *šāqil da'ti* e. Beamter.

šeqlu Gewicht, Sekel (von Silber oder Gold) = $\frac{1}{60}$ Mine = 8,4 gr.

šuqultu Gewicht; Geldwert. — *ina šuqulti* dem Gewicht nach, an Gewicht.

šitqultu Gleichgewicht, in *ina šitqulti Sīn* in Opposition mit dem Mond.

šuqlu e. Droge.

šuqalulu II1 hängen (an : *ina*, von Körperteilen bei Mißgeburten), schweben. — pms. angehängt haben (: Wasserbeutel *naruqqa*). — *šuqalul šatti* Aequinoctium.

šuqamumu II1 still werden, still sein, ruhig sein (Haus *bētu*, in der Nacht *ina mūši*). — Vgl. *qamāmu*.

šaqummu still, ruhig (Ort *ašru*, Straße *sūqu*).

šaqummiš still, leise, in Schweigen.

šaqummatu Stille, Ruhe, Schweigen.

šeqinu e. kleines Gefäß, Napf (?).

šaqāpu s. *zaqāpu*.

šaqāṣu fleckig, unrein sein.

šaqṣu, f. pl. *šaqiṣāti* fleckig, unrein, graulich (Antlitz, *pānu*, der Lamastu); Scheusal, Bösewicht; f. pl. Greuel (die im Astrologischen Werk prophezeit werden).

(šeqṣu,) pl. (?) *šeqṣi* Flecken, Unreinigkeit (am Körper einer Neugeburt).

šaqqu, pl. *šaqqāti* Sack (für Getreide *šei*, Mehl *qēmi*); Trauergewand, Bußgewand.

(šaqqūqū,) f. *šaqqūqūtu* in ein Trauergewand gehüllt (Göttin *iltu*).

šiqqu, šiqqatu e. Gefäß (für Öl, Salböl *šamni*, *piššati*).

šaqāru s. *zakāru* und *zaqāru*.

šuqurtu e. alkalische Pflanze.

šaqāšu, šagāšu *(i)* morden (Mörder *šāgišu*), hinmetzeln, vernichten, zerstören (: Städte und Berge *ālāni u ḫuršāni*).

šaqšu vernichtet, zerschlagen.

šaqaštu, šaqaltu, šeqeltu, šegeltu, pl. *šaqašāti* Mordtat, Gemetzel, Vernichtung. Vgl. *šagālu*.

šiqšu e. (paarweis vorhandener) Körperteil des Skorpions; e. Teil des Wagens.

šāqišu, šaggišu Mörder, Mordgesell.

šaggāšu, f. *šaggāštu* mordend; m. Mörder (Beiname des Pestdämons); f. die Mordende (i. e. Pest).

mašgašu Mordwerkzeug, Mordwaffe (?).

šēru (שרא4) II1 den Höhepunkt erreichen (Wachstum, Wasserstand), den Höhepunkt des Wachstums erreichen (Rohrstengel *ḫabburu*), reifen; unwiderruflich vollziehen (?, : Tausch *pūḫa*). — III1 den Höhepunkt erreichen lassen (: Stärke *dunna*), üppig werden lassen.

šer'u, šerḫu reifes Getreide, Ähre; Spica (?); Virgo (E). — *šer'i ebūri, šer'i erēši* Monatsnamen. — Vgl. *esennu*.

šur'u guter Lauf (?, eines Wagens *ereqqu*).

šarū ausgereift (?, Wipfeltrieb *qemmatu*). — *šarū ū šamḫu* üppig gedeihend.

šeri'tu e. (üppiges?) Gewand.

šerrū Gedeihen (?).

mašrū, mešrū, mašrītu Reife, Vollkraft, Gedeihen, Wohlstand, Reichtum.

mešrūtu Vollkraft (?, s. *alāku*).

šer'ānu, šerḫānu (שרא6), pl. *šer'ānū, šer'āni* (wests. LW.?) Gelenk; Sehne (auch als Opferteil).

mašrū, mešrū, pl. *mešrēti* Glied; Form, Holzkern (für den Guß); pl. Gliedmaßen.

mušerettā (du.) paarweiser Körperteil eines Vogels.

šur'ēnu s. *šurmannu*.

šerū (שרא7) (sich) lösen (?), weiterziehen (?). — I2 wohnen, hausen. — II1 (jd.) loslassen; anfangen (: Werk *šepra*); in Angriff nehmen (schneiden?, : Ähren *šer'i*); einweihen (: e. Tempel); den Anfang nehmen, eintreten (Verfinsterung *atalū*). — II2 (?) zu wehen anfangen (?, Windgott *Rammān*).

šurrū Anfang, Beginn; Regierungsantritt.

šurriš alsbald; plötzlich; eilends; einen Augenblick.

tašrētu, tešrētu Anfang (einer Krankheit *murṣu*); — Tisri, Name des siebenten Monats.

šerjām s. *serjām*.

[Regen.

šarbu, šurbu Regenschauer,

šarbiš wie ein Regenschauer, schauerlich (?).

šurību, šurīpu Regenzeit, kalte Jahreszeit; Frost.

šurubbū Frost; Schüttelfrost.

šurebtu, šurubtu Schauer, Graus.

šarrabu e. Dämon.

isribū, išrubū, iššubū ansteckende Krankheit, Aussatz.

šarbābu Schauder.

šarbābiš schaurig.

šurabuṭu Wind machen, Wind lassen (?). — IV2 wehen, fegen (Wind *zaqīqu*). — IV3 wehen, fegen (Wind *zaqīqu*; Dämon : durch die Straßen *rebāti*, in der Wüste *ina ṣēri*; Wort, *amāt*, einer Gottheit).

šergallu s. *giššergallu*.

šerdu s. *serdu*.

šurdunū Ranke.

šarāḫu *(u)* herrlich werden, herrlich sein (Menschen *niši*; Gottheit *ilu*; Bahn, *tāluku*, von Marduk-Jupiter); riesig sein (Fackel *ṭipāru*). — I2 großartig sein; großartig tun, sich brüsten, prahlen. — II1 gewaltig machen (: Herrschaft *bēlūta, šarrūta*), großartig ausführen (: Arbeiten, *epšēti*, an e. Bau; Opfer *nindabē*, Weihgaben *igisē*); verherrlichen (: Namen *zekra, zeker šumi*; Größe, *narbā*, einer Gottheit; Würde der Göttlichkeit, *simat ilūti*, des Sonnengottes). — II2 sich brüsten, prahlen, sich überheben. — III1 gewaltig machen, herrlich machen. — *šurruḫu ramānšu* sich überheben.

šarḫu, f. *šaruḫtu*, pl. *šarḫāti* riesig, gewaltig (Ansspruch *epēš pī*), herrlich (Ištar; Getreidegöttin *Nisāba*), prächtig (Schafe *ṣēni*).

šerḫiš großartig.

šurruḫu, f. *šurruḫtu, šūruḫtu*, pl. *šurruḫati* gewaltig, riesig (Weihgaben *igisē*), ungeheuerlich (Taten *epšēti*).

šitraḫu, šitruḫu, f. *šitraḫtu* großmächtig (Gottheit). — *šitraḫ ṣēru* übermächtig (Feuergott).

muštarḫu, multariḫu, multarḫu großmächtig, allgewaltig; Prahler (Schimpfwort).

tašreḫtu Herrlichkeit, Großartigkeit, vgl. *agū, nūru, neqū*; Überhebung, Prahlerei, vgl. *dibbu*.

šerḫu s. שרא4.

šerḫānu s. שרא6.

šarāṭu *(u)* zerfetzen, zerschlitzen, zerreißen (: Gewand, *naḫlapta*, zum Zeichen der Trauer); pms. zerreißen (intr., etwas im Munde, *ina pī*, befindliches). — I2 abreißen (intr.), zu Ende gehen (?, Monat). — II1 zerreißen (: Kleid *ṣubāta*, Gewandung *naḫlapāti*). — IV1 zerrissen werden (Büßergewand *bašāmu*). — IV3 sich zerfetzen, in Stücke reißen lassen (?, Kriegsleute, *ṣāb taḫāzi*, in der Schlacht *qabal tamḫari*).

šerṭu Fetzen, Lappen.

šerreṭu Lumpen, schadhafter Hausrat (?).

šarūṭu (zerschlissenes) Trauergewand.

šurenṭu zerfetzt (?).

šiṭarudu (?) (Gewand-)Zerreißung (?), Trauerkundgebung, Trauer (?).

šarāku bluten, eitern (?).

šarku helles, reines Blut (opp. *damu, adamatu*).

šarāmu *(u)* abschneiden, beschneiden (: Dokument : *ṭuppa*). — II1 abschneiden (: Hörner, *qarnē*, eines Rindes).

šermu abgeschnitten, beschnitten, zugeschnitten (Dattelpalme *gišimmaru*, Rohr, Röhre *qanū*, Kette *maninnu*).

našramu Messer (?).

šarmadu, ašarmadu e. Pflanze.

šurmaḫḫu (?, sum. LW.) e. Priester.

šurmannu, šurmēnu, šur'ēnu, st. c. *šurman* (LW.?) Konifere; e. Zypressenart.

šarānu e. Insekt; e. Pflanze.

šerennāti Gebiß.

šurānu Katze (?).

šurennu, šurēnu (sum. LW.) Wahrzeichen, Emblem, Göttersymbol; Standarte (?, von Silber oder Gold); vgl. *nasāḫu*.

šarnuppu (elam. LW.) e. Beamter (Vorsteher?).

šerēsu s. *serāšu*.

šarāpu *(u)* e. Feuer *(išāta)* anzünden, verbrennen (trs., mit Feuer *ina išāti*); pms. verbrannt werden, abgebrannt werden, verbrennen (intrs., Brandopfer *šuruptu*). — II1 verbrennen. — IV1 angezündet werden.

šurpu Verbrennungsritus; Name einer Sammlung von Verbrennungsriten begleiteter Beschwörungen.

šuruptu Brandopfer (für Verstorbene).

našraptu Reibholz (?, zum Feuermachen).

šurīpu s. *šurību*.

šarāṣu leuchten, scheinen. Vgl. *šarāru*.

šarṣu, šerṣu Glanz (eines Gestirns).

šarāqu *(u)* schenken (: das Beste *rēšēti*), zum Geschenk *(šerqa, šereqta, ana šereqti)* machen, verleihen (Gottheit : guten Ruf *šuma damqa*, Macht und Stärke *dannu ū lēta*, Wahrhaftigkeit *kētta*, Scharfsinn *uzna rapašta*, Krone *agā*), bescheren (: Glück *nuḫša*, e. schlimmen Tod *mūta lemna*) (jdm. *ana*); Mitgift *(šereqta)* geben; überantworten (dem Gefängnis *ana bēt-kīli*); pms. geschenkt werden, geschenkt sein (Tempel : der Würde einer Göttlichkeit *ana simat ilūti*). — I2 zum Geschenk machen, schenken (: Huld *takrebta*); die Mitgift geben (?). — II1 e. Geschenk *(šereqta)* machen, als Geschenk darbringen (: Spezereien *armanni*). — Vgl. *zarāqu*.

šerqu Geschenk.

šerqu, šešqu, f. *šerqatu, šešqatu* Tempelsklave.

šarraqtu, *šarqatu* Tempelsklavin.

šaraqtu, šereqtu Geschenk, Gabe; Mitgift (altb.); Geschenk des Gatten an die Ehefrau (neubab.); vgl. *nudunnū*.

šarrāqītu Spenderin (Ištar).

šarāqu *(i)* fortschaffen, stehlen, rauben, gewaltsam wegnehmen (: Feld); unterschlagen; hehlen. — I_2 stehlen. — IV_1 weggeschafft werden (?).

šarqu gestohlen.

šarrāqu Dieb.

šarrāqiš wie ein Dieb.

šarrāqānu Dieb.

šurqu fortgeschaffte Sache, gestohlenes Gut.

šarqatu e. Körperteil.

šarāru *(u)* versichern, geloben (?).

šarru wahr (Worte *amāti*), lauter (Gold *ḫurāṣu*).

šarāru König, Königin werden oder sein, herrschen (Mächtiger *dannu*).

šarru, st. c. *šar*, pl. *šarri, šarrāni* König; (göttlicher) König; Regulus. — *šarru in šarri* (ein König unter Königen =) irgend e. König. — *šar-šarri* Oberkönig, شاهنشاه. — *šar ilāni* Götterkönig, Beiname von Aššur und Marduk. *šar mēšāri* gesetzmäßiger, rechtmäßiger König. *šar apsī* König der Wassertiefe, Beiname von Ea. *šar gemri* König des Weltalls, Beiname von Marduk. *šar kiššat* König der Welt. — *šarru-māru* Sohn-König, königlicher Sohn, Beiname von Ninurtu, *šarru-pūḫi* Königs-Tauschbild; vgl. *ṣalmu*. *šarru rabū* Großkönig. *šar našpanti* Tyrann (?). — *ša šarri* königlich; königlicher Kommissar.

šarratu, pl. *šarrāti* Königin; (göttliche) Königin. — *šarrat gitmuri*, *šarrat gitmurti* vollendete Königin, *šarrat Ninua* Königin von Ninive, Beinamen von Ištar. — *šarrat šarrāti* Oberkönigin, Beiname von Ištar von Arbela und von Tašmēt. — *šarrat apsī* Königin der Wassertiefe, Beiname von Damkina. *šarrat erṣeti* Königin der Unterwelt, Beiname von Ereškigal. *šarrat qebri* «Ufer-Königin», e. Insekt.

šarrūtu Königtum, Königsherrschaft, Königswürde, königliche Majestät; vgl. *awātu* ($\aleph_7\aleph_6\aleph_3$).

šarāru leuchten, strahlen, scheinen (Gestirn). — I_2 aufstrahlen. — II_1 aufleuchten lassen (: Sterngottheit). — Vgl. *šarāṣu*.

šarūru, šerūru Glanz, Licht (von Šamaš, Sīn, Marduk); Schein, Sonnenschein. Vgl. *našū, maqātu*. — *šarūr šamši* Sonnenlicht, Sonnenglanz. *šarūr elāti* Licht der Höhe (?, cpl. *nur šaplāti*). *šarūr šulmi* das (Sonnen-)Licht, das Wohlbefinden verursacht (?).

šararūtu Strahl, Glanz.

šarūru Gurkenschößling; — Mohnkapsel.

šerru s. *šāru*.

šerru e. Vogel.

šuršu, suršu, st. c. *šuruš, suruš* Wurzel; Grundlage; vgl. *nasāḫu*. — *šurši šer'i* γ Virginis.

šuršiš, šurišam bis zur Wurzel, durch und durch.

šērēšu s. *sērāšu*.

muštarreštum Eunuchin. Vgl. *ša-rēši*.

šaršabeṭṭu e. Baum.

šaršarru, šeršerru, šeršēru (Ring,) Farbenring (einer Ölschicht); Farbstoff; rötliche Paste, Schminke.

šaršarratu, šeršēratu, pl. *šeršerrēte* Kette (am Pflug *epenni*); Fessel.

šaššu weißer Marmor, Alabaster (?); — s. auch *šamšu*.

šaššiš, šaššāniš s. *šamšu*.

šašūmi s. *šalšu*.

šišītu (?) Mutterleib; — e. Teil der Leber (?).

šeššu, šeššītu, šuššu s. שדש.

šišbānu Keuschbaum (?).

šāšugu, šaššugu s. *šēgušu*.

šaššaṭu e. Gelenkkrankheit.

šaškū (sum. LW.) e. Holzart.

šuššuku e. (beim Wagenbau verwendetes) Holz.

šišiktu s. *sissiktu*.

šuškallu (sum. LW.) Fischernetz; (göttliches) Fangnetz (Attribut von Ea, Enlil, Ningirsu, Ninḫarsag, Ninurtu, Sīn, Šamaš).

šašallu, šašālu Rücken (opp. *kabattu*).

šašmu Zweikampf, Kampf.

šašmiš zum Kampf.

šuššama s. unter שא₆ש.

šāšūmi s. *šalšu*.

šišanu, šišnu Schilf.

šuššanu (sum. LW.) ein Drittel.

šaššāru, šāšāru s. *našāru*.

šušrū (sum. LW.) e. Weinsorte.

šatū (שתא₆) weben; spannen (?, : Bogen *arkāti*). — IV₁ gewoben werden (Fäden *qū*).

šatū gewoben.

šitūtu Webearbeit, in *ṣubāt šitutu* gewobenes Gewand.

šutū gewobener (Woll-)Stoff.

šatū, šetū (שתא₇) Trank *(šikāra)* zu sich nehmen, trinken, saufen (cpl. *akālu*; aus : *ina libbi;* an e. Zisterne *ina eli bēri*); mit oder ohne *mē* «trinken», d. i. bewässert werden (Feld *eqlu*, aus e. Kanal *ina nāri*, aus e. Wasserlauf *ina namqāri*). — I₂ trinken (: Blut *dami*; aus *ina libbi*, aus e. Becher *ina eli kāsi*). — I₃ (fortwährend, immer wieder) trinken (: Blut *dami*).

šutū Trank.

maštu, maltū Trinkgefäß; vgl. unter מ.

maštītu, maltītu Tränkung (vgl. *mu*); Getränk.

šitū e. Gartengewächs.

šutukku (sum. LW.) e. Rohrart; Rohrgeflecht, Korb; Rohrbedachung (des «Waschhauses» *bēt remki*).

šitlū s. סלא₆.

šatammu (sum. LW.) Verwalter (eines Vorratshauses *šutummi*, des Zeughauses (?) *bēt-unāti*, eines Tempels *ēkurri*, des Haushalts *salāti*), Aufseher über Transporte.

šatammūtu Amt des *šatammu*.

šetemmaḫu e. Beamter (Ober-*šatammu?*).

šutummu Vorratshaus.

šetammu (sum. LW.) helles Korn (?).

šatāpu, šitiptu, šutāpū s. *tappu*.

šatāqu abquetschen, abtrennen, abschneiden (: Datteln *suluppi*); pms. abgetrennt sein, zerstört sein (Ohr, *uznu*, eines Fötus; lobus caudatus, *ubānu*, der Leber). — II₁ pms. zerstört sein, fehlen (?) (Ohr, *uznu*, oder Klaue, *ṣupru*, eines Fötus).

šetqu Abgetrenntes, in *šeteq šadī* Bruchstein, *šeteq erti* Brustbein (?).

šateqtu abgetrenntes Stück (?).

maštaqu, mištaqu, massaqu, maštaqtu, maltaqtu, st. c. *maštaq* abgetrenntes Gemach, Trauergemach, Harem, Gemach (einer Göttin).

šatāru s. *šaṭāru*.

šaturru, šatūru s. *šat uri* (שא).

šettu Krebs (?); Sternbild des Krebses.

šuttu, šuttatu Grube; Fallgrube.

ת

tū (sum. LW.) Beschwörung.

tu'u Gemach.

ti'ātu, tijātu Asa foetida.

ta'āu, tē'u (?) *(e)* beißen, verzehren (Zähne *šenni*), übertr. aufzehren, auffressen (Gebirge *šadū* : Dämonen).

tē'u («beißend», «verzehrend» = ?) stechend (Augen *ēnā*).

te'ūtu Imbiß, Speise (vgl. *mu*); übertr. («Speisung» = ?) Zubehör (?, eines Wagens *narkabti*).

tūzu s. *tumšu.*

tiālu, tālu, pl. *tālāti* Schößling (einer Dattelpalme *gišimmari*, eines *mēsu-*, Zedern *(erēnu)-*, Maulbeerbaumes *(ṣarbatu)*).

tu'āmu (תאום), pl. *tu'āmū, tu'āmi*, f. *tu'āmtu*, pl. *tu'āmāti* Zwilling (von Menschen, Tieren und Pflanzen); Paar (Löwen *nergalli*); f. Zwillingsschwester (Ištar, von Šamaš); Türflügel; f. Doppeltüre. — *tu'āmū, tu'āmū ṣeḫrūti* λ, ζ etc. Geminorum. *tu'āmū rabūti* α + β Geminorum. *tu'āmū ša ina meḫret šitad-dali izzazū* γ + ξ Geminorum.

ta'ūmu doppelt, Doppel-Raum (Türen *dalāti*).

ti'āmtu, tāmtu, tāmdu, st. c. *ti'āmat* Salzwasser (opp. *apsū*), Salzwasserbecken; Meer; e. Nachbildung des Meeres (vgl. *apsū*); e. mythisches Meerungeheuer. — *šūt tāmti* Meerbewohner *(laḫmi)*. — *ina tāmdi (u) nābāli* zu Wasser und zu Land.

tāmū (?) Meer-, an der Küste wachsend (Granatapfelbaum *armannu*).

tēmu s. *ṭēmu.*

tettu, tētu, tuttu (?) (תאן) Feigenbaum, Feige.

tētānu e. («feigenartige») Apfelsorte (?).

tēnu s. *ṭēnu.*

-tān Distributivbezeichnung.

tāpatu (Öl-)Krug.

târu (תא₆ר) zurückkehren (opp. *alāku;* von, aus : *eštu;* in, nach, zu : dat., *ana, ana eli;* nach Hause *ana bēti* + suff.; Frau, zu ihrem Ehemann *ana mutiša*), rückläufig sein (Jupiter, opp. *alāku*), sich (wieder) verwandeln (Haus in Trümmer *ana karmi*), zurückkommen (Bescheid, Antwort *amātu*; auf etwas: *ana*), auf e. Prozeß zurückkommen, d. h. ihn anfechten (gegen : *ana*), wieder in den Besitz kommen (einer Sache : *ana*), wieder zufallen (Eigentum *namkūru*, dem Eigentümer *ana bēli*), rückläufig werden (Planet); sich wieder schließen (Tür *daltu*, opp. *petū*); werden (zu : *ana*). — + *-ma* und verb. fin., dabei in der Regel das Subjekt zwischen beiden Verben : wiederum tun, wiederholt tun, wieder, ein anderes Mal, noch einmal, mit Neg. (häufig bei beiden Verben) : nicht mehr, nie mehr; — pms. zurückgekehrt sein (von : *eštu;* in die Heimat *ana māti* + suff.), zurück sein. — I2 in die Heimat zurückkehren (abs., Krieger; vom Flußordal *ina Id*); werden (: König *šarra*). — I3 sich (wieder) zuwenden (e. Haus : *ana bētī*). — II1 zurückkehren lassen (nach : *ana*), zurückbringen (opp. *ubbulu*; etwas : acc.; jdm. : dt., *ana, ina qāt*), zurückführen (opp. *šalālu*), zurücksenden (etw. : acc., jd. : dt., nach *ana*), zurückerstatten, erstatten (an jdn. : *ana, ana eli;* für : *ana*); zurückweisen (opp. *maḫāru*), wegführen, wegtreiben (: Beute, Vieh); verwandeln (: Tag in Nacht *ūma ana mūši*, Tageslicht in Dunkelheit *ūma ana da'ummati*, : Haus in e. Ruine *bēta ana ḫarbati*), wenden (: das Böse zum Guten *masikta ana dameqti*); + *-ma* und verb. fin. : wie früher tun, wiederherstellen; pms. zurückerstattet werden (an : *ana*), wiedergegeben, gebrochen werden (Speise *akālu*, beim Essen *ina akāli*). — II2 erwidern, zurückgeben (jdm. : dt.); vgl. u. — III/II1 vgl. u.; pms. zurückgebracht, zurückerobert werden (Stadt *ālu*). — *tūra, tūra ūmā, ūmā tūra* ferner. — *itūr ēnaḫ-ma* wurde wiederum baufällig (Mauer *dūru*, Schutzwehr *kidinnu*). — *eleppu šalimtu itār* («e. unversehrtes Schiff wird zurückkehren» =) das Schiff wird unversehrt zurückkehren. — *turru nadānu* zurückgeben. — *turru* + suff. *šanānu šuknušu* + suff. ein zweites Mal, zum zweiten Mal unterwerfen. — *turru-ma rāmu* wieder zugetan sein (jdm. : acc.). — *turru-ma kunnu* wieder festsetzen (: regelmäßige Opfer *sattuqqi*). — *turru-ma paqādu* wieder einsetzen. — *turru, šutēru amāta* Bescheid geben, antworten (jdm. : dt., *ana*). — *tuturru* (?) *māmīta* auf einen

Eidschwur zurückkommen, sich daran halten (?). — *turru ūmū* die (Monats-) Tage (zum ersten) zurückkehren lassen (Sīn, d. h. den Monat mit dem 29. schließen lassen; opp. *šullumu*). — *turru nābališ* trocken legen (: Gelände *eqla*). — *turru idā* + suff., *turru ana idē ramāni* + suff. sich aneignen (etwas: acc.). *turru ana idē* + suff. auf jds. Seite bringen. — *turru kī ardūti* wieder zum Sklaven machen (jd. : acc.). — *tāru arki* + suff., *tāru ana arki* + suff., *tāru ana arkāti*, *tāru arkiš* sich zurückwenden (zu); zurückweichen (milit.), weichen (Grimm *uggat libbi*). — *tāru ašri* + suff. wiedererstehen; vgl. *nadū*. *tāru ana ašri* + suff. wieder zurecht kommen, sich beruhigen (Herz *libbu*). *turru ašri* + suff. wieder an seinen Platz bringen, wieder zurecht bringen, wiederherstellen. — *turru gemelli* Vergeltung schaffen, rächen (jd.: gen., an: *eli*). *turru gemelli dunqi* mit Gutem vergelten (jdm.: *ana*). — *turru ana dajāni* (wieder?) vor den Richter bringen. — *turru dami* + suff. jds. Blut rächen. — *tāru ana zūa* (?) ([analog *ūa*?] zu «Dreck» (?) = ?) zu Schanden werden (Rivale *maḫēru*). — *turru ḫebelta* e. Verlust ersetzen (jdm. : dt.). — *turru*, *tuturru ṭēma* Bericht erstatten (jd. : dt.) — *turru ana ṭupšarrūti* schriftlich aufzeichnen. — *turru ana meṣer* ... zum Gebiet von ... schlagen (milit., : e. Örtlichkeit : acc.). — *turru kišada* + suff. sich umdrehen, umkehren. — *tuturru ina mešīti* in Vergessenheit bringen. — *turru ana eštēn pī* einmütig machen. — *turru pān nēri* schwenken, hinschwenken (milit., nach: *ana*). — *šutēru ina qātē* + suff. wieder in jds. Gewalt bringen, zurückerobern (: Stadt *āla*). — *turru eqqeb* wieder weg treiben. — *turru erta* zurückhalten, den Zutritt wehren. — *turru ana ša-rēšēn* zum Eunuchen machen, kastrieren. — *turru rēš balāṭi* + suff. verjüngen (?). — *turru ana ramāni* + suff. sich aneignen. — *turru ana maškāni* + suff. wieder einsetzen. — *turru ana šepki* zum Guß bringen (: Bilder *ṣalmāni*). — *turru tuktē annanna* jdn. rächen.

tāru Rückkehr.

tēru, st. c. *tēr*, pl. (?) *tērānu* (sich schlingende) bandartige Überkleidung (?), Überzug (von Silber *kaspi*, Alabaster *šašši*); — pl. Streifen (?); Merkmale (?).

tūru Abschluß, Verschluß (?, eines Tores *bābi*). — *tūra* s. o.

tūrtu Erwiderung, Antwort. — Vgl. א4א6ר.

tajāru wiedergefaßte Zuneigung, Erbarmen.

tajārtu, st. c. *tajārat*, *tijārat*, pl. *tajārāti*, *tajārēte* (?) Umkehr, Rückkehr; pl. Erbarmen.

tajjāru sich wieder zuwendend, barmherzig, gnädig, تواب.

tawērtu, tamērtu, pl. *tamērāti* Umgebung (einer Stadt), Umgegend, Flur (oberhalb einer Stadt *elēn āli*). Vgl. א6א1ר.

muterru, mutertu e. Art Verschluß, Fallriegel (?). — *muterru būli* Viehhüter (?). — *muter-ṭēmi* Berichterstatter. — *muter-pūti* Leibwächter (königlicher *ša sarri*). *muter-pūti (ša) šēpē* Adjutant.

muttērtu, mutērtu, pl. *muttērēte*, *mutērēte* (verschließbarer) Türflügel, Tür (eines Gefängnisses *kēli*); pl. Doppeltüren.

titūru, titurru, st. c. *titur*, pl. *titūrāti* Steg, Brücke; Damm (eines Kanals *palgi*).

tijāru Juniperus.

tabū, tebū (תבא7) streben (Teil der Leber, nach links *ana šumēli*) : in die Höhe streben : sich aufrichten (opp. *ašābu*), sich erheben (Löwe *nēšu*, Wind *šāru*, Sturm *mēḫū*, Sturmflut *abūbu*; gegen, über : *ana eli*, *ina eli*), aufbrechen (Sterngottheit), sich aufmachen (zu einer Handlung), wieder aufstehen (Gefallener *maqtu*, Kranker *marṣu*), auferstehen (opp. *nâlu*); vorwärts streben: anrücken (milit., unter Führung von: *itti*), ausrücken (zum Kampf *ana mitḫûṣi*; dahin wo *ašar*), Einfälle *(tebâni)* machen (in ein Land *ina mâti*), einfallen; wegstreben : sich hinwegheben, weichen (Dämon); + *-ma* und verb. finit. sich aufmachen, sich daranmachen (zu tun); *tebê-me* mit impr. wohlan!; pms. erhoben werden (Waffen *kakki*). — I2 aufbrechen, anbrechen, einherziehen (Wind *šâru*, aus dem Himmel *eštu qereb šamê*, gegen das Land *ana mâti*). — I3 sich erheben, losziehen (gegen : *ana eli*). — III1 aufrichten (: Gefallenen *maqta*), erheben lassen (: die Waffen *kakki*, d. h. zu den Waffen greifen lassen; um . . . zu : *ana*), sich aufmachen, einherfegen lassen (: Winde *šâri*), aufbrechen lassen (: Sterngottheiten), ausrücken lassen (: Truppen *ummâni*); aufstellen, feststellen (: Glückstag *ûma ṭâba*); sich wegheben lassen, austreiben (: Dämon), vertreiben (vom Richterstuhl *ina kussî dajânûti*), beheben (: Wehe *ûa*). — *tebû-ma italuku* auf und davongehen. — *tebû ana erti* + suff. gegen jd. anrücken. — *tebû ana ketri* + suff. jdm. zu Hilfe kommen. — *tebû maḫar* + suff. jdm. huldigen. — *šutbû šêrta* + suff. seinen Zorn verrauchen lassen.

tabû das Emporsteigen, die «Auferstehung» (Marduk's aus dem Ḫursân am Neujahrsfest).

tebû, st. c. *teb*, pl. *tebâni* Herannahen, Heranrücken, Bevorstehen (einer Schlacht *tâḫâzi*), Angriff (eines Feindes, feindlicher *nakri*, auf e. Land *ana mâti*), Einfall. — *ina qabal teb šâri* (Planetenerscheinung) in (bzw. aus) einer Windsbraut.

tebûtu Anrücken (eines Sturms *meḫî*), Angriff (der Waffen *kakki*), Einfall (von Heuschrecken *âribi*, ins Land *ana mâti*), Zuzug (von Fischen *nûni*).

têbû, st. c. *têb* anrückend, angreifend (Waffen *kakki*, Feind *ajâbu*; zur Schlacht : *tâḫâza*); Angreifer, Feind. — *têbû arki* + suff. Gefolgschaft (?).

tâbeḫu s. *ṭâbeḫu*.

tubaṭu e. Pflanze.

tabâku *(u)* gießen, vergießen (: Blut *dami*), ausgießen, ausschütten (: Glanz *namurta*, Schreckensglanz *melammi*, über : *ina eli*), ausspeien, speien (Schlange *ṣêru* : Gift *êmta*, auf : *eli*), übertr. verbreiten (: Schweigen *šaqummata*). — II1 weggießen (Zauberer: Fett *petra*). — IV1 «ausgegossen» = (?) zunichte gemacht werden (Krankheit *murṣu*). — IV3 (fortwährend) ausgegossen werden (durch e. Dachluke *ina apti muḫḫi*). — *tabâk napišti kîma mê* «Ausgießung» (d. h. Vernichtung) des Lebens wie Wasser.

tabku ausgegossen (Wasser *mê*, Waschwasser *remku*).

tibku Libation (von Most *sêrâš*); Wasserlauf (eines Kanals *nâri*). — *tibik šadê* Gebirgsbach.

tubku Schüttung, Schutt.

natbâku, pl. *natbakâti* Gießbach (?).

tabakbakku Berieselung (?).

tebukku, tambukku e. Insekt (Fliegenart?).

tabâlu s. אבל6 und *ṭabâlu*.

tâbâlu s. אבל1.

tabûlu Herde.

tubâlu s. אבל6.

tubalû (LW.?) Kletterseil (für die Dattelernte).

tibnu Stroh; Häcksel.

tabînu s. *banû*.

tabâqu, tubqu, tubûqtu s. *ṭabâqu*.

tubâqu e. Pflanze.

tabêru (sum. LW.) Metallarbeiter; — e. Insektenart.

tabarru (LW.?) (rot-)purpurfarben; purpurgefärbter Woll- oder Leinenstoff.

tiggû, tîgû e. Musikinstrument, Art Doppelflöte (?).

tigidû (sum. LW.) Weihwasserbecken.

tigilû (sum. LW.) Springgurke.

tuduqqû (sum. LW.) Beschwörung.

tezû Wind machen (?), blasen (?).

tuzzu s. *tumšu*.

taḫû, teḫûtu s. *ṭeḫû*.

taḫḫu, taḫû (?) (sum. LW.) Ersatz, Ersatzmann; Nachkomme (als Ersatz?). — *taḫḫi ṣâbi* Ersatztruppe (?).

tuḫallu (noch nicht reife) Dattel (vgl. *uḫennu, suluppu*).

taḫûmu (wests. LW.?) Grenze, Gebiet.

taḫpatu (LW.?) e. Art Gewand.

takdananu e. Pflanze.

tikku, tîku, st. c. *tik*, pl. *tikkati, tikâti* (sum. LW.) Hals, Nacken. — Vgl. *kanâku*.

têktu, têkêtu s. *akû*.

tukku, pl. *tukkâti* (?) Schild (aus Leder); Scheibe (von der Sonne?).

tukkannu Ledertasche, Lederbeutel (für Gold, Salz, Geld, Gewichtssteine, Schreibrohr).

takâlu *(a, e)* sich stützen, sich verlassen, vertrauen (auf : dt., *ana*); pms. Vertrauen haben (zu : *ana, eli*); verläßlich sein, tüchtig sein (junge Kuh *bûrtu*). — I2 sich stützen, sich verlassen (auf : *ana*, auf die eigene Stärke *ana emûq ramâni*). — II1 stützen (: Mauer *dûra*); Vertrauen einflößen, mit Vertrauen erfüllen (Gottheit, jdn.: acc.); zuverlässig, tüchtig ausführen (: Arbeit *šepra*); mit folgd. oder vorhergehend. Verb. (etwas) sorgfältig tun. — *tukkel purus, purus tukkel* prüfe genau, vgl. *parâsu*.

taklu vertrauenswürdig, zuverlässig.

teklu, pl. *teklê* Stütze, Beistand (Gottheit).

(takîlu,) taklu, st. c. *takîl*, f. *takîltu* zuverlässig (Leute *amêlê*, Orakel *šêru*); Vertrauensmann.

tukultu, tukkultu, st. c. *tuklat*, pl. *tuklâti* Stütze (vgl. *âlu, ašru, bêtu, ṣâbi*), Hilfe, Beistand (einer Gottheit); Vertrauen; Gegenstand des Vertrauens, «Zuversicht». — *ina tukulti* unter dem Beistand von. — *ana tukkulti* im Vertrauen auf.

mutâkilu Anstifter.

takâltu s. כא6ל.

takkaltu s. א3כל.

takeltu (LW.?) (blau-)purpurfarben; purpurgefärbter Wollstoff.

tukkannu s. *tukku*.

takkasu (sum. LW.) e. (Edel-?) Stein.

(takâpu) pms. gefärbt sein (? rechte Seite der Venus rot *sâma* [?]). — II1 pms. gefleckt sein (Panther *nemru*).

tikpu, pl. *tikpi* Farbtupfen, Fleck (vgl. *sâmu*); pl. (die sieben) Mars-Sterne.

tukpîtu (?) gesprenkelter Marmor (?).

tekreân s. *karû*.

takšû s. *kašû*.

tuktû (pl.?), *tuktê* (pl.?) Vergeltung, Rache; vgl. *râbu* und *târu*.

tallu, tâlu, pl. *talli* (sum. LW.) Leiste (?, an e. Türe, zum Verschluß?), pl. Gestell (?, aus Bronze, Silber, Gold, bzw. vergoldet; am Herd *kinûni*).

talgiddû, talmaḫḫu großes Gestell (?, für Öl[-Krüge]).

tellu, têlu, pl. *tellâni* (sum. LW.?) Ruine. — *têlâni nadûti* Ruinen. *tel abûbi* Sintflutruine, sehr alte Ruine. — *tel šamê ellûti* e. Örtlichkeit am Himmel.

têlâniš ruinös; wie Ruinen; vgl. *emû* und *šapâku*.

têlû s. *elû*.

tulû, telû (תלא4) du. *tulâ* weibliche Brust, Mutterbrust (von Menschen und Tieren); e. Art Napf (?, in Form einer weiblichen Brust?). — *ša tulî* Säugling (vgl. *māru* und *parâsu*).

tultu (תלא4), pl. *tulâti* Wurm (auch als Erreger des Zahnschmerzes). — Vgl. *nûnu*.

(talû, talâmu) (תלא6) II1 anreihen, folgen lassen (?, : einen Garten auf den andern *kerā ana kerī*, eine Ernte auf die andere *ebūra ana ebūri*); pms. behängt sein (Ištar, mit Köchern : *išpāti*), versehen sein (?, Wagen *narkabāti*, mit Reliefs : *asmāti*). — III1 jdn. (acc.) behängen mit (?) = jdm. (acc.) verleihen (: Waffen : *kakki*), übergeben, übertragen (: Zeremonienleitung *ḫemmat parṣi*).

tellū (?) Behang (?, an Pferden, von Silber).

talīmu, st. c. *talīm*, pl. *talīmū*, f. *talīmtu*, st. c. *talimmat* anhängend, eng verbunden; mit und ohne vorherg. *aḫu* : eng verbundener (ebenbürtiger, Lieblings-)Bruder (übertr. auch von den wie Geschwister mit dem Menschen verbundenen Göttern).

tullummu nahestehend (?); Vertrauter (?).

mutlummu, in *mutlummi šadī* (was mit dem Gebirge verbunden ist?, = ?) Gebirgsprodukte (alpine Flora).

tulubu s. *dulbu*.

tellatu Masse, Truppenmasse; Unterstützung.

tulūlu Wolkenmasse, Gewölk.

talāmu s. *talu*.

tilpānu (?) Bogen; Wurfholz; Stachel (d. Schlange *bašmi*).

taltallū Blütenstaub (der Dattelpalme).

tamū e. Pflanze.

tamū, tumāmītu s. א7א6א3.

tambukku s. *tebukku*.

timbuttu s. א4טב.

tamāḫu *(u)* ergreifen, erfassen (mit der Rechten *ina emni* + suff.); pms. ergriffen haben, halten (: Bogen *qašta*, *pappāna*, in den Händen *ina qātē* + suff., *ina idē* + suff., *rettā* + suff.; in die Höhe, hoch *ātēlī*). — I2 ergreifen. — II1 packen (: Feinde *ajābi*, Bösewichte *lemnūti*). — halten lassen, geben (in die Hände : *qātā* + suff., *rettā* + suff., : Szepter *ḫaṭṭa*, Schicksale *šēmāti*); (zur Bearbeitung) (her)nehmen lassen (: Zedern *erēni*). — *tamāḫu (šutmuḫu) ana idē* od. *idāt* + suff. jdm. zu eigen geben (lassen). — *tamāḫu ašāti Ištar* die Zügel (des Kriegswagens) der Ištar ergreifen (rituell). — *tamāḫu qātā ili* die Hände einer Gottheit ergreifen (= *ṣabātu qātā ili*, s. d.). — *titamuḫu qāt* + suff. jdn. bei der Hand nehmen. — *tāmeḫ bēlūti* Herrscher, *tāmeḫ ṣerrēte rubāti* Lenker der erhabenen Zügel, *tāmeḫ kippat burummi* Halter der Himmelswölbung (drei Beinamen von Marduk); *tāmeḫ zē* Tafelhalter, *tāmeḫ qanṭuppi* Schreibrohrhalter (Beinamen von Nabū), *tāmeḫ gerri u mē* Feuer- und Wasserhalter (Beiname von Sīn). — *tummuḫu ina ešqāti, ina bērēte, ina ṣiṣṣi* fesseln (an Händen und Füßen *qātā u šēpā*). — *tummuḫu ina dērāti* in Netzen fangen (: Wild).

tamāku (wests. LW.?) ergreifen (?).

timāli gestern. — *ina timāli, ittimāli, itimāli* gestern. — *ina timāli ina šalši ūmi, ina timāli šalši ūmi* gestern (und) vorgestern.

temmu (sum. LW.) Seil (des Wäschers *ša ašlāki*). — *timmu ša eleppi* Schiffstau.

temmennu, tēmennu, tēmannu (?) (sum. LW.) Fundament (samt Erdaufschüttung); Grundsteinurkunde. — *tēmen šamē u erṣeti* das Fundament Himmels und der Erde (e. Bezeichnung von Anu's «Wort» *amātu*).

tumānu Syn. zu *gušūru* Balken.

tumsūḫu s. *tamšāḫu*.

tamqāru, pl. *tamqārū*, *tamqāri* (sum. LW.) Großhändler (opp. *šamallū*), Kaufherr (auch im Dienste der Handelsverwaltung für Tempel und Staat), Kaufmann, Geschäftsmann. — *tamqār ēkalli, tamqār šarri* Finanzbeamter.

tamqārūtu (Handels-)Geschäft.

temēru vergraben, verscharren (unter *ina šaplān*; in der Erde *ina epēri, ina eqli*); in der Glut *(išātu)* verscharren, backen, rösten. — III1 verscharren lassen (in der Erde *ina epēri*).

(temēru,) temru s. *nūnu*.

tumru Verkohltes, Asche; vgl. *akālu*, *kamānu*.

netmertu Verscharrung (?).

tumurtu Eier (der Ameise *ṣaṣēru*).

tumšu, tunšu, (=?) ***tunzu, tenšu, tuzzu, tūzu,*** pl. *tenšū*, *tunšānu* (LW.?) (leinener, ev. golddurchwirkter) Überwurf, Hemd (?); Decke (eines Ruhelagers *erši*).

tamšāḫu, tumsūḫu (?) (ägypt. LW.) Krokodil.

tamšīlu (LW.?) Wildtaube (?); — Weingefäß (?, in Form einer Wildtaube?).

tenū Genosse.

tēnū s. א$_4$נא$_7$.

tannu Napf.

tangallū Napf. *tangallū ṭābti* Salznapf.

tunzu s. *tumšu*.

tannu kleines Kreuz.

tannatu (?) e. Hausgerät (aus Holz); vgl. (?) *dannu*.

tinūru s. נא$_6$ר.

tenšu, tunšu s. *tumšu*.

tanettu s. *na'ādu*.

tisīsu e. Hausgerät (aus Holz).

tappu (?), ***tappū,*** pl. *tappū*, *tappē*, f. pl. *tappāti* (sum. LW.) ein zweiter, der andere; Gesell, Gefährte (vgl. *ebru* א$_3$בר), Genosse; Gesellschafter, Kompagnon; Gegenstück (zwei Zedernbalken, an e. Torgesims *kulāl bābi*); pl. die anderen (Ziegel, gegenüber einem besonders erwähnten; vgl. *namāšu*).

tappūtu Genossenschaft, Gesellschaft; Beistand, Hilfe (s. *alāku*); Kompagniegeschäft (s. *epēšu*). — *ana tappūti* zu e. Kompagniegeschäft, in Kompagnie, gemeinschaftlich, gemeinsam.

šutāpū ([Hand?]-Arbeits-)Genosse, Gesell, Kompagnon.

šutāpūtu gemeinsame Arbeit; vgl. *epēšu*.

šatāpu sich gesellen (?), in *šātip nīši* sich dem Volk gesellend (König).

šitiptu Angliederung (?).

tapal (LW.?) Paar (Gewänder *nalbāši*, *kitī*, Pferde *sīsī*, Ringe *šemēri*).

tapālu s. *ṭabālu*.

tappinnu, tuppinnu e. Art Mehl.

tappissu (?) e. Gefäß (?).

teṣū streiten.

teṣēte (pl.?) Streit.

(taqū?) in Menge ausgießen, reichlich abgeben (: Proviant *ṣidīta*).

tēqu Ausguß (von Schlauchwasser *mē-nādi*), Guß. — *tēq reḫṣi*, *tēq šamē* Regenguß, Platzregen.

tiqbu s. *ṭabāqu*.

tuqummu (?), ***tuqūmtu, tuqūntu, tuquttu,*** pl. *tuqūmāti*, *tuqmāti* Kampf, Widerstreit.

(***taqānu*** in Ordnung kommen); pms. in Ordnung sein, in richtiger Verfassung sein (Brunnenwasser *mē būri*, Urin *šīnāti*, die vier Weltteile *qeprāt erbetti*), wohlbehalten sein (in e. Palast *ina ēkalli*). — II$_1$ ordnen (Verwirrtes *dalēḫta*), schmücken. — III/II$_1$ in Ordnung bringen.

taqnu trefflich (Speise *akālu*, Trank *mē*, Brunnenwasser *mē būri*).

teqnu, pl. *teqni*, *teqnāti*, *teqnēte* Schmuck, Geschmeide. — *teqni kišādi* Halsgeschmeide.

taqnū Ordnung, vortreffliche Einrichtung, schöne Arbeit (eines Tisches *paššūru*; vgl. auch *majālu*).

tuqqunu kunstvoll gearbeitet (Schmuck *teqnu*); von guter Qualität (Fische *nūni*).

tuqunnu guter Zustand. — *ina tuqunni* wohlbehalten.

taqqeptu überwältigender Druck (der Strömung *agī*).

muttaqpu überwältigend (Sturmdämon *ūmu*). — *muttaqqepat anunti* überwältigend im Kampf, e. Beiname der Ištar.

tuquttu s. *taqāmu*.

(tarā'u, tarū?) (תרא$_1$) pms. warten, schützen (Schwester : e. Bruder *aḫa*). — II2 schützen (die Völker *nišī*). — III1 Schutz angedeihen lassen (?).

tārū, tērū, f. *tārītu* Wärter, Wächter, Trabant; e. Name des fünften (?) Monats. = *tārū nišišu* Wärter seiner Menschen, e. Beiname von Marduk. — *tērū manzāzū (nanzāzū)* Wächter und Kämmerlinge (göttliche Schutzgeister).

tārānu (urspr. pl. ?) Schatten, Schutz, Dach.

tarū krächzen (Rabe *āribu*). — II1 laut krächzen (?).

(tarābu) II1 bestaubt sein (?, Antlitz *pāni*).

turūbu Staub, Schutt.

turbūtu (?) Staubmasse (?, eines Heeres).

turballū, turbālū (LW.) Depôt, Niederlage.

targumannu, targumānu, turgumānu (LW.) Dolmetscher.

taradū e. Baum.

terḫu e. Gefäß.

turāḫu (LW.?) Steinbock (?).

tarāku sich deutlich abheben (?, = lang sein?, Hals, *kišādu*, eines Kranken); pms. abgehoben sein, sich abheben (Tropfen von e. Ölschicht; Rand einer Ölschicht *qeper šamni*, in der Richtung nach : *ana*); mit e. Mal behaftet sein (?, Fötus, Zunge, *lišānu*, eines Fötus). — I2 sich abheben (Fettauge, *šulmu*, von e. Ölschicht). — II1 sich deutlich abheben (?, «Hörner», *qarna*, vom Mond). — Vgl. *tarāqu*.

terku e. (sich abhebendes) Mal (im Gewicht).

tarīmu, terīmu, f. *tarīmtu, (terīntu?)*, pl. *terennāti, terūnati* verziert, Verzierung (von Silber oder Gold, an e. Schwelle (?) *sippu*, e. Dolch *paṭru*, einem Ohrgehänge *inṣabtu*).

tarmanu e. kostbarer Stein.

tarmazilu (LW.?) e. Vogel (Art Gans?).

(tarāqu?,) tarāku, (terēqu?) klopfen : trs. (: Steine *abni*); intr. (Herz *libbu*); klatschen (Peitsche *qinazu*); auf dem Boden aufschlagen (fallender Gegenstand). — II1 zerklopfen (: Siegelstein *aban kunukki*). — II2 sich zu Boden senken, zu Boden sinken (Heuschreckenschwärme *burbilāti*; Feinde). — III1 pms. zerschlagen sein, zerknirscht sein. — IV1 zerstieben, vergehen (Sturm *mēḫū*). — *terēq libbi* Angst (vgl. *mātu*). — *kīma qinazi natruku* gleichsam gepeitscht werden (Übeltäter *raggu*).

tarāṣu, terēṣu *(u, a)* gerade richten, richten (: das Antlitz *būni*, auf : *eli*), sich wenden, recken, ausstrecken, ausbreiten (: Hand *qāta*, *retta*, Fuß *šēpa*, die Flügel *kappā*); e. Zurichtung *(terṣa)* vornehmen, zurichten, aufrichten, errichten; unterbreiten (: Worte *amāti*, jdm. : *ana pān*), pms. gerade (gerichtet) sein (Horn, *qarnu*, eines Schafes *emmeri*, einer Kuh *litti*, übertr. gerade, tüchtig, geeignet sein; Richtung haben (Stern-[gottheit], auf . . . zu, gegen : *ana*), sich erstrecken (Tempel, auf Himmel und Erde *ana šamē u erṣeti*; Schutz *ṣilu*, auf e. Stadt *ana āli*; errichtet sein (Netz *sapāru*, *šētu*). — II1 richten (: Augen *ēnā*, auf : *ana*; : Waffen *kakki*, auf : *ina libbi*); bestätigen (?, : Nachricht *amāta*). — III1 hinbreiten lassen, legen lassen (: Balken : *gušūri*, Schutztuch *ṣubāt andulli*; über, auf : *eli*). — IV1 gestreckt, überstreckt, ausgerenkt werden (Hände *idā*, als Marter). — *litruṣ (litreṣ) ana (ina) pān . . . ū* es möge jdm. recht erscheinen, daß er. — *tariṣ itti* es mit jd. halten. — *tariṣ pān* + suff. oder *libbi* + suff., *turruṣu pān* + suff. bedacht sein (auf : *ana*, *eli*), darauf bedacht sein (zu : *ana* mit inf.). — *tarāṣu andulla (andella)*, *ṣulūla* «e. Schirm ausbreiten», Schutz gewähren (jdm. : dt., *eli*). *šutruṣu andulla* Schutz gewähren lassen. — *šutruṣu ubāna* mit dem Finger deuten (auf : *eli*), verleumden. *natruṣu ubānu* verleumdet werden. *tarāṣu*, *šutruṣu ubāna lemutti arki* üble Nachrede pflegen über, verleumden. *natruṣu ubānu dameqti arki* gelobt werden, gepriesen werden (Abwesende). — *tarāṣu qāta* beschwörend die Hand ausstrecken, einen Schwur tun (zugunsten von: *ana*). *šutruṣu qātsu* (jd. : acc.) seine Hand ausstrecken lassen, verfluchen lassen (jdn. : acc.). — *terēṣ eqli* Zurichtung eines Feldes. — *terēṣ, terēṣi qāt* Verlangen, Begehren; Gegenstand des Verlangens, Begehr, Auserkorener (einer Gottheit).

tarṣu, terṣu Richtung; Aichung (?, vgl. *māšeḫu*). — *ana tarṣi* gegenüber, vor (vgl. *kamāṣu, nazāzu*); gegen (vgl. *alāku*). *ana tarṣi aḫāmiš* einander gegenüber. — *ina tarṣi, ina terṣi* gegenüber, zur Zeit von. — *ištu tarṣi* von ... an, von.

tarṣati, (= ?) **terṣēte** Stützen (?, für die Eimer, *ḫarḫari*, an einem Brunnen), e. Art Geländer (?, für ein Haus).

tarruqu (?) e. Spezereipflanze (?).

tarqullū (sum. LW.) Pfahl, Prügel; Schiffspfahl, Mast.

tarāru (u) schwanken (obere Ausläufer, *rēšā*, eines Gebäudes), zittern (vor Furcht; vor der Spitze einer Waffe *ana zeqep kakki*; Beine *išdā*). — I_2 zittern (vor Furcht). — I_3 (regelmäßig) erzittern (Himmel *šamū*).

tarru (sum. LW.) Huhn.

tirru (sum. LW.) Wald.

turru s. *ṭurru*.

tērāš s. *sērāšu*.

tartannu, tartanu, turtannu, turtānu (sum. LW.) Heerführer, Oberbefehlshaber. — *tartannu emnu* Oberbefehlshaber des rechten Flügels (?). *tartannu šumēlu, tartannu ša šumēli, tartannu šānū* Oberbefehlshaber des linken Flügels (?).

tara tara e. Pflanze.

tartaraḫ, tartaraḫma (?) (LW. ?) Kügelchen, Perlen (beads) (?, aus Gold).

teltu (f.) (תשא4), st. c. *tešēt* neun.

tēšū neunter.

tušū'u (?) Neunheit, neun (Tage *ūmi*).

(tašū?) II_1 verwirren, mißdeuten (?, Priester : Orakel *tērēte*).

tešū Wirrsal, Verwirrung.

tēšū in Verwirrung bringend (Dämon).

tuššū, f. pl. *tuššāti* verworren (Rede *dabābu*); f. pl. Verwirrtes, wirre Gedanken.

tušū s. *dušū*.

tešēnī, tušēnī s. *šanū*.

tuššu s. *tumšu*.

tātēkāti s. *etēqu*.

titenu Hacke mit vier Zinken.

tuttu s. תאן.

taturru Reichtum.

Deutsches Wörterverzeichnis.

Zusammengestellt von Adele Bezold.

Ein * hinter der Zahl bedeutet, daß das betr. Wort zweimal auf einer Kolumne vorkommt. — Wörter, deren genauere Bedeutung unbekannt ist, und die nur einer Kategorie zugeteilt sind, wie: Behälter, Gefäß, Gegenstand, Pflanze, Priester, Tier, Vogel usw., sind nicht aufgenommen worden.

Berichtigungen.

S. 14 b, Z. 13 l.: *nēpēšu* st. *nepēšu.*
S. 43 b, Z. 16 l.: ***amursiggu*** st. ***amursigu.***
S. 49 b, Z. 5 v. u. l.: ***eštu*** st. ***ištu.***
S. 63 a, Z. 11 f.: Klammer nach „*pān*" zu setzen und nach „haben" zu streichen.
S. 67 a, Z. 12 v. u. l.: überheben st. überleben.
S. 68 b, Z. 30 l.: *eremmāti* st. *ēremmāti.*
S. 69 a, Z. 17 l.: Szepter st. Zepter.
S. 70 a, Z. 12 v. u. l.: Opoponax st. Opopanax.
S. 85 a, Z. 28 l.: Fischteich st. Fischsteich.
S. 95 a, Z. 1 ff. l.: (Kaufpreis *maḫīru*); pl. das Vorhandene, Besitz. *ana bāšāti* als Besitz. — *ana ūmē bāšūti* für künftige Tage.
S. 113 b, Z. 2 ff. l.: ***zalpu*** (?), pl. *zalpi*, f. *zalpatu* ungerecht (Richter *dajānu*); Übeltäter, f. Frevel.
S. 121 b, Z. 6 v. u. l.: *bēt* st. *bet.*
S. 131 b, Z. 1 l.: *ēkurāti* st. *ekurāti.*
S. 211 a, Z. 7 l.: *amēli* st. *ameli.*
S. 233 b, Z. 1 l.: *ēkalli* st. *ekalli.*
S. 234 b, Z. 31 l.: *ṣabātu* st. *šabātu.*
S. 261 b, Z. 13 v. u. l.: *šēmti* st. *šīmti.*
S. 284 b, Z. 20 l.: greulich st. graulich.
S. 300 a, Z. 12 v. u. l.: Aufschüttung 174 a. 281 a.